普通高等教育"十一五"国家级规划教材
高等学校交通运输与工程类专业教材建设委员会规划教材

桥 梁 工 程

（第3版）

姚玲森 主 编
石雪飞 李国平 葛耀君 修 订
项海帆 顾安邦 主 审

人民交通出版社股份有限公司
北京

内 容 提 要

本书是土木工程专业和道路桥梁与渡河工程专业的专业主干课教材,共分6篇。重点介绍了包括钢筋混凝土及预应力混凝土梁式桥、刚架桥、混凝土拱桥等常用的中小型桥梁和桥梁下部结构——墩台的构造原理、设计计算方法和施工方法。书中还择要介绍了斜拉桥和悬索桥的构造、设计和施工要点。

本书亦可供交通工程、工程管理等有关专业人员学习和参考。

图书在版编目(CIP)数据

桥梁工程/姚玲森主编. —3版. —北京：人民交通出版社股份有限公司,2021.2(2025.5重印)
 ISBN 978-7-114-16588-7

Ⅰ. ①桥… Ⅱ. ①姚… Ⅲ. ①桥梁工程—高等学校—教材 Ⅳ. ①U44

中国版本图书馆 CIP 数据核字(2021)第 020013 号

普通高等教育"十一五"国家级规划教材
高等学校交通运输与工程类专业教材建设委员会规划教材

Qiaoliang Gongcheng

书　　　名：	桥梁工程(第3版)
著 作 者：	姚玲森
责任编辑：	卢俊丽　张江成
责任校对：	刘　芹
责任印制：	张　凯
出版发行：	人民交通出版社股份有限公司
地　　　址：	(100011)北京市朝阳区安定门外外馆斜街3号
网　　　址：	http://www.ccpcl.com.cn
销售电话：	(010)85285911
总 经 销：	人民交通出版社股份有限公司发行部
经　　　销：	各地新华书店
印　　　刷：	北京印匠彩色印刷有限公司
开　　　本：	787×1092　1/16
印　　　张：	42.25
插　　　页：	1
字　　　数：	1049千
版　　　次：	1985年12月　第1版
	2008年7月　第2版
	2021年1月　第3版
印　　　次：	2025年5月　第3版　第6次印刷　总第65次印刷
书　　　号：	ISBN 978-7-114-16588-7
定　　　价：	95.00元

(有印刷、装订质量问题的图书,由本公司负责调换)

第3版前言

《桥梁工程》这本教材从1985年12月出第1版，使用至今已有35年，受到读者的欢迎。21世纪以来，我国桥梁建设技术发展突飞猛进，赶上了世界先进水平。随着新技术的涌现，一些传统工艺已经淘汰，标准、规范在2015年前后相继更新，基于此，决定启动《桥梁工程 第3版》的修订工作。在修订过程中姚玲森教授已经身患重病，但仍然给予修订组以指导。

《桥梁工程 第3版》沿用了第2版的编写思路和框架体系，主要根据最新发布的《公路工程技术标准》（JTG B01—2014）、《公路桥涵设计通用规范》（JTG D60—2015）、《公路圬工桥涵设计规范》（JTG D61—2005）、《公路钢筋混凝土及预应力混凝土桥涵设计规范》（JTG 3362—2018）、《公路桥涵地基与基础设计规范》（JTG 3363—2019）和《内河通航标准》（GB 50139—2014）进行了修订，其间综合考虑了人民交通出版社股份有限公司收集的各高校使用意见。此次修订更新了不少常用的中小跨径梁桥、拱桥的构造示例，还适当修改了连续梁桥的计算。对于一些典型构造，第2版中的示例主要取自桥梁通用图和经典桥例，但目前尚未推出基于新规范的通用图，考虑到这些构造主要是为了让学生更好地掌握构造原理，因此保留了基于原规范的构造示例。

虽然使用计算机程序进行计算分析已极为普遍，但为了突出力学概念和方法、步骤的理解，修订中还是保留了较为详细的桥梁常用简化计算原理。

本书共有六篇。第一篇总论，主要介绍国内外桥梁建筑的发展概况、桥梁的组成部分和各种结构体系以及桥梁的设计荷载。在本篇第三章桥梁的总体规划和设计要点中，还扼要阐述了桥梁的方案比较和选定，以期学生在深入学习各章内容之前,对桥梁设计工作的全貌有一概括的了解。

第二篇为钢筋混凝土和预应力混凝土简支梁桥。在第一章概论中,从截面形式和静力体系方面,介绍了各类梁式桥的特点及其适用条件。在其他各章内,较详细地论述了目前公路上最常用的中、小跨径简支梁桥(以装配式桥梁为主)的构造、设计和内力计算。第五章简支梁桥的计算是讲授的重点之一,其中荷载横向分布的原理是公路桥梁设计的主要计算理论,为了保持理论的系统性,本教材将常用的各种计算方法归并在一起介绍。第六章梁式桥的支座部分,重点阐明了支座的作用、各类支座的构造及其适用场合。鉴于支座目前已经成为标准化产品,本次修订删除了支座设计相关内容,改为支座的选用。

第三篇为悬臂与连续体系梁桥。悬臂与连续体系梁桥是目前较大跨径梁式桥常用的、既经济实用又简洁美观的梁桥体系。本篇阐明悬臂与连续体系结构,与简支梁桥相比较所具有的在力学行为上的优越性,着重介绍了悬臂梁桥、连续梁桥和刚架梁桥的结构布置、配筋特点、涉及混凝土徐变和收缩影响力的计算方法以及这类桥梁的施工方法等。

第四篇讲述的混凝土拱桥是我国公路桥梁广泛采用的桥型,也是本课程学习的重要内容。在第二章拱桥的设计与构造中,除了介绍拱桥的总体布置、设计构思和常用拱桥的构造细节外,尚介绍了近年来兴起的各种组合体系拱桥和钢管混凝土拱桥的构造。第三章拱桥的计算中,重点讲述了常用悬链线拱的计算原理和方法,还介绍了组合体系拱桥的计算和有关拱桥稳定性的验算。第四章拱桥的施工中,概述了各种类型拱桥的施工方法。

第五篇缆索承重体系桥梁中,主要介绍现代斜拉桥和悬索桥的结构组成、不同体系和类型以及各种重要的构造细节,并概述了大跨度缆索承重桥梁的设计计算和施工要点。

第六篇桥梁墩台中,阐述基础以上部分桥墩与桥台的构造形式和设计计算方法。除了常用的重力式墩台以外,还介绍了各类轻型墩台和近年来出现的造型美观的桥墩构造;在墩台计算部分,阐述了柔性墩的计算要点。

后记中介绍了桥梁工程的前景与展望以及对桥梁工作者的期望。

本教材的第一篇、第二篇和后记由姚玲森编写,石雪飞修订;第三篇由葛耀君编写;第四篇由李国平编写;第五篇由石雪飞编写;第六篇由易建国编写。全书由同济大学姚玲森教授主编,石雪飞统稿,同济大学项海帆院士和重庆交通大学顾安邦教授主审。

由于我们水平所限,编写时间也较紧迫,谬误之处敬请读者批评指正。

编　者
2020 年 10 月

第2版前言

《桥梁工程》这本教材从 1985 年 12 月出第一版,使用至今已有 20 多年。我国从改革开放以来,桥梁建设已有了突飞猛进的发展,各种新标准、新规范相继颁布,因此原教材已不能适应当前桥梁工程发展的需要。在人民交通出版社的嘱托和支持下,我们开始了《桥梁工程》教材的修订工作。

新的《桥梁工程》教材是根据最新修订的《公路工程技术标准》(JTG B01—2003)、《公路桥涵设计通用规范》(JTG D60—2004)、《公路圬工桥涵设计规范》(JTG D61—2005)、《公路钢筋混凝土及预应力混凝土桥涵设计规范》(JTG D62—2004)、《公路桥涵地基与基础设计规范》(JTG D63—2007)和《内河通航标准》(GB 50139—2004)编写的。本教材第 2 版除更新了不少常用的中小跨径桥梁的构造示例外,还适当增加并充实了预应力混凝土连续梁桥、刚架桥以及大跨度斜拉桥、悬索桥的内容。

虽然利用计算机程序进行计算分析已极为普遍,但为了突出力学概念,加强对方法、步骤的理解,我们在编写中还是较详细地介绍了荷载横向分布的原理。

本书共有六篇。在第一篇总论内主要介绍国内外桥梁建筑的发展概况、桥梁的组成部分和各种结构体系以及桥梁的设计荷载,在本篇第三章桥梁的总体规划和设计要点中,还扼要阐述了桥梁的方案比较和选定,以期学生在深入学习各章内容前,对桥梁设计工作的全貌有一概括的了解。

第二篇为钢筋混凝土和预应力混凝土简支梁桥。在第一章概述中,从截面形式和静力体系方面,介绍了各类梁式桥的特点及其适用条件。在其他各章内,较详细地论述了目前公路上最常用的中、小跨径简支梁桥(以装配式桥梁为主)的构造、设计和内力计算。第五章简支梁桥的计算是讲授的重点之一。其中荷载横向分布的原理是公路桥梁设计的主要计算理论,为了保持理论的系统性,本教材将常用的各种计算方法归并在一起介绍。第六章梁式桥的支座部分,重点阐明了支座的作用、各类支座的构造及其适用场合。鉴于橡胶支座已日益推广使用,对此也作了较详细的介绍。

第三篇为悬臂与连续体系梁桥,它是目前较大跨径梁式桥常用的、既经济实用又简洁美观的梁桥体系。本篇将阐明悬臂与连续体系结构,与简支梁桥相比较所具有的在力学行为上的优越性。文中着重介绍了悬臂梁桥、连续梁桥和刚架梁桥的结构布置、配筋特点、涉及混凝土徐变和收缩影响力的计算方法以及这类桥梁的施工方法等。

第四篇讲述的混凝土拱桥是我国公路桥梁广泛采用的桥型,也是本课程学习的重要内容。在第二章拱桥的设计与构造中,除介绍了拱桥的总体布置、设计构思和常用拱桥的构造细节外,尚介绍了近年来兴起的各种组合体系拱桥和钢管混凝土拱桥的构造。第三章拱桥的计算中,重点讲述了常用悬链线拱的计算原理和方法,并且还介绍了组合体系拱桥的计算和有关拱桥稳定性的验算。第四章拱桥的施工中,概述了各种类型拱桥的施工方法。

第五篇缆索承重桥梁中,主要介绍现代斜拉桥和悬索桥的结构组成、不同体系和类型以及各种重要的构造细节。文中并概述了大跨度缆索承重桥梁的设计计算和施工要点。

第六篇桥梁墩台中,阐述基础以上部分桥墩与桥台的构造形式和设计计算方法。除了常用的重力式墩台以外,文中还介绍了各类轻型墩台和近年来出现的造型美观的桥墩构造。在墩台计算部分,阐述了柔性墩的计算要点。

后记中介绍了桥梁工程的前景与展望以及对桥梁工作者的期望。

本教材的第一篇、第二篇和后记由姚玲森编写;第三篇由葛耀君编写;第四篇由李国平编写;第五篇由石雪飞编写;第六篇由易建国编写。全书由同济大学姚玲森教授统稿并主编,同济大学项海帆院士和重庆交通大学顾安邦教授主审。

由于我们水平所限,编写时间也较紧迫,谬误之处敬请读者批评指正。

编 者

2008 年 3 月

第1版前言

本书共有四篇。在第一篇总论内主要介绍国内外桥梁建筑的发展概况、桥梁的组成部分和各种结构体系以及桥梁的设计荷载。在桥梁的总体规划和设计中还扼要阐述了桥梁的方案比较和选定,以期学生在深入学习各章内容前对桥梁设计工作的全貌有一概括的了解。

第二篇为钢筋混凝土和预应力混凝土梁式桥。在第一章概述中,从截面形式和静力体系方面,介绍了各类梁式桥的特点及其适用条件。在其他各章内,较详细地论述了公路上最常用中、小跨径简支梁桥(以装配式桥梁为主)的构造、设计和内力计算。第五章简支梁桥的计算是讲授的重点之一。其中荷载横向分布原理是公路桥梁设计的主要计算理论,为了保持系统性起见,本书将常用的各种计算方法归并在一起介绍。第六章梁式桥的支座部分,重点阐明了支座的作用、各类支座的构造及其适用场合。鉴于橡胶支座已日益推广使用,对此也作了较详细的介绍。第七章为其他体系桥梁。鉴于桥梁建筑中新体系、新工艺的不断发展,从事公路与桥梁工程的技术人员除了要能解决常用中、小型桥梁结构的设计、施工问题外,目前在生产中也常常面临需要处理其他较复杂体系桥梁的任务。为此,在本章中着重介绍悬臂与连续体系桥梁的结构特点、构造细节和计算要点,并对我国已较多采用的预应力混凝土T形刚构桥、连续梁桥和斜拉桥分别从结构类型、构造特点和桥梁结构示例等方面作了概要说明。

第三篇讲述圬工和钢筋混凝土拱桥,这是我国公路桥梁广泛采用的桥型。在第二章拱桥构造中,除了介绍拱桥的一般组成部分外,重点放在空腹式双曲拱桥和箱形截面拱桥的构造和结构细节上,对其他类型拱桥(如桁架拱桥、刚架拱桥、组合体系拱桥等)只介绍些构造特点。第三章中重点阐明拱桥总体规划和拱轴线线形的选择等。第四章拱桥的计算是本篇学习的重点,其中详细介绍了等截面悬链线拱的设计与计算,对于圆弧拱和其他类型拱桥(如桁架拱桥、刚架拱桥)仅简略说明了计算要点。拱桥的连拱计算问题是近年来拱桥设计中引人注意的问题,限于篇幅,本篇中在阐明基本概念的前提下仅择要介绍了三种连拱简化计算法的基本原理,并为需要进一步学习和应用这些计算方法的读者列出了参考文献和书目。

第四篇桥梁墩台中阐述基础以上部分墩台的构造形式和设计计算方法。在取材方面,除了常用的重力式墩台以外,并介绍了公路桥梁上日益推广使用的各类轻型墩台的构造形式和柔性墩的计算要点。

本书第一篇和第二篇第一、二、四、五、六、七、八章由姚玲森编写;第二篇中的第三章和第四篇由程翔云编写;第三篇第一、二、三、五章由周义武编写,第四章由王国鼎编写。全书由同济大学姚玲森主编,由重庆交通学院周远棣主审。

由于我们水平有限,编写时间也较紧迫,谬误之处一定不少,敬请读者批评指正。

编 者
1984 年 12 月

目录

第一篇 总 论

第一章 概论 ··· 3
　第一节 桥梁工程的地位和作用 ··· 3
　第二节 古代桥梁简述 ··· 4
　第三节 我国近现代桥梁建筑的成就 ··· 6
　第四节 世界各国桥梁建造现状 ··· 15
第二章 桥梁的基本组成和分类 ·· 21
　第一节 桥梁的基本组成 ·· 21
　第二节 桥梁的主要类型 ·· 23
第三章 桥梁的总体规划和设计要点 ·· 31
　第一节 桥梁总体规划原则和基本设计资料 ······································ 31
　第二节 桥梁纵、横断面设计和平面布置 ··· 35
　第三节 桥梁设计的方案比较 ·· 39
第四章 桥梁上的作用及作用组合 ··· 41
　第一节 规范中有关作用的规定 ··· 41
　第二节 作用组合 ··· 47

第二篇 钢筋混凝土和预应力混凝土简支梁桥

第一章 概论 ··· 53
　第一节 钢筋混凝土和预应力混凝土梁桥的一般特点 ························· 54
　第二节 简支梁桥的主要类型及其适用情况 ······································ 55

第二章　桥面构造 … 59
- 第一节　桥面铺装 … 59
- 第二节　桥面排水设施 … 61
- 第三节　桥面伸缩缝 … 63
- 第四节　人行道、栏杆与灯柱 … 67

第三章　板桥的设计与构造 … 71
- 第一节　简支板桥的构造及其特点 … 71
- 第二节　斜交板桥的受力特点与构造 … 77

第四章　装配式简支梁桥的设计与构造 … 81
- 第一节　装配式简支梁桥的构造类型 … 81
- 第二节　装配式钢筋混凝土简支梁桥 … 86
- 第三节　装配式预应力混凝土简支梁桥 … 97
- 第四节　组合梁桥 … 112

第五章　简支梁桥的计算 … 118
- 第一节　概述 … 118
- 第二节　行车道板的计算 … 119
- 第三节　荷载横向分布计算 … 130
- 第四节　主梁内力计算 … 176
- 第五节　横隔梁内力计算 … 183
- 第六节　挠度、预拱度的计算 … 192

第六章　梁式桥的支座 … 196
- 第一节　概述 … 196
- 第二节　支座的类型和构造 … 197
- 第三节　支座的选用 … 202

第七章　简支梁桥的施工 … 204
- 第一节　钢筋混凝土简支梁桥的制造工艺 … 205
- 第二节　预应力混凝土简支梁桥的制造工艺 … 214
- 第三节　装配式简支梁桥的运输和安装 … 226

附录Ⅰ　铰接板荷载横向分布影响线竖标表 … 232

附录Ⅱ　G-M 法 K_0、K_1、μ_0、μ_1 值的计算用图 … 244

第三篇　悬臂与连续体系梁桥

第一章　基本结构体系 … 251
- 第一节　悬臂梁桥 … 252
- 第二节　连续梁桥 … 253
- 第三节　刚构式桥 … 254

第二章　立面与横断面设计 … 256
- 第一节　混凝土悬臂梁桥立面布置 … 256
- 第二节　混凝土连续梁桥立面布置 … 259

第三节　混凝土刚构式桥立面布置 ··· 262
  第四节　混凝土横断面布置 ··· 265
第三章　配筋与其他构造设计原则 ·· 268
  第一节　纵向钢筋和预应力筋设计 ··· 268
  第二节　箱梁三向预应力筋设计 ·· 271
  第三节　其他构造设计 ·· 272
第四章　结构内力计算 ··· 275
  第一节　结构恒载内力 ·· 275
  第二节　超静定结构影响力 ·· 279
  第三节　基本活载内力 ·· 293
第五章　施工方法简介 ··· 297
  第一节　有支架浇筑施工法 ·· 297
  第二节　平衡悬臂施工法 ··· 300
  第三节　逐跨顶推施工法 ··· 305
  第四节　移动模架施工法 ··· 309
第六章　桥型实例介绍 ··· 312
  第一节　混凝土悬臂梁桥示例 ··· 312
  第二节　混凝土连续梁桥示例 ··· 314
  第三节　混凝土刚构式桥示例 ··· 319

第四篇　混凝土拱桥

第一章　概论 ··· 327
  第一节　拱桥的基本特点及其适用范围 ··································· 327
  第二节　拱桥的组成和类型 ·· 328
第二章　拱桥的设计与构造 ·· 333
  第一节　拱桥总体布置与设计构思 ··· 333
  第二节　简单体系拱桥的构造 ··· 338
  第三节　组合体系拱桥的构造 ··· 367
第三章　拱桥的计算 ·· 387
  第一节　概述 ·· 387
  第二节　简单体系拱桥的计算 ··· 388
  第三节　组合体系拱桥的计算 ··· 412
  第四节　拱桥的稳定性验算 ·· 421
  第五节　连拱计算简介 ·· 429
第四章　拱桥的施工 ·· 433
  第一节　拱架施工法 ··· 433
  第二节　缆索吊装施工法 ··· 442
  第三节　其他施工方法简介 ·· 452
第五章　拱桥实例介绍 ··· 460

第五篇　缆索承重体系桥梁

第一章　概论 479
　第一节　桥型基本特征 479
　第二节　缆索承重体系桥梁的类型 480
第二章　斜拉桥 483
　第一节　斜拉桥的结构特点和结构体系 485
　第二节　斜拉桥的构造 495
　第三节　斜拉桥设计计算 515
　第四节　斜拉桥施工简介 526
第三章　悬索桥简介 532
　第一节　悬索桥的结构特点和主要构造 532
　第二节　悬索桥的设计简介 544
　第三节　悬索桥施工简介 550
第四章　桥例简介 556
　第一节　荆州长江公路大桥 556
　第二节　江阴长江大桥 560

第六篇　桥梁墩台

第一章　桥梁墩台类型和构造 565
　第一节　墩台类型及适用性 565
　第二节　墩台的一般构造与要求 578
　第三节　墩台的作用计算与有关规定 582
　第四节　墩台的附属结构物 590
第二章　桥墩的设计与计算 592
　第一节　实体式(重力式)桥墩 592
　第二节　柱(桩)式桥墩 599
　第三节　柔性排架桩桥墩 602
　第四节　空心薄壁桥墩 606
第三章　桥台的设计与计算 614
　第一节　实体(重力式)桥台 614
　第二节　轻型桥台 618
　第三节　框架式桥台 630
　第四节　组合式桥台梗要 633
第四章　桥梁墩台施工要点 637
　第一节　石砌墩台和混凝土墩台 638
　第二节　装配式墩台 641
　第三节　其他新型桥墩 645

参考文献 657
后记 660

PART1 第一篇 总　　论

第一章

概论

第一节 桥梁工程的地位和作用

桥梁工程是土木工程中属于结构工程的一个分支学科。它与房屋工程一样,也是用石、砖、木、混凝土、钢筋混凝土和各种金属材料建造的结构工程。

桥梁工程又可按照其使用功能区分为:公路桥梁(highway bridge)、铁路桥梁(railway bridge)、城市桥梁(municipal bridge)、水渠桥梁、厂(场)内运输桥梁、管线桥梁等。

如果说一座现代化高层建筑具有高耸挺拔的雄姿,则一座大跨度桥梁具有凌空宏伟的魅力。

桥梁既是一种功能性的结构物,也往往是一座立体的造型艺术工程,是一处景观,具有时代的特征。

大力发展交通运输事业,建立四通八达的现代交通网络,对于加强全国各族人民的团结,发展国民经济,促进文化交流,消灭城乡差别和巩固国防等方面,都具有非常重要的作用。特别是我国实行改革开放政策以来,路、桥建设突飞猛进的发展,对创造良好的投资环境,促进地域性的经济腾飞,起到了关键性的作用。

桥梁工程不但在工程规模上占公路总造价的 10%～20%,而且往往也是交通运输的咽喉,是保证全线早日通车的关键。

20世纪60年代以来，由于科学技术的进步，全民经济、文化水平的提高，人们对桥梁建筑提出了更高的要求。现代高速公路上迂回交叉的各式立交桥，城市内环线建设的各种高架桥，长江、黄河等大江大河上的新颖大跨度桥梁等，如雨后春笋，频频建成。几十公里长的海湾、海峡特大桥梁的宏伟建设工程也已摆在我们面前，等待去完成。广大桥梁工程技术人员正面临着不断设计和建造新颖、复杂桥梁结构的挑战，肩负着光荣而艰巨的任务。

第二节　古代桥梁简述

桥梁是人类在生活和生产活动中，为克服天然障碍而建造的建筑物，也是有史以来人类所建造的最古老、最壮观和最美丽的建筑工程，它体现了一个时代的文明与进步。

可以推测，人们学会建造各式桥梁，最初是受到自然界各种景象的启发。例如：从倒下而横卧在溪流上的树干，就可衍生建造桥梁的想法；从天然形成的石穹、石洞，就知道修建拱桥；受崖壁或树丛间攀爬和飘荡的藤蔓的启发，而学会建造索桥；等等。考古发掘出的世界上最早的桥梁遗迹是公元前6000年—公元前4000年现今小亚细亚一带。我国1954年发掘出的西安半坡村的公元前4000年左右的新石器时代氏族村落遗址，是我国已发现的最早出现桥梁的地方。

古代桥梁所用材料，多为木、石、藤、竹之类的天然材料。锻铁出现以后，开始建筑简单的铁链吊桥。由于当时的材料强度较低，人们力学知识的不足，古代桥梁的跨度都很小。木、藤、竹类材料易腐烂，致使能保留至今的古代桥梁，多为石桥。世界上现存最古老的石桥在今希腊的伯罗奔尼撒半岛，是一座用石块干砌的单孔石拱桥（公元前1500年左右）。

图1-1-1　法国南部尼姆城的石拱桥（公元前18年）

在古代，罗马人和中国人在建造石拱桥方面具有辉煌的历史。公元前30年至公元476年的罗马帝国，在其全盛时期，修建过许多巨大的石拱桥。最著名的是今法国南部尼姆城（Nimes）的加尔德（Gard）石拱桥（图1-1-1）。该桥建于公元前18年，顶层全长275m，下层最大跨度24.4m。全桥共分三层：上层宽3m、高7m，为输水槽；中层宽4m、高20m，供行人通行；下层宽6m、高22m，并在一侧加宽以便于车马通行，是1743年扩建的。意大利威尼斯的利亚托桥（Rialto）是14~16世纪文艺复兴时期桥梁的代表作（图1-1-2）。该桥长48.2m，宽22.5m，跨度为27m。全桥用大理石装饰，雕凿精美，线条流畅。桥上还建有24家店铺，它充分反映了欧洲文艺复兴时期桥梁建造技术与建筑艺术达到的水平。

我国文化悠久，是世界上文明发达最早的国家之一。就桥梁建筑这一学科领域而言，我们的祖先也曾写下了不少光辉灿烂的篇章。我国幅员辽阔，山多河多,古代桥梁不但数量惊人,而且类型也丰富多彩,几乎包含了所有近代桥梁中的最主要形式。

据史料记载,在距今约 3000 年的周文王时,已在渭河上架过大型浮桥。汉唐以后,浮桥的运用日趋普遍。公元 35 年东汉光武帝时,在今宜昌和宜都之间,出现了长江上第一座浮桥,以后,因战时需要,在黄河、长江上曾架设浮桥不下数十余次。在春秋战国时期,以木桩为墩柱,上置木梁、石梁的多孔桩柱式桥梁已遍布黄河流域等地区。

近代的大跨径吊桥和斜拉桥也是由古代的藤、竹吊桥发展而来的。全世界都承认我国是最早有吊桥的国家,距今约有 3000 年历史。在唐朝中期,我国已发展到用铁链建造吊桥,而西方在 16 世纪才开始建造铁链吊桥,比我国晚了近千年。我国保留至今的尚有跨长约 100m 的四川泸定县大渡河铁索桥(1706 年)和跨径约 61m、全长 340 余米,举世闻名的安澜竹索桥(1803 年),如图 1-1-3 所示。

图 1-1-2 意大利威尼斯的利亚托石拱桥(公元 1588 年)　　图 1-1-3 安澜竹索桥(1803 年)

几千年来修建较多的古代桥梁要推石桥为首。在秦汉时期我国已广泛修建石梁桥。我国于 1053—1059 年在福建泉州建造的万安桥,也称洛阳桥,长 800 多米,共 47 孔,是世界上尚保存着的最长、工程最艰巨的石梁桥。1240 年建造并保存至今的福建漳州虎渡桥,总长约 335m,某些石梁长达 23.7m,每根宽 1.7m,高 1.9m,重达 200 多吨,都是利用潮水涨落浮运架设的,足见我国古代加工和安装桥梁的技术何等高超。

富有民族风格的古代石拱桥技术,以其结构精巧和造型丰富多姿驰名中外。举世闻名的河北省赵县赵州桥(又称安济桥,建于公元 605 年),就是我国古代拱桥的杰出代表(图 1-1-4)。该桥净跨 37.02m,宽 9m,拱圈两肩各设两个跨度不等的腹拱,既减轻自重,又便于排洪、增加美观。像这样的敞肩拱桥,欧洲到 19 世纪中叶才出现,比我国晚了一千二百多年。除赵州桥外,还有其他著名的石拱桥如北京永定河上的卢沟桥、颐和园内的玉带桥和十七孔桥、苏州的枫桥等。我国石拱桥的建造技术在明朝时曾流传到日本,促进了文化交流,并增进了友谊。

在我国古桥建筑中,尚值得一提的是建于公元 1169 年、现位于广东潮安区横跨韩江的湘子桥(又名广济桥)。此桥全长 517.95m,共 19 孔,上部结构有石拱、木梁、石梁等多种形式,还有用 18 条浮船组成长达 97.30m 的开合式浮梁。这样,既能适应大型商船和上游木排的通过,还可避免过多的桥墩阻塞河道。这座世界上最早的开合式桥,结构类型之多、施工条件之困难、工程历时之久,在我国古代建桥史上都很罕见。

图 1-1-4　河北赵县赵州桥(公元 605 年)

第三节　我国近现代桥梁建筑的成就

如前所述,中国的古代桥梁建筑,无论在其造型艺术、施工技巧、历史积淀、文化蕴涵,还是人文景观等方面,都曾为世界桥梁建筑史谱写了光辉的篇章。

然而,封建制度的长期统治,大大束缚了生产力的发展,1840 年鸦片战争后帝国主义列强的侵入和腐朽的社会制度,更使广大劳动人民处于水深火热之中,人民群众的无穷智慧被压抑和摧残。在桥梁建筑方面,大部分是外国投资、洋人设计、外商承包。新中国成立前,我国交通事业落后,可供通车的公路里程很少,质量低劣。公路桥梁绝大多数为小跨度的木桥和石桥,年久失修,破烂不堪。虽然当时我国自己也修过一些公路钢桁架桥、吊桥和钢筋混凝土拱桥等,但与当时世界上桥梁建筑的技术水平相比,仍处于很落后的状态。

新中国成立后,在建国初期修复并加固了大量旧桥,随后在第一、二个五年计划期间,修建了不少重要桥梁,取得了迅速发展。20 世纪 50～60 年代,修订了桥梁设计规程,编制了桥梁标准设计图纸和设计计算手册,培养了一支强大的工程队伍。特别是 1978 年党的十一届三中全会把我国的工作重点转移到社会主义经济建设上来,不断深入贯彻改革开放政策,使我国经济建设获得突飞猛进的发展。在重点发展能源和交通两大战略目标的推动下,30 多年来我国的公路和桥梁建设事业,也不断掀起了新的发展高潮。我国在不断学习、跟踪、引进西方发达国家在 20 世纪 60 年代以来所创造的新材料、新技术和新工艺,并结合国内具体情况通过实践、再创新,取得了空前的、举世瞩目的成就,已建成的不少结构新颖、技术复杂、规模宏大的大跨径桥梁,进入世界桥梁工程的先进行列。

虽然中国的桥梁建设在过去 30 多年中已取得了飞速的发展和进步,但与发达国家相比,尚存在一定差距,主要表现在技术上的自主创新不够,质量和耐久性存在问题,桥梁美学重视不够三方面。

应该承认,目前我们所采用的技术大都是学习、引进发达国家 20 世纪 60～70 年代以来所创造的新材料、新理论、新技术和新工艺。为了从桥梁大国向桥梁强国迈进,我国的桥梁工作者一定要在桥梁建设中,提高自主创新的理念、重视工程的整体质量、提高对桥梁美学的素养。

一、钢桥

1957年,我国第一座长江大桥——武汉长江大桥,在苏联专家的帮助下,采用新型管柱基础和先进的钢梁制造和架设技术胜利建成,既结束了我国万里长江无桥的状况,又标志着我国修建大跨度钢桥的技术水平达到了新的起点。大桥正桥为三联 $3 \times 128m$ 连续钢桁梁,公铁两用,包括引桥在内全长 1 670.4m。1969 年又成功建成了南京长江大桥(图1-1-5),这是我国自行设计、制造、施工,并使用国产高强钢材的现代大型桥梁。该桥正桥除北岸第一孔为 128m 简支钢桁梁外,其余为三联 $3 \times 160m$ 的连续钢桁梁,公铁两用,包括引桥在内,铁路桥梁全长 6 772m,公路桥梁为 4 589m。此桥的建成是我国完全自主建设长江大桥的一个里程碑,显示出我国钢桥建设已接近世界先进水平。1993 年,作为京广线第二要隘的九江长江大桥又竣工通车了(图1-1-6),该桥铁路部分全长 7 675.4m,公路部分长 4 215.9m,主桥的通航主孔为 180m+216m+180m 的钢桁梁与钢拱组合体系。此桥采用国产优质高强度、高韧性低合金钢,完成了由铆焊结构向栓焊结构的过渡,是一座结构新颖、施工复杂的公铁两用特大钢桥。

图1-1-5 南京长江大桥(1969年)

图1-1-6 九江长江大桥(1993年)

2009年建成通车的天兴洲长江大桥(图1-1-7)是世界上第一座有四条并行轨道、荷载最大的公铁两用桥。该桥公路引线全长 8 043m,铁路引线全长 60.3km,大桥为主跨 504m 的双塔三索面钢桁梁斜拉桥,是我国第一座能满足高速铁路运营的斜拉桥。据统计,目前从湖北宜昌至入海口 2 600km 的长江沿线上,已建和在建的长江大桥(包括长江隧道)共有 115 座。

图1-1-7 天兴洲长江大桥(2009年)

20世纪60年代以来,在地势险要、山多谷深的成昆铁路线上,修建了各种体系的大跨径钢桥。桥梁钢材已普遍采用优质低合金高强钢,构件连接已从早期的铆接过渡到栓焊连接、全焊式整体节点杆件的连接。同时，在公路上也修建了一些大跨度钢桥，如 1966—1969 年在四川省内建成的钢箱拱桥和钢桁拱桥，主孔跨径达 180m。特别值得一提的是 2003 年在上海建成跨越浦江的卢浦大桥(图 1-1-8)，该桥的主桥跨径为 100m + 550m + 100m，是一座中承式无推力飞鸟形钢箱肋提篮拱桥，其跨径突破了美国 1977 年起一直保持世界纪录的新河桥($l = 518m$)，该桥在结构设计和施工工艺等方面的卓越成就，引起了全球桥梁界的瞩目和赞扬。目前国内跨径最大的钢拱桥是 2009 年建成通车的重庆朝天门大桥，该桥主桥跨径为 190m + 552m + 190m，它首次推出了主跨 552m 的公轨两用飞雁式多肋钢桁架中承式拱桥，跨径居世界同类桥梁跨径之最。

至 20 世纪 90 年代初，我国已建成的公路悬索桥虽然已有 40 余座，其中除了桥宽仅 4.2m 的西藏达孜吊桥跨径达 415m 外，其余都是跨径约 200m 的桥梁。1995 年在广东建成的汕头海湾大桥，跨径为 452m，桥面为双向六车道，具有预应力混凝土加劲梁，为我国开创了建造现代公路悬索桥的先河。紧接着相继建成通车了西陵长江大桥($l = 900m$，1996 年)、虎门珠江大桥($l = 888m$，1997 年)、江阴长江大桥($l = 1 385m$，1999 年)(图 1-1-9) 和润扬长江大桥($l = 1 490m$，2005 年)。润扬长江大桥有着国内"第一大跨径、第一大锚碇、第一大特深基坑、第一高塔、第一长缆、第一重钢梁、第一大面积钢桥面"等称号，无论在设计和施工技术上都达到了世界水平。舟山西堠门大桥($l = 1 650m$，2009 年)是目前国内建成的主跨长度最大的悬索桥，也是世界上首座分体式钢箱梁悬索桥，其钢箱梁全长位居世界第一。此外，在建的武汉杨泗港长江大桥($l = 1 700m$，已于 2019 年 10 月 8 日通车运营)是长江上首座双层公路大桥，一跨跨越长江，跨度在世界悬索桥中排名第二。

图 1-1-8 上海卢浦大桥(2003 年)

图 1-1-9 江阴长江大桥(1999 年)

二、预应力混凝土梁桥

20 世纪 50 年代，我国在修建大量小跨径钢筋混凝土桥梁的同时，开始对预应力混凝土桥梁进行研究与试验。1956 年在公路上建成了第一座跨径为 20m 的预应力混凝土简支梁桥，之后，这种桥梁便得到了广泛推广，并提出了装配式预应力混凝土简支梁桥的系列标准设计，最大跨径达 40m。1976 年建成洛阳黄河公路大桥，之后又相继建成郑州黄河大桥和开封黄河大桥，跨径达到 50m，全长都在 3km 以上。目前我国已建成跨径最大的预应力混凝土简支梁桥是浙江飞云江桥(1985 年)，跨径达 62m。图 1-1-10 为黄河上第一座特大型桥梁——洛阳黄河公路大桥的雄姿。该桥为 67 孔跨径达 50m 的预应力混凝土 T 形简支梁桥，全长 3 429m。

20 世纪 60 年代中，我国首次采用平衡悬臂施工法建成一座 T 形刚构桥。之后于 1971 年用此法建成的福建乌龙江大桥，主孔为 $3 \times 144m$ 的 T 形刚构桥，为我国修建大跨径预应力桥梁迈出一大步。目前我国最大跨径的同类桥梁是 1980 年建成的重庆长江公路大桥,该桥共 8 孔,跨径布置为 86.5m + 4×138m + 156m + 174m + 104.5m,总长 1 120m(图 1-1-11)。该桥桥头有大型人像雕塑,大桥毗连山城重庆,飞越长江,十分宏伟壮观。

图 1-1-10　洛阳黄河公路大桥(1976 年)

图 1-1-11　重庆长江公路大桥(1980 年)

我国修建预应力混凝土连续梁桥的起步较晚,但经过四五十年的发展,至今已修建大量的连续梁桥,掌握了各种先进的施工方法与技术。用顶推法施工的有湖南望城县沩水河桥(3 联 4×38m)、包头黄河大桥(3 联 3×65m)、柳州第二公路大桥(9×60m)、广东省东莞市的中堂大桥(6×45m)等。

进入 20 世纪 80 年代,用平衡悬臂法施工的大跨度预应力混凝土箱形连续梁桥也获得了迅速发展。跨径在 100m 以上的就有:1985 年建成的湖北沙洋汉江桥,主桥跨径为 63m + 6×111m + 63m,全长 1 819m,该桥首次采用 2000 吨级盆式橡胶支座;1986 年建成的湖南常德沅水大桥,主桥跨径为 84m + 3×120m + 84m,全长 1 408m;1991 年建成的云南省六库怒江大桥,主桥跨径为 85m + 154m + 85m(图 1-1-12);1996 年通车的广东南海九江公路大桥,主桥跨度为 50m + 100m + 2×160m + 100m + 50m,该桥原设计为悬臂浇筑法施工,为了缩短工期,后改用悬臂拼装法施工。如此跨径的连续梁用悬臂拼装法施工,在世界建桥史上也属罕见。2001 年建成的南京长江二桥,其北汊航道的主桥跨径为 90m + 3×165m + 90m,是目前我国跨度最大的预应力混凝土连续梁桥。

图 1-1-12　云南省六库怒江大桥(1991 年)

用平衡悬臂法施工的大跨度预应力混凝土箱形连续刚构体系桥梁在国内也得到了迅速发展。1988 年建成的广东省番禺洛溪大桥,主桥为 4 跨(65m + 125m + 180m + 110m)、具有双壁墩的不对称连续刚构桥,其最大跨径 180m,居当时亚洲同类桥梁之冠。1996 年建成的湖北黄石长江大桥,主跨为 245m,主桥全长达 1 060m,连续长度居世界首位。迄今为止,我国已建成主跨跨径≥240m 的混凝土连续刚构桥共 13 座。重庆石板坡长江大桥的复线桥，主跨为 330m 的 7 跨连续箱梁结构，此桥的一个独特之处是主跨跨中部分为一段 108m 的钢箱，其 330m 的主跨创造了一个新的世界纪录(图 1-1-13)。北盘江特大桥(2013 年)是亚洲最大跨度的预应力混凝土连续刚构桥，预应力混凝土空腹(斜腿)式连续刚构名列世界第一，有"世界第一斜腿"的美称，其比普通刚构桥跨径更大，而且能够减少重量，后期维护成本基本为零，具有十分明显的优势。

图 1-1-13　重庆石板坡长江大桥复线桥(2006 年)

三、斜拉桥

在世界桥梁建筑中，1956 年联邦德国建成了第一座现代钢斜拉桥以后，由于结构合理，跨越能力大，用材指标低和外形美观，这种桥型已如异军突起，发展迅速。我国桥梁工作者们在不断学习的基础上，勤于实践，勇攀新的技术高峰，从 1975 年开始修建两座试验桥以来，修建斜拉桥的高潮迭起，20 世纪 80 年代已修建 20 余座预应力混凝土斜拉桥和一座钢斜拉桥，其中跨度超过 200m 的有 8 座，如济南黄河公路大桥(主跨 220m，1982 年)、天津永定河桥(主跨 260m，1987 年)、山东省东营黄河桥(主跨 288m，1987 年)等。图 1-1-14 所示是济南黄河公路大桥，主跨跨径为 40m + 94m + 220m + 94m + 40m，大桥全长 2 023.4m。

图 1-1-14　济南黄河公路大桥(1982 年)

从 20 世纪 90 年代起，我国建设的斜拉桥，跨径突破 400m，开始步入世界先进行列。据已有资料的不完全统计，全球已建成或在建的各类斜拉桥总数达 350 多座，而我国已有 100 多座斜拉桥，其中跨径达 400m 或以上的总计约 20 座，总数占世界首位，已成为世界上建造斜拉桥最多的国家。如上海从 1991—1997 年，相继建成的主跨为结合梁的南浦、杨浦和徐浦三座大桥，主桥的主跨跨径分别为 423m、602m、590m；之后于 2001 年建成的福州青州闽江大桥主跨达 605m，为目前世界同类型桥梁之最；南京长江三桥(l = 648m，2005 年)、香港昂船洲大桥(l = 1 018m，2009 年)，以及图 1-1-15 所示的江苏省内的苏通大桥(主跨为 1 088m，2008 年)，创造出全球建造斜拉桥技术的新纪录。

图 1-1-15　苏通大桥(2008 年)

四、石拱桥和钢筋混凝土拱桥

我国修建拱桥有悠久历史。在新中国成立初期,广大建桥职工继承和发扬了我国建造石拱桥的优良传统,因地制宜,就地取材,修建了大量经济美观的石拱桥。20 世纪 60 年代就建成了云南南盘江长虹桥($l=112.5m$);1972 年又建成四川丰都县的九溪沟大桥($l=116m$)。1991 年在湖南省凤凰县又建成了鸟巢河桥,跨径达 120m(图 1-1-16)。

目前世界上跨径最大的石拱桥是我国于 2001 年建成的山西晋城晋焦高速公路上的丹河大桥,跨径达 146m(图1-1-17)。至今我国已建成跨径在百米以上的石拱桥已有 20 座。

图 1-1-16　鸟巢河桥(1991 年)　　　　　图 1-1-17　山西晋城丹河大桥(2001 年)

除石拱桥外,我国还创造和推广了不少结构新颖的拱桥。1964 年创建的双曲拱桥,具有材料省、造价低、施工简便和外形美观等优点,很快在全国公路上得到应用和推广,对加快我国公路桥梁的建设速度,曾起了很大的作用。此外,全国各地还因地制宜创建了各具特色的拱式桥。其中江浙一带推广较快的有结构自重小、适合于软土地基修建的钢筋混凝土桁架拱桥和刚架拱桥;河南的双曲扁拱,广东的悬砌拱,湖南的石砌肋板拱等,这些结构各具特色,曾为探索经济合理的中、小跨径拱桥建筑作出了贡献。图 1-1-18 和图 1-1-19 分别示出钢筋混凝土桁架拱桥和刚架拱桥的概貌。然而,多年来的实践发现,双曲拱桥和刚架拱桥等组装式结构,由于其整体性较差,与承受重载的现代公路建设不相适应,因此目前已较少采用。

图 1-1-18　河南省嵩县伊河桁架拱桥(9×50m,1977 年)　　图 1-1-19　广东省清远北江桥(主跨70m,1984 年)

在拱桥的施工技术方面,除了有支架施工外,对于大跨径拱桥,目前已广泛采用无支架施工。从 20 世纪 70 年代中期起,随着缆索吊装技术和转体施工法的发展,为了提高拱桥施工中构件的稳定性和加强主拱的整体性,对于较大跨径的拱桥已大多采用薄壁箱形拱桥来取代双曲拱桥。1982 年建成了跨度达 170 m 的四川攀枝花市 7 号桥;1988 年又成功地用无平衡重转体法建成了四川涪陵乌江桥,跨度达 200m(图 1-1-20);1990 年建成的用劲性钢骨架代替钢拱架的四川宜宾金沙江桥,跨度 240m。20 世纪 90 年代开始兴起的钢管混凝土拱桥,又使大跨径拱桥的建造技术得到了进一步的发展。该类桥先利用钢管作为施工拱架,具有自重轻、易于架设安装的特点,内注混凝土后,又利用钢管混凝土作为主拱,钢管对混凝土的紧箍作用又能提高主拱的强度。用此法建成的广东南海三山西桥($l=200m$,1995 年)、广西三岸邕江桥($l=270m$,1998 年)和广州市高速公路丫髻沙大桥($l=360m$,2000 年)等,都是这种拱桥的典范。图 1-1-21 示出丫髻沙大桥的景象,此桥为三孔系杆自锚式无推力钢管混凝土中承式拱桥,孔跨布置为 76m+360m+76m。目前已经建成跨径最大的钢管混凝土拱桥是泸州合江长江一桥(又名波司登大桥),为跨径 530m 的中承式钢管混凝土拱桥(图 1-1-22,2004 年)。

图 1-1-20　四川涪陵乌江桥(1988 年)　　图 1-1-21　广州丫髻沙珠江大桥(2000 年)

如果以钢管混凝土作为劲性骨架,再外包混凝土修建成箱形拱桥,则可加大拱桥的跨径,并且能免除钢管的防腐养护工作。我国已建成的此类拱桥有广西邕宁县邕江大桥($l=312m$,1996 年)和四川重庆万县长江大桥($l=420m$,1997 年),后者的跨径已为钢筋混凝土箱形截面拱桥创造了世界之最的纪录。此外,我国还成功用悬臂施工法建成了多座钢筋混凝土桁式组合拱桥,其中跨度最大的是贵州江界河桥,跨度达330m,居同类桥型的世界之最。图1-1-23是重庆万县长江大桥的雄姿,图1-1-24为贵州江界河大桥,但由于结构整体性差,经徐变后节点容易开裂,此两种桥型已较少采用。

图1-1-22　泸州合江长江一桥(2012年)

图1-1-23　重庆万县长江大桥(1997年)

图1-1-24　贵州江界河大桥(1995年)

据不完全统计,目前世界上已建、在建及规划中的单跨在300m以上的拱桥共68座,我国占了39座。回顾我国建桥史,拱桥占有主要地位。而且,从20世纪90年代起,我国的拱桥技术已跃居世界先进行列。

五、桥梁基础工程

我国在深水急流中修建了不少桥梁,已积累了丰富的深水基础工程的设计和施工经验。20世纪50年代,在修建武汉长江大桥时,在世界上首次采用了大型管柱基础来取代气压沉箱的施工方法。之后这种先进深水基础形式得到了推广和发展。管柱的直径从1.55m发展到5.8m,在水下的深度达64m。图1-1-25所示为1953—1957年修建武汉长江大桥时首创的管柱钻孔桩基础。

在沉井施工方面,由于成功地采用了先进的触变泥浆套下沉技术,大幅度减少了圬工数量(据某大桥的实践,减少达一半),并使下沉速度加快3～11倍。南京长江大桥1号墩的沉井在土层中下沉了53.5m(图1-1-26)。正在修建的江阴长江大桥,其支承悬索的北岸锚碇的沉井平面尺寸达69m×51m,埋深58m,是世界上平面尺寸最大的沉井基础。

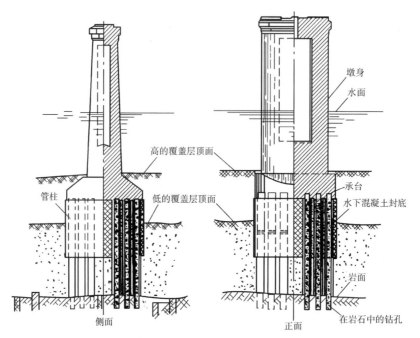

图 1-1-25　武汉长江大桥的桥墩基础（1953—1957 年）

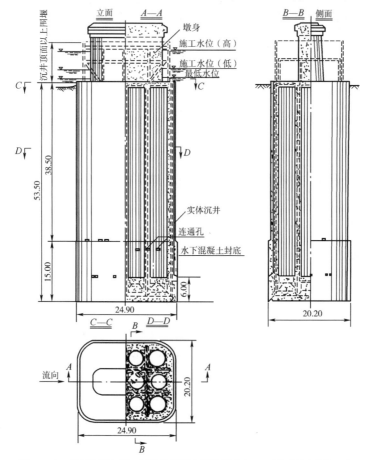

图 1-1-26　南京长江大桥 1 号墩的混凝土沉井基础（1968 年）（尺寸单位：m）

大型深水基础还成功采用了双壁钢围堰内抽水封底并加管柱钻孔的形式,围堰直径为 30~40m。我国还广泛采用和推广了大直径钻孔灌注桩基础,直径 1.5~3.0m,并对更大直径(达 4.5m)的空心桩研究已取得初步成果。北镇黄河公路桥采用钻孔桩的钻孔深度已达到 104m。在大型基础深基坑开挖方面已开始采用地下连续墙的施工方法,如润扬大桥北锚碇基础平面尺寸为 69m×50m 的矩形,采用明挖法施工,基坑深度达 50m,已采用此法施工取得成功。

第四节 世界各国桥梁建造现状

纵观世界桥梁建筑发展的历史,与社会生产力的发展、工业水平的提高、施工技术的进步、力学理论的进展、计算能力的提高等方面都有关系,但其中,与建筑材料的革新最为密切。

19 世纪中期钢材的出现,开始了土木工程的第一次飞跃。随后又产生了高强度钢材、钢丝,于是钢结构得到蓬勃发展。结构的跨度也不断扩大,以至能修建几百米到千米以上特大跨度的跨海大桥。

20 世纪初,钢筋混凝土的广泛应用,以及至 30 年代开始兴起的预应力混凝土技术,大大提高了混凝土结构的抗裂性能、刚度和承载能力,使土木工程发生了又一次飞跃。实践证明,预应力混凝土桥梁已经能与 200~300m 甚至更大跨径的钢桥相抗衡。

世界上各国的桥梁工作者始终在寻求结构合理、造价更经济、跨越能力更大的桥梁形式,推动了桥梁工程的发展。

19 世纪后期,预应力混凝土桥梁迅速发展之前,在资本主义发达国家内曾风行修建钢桥,并已达到相当高的技术水平。1947 年联邦德国 Leanhardt 首创各向异性钢桥面板新结构,为钢桥的发展作出了贡献。目前世界上跨度最大的铁路简支桁架桥,还数美国 1917 年建成的都会桥,跨度 220m,而公路桥则是美国的切斯特 2860 桥($l=227m$,1973 年)。最大跨径的钢连续梁桥是日本 1988 年建成的与岛公铁两用桥($l=245m$)和 1992 年建成的生月大桥($l=400m$)。1917 年加拿大修建的魁北克桥(公铁两用,$l=549m$),至今仍是钢悬臂梁桥的世界之最(图1-1-27)。日本 1974 年修建的港大桥是公路钢桁悬臂梁桥,跨度也达 510m(图1-1-28)。国外钢拱桥也发展较早,澳大利亚在 1932 年修建的公铁两用钢桁架拱桥——悉尼港桥($l=503m$)(图1-1-29),直至 1977 年钢拱桥跨度纪录才被美国的新河桥所突破($l=518m$)。我国 2003 年建成的卢浦大桥又刷新了世界纪录,我国目前已建成的还有润扬长江大桥(悬索桥,主跨 1 490m)、苏通大桥(斜拉桥,主跨 1 088m)、舟山西堠门大桥(悬索桥,主跨 1 650m)、杭州湾跨海大桥(36km)等,不断刷新着世界纪录。此外,在规划中的有琼州海峡工程(约 29.5km,最大水深 160m)、渤海海峡工程(约 75km,最大水深 60m)等。

悬索桥是能充分发挥高强钢材优越性的独特桥型,在国外发展甚早。美国在 19 世纪中期从法国引进了近代吊桥技术后,于 19 世纪 70 年代移居美国的瑞士桥梁大师 Roebling 就发明了主缆的"空中纺线法"编纺桥缆。1937 年建成的旧金山金门大桥,主跨达 1 280m,一直保持了 27 年的世界纪录(图1-1-30),至今仍是一座举世闻名的集工程技艺和建筑艺术于一体的宏伟美观的桥梁建筑。

图1-1-27 加拿大魁北克桥(1917年)

图1-1-28 日本港大桥(1974年)

图1-1-29 澳大利亚悉尼港桥(1932年)

图1-1-30 美国旧金山金门大桥(1937年)

1988年日本在建造1 100m的南备赞悬索桥时,首创新型的平行钢丝索股代替传统的美国"空中纺线法"编制主缆,大大提高了施工效率。目前世界上已建成跨度最大的悬索桥是日本本四联络线上的明石海峡公铁两用桥(l = 1 991m,1999年),为建造此桥专门研制了180MPa的高强度钢丝,此桥可誉为当今世界桥梁之王(图1-1-31)。英国在设计988m的Severn桥时,发现采用简单的流线型扁箱截面加劲梁,具有很好的气动性能,而且由于自重轻,不仅节省造价,而且便于施工安装,加上用钢筋混凝土桥塔替代钢桥塔,于是就诞生了新一代的英国式悬索桥,并且成为当今悬索桥结构形式的主流。其他比较著名的悬索桥有英国1974年建成主跨为l = 1 410m的亨伯大桥(图1-1-32)、丹麦的大贝尔特公路桥(l = 1 642m,1998年)等。

图1-1-31 日本明石海峡公铁两用桥(1999年)

图1-1-32 英国亨伯大桥(1974年)

世界上第一座现代公路斜拉桥是1956年联邦德国Dischinger在瑞典建成的斯特罗姆海峡钢斜拉桥(图1-1-33),主跨为182.6m。1958年,联邦德国Leonhardt在杜塞尔多夫北桥中首创斜拉桥"倒退分析法"的施工控制新技术。之后,1962年意大利Morandi设计了第一座预应力混凝土的委内瑞拉马拉开波斜拉桥,其主跨跨度为160m+5×235m+160m(图1-1-34)。

图1-1-33　斯特罗姆海峡桥(瑞典,1956年)　　　　图1-1-34　马拉开波斜拉桥(委内瑞拉,1962年)

之后于1966年联邦德国Homberg又设计了第一座密索体系的斜拉桥——主跨280m的波恩莱茵河桥。经过50多年的建桥实践,充分证明斜拉桥这种桥型(包括各种混凝土与钢结合形式的斜拉桥)对于大跨桥梁有很大的适应性,可以相信,在设置锚碇比较困难的情况下,在1000m左右的跨度范围,将能与常用的悬索桥相竞争。1977年法国Mueller建造了世界上第一座单索面的混凝土斜拉桥——主跨320m的布鲁东桥。图1-1-35示出1987年在美国佛罗里达州坦帕海湾上建成的阳光大桥,此桥为跨径组合为164.6m+365.8m+164.6m的单索面混凝土斜拉桥,桥面总宽度29.0m。目前世界上已建成跨度最大的斜拉桥是俄罗斯的俄罗斯岛大桥($l=1\,104$m,2012年),此桥的斜拉索和主梁进行同步安装,主梁悬臂部分长度为852m(图1-1-36)。法国在1995年建成的诺曼底大桥,跨度也达到856m,此桥首先采用平行钢绞线拉索和防雨振的螺旋表面处理,无论在构造处理和施工工艺方面都是当代杰出的著名大桥(图1-1-37)。

图1-1-35　坦帕湾阳光大桥(美国,1987年)

苏丹塞利姆大桥作为土耳其马尔马拉海北部高速公路项目的一段,是一座公铁两用斜拉-悬索协作体系大桥(图1-1-38)。大桥于2016年8月建成通车,全长2164m,其中主跨1408m,是目前世界上最大的公铁两用大桥,同时也是世界上第一座超大跨度斜拉-悬索协作体系桥。大桥桥塔高达322m,使用A形桥塔增强其横向刚度,塔柱截面近似为空心三角形,这不仅有利于增强桥塔的刚度,而且流线型外形有利于减小横桥向风力。

图 1-1-36　俄罗斯岛大桥(俄罗斯,2012 年)

图 1-1-37　诺曼底大桥(法国,1995 年)

图 1-1-38　苏丹塞利姆大桥(土耳其,2016 年)

圬工拱桥在国外也有较早的发展历史。1855 年起法国建造了第一批应用水泥砂浆砌筑的石拱桥。大约在 1870 年时,德国建造了第一批采用硅酸盐水泥的混凝土拱桥。目前世界上跨度最大的用石料镶面的混凝土拱桥是 1946 年瑞典建成的绥依纳松特桥,跨度达 155m。由于石料开采加工和砌筑所费劳力巨大,以致几十年来国外很少修建大跨度的石拱桥。

钢筋混凝土材料兴起后,鉴于其突出的受压性能,促进了大跨度拱桥的发展。从 19 世纪末到 20 世纪 50 年代间,钢筋混凝土拱桥无论跨越能力、结构体系和主拱截面形式均有很大的发展。法国于 1930 年建成的三孔 186m 博浪加斯脱桥(图 1-1-39)和瑞典于 1940 年建造的跨径 264m 的桑独大桥(图 1-1-40),均达到了很高的技术水平。后者的跨度纪录一直保持到 1964 年澳大利亚悉尼港柏拉马塔河桥的问世($l=305m$,有支架施工)。

图 1-1-39　博浪加斯脱桥(法国,1930 年)

图 1-1-40　桑独大桥(瑞典,1940 年)

鉴于修建钢筋混凝土拱桥的支架、模板的复杂性,加之耗费劳动力过大,故在以后 10 多年中,国外已较少采用。直至 1979 年,南斯拉夫用无支架悬臂施工方法建成了跨度达到 390m 的克尔克大桥(图 1-1-41),又重新突破了当时柏拉马塔河桥保持达 15 年之久的世界纪录。

图 1-1-41　克尔克大桥(南斯拉夫,1979 年)

钢筋混凝土梁式桥,限于材料本身所固有的特性,其跨径远逊于拱桥。1928 年法国 Freyssinet 首创了预应力混凝土的概念和设计理论,直到 19 世纪中期,预应力技术渐趋成熟,又促进了预应力混凝土梁式桥的迅速发展。1977 年奥地利建成了一座简支梁跨径达 76m 的阿尔姆桥。图 1-1-42 示出 1950 年在联邦德国建成的内卡运河桥,该桥主跨 90m,看上去像座刚构桥,但实际上是座三跨连续梁桥,两边跨 19m 藏在两端的翼墙后面。

图 1-1-42　内卡运河桥(联邦德国,1950 年)

1953 年联邦德国 Finsterwald 首创采用挂篮的平衡悬臂法建造预应力混凝土桥梁新技术,在莱茵河上成功建成了沃伦姆斯桥(跨径组合为 101.65m + 114.20m + 104.20m,具有跨中剪力铰的连续刚架桥)后,这种方法就传播到全世界。后来莱茵河另一座本道尔夫桥的问世,将这类桥的跨度推进到 208m(图 1-1-43),平衡悬臂节段施工技术也更臻完善。之后,日本于 1976 年建成了跨度达 240m 的浜名大桥,1980 年在美国太平洋托管区的帕洛岛建成了主跨 240.8m 的科勒—巴贝尔塞浦桥。目前在国外跨度最大的预应力混凝土连续梁桥是瑞士的莫塞尔桥($l = 192m$,1974 年);悬臂梁桥是英北爱尔兰的马丹桥($l = 252m$);T 形刚架桥是巴拉圭的亚松森桥($l = 270m$,1978 年)。1979 年瑞士 Christian Menn 教授设计建造了利用双薄壁墩的柔性克服温度效应并可削去负弯矩尖峰的连续刚架桥,使预应力混

图 1-1-43　本道尔夫桥(德国,1956 年)

凝土梁式桥的跨越能力得到进一步提高。1986 年澳大利亚建成的门道桥跨度达 260m,是当时国外跨度最大的连续刚架桥;至 1998 年在挪威建成的斯道尔玛桥($l = 301m$)和拉夫特松德桥($l = 298m$),又重新刷新了连续刚架桥的世界纪录。目前跨度最大的预应力混凝土斜腿刚架桥是法国的博诺姆桥($l = 186.3m$,1974 年)(图 1-1-44)。图 1-1-45 所示是荷兰 1969 年建成的造型特别美观的 V 形墩三跨连续刚架桥,跨径组合为 80.5m + 112.5m + 80.5m。

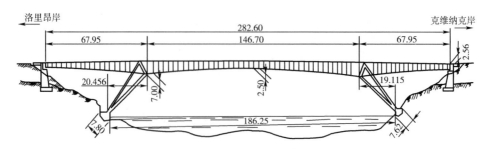

图 1-1-44 博诺姆桥(法国,1974 年)(尺寸单位:m)

图 1-1-45 布里斯勒马斯桥(荷兰,1969 年)

从以上的简介中可以看出:德国、法国、英国、美国、瑞士、日本和丹麦等国家,从 20 世纪 60~70 年代以来,对现代桥梁的发展贡献了大部分创新技术。不仅在新材料、新结构和新工艺上有许多创造,而且在桥梁设计理论和方法方面,如钢桥的正交异性桥面、结合梁、斜拉桥的施工控制、预应力混凝土桥的配索原理、桥梁稳定和振动等,都作出了突出的贡献。

第二章
桥梁的基本组成和分类

道路路线遇到江河湖泊、山谷深沟以及其他线路(铁路或公路)等障碍时,为了保持道路的连续性,就需要建造专门的人工构造物——桥梁来跨越障碍。下面先熟悉一座桥梁的基本组成部分以及桥梁的分类情况。

第一节 桥梁的基本组成

图 1-2-1 表示一座公路桥梁的概貌,从图中可见,桥梁一般由桥跨结构、桥墩和桥台等几部分组成。

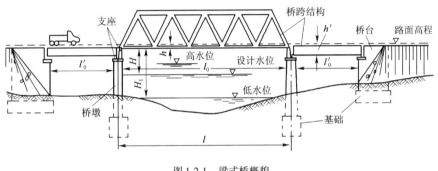

图 1-2-1 梁式桥概貌

桥跨结构是在线路中断时跨越障碍的主要承重结构。当需要跨越幅度比较大,并且除恒载外要求安全地承受很大车辆荷载的情况下,桥跨结构的构造就比较复杂,施工也相当困难。

桥墩(pier)**和桥台**(abutment)是支承桥跨结构并将恒载和车辆等活载传至地基的建筑物。通常设置在桥两端的称为桥台,它除了上述作用外,还与路堤相衔接,以抵御路堤土压力,防止路堤填土的滑坡和坍落。单孔桥没有中间桥墩。桥墩和桥台中使全部荷载传至地基的底部奠基部分,通常称为**基础**,它是确保桥梁能安全使用的关键。由于基础往往深埋于土层之中,并且需在水下施工,故也是桥梁建筑中比较困难的一个部分。

通常人们还习惯地称桥跨结构为桥梁**上部结构**(superstructure),称桥墩或桥台(包括基础)为桥梁的**下部结构**(substructure)。

一座桥梁中在桥跨结构与桥墩或桥台的支承处所设置的传力装置,称为**支座**(bearing),它不仅要传递很大的荷载,并且要保证桥跨结构能产生一定的变位。

在路堤与桥台衔接处,一般还在桥台两侧设置石砌的**锥形护坡**,以保证迎水部分路堤边坡的稳定。

在桥梁建筑工程中,除了上述基本结构外,根据需要还常常修筑护岸、导流结构物等附属工程。

河流中的水位是变动的,在枯水季节的最低水位称为**低水位**;洪峰季节河流中的最高水位称为**高水位**。桥梁设计中按规定的设计洪水频率计算所得的高水位,称为**设计洪水位**。

下面介绍一些与桥梁布置和结构有关的主要尺寸和术语名称。

净跨径(clear span)对于梁式桥是设计洪水位上相邻两个桥墩(或桥台)之间的净距,用 l_0 表示(图 1-2-1);对于拱式桥是每孔拱跨两个拱脚截面最低点之间的水平距离(图 1-2-2)。

总跨径是多孔桥梁中各孔净跨径的总和,也称为**桥梁孔径**(Σl_0),它反映了桥下宣泄洪水的能力。

计算跨径对于具有支座的桥梁,是指桥跨结构相邻及两个支座中心之间的距离,用 l 表示。对于图 1-2-2 所示的拱式桥,是两相邻拱脚截面形心点之间的水平距离。桥跨结构的力学计算是以 l 为基准的。

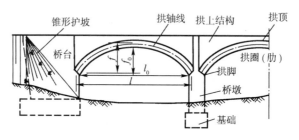

图 1-2-2 拱桥概貌

桥梁全长简称桥长,是桥梁两端两个桥台的侧墙或八字墙后端点之间的距离,以 L 表示。

桥梁高度简称桥高,是指桥面与低水位之间的高差(如图 1-2-1 中的 H_1)或为桥面与桥下线路路面之间的距离。桥高在某种程度上反映了桥梁施工的难易性。

桥下净空高度是设计洪水位或计算通航水位至桥跨结构最下缘之间的距离,以 H 表示,它应保证能安全排洪,并不得小于对该河流通航所规定的净空高度。

建筑高度是桥上行车路面(或轨顶)高程至桥跨结构最下缘之间的距离(图 1-2-1 中的 h

及 h'),它不仅与桥跨结构的体系和跨径大小有关,而且还随行车部分在桥上布置的高度位置而异。公路(或铁路)定线中所确定的桥面(或轨顶)高程,对通航净空顶部高程之差,又称为**容许建筑高度**。显然,桥梁的建筑高度不得大于其容许建筑高度,否则就不能保证桥下的通航要求。

净矢高是从拱顶截面下缘至相邻两拱脚截面下缘最低点之连线的垂直距离,以 f_0 表示(图1-2-2)。

计算矢高是从拱顶截面形心至相邻两拱脚截面形心之连线的垂直距离,以 f 表示(图1-2-2)。

矢跨比(rise-span ratio)是拱桥中拱圈(或拱肋)的计算矢高 f 与计算跨径 l 之比(f/l),也称为拱矢度,它是反映拱桥受力特性的一个重要指标。

此外,我国《公路桥涵设计通用规范》(JTG D60—2015)中规定,对于标准设计或当新建桥涵跨径在50m以下时,一般均应尽量采用标准跨径(l_b)。对于梁式桥,它是指两相邻桥墩中线之间的距离,或墩中线至桥台台背前缘之间的距离;对于拱式桥,则是指净跨径。

第二节　桥梁的主要类型

目前人们所见到的桥梁,种类繁多。它们都是在长期的生产活动中,通过反复实践和不断总结逐步发展起来的。

为了对各种类型的桥梁结构先有个概略的认识,下面加以简要的分析说明。

一、桥梁的基本体系

结构工程上的受力构件,总离不开拉、压和弯三种主要受力方式。由基本构件所组成的各种结构物,在力学上也可归结为梁式、拱式和悬吊式三种基本体系以及它们之间的各种组合。现代的桥梁结构也一样,不过其内容更丰富,形式更多样,材料更坚固,技术更进步。下面从受力特点、建桥材料、适用跨度、施工条件等方面来阐明桥梁各种体系的特点。

1. 梁式桥

梁式桥(girder bridge)是一种在竖向荷载作用下无水平反力的结构[图1-2-3a)、b)]。由于外力(恒载和活载)的作用方向与承重结构的轴线接近垂直,故与同样跨径的其他结构体系相比,梁内产生的弯矩最大,通常需用抗弯能力强的材料(钢、木、钢筋混凝土等)来建造。为了节约钢材和木料(木桥使用寿命不长,除临时性桥梁或战备需要外,一般不宜采用),目前在公路上应用最广的是预制装配式的钢筋混凝土简支梁桥。这种梁桥的结构简单,施工方便,对地基承载能力的要求也不高,但其常用跨径在25m以下。当跨度较大时,需要采用预应力混凝土简支梁桥,但跨度一般也不超过50m。为了达到减小梁高、适应材料架设条件的目的,可根据地质条件等修建悬臂式梁桥,如图1-2-3c)所示。连续梁桥的弯矩比简支梁小,同时行车舒适性好,成为公路及城市道路梁桥使用最多的形式,如图1-2-3d)所示。对于跨径很大以及承受很大荷载的特大桥梁除可建造使用高强度材料的预应力混凝土梁桥外,也可建造钢桥,如图1-2-3e)所示。

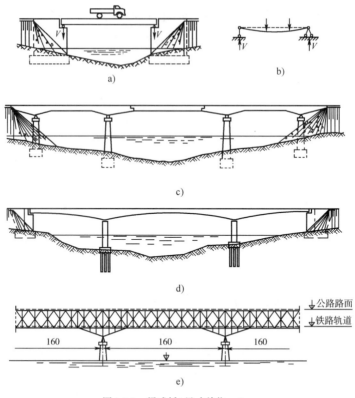

图 1-2-3 梁式桥(尺寸单位:m)

2. 拱式桥

拱式桥(arch bridge)的主要承重结构是拱圈或拱肋(图 1-2-4)。这种结构在竖向荷载作用下,桥墩或桥台将承受水平推力,如图 1-2-4b)所示。同时,这种水平推力将显著抵消荷载在拱圈(或拱肋)内引起的弯矩作用。因此,与同跨径的梁相比,拱的弯矩和变形要小得多。鉴于拱桥的承重结构以受压为主,通常就可用抗压能力强的圬工材料(如砖、石、混凝土)和钢筋混凝土等来建造。

拱桥的跨越能力很大,外形也较美观,在条件许可的情况下,修建拱桥往往是经济合理的。

同时应当注意,为了确保拱桥能安全使用,下部结构和地基必须能经受住很大的水平推力的不利作用。此外,拱桥的施工一般要比梁桥困难些。对于很大跨度的桥梁,也可建造钢拱桥。

在地基条件不适于修建具有强大推力的拱桥的情况下,必要时也可建造水平推力由钢或预应力筋做成抗拉系杆来承受的系杆拱桥(tied arch bridge),如图 1-2-4d)所示。近年来还发展了一种所谓"飞鸟式"三跨无推力拱桥,如图 1-2-4e)所示。即在拱桥边跨的两端施加强大的预加力,传至拱脚,以抵消主跨拱脚巨大的恒载水平推力。

图 1-2-4 中还示出三种不同承式的桥梁。通常称车辆在主要承重结构(拱或梁)之上行驶者为上承式桥梁(deck bridge),如图 1-2-4a)所示;车辆在主要承重结构之下行驶者为下承式桥梁(through bridge),如图 1-2-4d)所示;图 1-2-4 中的 c)和 e)则称为中承式桥梁(half-through bridge)。

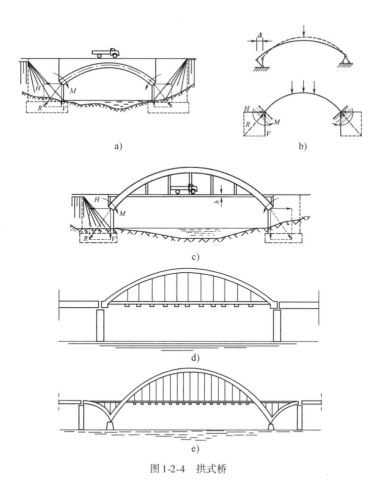

图 1-2-4 拱式桥

3. 刚架桥

刚架桥(rigid frame bridge)的主要承重结构是梁或板和立柱或竖墙整体结合在一起的刚架结构,梁和柱的连接处具有很大的刚性,如图 1-2-5a)所示。在竖向荷载作用下,梁部主要受弯,而在柱脚处也具有水平反力[图 1-2-5b)],其受力状态介于梁桥与拱桥之间。刚架桥跨中的建筑高度就可以做得较小。当遇到线路立体交叉或需要跨越通航江河时,采用这种桥型能尽量降低线路高程,以改善纵坡并能减少路堤土方量。但普通钢筋混凝土修建的刚架桥施工比较困难,梁柱刚接处较易裂缝。

图 1-2-5c)所示的 T 形刚构桥是修建较大跨径钢筋混凝土桥曾采用的桥型,它是结合了刚架桥和多孔静定悬臂梁桥的特点发展起来的一种多跨结构,能适应常年温差和混凝土收缩产生的变形。对于普通钢筋混凝土 T 形刚构桥,由于悬臂根部的负弯矩很大,控制混凝土裂缝的开展成为关键,目前已很少修建。

预应力混凝土工艺的发展,使得 T 形刚构桥和连续刚构桥得到了很大的推广。特别是采用悬臂安装或悬臂浇筑的分段施工方法,不但加速了修建大跨度桥梁的施工速度,而且克服了要在江河或深谷中搭设支架的困难。

图 1-2-5d)所示的多跨连续刚构桥,属于多次超静定结构,在设计中一般应减小墩柱的抗弯刚度,不然的话会在结构内引起较大的附加内力。对很长的桥,为了降低这种附加内力,往

往在两侧的边跨设置活动铰支座,甚至将主跨的墩柱做成双壁式结构。

当跨越陡峭河岸和深邃狭谷时,修建斜腿式的刚构桥往往既经济合理,又造型轻巧美观,如图 1-2-5e)所示。由于斜腿墩柱置于岸坡上,有较大斜角,在主梁跨度相同的条件下,斜腿刚构桥的桥梁跨度比门式刚构桥要大得多。

T 形刚构桥的悬臂主梁,主要承受负弯矩,因此,横截面宜用箱形截面。连续刚构桥和斜腿刚构桥的主梁受力与连续梁相近,通常也采用各式箱形横截面。

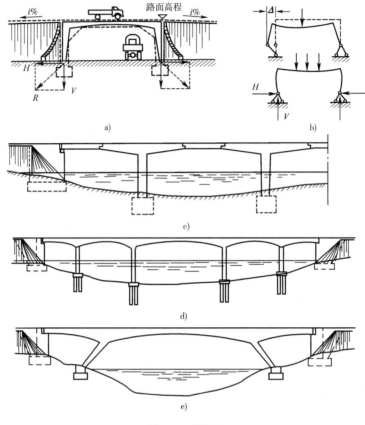

图 1-2-5 刚架桥

4. 悬索桥

传统的悬索桥(suspension bridge)也称为吊桥,均用悬挂在两边塔架上的强大缆索作为主要承重结构,如图 1-2-6 所示。在竖向荷载作用下,通过吊杆使缆索承受很大的拉力,通常就需要在两岸桥台的后方修筑非常巨大的锚碇结构。悬索桥也是具有水平反力(拉力)的结构。现代的悬索桥上,广泛采用高强度的钢丝成股编制的钢缆,以充分发挥其优异的抗拉性能,因此结构自重较轻,就能以较小的建筑高度跨越其他任何桥型无与伦比的特大跨度。悬索桥的另一特点是:成卷的钢缆易于运输,结构的组成构件较轻,便于无支架悬吊拼装。我国在西南山岭地区和在遭受山洪泥石冲击等威胁的山区河流上,以及对于大跨径桥梁,当修建其他桥梁有困难的情况下,往往采用悬索桥。

图 1-2-6a)所示为在山区跨越深沟或河谷的单跨式吊桥。图 1-2-6b)所示则是在大江或湖海上跨越深水区的三跨式吊桥。

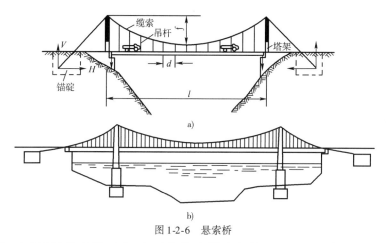

图 1-2-6 悬索桥

近年来,鉴于对桥梁美观的要求,在不宜修建锚碇的情况下,也可建造将主缆锚固在主梁两端的所谓"自锚式"悬索桥。这种桥型虽然很有特色,但其结构设计和施工工艺比较复杂,经济性较差,而且跨径也不宜过大,目前最大跨径为385m。

然而,相对于前面所说的其他体系而言,悬索桥的自重轻,结构的刚度差,在车辆动荷载和风荷载作用下,桥有较大的变形和振动。可以说,整个悬索桥的发展历史,是不断研究和克服其有害的变形与振动的历史,亦即是争取其结构刚度的历史。

5. 斜拉桥

斜拉桥(cable-stayed bridge)由斜索、塔柱和主梁所组成,如图 1-2-7 所示。用高强度钢材制成的斜拉索将主梁多点吊起,并将主梁的恒载和车辆荷载传至塔柱,再通过塔柱基础传至地基。这样,跨度较大的主梁就像一根多点弹性支承(吊起)的连续梁一样工作,从而可使主梁尺寸大大减小,结构自重显著减轻,既节省了结构材料,又大幅度增大桥梁的跨越能力。此外,与悬索桥相比,斜拉桥的结构刚度大,即在荷载作用下的结构变形小得多,且其抵抗风振的能力也比悬索桥好,这也是在斜拉桥可能达到的大跨度情况下使悬索桥逊色的重要因素。

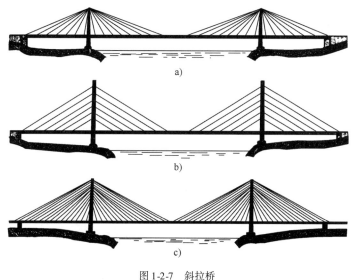

图 1-2-7 斜拉桥
a)辐射形;b)竖琴形;c)扇形

斜拉桥的斜索组成和布置、塔柱形式以及主梁的截面形状是多种多样的。我国常用平行高强钢丝束、平行钢绞线束等制作斜索,并用热挤法在钢丝束上包一层高密度的黑色聚乙烯(HDPE)外套进行防护。

斜索在立面上也可布置成不同形式。各种索形在构造和力学上各有特点,在外形美观上也各具特色。常用的索形布置为竖琴形(harp stay system)[图 1-2-7b)]和扇形(modified fan stay system)[图 1-2-7c)]两种。另一种是斜索集中锚固在塔顶的辐射形(fan stay system)[图 1-2-7a)]布置,但因其塔顶锚固结构复杂而较少采用。

常用的斜拉桥是三跨双塔式结构,但在实践中也往往根据河流、地形、通航要求等情况,采用对称与不对称的双跨独塔式斜拉桥。

斜拉桥是半个多世纪来最富于想象力和构思内涵最丰富且引人瞩目的桥型,它具有广泛的适应性。一般说来,对于跨度从 200m 至 700m,甚至超过 1 000m 的桥梁,斜拉桥在技术和经济上都具有相当优越的竞争能力。诚然,随着斜拉桥跨度的增大,将会面临塔过高和斜拉索过长等一系列技术难点,这不仅涉及高耸塔柱抗震和抗风等动力稳定方面的问题,而且还有主梁受压力过大以及长斜索因自重垂度增大而引起的种种技术问题。另外,必须提到的是,斜拉桥的斜拉索可以说是这种桥梁的生命线,至今国内外已发生过几起通车仅几年就因斜拉索腐蚀严重而导致全部换索的不幸工程实例。因此,确保其使用寿命,仍是当今桥梁界十分关切和重视的重要课题。可以相信,随着高性能新材料的开发、计算理论的进一步完善、施工方法的改进、特别是设计构思的不断创新,斜拉桥还在向更大跨度和更新的结构形式发展。

6. 组合体系桥梁

除了以上 5 种桥梁的基本体系以外,根据结构的受力特点,还有由几种不同体系的结构组合而成的桥梁,称为组合体系桥梁(composite bridge)。图 1-2-8a)所示为一种梁和拱的组合体系,其中梁和拱都是主要承重结构,两者相互配合共同受力。由于吊杆将梁向上(与荷载作用的挠度方向相反)吊住,这样就显著减小了梁中的弯矩;同时由于拱与梁连接在一起,拱的水平推力就传递给梁来承受,这样梁除了受弯以外尚且受拉。这种组合体系桥能跨越较一般简支梁桥更大的跨度,而对墩台没有推力作用,因此,对地基的要求就与一般简支梁桥一样。图 1-2-8b)所示为拱置于梁的下方、通过立柱对梁起辅助支承作用的组合体系桥。

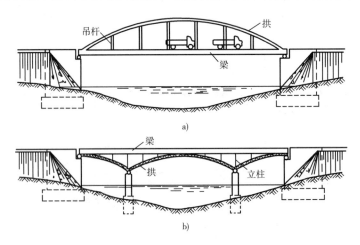

图 1-2-8 拱梁组合体系桥梁

图1-2-9示出几座大跨度组合体系钢桥的实例。图1-2-9a)中所示是钢桁架和钢拱的组合;图1-2-9b)所示是钢梁与悬吊系统的组合;图1-2-9c)所示是钢梁与斜拉索的组合;图1-2-9d)所示是斜拉索与悬索的组合。

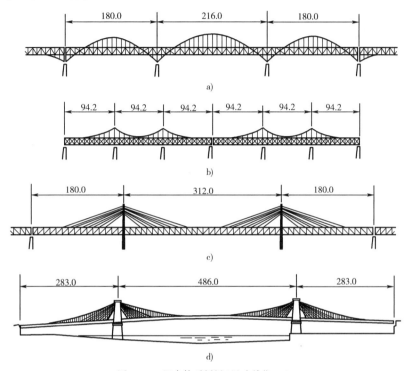

图1-2-9　组合体系桥梁(尺寸单位:m)
a)九江长江大桥;b)丹东鸭绿江大桥;c)芜湖长江大桥;d)纽约布鲁克林大桥

二、桥梁的其他分类简述

除了上述按受力特点分成不同的结构体系外,人们还习惯按桥梁的用途、大小规模和建桥材料等其他方面来进行分类。

(1)按用途来划分,有公路桥、铁路桥、公路铁路两用桥、农桥、人行桥、运水桥(渡槽)及其他专用桥梁(如通过管路和电缆等)。

(2)按桥梁全长和跨径的不同,分为特大桥、大桥、中桥和小桥。《公路桥涵设计通用规范》(JTG D60—2015)规定的划分标准如表1-2-1所示。

桥 梁 涵 洞 分 类　　　　　　　　　表1-2-1

桥涵分类	多孔跨径总长 L(m)	单孔跨径 L_k(m)	桥涵分类	多孔跨径总长 L(m)	单孔跨径 L_k(m)
特大桥	$L > 1\,000$	$L_k > 150$	小桥	$8 \leq L \leq 30$	$5 \leq L_k < 20$
大桥	$100 \leq L \leq 1\,000$	$40 \leq L_k \leq 150$	涵洞	—	$L_k < 5$
中桥	$30 < L < 100$	$20 \leq L_k < 40$			

注:1.单孔跨径是指标准跨径。
　　2.梁式桥、板式桥的多孔跨径总长为多孔标准跨径的总长;拱式桥为两岸桥台内起拱线间的距离;其他形式桥梁为桥面系行车道长度。

(3)按主要承重结构所用的材料划分,有圬工桥(包括砖、石、混凝土桥)、钢筋混凝土桥、预应力混凝土桥、钢桥和木桥等。木材易腐,而且资源有限,因此,除了少数临时性桥梁外,一般不采用。

(4)按跨越障碍的性质,可分为跨河桥、跨线桥(立体交叉)、高架桥和栈桥。高架桥一般是指跨越深沟峡谷以代替高路堤的桥梁。为将车道升高至周围地面以上并使其下面的空间可以通行车辆或作其他用途(如堆栈、店铺等)而修建的桥梁,称为栈桥。

(5)按上部结构的行车道位置,分为上承式桥、下承式桥和中承式桥。桥面布置在主要承重结构之上者称为上承式桥,如图 1-2-3a)、c)、d)、e)中的公路部分,图 1-2-4a)等;桥面布置在承重结构之下的称为下承式桥,如图 1-2-6a)、b)以及图 1-2-4d)等;桥面布置在桥跨结构高度中间的称为中承式桥,如图 1-2-4c)、e)所示。

上承式桥的构造较简单,施工方便,而且其主梁或拱肋等的间距可按需要调整,以求得经济合理的布置。一般来说,上承式桥梁的承重结构宽度可做得小些,因而可节约墩台圬工数量。此外,在上承式桥上行车时,视野开阔、感觉舒适也是其重要优点。所以,公路桥梁一般尽可能采用上承式桥。上承式桥的不足之处是桥梁的建筑高度较大,因此,在建筑高度受严格限制的情况下,就应采用下承式桥或中承式桥。

除了以上所述各种固定式的桥梁以外,还可按照特殊的使用条件修建开合桥、浮桥、漫水桥等。

第三章
桥梁的总体规划和设计要点

第一节　桥梁总体规划原则和基本设计资料

　　建设一座桥梁,不但与当地的经济、文化和人民生活有着密切关系,而且一座重要的桥梁还对国家发展交通运输事业,发展国民经济,促进文化交流和巩固国防等方面,都具有非常重要的意义。公路桥梁的设计,根据其使用任务、性质和所在线路的远景发展需要,除应符合技术先进、安全可靠、适用耐久、经济合理的要求外,还应考虑造型美观和有利环保的原则,同时尚应考虑因地制宜、就地取材、便于施工和养护等因素。在靠近村镇、城市、铁路及水利设施的桥梁,应结合各有关方面的要求,考虑综合利用。我国公路桥涵结构的设计基准期为100年。设计人员在工作中须广泛积累和总结建桥实践中创造的先进经验,推广各种经济效益好的技术成果,积极采用新结构、新技术、新设备、新工艺、新材料。设计中并应结合我国的实际,学习和引进国外的最新科学成就,把学习外国经验和自主创新结合起来。

　　桥梁设计,既是一种工程设计,也是一门艺术。对于具体一座桥梁,解决方法不是唯一的,它可以是重复已有设计图纸的平庸、常规设计,也可以是通过对已有设计的改进、甚至提出新的构思,做出具有一定创新内容的设计。工程师的职责就是要创造最合适的方法来解决工程问题。合理的创新构思,不但能提高结构安全、降低工程造价,还能起到改善使用功能和美化结构的效果。

为了培养学生在工程设计中具有综合创新构思的能力,国外,特别是德国,已在工程设计的课程安排中,增设了不分材料类型并视同理论教学同样重要的"概念设计"的教学。对于一项重大的工程建设,人们常说"设计是灵魂",而在整个设计过程中,酝酿、构思的"概念设计"工作,则更是发展创新思维的最重要阶段。

一、桥梁设计的基本要求

桥梁设计的一般步骤为:通过概念设计确定结构方案,确立计算模型,确定结构的详细尺寸和细节构造。选择构思好的桥梁结构方案,是设计工作最重要的第一步,也是评价桥梁设计成功与否的重要标准。

与设计其他工程结构物一样,在桥梁设计中必须考虑下述各项要求。

1. 使用上的要求

桥上的行车道和人行道宽度应保证车辆和行人的安全畅通,并应适当考虑将来交通量增长的需要。桥型、跨度大小和桥下净空应满足泄洪、安全通航或通车等要求。建成的桥梁要保证使用年限,并便于检查和维修。

2. 经济上的要求

桥梁设计应体现经济上的合理性。在设计中必须进行详细周密的技术经济比较,使桥梁的总造价和材料等的消耗为最少。应注意的是,要全面而精确地计及所有的经济因素往往是困难的,在技术经济比较中,尚应充分考虑桥梁在使用期间的运营条件以及养护和维修等方面的问题。

桥梁设计应遵循因地制宜、就地取材、方便施工的原则,合理选用适当的桥型。此外,能满足快速施工要求以达到缩短工期的桥梁设计,不仅能降低造价,而且提早通车在运输上将带来很大的经济效益。

3. 结构尺寸和构造上的要求

整个桥梁结构及其各部分构件,在制造、运输、安装和使用过程中应具有足够的强度、刚度、稳定性和耐久性。桥梁结构的强度应使全部构件及其连接构造的材料抗力或承载能力具有足够的安全储备。对于刚度的要求,应使桥梁在荷载等作用下的变形不超过规定的容许值,过度的变形会使结构的连接松弛,而且挠度过大会导致高速行车困难,引起桥梁剧烈振动,使人体感觉不适,严重者会危及桥梁结构的安全。结构的稳定性,是要使桥梁结构在各种外力作用下,具有能保持原来形状和位置的能力。例如,桥梁结构和墩台的整体不致倾倒或滑移,受压构件不致引起纵向屈曲变形等。在地震区修建桥梁时,在计算和构造上还要满足抵御地震破坏力的要求。

4. 施工上的要求

桥梁结构应便于制造和架设。应尽量采用先进的工艺技术和施工机械,以利于加快施工进度,保证工程质量和施工安全。

5. 美观上的要求

一座桥梁应具有优美的外形,应与周围的景观相协调。城市桥梁和游览地区的桥梁,可较多地考虑建筑艺术上的要求。公路上的特殊大桥宜进行景观设计;上跨高速公路、一级公路的桥梁应与自然环境和景观相协调。合理的结构布局和轮廓造型是桥梁美观的主要因素,绝不应把美观片面地理解为豪华的细部装饰。

此外,优秀的、结构上既有特色又美观的桥型方案,应使结构的造型与力学行为相协调。如果结构在外形上标新立异,虽有特色、与众不同,但其力学行为甚不合理的桥型方案,往往会显著提高经济造价和增加施工难度,严重者会影响到结构的耐久性和运行安全。

二、设计资料调查

在着手进行设计之前,首先要选择合理的桥位,这常常是影响桥梁设计、施工和使用的全局问题。对于所选定的桥位,必须进一步调查研究,详细分析建桥的具体情况,才能作出合理的设计方案。现将一般桥梁设计中需要进行的资料调查工作分述如下。

(1)调查桥梁的使用任务,即根据桥梁所在的路线类别调查桥上的交通种类和行车、行人的往来密度,以确定桥梁的荷载等级和行车道、人行道宽度等。调查桥上有否需要通过的各类管线(如电力、电话线和水管等),为此须设置专门的构造装置。

(2)测量桥位附近的地形,绘制地形图供设计和施工使用。

(3)探测桥位的地质情况,包括岩土的分层高程、物理力学性能、地下水水位等,并将钻探所得资料绘成地质剖面图。对于所遇到的地质不良现象,如滑坡、断层、溶洞、裂隙等,应详加注明。

(4)调查和测量河流的水文情况,包括调查河道性质(如河床及两岸的冲刷和淤积、河道的自然变迁等),收集和分析历年的洪水资料,测量河床断面图,调查河槽各部分的形态标志、糙率等,通过计算确定各种特征水位、流速、流量等。与有关水利和航道部门协商确定通航水位和通航净空标准。了解河流上有关水利设施对新建桥梁的影响。

(5)调查当地建筑材料(砂、石料等)的来源,水泥、钢材的供应情况以及水陆交通的运输情况。

(6)调查了解施工单位的技术水平、施工机械等装备情况,以及施工现场的动力设备和电力供应情况。

(7)调查和收集有关气象资料,包括气温、雨量及风速(或台风影响)等情况。

(8)调查新建桥位上、下游有无老桥,其桥型布置及使用情况等。

很明显,为选择桥位,需要一定的地形、地质和水文等资料,而对于所选定的桥位,又需要进一步为桥梁设计提供更为详尽的依据资料,因此以上各项工作往往是互相渗透、交错进行的。

三、设计程序

设计工作是一座桥梁建设的灵魂。对于工程复杂的大、中桥梁的设计,为了能从错综复杂的客观情况中得出既经济又合理的设计,需要循序渐进、逐步深入、科学地进行工作。一般大型桥梁的正规设计工作,分前期工作阶段和设计工作阶段。前者又分为:工程预可行性研究(简称"预可")报告阶段和工程可行性研究(简称"工可")报告阶段;后者则又分成:初步设计、技术设计和施工图设计三个阶段。各个阶段所包含的内容和深度、目的、解决的问题是不相同的。设计招标一般应在初步设计阶段进行。

1. "预可"和"工可"研究阶段

两者所包含的内容基本一致,但研究的深度各有不同。"预可"阶段要在工程可行的基础上,着重研究建桥的必要性和宏观经济上的合理性。"工可"阶段则要在"预可"被审批确认后,进一步研究工程技术上的可行性和投资上的可行性。

对于一座大型桥梁的"预可"报告,应从经济、政治、国防等方面,详细阐明建桥理由和工程建设的重要性和必要性,同时初步探讨技术上的可行性。对于区域性线路上的桥梁,应以建桥地点(渡口等)的车流量调查(计及国民经济逐年增长率)为立论依据。

在"预可"阶段的另一重点是:通过对多个桥位的综合比较,选定桥位和确定建设规模。

"预可"阶段工作的主要目标是解决建设工程的上报立项问题。在"工可"阶段,则要在"预可"的基础上着重研究和制订桥梁设计的技术标准,包括设计荷载标准、桥面宽度、通航标准(通航净宽和净高)、设计行车速度、桥面纵向和横向坡度、竖曲线与平曲线半径等。在这一阶段,要与河道、航运、城市规划等部门共同研究,处理好所有"外部条件"的关系。

在可行性研究阶段,尚不可能对桥式方案作深入比选,故不需要明确提出推荐方案。对工程量的估算也不宜偏紧。

在此两阶段内,对经济分析方面,主要涉及造价估算、投资回报以及资金来源及偿还等问题。一般来说,"预可"中要有设想,"工可"中要基本落实。

2. 初步设计

根据所批准的"工可"报告而编制的"设计任务书",是进行初步设计的依据。在进一步的水文、地质"初勘"后,如发现原可行性研究阶段建议的桥位有问题,尚可适当挪动桥位轴线,推荐新桥位。

初步设计阶段,也是桥梁设计中通过酝酿、构思、最富于创造性的概念设计阶段,其工作重点是:通过多个各具创意的桥式方案的比选,推荐最优方案,报上级单位审批。在编制各个桥型方案时,要提供桥式布置图、主桥和引桥的横断面图,标明主要结构尺寸(包括重要的细节构造和尺寸),并估算工程数量,提供主要材料的用量,根据施工组织设计和概算定额编制出工程概算。初步设计的概算造价是作为控制建设项目投资和以后编制施工预算的依据。对所作的工程概算加以适当调整,可以作为招标的"标底"。

3. 技术设计

本阶段的工作是对初步设计的补充修改、深化和完善。技术设计中所进行的补充勘探工作,称为"技勘",对水中基础每墩要有必要数量的地质钻孔。进一步研究解决所批准桥式方案的总体和细部的技术问题,并提交详细的结构设计图纸和工程数量,修正工程概算。如果初步设计中有批准下达的科研项目,也要在这阶段予以实施解决。

4. 施工图设计

本阶段的工作是根据前面所批准核定的修建原则、技术方案、技术决定和总投资额等加以具体化。在施工图设计阶段,必要时需对重要的桥梁基础进行"施工钻探",但此时一般不钻深孔。在此阶段中,必须对桥梁各部分构件进行详细的结构计算,绘制出施工详图,提供给施工单位,或进行施工招标。再由施工单位编制详细的施工组织设计和工程预算。施工图设计可由原编制技术设计的单位继续进行编制,或由中标施工单位编制,但要对技术设计有所改变的部分负责。

国内一般的公路大桥常把技术设计和施工图设计合并为一个阶段进行。对于一般小桥和较简单的中桥,也可以采用一阶段设计,即以扩大的初步设计来包含各阶段设计的主要内容。

第二节 桥梁纵、横断面设计和平面布置

一、桥梁纵断面设计

桥梁纵断面设计包括确定桥梁的总跨径、桥梁的分孔、桥道的高程、桥上和桥头引道的纵坡以及基础的埋置深度(这部分在"地基与基础"课程中介绍)等。

1. 桥梁总跨径的确定

对于一般跨河桥梁,总跨径可参照水文计算来确定。桥梁的总跨径必须保证桥下有足够的排洪面积,使河床不致遭受过大的冲刷。另一方面,根据河床土壤的性质和基础的埋置情况,设计者应视河床的允许冲刷深度,适当缩短桥梁的总长度,以节约总投资。由此可见,桥梁的总跨径应根据具体情况经过全面分析后加以确定。例如,对于在非坚硬岩层上修筑的浅基础桥梁,总跨径应该大一些,不使路堤压缩河床;对于深埋基础,一般允许较大的冲刷,总跨径就可适当减小。山区河流一般河床流速本来已经很大,则应尽可能少压缩或不压缩河床;而对于平原区的宽滩河流虽然可允许较大的压缩,但必须注意壅水对河滩路堤以及附近农田和建筑物可能造成的危害。

2. 桥梁的分孔

对于一座较长的桥梁,应当分成几孔,各孔的跨径应当多大,这不仅影响使用效果、施工难易等,并且在很大程度上关系到桥梁的总造价。跨径越大、孔数越少,上部结构的造价就越高,墩台的造价就减少;反之,则上部结构的造价降低,而墩台造价将提高。这与桥墩的高度以及基础工程的难易程度有密切关系。最经济的分孔方式就是使上、下部结构的总造价趋于最低。

对于通航河流,在分孔时首先应考虑桥下通航的要求。桥梁的通航孔应布置在航行最方便的河域。对于变迁性河流,鉴于航道位置可能发生变化,就需要多设几个通航孔。

在平原地区的宽阔河流上修建多孔桥时,通常在主槽部分按需要布置跨径较大的通航孔,而在两旁浅滩部分则按经济跨径进行分孔。如果经济跨径较通航要求还大,则通航孔也应取用较大跨径。

在山区的深谷上、在水深流急的江河上或需要在水库上修桥时,为了减少中间桥墩,应加大跨径。条件允许的话,甚至可采用特大跨径单孔跨越。

在布置桥孔时,有时为了避开不利的地质段(如岩石破碎带、裂隙、溶洞等),也要将桥基位置移开,或适当加大跨径。

对于某些体系的多孔桥梁,为了合理使用材料,各孔跨径应有适宜的比例关系。例如,为了使钢筋混凝土连续梁桥的中跨和相邻边跨的跨中最大弯矩接近相等,其中跨与相邻边跨的跨径比值,对于三跨连续者约为 $1.00:0.80$,对于五跨连续者约为 $1.00:0.90:0.65$。对于悬臂施工的预应力混凝土梁桥,为了简化边孔的施工,往往将边跨做得更小些,例如中跨与相邻边跨的跨径比值 $1.00:0.65(0.55)$。为了使多孔悬臂梁桥的结构对称,最好布置成奇数跨。

从战备方面考虑,应尽量使全桥的跨径做得一样,并且跨径不宜太大,以便于战时抢通和修复。

跨径的选择还与施工能力有关,有时选用较大跨径虽然在经济上是合理的,但限于当时的施工技术能力和设备条件,也不得不将跨径减小。对于大桥施工,基础工程往往对工期起控制作用,在此情况下,从缩短工期出发,就应减少基础数量而修建较大跨径的桥梁。

一座桥梁既是交通工程结构物,又是自然环境的美化者,对于一些特别重要的桥梁,更应该显示出社会主义建设的时代特点,因此在整体规划桥梁分孔时尚必须重视美观上的要求。

总之,对于大、中桥梁的分孔是一个相当复杂的问题,必须根据使用任务,桥位处的地形和环境,河床地质、水文等具体情况,通过技术经济等方面的分析比较,才能作出比较完美的设计方案。

桥梁的分孔布局要适应河床、地质等长期稳定的自然条件,人为改变自然条件,如通过挖掘河床改变航道位置等的做法,是不可取的。

3. 桥道高程的确定

对于跨河桥梁,桥道的高程应保证桥下排洪和通航的需要;对于跨线桥,则应确保桥下安全行车。在平原区建桥时,桥道高程抬高往往伴随着桥头引道路堤土方量的显著增加。在修建城市桥梁时,桥太高会使两端引道的延伸影响市容,或者需要设置立体交叉或高架栈桥,这将导致造价提高。因此,必须根据设计洪水位、桥下通航(或通车)净空等需要,结合桥型、跨径等一起考虑,以确定合理的桥道高程。在有些情况下,桥道高程在路线纵断面设计中已作规定。下面介绍确定桥道高程的有关问题。

(1)为了保证桥下流水净空,对于梁式桥,梁底一般应高出设计洪水位(包括壅水和浪高)不小于50cm,高出最高流冰水位75cm;支座底面应高出设计洪水位不小于25cm,高出最高流冰水位不小于50cm(图1-3-1),但如果支座部分有围护隔水者可不受此限。

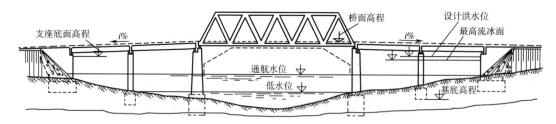

图1-3-1 梁式桥纵断面规划图

对于无铰拱桥,拱脚允许被设计洪水位淹没,但淹没深度一般不超过拱圈矢高 f_0 的2/3(图1-3-2),并且在任何情况下,拱顶底面应高出设计洪水位1.0m,即 $\Delta f_0 \geq 1.0 m$。拱脚的起拱线应高出最高流冰水位不小于0.25m。

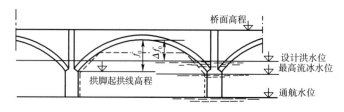

图1-3-2 拱桥桥下净空图

在河流中有形成流冰阻塞的危险或有漂浮物通过时,桥下净空应按当地具体情况确定。对于有淤积的河床,桥下净空应适当加高。

(2)在通航及通行木筏的河流上,必须设置保证桥下安全通航的通航孔。在此情况下,桥跨结构下缘的高程应高出自设计通航水位算起的通航净空高度。所谓通航净空,就是在桥孔中垂直于流水方向所规定的空间界限(图1-3-1和图1-3-2中虚线所示的多边形),任何结构构件或航运设施均不得伸入其内。我国对于内河通航净空的尺寸规定见表1-3-1。

天然和渠化河流水上过河建筑物通航净空尺度(m)　　　　　表1-3-1

航道等级	代表船舶、船队	净高	单向通航孔			双向通航孔		
			净宽	上底宽	侧高	净宽	上底宽	侧高
Ⅰ	(1)4排4列	24.0	200	150	7.0	400	350	7.0
	(2)3排3列	18.0	160	120	7.0	320	280	7.0
	(3)2排2列		110	82	8.0	220	192	8.0
Ⅱ	(1)3排3列	18.0	145	108	6.0	290	253	6.0
	(2)2排2列		105	78	8.0	210	183	8.0
	(3)2排1列	10.0	75	56	6.0	150	131	6.0
Ⅲ	(1)3排2列	18.0☆	100	75	6.0	200	175	6.0
		10.0						
	(2)2排2列	10.0	75	56	6.0	150	131	6.0
	(3)2排1列		55	41	6.0	110	96	6.0
Ⅳ	(1)3排2列	8.0	75	61	4.0	150	136	4.0
	(2)2排2列		60	49	4.0	120	109	4.0
	(3)2排1列		45	36	5.0	90	81	5.0
	(4)货船							
Ⅴ	(1)2排2列	8.0	55	44	4.5	110	99	4.5
	(2)2排1列	8.0或5.0▲	40	32	5.5或3.5▲	80	72	5.5或3.5▲
	(3)货船							
Ⅵ	(1)1拖5	4.5	25	18	3.4	40	33	3.4
	(2)货船	6.0			4.0			4.0
Ⅶ	(1)1拖5	3.5	20	15	2.8	32	27	2.8
	(2)货船	4.5						

注:1. 角注☆的尺度仅适用于长江。

　　2. 角注▲的尺度仅适用于通航拖带船队的河流。

(3)在设计跨越线路(铁路或公路)的立体交叉时,桥跨结构底缘的高程应高出规定的车辆净空高度。对于公路所需的净空尺寸,见以下桥梁横断面设计部分,铁路的净空尺寸可查阅《铁路桥涵设计规范》(TB 10002—2017)第3.2.5~3.2.7条规定。

桥道高程确定后,即可根据两端桥头的地形和线路要求来设计桥梁的纵断面线形。一般小桥通常做成平坡桥。对于大、中桥梁,为了利于桥面排水和降低引道路堤高度,往往设置从中间向两端倾斜的双向纵坡。桥上纵坡不宜大于4%,桥头引道纵坡不宜大于5%。对位于市镇混合交通繁忙处的桥梁,桥上纵坡和桥头引道纵坡均不得大于3%。桥上或引道处纵坡发生变更的地方均应按规定设置竖曲线。

二、桥梁横断面设计

桥梁横断面的设计,主要是决定桥面的宽度和桥跨结构横截面的布置。桥面宽度决定于行车和行人的交通需要。我国公路桥面每条行车道的净宽标准与设计行车速度有关,当设计行车速度在80km/h或以上时车道净宽为3.75m,设计行车速度为60~20km/h时车道净宽为3.50~3.00m[见《公路工程技术标准》(JTG B01—2014)第4.0.2条规定]。我国公路净空界限的一般规定见《公路桥涵设计通用规范》(JTG D60—2015)(以下简称《桥通规》)第3.4条。在规定界限内,不得有任何结构部件等侵入。

桥上人行道和自行车道的设置应根据实际需要而定。人行道的宽度为0.75m或1m,大于1m时按0.5m的级差增加。一条自行车道的宽度为1m,当单独设置自行车道时,一般不应少于两条自行车道的宽度。高速公路上的桥梁,应设检修道,不宜设人行道。与路基同宽的小桥和涵洞可仅设缘石或栏杆。漫水桥不设人行道,但可设置护栏。

城市桥梁以及位于大、中城市近郊的公路桥梁的桥面净空尺寸,应结合城市实际交通量和今后发展的要求来确定。在弯道上的桥梁应按路线要求予以加宽。

与行车道平行的人行道,两者间应有安全隔离设施,不然人行道和路缘石最好应高出行车道面0.25~0.35m,以确保行人和行车的安全。

图1-3-3所示为对于相同桥面净宽的上承式桥和下承式桥的横断面布置。显然,由于结构布置上的需要,下承式桥承重结构的宽度B要比上承式桥的大,而其建筑高度h却比上承式桥的小。

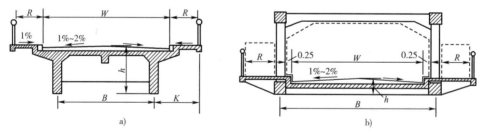

图1-3-3 横断面布置(尺寸单位:m)
a)上承式桥;b)下承式桥

公路桥梁和城市桥梁,为了利于桥面排水,应根据不同类型的桥面铺装,设置从桥面中央倾向两侧1.5%~3%的横向坡度。

三、平面布置

桥梁的线形及桥头引道要保持平顺,使车辆能平稳地通过。高速公路和一级公路上的大中桥,以及各级公路上的小桥的线形及其与公路的衔接,应符合路线布设的规定。

二、三、四级公路上的大、中桥线形一般为直线,如必须设成曲线时,其各项指标应符合路线布设规定。

从桥梁本身的经济性和施工方便来说,应尽可能避免桥梁与河流或桥下路线斜交,但对于一般小桥,为了改善路线线形,或城市桥梁受原有街道的制约时,也允许修建斜交桥,斜度通常不宜大于45°。在通航河流上斜交不能避免时,交角不宜大于5°;当交角大于5°时,宜增加通航孔净宽。

第三节 桥梁设计的方案比较

为了获得经济、实用和美观的桥梁设计,设计者需要运用丰富的桥梁建筑理论和实践知识,按照本章所述的方法与步骤,进行深入细致的分析研究工作。对于一定的建桥条件,尽可能做出基本满足要求的多种不同的设计方案,只有通过技术经济等方面的综合比较,才能科学得出完美的最优设计。

一、拟定桥梁图式

编制设计方案,通常是从桥梁分孔和拟定桥梁图式开始。根据上节所述分孔原则初步作出分孔规划后,就可对所设计的桥梁拟出一系列各具特点而可能实现的桥型图式。拟定图式时,思路要宽广,宁可多画几个图式,也不要遗漏可能的桥型和布置。每一图式可在跨度、高度、矢度等方面大致按比例画在同样大小的桥址断面图上。

下一步工作就是经过综合分析和判断,剔除一些在技术经济上明显处于劣势的图式,并从中选出几个(通常 2~4 个)构思好、各具优点,但一时还难以判定孰优孰差的图式,作为进一步详细研究和进行比较的桥型方案。

二、编制方案

编制方案的目的在于提供各个中选图式的技术经济指标,以便经过相互比较,科学地从中选定最佳方案。这些指标包括:主要材料(钢、木、水泥)用量、全桥总造价(分上、下部结构列出)、工期、养护费用、运营条件、有无困难工程、是否需要特种机具等。对于对桥型美观有特殊要求的桥梁,则应突出景观因素。为了获得上述的前两项指标,通常可充分利用已有资料或通过一些简便的近似验算,对每一方案拟定结构主要尺寸,并计算主要工程数量。有了工程数量,乘以相应的材料定额以及扩大单价,就不难得出每个方案所需的材料数量,并估算全桥造价。其他的一些问题,虽难得到数量指标,也应进行适当的概略评价。每一桥梁设计方案图中应绘出附有河床断面及地质分层的立面图和横断面图。

图 1-3-4 表示某大桥初步设计中所编制的比较方案实例。此桥共编制了主桥为连续梁、T形刚构、箱形拱和板拉桥的四种桥型方案。每一方案图中均列出了三材(钢材、木材、水泥)、劳动力和造价指标。

三、技术经济比较和最优方案的选定

设计方案的评价和比较要全面考虑上述各项指标,综合分析每一方案的优缺点,最后选定一个符合当前条件的最佳推荐方案。有时,占优势的方案还可吸取其他方案的优点进一步加以改善,如果改动较多时,最后选中的方案甚至可能是集聚各方案长处的另一个新方案。

一般来说,造价低、材料省、劳动力少、工期短的应是优秀方案。但实际上并不尽然,因为有时当其他技术因素或使用要求(如对美观有特殊要求)上升成为设计的主要矛盾时,就不得不放弃较为经济的方案。所以在比较时,必须从任务书提出的要求、所给的原始资料以及施工等条件中,找出所面临问题的关键所在,分清主次,才能探索出适合于各具体情况的最佳方案。

表1-3-2列出了前述方案比较实例的综合分析评述。该桥的关键问题之一是如何降低桥道高程,减小纵坡。由比较可知,第一方案在桥高、桥长、纵坡以及使用效果方面均佳;第三方案虽然造价最低,但从使用效果及用材(除钢材外)、劳动力等方面均逊于第一方案;第四方案结构新颖,工艺先进,但尚无实践经验,需先做试验后方能采用。因此经综合比较,决定推荐第一方案。

方案比较表　　　　　　表1-3-2

序号	比较项目	方案类别			
		第一方案	第二方案	第三方案	第四方案
		主桥:预应力混凝土连续梁(40m+4×65m+40m) 引桥:预应力混凝土简支梁(11×25m)	主桥:预应力混凝土T形刚构桥(50m+3×80m+50m) 引桥:预应力混凝土简支梁(11×25m)	主桥:钢筋混凝土箱形拱桥(4×80m) 引桥:钢筋混凝土平铰坦拱(11×25m)	主桥:预应力混凝土板拉桥(45m+90m+100m+2×45m+35m) 引桥:预应力混凝土简支梁(10×25m)
1	桥高(m)	27.96	28.10	29.40	28.16
2	桥长(m)	620.5	620.5	625.2	631.6
3	最大纵坡(%)	2.2	2.4	2.5	2.4
4	工艺技术要求	技术先进、工艺要求较严格,所需设备较少,占用施工场地少	技术较先进,工艺要求较严格。主桥上部构造除用挂篮施工外,挂梁须另外准备一套安装设备	已有成熟的工艺技术经验,需用大量的吊装设备,占用施工场地大,需用劳动力多	结构新颖,顶推法工艺已有成功经验,工艺要求较严格。所需施工设备最少。占用施工场地少。因系新桥型,须先建试验桥,取得经验后才宜采用
5	使用效果	属于超静定结构,受力较好。主桥桥面连续,无伸缩缝,行车条件好,养护也容易	属于静定结构,受力不如超静定结构好。桥面平整度易受悬臂挠度影响,行车条件稍差。主桥每孔有两道伸缩缝,养护较麻烦	拱的承载潜力大。伸缩缝多,养护较麻烦。纵坡较大,东岸广场及引道填土太高,土方量大,土方来源困难	属于超静定结构,受力情况需经中间试验验证。伸缩缝少,桥面平整
6	造价及用材	造价及钢材用量排第二,其他各项最省	造价及三材排第三	造价最低,耗用钢材少,但木材、水泥和劳动力消耗均最多	尚无实践经验,需做中间试验,故造价较高,用材较多

在方案比较中,除了绘制方案比较图以外,还应编写方案比较说明书。其中应阐明编制方案的主要原则、从中选出比较方案的理由、方案比较的综合评述、对于推荐方案的较详细说明等。为拟定结构主要尺寸所作的各种计算资料,以及为估算三材指标和造价等所依据的文件名称(如概算定额、各种费率标准)等,均可作为附录载入。

第四章 桥梁上的作用及作用组合

第一节 规范中有关作用的规定

根据使用任务,桥梁结构除了承受本身自重和各种附加恒载以外,主要是承受桥上各种交通荷载,例如各种汽车、平板挂车、履带车、电车以及各种非机动车和人群荷载。而且,鉴于桥梁结构处在自然环境之中,还要经受气候、水文等种种复杂因素(外力)的影响。

通常可以将作用在公路桥梁上的各种荷载和外力[《公路桥涵设计通用规范》(JTG D60—2015)将其统称为"作用"]归纳成四类:永久作用、可变作用、偶然作用和地震作用。我国《公路桥涵设计通用规范》(JTG D60—2015)中,还根据结构上可能同时出现的作用,按承载能力极限状态和正常使用极限状态进行作用组合,取其最不利作用组合进行设计。下面分别介绍规范中有关不同作用的一些规定。

一、永久作用

永久作用亦称恒载,它是在设计使用期内,其作用位置和大小、方向不随时间变化,或其变化与平均值相比可忽略不计的作用。永久作用包括结构物自重、桥面铺装及附属设备的重量、作用于结构上的土重及土侧压力、基础变位作用、水浮力、长期作用于结构上的人工预加力以及混凝土收缩和徐变作用。

结构自重及桥面铺装、附属设备等附加重力均属结构重力,结构重力标准值可按常用材料的重度计算(见《桥通规》第4.2.1条)。

对于公路桥梁,结构物的自重往往占全部作用的很大部分,例如当跨径为20~150m时,结构自重占30%~60%,跨径越大,所占比例越高。对于特大跨径的圬工桥、钢筋混凝土桥或预应力混凝土桥,活载的影响往往降至次要地位。在此情况下,宜采用轻质高强材料来减小桥梁结构的自重。

二、可变作用

可变作用为在设计使用期内,其作用位置和大小、方向随时间变化,且其变化与平均值相比不可忽略的作用。

桥梁设计中考虑的可变作用有汽车荷载和人群荷载。同时,对于汽车荷载,应计及其冲击力、制动力和离心力。对于所有车辆荷载尚应计算其所引起的土侧压力。

此外可变作用尚包括支座摩阻力、温度(均匀温度和梯度温度)作用、风荷载、流水压力和冰压力等。

众所周知,每一种车辆都有许多不同的型号和载重等级,而且随着交通运输事业的发展,车辆的载质量也将不断增大,因此就需要拟定一种既满足目前车辆情况和将来发展需要,又能便于在设计中应用的简明统一的荷载标准。我国在对现有车型、行车规律等进行大量实地观测和调查研究的基础上,根据汽车工业的发展和国防建设的需要,制定了设计公路桥涵或其他受车辆影响的构造物所用的荷载标准。

以下简要介绍桥梁设计中常用的汽车荷载及其影响和人群荷载,有关其他可变作用的详细计算方法,可查阅《桥通规》的相应条文。

(一)汽车荷载

公路桥涵设计时,汽车荷载的计算图式、荷载等级及其标准值、加载方法和纵横向折减等应符合下列规定:

(1)汽车荷载分为公路—Ⅰ级和公路—Ⅱ级两个等级。

(2)汽车荷载由车道荷载和车辆荷载组成。车道荷载由均布荷载和集中荷载组成。桥梁结构的整体计算采用车道荷载;桥梁结构的局部加载、涵洞、桥台和挡土墙土压力等的计算采用车辆荷载。车辆荷载与车道荷载的作用不得叠加。

(3)各级公路桥涵设计的汽车荷载等级应符合表1-4-1的规定。

各级公路桥涵的汽车荷载等级 表1-4-1

公路等级	高速公路	一级公路	二级公路	三级公路	四级公路
汽车荷载等级	公路—Ⅰ级	公路—Ⅰ级	公路—Ⅰ级	公路—Ⅱ级	公路—Ⅱ级

二级公路作为集散公路且交通量小、重型车辆少时,其桥涵的设计可采用公路—Ⅱ级汽车荷载。

对交通组成中重载交通比重较大的公路桥涵,宜采用与该公路交通组成相适应的汽车荷载模式进行结构整体和局部验算。

(4) 车道荷载的计算图式见图1-4-1。

① 公路—Ⅰ级车道荷载的均布荷载标准值为 q_k = 10.5kN/m;集中荷载标准值按以下规定选取:桥梁计算跨径小于或等于5m时,P_k = 270kN;桥梁计算跨径大于或等于50m时,P_k = 360kN;桥梁计算跨径在5~50m之间时,$P_k = 2(L_0 + 130)$(L_0为计算跨径,单位为m)。计算剪力效应时,上述集中荷载标准值 P_k 应乘以1.2的系数。

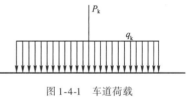

图1-4-1 车道荷载

② 公路—Ⅱ级车道荷载的均布荷载标准值 q_k 和集中荷载标准值 P_k 按公路—Ⅰ级车道荷载的0.75倍采用。

③ 车道荷载的均布荷载标准值应满布于使结构产生最不利效应的同号影响线上;集中荷载标准值只作用于相应影响线中一个最大影响线峰值处。

(5) 车辆荷载的立面、平面尺寸见图1-4-2,主要技术指标规定于表1-4-2。

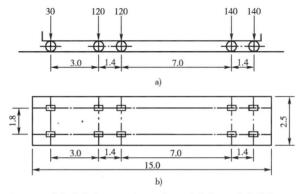

图1-4-2 车辆荷载的立面、平面尺寸(尺寸单位:m;荷载单位:kN)
a)立面布置;b)平面尺寸

车辆荷载的主要技术指标 表1-4-2

项 目	单位	技术指标	项 目	单位	技术指标
车辆重力标准值	kN	550	轮距	m	1.8
前轴重力标准值	kN	30	前轮着地宽度及长度	m	0.3 × 0.2
中轴重力标准值	kN	2 × 120	中、后轮着地宽度及长度	m	0.6 × 0.2
后轴重力标准值	kN	2 × 140	车辆外形尺寸(长×宽)	m	15 × 2.5
轴距	m	3 + 1.4 + 7 + 1.4			

公路—Ⅰ级和公路—Ⅱ级汽车荷载采用相同的车辆荷载标准值。

(6) 车道荷载横向分布系数应按设计车道数如图1-4-3布置车辆荷载进行计算。

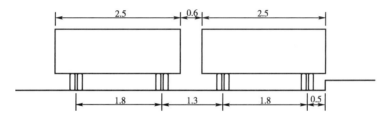

图1-4-3 车辆荷载横向布置(尺寸单位:m)

(7)桥涵设计车道数应符合表 1-4-3 的规定。横桥向布置多车道汽车荷载时,应考虑汽车荷载的折减;布置一条车道汽车荷载时,应考虑汽车荷载的提高。由汽车荷载产生的效应应按表 1-4-4 规定的横向车道布载系数进行折减,但折减后的效应不得小于两设计车道的荷载效应。

桥涵设计车道数 表 1-4-3

桥面宽度 W(m)		桥涵设计车道数	桥面宽度 W(m)		桥涵设计车道数
车辆单向行驶时	车辆双向行驶时		车辆单向行驶时	车辆双向行驶时	
$W<7.0$		1	$17.0\leqslant W<21.0$	$21.0\leqslant W<28.0$	5
$7.0\leqslant W<10.5$	$6.0\leqslant W<14.0$	2	$21.0\leqslant W<24.5$		6
$10.5\leqslant W<14.0$		3	$24.5\leqslant W<28.0$		7
$14.0\leqslant W<17.5$	$14.0\leqslant W<21.0$	4	$28.0\leqslant W<31.5$	$28.0\leqslant W<35.0$	8

横向车道布载系数 表 1-4-4

横向布载车道数(条)	1	2	3	4	5	6	7	8
横向车道布载系数	1.20	1.00	0.78	0.67	0.60	0.55	0.52	0.50

(8)大跨径桥梁上的汽车荷载应考虑纵向折减。

当桥梁计算跨径大于 150m 时,应按表 1-4-5 规定的纵向折减系数进行折减。当为多跨连续结构时,整个结构应按最大的计算跨径考虑汽车荷载效应的纵向折减。

纵 向 折 减 系 数 表 1-4-5

计算跨径 L_0(m)	纵向折减系数	计算跨径 L_0(m)	纵向折减系数
$150<L_0<400$	0.97	$800\leqslant L_0<1\ 000$	0.94
$400\leqslant L_0<600$	0.96	$L_0\geqslant 1\ 000$	0.93
$600\leqslant L_0<800$	0.95		

(二)汽车荷载冲击力

汽车荷载冲击力应按下列规定计算:

(1)钢桥、钢筋混凝土及预应力混凝土桥、圬工拱桥等上部构造和钢支座、板式橡胶支座、盆式橡胶支座及钢筋混凝土柱式墩台,应计算汽车的冲击作用。

(2)填料厚度(包括路面厚度)大于或等于 0.5m 的拱桥、涵洞以及重力式墩台不计冲击力。

(3)支座的冲击力,按相应的桥梁取用。

(4)汽车荷载的冲击力标准值为汽车荷载标准值乘以冲击系数 μ。

(5)冲击系数 μ 可按下式计算:

当 $f<1.5$Hz 时 $\mu=0.05$

当 1.5Hz$\leqslant f\leqslant 14$Hz 时 $\mu=0.176\ 7\ln f-0.015\ 7$

当 $f>14$Hz 时 $\mu=0.45$

式中:f——结构基频(Hz)。

(6)汽车荷载的局部加载及在 T 梁、箱梁悬臂板上的冲击系数采用 0.3。

(三)汽车荷载离心力

汽车荷载离心力可按下列规定计算:

(1)《桥通规》中规定曲线桥应计算汽车荷载引起的离心力。汽车荷载离心力标准值为按(一)中规定的车辆荷载(不计冲击力)标准值乘以离心力系数 C 计算。离心力系数按下式计算：

$$C = \frac{v^2}{127R} \tag{1-4-1}$$

式中：v——设计速度(km/h)，应按桥梁所在路线设计速度采用；

R——曲线半径(m)。

(2)计算多车道桥梁的汽车荷载离心力时，车辆荷载标准值应乘以多车道作用的横向折减系数。

(3)离心力的着力点在桥面以上 1.2m 处(为计算简便也可移至桥面上，不计由此引起的作用效应)。

(四)汽车荷载引起的土压力

汽车荷载引起的土压力采用车辆荷载加载，并可按下列规定计算：

(1)车辆荷载在桥台或挡土墙后填土的破坏棱体上引起的土侧压力，可按下式换算成等代均布土层厚度 h(m)计算：

$$h = \frac{\sum G}{Bl_0 \gamma} \tag{1-4-2}$$

式中：γ——土的重度(kN/m³)；

$\sum G$——布置在 $B \times l_0$ 面积内的车轮的总重力(kN)，计算挡土墙的土压力时，车辆荷载应按图 1-4-3 规定作横向布置，车辆外侧车轮中线距路面边缘 0.5m，计算中当涉及多车道加载时，车轮总重力应按表 1-4-4 规定进行折减；

l_0——桥台或挡土墙后填土的破坏棱体长度(m)，对于墙顶以上有填土的路堤式挡土墙，l_0 为破坏棱体范围内的路基宽度部分；

B——桥台横向全宽或挡土墙的计算长度(m)。

挡土墙的计算长度可按下列公式计算，但不应超过挡土墙分段长度：

$$B = 13 + H\tan 30° \tag{1-4-3}$$

式中：H——挡土墙高度(m)，对墙顶以上有填土的挡土墙，为两倍墙顶填土厚度加墙高。

当挡土墙分段长度小于 13m 时，B 取分段长度，并在该长度内按不利情况布置轮重。

(2)计算涵洞顶上车辆荷载引起的竖向土压力时，车轮按其着地面积的边缘向下作 30°角分布。当几个车轮的压力扩散相重叠时，扩散面积以最外边的扩散线为准。

(五)人群荷载

人群荷载标准值应按下列规定采用：

(1)当桥梁计算跨径小于或等于 50m 时，人群荷载标准值为 3.0kN/m²；当桥梁计算跨径大于或等于 150m 时，人群荷载标准值为 2.5kN/m²；当桥梁计算跨径在 50～150m 范围内时，人群荷载标准值为 $3.25 - 0.005L_0$(L_0 为计算跨径，单位为 m)。对跨径不等的连续结构，以最大计算跨径为准。

非机动车、行人密集的公路桥梁，人群荷载标准值取上述标准值的 1.15 倍。专用人行桥梁，人群荷载标准值为 3.5kN/m²。

(2)人群荷载在横向应布置在人行道的净宽度内，在纵向施加于使结构产生最不利荷载效应的区段内。

(3) 人行道板(局部构件)可以一块板为单元,按标准值 $4.0 kN/m^2$ 的均布荷载计算。

(4) 计算人行道栏杆时,作用在栏杆立柱顶上的水平推力标准值取 $0.75 kN/m$;作用在栏杆扶手上的竖向力标准值取 $1.0 kN/m$。

(六)汽车荷载制动力

汽车荷载制动力可按下列规定计算和分配:

(1) 汽车荷载制动力按同向行驶的汽车荷载(不计冲击力)计算,并应按表 1-4-5 的规定,以使桥梁墩台产生最不利纵向力的加载长度进行纵向折减。

一个设计车道上由汽车荷载产生的制动力标准值按(一)中规定的车道荷载标准值在加载长度上计算的总重力的 10% 计算,但公路—Ⅰ级汽车荷载的制动力标准值不得小于 165kN;公路—Ⅱ级汽车荷载的制动力标准值不得小于 90kN。同向行驶双车道的汽车荷载制动力标准值为一个设计车道制动力标准值的 2 倍;同向行驶三车道为一个设计车道的 2.34 倍;同向行驶四车道为一个设计车道的 2.68 倍。

(2) 制动力的着力点在桥面以上 1.2m 处,计算墩台时,可移至支座铰中心或支座底座面上。计算刚构桥、拱桥时,制动力的着力点可移至桥面上,但不计因此而产生的竖向力和力矩。

(3) 设有板式橡胶支座的简支梁、连续桥面简支梁或连续梁排架式柔性墩台,应根据支座与墩台的抗推刚度的刚度集成情况分配和传递制动力。

设有板式橡胶支座的简支梁刚性墩台,按单跨两端的板式橡胶支座的抗推刚度分配制动力。

(4) 有固定支座、活动支座(滚动或摆动支座、聚四氟乙烯板支座)的刚性墩台传递的制动力,按表 1-4-6 的规定采用。每个活动支座传递的制动力,其值不应大于其摩阻力,当大于摩阻力时,按摩阻力计算。

三、偶然作用

偶然作用主要是指船只或漂流物的撞击力以及汽车撞击作用。

(一)船只或漂流物的撞击力

在通行较大载质量的船只或有漂流物的河流中,修建桥梁的河中桥墩必须考虑船只或漂流物的撞击力。这个撞击力有时是十分巨大的,可以达到 1 000kN 以上。因而在可能的条件下,应采用实测资料进行计算。如缺乏实测资料,可分别参照《公路桥涵设计通用规范》(JTG D60—2015)中表 4.4.1-1 和表 4.4.1-2 取用内河船舶和海轮撞击作用的标准值。

可能遭受大型船舶撞击作用的桥墩,应根据桥墩的自身抗撞击能力,桥墩的位置和外形、水流流速,水位变化,通航船舶类型和碰撞速度等因素作桥墩防撞设施的设计。当设有与墩台分开的防撞击的防护结构时,桥墩可不计船舶的撞击作用。

根据河流中实际情况,还可考虑漂流物横桥向撞击问题,具体计算方法可见《公路桥涵设计通用规范》(JTG D60—2015)中第 4.4.2 条。

内河船舶,海轮和漂流物的撞击点及撞击力的作用位置根据具体情况将有所差异,《公路桥涵设计通用规范》(JTG D60—2015)第 4.4.2 条也建议了相关的计算位置。

(二)汽车撞击作用

桥梁结构必要时可考虑汽车的撞击作用。《公路桥涵设计通用规范》(JTG D60—2015)中规定汽车撞击力标准值在车辆行驶方向取 1 000kN,在车辆行驶垂直方向取 500kN,两个方向的撞击力不同时考虑,撞击力作用于行车道以上 1.2m 处,直接分布于撞击涉及的构件上。

对于设有防撞设施的结构构件,可视防撞设施的防撞能力,对汽车撞击力标准值予以折减,但折减后的汽车撞击力标准值不应低于上述规定值的 1/6。

除了上述规范中规定的三种荷载以外,在桥梁设计中,还必须注意到结构物在预制、运输、架设安装及各施工阶段可能遇到的各种临时荷载,如起重机具的重力等,可总称其为施工荷载。桥梁设计中因为对施工荷载的取值不当或验算上的疏忽,造成毁桥事故还是并不少见的。

四、地震作用

在地震区建造桥梁,必须考虑地震力。它虽然不一定出现,而一旦出现,时间极为短促(经常是十几秒),且对结构安全会产生非常巨大的影响。所谓地震力主要是指地震时强烈的地面运动引起的结构惯性力,因而它不是静力作用,而是动力作用;不是固定值,而是随机变量;不完全决定于地震时地面运动的强烈程度,而还决定于结构的动力特性(频率与振型)。公路桥梁的抗震设防起点,一般为设计地震烈度 7 度。地震力的计算和结构抗震设计应符合《公路桥梁抗震设计规范》(JTG/T 2231-01—2020)的规定。

第二节 作 用 组 合

上节中简述了各种可能出现的作用,显然这些作用并非都同时出现于桥梁上。因此,在设计中应分清哪些作用是恒久存在的、经常出现的,哪些是偶尔出现的或者只在特殊情况下才发生。根据各种作用重要性的不同和同时出现的可能性,《桥通规》规定了按承载能力极限状态和正常使用极限状态进行作用的组合,并取其最不利作用组合进行设计。《桥通规》中还规定了可变作用中不同时参与组合的各种作用(见《桥通规》表4.1.4)。

一、按承载能力极限状态设计时的作用组合

公路桥涵结构按承载能力极限状态设计时,对持久设计状况和短暂设计状况应采用作用的基本组合,对偶然作用设计状况应采用作用的偶然组合,对地震设计状况应采用作用的地震组合,并符合下列规定:

(一)基本组合

基本组合是永久作用的设计值与可变作用设计值相组合,其效应设计值可按下式计算:

$$S_{ud} = \gamma_0 S\left(\sum_{i=1}^{m}\gamma_{Gi}G_{ik}, \gamma_{L1}\gamma_{Q1}Q_{1k}, \psi_c\sum_{j=2}^{n}\gamma_{Lj}\gamma_{Qj}Q_{jk}\right) \quad (1\text{-}4\text{-}4)$$

或

$$S_{ud} = \gamma_0 S\left(\sum_{i=1}^{m}G_{id}, Q_{1d}, \sum_{j=2}^{n}Q_{jd}\right) \quad (1\text{-}4\text{-}5)$$

式中：S_{ud}——承载能力极限状态下作用基本组合的效应设计值；

γ_0——结构重要性系数，对应于设计安全等级一级、二级和三级分别取 1.1、1.0 和 0.9；

γ_{Gi}——第 i 个永久作用的分项系数，应按表 1-4-6 选取；

G_{ik}、G_{id}——第 i 个永久作用的标准值和设计值；

γ_{Q1}——汽车荷载(含汽车冲击力、离心力)的分项系数，采用车道荷载计算时，取 $\gamma_{Q1} = 1.4$；采用车辆荷载计算时，取 $\gamma_{Q1} = 1.8$；当某个可变作用在组合中其效应值超过汽车荷载效应时，则该作用取代汽车荷载，其分项系数 $\gamma_{Q1} = 1.4$；对专为承受某作用而设置的结构或装置，设计时该作用的分项系数取 $\gamma_{Q1} = 1.4$；计算人行道板和人行道栏杆的局部荷载，其分项系数也取 $\gamma_{Q1} = 1.4$；

Q_{1k}、Q_{1d}——汽车荷载(含汽车冲击力、离心力)的标准值和设计值；

γ_{Qj}——在作用组合中除汽车荷载(含汽车冲击力、离心力)、风荷载外的其他第 j 个可变作用的分项系数，取 $\gamma_{Qj} = 1.4$，但风荷载的分项系数取 $\gamma_{Qj} = 1.1$；

Q_{jk}、Q_{jd}——在作用组合中除汽车荷载(含汽车冲击力、离心力)外的其他第 j 个可变作用的标准值和设计值；

ψ_c——在作用组合中除汽车荷载(含汽车冲击力、离心力)外的其他可变作用的组合值系数，取 $\psi_c = 0.75$；

$\psi_c Q_{jk}$——在作用组合中除汽车荷载(含汽车冲击力、离心力)外的其他第 j 个可变作用的组合值。

永久作用的分项系数 表 1-4-6

编号	作用类别		永久作用的分项系数	
			对结构的承载能力不利时	对结构的承载能力有利时
1	混凝土和圬工结构重力(包括结构附加重力)		1.2	1.0
	钢结构重力(包括结构附加重力)		1.1 或 1.2	1.0
2	预加力		1.2	1.0
3	土的重力		1.2	1.0
4	混凝土的收缩及徐变作用		1.0	1.0
5	土侧压力		1.4	1.0
6	水的浮力		1.0	1.0
7	基础变位作用	混凝土和圬工结构	0.5	0.5
		钢结构	1.0	1.0

(二)偶然组合

永久作用标准值与可变作用某种代表值、一种偶然作用标准值相组合。与偶然作用同时出现的可变作用，可根据观测资料和工程经验取用频遇值或准永久值，其效应设计值可按下式计算：

$$S_{ad} = S\left[\sum_{i=1}^{m} G_{ik}, A_d, (\psi_{f1} \text{ 或 } \psi_{q1}) Q_{1k}, \sum_{i=2}^{n} \psi_{qj} Q_{jk}\right] \quad (1\text{-}4\text{-}6)$$

式中： S_{ad}——承载能力极限状态下作用偶然组合的效应设计值；

A_d——偶然作用的设计值;

ψ_{f1}——汽车荷载(含汽车冲击力、离心力)的频遇值系数,取 $\psi_{f1}=0.7$;当某个可变作用在组合中其效应值超过汽车荷载效应时,则该作用取代汽车荷载,人群荷载 $\psi_{f1}=1.0$,风荷载 $\psi_{f1}=0.75$,温度梯度作用 $\psi_{f1}=0.8$,其他作用 $\psi_{f1}=1.0$;

$\psi_{f1}Q_{1k}$——汽车荷载的频遇值;

ψ_{q1}、ψ_{qj}——第1个和第j个可变作用的准永久值系数,汽车荷载(含汽车冲击力、离心力) $\psi_q=0.4$,人群荷载 $\psi_q=0.4$,风荷载 $\psi_q=0.75$,温度梯度作用 $\psi_q=0.8$,其他作用 $\psi_q=1.0$;

$\psi_{q1}Q_{1k}$、$\psi_{qj}Q_{jk}$——第1个和第j个可变作用的准永久值。

(三)地震作用

地震作用的效应设计值应按《公路工程抗震规范》(JTG B02—2013)的有关规定计算。

二、正常使用极限状态设计

公路桥涵结构按正常使用极限状态设计时,应根据不同的设计要求,采用作用的频遇组合或准永久组合,并应符合下列规定:

(一)频遇组合

永久作用标准值与汽车荷载频遇值、其他可变作用准永久值相结合,其效应设计值可按下式计算:

$$S_{fd}=S\left(\sum_{i=1}^{m}G_{ik},\psi_{f1}Q_{1k},\sum_{j=1}^{n}\psi_{qj}Q_{jk}\right) \quad (1\text{-}4\text{-}7)$$

式中:S_{fd}——作用频遇组合的效应设计值;

ψ_{f1}——汽车荷载(不计汽车冲击力)的频遇值系数,取 $\psi_{f1}=0.7$;当某个可变作用在组合中其效应值超过汽车荷载效应时,则该作用取代汽车荷载,人群荷载 $\psi_f=1.0$,风荷载 $\psi_f=0.75$,温度梯度作用 $\psi_f=0.8$,其他作用 $\psi_f=1.0$。

(二)准永久组合

永久作用标准值与可变作用准永久值相组合,其效应设计值可按下式计算:

$$S_{qd}=S\left(\sum_{i=1}^{m}G_{ik},\sum_{j=1}^{n}\psi_{qj}Q_{jk}\right) \quad (1\text{-}4\text{-}8)$$

式中:S_{qd}——作用准永久组合的效应设计值;

ψ_{qj}——第j个可变作用的准永久值系数,汽车荷载(不计汽车冲击力) $\psi_q=0.4$,人群荷载 $\psi_q=0.4$,风荷载 $\psi_q=0.75$,温度梯度作用 $\psi_q=0.8$,其他作用 $\psi_q=1.0$。

PART2 | 第二篇

钢筋混凝土和预应力混凝土简支梁桥

第一章

概论

　　钢筋混凝土和预应力混凝土梁式桥都是采用抗压性能好的混凝土和抗拉能力强的钢筋结合在一起建成的。根据混凝土受预压程度的不同,预应力混凝土结构又可分为全预应力和部分预应力两种。前一种在最大使用荷载下混凝土不出现任何拉应力;后一种则容许发生不超过规定的拉应力值或裂缝宽度,以此改善使用性能并获得更好的经济效益。近年来国外已有在钢筋混凝土梁内部分地施加少量预应力以提高梁的裂缝安全度的做法,这就称为部分预应力混凝土结构。目前钢筋混凝土梁桥在国内外桥梁建筑上仍占有重要的地位。中小跨径的永久性桥梁,无论是公路、铁路或城市桥梁,大部分均采用钢筋混凝土或预应力混凝土梁式桥。

　　在施工方法上,除了在一些林区或运输困难的地方以及其他特殊情况(如修建斜桥、弯桥等)尚采用现场整体浇筑制造外,目前已大量采用预制的装配式梁桥。

　　装配式梁桥与整体式梁桥相比,具有下述主要优点:

　　(1)桥梁构件的形式和尺寸趋于标准化,有利于大规模工业化制造。

　　(2)在工厂或预制厂内集中管理进行工业化预制生产,可充分采用先进的半自动或自动化、机械化的施工技术,以节省劳动力和降低劳动强度,提高工程质量和劳动生产率,从而显著降低工程造价。

　　(3)构件的制造不受季节性影响,并且上、下部构造也可同时施工,大大加快桥梁的建造速度,缩短工期。

　　(4)能节省大量支架模板等的材料消耗。

　　当然,装配式梁桥的预制构件需要有一定的运输和起重设备来进行运输和安装工作。同时,为了保证全桥的整体性,尚应设计牢靠的接头构造,必要时还须采取"湿接"集整措施。

图 2-1-1 所示是一孔典型的装配式预应力混凝土简支梁桥上部构造概貌。

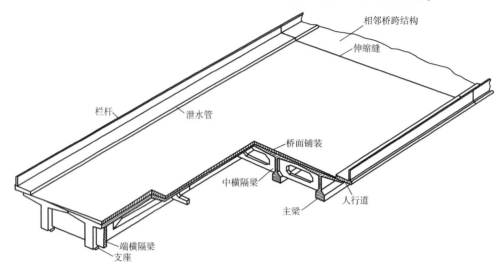

图 2-1-1 装配式预应力混凝土简支梁桥上部构造概貌

简支梁桥的上部构造由主梁、横隔梁(或称横隔板)、行车道板、桥面部分以及支座等组成。主梁是桥梁的主要承重结构。每片独立的预制主梁借助横隔梁上和行车道板上的连接构造相互连成整体,以保证车辆荷载(活载)在各主梁间有良好的横向分布。

主梁上翼缘构成的行车道板组成行车平面,并承受车辆荷载的局部作用。

桥面部分包括桥面铺装、防水和排水设备(纵横坡、泄水管)、伸缩缝、人行道和栏杆等。桥面部分的构造是桥梁的直接使用部分,如果构造和施工不当,将直接影响桥梁的使用效果,甚至会危及行车、行人和桥梁结构本身的安全,必须予以重视。

第一节 钢筋混凝土和预应力混凝土梁桥的一般特点

一、钢筋混凝土梁桥的一般特点

钢筋混凝土是一种具有很多优点的建筑材料。与钢筋混凝土结构的一般特点一样,用此种材料建造的梁桥也具有能就地取材、工业化施工、耐久性好、适应性强、整体性好以及美观等各种优点。

第一座钢筋混凝土桥梁问世迄今已有一百多年的历史,特别是经过半个多世纪以来的实践,使钢筋混凝土结构不但在设计理论方面,而且在施工技术上都发展得比较成熟。目前,使用钢筋混凝土建造的桥梁,种类多、数量大,在桥梁工程中占有重要地位。

钢筋混凝土简支梁桥的不足之处是结构本身的自重大,约占全部设计荷载(包括恒载和活载)的 30%~60%,跨度越大则自重所占的比值会显著增大。鉴于材料强度大部分为结构的自重所消耗,这就大大限制了钢筋混凝土简支梁桥的跨越能力。

此外,就地浇筑的钢筋混凝土桥施工工期长,支架和模板要消耗很多钢材和木料。

在寒冷地区以及在雨季建造整体式钢筋混凝土桥梁时,施工比较困难,如采用蒸汽养生以及防雨措施等,则会显著增加造价。

显然,上述的优缺点都是与钢桥、石桥等其他种类桥梁比较而言的。目前,虽然钢材产量较高,但价格相对较贵,钢桥相对于钢混组合梁和预应力混凝土梁桥而言数量较少而且建造圬工拱桥费工费时,还要受到桥位处地形、地质条件的限制。因此,在公路建设中,特别对于公路上最常遇到的跨越中小河流等障碍的情况以及在数量很多的引桥和高架道路上,需要建造大量中小跨径的钢筋混凝土梁桥。对装配式钢筋混凝土简支梁桥而言,在技术经济上合理的最大跨径为20m左右。

二、预应力混凝土梁桥的一般特点

预应力混凝土可看作一种预先储存了足够压力的新型混凝土材料。对混凝土施加预压力的高强度钢筋(或称力筋),既是加力工具,又是抵抗荷载所引起构件内力的受力钢筋。考虑到混凝土与时间相关的收缩和徐变作用会导致相当可观的预应力损失,故必须使用高强材料才能使预应力混凝土获得良好的使用效果。

预应力混凝土梁桥除了同样具有前述钢筋混凝土梁桥的所有优点外,还有下述重要特点:

(1)能最有效利用现代高强度材料(高强度混凝土、高强度钢材),减小构件截面,显著降低自重所占全部设计荷载的比重,增大跨越能力,并扩大混凝土结构的适用范围。

(2)与钢筋混凝土梁桥相比,一般可以节省钢材30%~40%,跨径越大,节省越多。

(3)全预应力混凝土梁在使用荷载下不出现裂缝,即使是部分预应力混凝土梁在常遇荷载下也无裂缝,鉴于能全截面参与工作,梁的刚度就比通常开裂的钢筋混凝土梁要大。因此,预应力混凝土梁可显著减小建筑高度,使大跨径桥梁做得轻柔美观。由于能消除裂缝,这就扩大了对多种桥型的适应性,并提高了结构的耐久性。

(4)预应力技术的采用,为现代装配式结构提供了最有效的接头和拼装手段。根据需要,可在纵向、横向和竖向施加预应力,使装配式结构集整成理想的整体,这就扩大了装配式桥梁的使用范围,提高了运营质量。

显然,要建造好一座预应力混凝土桥梁,首先要有作为预应力筋的优质高强钢材,并可靠保证高强混凝土的制备质量,同时需要有一整套专门的预应力张拉设备和材质好、制作精度要求高的锚具,及掌握较为复杂的施工工艺。

综观上述预应力混凝土的种种优异性,特别是从20世纪50年代以来,由于材料性能不断改进,设计理论日趋完善,施工工艺的革新创造,使得用这种新颖材料修建的桥梁获得了很大发展,在桥梁工程中占日益重要的地位。目前,预应力混凝土简支梁的最大跨径达76m(奥地利阿尔姆桥,1977年)。

第二节 简支梁桥的主要类型及其适用情况

钢筋混凝土与预应力混凝土梁式桥(包括板桥)具有多种不同的构造类型。对其演变加以分析可以看出,除了从力学上考虑充分发挥材料特性而不断改进桥梁的截面形式外,构件的施工方便以及起重安装设备的能力,也是影响构造形式发生变化的重要因素。

下面从承重结构的截面形式方面简述钢筋混凝土和预应力混凝土简支梁桥上部结构的构造类型及其适用情况。

一、板桥

板桥的承重结构就是矩形截面的钢筋混凝土或预应力混凝土板,如图 2-1-2a)所示,其主要特点是构造简单,施工方便,而且建筑高度较小。从力学性能上分析,位于受拉区域的混凝土材料不但不能发挥作用,反而增大了结构的自重,当跨度稍大时就显得笨重而不经济。简支板桥的跨径只在十几米以下。

图 2-1-2a)表示整体式板桥的横截面,这种板在车辆荷载作用下除了沿跨径方向引起弯曲受力外,板在横向也发生挠曲变形,因此它是一块双向受力的弹性薄板。有时为了减小自重,也可做成留有圆洞的空心板桥或将受拉区稍加挖空的矮肋式板桥[图 2-1-2b)]。图 2-1-2c)所示为小跨径桥(不超过 8m 左右)最广泛使用的装配式板桥,它由几块预制的实心板条利用板间企口缝填入混凝土拼连而成。从结构受力性能上分析,在荷载作用下,它不是双向受力的整体宽板,而是一系列单向受力的窄板式梁,板与板之间借铰缝传递剪力而共同受力。对于每块窄板而言,它主要沿跨径方向承受弯曲与扭转。装配式板桥也可做成横截面被显著挖空的空心板桥[图 2-1-2d)],以达到减小自重和加大适用跨径的目的,这种预应力混凝土空心板桥的常用跨径为16~20m。图 2-1-2e)是一种装配-整体组合式板桥,它利用一些小型预制构件安装就位后作为底模,在其上再浇筑混凝土结合成整体,在缺乏起重设备的情况下,这种板桥能收到好的效果。

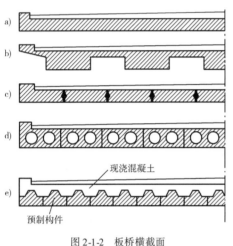

图 2-1-2 板桥横截面
a)整体式板桥;b)稍加挖空的矮肋式板桥;c)装配式板桥;d)空心板桥;e)组合式板桥

二、肋板式梁桥

在横截面内形成明显肋形结构的梁桥称为肋板式梁桥,或简称肋梁桥。在此种桥上,梁肋(或称为腹板)与顶部的钢筋混凝土桥面板结合在一起作为承重结构(图 2-1-3)。由于肋与肋之间处于受拉区域的混凝土得到很大程度的挖空,显著减小了结构自重。特别对于仅承受正弯矩作用的简支梁来说,既充分利用了扩展的混凝土桥面板的抗压能力,又有效发挥了集中布置在梁肋下部的受力钢筋的抗拉作用,从而使结构构造与受力性能达到理想的配合。与板桥相比,对于梁肋较高的肋梁桥来说,由于混凝土抗压和钢筋受拉所形成的力偶臂较大,因而肋梁桥也具有更大的抵抗荷载弯矩能力。目前,中等跨径(20~25m 以上)的简支梁桥通常多采用肋板式梁桥。

图 2-1-3a)、b)所示为整体式肋梁桥的横截面形状。在设计整体式梁桥时,鉴于梁肋尺寸不受起重安装机具的限制,因此可以根据钢筋混凝土体积最小的经济原则来确定截面尺寸。对于桥面净空为双车道的桥梁,只要建筑高度不受限制,往往以建成双主梁桥最为合理,主梁的间距可按桥梁全宽的 0.55~0.60 布置。有时为减小桥面板的跨径,还可在两主梁之间增设

内纵梁[图 2-1-3b)]。

装配式肋梁桥,考虑到起重设备的能力,预制和安装的方便,一般采用主梁间距在 2.0m 左右的多梁式结构。图 2-1-3c)是目前我国最常用的装配式肋梁桥(也称为装配式 T 形梁桥)的横截面(参见图 2-1-1)。在每一预制 T 梁上通常设置待安装就位后相互连接用的横隔梁,以保证全桥的整体性。在桥上车辆荷载作用下,通过横隔梁接缝处传递剪力和弯矩而使各 T 形梁共同受力。对于较大跨径的 T 形梁桥往往采用图 2-1-3d)的截面形式。为了减轻吊装重量,减小块件的横向尺寸和增强块件间连接的整体性,在块件之间留出宽 30～50cm 的湿接缝。

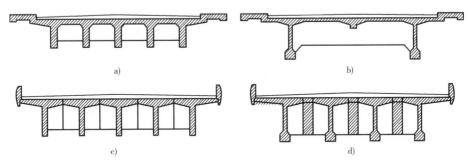

图 2-1-3 肋板式梁桥横截面
a)、b)整体式肋梁桥;c)装配式肋梁桥;d)较大跨径的 T 形梁桥

三、箱形梁桥

横截面呈一个或几个封闭箱形的梁桥简称为箱形梁桥。这种结构除了梁肋和上部翼缘板外,在底部尚有扩展的底板,因此它提供了能承受正、负弯矩的足够的混凝土受压区。箱形梁桥的另一重要特点,是在一定的截面面积下能够获得较大的抗弯惯性矩,而且抗扭刚度也比较大,在偏心活载作用下各梁肋的受力比较均匀。因此箱形截面能适用于较大跨径的悬臂梁桥和连续梁桥,也可用来修建全截面均参与受力的预应力混凝土简支梁桥。显然,对于普通钢筋混凝土简支梁桥来说,底板除徒然增加自重外并无其他益处,故不宜采用。

图 2-1-4a)所示的小箱梁就是内部挖空率较大的预应力混凝土空心板,其常用跨径为 25～30m。采用此类桥梁时要特别注意块件之间铰缝的联结强度,不然的话很易引起桥面纵向裂缝。目前在公路或城市道路上还常采用带斜腹板、梁间距较大(2.0～3.5m)的预应力混凝土小箱梁桥[图 2-1-4b)],常用跨径为 25～35m。与 T 形梁桥相比,箱形梁桥的梁高较小,运输、安装比较方便,外形也较美观,但制造稍复杂些。

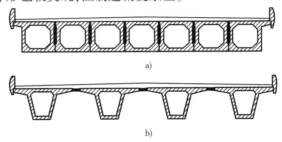

图 2-1-4 箱形梁桥横截面
a)预应力混凝土空心板;b)预应力混凝土小箱梁桥

此外,对于曲线半径较大的弯桥和变宽度的桥梁,采用小箱梁布置有较好的适应性。

在设计中通常根据现场条件,经技术、经济等多种因素的方案比选来确定最适宜的梁型。

一般来说,整体现浇的梁桥具有整体性好、刚度大、易于做成复杂形状(如曲线桥、斜交桥、宽度变化的异性桥)等优点,但其施工速度慢,工业化程度较低,需要耗费大量支架模板材料。

第二章 桥面构造

钢筋混凝土和预应力混凝土桥的桥面部分通常包括桥面铺装、防水和排水设备、伸缩缝、人行道(或安全带)、缘石、栏杆和灯柱等构造(图2-2-1)。由于桥面部分天然敞露而对气候影响十分敏感,车辆行人来往对其观感也很关注,根据以往的实践,建桥时因对桥面重视不足而导致日后修补和维护的弊病是不少的。因此,如何合理改进桥面的构造和施工,已越发引起人们的注意。

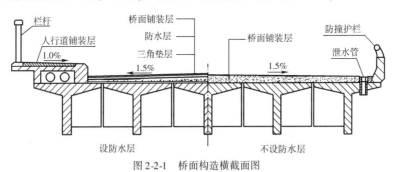

图 2-2-1 桥面构造横截面图

第一节 桥面铺装

桥面铺装也称为行车道铺装,其功用是保护属于主梁整体部分的行车道板不受车辆轮胎(或履带)的直接磨耗,防止主梁遭受雨水的侵蚀,并能对车辆轮重的集中荷载起一定的分布作用。

桥面铺装的结构形式宜与所在位置的公路路面相协调。

桥面铺装部分在桥梁恒载中占有相当的比重,特别对于小跨径桥梁尤为显著,故应尽量设法减小铺装的重量。如果桥面铺装采用水泥混凝土,其强度不低于桥面板混凝土的强度,并在施工中能确保铺装层与桥面板紧密结合成整体,则铺装层的混凝土(扣除作为车轮磨损的部分,为1~2cm厚)也可合计在桥面板内一起参与工作,以充分发挥这部分材料的作用。

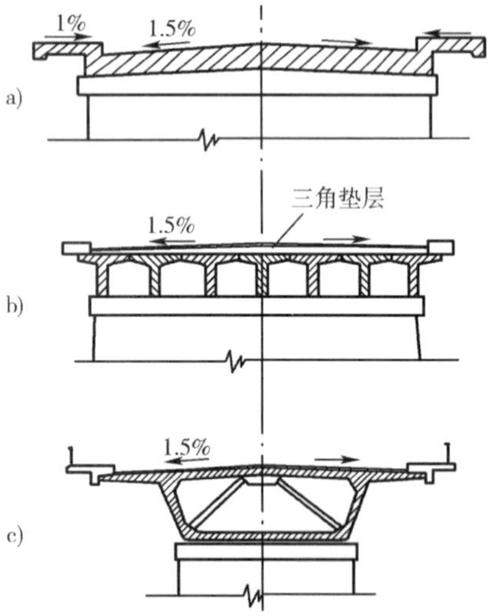

一、桥面横坡的设置

为了迅速排除桥面雨水,通常除使桥梁设有纵向坡度外,尚应将桥面铺装沿横向设置双向的桥面横坡。对于沥青混凝土或水泥混凝土铺装,横坡为1.5%~2.0%。行车道路面普遍采用抛物线形横坡,人行道则用直线形。对于板桥或就地浇筑的肋梁桥,为了节省铺装材料并减小恒载重力,也可将横坡设在墩台顶部而做成倾斜的桥面板[图2-2-2a)],此时铺装层在整个桥宽上就可做成等厚的。对于装配式肋梁桥,为架设和拼装方便,通常都采用不等厚的铺装层(包括混凝土三角垫层和等厚的路面铺装层),以构成桥面横坡[图2-2-2b)]。在较宽的桥梁中,用三角垫层设置横坡,将使混凝土用量与恒载重力增加过多。在此情况下,也可直接将行车道板做成双向倾斜的横坡[图2-2-2c)],但这样会使主梁的构造和施工稍趋复杂。

图2-2-2 桥面横坡的设置
a)设在墩台顶部而做成倾斜的桥面板;b)采用不等厚的铺装层,以构成桥面横坡;c)直接将行车道板做成双向倾斜的横坡

二、桥面铺装的类型

钢筋混凝土和预应力混凝土梁桥的桥面铺装,目前使用下列几种形式。

(1)普通水泥混凝土或沥青混凝土铺装。

在非严寒地区的小跨径桥上,通常桥面内可不做专门的防水层,而直接在桥面上铺筑5~8cm的普通水泥混凝土或沥青混凝土铺装层。铺装层的混凝土一般ни与桥面板混凝土相同的强度等级或略高一级的,在铺筑时要求有较好的密实度。《公路桥涵设计通用规范》(JTG D60—2015)规定水泥混凝土桥面铺装面(不含整平层和垫层)的厚度不宜小于80mm,混凝土强度等级不应低于C40。为了防滑和减弱光线的反射,最好将混凝土做成粗糙表面。混凝土铺装的造价低,耐磨性能好,适合于重载交通,但其养生期比沥青系的铺装长,日后修补也较麻烦。高速公路和一级公路上的特大桥、大桥宜采用沥青混凝土桥面铺装,其厚度不宜小于70mm。沥青混凝土铺装的重量较小,维修养护也较方便,在铺筑后只需几个小时就能通车营运。桥上的沥青混凝土铺装可以做成单层式的(7~10cm)或双层式的(底层4~5cm,面层3~4cm)。

(2)防水混凝土铺装。

对位于非冰冻地区的桥梁需作适当的防水时,可在桥面板上铺筑8~10cm厚的防水混凝土作为铺装层[图2-2-3a)]。防水混凝土的强度等级一般不低于桥面板混凝土的强度等级,

其上一般可不另设面层,但为延长桥面的使用年限,宜在上面铺筑2cm厚的沥青表面处治作为可修补的磨耗层。

(3)具有贴式或涂料防水层的水泥混凝土或沥青混凝土铺装。

在防水要求高,或在桥面板位于结构受拉区而可能出现裂纹的桥梁上,往往采用柔性贴式或涂料防水层[图2-2-3b)]。贴式防水层设在低强度混凝土三角垫层上面,其做法是:先在垫层上用水泥砂浆抹平,待硬化后在其上涂一层热沥青底层,随即贴上一层油毛毡(或麻袋布、玻璃纤维织物等),上面再涂一层沥青胶砂,贴一层油毛毡,最后再涂一层沥青胶砂。通常这种所谓"三油二毡"的防水层,其厚度为1~2cm。为了避免贴式防水层不致因铺筑和翻修路面而受到损坏,在防水层上需用厚约4cm低强度的细集料混凝土作为保护层。等它达到足够强度后,再铺筑沥青混凝土或水泥混凝土路面铺装。

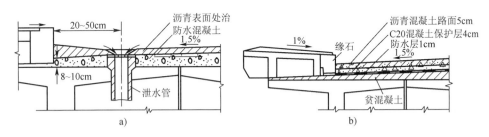

图2-2-3 桥面铺装构造

a)桥面板上铺筑8~10cm厚的防水混凝土作为铺装层;b)在结构受拉区易出现裂纹的桥梁上,采用柔性贴式或涂料防水层

近年来随着路面防水技术的发展,已广泛采用各种改性沥青黏结料或高分子聚合物沥青防水涂层的新技术。这种防水层具有黏结力强、高温不流淌、低温不脆裂、无毒、成膜时间短、重量轻等优点。

此外,国外也曾使用环氧树脂涂层来达到抗磨耗、防水和减小桥梁恒载的目的。这种铺装层的厚度通常为0.3~1.0cm。为保证其与桥面板牢固结合,涂抹前应将混凝土板面清刷干净。显然,这种铺装的费用昂贵。

当桥面铺装采用混凝土以及贴式或涂料防水层时,为了加强铺装层的强度以避免混凝土开裂,就须在混凝土铺装层内或保护层内设置一层直径不小于8mm的钢筋网,网格尺寸不宜大于100mm。如果铺装层在接缝处参与受力,则钢筋的具体配置应由计算确定。

第二节 桥面排水设施

钢筋混凝土结构不宜经受时而湿润、时而干晒的交替作用。湿润后,钢筋混凝土结构中的水分因严寒而结冰,则更有害,因为渗入混凝土微细裂纹和大孔隙内的水分,在结冰时会导致混凝土发生破坏,而且水分侵袭钢筋也会使它锈蚀。因此,为防止雨水滞积于桥面并渗入梁体而影响桥梁的耐久性,除在桥面铺装内设置防水层外,应使桥上的雨水迅速引导排出桥外。通常当桥面纵坡大于2%而桥长小于50m时,雨水可流至桥头从引道上排除,桥上就不必设置专门的泄水孔道。为防止雨水冲刷引道路基,应在桥头引道的两侧设置流水槽。

当纵坡大于2%但桥长超过50m时,宜在桥上每隔12~15m设置一个泄水管。如桥面纵

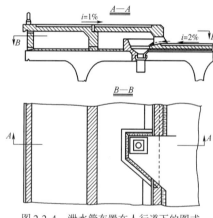

图 2-2-4 泄水管布置在人行道下的图式

坡小于2%,则宜每隔 6~8m 设置一个泄水管。泄水管的过水面积通常使每平方米桥面上不少于 2~3cm^2,泄水管可以沿行车道两侧左右对称排列,也可交错排列,其距缘石的距离为 20~50cm[图 2-2-3a)]。

对于跨线桥和城市桥梁最好像建筑物那样设置完善的落水管道,将雨水排至地面阴沟或下水道内。

泄水管也可布置在人行道下面(图 2-2-4),因此需要在人行道块件(或缘石部分)上留出横向进水孔,并在泄水管周围(除了朝向桥面的一方外)设置相应的聚水槽。

目前梁式桥上常用的泄水管道有下列几种形式。

一、金属泄水管

图 2-2-5 所示为一种构造比较完备的铸铁泄水管,适用于具有防水层的铺装结构。泄水管的内径一般为 10~15cm,管子下端应伸出行车道板底面以下至少 15~20cm。安放泄水管时,与防水层的接合处要做得特别仔细,防水层的边缘要紧夹在管子的顶缘与泄水漏斗之间,以便防水层上的渗水能通过漏斗上的过水孔流入管内。这种铸铁泄水管使用效果好,但构造较复杂。通常还可以根据具体情况,在此基础上做适当的简化改进,例如采用钢管和钢板的焊接构造,甚至改用塑料泄水管等。

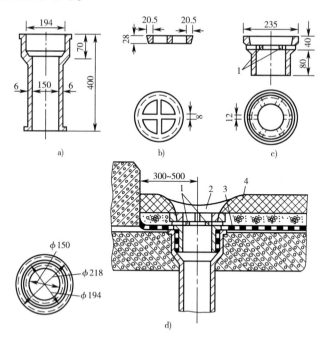

图 2-2-5 金属泄水管构造(尺寸单位:mm)

二、钢筋混凝土泄水管

图 2-2-6 所示为钢筋混凝土泄水管构造,它适用于不设专门防水层而采用防水混凝土的

铺装构造,布置细节可见图 2-2-3a)。在制作时,可将金属栅板直接作为钢筋混凝土管的端模板,以使焊于板上的短钢筋锚固于混凝土中。这种预制的泄水管构造简单,节约钢材。

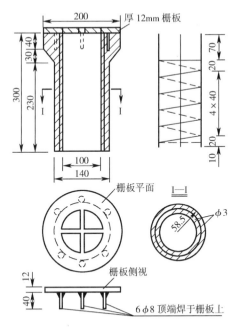

图 2-2-6 钢筋混凝土泄水管(尺寸单位:mm)

三、横向排水管道

对于一些小跨径桥,有时为了简化构造和节省材料,可以直接在行车道两侧的安全带或缘石上预留横向泄水孔(图 2-2-7),并用铁管、竹管等将水排出桥外。这种做法构造简单,但因孔道坡度平缓,易于堵塞。

需要特别提出的是,近年来,从桥梁外形美观和环保要求出发,在国外和国内香港地区已广泛将排水管置于箱梁内,并将泄水管道埋在墩台身内,再将雨水排入下水道。对于跨越有保护水质要求的河流和湖面上的桥梁,应将桥面积水排至岸边的下水道内。

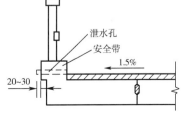

图 2-2-7 横向泄水孔道(尺寸单位:mm)

第三节 桥面伸缩缝

为了保证桥跨结构在气温变化、活载作用、混凝土收缩与徐变等影响下按静力图式自由变形,就需要在两梁端之间以及在梁端与桥台背墙之间设置横向伸缩缝(也称为变形缝)。伸缩缝的构造有简有繁,视桥梁变形量的大小和车辆活载大小而异,其作用是不但要保证梁能自由变形,而且要使车辆在过缝处能平顺地通过和防止雨水、垃圾泥土等渗入阻塞。对于城市桥梁伸缩缝的构造还应在车辆通过时减小噪声。伸缩缝构造应使施工和安装方便,其部件除本身要有足够的强度外,应与桥面铺装部分牢固连接。对于敞露式的伸缩缝要便于检查和清除缝下沟槽的污物。

特别要注意,在伸缩缝附近的栏杆结构也要能相应自由变形。

在计算伸缩缝的变形量 Δl 时,应考虑以安装伸缩缝结构时为基准的温度伸长量 Δl_t^+ 和缩短量 Δl_t^-,收缩和徐变量 Δl_s 以及计入梁的制造与安装误差的富余量 Δl_E。Δl_E 可按计算变形量的30%估算。因此总变形量为:

$$\Delta l = \Delta l_t^+ + \Delta l_t^- + \Delta l_s + \Delta l_E$$

对于大跨度桥梁尚应计入因荷载作用和梁体上下部温差等所引起梁端转角产生的伸缩缝变形量。

下面介绍几种常用的伸缩缝构造。

一、U形锌铁皮式伸缩缝

对于中小跨径的桥梁,当变形量在2～4cm以内时,常采用以锌铁皮为跨缝材料的伸缩缝构造[图2-2-8a)]。弯成U形断面的长条锌铁皮分上下两层,上层的弯形部分开凿了孔径为0.6cm、孔距为3cm的梅花眼,其上设置石棉纤维垫绳,然后用沥青胶填塞。这样,当桥面伸缩时锌铁皮可随之变形。下层U形锌铁皮可将渗下的雨水沿横向排出桥外。

对于沥青混凝土桥面铺装的情形,如变形量不大(不超过1cm),可以不必将桥面断开,如图2-2-8b)所示,为了避免在桥面上出现不规则的缝迹,可以在桥面施工时预留约0.5cm宽、3～5cm深的整齐切口,以后再注入沥青胶砂。

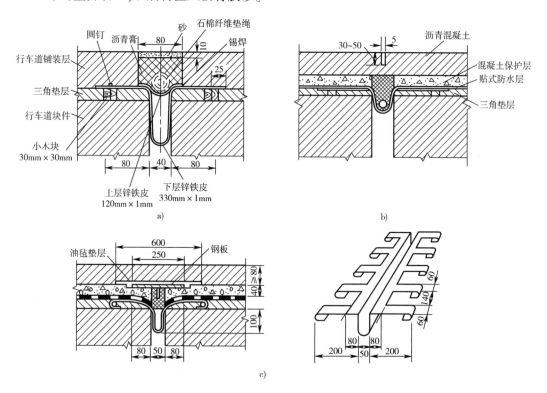

图 2-2-8　U形锌铁皮式伸缩缝(尺寸单位:mm)

图 2-2-8c)是使缝上桥面层与梁端混凝土保护层用油毡纸局部隔离,以增加桥面参与受力部分的长度,而不使桥面断开的伸缩缝构造。如果考虑低温时沥青混凝土的极限延伸率为 0.015,则当变形量为 0.6~1.8cm 时所需的隔离长度为 40~120cm。锌铁皮与三角垫层间可能留有的空隙,是荷载下造成路面破裂和伸缩缝毁坏的重要原因之一。图示形状的 U 形锌铁皮可显著减小上述空隙而使构造得以改善。

对于人行道部分的伸缩缝构造,通常用一层 U 形锌铁皮跨搭,其上再填充沥青膏来实现。

二、跨搭钢板式伸缩缝

对于梁端变形量较大(4~6cm 以上)的情况,可采用以钢板为跨缝材料的伸缩缝构造。图 2-2-9a)所示为最简单的钢板伸缩缝,用一块厚度约为 10mm 的钢板搭在断缝上,钢板的一侧焊在锚固于铺装层混凝土内的角钢 1 上,另一侧可沿着对面的角钢 2 自由滑动。角钢 2 的边缘焊上一条窄钢板,以抵住桥面的沥青砂面层。一侧固死的钢板伸缩缝,当车辆驶过时,往往由于梁端转动或挠度变形引起的拍击作用使结构损坏。图 2-2-9b)所示为目前国外所采用借助螺杆弹簧装置来固定滑动钢板的新颖构造(变形量可达 7cm)。其特点是滑动钢板始终通过橡胶块紧压在护缘角钢上,这样既消除了不利的拍击作用,又显著减小了车辆荷载的冲击影响。

如果梁端的变形量更大,还可采用图 2-2-9c)所示两侧同时滑动的钢板伸缩缝(变形量可达 20~40cm),或者采用更加完善的梳形齿式钢板伸缩缝构造,如图 2-2-9d)所示。

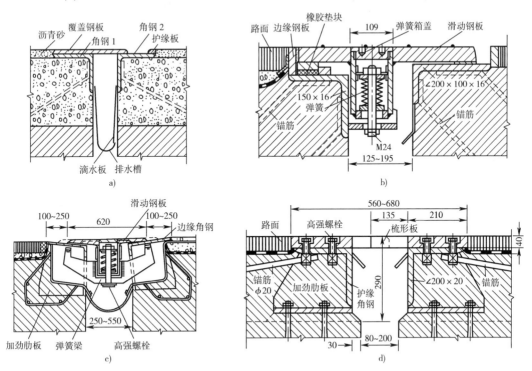

图 2-2-9 跨搭钢板式伸缩缝(尺寸单位:mm)

a)以钢板为跨缝材料;b)借助螺杆弹簧装置;c)采用两侧同时滑动的钢板伸缩缝;d)采用梳形齿式钢板伸缩缝

跨搭钢板式伸缩缝的构造比较复杂,消耗钢材也较多,但能适应较大的变形量。由于橡胶伸缩缝耐低温性能差,因此在寒冷低温地区,仍常采用钢制伸缩缝构造。在施工中应特别注意护缘角钢与混凝土的锚固要牢靠,角钢下混凝土的浇筑要密实。

三、橡胶伸缩缝

利用各种断面形状的优质橡胶带作为伸缩缝的填嵌材料,既富于弹性,又易于胶贴(或胶接),能满足变形要求和兼备防水功能。橡胶带是厂制成品,使用起来也很方便,目前在国内外已广泛采用。

图2-2-10a)表示一种特制的三节型橡胶带代替锌铁皮的构造,带的中节是空心的,它对于变形与防水都有很好的效果。

图2-2-10b)是用氯丁橡胶制作的具有2个圆孔的伸缩缝嵌条。将梁架好后,在端部焊上角钢(角钢之间的净距可比橡胶嵌条的宽度小1cm),涂上胶后,再将橡胶嵌条强行嵌入。橡胶伸缩缝可随着人行道弯折,嵌条接头处用胶黏结。

图2-2-10c)所示为用螺栓夹具固定倒U形橡胶嵌条的伸缩缝构造,其适用的变形量可达5cm。

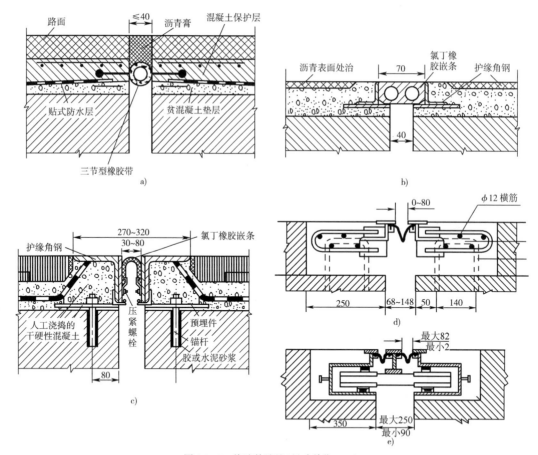

图2-2-10 橡胶伸缩缝(尺寸单位:mm)

a)一种三节型橡胶带代替锌铍皮;b)用氯丁橡胶制作伸缩缝嵌条;c)用螺栓夹具固定U形橡胶嵌条;d)、e)用橡胶和钢板组合模数式伸缩缝

变形量更大的大跨度桥上,可以采用橡胶和钢板组合模数式伸缩缝构造[图2-2-10d)和e)]。其中橡胶嵌条的数量可按变形量的大小选取,车轮荷载则通过一组钢板来传递。图中

为常用的 D80 型和 D160 型伸缩缝(数字代表容许变形量,以 mm 计),这种伸缩缝的变形量可达 1 040mm(即 D1040 型)。

采用橡胶伸缩缝来代替跨搭钢板式伸缩缝,可以避免污物落入缝内,省去排水溜槽,显著减小活载的动力作用,简化接缝构造和安装工艺,并能显著节约钢材。

桥梁运营的实践经验证明,桥面上的伸缩缝在使用中仍然很容易损坏。因此,为了提高行车的舒适性、减轻桥梁的养护工作和提高桥梁的使用寿命,就应力求减少伸缩缝的数量。近些年来,在建桥实践中将多孔简支的上部构造采取桥面连续的新颖结构措施,就是解决这一问题的办法之一。桥面连续措施的实质,就是将简支上部构造在其伸缩缝处施行铰接。伸缩缝处的桥面部分应当具有适应车辆荷载作用所需的柔性,并应有足够的强度来承受因温度变化和制动作用所产生的纵向力。这样,桥面连续的多孔简支梁桥,在竖直荷载作用下的变形状态属于简支体系,而在纵向水平力作用下则属于连续体系。

最简便的桥面连续构造就是将 T 形梁的行车道板沿高度全部或局部相连,内置连接钢筋。现浇的连接部分(或称为连接板)沿纵向应有足够的长度(约在 125cm 以上),并且在连接板与梁肋之间隔以 5mm 厚的橡胶垫层或采取其他隔离措施,这样可使梁端间的变形由连接板的全长分布承担,既增加了梁端接缝处的柔性,又显著减小了连接板纵向的拉、压应变。桥面连续构造目前尚处于试验修建阶段,而且对于这种结构的实践效果和经济性还不能说已有定论,因此这里就不再详述。

第四节　人行道、栏杆与灯柱

一、人行道及安全带

位于城镇和近郊的桥梁均应设置人行道,其宽度和高度的规定见第一篇总论中关于桥梁横断面的叙述。

在行人稀少地区可不设人行道,为保障行车安全可改用宽度和高度均不少于 0.25m 的护轮安全带。

图 2-2-11a)表示只设安全带的构造,它可以单独做成预制块件,与梁一起预制或与铺装层一起现浇。安全带宜每隔 2.5～3m 设一断缝,以免参与主梁受力而被损坏。

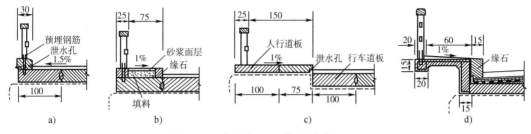

图 2-2-11　人行道和安全带(尺寸单位:cm)
a)只设安全带的构造;b)附设在板上的人行道构造;c)用专门的人行道承重板搁置在墩台的加高部分;d)将人行道设在从桥面板挑出的悬臂上

图 2-2-11b)是附设在板上的人行道构造,人行道部分用填料垫高,上面敷设 2～3cm 的砂

浆面层(或沥青砂)。在人行道内边缘设有缘石,以对人行道起安全保护作用。缘石可用石料或预制混凝土块砌筑,也可在板上现浇。在跨径小而人行道又宽的桥上,也可用专门的人行道承重板直接搁置在墩台的加高部分上[图2-2-11c)]。对于整体浇筑的钢筋混凝土梁桥,常将人行道设在从桥面板挑出的悬臂上[图2-2-11d)]。这样做能缩短墩台长度,但施工不太方便。从图中可见,贴式防水层应伸过缘石底面,并稍弯起。

图2-2-12所示为装配式人行道构造的例子,有效宽度为0.75m,人行道一部分悬出主梁的桥面板外。人行道由人行道板、人行道梁、支撑梁及缘石组成。人行道梁分A、B两种形式,A式梁上要装栏杆柱,故端部设有凹槽而较宽些。支撑梁用以固定人行道梁的位置。在安装时,将人行道梁的一部分通过稠水泥砂浆搁置在主梁上,为了固定人行道梁,尚须在梁的根部预埋钢板,使与从桥面板内伸出的锚固钢筋相互焊接(也可采用螺栓连接)。焊接完毕后应将钢筋和钢板涂热沥青两道以防锈。锚固件的数量及尺寸应通过计算确定,以保证足够的强度。最后在人行道梁上再搁置厚6cm的预制人行道板。施工时应注意安全。

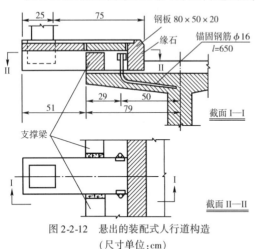

图2-2-12 悬出的装配式人行道构造
(尺寸单位:cm)

上述构造方式的块件自重较小,但施工较麻烦。如起重安装条件容许,可以把人行道结构按横向竖缝划分成预制肋板式的大型块件进行安装。

为了满足近代交通安全的特殊要求,也可设计各种新颖的人行道结构。图2-2-13所示为具有高路缘的预制钢筋混凝土人行道构造。每一块件长2.7m、宽3.2m。在行车道一侧具有强大的钢筋混凝土角块,其水平肢宽52cm作为安全带,其倾斜的顶面能起使不慎而驶上的车轮回至路面的作用。高达60cm的竖直肢能可靠防止车辆冲越,以确保行人安全。这样的人行道结构能使车辆在桥上正常高速行驶。

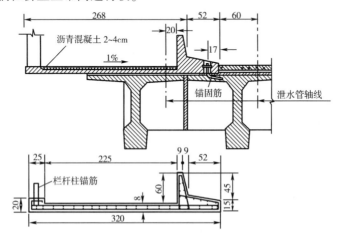

图2-2-13 具有高路缘的人行道构造(尺寸单位:cm)

人行道顶面一般均铺设2cm厚的水泥砂浆或沥青砂作为面层,并做成倾向桥面1%~1.5%的排水横坡。此外,人行道在桥面断缝处也必须做伸缩缝。

二、栏杆、防撞护栏和灯柱

公路桥梁的栏杆作为一种安全防护设备,应考虑简单实用、朴素大方。栏杆高度按规定不小于110cm,有时对于跨径较小且宽度又不大的桥可将栏杆做得矮些(40~60cm)。栏杆柱的间距一般为1.6~2.7m。

在公路上的钢筋混凝土梁式桥常采用钢筋混凝土栏杆。图2-2-14a)所示为在栏杆柱间设置上、下两道钢筋混凝土扶手的简易结构。插于人行道梁预留孔内的栏杆柱的截面为18cm×14cm,内配4根φ10的竖向钢筋,扶手的截面为12cm×8cm,内配4根φ8的纵向钢筋。栏杆扶手用水泥砂浆固定在柱的预留孔内,应该注意,在靠近桥面伸缩缝处的所有栏杆,均应使扶手与柱之间能自由变形。这种栏杆的制造安装都甚方便,而且节约钢材,自重也不大。

对于城郊的公路桥以及城市桥梁,为了美观要求,往往使栏杆结构设计得带有一定的艺术造型。图2-2-14b)和c)是采用得较多的具有双菱形和长腰圆形预制花板的栏杆图式。

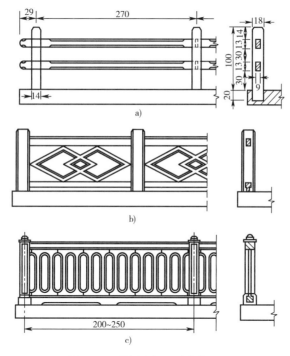

图2-2-14 栏杆图式(尺寸单位:cm)

对于重要的城市桥梁,在设计栏杆和灯柱时更应注意在艺术造型上使其与周围环境和桥型本身相协调。金属栏杆易于制成各种图案和铸成富于艺术性的花板,但金属材料耗费大,只在特殊要求下才采用(例如在我国武汉长江大桥和南京长江大桥上均采用了具有民族特色、造型优美的铸铁栏杆)。

在不设人行道的高速公路上的桥梁,为了确保行车安全,需要设置钢筋混凝土的或钢制的防撞护栏,如图2-2-15a)和b)所示。

在城市桥上,以及在城郊行人和车辆较多的公路上,都要设置照明设施。照明灯柱可以设在栏杆扶手的位置上,在较宽的人行道上也可设在靠近缘石处。照明用灯一般高出车道5m左右。对于美观要求较高的桥梁,灯柱和栏杆的设计不但要从桥面观赏要求考虑,而且也要符合全桥在立面上具有统一协调的艺术造型要求。钢筋混凝土灯柱的柱脚可以就地浇筑并将钢筋锚固于桥面中,铸铁灯柱的柱脚可固定在预埋的锚固螺栓上。为了照明以及其他用途所需的电信线路等通常都放在人行道下的预留孔道内或设置在防撞护栏的预埋管道内。

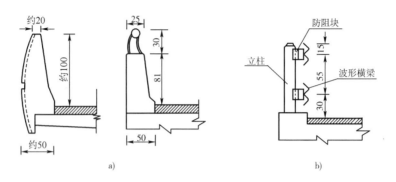

图 2-2-15 防撞护栏(尺寸单位:cm)
a)钢筋混凝土防撞护栏;b)钢制的防撞护栏

第三章
板桥的设计与构造

板桥是小跨径钢筋混凝土桥中最常用的桥型之一。由于它在建成以后外形上像一块薄板,故习惯称之为板桥。板桥一般具有以下优点:

(1)建筑高度小,适用于桥下净空受限制的桥梁,与其他类型的桥梁相比,可以降低桥头引道路堤高度和缩短引道的长度。

(2)外形简单,制作方便,既便于采用土模技术,又便于进行工厂化成批生产。

(3)做成装配式板桥的预制构件时,自重不大,架设方便。

板桥的主要缺点是跨径不宜过大。跨径超过一定限度时,截面便要显著加高,从而导致自重增大,截面材料使用上的不经济,使上述建筑高度小的优点也因此被抵消。所以,通过实践,简支板桥的经济合理跨径一般限制在13m以下,预应力混凝土板桥一般也不宜超过30m。

除了常见的正交板桥以外,由于公路线形的要求,小跨径斜交板桥也常常被纳入桥型方案的比较之列,因此在本章第二节中也将对它作些简要介绍。

第一节 简支板桥的构造及其特点

简支板桥可以采用整体式结构,也可以采用装配式结构。在缺乏起重设备而有模板支架材料的情况下,宜采用就地浇筑的整体式钢筋混凝土板桥。这种结构的整体性能好,横向刚度较大,施工也较简便,不足的是支架和模板材料消耗量较多。但在一般施工条件下,宜采用装配式结构。

一、整体式板桥的构造

整体式板桥的横截面一般都设计成等厚度的矩形截面,有时为了减小自重也可将受拉区稍加挖空做成矮肋式板桥(图 2-3-1)。对于修建在城市内的宽桥,为了防止因温度变化和混凝土收缩而引起的纵向裂纹,以及由于活载在板内产生过大的横向负弯矩而导致板的上缘纵向裂缝,也可以使板沿桥中线断开,将一桥化为并列的两桥。为了缩短墩台的长度,也有将人行道做成悬臂形式从板的两侧挑出,但这样会带来施工的不便。整体式板桥的跨径通常与板宽相差不大,故在车辆荷载作用下实际上处于双向受力状态,因此,除了配置纵向受力钢筋以外,还要在板内设置垂直于主钢筋的横向分布钢筋。分布钢筋一般在单位长度上不得少于单位板宽上主钢筋面积的15%,或不小于板的截面面积的0.1%,其间距应不大于20cm。考虑到当车辆荷载在偏近板边行驶时,参与受力的板宽要比中间的小,除在板中间的2/3范围内按计算需要量进行配筋外,在两侧各1/6的范围内应比中间的增加15%。整体式板的主拉应力较小,按计算可以不设弯起的斜钢筋,但习惯上仍然将一部分主钢筋按30°或45°的角度在跨径1/6~1/4处弯起。

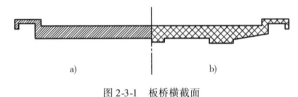

图 2-3-1 板桥横截面
a)矩形截面;b)矮肋式截面

图 2-3-2 所示为标准跨径 8m,单幅桥面净宽 11.0m(两侧未示出防撞护栏),按新荷载标准公路—Ⅰ级设计的整体式简支板桥的构造。计算跨径为 7.58m,板厚 45cm,约为跨径的 1/17。纵向主筋采用钢筋骨架和 N1,主筋均为 25mm 的 HRB335 钢筋。虽然板桥内的主拉应力很小,在骨架内仍设置了间距 30cm、直径为 20mm 的斜筋。下缘的分布钢筋按单位板宽上不少于主筋面积的15%配置,采用直径 16mm、间距 12cm 布置。一片实体板共用 22 片骨架,骨架短斜筋采用双面焊接。每一块板的钢筋用量合计 7 523kg。

二、装配式板桥的构造

我国常用的装配式板桥按截面形式主要有实心板和空心板两种。

(一)矩形实心板桥

这种板桥是目前采用最广泛的形式,其跨径通常不超过8m。我国原交通部颁布的装配式钢筋混凝土实心矩形铰接板桥标准图的跨径为 1.5m、2.0m、2.5m、3.0m、4.0m、5.0m、6.0m 和 8.0m,板高为 0.16~0.36m,桥面净空为净—7m 和净—9m 两种,荷载为汽车—15 级、挂车—80 和汽车—20 级、挂车—100 两种。钢筋一般采用 HRB335 钢筋,当做成预应力混凝土板时,也可用精轧螺纹钢筋作预应力主筋,以代替 HRB335 钢筋。图 2-3-3 所示为一座装配式钢筋混凝土矩形板桥标准图中的一个设计实例。其标准跨径为6m,荷载等级为汽车—15 级、挂车—80;桥面净宽为净—7m(无人行道),全桥由 6 块宽度为 99cm 的中部块件和 2 块宽度为 74cm 的边部块件所组成。实心矩形板具有形状简单、施工方便、建筑高度小等优点,因而容易推广使用。

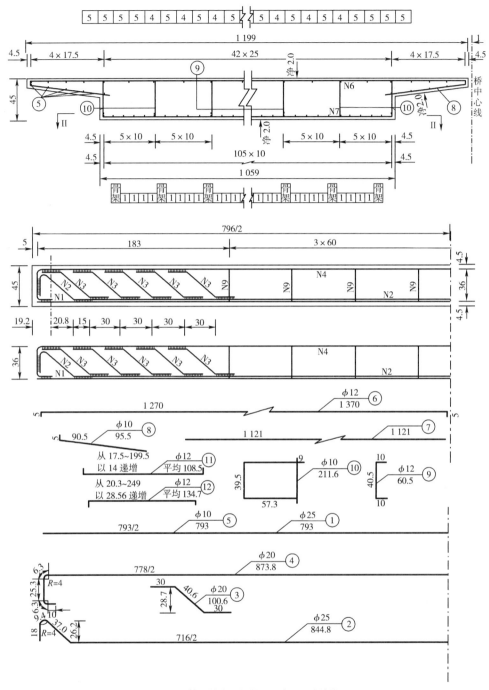

图 2-3-2　整体式简支板桥构造示例(尺寸单位:cm)

(二)空心矩形板桥

无论对钢筋混凝土还是预应力混凝土装配式板桥来说,跨径增大,实心矩形截面就显得不合理。因而将截面中部部分地挖空,做成空心板,不仅能减小自重,而且对材料的充分利用也是合理的。

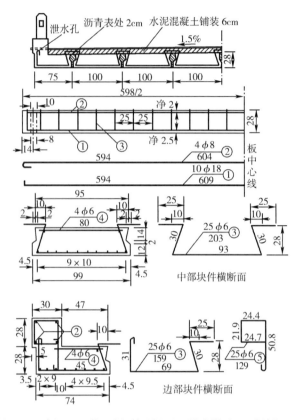

图 2-3-3 跨径 6.0m 装配式钢筋混凝土矩形板桥构造(尺寸单位:cm)

钢筋混凝土空心板桥目前使用范围在 6~13m,预应力混凝土空心板桥在 10~30m。空心板较同跨径的实心板自重小,运输安装方便,而建筑高度又比同跨径的 T 梁小,因此目前使用较多。相应于这些跨径的板厚,对于钢筋混凝土板为 0.4~0.8m,对于预应力混凝土为 0.5~1.2m。图 2-3-4 所示为空心板几种较常用的开孔形式,其中图 a)和 b)开成单个较宽的孔,挖空率最大,自重最小,但顶板需配置横向受力钢筋,以承担车轮荷载。图 a)略呈微弯形,可以节省一些钢筋,但模板比图 b)复杂。图 c)挖空成两个圆孔,施工时用无缝钢管作芯模较方便,但挖空率较小,自重较大。图 d)的芯模由两个半圆和两块侧模板组成。对不同厚度的板只要更换两块侧模板就能形成空形,该形式挖空体积较大,适用性也较好。空心板横截面的最薄处不得小于8cm。为了保证抗剪强度,应在截面内按计算需要配置弯起钢筋和箍筋。

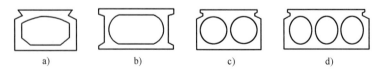

图 2-3-4 空心板的孔洞形式

图 2-3-5 所示为标准跨径 16m 的装配式预应力混凝土空心板桥的构造。荷载等级为公路—Ⅰ级。桥面净宽为 9.5m,由 7 块宽 159cm 的空心板组成,板与板之间的间隙为 1cm,两侧的边板带有 25.5cm 的小悬臂,板厚85cm。板全长 1 596cm,计算跨径为 1 550cm。板用 C50 混凝土,先张法施工,钢绞线公称截面面积为 140mm²,标准强度为 1 860MPa,张拉控制应力 $\sigma_k =$

1 348.5MPa。在混凝土强度达到90%设计强度且龄期不少于5d后方可进行预应力筋对称逐级张拉,最后再截断预应力筋。图中 N6 钢筋间距为 15cm、N7 钢筋间距 40cm,上端在预制时紧贴侧模,脱模后扳出。每块中板的混凝土用量为 $9.24m^3$,边板为 $10.63m^3$。一块中板的预应力筋用量为246.23kg,普通钢筋的总用量为1 103kg,共用塑料套管($\phi20$)长35.68m。

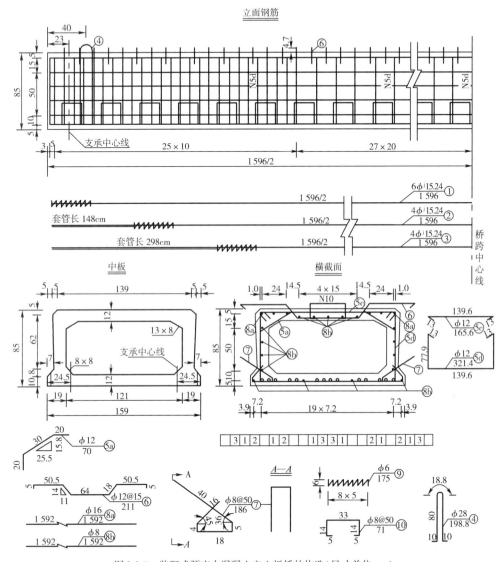

图 2-3-5　装配式预应力混凝土空心板桥的构造(尺寸单位:cm)

(三)装配式板的横向连接

为了使装配式板块组成整体,共同承受车辆荷载,在块件之间必须具有横向连接构造。常用的连接方法有企口式混凝土铰连接和钢板焊接。

1. 企口式混凝土铰连接

企口式混凝土铰的形式有圆形、菱形、漏斗形等三种(图 2-3-6)。铰缝内用 C25～C30 以上的细集料混凝土填实。实践证明,这种铰确能保证传递横向剪力,使各块板共同受力。但为了加强铰缝连接的整体作用,宜将预制板中的钢筋伸出以与相邻板的同样钢筋互相绑扎,再浇筑在铺装层内[图2-3-6d)]。值得注意的是,当采用较大跨度的大孔板结构[图2-3-4a)、b)]时,加强板间的连接作用就尤为重要。

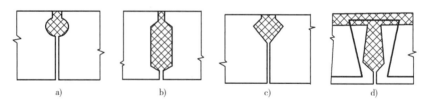

图 2-3-6 企口式混凝土铰

2. 钢板连接

由于企口混凝土铰需要现场浇筑混凝土,并须待混凝土达到设计强度后才能通车,为了加快工程进度,也可采用钢板连接(图2-3-7)。它的构造是:用一块钢盖板N1焊在相邻两构件的预埋钢板N2上。连接构造的纵向中距通常为80~150cm,根据受力特点,在跨中部分布置较密,向两端支点处逐渐减疏。

三、装配-整体式组合板桥的构造

为了减小预制构件的安装重量,加强板跨结构的整体工作性能,可以设计一种半装配式或习称为装配-整体式组合板桥。它的特点是将板的一部分预制,可以做得轻小一些,便于抬运;安装完毕后便成为其余现浇混凝土的模架。

图2-3-8所示为净跨径4m的组合式板桥,它适用于农村道路的桥梁。图中钢筋N1、N2伸出预制构件外,能使新旧混凝土结合得更好,并起分布钢筋的作用。钢筋N3伸出预制构件的目的,也是为了使上面混凝土与预制构件结合得更好些,保证结构的整体作用。但根据一些试验观测,两侧伸出钢筋可以取消,这会使构件制作更简便一些。

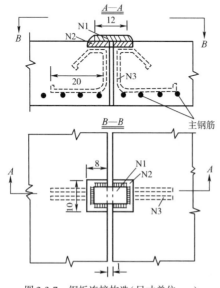

图 2-3-7 钢板连接构造(尺寸单位:cm)

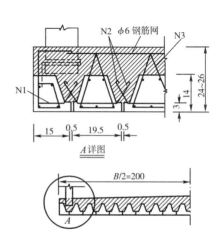

图 2-3-8 装配-整体式板桥(尺寸单位:cm)

四、漫水桥的构造

在河床宽浅、洪水历时很短的季节性河流上,修建漫水桥是经济合理的。漫水桥除了要满足与高水位桥同等的承载能力外,还应尽量做到阻水面积小,结构的整体性和横向稳定性大,不致被水冲毁。因此,设计漫水桥应注意以下几点:

(1)板的上、下游边缘宜做成圆端形,以利水流顺畅通过(图2-3-9)。

(2)必须设置与主钢筋同粗的栓钉与墩台锚固,以防水流冲毁。

漫水桥不设抬高的人行道和缘石,而在桥面净宽以外设置目标柱或活动栏杆。为增加行车宽度,也可将目标柱埋置在桥墩顶部。目标柱的间距一般取8~15m。

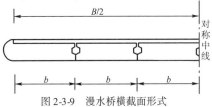

图2-3-9 漫水桥横截面形式

第二节 斜交板桥的受力特点与构造

在桥梁建设中,常常由于桥位处的地形限制,或者由于高等级公路对线形的要求而将桥梁做成斜交。斜交板桥的桥轴线与支承线的垂线呈某一夹角,习惯上称此角为斜交角(图2-3-10)。斜板桥虽然有改善线形的优点,但它的受力状态是很复杂的。对于斜板在荷载作用下精确的力学经典解答迄今尚未问世,故目前多借助电子计算机以求得数值解。至于简化的实用计算方法虽尚不能认为很成熟,然而在多年来实践经验的基础上,目前斜交板桥已被广泛采用。为了对斜交板桥的受力性能有个定性的了解,以便从构造上予以保证,本节做以下简要的阐述。

一、斜板桥的受力性能

理论和试验证明,简支于桥台或桥墩的斜板在垂直荷载下一般具有下列特性:

(1)荷载有向两支承边之间最短距离方向传递的趋势。

如图2-3-10所示,在较宽的斜板中部,其最大主弯矩方向(即在垂直于该方向的截面上没有扭矩)几乎接近与支承边正交。其次,无论对宽的或者窄的斜板,其两侧的主弯矩方向虽接近平行于自由边,但仍有向支承边垂线方向偏转的趋势。

(2)各角点受力情况可以用比拟连续梁的工作来描述。

如图2-3-11所示,在斜板的"Z"形条带 A—B—C—D 上各点的受力情况可以用三跨连续梁来比拟,在钝角 B、C 处产生较大的负弯矩,其方向垂直于钝角的二等分线;同时在 B、C 点的反力也较大,锐角 A、D 点的反力较小,当斜交角与斜的跨宽比都较大时,锐角便有向上翘起的趋势。此时若固定锐角角点,势必导致板内有较大的扭矩。

(3)在均布荷载作用下,当桥轴线方向的跨长相同时,斜板桥的最大跨内弯矩比正桥要小,跨内纵向最大弯矩或最大应力的位置,随着斜交角 φ 的变大而自中央向钝角方向移动。

图2-3-12a)表示斜板桥最大跨内弯矩 M_φ 与正桥跨中弯矩 $M_{\varphi=0}$ 的比值随斜交角 φ 改变的变化曲线;图2-3-12b)表示在满布均匀荷载时,跨内最大弯矩位置沿板宽的变化曲线。由图可知,当斜交角 φ 在15°以内时,可以近似地按正交板桥计算,因此《公路钢筋混凝土及预应力混

凝土桥涵设计规范》(JTG 3362—2018)便作了这样的规定。

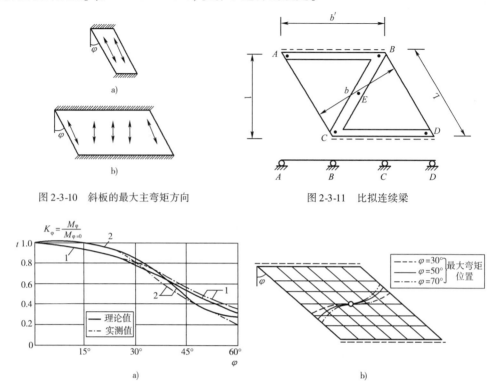

图 2-3-10 斜板的最大主弯矩方向

图 2-3-11 比拟连续梁

图 2-3-12 弯矩随斜角的变化
1-板跨中央;2-自由边中点

(4)在上述同样情况下,斜板桥的跨中横向弯矩比正桥的要大,可以认为横向弯矩增大的量,相当于跨径方向弯矩减小的量。

熟悉了斜板的工作性能以后,即可据此配置斜板桥的钢筋。

二、斜板桥的构造特点

(一)整体式斜板桥

整体式斜板桥的斜跨长 L 与垂直于行车方向的桥宽 b 之比一般均小于1.3,根据上面所述斜板主弯矩方向的特点,主钢筋的配置有以下两种方案。

第一方案:按主弯矩方向的变化配置主筋,其分布钢筋则与支承边平行[图 2-3-13a)]。

根据钝角处有较大的反力和负弯矩的特性,在钝角处约1/5跨径范围内应配置加强钢筋,在下层以其方向与钝角的二等分线平行;在上层与二等分线垂直[图 2-3-13b)]。加强钢筋的每米数量为主钢筋每米数量的0.6~1倍(视斜交角的大小而定)。此外还在自由边缘的上层加设一些平行于自由边的纵筋,其截面面积不小于3根主筋的截面面积,并用箍筋箍牢,以抵抗板内的扭矩。

第二方案:在两钝角角点之间的范围内,主钢筋方向与支承边垂直,在靠近自由边处主钢筋则沿斜跨径方向布置,直到与中间部分主筋完全衔接为止,其横向分布钢筋与支承边平行

[图 2-3-13c)]。其余钢筋的配置仍与第一种方案相同。

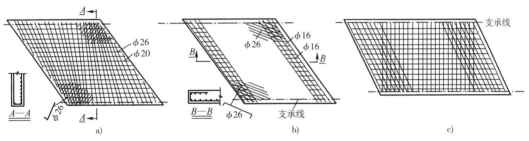

图 2-3-13　整体式斜板桥的钢筋构造
a)底层钢筋(方案一);b)上层钢筋;c)底层钢筋(方案二)

(二)装配式斜板桥

装配式斜板桥的跨宽比(L/b)一般均大于 1.3,主钢筋沿斜跨径方向配置,分布钢筋在两钝角点之间的范围内与主钢筋垂直,在靠近支承边附近,其布置方向则与支承边平行(图 2-3-14)。

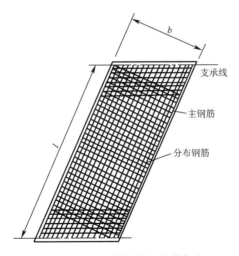

图 2-3-14　装配式斜板桥的钢筋构造

我国编制的装配式钢筋混凝土斜板桥上部构造标准图中,斜跨跨径分为 3m、4m、5m、6m 共 4 种,斜交角分为 25°、30°、35°、40°、45°、50°、55°、60°共 8 种,预制板在垂直于行车方向的宽为 99cm,板厚为 20～48cm,因跨径和斜交角不同而异。这些板的钢筋布置方案大体分为以下两种。

第一方案:当斜交角 φ = 25°～35°时,主钢筋沿斜跨方向布置,分布钢筋按平行于支承边方向布置[图 2-3-15a)]。

第二方案:当斜交角 φ = 40°～60°时,主钢筋及横向分布钢筋的布置,原则上与图 2-3-14 相同[图 2-3-15b)]。

此外,在各种块件的两端还要布置一些加强钢筋。当 φ = 40°～50°时,要布置底层加强钢筋,其方向则与支承边相垂直[图 2-3-15c)];当 φ = 55°～60°时,除了底层要布置垂直于支承边的加强钢筋以外,在顶层还要布置与钝角的二等分线相垂直的加强钢筋[图 2-3-15d)]。为了使铰接斜板支承处不翘扭以及防止发生位移,在板端部中心处预留锚栓孔,待安装完毕后,用栓钉固定。

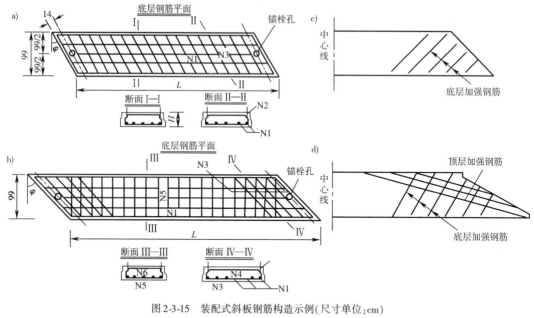

图 2-3-15　装配式斜板钢筋构造示例(尺寸单位:cm)
a)$\varphi=25°$、$30°$、$35°$;b)$\varphi=40°$、$60°$;c)$\varphi=40°$、$45°$、$50°$;d)$\varphi=55°$、$60°$

第四章
装配式简支梁桥的设计与构造

钢筋混凝土或预应力混凝土简支梁桥属于单孔静定结构，它受力明确、构造简单、施工方便，是中小跨径桥梁中应用最广的桥型。简支梁桥的结构尺寸易于设计成系列化和标准化，这就有利于在工厂内或工地上广泛采用工业化施工，组织大规模预制生产，并用现代化的起重设备进行安装。采用装配式的施工方法，可以大量节约模板支架木材，降低劳动强度，缩短工期，显著加快建桥速度。因此，近年来在国内外对于中小跨径的桥梁，绝大部分均采用装配式的钢筋混凝土简支梁桥或预应力混凝土简支梁桥。

第一节　装配式简支梁桥的构造类型

装配式简支梁桥，考虑到起重设备的能力、预制安装的方便，一般采用多梁式结构，主梁间距通常在 2.0m 左右。随着起重能力的提高、高强度材料的应用、轻型薄壁结构的推广，目前已有加大主梁间距、减少梁数的趋向，使设计更加经济合理。

装配式简支梁桥，可视跨径大小，是否施加预应力、运输和施工条件等的不同而采用各种构造类型。所谓构造类型就是涉及装配式主梁的横截面形式、沿纵截面上的横隔梁布置、块件的划分方式以及块件的连接集整等几方面的问题，而且这些问题是相辅相成互相影响的。以下将着重在主梁截面形式和块件划分方面阐明装配式简支梁桥的主要类型。块件的连接构造将在下一节中详细介绍。

一、装配式简支梁桥的截面形式

从主梁的横截面形式来区分,装配式简支梁桥可以分为三种基本类型:Π形梁桥、T形梁桥和箱形梁桥[图2-4-1中a)、b)和h)]。图2-4-1a)所示为简单的Π形梁桥横截面,块件之间用穿过腹板的螺栓连接,以使施工简化。Π形构件的特点是:截面形状稳定,横向抗弯刚度大,块件堆放、装卸和安装都方便。但这种构件通常用钢筋网来配筋,难以做成刚度大的钢筋骨架。设计经验证明,跨度较大时Π形梁桥的混凝土和钢筋用量都比T形梁桥的大,而且构件也重。故Π形梁桥一般只用于$l=6\sim12m$的小跨径桥梁,目前已很少采用。

目前我国用得最多的装配式简支梁是图2-4-1b)所示的T形梁桥。装配式T梁的优点是:制造简单,肋内配筋可做成刚劲的钢筋骨架,主梁之间借助间距为$4\sim6m$的横隔梁来连接,整体性好,接头也较方便。不足之处是:截面形状不稳定,运输和安装较复杂;构件正好在桥面板的跨中接头,对板的受力不利。

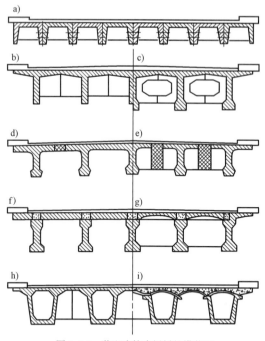

图2-4-1 装配式简支梁桥的横截面

装配式钢筋混凝土T梁的常用跨径为$7.5\sim20m$,装配式预应力混凝土T梁则为$20\sim40m$。国内已建成的装配式预应力混凝土T形梁桥的最大跨径已达62m,国外有做到70m左右的。

在保证抗剪等条件下尽可能减小梁肋(或称腹板)的厚度,以期减小构件自重,是目前钢筋混凝土和预应力混凝土桥梁的发展趋势。因此,为使受拉主钢筋或预应力筋在梁肋底部较集中地布置,或者为了满足预加应力的受压需要,就形成呈马蹄形的梁肋底部,如图2-4-1c)、d)和e)所示,但要注意,小于16cm的腹板厚度对于浇筑混凝土是有困难的。马蹄形的梁肋使模板结构和混凝土的浇筑稍趋复杂。

图2-4-1h)和i)所示的箱形梁一般不适用于钢筋混凝土简支梁桥,因为受拉区混凝土不参与工作,多余的箱梁底板徒然增大了自重。然而对于全截面参与受力的预应力混凝土梁来说,情况就完全不同。箱形截面的最大优点是抗扭能力大,其抗扭惯性矩为相应T梁截面的十几倍至几十倍,因此在横向偏心荷载作用下,箱梁桥各梁的受力要比T梁桥均匀得多。此外,箱梁可做成薄壁结构,又因桥面板的跨径减小而能使板厚减薄并节省配筋,这尤其对自重占重要部分的大跨径预应力混凝土简支梁桥是十分经济合理的。此外,在同等跨径情况下,小箱梁的梁高通常比T梁小些,且外观简洁,常被城市桥和跨线桥选用。

箱形截面的另一优点是横向抗弯刚度大,在预加应力、运输、安装阶段,单梁的稳定性要比T梁的好得多。

然而,箱梁薄壁构件的预制施工比较复杂,单根箱梁的安装质量通常也比T梁的大,这在确定梁桥类型时是必须加以考虑的。

装配式梁桥通常借助沿纵向布置的横隔梁的接头和桥面板的接缝连成整体,以使桥上车辆荷载能分配给各主梁共同负担。鉴于横隔梁的抗弯刚度远比桥面板大,故前者对荷载分配起主要作用。

但是,横隔梁的存在对装配式主梁的制作增加一定的困难。为了简化预制工作并避免操作困难的接头集整工作,国内外曾修过一些跨度内无横隔梁的装配式简支梁桥。在此情况下,主梁间的横向联系主要由加强桥面板来实现。图2-4-1d)就表示这种梁桥的横截面形式。相邻主梁的翼缘板内均伸出连接钢筋,架梁完毕后在接缝内现浇混凝土以保证桥面板的连接强度。实践表明,不设横隔梁虽然可行,但是在运营质量上,以及对承受超重单列车辆荷载的潜在能力上就不如有横隔梁的好。而且,为了加强桥面板而多费的材料与设置几道横隔梁相比也不见得经济。

当横隔梁高度较大时,为了减小自重,可将其中部挖空[图2-4-1c)],但沿挖空部分的边缘应做成钝角并配置钢筋,挖空也不宜过大,以免内角处出现裂缝和过多削弱其刚度。

对于箱形梁桥,由于其本身抗扭能力大,就可以少设或不设跨中横隔梁,但端横隔梁通常是必要的。

二、块件的划分方式

一座装配式梁桥按何种方式划分成预制拼装单元,这是直接影响到结构受力、构件预制、运输和安装,以及拼装接头的施工等许多因素的问题,而且这些因素往往又彼此影响、相互矛盾。例如,要加大安装构件的尺寸以减少接头数量和增强结构的整体性,就会要求很大的运输、起重能力;为了减小构件的数量,就会增加构件和接头的数目,或增加现浇混凝土的工序等。同时,块件的划分方式也与所选用的横截面形式紧密相关。因此,在设计装配式桥梁时,必须综合考虑施工中的各种具体条件,通过经济技术上的仔细比较,才能获得完善的结果。

通常在装配式梁桥设计中块件划分应遵循以下原则:

(1)根据建桥现场实际可能的预制、运输和起重等条件,确定拼装单元的最大尺寸和质量。

(2)块件的划分应满足受力要求,拼装接头应尽量设置在内力较小处。

(3)拼装接头的数量要少,接头形式要牢固可靠,施工要方便。

(4)构件要便于预制、运输和安装。

(5)构件的形状和尺寸应力求标准化、增强互换性,构件的种类应尽量减少。

目前,钢筋混凝土与预应力混凝土梁桥常用的块件划分方式有以下几种。

(一)纵向竖缝划分

图2-4-1a)、b)、c)和h)所示,均为用纵向竖缝划分块件的横截面图式。这种划分方式在简支梁桥中应用最为普遍。在这种结构中,作为主要承重构件的各根主梁,包括相应行车道板的Π形梁和T形梁,都是整体预制的,接头和接缝仅布置在次要构件——横隔梁和行车道板内[图2-4-1b)和h)],或直接用螺栓连接[图2-4-1a)]。而且结构部分全为预制拼装,不需要现浇混凝土。故这种划分方法使主梁受力可靠,施工也方便。

我国最近编制的装配式钢筋混凝土和预应力混凝土T形简支梁桥的标准设计,都采用这种块件划分方式。

纵向划分的主要缺点是构件的尺寸和自重往往都很大,以致会增加运输与安装上的困难。我国对于原车辆荷载汽车—20 级、挂车—100 的标准设计,其预制 T 梁的吊装质量如图 2-4-2 曲线所示。从图中可见,跨度增大,吊重急剧上升,跨度为 30m 的梁重已达 40 余吨。这样长而重的构件如在厂内成批生产,则会给装车和运输都带来很大困难,目前在公路上较难实现。故对于较大跨径的装配式梁往往需在施工现场预制。

为了减轻和减窄用纵向竖缝划分的构件,有时采取缩小桥面板和横隔梁预制尺寸的办法,如图 2-4-1d)和 e)所示。在此情况下,需在预制构件内伸出接头钢筋,待安装就位后就可浇筑部分桥面板和横隔梁混凝土,并且要等现浇混凝土达到足够强度后才能进行后续工序的施工。

(二)纵向水平缝划分

为了进一步减小拼装构件的起吊质量和尺寸,并便于集中预制和运输吊装,还可以主要用纵向水平缝将桥梁的全部梁肋与板分割开来,再借助纵横向的竖缝将板划分成平面呈矩形的预制构件。施工时先架设梁肋,再安装预制板(有时采用微弯板以节省钢筋),最后在接缝内或连同在板上现浇一部分混凝土使结构连成整体,这样的装配式梁桥通常称为组合式梁桥,其横截面如图 2-4-1f)、g)和 i)所示。

目前国内外采用的组合式梁桥有两种形式:T 形组合梁桥和箱形组合梁桥。前者适用于钢筋混凝土和预应力混凝土简支梁桥,后者则只适用于预应力混凝土梁桥。工字形梁肋的下马蹄可满足配筋需要并保证架设时的稳定性。上部带一点宽头,是为搁置预制板和现浇混凝土接缝所必需的。

这种工字形组合构件使拼装单元尺寸减小,质量减轻,例如 16m、20m 工字形构件的吊装质量相应为 9.75t、13.05t,比装配式 T 梁要小 40% 左右(如图 2-4-2 中虚线所示)。

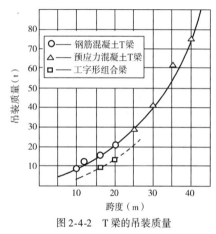

图 2-4-2 T 梁的吊装质量

诚然,组合梁桥由于在主要承重结构的梁肋与翼缘板之间存在混凝土施工接缝,这大大削弱了梁板之间抵抗弯曲剪应力的能力。因此,为了使组合梁可靠整体受力,就必须保证结合面的抗剪强度。通常以适当加大肋顶宽度和借助自肋内伸出钢筋来达到。施工时,结合面应按规定作接缝处理。

另外,组合梁是分阶段受力的,在梁肋架设后,所有随后安装的预制板和现浇桥面混凝土(甚至现浇横隔梁的)的质量,连同梁肋本身的自重,都要由较矮的预制梁肋来承受。这与装配式 T 梁由主梁全截面来承受全部恒载不同,不带翼缘板的肋部的抗弯惯性矩比整体的 T 梁小得多(肋高较小,中性轴下移,内力偶臂小,且受压混凝土不足),这就必然大大增加了梁肋承受全部结构恒载的负担,对此不但要加大梁肋的截面,而且要增加配筋。梁肋混凝土用量的增加又导致了不利的加大恒载。图 2-4-3 示出了装配式 T 梁与组合梁跨中截面恒载 M_g 和活载 M_p 两阶段受力的应力图形比较。从图中可见,当跨度稍大而恒载比重较大时,组合梁梁肋顶缘的压应力起控制作用。由此可知,组合式梁桥拼装单元吊装质量的减小,是用增加材料耗费和施工复杂性的代价换来的,故一般跨径不能做得太大。目前组合梁桥常用于净跨为 7.5~15m 的简支梁桥,个别已修建到净跨 25m。

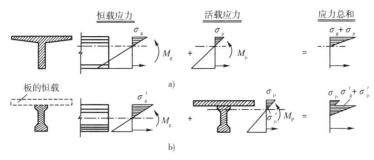

图 2-4-3 装配式 T 梁与组合梁的应力图比较

工字形梁肋的横向抗弯刚度小,在预制、运输、吊装阶段的稳定性较差,且由于组合梁桥的整体性稍差,在承受重载的高速公路上较少采用。

图 2-4-1i)所示箱形组合梁桥的主要预制构件是开口的槽形梁,这种截面的形心轴较低,底板又处于受拉区,故不适宜于钢筋混凝土简支梁。然而,如果采用预应力混凝土使全截面参与受力,就能充分发挥其抗弯、抗扭刚度大,对荷载横向分布有利和节省材料用量等优点。目前,国内已有先张法预应力混凝土箱形组合梁桥标准设计的跨径为 16m、20m 和 25m 三种,其相应的吊装质量为 11.20t、15.00t、25.00t。槽形构件的横向抗弯刚度大、形状稳定性好,这对运输与安装也有利。

应该指出,对于预应力混凝土组合构件(工字形或槽形等)来说,由于其截面总比全截面的整体梁小,则为了使梁的下缘达到同样的压应力储备,所需的预加力可小些。这一点可使组合式梁桥所固有的两阶段受力的缺点得到某些补偿。

(三)纵、横向竖缝划分

如果要使装配式梁的预制块件进一步减小尺寸和自重,尚可将用纵向竖缝划分的主梁再通过横向竖缝划分成较小的梁段。图 2-4-4 就表示这种横向分段装配式 T 形梁的纵、横截面图。显然,对于这样的预制梁段,由于没有钢筋穿过接缝,就必须在安装对位后串联以预应力筋施加预压力,才能保证所有接缝具有足够的连接强度,使梁整体受力。因此横向分段预制的装配式梁也称为串联梁。

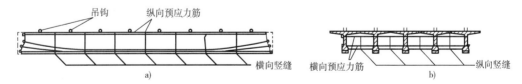

图 2-4-4 横向分段装配式梁

串联梁的主要优点是块件尺寸小,质量轻,可以工厂化成批预制后方便运至远近工地。图 2-4-5 所示为各种横向分段的块件类型,在预制时均应按预应力筋设计位置留出孔道,图 2-4-5b)的工字形块件示出了为横向预应力筋留置的孔道。施工时,将梁段在工地组拼台上或在桥位脚手架上正确就位,并在梁段接触面上涂上薄层环氧树脂(厚度通常在 1mm 以下),这样逐段拼装完成后便穿入预应力筋进行张拉,使梁连成整体。

对于箱形和槽形梁段,为了简化预制工作,也可不在块件内预留孔道,而将预应力筋直接设置在底板上面,待张拉锚固后再在底板上浇筑混凝土覆盖,以保护预应力筋。

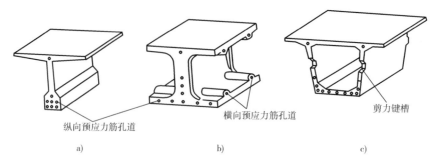

图 2-4-5 横向分段块件形式

这种装配方案的不足之处是块件预制精度要求很高,用环氧树脂作黏结剂时,块件端面互接的间隙不应厚于环氧树脂涂层的厚度。为此,就要采用全梁预制的方法(在相邻梁段间隔以作为后浇梁段的端模)。有时为了简化预制工作,也可采用 2.0~10.0cm 厚的砂浆或无筋混凝土接缝,采用更宽的接缝时,应将相邻块件中伸出的钢筋搭接起来。显然,砂浆或混凝土缝的施工较麻烦,接头又要等达到规定强度后才能穿束张拉。

横向分段的简支梁桥目前在国内使用尚少。在铁道部门曾成功试制数十孔跨径为 23.8m 的铁路梁桥,全梁分 17 段,每梁除端块长 1.05m 外,其余皆为 1.50m,每一块件的最大吊装质量不超过 4t。

在苏联已拟定有装配式预应力混凝土 T 形串联梁的标准设计,其横截面如图 2-4-1d)所示,三种桥跨结构长度(24m、33m 和 42m)的块件划分方式如图 2-4-6 所示,并用 24φ5 和 48φ5 钢丝束两端张拉成梁。鉴于边梁受力较大,故 33m 和 42m 长度的中梁块件用 C38,而边梁用 C43 混凝土预制,边梁用补充钢丝束加强。

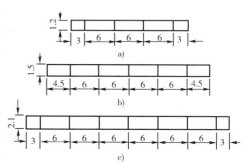

图 2-4-6 串联梁的分段方式(按苏联标准设计)
(尺寸单位:m)

a)$L=24m$,块件质量为 4.7~9.0t;b)$L=33m$,块件质量为 7.6~10t;c)$L=42m$,块件质量为 7.1~11.8t

第二节 装配式钢筋混凝土简支梁桥

国内外所建造的装配式钢筋混凝土简支梁桥以 T 形梁桥最为普遍。钢筋混凝土 T 形、工字形截面简支梁标准跨径不宜大于 16m,钢筋混凝土箱形截面简支梁标准跨径不宜大于 25m。我国已拟定了标准跨径为 10m、13m 和 16m 的三种公路梁桥标准设计。

图 2-4-7 所示为典型的装配式 T 形梁桥上部构造概貌,它由几片 T 形截面的主梁并列在一起装配连接而成。T 形梁的顶部翼缘板的边缘均设焊接钢板连接构造,将各主梁连成整体,这样就能使作用在行车道板上的局部荷载分布给各片主梁共同承受。

本节将详细介绍装配式钢筋混凝土简支梁桥的一般构造布置、主要截面尺寸、配筋特点和主梁的连接构造等。

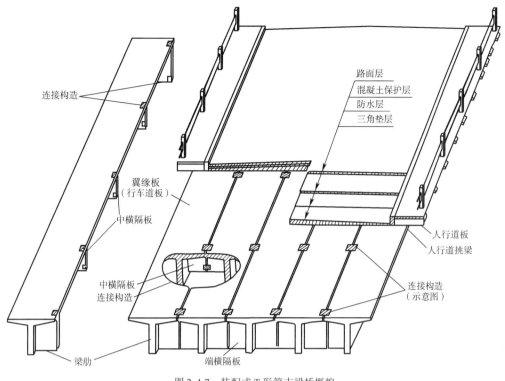

图 2-4-7 装配式 T 形简支梁桥概貌

一、构造布置

(一)主梁布置

对于设计给定的桥面宽度(包括行车道和人行道宽度),如何选定主梁的间距(或片数),是构造布局中首先要解决的课题。它不仅与钢筋和混凝土的材料用量以及构件的吊装质量有关,而且还涉及翼缘板的刚度等因素。一般说来,对于跨径大一些的桥梁,如果建筑高度不受限制,则适当加大主梁间距,钢筋混凝土的用量会少些,这样就比较经济;但此时桥面板的跨径增大,悬臂翼缘板端部较大的挠度对引起桥面接缝处纵向裂缝的可能性也大些。同时,构件自重的增大也使运输和架设工作趋于复杂。近几年来,各地所采用的主梁间距做法不一,一般均在 1.5~2.2m 范围内。对于行车道净宽 7m 并附加两侧人行道的上部结构,可以选用四梁式或五梁式。我国在编制装配式 T 形梁桥标准设计时,曾选用 10m 和 20m 两种跨径,按净—7m + 2 × 1.00m 的桥面净空,对翼缘板宽度为 1.6m 的五梁式以及翼缘板宽度为 2.0m 的四梁式进行了分析比较,结果表明,在梁高相同的情况下,两者在材料用量方面相差不大;但鉴于五梁式的翼缘板刚度较大和施工设备条件,并考虑到标准设计尺寸模数化的要求,最后统一采用了主梁间距为 1.60m 的五梁式设计。

(二)横隔梁布置

横隔梁在装配式 T 形梁桥中起着保证各根主梁相互连接成整体的作用,它的刚度越大,桥梁的整体性越好,在荷载作用下各主梁就能更好地共同工作。然而,设置横隔梁使主梁模板工作稍趋复杂,横隔梁的焊接又往往要在设于桥下专门的工作架上进行,施工比较麻烦。

在20世纪60年代中、后期,为了简化T梁的预制施工,特别是为了便于利用土模预制,我国不少地区试建过一些无横隔梁的T形梁桥。但实践表明,这种梁桥翼缘板接缝处较易出现纵向裂缝,而且主梁梁肋的裂缝也比有横隔梁的T梁为多。因此,通过调查分析,目前已比较一致地认为:T形梁的端横隔梁是必须设置的,它不但有利于制造、运输和安装阶段构件的稳定性,而且能显著加强全桥的整体性;有中横隔梁的梁桥,荷载横向分布比较均匀,且可以减轻翼缘板接缝处的纵向开裂现象。《公路钢筋混凝土及预应力混凝土桥涵设计规范》(JTG 3362—2018)规定,当梁横向刚性连接时,横隔梁间距不应大于10m。故当T梁的跨径稍大时(一般在13m以上时),需在跨径内增设1道横隔梁。

二、截面尺寸

图2-4-8中举例示出了我国曾使用的墩中心距为20m的装配式T形梁桥纵、横截面主要尺寸。

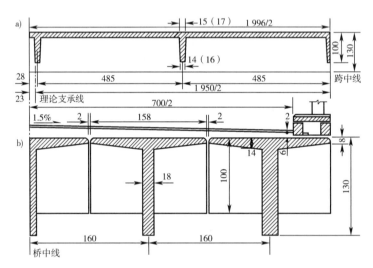

图2-4-8 装配式T梁纵、横截面(墩中心距离为20m)(尺寸单位:cm)

(一)主梁梁肋尺寸

主梁的合理高度与梁的间距、活载的大小等有关。通过对跨径10m和20m的T梁进行的经济分析表明,梁高与跨径之比(俗称高跨比)的经济范围为1/16～1/11,跨径大的取用偏小的比值。对于跨径10m、13m、16m和20m的标准设计所采用的梁高相应为0.9m、1.0m、1.1m和1.3m。对于建筑高度受到严格限制的情况,主梁高度就要适当减小,但需要增加钢筋的用量,必要时尚需增加主梁的片数。

主梁梁肋(或称腹板)的宽度,在满足抗剪强度需要的前提下,一般都做得较薄,以减小构件的自重。但是,从保证梁肋的屈曲稳定条件以及不致使捣固混凝土发生困难方面考虑,梁肋也不能太薄,不应小于14cm。目前常用的梁肋宽度为15～18cm,视梁内主筋的直径和钢筋骨架的片数而定。

(二)横隔梁尺寸

跨中横隔梁的高度应保证具有足够的抗弯刚度,通常可做成主梁高度的3/4左右。梁肋下部呈马蹄形加宽时,横隔梁延伸至马蹄的加宽处[图2-4-1c)、e)和g)]。

为便于安装和检查支座,端横隔梁底部与主梁底缘之间宜留有一定的空隙,或可做成和中横隔梁同高;但从梁体在运输和安装阶段的稳定要求来看,端横隔梁又宜与主梁同高。如何取舍,可视工地施工的具体情况来定。

横隔梁的肋宽通常采用12～16cm,且宜做成上宽下窄和内宽外窄的楔形,以便脱模。图2-4-8a)所示为横隔梁外端的尺寸,括弧内的数字表示它与主梁梁肋连接处的宽度。

(三)主梁翼缘板尺寸

一般装配式主梁翼缘板的宽度视主梁间距而定,在实际预制时,翼缘板的宽度应比主梁中距小2cm[图2-4-8b)],以便在安装过程中易于调整T梁的位置和制作上的误差。

翼缘板的厚度应满足强度和构造最小尺寸的要求。根据受力特点,翼缘板通常都做成变厚度的,即端部较薄,向根部逐渐加厚。为了保证翼缘板与梁肋连接的整体性,翼缘板与梁肋衔接处的厚度应不小于主梁高度的1/10。翼缘板厚度的具体尺寸有两种处理方法:一是考虑翼缘板承揽全部桥面上的恒载与活载,板的受力钢筋全部设在翼缘板内,在铺装层内只有局部加强钢筋网,这时翼缘板做得较厚一些,端部一般取不小于10cm;二是翼缘板只承担本身自重、桥面铺装层恒载和施工临时荷载,活载则与布置有受力钢筋的钢筋混凝土铺装层共同承担(例如在小跨径无中横隔梁的桥上),在此情况下端部厚度采用8cm就够了(图2-4-9)。

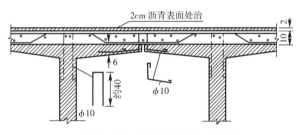

图2-4-9 钢筋混凝土铺装层构造(尺寸单位:cm)

三、主梁钢筋构造

(一)一般构造

装配式T形简支梁桥的钢筋可分为纵向主钢筋、架立钢筋、斜钢筋、箍筋和分布钢筋等几种。

简支梁承受正弯矩作用,故抵抗拉力的主钢筋设置在梁肋的下缘。随着弯矩向支点处减小,主钢筋可在跨间适当位置处切断或弯起。为保证主筋在梁端有足够的锚固长度和加强支承部分的强度,《公路钢筋混凝土及预应力混凝土桥涵设计规范》(JTG 3362—2018)规定,至少有2根,并不少于20%的主钢筋应伸过支承截面。简支梁两侧的受拉主钢筋应伸出支点截面以外,并弯成直角顺梁端延伸至顶部,与顶层纵向架立钢筋相连。两侧之间不向上弯曲的受

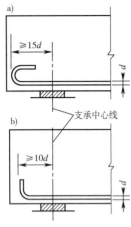

图 2-4-10 梁端主钢筋的锚固

拉主钢筋伸出支承截面的长度,对带半圆弯钩的光圆钢筋不小于 $15d$(d 为钢筋直径)[图 2-4-10a)],对带直角弯钩的螺纹钢筋不小于 $10d$[图 2-4-10b)],对于环氧树脂涂层钢筋为 $12.5d$。

由主钢筋弯起的斜向钢筋用来增强梁体的抗剪强度,当无主钢筋弯起时,尚需配置专门焊于主筋和架立筋上的斜钢筋。斜钢筋与梁体的轴线一般布置成 45°角。弯起钢筋应按圆弧弯折,圆弧半径(以钢筋轴线计算)不小于 $10d$。

T 形、工字形截面梁体为防止梁肋两侧面因混凝土收缩等原因而导致裂缝,因此需要设置直径为 6~8mm 的纵向防裂分布钢筋,每一梁肋内钢筋截面面积宜为 $A_s = (0.001 \sim 0.002)bh$,式中 b 为梁肋宽度,h 为梁的全高。钢筋的间距在受拉区不应大于梁肋宽度,且不应大于 20cm,在受压区不应大于 30cm。在支点附近剪力较大区段,这种防裂钢筋应予适当增加,其间距宜为 10~15cm。

箍筋的主要作用也是增强主梁的抗剪强度。《公路钢筋混凝土及预应力混凝土桥涵设计规范》(JTG 3362—2018)中规定箍筋的直径不小于 8mm 且不小于 1/4 主筋直径,其间距应不大于梁体高的 1/2 和 40cm,在支座中心向跨径方向长度相当于不小于一倍梁高范围内,箍筋间距不宜大于 10cm,且近梁端第一个箍筋应设置在距端面一个混凝土保护层距离处。其他有关规定可参阅《公路钢筋混凝土及预应力混凝土桥涵设计规范》(JTG 3362—2018)相应条文。

架立钢筋布置在梁肋的上缘,主要起固定箍筋和斜筋并使梁内全部钢筋形成立体或平面骨架的作用。

为了防止钢筋受到大气影响而锈蚀,并保证钢筋与混凝土之间的黏结力充分发挥作用,钢筋到混凝土边缘需要设置保护层。若保护层厚度太小,就不能起到以上作用;保护层厚度太大,则混凝土表层因距钢筋太远容易破坏,且减小了钢筋混凝土截面的有效高度,受力情况也不好。《公路钢筋混凝土及预应力混凝土桥涵设计规范》(JTG 3362—2018)规定,普通钢筋混凝土保护层厚度不小于钢筋的公称直径,最外侧钢筋的混凝土保护层厚度应不小于规范表 9.1.1 中的规定值 $c_{\min}$。

如图 2-4-11 所示,钢筋混凝土梁截面布置有主钢筋、箍筋和水平纵向钢筋。靠近截面底面布置有主钢筋和箍筋,而箍筋为最外侧钢筋,故箍筋的保护层厚度应满足 $c_2 \geq c_{\min}$ 及 $c_2 \geq d_2$,d_2 为箍筋的公称直径;主钢筋的混凝土保护层厚度应满足 $c_1 \geq c_{\min} + d_2$ 及 $c_1 \geq d_1$,d_1 为主钢筋的公称直径。靠近截面侧面布置有主钢筋、箍筋和水平纵向钢筋,而水平纵向钢筋为最外侧钢筋,故水平纵向钢筋的保护层厚度应满足 $c_3 \geq c_{\min}$ 及 $c_3 \geq d_3$,d_3 为水平纵向钢筋的公称直径;主钢筋的混凝土保护层厚度应满足 $c_1 \geq c_{\min} + d_2 + d_3$ 及 $c_1 \geq d_1$,d_1 为主钢筋的公称直径。

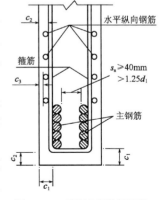

图 2-4-11 混凝土保护层厚度

为了使混凝土的粗集料能填满整个梁体,以免形成灰浆层或空洞,规定各主钢筋之间的净距应不小于 3cm。主钢筋在三层及三层以下时,除不小于 3cm 外,还要不小于主钢筋直径。在三层以上时,不小于4cm,并不小于主钢筋直径的1.25倍。

在装配式T形梁中,钢筋数量多,如按钢筋最小净距要求(在高度方向钢筋的净距也要满足≥3cm或≥1.25d的要求)排列就有困难,在此情况下可将钢筋叠置,并与斜筋、架立钢筋一起焊接成钢筋骨架(图2-4-12)。试验证明,焊接钢筋骨架整体性好,能保证钢筋与混凝土共同工作,其钢筋重心位置较低,梁肋混凝土体积也较小,此外可避免大量就地绑扎工作,入模安装很快,是装配式T形梁桥最常用的钢筋构造形式。然而,焊接钢筋骨架的主筋与混凝土的黏结面积较小,一般说来抗裂性能稍差,因此,在实践中采用表面呈螺纹形或竹节形的钢筋,并选用较小直径的钢筋,有条件时还可将箍筋与主筋接触处点焊固结,以增大其黏结强度,从而改善其抗裂性能。

在焊接钢筋骨架中,为保证焊接质量,使焊缝处强度不低于钢筋本身强度,对焊缝的长度必须满足下述要求:

(1)对于利用主钢筋弯起的斜筋,在起弯处应与其他主筋相焊接,可采用每边各长2.5d的双面焊缝或一边长5d的单面焊缝[图2-4-12中Ⓐ]。弯起钢筋的末端与架立钢筋(或其他主筋)相焊接时,采用长5d的双面焊缝或10d的单面焊缝[图2-4-12中Ⓑ]。其中d为受力钢筋直径。

(2)对于附加的斜筋,其与主筋或架立筋的焊缝长度,采用每边各长5d的双面焊缝或一边长10d的单面焊缝[图2-4-12中Ⓒ、Ⓓ]。

(3)各层主钢筋相互焊接固定的焊缝长度,采用2.5d的双面焊缝或5d的单面焊缝[图2-4-12中Ⓔ]。

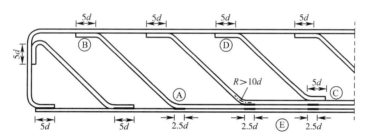

图2-4-12 焊接钢筋骨架焊缝尺寸图(图中尺寸为双面焊缝,单面焊缝应加倍)

通常对于小跨径梁可采用双面焊缝,先焊好一边再把骨架翻身焊另一边,这样既可缩短接头长度,又可减小焊接变形,但当骨架较长而不便翻身时,就可用单面焊缝。

T梁翼缘板内的受力钢筋沿横向布置在板的上缘,以承受悬臂负弯矩,在顺主梁跨径方向还应设置少量的分布钢筋(图2-4-13)。按《公路钢筋混凝土及预应力混凝土桥涵设计规范》(JTG 3362—2018)要求,板内主筋的直径不小于10mm,每米板宽内不应少于5根。分布筋的直径不小于6mm,间距不大于25cm,在单位板宽内分布筋的截面面积不少于主筋截面面积的15%,在有横隔梁的部位分布筋的截面面积应增至主筋截面面积的30%,以承受集中轮载作用下的局部负弯矩,所增加的分布筋每侧应从横隔梁轴线伸出$l/4$(l为板的跨径)的长度。

T形梁在浇筑桥面铺装层以前,尚应按施工荷载验算顶部主筋的受力。如施工荷载很大,则板内配筋由施工荷载控制。

近年来通过对已建桥梁的调查发现,在采用油毡作简易支座的小跨径(约10m以下)梁桥中,由于温度变化所引起梁的伸缩以及行车振动等影响,易使梁端或墩(台)帽产生劈裂现象。

因此,除了应保证梁端混凝土净保护层厚度不大于 2.5~3.0cm 外,尚可在梁端底层主筋的上、下侧各设一层 $\phi 6 \sim \phi 8$ 的钢筋网,以增加梁端混凝土的抗裂强度(图 2-4-14)。

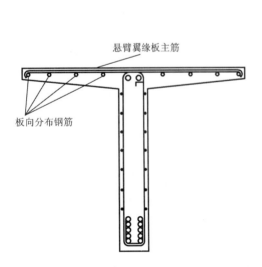

图 2-4-13 T 梁的钢筋布置

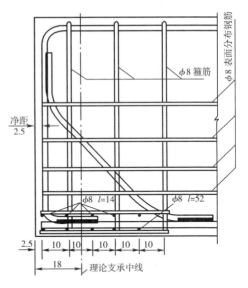

图 2-4-14 净跨 10m 装配式 T 梁梁端加强钢筋网的布置(尺寸单位:cm)

对于各种受力钢筋,如通过计算和作图允许将其在梁内切断,则被切断的钢筋应当比理论切断点再放长一个规定的锚固长度,以保证该钢筋从理论切断点起能充分受力。最小锚固长度根据受力状态及钢筋种类而定,可参照表 2-4-1 采用。

钢筋最小锚固长度　　　　　　　　　表 2-4-1

钢筋种类		HPB300				HRB400、HRBF400、RRB400			HRB500		
混凝土强度等级		C25	C30	C35	≥C40	C30	C35	≥C40	C30	C35	≥C40
受压钢筋(直端)		$45d$	$40d$	$38d$	$35d$	$30d$	$28d$	$25d$	$35d$	$33d$	$30d$
受拉钢筋	直端	—	—	—	—	$35d$	$33d$	$30d$	$45d$	$43d$	$40d$
	弯钩端	$40d$	$35d$	$33d$	$30d$	$30d$	$28d$	$25d$	$35d$	$33d$	$30d$

注:1. d 为钢筋公称直径。
　　2. 采用环氧树脂涂层钢筋时,受拉钢筋最小锚固长度应增加 25%。
　　3. 当混凝土在凝固过程中易受扰动时,锚固长度应增加 25%。
　　4. 当受拉钢筋末端采用弯钩时,锚固长度为包括弯钩在内的投影长度。

(二)主梁钢筋构造实例

下面介绍一种墩中矩为 20m 的装配式 T 形梁的钢筋构造实例(图 2-4-15),主梁和横隔梁的布置以及主要尺寸见图 2-4-8。

此 T 梁的设计荷载为汽车—15 级,验算荷载为挂车—80。梁的全长为 19.96m,即当多跨布置时在墩上相邻梁的梁端之间留有 4cm 的伸缩缝。全桥设置 5 道横隔梁,支座中心至主梁梁端的距离为 0.23m。

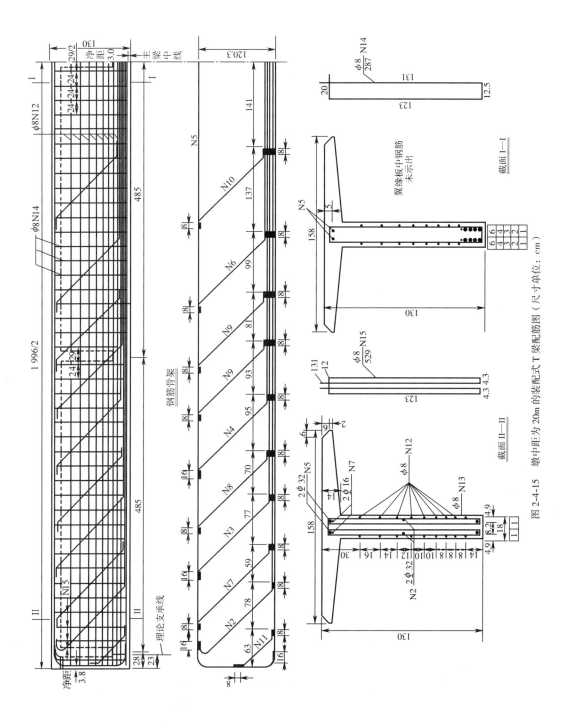

图 2-4-15 墩中距为 20m 的装配式 T 梁配筋图（尺寸单位：cm）

每根梁内总共配置了 8 根直径为 32mm 和 2 根直径为 16mm 的纵向受力钢筋,钢筋级别均为 HRB335。它们的编号分别为 N1、N2、N3、N4 和 N6,其中最下一层的 2 根 N1(占主筋截面面积的 20% 以上)通过梁端支承中心,其余 8 根则沿跨长按梁的弯矩图形在一定位置弯起。

设于梁顶部的 N5 为架立钢筋,也采用 $\phi 32$,它在梁端向下弯折并与伸出支承中心的主筋 N1 相焊接。

箍筋 N14 和 N15 采用普遍光圆钢筋,直径为 $\phi 8$,间距为 24cm,由于靠近支点处剪力较大和支座钢板锚筋的影响,故采用了下缺口的四肢式箍筋(图 2-4-15,截面 Ⅱ—Ⅱ),在跨中部分则用双肢箍筋(见截面 Ⅰ—Ⅰ)。

N12 为 $\phi 8$ 防裂分布钢筋,由于梁在靠近下缘部分拉应力较大,故布置得较密,向上则布置得较稀。

附加斜筋 N7、N8、N9、N10 和 N11 采用 $\phi 16$ 钢筋,它们是根据梁内抗剪要求布置的。

每片平面钢筋骨架的质量为 0.58t,一片主梁的焊缝(焊缝厚度 $\delta = 4$mm)总长度为 28.2m。主梁用 C25 混凝土浇筑,每根中间梁的安装质量为 21.6t。

四、装配式主梁的连接构造

通常在设有端横隔梁和中横隔梁的装配式 T 形梁桥中,均借助横隔梁的接头使所有主梁连接成整体。接头要有足够的强度,以保证结构的整体性,并使在运营过程中不致因荷载反复作用和冲击作用而发生松动。

图 2-4-16 所示为常用的中主梁中横隔梁的构造形式(即如图 2-4-15 所示 T 梁的中横隔梁)。在横隔梁靠近下部边缘的两侧和顶部的翼缘板内均埋有焊接钢板 A 和 B(图 2-4-16),焊接钢板则预先与横隔梁的受力钢筋焊在一起做成安装骨架。当 T 梁安装就位后即在横隔梁的预埋钢板上再加焊盖接钢板,使其连成整体(图 2-4-17)。端横隔梁的焊接钢板接头构造与中横隔梁相同,但由于其外侧(近墩台一侧)不便于施焊,故焊接接头只设于内侧(图 2-4-7)。相邻横隔梁之间的缝隙最好用水泥砂浆填满,所有外露钢板也应用水泥灰浆封盖。这种接头强度可靠,焊接后立即能承受荷载,但现场要有焊接设备,而且有时需要在桥下进行仰焊,施工较困难。

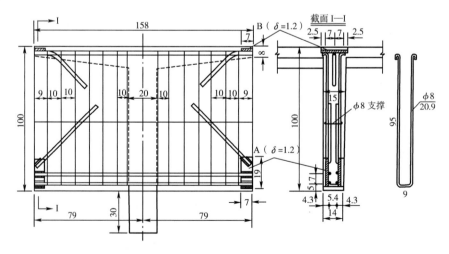

图 2-4-16 中主梁的横隔梁构造(主梁跨径 20m)(尺寸单位:cm)

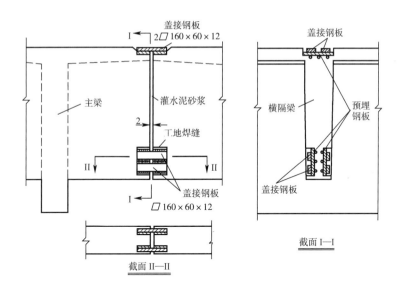

图 2-4-17　横隔梁的接头构造

为了简化接头的现场施工,也可采用螺栓接头[图 2-4-18a)],此种接头方法基本上与焊接钢板接头相同,不同之处是盖接钢板不用电焊,而是用螺栓与预埋钢板连接,为此钢板上要预留螺栓孔。这种接头由于不用特殊机具而有拼装迅速的优点,但在运营过程中螺栓易于松动。

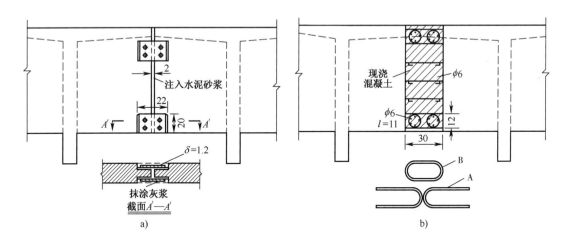

图 2-4-18　接头形式(尺寸单位:cm)
a)螺栓接头;b)扣环接头

还有一种强度可靠整体性好的接头形式,就是图 2-4-18b)所示的扣环接头。这种接头的做法是:横隔梁在预制时在接缝处伸出钢筋扣环 A,安装时在相邻构件的扣环两侧再安上腰圆形的接头扣环 B,在形成的圆环内插入短分布筋后现浇混凝土封闭接缝,接缝宽度为 0.20~0.50m。这种接头在工地不需要特殊机具,但现浇混凝土数量较多,接头施工后也不能立即承受荷载。这种连接构造往往也用于主梁间距较大而需要缩减预制构件尺寸和自重的场合。过去在具有横隔梁的装配式 T 梁桥中，T 梁翼缘板是作为自由悬臂处理的。目前，为改善挑出翼缘板的受力状态，往往做成企口铰接式的简易构造，如图 2-4-19 所示。图 2-4-19a）为装配式 T 梁标准设计中所采用的连接方式。主梁翼缘板内伸出连接钢筋，交叉弯制后在接缝处再安放局部的 $\phi 6$ 钢筋网，并将它们浇筑在桥面混凝土铺装层内。或者可将翼缘板的顶层钢筋伸出，并弯转套在一根长的钢筋上，以形成纵向铰，如图 2-4-19b）所示。显然，这种接头构造由于连接钢筋甚多，使施工增添了一些困难。

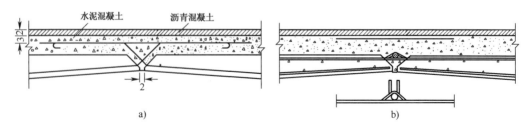

图 2-4-19　主梁翼缘板连接构造（尺寸单位：cm）

五、装配式无横隔梁简支梁桥的构造

（一）主梁翼缘板的接缝构造

前面已经提到，为了制作方便，对于小跨径桥可以采用无横隔梁的装配式梁桥。但此时需要增大 T 梁翼缘板的厚度（达 12～15cm）和加强板的配筋和接缝强度，以达到荷载横向分布的目的。在此情况下，翼缘板的接缝可采用刚性接头和铰接接头两种类型。刚性接头如前面图 2-4-9 所示，在铺装层内配置受力钢筋的做法以及类似图 2-4-18b）所示，在翼缘板内伸出扣环钢筋的扣环接头。这种接头的刚度大，荷载分布的性能较好。铰接接头可做成图 2-4-17 所示的焊接钢板接头，即在翼缘板接缝处沿纵向按计算设置足够数量的焊接钢板接头，在铺装层内的接缝处再安放少量的加强钢筋网。图 2-4-19 也是简便的铰接板的构造形式。显然，采用铰接接头时桥面板的总厚度较刚性接头为小，钢筋用量和现浇混凝土数量也较少，但其传力性能较差，相应地会加大主梁的受力。

（二）构造实例

下面介绍一座净跨径为 12.5m、桥面净空为 8m 的无横隔梁装配式 T 形梁桥的构造实例（图 2-4-20）。该桥的计算荷载接近于汽车—20 级和挂车—80。

梁高约取 $l/15$，预制 T 梁翼缘板的全宽为 1.30m，梁的中心距离为 1.66m。行车道板的纵向接缝宽度为 36cm，借助预制构件翼缘板内的伸出钢筋并现浇混凝土进行连接[图 2-4-20b）、d）]。为了加强桥跨结构的横向刚性，桥面板加厚到 15cm（沿板的跨径是等厚的）。省去横隔梁，梁肋显著地做得上宽下窄，以及在翼缘板与梁肋交接处做成圆弧形[图 2-4-20c）]，这都是为了用钢模板大规模生产时便于脱模并提高预制构件的制造质量。主梁用低合金螺纹钢筋制成的焊接骨架钢筋，混凝土强度等级为 C28。这样的梁桥一般可做到 15m 的跨径。显然，没有横隔板导致桥跨结构的横向刚性有所降低。

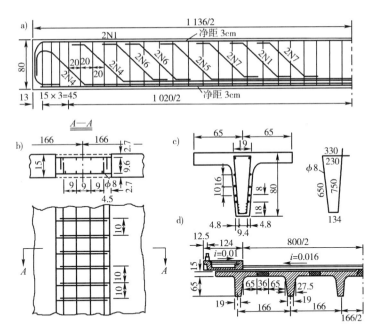

图 2-4-20 净跨径 12.5m 的无横隔梁装配式 T 形梁桥(尺寸单位:cm)

六、装配式钢筋混凝土宽肋矮 T 梁的构造特点

对于较小跨径的梁桥(一般在 13m 以下),当建筑高度受到限制时,也可修建宽肋式的矮 T 形梁桥。其肋宽为 0.30~0.50m,梁高较小,高跨比为 1/18~1/13。主梁的钢筋构造采用主筋散排的绑扎钢筋骨架。其他构造基本上与窄肋的装配式 T 梁相同。

图 2-4-21 所示为计算跨径为 10.3m 的双车道宽肋矮 T 梁桥的横截面布置。

这种结构的特点是:建筑高度小,梁体稳定性好,模板简便(也可用土模),不用焊接钢筋骨架,施工机具少。由于 T 梁翼缘板的缩短,节省了板内钢筋,而且主筋可尽量布置在底层,增加了有效高度。

其缺点是混凝土用量增加,吊装质量增大,不宜用于较大跨径。

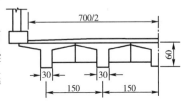

图 2-4-21 宽肋矮 T 梁桥横截面
(尺寸单位:cm)

第三节 装配式预应力混凝土简支梁桥

在本篇第一章中已经介绍了预应力混凝土梁桥的一般特点。对于装配式钢筋混凝土简支梁桥,当跨径超过 20m 左右时,不但钢材耗量大,而且混凝土开裂现象也往往比较严重,影响结构的耐久性。因此,在建桥实践中,当跨径大于 20m,特别是 30m 以上的跨径,就往往采用预应力混凝土结构。目前,公路上预应力混凝土简支梁的跨径已做到 50~60m。我国已为 25m、30m、35m、40m 跨径编制了后张法装配式预应力混凝土简支梁桥的标准设计。1973 年竣

工的河南洛阳黄河大桥采用了67孔墩中心为51.05m的装配式预应力混凝土T形简支梁桥,全长达3 428.9m。

预应力混凝土简支梁桥的横截面类型基本上与钢筋混凝土梁桥相似,通常也做成T形、Ⅱ形、I形(图2-4-1)。有时为了提高单梁的抗扭刚度、降低梁高并增加美观,也常采用斜腹板的箱形截面[图2-4-1h)]。

装配式构件的划分方式也与钢筋混凝土梁桥相同,最常采用的是以纵向竖缝划分的T梁。此外,鉴于用预应力钢筋施加压力的特点,还可做成横向也分段的串联梁(图2-4-5)。

下面将从构造布置、截面尺寸、配筋特点等方面介绍预应力混凝土简支梁桥的构造。

一、构造布置

图2-4-22是跨径为30m、桥面净空为净—7m + 2×0.75m人行道的原标准设计构造布置图。

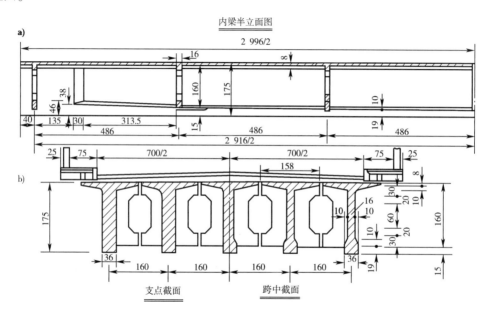

图2-4-22 跨径30m预应力混凝土T梁的构造布置(尺寸单位:cm)

从图中可以看出,我国编制的公路桥涵标准图中,无论是钢筋混凝土,还是预应力混凝土T梁,主梁间距全部采用1.6m,并根据桥面净空和人行道宽度的不同而在横截面内相应采用5、6和7片主梁。这种横截面布置主要为了能尽量减小主梁自重,便于安装,并使其与一般钢筋混凝土T梁配合使用时在构造布置上能协调一致。

然而,对于跨径较大的预应力混凝土简支梁桥来说,主梁间1.6m显然是偏小的。以跨径为40m、净空为7m + 2×0.75m的设计进行比较的结果表明,梁距为2.0m时将比1.6m的节省预应力筋束12%、普通钢筋9%和混凝土数量12%。并且少一片主梁,可以减少预制和吊装的工作量,加快施工速度,但梁重将增大13%。因此,当吊装重量不受控制时,对于较大跨径的T梁,宜推荐较大的主梁间距(1.8~2.3m),目前正在根据《公路钢筋混凝土及预应力混凝土桥涵设计规范》(JTG 3362—2018)编制的通用设计图均采用较大的梁间距,并用横向的现浇段来适应不同的桥宽。诚然,为了防止桥面和翼缘板开裂,主梁间距也不宜过大,但如桥面板施加横向预应力时,主梁间距还可适当加大。

预应力混凝土简支 T 梁的梁肋下部通常要加宽做成马蹄形,以便预应力筋的布置和满足承受很大压力的需要。为了配合力筋的弯起,在梁端能布置钢丝束锚头和安放张拉千斤顶,在靠近支点处腹板也要加厚至与马蹄同宽,加宽范围最好达一倍梁高(距锚固端)左右,这样就形成了沿纵向腹板厚度发生变化、马蹄部分也逐渐加高的变截面 T 梁[图 2-4-22a)、b)]。

在实践中还建造过横截面由跨中向支点减小的鱼腹形变高度梁,如我国曾建造的河南伊河桥(l = 52m)就是这种形式(图 2-4-23)。这种梁的截面能符合简支梁体弯矩包络图的变化,可节省混凝土用量和减小自重。但鱼腹形梁的制造与安装比较麻烦,支点附近梁高较小,对于抗剪不利,故目前大量采用的还是等高度梁。

沿纵向的横隔梁布置基本上与钢筋混凝土梁桥相同。但当主梁跨度大、梁体较高的情况下,为了减小自重而往往将横隔梁的中部挖孔(图 2-4-22 和图 2-4-23)。

二、截面尺寸

(一)截面效率指标

为了合理设计预应力混凝土梁体的截面尺寸,下面按简支梁在预加力阶段和运营阶段上、下缘拉应力为零的前提来分析其截面的受力特点。

任意截面的截面特征如图 2-4-24 所示。截面的高度为 h,上、下核心距为 k_o、k_u,预应力筋的偏心距为 e。

在预加力阶段,当施加偏心预加力 N_y 时,随着梁的上弯,梁内逐渐加入了自重弯矩。从应力图形来分析,这意味着合力 N'_y 逐渐上移[图 2-4-25a)]。最后,在预加力和自重弯矩 M_{g1} 的共同作用下,合力 N'_y 移动了距离 e' 而达到了截面的下核点,截面上缘就达到零应力状态。

在运营阶段,如果计及预加力损失 ΔN_y 后截面内合力为 $N''_y = N_y - \Delta N_y$,则在后期恒载(桥面铺装、人行道、栏杆)弯矩 M_{g2} 和活载弯矩 M_p 作用下,合力 N''_y 将从下核点移到上核点,即移动了 $K = k_u + k_o$ 的距离,此时截面下缘的应力刚好为零[图 2-4-25b)]。

对以上两个受力阶段可写出内力平衡式:

$$N_y e' = M_{g1} \quad (2\text{-}4\text{-}1)$$

$$(N_y - \Delta N_y)(k_u + k_o) = M_{g2} + M_p \quad (2\text{-}4\text{-}2)$$

从式(2-4-1)可以看出,偏心距 e' 实际上起了无偿抵消主梁自重的作用,而且 e' 大了,可以减小 N_y,从而节约了预应力筋的数量。因此在截面设计中应使截面的形心要高,这样才能加大偏心距 e'。这也说明了当跨度较大、自重较大时一般应增大梁距、采用较宽翼缘板的原因。

再从式(2-4-2)可以看出,截面核心距的大小体现了运营阶段承受荷载的能力,而且核心距 K 越大,预应力筋就越节省。

对于部分预应力的设计,只要将上、下缘控制应力换成容许拉应力或名义拉应力,用相应的截面上、下限心距代替核心距来分析,情况也相同。

99

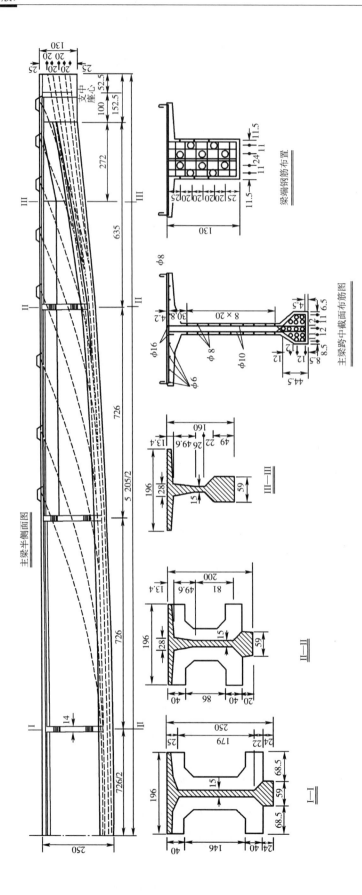

图 2-4-23 鱼腹形梁的构造布置（尺寸单位：cm）

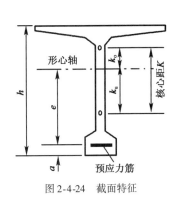

图 2-4-24 截面特征

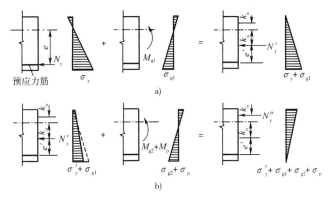

图 2-4-25 预应力混凝土简支梁的应力状态
a)预加力阶段;b)运营阶段

因此可设截面效率指标为:

$$\rho = \frac{K}{h} \tag{2-4-3}$$

表 2-4-2 中列出了一些常用截面的 ρ 值。ρ 值较大的截面较为经济,通常希望 ρ 值在 0.45~0.5 范围内。在具体设计中,还要视 $g_1/(g_2+p)$ 的荷载比值和梁高是否受限制来考虑。例如,对于自重(g_1)相对比较大的梁,宜采用 T 形或稍带马蹄的 T 形截面;而当后期恒载和活载 g_2+p 比较大、甚至梁高又受一定限制时,就应采用下翼缘设宽肢的工字形或箱形截面。

截 面 效 率 指 标 表 2-4-2

截 面 形 状	ρ	截 面 形 状	ρ
矩形截面	0.33	对称的工字形和箱形截面	0.50~0.60
空心板(正方形截面开一个中央圆孔) 圆孔直径 $d=0.6h$	0.44	普通 T 形截面	0.40~0.45
圆孔直径 $d=0.8h$	0.55	带马蹄的 T 形截面	0.45~0.55

(二)主梁高度与细部尺寸

预应力混凝土简支梁桥的主梁高度按截面形式、主梁片数及建筑高度要求,可在较大范围内变化。对于常用的等截面简支梁,其高跨比可在 1/25~1/15 内选取,通常随跨径增大而取较小值,随梁数减少而取较大值。

从经济观点出发,当桥梁建筑高度不受限制时,采用较大的梁高显然是有利的,因为加高腹板使混凝土量增加不多,而节省预应力筋数量较多。故对于一般中等跨径的预应力混凝土 T 梁,高跨比可取 1/18~1/16。

T 梁翼缘板的厚度对于中小跨径按钢筋混凝土梁桥同样的原则来确定。为了减小翼缘板和梁肋连接处的局部应力集中和便于脱模,在该处一般还设置折线形承托或圆角,如图 2-4-24 所示。在预应力混凝土梁内,由于混凝土所受预压应力和预应力筋弯起能抵消荷载剪力(详见下述)的作用,肋中的主拉应力较小,因而肋宽一般都由构造和施工要求决定。从截面效率指标 ρ 值来分析,肋板越薄,ρ 值也越大。《公路钢筋混凝土及预应力混凝土桥涵设计规范》(JTG 3362—2018)规定肋宽不应小于 0.14m,实践中通常采用 0.18~0.20m。

为适应预应力筋布置的要求,T 梁的下缘一般要扩大成马蹄形。从截面效率指标 ρ 值分析,马蹄越宽而矮越经济;但马蹄的形状要视预应力筋的数量和排列而定,同时还要考虑施工方便和力筋弯起的要求。马蹄的尺寸大小要满足预加力阶段的强度要求。实践经验指出,为了防止在施工和运营中使马蹄部分产生纵向裂缝,除马蹄面积不宜少于全截面的10%~20%外,尚建议具体尺寸如下:

(1)马蹄宽度为肋宽的2~4倍,并注意马蹄部分(特别是斜坡区)的管道保护层不宜小于6cm。

(2)马蹄全宽部分高度加1/2斜坡区高度为$(0.15 \sim 0.20)h$,斜坡宜陡于45°。

同时也应注意,马蹄部分不宜过高、过大,否则会降低截面形心,减小偏心距e',并导致抵消自重的能力。

三、装配式预应力混凝土梁的配筋特点

预应力混凝土梁内的配筋,除主要的纵向预应力筋外,尚有架立钢筋、箍筋、水平分布钢筋、承受局部应力的钢筋和其他构造钢筋等。下面摘要分析说明各种配筋的作用和构造特点。

(一)纵向预应力筋布置

预应力混凝土简支梁中所采用的预应力主筋布置图式,如图2-4-26所示。所有图式的共同特点是:主筋在跨中均靠近梁的下缘布置,以对混凝土施加的压力来抵消荷载引起的拉应力。

全部主筋直线形布置[图2-4-26a)]构造最简单,它仅适合于先张法施工的小跨度梁。其主要缺点是支点附近无法平衡的张拉负弯矩会在梁顶出现过高的拉应力,甚至遭遇严重开裂。

对于长度较大的后张法梁,如采用直线形预应力筋时,为了减小梁端附近的负弯矩并节省钢材,也可像普通钢筋混凝土梁一样,将主筋在梁的中间截面处截断[图2-4-26b)],此时,应将预应力筋在横隔梁处平缓地弯出梁体,以便进行张拉和锚固。这种布置的主要优点是主筋最省,张拉摩阻力也小,但预应力筋没有充分发挥抗剪作用,且梁体在锚固处的受力和构造也较复杂。

目前预应力混凝土简支梁桥上采用最广的布筋方式,是图2-4-26c)和d)两种。当预应力筋数量不太多,能全部在梁端锚固时,为使张拉工序简便,通常都将预应力筋全部弯至梁端锚固[图2-4-26c)]。这种布置的预应力筋弯起角α不大(一般在20°以下),这对减小摩阻损失有利。然而,对于钢束根数较多的情况,或者当预应力混凝土梁的梁高受到限制,以致不能全部在梁端锚固时,就必须将一部分预应力筋弯出梁顶[图2-4-26d)]。这样的布置方式使张拉作业的操作稍趋繁复,使预应力筋的弯起角α较大(25°~30°),增大了摩阻引起的预应力损失,但能缩短预应力筋长度,节约钢材,对于提高梁的抗剪能力也更有利。

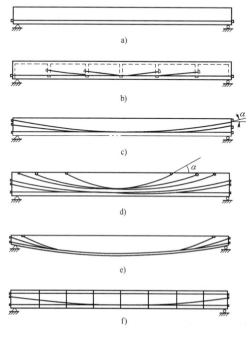

图2-4-26 简支梁纵向预应力主筋布置图式

图 2-4-26e)为大跨度桥梁为了减小自重而配合荷载弯矩图形设计的变高度鱼腹形梁,这种构造因模板结构,施工和安装较复杂,一般很少采用。图 2-4-26f)表示预应力混凝土串联梁,梁顶附近的直线形预应力筋是为防止在安装过程中梁顶出现拉应力而布置的。

下面再用索界图和减余剪力图,来说明后张法预应力混凝土简支梁中预应力筋需要向梁端弯起的原理。

1. 索界图

以张拉和运营阶段梁的上、下缘容许出现不大于规定拉应力值的部分预应力截面为例。由规定的拉应力值就可确定截面的特征点——限心点 C_o 和 C_u,显然限心距 $\overline{C_o C_u}$ 将大于核心距 K(图 2-4-27)。按照对"截面效率指标"同样的分析方法可知,从下限心点 C_u 向下量取 M_{g1}/N_y 所得的曲线为索界上限(图 2-4-27)。这样,只要所布置的预应力筋重心位于此界限以内,就能保证梁任何截面在各个受力阶段上、下缘应力都不超过规定值。同理,也可以绘出两个受力阶段受压区不超过容许值的相应索界线。显然,在实际布置时还要满足混凝土规定保护层的要求。

从图中可见,由于简支梁弯矩向着梁端逐渐减小,故索界的上下限也逐渐上移,至支点处弯矩为零时,索界就是 C_o 和 C_u 点。这就是必须将大部分预应力筋向梁端逐渐弯起的重要原因之一。

2. 减余剪力图

在任意截面内,当预应力筋的预加力 N_y 具有倾角 α 时,对于混凝土截面必须产生与荷载剪力相反的竖向分力(或称预剪力)$Q_y = N_y \sin\alpha$,它随 α 角的增大而增大,起弯的力筋越多,朝着支点方向所累计的 Q_y 值也越大。图 2-4-28 示出简支梁内恒载剪力 Q_g、恒载与活载剪力 Q_{g+p}、一部分预应力筋弯出梁顶时的预剪力 Q_y 以及减余剪力 $Q_g + Q_y$ 和 $Q_{g+p} + Q_y$ 的图形。由此可见,弯起的预应力筋显著抵消了梁内的荷载剪力,这样就大大减小了预应力混凝土梁内的剪应力,并进一步降低了腹板所承受的主拉应力。这也是要将预应力筋弯起的另一重要原因。

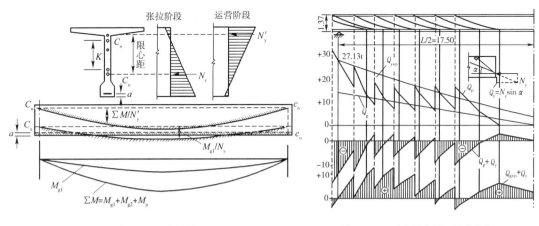

图 2-4-27 索界图   图 2-4-28 减余剪力图(尺寸单位:m)

在实际设计中,鉴于梁在跨中区段弯矩变化平缓以及荷载剪力也不大,故通常在三分点到四分点之间开始将预应力筋弯起。当然,预应力筋弯起后,截面也必须满足承载能力极限状态的强度要求。

预应力筋弯起的曲线形状可以采用圆弧形、抛物线或悬链线三种,通常在曲线的矢跨比较小时,三者的各点坐标很接近。圆弧线施工放样简便,弯起角度较大,可得到较大的预剪力,故通常都在梁中部保持一段水平直线后并按圆弧弯起。预应力筋弯起的曲率半径,当采用钢丝束、钢绞线配筋时一般不小于4m。

预应力筋在跨中横截面内的布置,应在保证梁底保护层和位于索界内的前提下,尽量使其重心靠下,以增大预加力的偏心距,节省高强度钢材。同时应使预应力筋在满足构造要求的同时,尽量相互靠拢,以减小下马蹄的尺寸。此外还应将适当数量的预应力筋布置在腹板中线处,以便于起弯。

(二)纵向预应力筋的锚固

预应力筋的锚固分两种情形:在先张法梁中,钢丝或钢筋主要靠混凝土的握裹力锚固在梁体内;在后张法梁中则通过各类锚具锚固在梁端或梁顶。

1. 先张法的锚固

图 2-4-29 示出先张法预应力梁中钢丝端段对混凝土的应力传递特点。当拉紧的钢丝被切断时,外端钢丝恢复至原来直径而发生回缩量 d_e,钢丝内应力就通过与混凝土之间的摩阻和黏结作用逐渐传递至混凝土。至传递长度 l_e 处,握裹力为零,混凝土承受全部预应力。此时在传力区内会出现横向压力和横向拉力(劈裂力)。传递长度 l_e 的大小取决于梁端混凝土的品质、钢丝的直径和钢丝的表面形状等。通常对于 $d=3\sim5mm$ 的冷拔低碳钢丝,l_e 可取为 $(80\sim90)d$,对于 $d=7.5\sim15mm$ 的钢绞线可取 $(70\sim85)d$。

因此,为了使预应力筋可靠锚固,最好将构件的端截面加宽,加宽部分的长度不小于纵向预应力筋直径的20倍。而且在锚固区内要配置足够的包围纵向预应力筋的封闭式箍筋或螺旋钢筋。

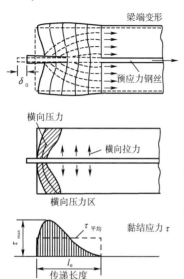

图 2-4-29 先张法梁中预应力钢丝端段的应力传递

对于直径稍大的预应力钢丝,为了提高锚固效率,减小钢丝回缩量和传递长度,可以将钢丝端部轧成波浪形或用横向钢筋锁住钢丝做成"钢丝锚结"(图 2-4-30)来加强锚固作用。

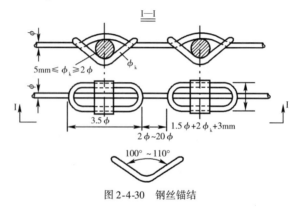

图 2-4-30 钢丝锚结

2. 后张法的锚固

在后张法锚固构造中,锚具底部对混凝土作用着很大的压力 N,而直接承压的面积不大,应力非常集中。在锚具附近不仅有很大的压应力,还有很大的拉应力[图 2-4-31a)],通常将沿锚具中线截面上拉应力的合力称作促使混凝土拉裂的劈裂力,图 2-4-31b)和 c)示出在不同的锚具布置方式下劈裂力大小和位置的近似值。因此,为防止锚具附近混凝土裂缝,必须配置足够的钢筋予以加强。

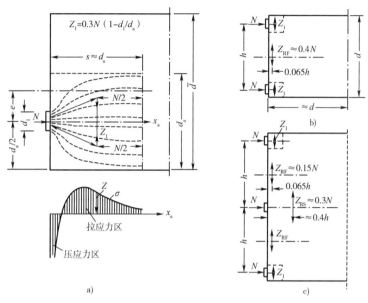

图 2-4-31 锚具底下的混凝土劈裂力

图 2-4-32 所示为梁端锚固区(约等于梁高的长度内)的配筋构造。加强钢筋网的网格约为 $10cm \times 10cm$。锚具下设置厚度不小于 16mm 的钢垫板与 $\phi 8$ 的螺旋筋,以提高混凝土的抗裂性。通常由工厂提供的锚具都配有相应的钢垫板和螺旋筋附件。

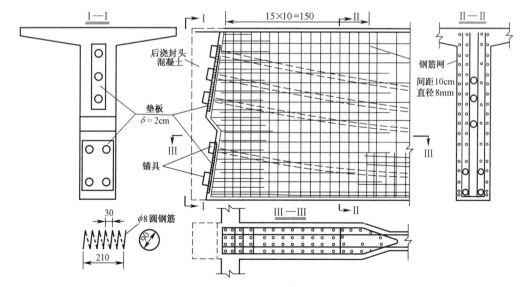

图 2-4-32 梁端的垫板和加强钢筋网(尺寸单位:cm)

也可以采用带有预埋锚具的预制钢筋混凝土端板来锚固预应力筋,如图2-4-33所示。此时除了加强钢筋骨架外,锚具下设置两层叉形钢筋网,施工起来也比较方便。预埋式锚具也常常用于预应力筋弯出梁顶的场合。

总的来说,锚具在梁端的布置应遵循"分散、均匀"的原则,尽量减小局部应力,集中、过大的锚具不如分散、小型的有利。此外,锚具应在梁端对称于竖轴布置,锚具之间应留有足够的净距,才能安装张拉设备,方便施工作业。

(三)其他钢筋的布置

预应力混凝土梁与钢筋混凝土梁一样,要按规定的构造要求布置箍筋、架立筋和纵向水平分布钢筋等。由于预应力混凝土梁肋承受的主拉应力较小,一般可不设斜筋。

此外,对于预应力筋比较集中的下翼缘(下马蹄)内必须设置闭合式或螺旋形的加强箍筋,其沿纵向间距不大于15cm(图2-4-34)。图中d为制孔管的直径,应比预应力筋直径大10mm,采用铁皮套管时应大20mm,《公路钢筋混凝土及预应力混凝土桥涵设计规范》(JTG 3362—2018)还规定管道内径的截面面积不应小于两倍预应力筋截面面积。预应力筋管道的混凝土净保护层厚度与环境条件相关,对于直线形管道在Ⅱ类环境条件下的最小净保护层厚度为40mm,且不应小于0.5d,详见《公路钢筋混凝土及预应力混凝土桥涵设计规范》(JTG 3362—2018)中的表9.1.1。管道间的最小净距主要由浇筑混凝土的要求确定,在有良好振捣工艺时(例如同时采用底振和侧振),对于直线形管道的最小净距不小于4cm,且不宜小于管道直径的0.6倍。对于预埋的金属或塑料波纹管和铁皮管,在竖直方向可将两管道叠置。对于曲线形的管道,其净距应按《公路钢筋混凝土及预应力混凝土桥涵设计规范》(JTG 3362—2018)中的第9.4.8条取用。

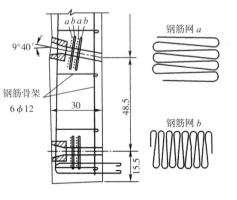

图2-4-33 预制钢筋混凝土端板和叉形钢筋网
(尺寸单位:cm)

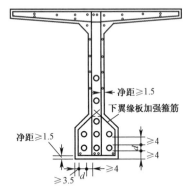

图2-4-34 横截面内钢筋布置
(尺寸单位:cm)

在预应力混凝土简支梁中,有时为了补充局部梁段内强度的不足,为了满足极限强度的要求,为了更好地分布裂缝和提高梁的韧性等,可以将非预应力钢筋与预应力筋协同配置,这样往往能达到经济合理的效果。

图2-4-35a)表示当梁中预应力筋在两端不便弯起时,为了防止张拉阶段在梁端顶部可能开裂而布置的受拉钢筋。

对于自重比恒载与活载小得多的梁,在预加力阶段跨中部分的上翼缘可能会开裂而破坏,因而也可在跨中部分的顶部加设无预应力的纵向受力钢筋[图2-4-35b)]。这种钢筋在运营阶段还能加强混凝土的抗压能力,在破坏阶段则可提高梁的安全度。

图2-4-35c)所示在跨中部分下翼缘内设置的钢筋,多半是在全预应力梁中为了加强混凝土承受预加力的能力。

对于部分预应力梁也往往利用通长布置在下翼缘的纵向钢筋来补足极限强度的需要[图2-4-35d)]。并且这种钢筋对于配置无黏结预应力筋的梁能起分布裂缝的作用。

此外,非预应力钢筋还能增加梁在反复荷载作用下的疲劳极限强度。

装配式预应力混凝土梁桥的横向连接构造一般与钢筋混凝土梁桥一样。但也可在横隔梁内预留孔道,采用横向预应力筋张拉集整[参见图2-4-4b)]。这样的连接,整体性好,但对梁的预制精度要求较高,施工稍复杂。

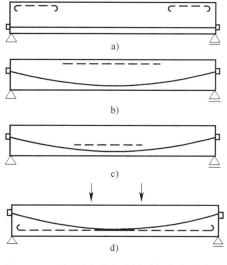

图2-4-35　无预应力纵向受力钢筋(虚线)的布置

四、装配式预应力混凝土梁的构造示例

(一)T形梁桥

图2-4-36所示为墩中心距为30m的装配式预应力混凝土简支T形梁的通用图设计构造。为了减少伸缩缝数量并有利于行车舒适,对于多孔的30m跨简支梁桥通常均做成先简支后结构连续的体系。此梁的全长为29.50m,简支状态的计算跨径为28.80m。设计荷载为公路—Ⅰ级。本设计的梁肋中心距为2.25m,中梁宽1.76m,边梁宽199.5cm,在横截面上,用9片主梁构成桥梁全宽20.25m。通常对于不同的桥宽可以用相应的主梁片数和现浇湿接段来构成不同宽度的桥面净空。

主梁采用强度等级为C50混凝土带马蹄的T形截面,梁高1.80m,高跨比为1/16.7。厚20cm的梁肋在梁端部分(约等于梁高的长度内)加宽至马蹄全宽48cm,以利预应力筋的锚固。桥面横坡由预制T梁斜置翼缘板形成。在截面设计中将所有混凝土的内角做成半径为5cm的圆角,以利脱模。

T梁预应力采用了3根多股$\phi^j15.24$低松弛钢绞线的预应力筋,中梁的N1为9股,N2、N3各为7股,而边梁的N1为7股,N2、N3各为9股。钢绞线的标准强度R_y^b为1 860MPa,张拉控制应力为$0.75R_y^b$。采用外径为$\phi77mm$(用于7股的)和$\phi88mm$(用于9股的)的波纹管,锚具系列为15型锚具。为减少由于混凝土收缩、徐变引起的预应力损失,预制梁的混凝土龄期不少于5d,实际强度不低于设计强度的85%后才进行张拉。此外,为了使张拉预应力后因徐变引起的反拱度不至于过大,架梁时混凝土龄期也不宜过长。

由于本设计为先简支后结构连续的体系,因此在预制T梁架设完毕后尚需在所有中墩顶部现浇连续段混凝土(见图2-4-36中主梁立面图的右端),待达到龄期和强度后在梁顶预留槽内分两批对称张拉4根墩顶部的负弯矩预应力筋,每根为5股钢绞线组成,采用BM15-5型的扁锚锚具和配套的扁形波纹管。两批张拉的预应力筋各长17.0m和19.0m。

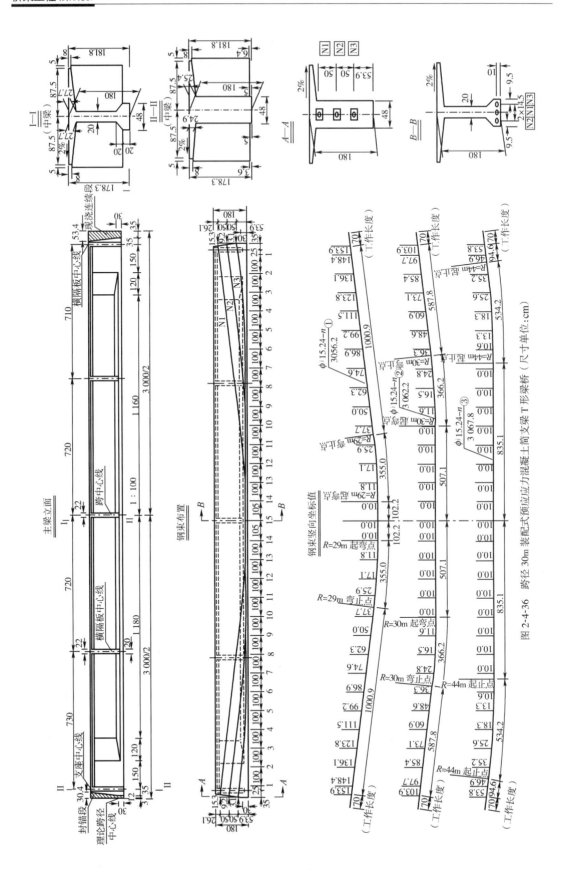

图 2-4-36 跨径 30m 装配式预应力混凝土简支梁 T 形梁桥（尺寸单位：cm）

梁中普通钢筋的布置基本与钢筋混凝土梁相似,不同的是梁内不需设置斜筋,梁肋内配置网格尺寸为 20cm×20cm 的 $\phi 8$ 钢筋网作为抗剪和纵向防收缩钢筋之用。在梁端加宽部分(约等于梁高的长度内)的钢筋网加密,以加强锚固区。

设计中采用三片跨度内横隔梁,中心距为 7.20m,横隔梁高 1.60m,肋宽平均 0.21m,具有足够刚度来保证良好的荷载横向分布。横隔梁连同翼缘板通过钢筋扣环用强度等级为 C50 混凝土现浇段连接。

本设计的每片预制 T 梁(中梁)用混凝土 23.80m³,现浇部分 6.38m³(对于中跨梁),钢绞线 781.1kg,每片梁质量约 61.8t。

图 2-4-37 所示另一构造实例,就是我国河南洛阳黄河公路大桥所采用墩中心距为 51.05m 的后张法预应力混凝土 T 梁桥。梁的计算跨径为 50m,全长为 51m。载重为原汽车—20 级,挂车—100,全桥有 67 孔,桥面净空为净—9m+2×1.0m 人行道,每孔上部结构由 5 片大梁组成,梁中心距为 2.30m。

此桥的截面特点是:预制翼缘板宽 1.76m,翼缘板间留有宽 0.54m 的纵向现浇扣环式刚性接头,借以减小起吊质量、减小预制 T 梁的宽度和加强桥面板连接的整体性。梁体采用强度等级为 C50 混凝土预制,主梁高 2.5m,高跨比达 1/20。梁肋厚 16cm,下马蹄宽 62cm。由计算分析,截面具有较大的效率指标 $\rho=0.58$,但对于自重很大的梁,重心轴位置还不够高,约为 $0.43h$,这是因为预制翼缘板宽度不太大的缘故。

每片梁配置 22 根 24ϕ5 的高强度钢丝束,并用钢制锥形锚具将全部钢丝束锚于梁端。预制时梁内用钢丝网胶管制孔。

箍筋间距除梁端加宽部分为 8cm 外,余均为 20cm,箍筋为 $\phi 10$,马蹄箍筋 $\phi 8$ 的间距为 10cm。

全桥沿纵向采用 7 片挖孔式横隔梁,间距为 8.4m。

每片梁的设计起吊质量为 131t,为了架设总数达 335 片的大梁,该桥专门设计制造了大型移动式钢桁架架桥机。

(二)斜腹板小箱梁桥

图 2-4-38 所示为墩中心距为 25m 的装配式预应力混凝土简支小箱梁的通用图设计。这种小箱梁预制构件具有梁高比 T 形梁小、抗扭刚度大、运输和安装方便,且外形比较美观等优点,因此近年来在城市高架桥梁和重要桥梁的引桥上采用较为广泛。我国原交通部已经组织编制装配式小箱梁的通用设计图纸,其适用跨径为 20m、25m、30m、35m 和 40m,相应的梁高为 1.20~2.00m,以 0.20m 为不同跨径的级差。对于多孔的 25m 跨简支梁桥目前也常做成先简支后结构连续的体系。

此梁的全长为 24.4m,简支状态的计算跨径为 24.0m。设计荷载为公路—Ⅰ级。本设计适用于双向六车道,单幅桥全宽 16.5m 的布置,梁中心距为 342.5cm,预制梁的顶板宽为 240cm,相邻翼缘板间的现浇段板宽达 102.5cm。本设计的横截面由 5 片小箱梁构成桥梁全宽 16.5m,通常也可以用不同的梁数和相应的现浇板宽来达到所需的桥梁宽度。

小箱梁采用强度等级为 C50 的混凝土,梁高 1.40m,箱梁的顶板、底板和斜腹板厚度均为 18cm,在距梁端 1.5m 处开始,底板和斜腹板逐渐加厚至 25cm,以利于预应力筋的锚固。箱梁的底板是水平的,将顶板斜置构成桥面横坡。

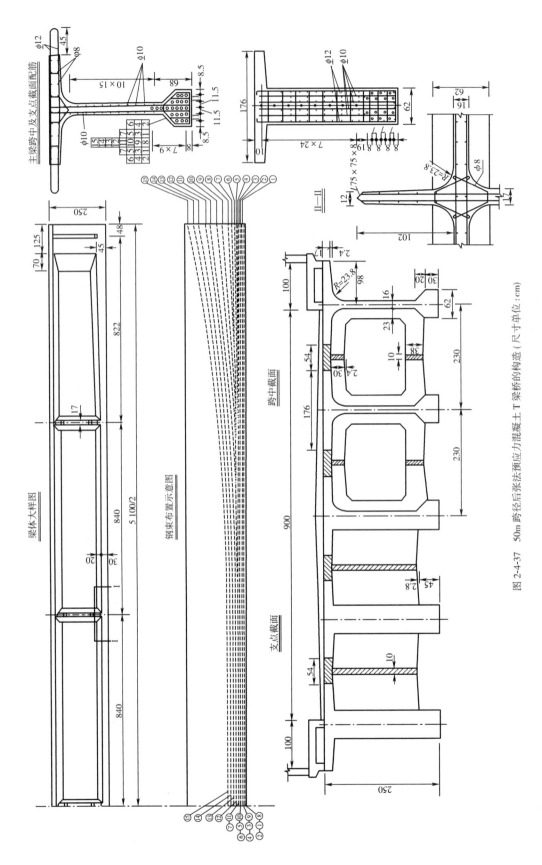

图 2-4-37 50m 跨径后张法预应力混凝土 T 梁桥的构造(尺寸单位:cm)

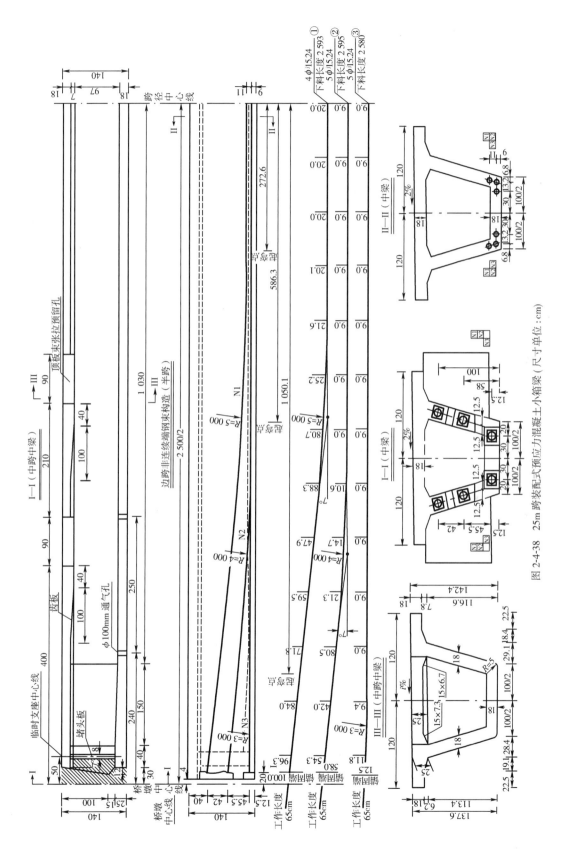

图 2-4-38 25m 跨装配式预应力混凝土小箱梁（尺寸单位：cm）

箱梁预应力筋采用了6根多股低松弛钢绞线的预应力筋,其中N1有4股,N2和N3均为5股(图2-4-38)。预应力筋用两端对称张拉,张拉顺序为N1、N2、N3号力筋,锚下的控制应力为$0.75R_y^b$。开始张拉时对混凝土龄期和强度的要求与T梁相同。

箱梁架设完成后,为了达到结构连续的体系,尚需在中墩顶部现浇连续段,并分两批张拉共五根扁锚式的顶板预应力筋,第一批为2根5股的力筋,锚点距墩中心4.0m,第二批为1根5股的和2根4股的力筋,锚点距墩中心7.0m。顶板力筋的横向间距为20cm,张拉预留孔和锚固齿板如图2-4-38中Ⅰ—Ⅰ所示。

这种结构由于18cm厚顶板的整体接缝和小箱梁本身的抗扭刚度较大,对荷载横向分布有利,故一般不需要设置中间横隔板而只要设置梁端的横隔板。

本设计的材料用量指标为混凝土$0.483m^3/m^2$,普通钢筋$93.7kg/m^3$,钢绞线$11.698kg/m^3$,每根中梁质量约为64.6t。

除此之外,正在编制的通用图中还考虑了由不同跨径相组合的多跨连续梁跨线桥结构。

第四节 组合梁桥

组合梁桥也是一种装配式的桥跨结构,不过它是进一步用纵向水平缝将桥梁的梁肋部分与桥面板(翼缘板)分割开来,桥面板再借助纵横向的竖缝划分成平面内呈矩形的预制构件,这样就使单梁的整体截面变成与肋的组合截面。构件的组合采用在工地现浇少量桥面混凝土来完成,不需另设支架和模板。但相对来说,组合梁桥的施工工序要多一些,而且较矮的梁肋要单独承受桥面的重量,本身材料会多用一些。

组合梁桥有钢筋混凝土工形梁、少筋微弯板与现浇桥面成的T形组合梁桥、预应力混凝土的T形组合梁桥以及箱形组合梁桥等。这种结构的主要优点是可以减小预制构件的尺寸和自重,目前只在运输和吊装受到限制时才采用。

一、钢筋混凝土组合梁桥

图2-4-39所示为组合式梁桥上部结构概貌。这种组合式结构是由顶面为平面、底面为圆弧形的少筋变厚度板(或称微弯板)和工字形的钢筋混凝土梁组合而成。预制构造借助伸出钢筋的相互联系和在接缝内现浇少量混凝土结合成整体。由于微弯板的两侧边在纵向接缝处形成整体嵌固,因而在荷载作用下就具有一定程度的拱作用,这样板中就只需布置少量钢筋。我国曾对8m、10m、13m和16m的跨径编制了少筋微弯板组合梁桥上部构造的标准设计。

图2-4-40所示为标准跨径$l_b=16m$的构造实例。桥梁的总长为15.96m。主梁的间距取用1.6m。微弯板的纵向长度为2.50m(对于8m、10m、13m跨径者相应为1.84m、2.34m、2.02m),净跨径为1.30m,板中部厚10cm,端部厚20cm,微拱度为1/13。悬臂板的尺寸为长2.48m(对于8m、13m跨径尚有2.72m)、宽0.70m,这样的尺寸可组成净—7m+2×0.25m安全带和净—7m+2×0.75m人行道的两种桥面净空。微弯板和悬臂板的钢筋布置如图2-4-40b)、c)所示。

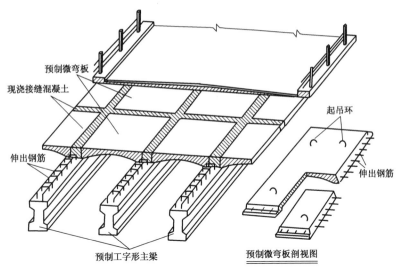

图 2-4-39 组合式梁桥的概貌

工字形主梁的高度为跨径的 1/20~1/16,对于 8~16m 跨径的工字形主梁,其工字形梁全高为 50~80cm,上、下翼缘板全宽为 30cm,腹板厚度为 16cm,吊装质量为 2.3~6.9t。

工字形主梁的配筋方式也采用焊接钢筋骨架,主筋均为 16Mn ϕ 22。为了接缝集整的需要,间距为 20cm 的箍筋和骨架的架立钢筋都伸出梁顶。图 2-4-40b)中并示出了纵向接缝的连接构造,从微弯板和悬臂板内伸出的横向钢筋均扣于主梁的架立筋上,然后再现浇 C25 混凝土填缝。

必须指出,纵向接缝的施工质量是保证微弯板两端嵌固,提高其承载能力的关键。

少筋微弯板组合梁桥当无中间横隔梁时桥面易出现纵向裂缝。因此,标准设计除增设现浇的端横隔梁外,对于 8m、10m 跨径尚在跨中增设一道,对于 13m、16m 者在跨度内增设两道现浇的中横隔梁,宽度均为 14cm,以加强桥梁横向的整体性,提高运营质量。

16m 跨径、净—7m 的每孔上部构造主要材料用量为:C25 混凝土 43.77m^3;HRB335 钢 4 240.6kg,3 号钢1 965.1kg。对于 8~16m 的跨径,桥宽 7.0m 的每平方米桥面折算用材量为:混凝土 0.35~0.39m^3,钢材 35.05~55.40kg。

除了上述顶面做平的微弯板结构以外,也可采用厚度仅 3~6cm 的弧形薄板作为现浇桥面底模的组合结构,如图 2-4-41 所示。薄板内只配少量承受吊装应力的 ϕ6 钢筋网。桥面板的主要受力钢筋均放置在现浇的混凝土层内。

二、预应力混凝土组合梁桥

如前所述,钢筋混凝土 T 形组合梁桥如跨径再增大,工字形梁的受力会更趋不利,材料用量显然是不经济的。为了克服这一缺点,扩大组合梁桥的使用范围,我国还曾研制了先张法预应力混凝土 T 形和箱形组合梁桥。

通过几十座不同跨径的实桥试验,我国曾编制了一组标准跨径为 16m、20m、25m 和 30m,适用于净—7m 和净—9m 的预应力混凝土组合箱梁桥标准设计图。荷载分汽车—15 级、挂车—80 和汽车—20 级、挂车—100 两种。预制主梁采用开口的槽形构件[图 2-4-42h)、i)],用 HRB335 钢和 C40 的混凝土先张法预制施工。待槽形梁架设完毕后,搁上用冷拔低碳钢丝和以 C35 混凝土先张法预制的空心板块,最后再现浇混凝土铺装(厚 5cm)连成整体。

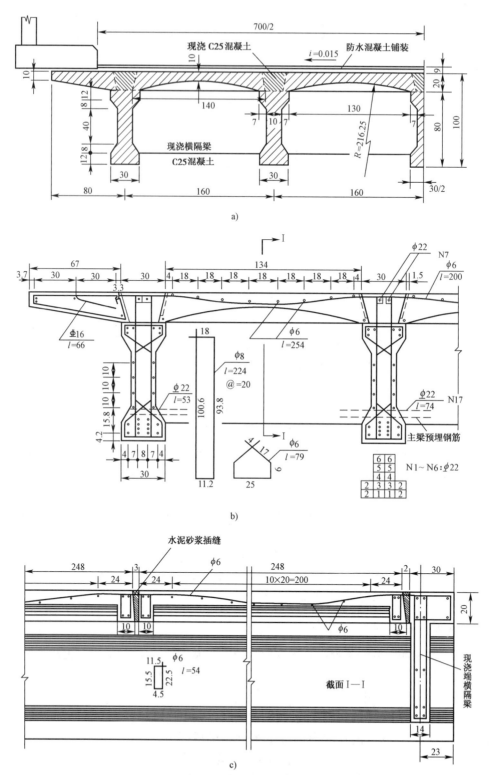

图 2-4-40　少筋微弯板 T 形组合梁桥构造（$l_b=16\mathrm{m}$）（尺寸单位：cm）
a) 横截面构造；b) 钢筋布置（跨中截面）；c) 纵截面构造

使用表明,这种结构具有抗扭刚度大、横向分布好、承载能力高、结构自重小、能节省较多钢材等优点,而且槽形截面对运输及吊装的稳定性也有利。另外,在组合梁上采用预应力空心板块,使行车道板具有较高的抗裂安全度,能保证较好的连续作用。

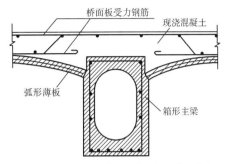

图 2-4-41　具有弧形薄板组合梁桥的构造特点

图 2-4-42 所示为标准设计 l_b 为 20m 的组合箱梁构造。桥面净空为净—7m+2×0.75m 人行道,由中心距为 2.78m 的三个箱梁组成。箱梁全长 19.96m,预制槽形梁高 1.0m,箱梁全高为 1.25m,高跨比为 1/15.7。槽形梁的底板厚 9cm,斜腹板厚 10cm(水平距离),并从距端部 3.0m 处逐渐加厚至 20cm,以满足抗剪要求。

为克服先张法直线配筋因支点附近截面负弯矩过大而导致上缘开裂、下缘超压的缺点,需在靠近支点区段内将部分预应力筋用套管套住,使其不与混凝土黏结,以此来减小梁端区段的预应力[图 2-4-42d)]。混凝土初凝后,转动套管,以便可以取出套管周转使用。对于较长的无预应力段,为了节约钢材,还可在预应力筋全部放松后,在底板预留孔处即套管尽端处[图 2-4-42c)]将两端多余的预应力筋切断并取出。

必须注意,由于槽形梁的截面尺寸小,自重不大,故在全部预加力作用的张拉阶段,跨中部分上缘会出现较大的拉应力,下缘的压应力一般也较大。为保证预加力阶段的抗裂和强度安全,必须在梁体混凝土强度达到 $R' \geq 0.8R$(蒸汽养护时)或 $R' \geq 0.7R$(不用蒸汽养护时),并且混凝土压应力满足 $\sigma_a \leq 0.5R'$ 的条件时才能放松全部预应力筋,式中 R 为混凝土强度等级。

这种组合箱梁可不设中间横隔板,而在端部底板内预埋 $\phi 22$ 的伸出钢筋,以便与相应的钢筋焊接后现浇厚 16cm 的端隔板[图 2-4-42b)和截面Ⅳ—Ⅳ]。

腹板内箍筋的作用是抗剪,在梁中部采用 $\phi 8$,间距 20cm,在梁端 $l/5$ 内采用 $\phi 10$,并在梁端 2.0m 长度内加密至间距为 10cm[图 2-4-42d)]。

桥面空心板分宽度为 1.00m 和 0.65m 的甲、乙两式,可以配合使用[图 2-4-42e)、f)]。为了加强空心板和槽形梁连接面上的抗剪强度,槽形梁腹板顶部有伸出箍筋,并且空心板两端也有余留钢筋(长 20cm)与之连接。桥面上配置 $\phi 10$ 与 $\phi 6$、间距为 20cm 的钢筋网。这样,现浇桥面混凝土集整后就具有良好的整体性,实践表明,它的抗裂性与刚度均满足要求。

空心板厚 20cm,中挖直径为 14cm 的圆孔,用 $\phi 5$ 冷拔低碳钢丝作为主筋,间距为 8cm。从材料用量来看,空心板桥面较微弯板桥面的用钢量可节省 20%,混凝土用量约增加 4%,是一种经济合理的构造。

设计表明,对于净—7m 的桥面净空,三梁式的组合箱梁桥比四梁式的具有更好的材料经济指标。

20m 跨径、净—7m、荷载为汽车—15 级和挂车—80 的每孔上部构造主要材料用量为:混凝土 53.92m³,钢材 4 879.5kg(其中精轧螺纹钢 1 725kg)。对于 16～30m 跨径,桥面全宽 7.0m 的简支梁桥,每平方米桥面折算用材量为:混凝土 0.362～0.493m³,钢材 33.9～44.5kg(其中精轧螺纹钢相应为 11.23～19.01kg)。每片槽形梁的吊装质量相应为 11.5～44.3t。

表 2-4-3 提供一些常用装配式钢筋混凝土梁桥与装配式预应力混凝土简支梁桥的主要尺寸及用料指标。

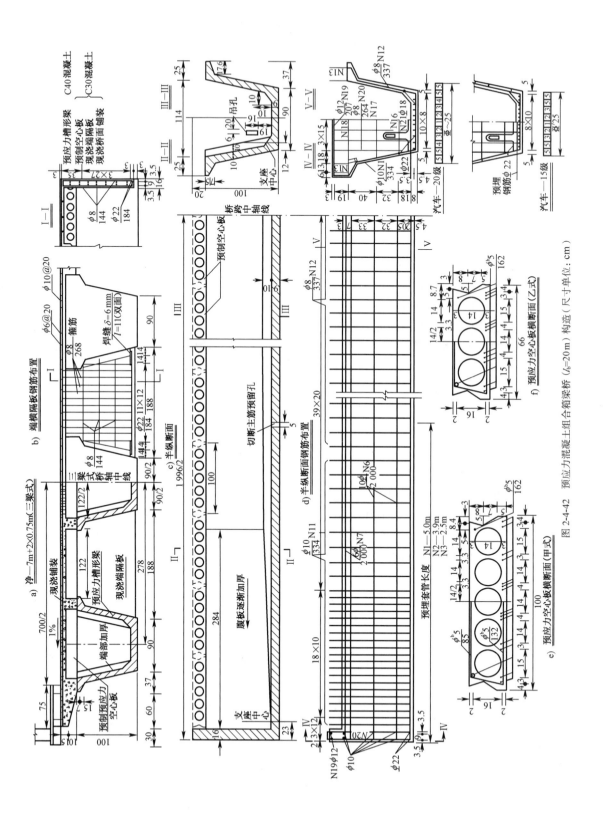

图 2-4-42 预应力混凝土组合箱梁桥（$l_0=20$ m）构造（尺寸单位：cm）

常用装配式钢筋混凝土梁桥与装配式预应力混凝土简支梁桥的主要尺寸及用料指标　　表2-4-3

梁型	跨径（m）	梁高（cm）	预制梁宽（cm）	梁间距（cm）	普通钢筋（kg/m²）	预应力钢筋指标（kg/m²）	混凝土指标（m³/m²）	预制梁质量（t）
预应力混凝土T梁	20（连续）	140	190	265	102	9.5	0.51	42
	20（简支）	140	190	265	95	9.5	0.48	43
	25（连续）	160	190	265	110	12.1	0.52	56
	25（简支）	160	190	265	94	11.5	0.50	57
	30（连续）	190	190	265	107	13.6	0.56	74
	30（简支）	190	190	265	96	13.6	0.54	75
	35（连续）	210	190	265	108	17.1	0.60	94
	35（简支）	210	190	265	98	16.8	0.58	95
	40（连续）	230	190	265	114	19.0	0.67	124
	40（简支）	230	190	265	104	19.8	0.65	126
	45（连续）	250	190	265	119	22.7	0.70	149
	45（简支）	250	190	265	106	23.6	0.68	151
	50（连续）	270	190	265	123	25.7	0.74	179
	50（简支）	270	190	265	110	28.3	0.72	181
空心板	普通钢筋混凝土							
	5	0.3	1.24	1.25	160.6	—	0.28	4.52
	6	0.35	1.24	1.25	235.0	—	0.24	4.54
	8	0.4	1.24	1.25	252.7	—	0.27	6.52
	10	0.45	1.24	1.25	263.6	—	0.29	9.37
	先张预应力混凝土							
	10	0.45	1.24	1.25	174.6	30.5	0.29	9.37
	13	0.6	1.24	1.25	150.1	29.3	0.33	13.44
	16	0.8	1.59	1.60	167.9	27.5	0.38	23.84
	20	0.95	1.59	1.60	169.6	30.3	0.41	32.46
小箱梁	后张预应力混凝土							
	20	110	240	325	92.3	9.316	0.469	46.1~49.7
	25	140	240	325	93.7	11.698	0.483	64.6~69.2
	30	160	240	325	96.4	14.322	0.519	90.2~95.8
	35	180	240	325	99.1	16.514	0.557	112.5~119.1

注：1. 荷载：公路—Ⅰ级。
2. 桥面净宽28m（双向六车道）。
3. 表中钢筋、混凝土指标均包含整体化层的材料。
4. 20m T梁连续结构采用普通钢筋连续，其余各种跨径结构均采用预应力筋连续。
5. 混凝土材料指标均为正交结构的材料指标。
6. T梁指标摘录"广东省公路勘察规划设计院 T梁通用图（试用版）"，空心板及小箱梁指标摘录"广东省公路勘察规划设计院 T梁通用图（征求意见版）"。

第五章
简支梁桥的计算

第一节 概 述

设计一座桥梁首先要重视总体方案、桥型及布置的合理性。上部结构的构造形式、跨径等被确定后,就要进行桥梁各部构件的详细计算。

在第一篇"总论"中已经阐明对于桥梁设计的基本要求,在本篇的前几章中介绍了钢筋混凝土梁式桥的类型、组成,纵、横截面的布置,以及各种构件主要尺寸的选定和构造细节。在本章内我们将在已熟知的梁桥结构设计与构造的基础上,进一步详细阐述其计算原理和方法。

上承式简支梁桥设计计算的项目一般有主梁、桥面板、横隔梁和支座等。主梁是主要承重构件,无论从结构的安全或材料消耗上来看,它是梁桥的重要部分。桥面板(或称为行车道板)直接承受车辆的集中荷载,通常又是主梁的受压翼缘,它的工作状态不但影响到行车质量,而且还涉及主梁的受力。桥面板的裂缝或刚度不足,将对行车路面的维护带来麻烦。横隔梁主要增强桥梁的横向刚性,起分布荷载的作用。在具体进行设计计算时,习惯上常从主梁开始,其次再设计桥面板、横隔梁和支座。当然,从桥面板开始,从上而下进行计算,也未尝不可。

在进行工程结构物设计时,通常总是先根据使用要求、跨径大小、桥面净宽、荷载等级、施工条件等基本资料,运用结构物的构造知识并参考已有桥梁的设计经验来拟定结构物各构件的截面形式和细部尺寸,估算结构的自重,然后根据作用在结构上的荷载,用熟知的数学、力学方法借助计算机软件计算出结构各部分可能产生不利的内力,再由已求得的内力进行强度、刚度和稳定性的验算,以此来判断原先所拟定的细部尺寸是否符合要求。

如果验算结果不能满足要求,或者尺寸选得过大,则需修正原来所拟定的尺寸再进行验算,直到满意为止。

鉴于钢筋混凝土构件的截面设计和验算问题属于"结构设计原理"课程的内容,本章将着重阐明行车道板、主梁和横隔梁的受载特点和最不利内力(包括内力组合)的计算方法。关于支座的布置、构造和计算,将在第六章中专门介绍。

第二节 行车道板的计算

一、行车道板的类型

钢筋混凝土肋梁桥的行车道板是直接承受车辆轮压的钢筋混凝土板,它在构造上与主梁梁肋和横隔梁连接在一起,既保证了梁的整体作用,又将活载传于主梁。

从结构形式上看,在具有主梁和横隔梁的简单梁格[图 2-5-1a)]以及具有主梁、横梁和内纵梁(或称为副纵梁)的复杂梁格[图 2-5-1b)]体系中,行车道板实际上都是周边支承的板。

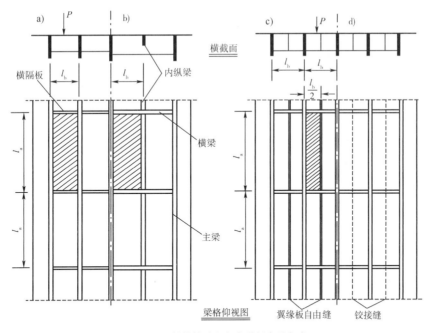

图 2-5-1 梁格构造和行车道板支承方式

从受载特点来看,在矩形的四边支承板上,当板中央作用一竖向荷载 P 时,虽然荷载 P 要向相互垂直的两对支承边传递,但由于板沿 l_a 和 l_b 跨径的相对刚度不同,因此传递的荷载也不相等。根据对弹性薄板的研究,对于四边简支的板,只要板的长边与短边之比 $l_a/l_b \geq 2$,则荷载的绝大部分会沿短跨方向传递,而沿长跨方向传布的荷载将不足 6%。l_a/l_b 之比值越大,向 l_a 跨度方向传递的荷载也越小。为了简明起见,如对图 2-5-2 所示十字形梁在荷载 P 作用下进行简单的受力分析,即求出 P_a 和 P_b,就不难领会这一概念的基本原理。

鉴于上述理由,通常就可把边长比或长宽比等于和大于 2 的周边支承板看作单由短跨承受荷载的单向受力板(简称**单向板**)来设计,而在长跨方向只要适当配置一些分布钢筋即可。对于长宽比小于 2 的板,则称为**双向板**,需按两个方向的内力分别配置受力钢筋。

对于常见的 $l_a/l_b \geqslant 2$ 的装配式 T 形梁桥,也可遇到两种情形:当翼缘板的端边是自由边[图 2-5-1c)]时,鉴于上述同样的原因,实际是三边支承的板,可以像边梁外侧的翼缘板一样,作为沿短跨一端嵌固而另一端为自由端的悬臂板来分析;另一种是相邻翼缘板在端部互相做成铰接缝的情况[图 2-5-1d)],则行车道板应按一端嵌固一端铰接的铰接悬臂板进行计算。

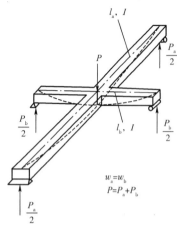

图 2-5-2 荷载的双向传递

综上所述,在实践中最常遇到的行车道板受力图式为:单向板、悬臂板和铰接悬臂板三种。下面我们将分别阐明它们的计算方法。至于双向板的行车道板,由于用钢量稍大、构造也较复杂,目前已很少使用,这里不作介绍。

二、车轮荷载在板上的分布

作用在桥面上的车轮压力,通过桥面铺装层扩散分布在钢筋混凝土板面上,由于板的计算跨径相对于轮压的分布宽度来说不是很大,故在计算中应将轮压作为分布荷载来处理,以免造成较大的计算误差,徒然增加桥面板的材料用量。

富于弹性的充气车轮与桥面的接触面实际上接近于椭圆,而且荷载又要通过铺装层扩散分布,故车轮压力在桥面板上的实际分布形状是很复杂的。然而,为了计算方便起见,通常可近似把车轮与桥面的接触面看作 $a_2 \times b_2$ 的矩形,此处 a_2 是车轮沿行车方向的着地长度,b_2 为车轮的宽度,如图 2-5-3 所示。各级荷载的 a_2 和 b_2 值可从《公路桥涵设计通用规范》(JTG D60—2015)中查得。至于荷载在铺装层内的扩散程度,根据试验研究,对于混凝土或沥青面层,荷载可以偏安全地假定呈 45°角扩散。

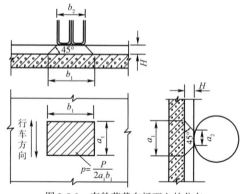

图 2-5-3 车轮荷载在板面上的分布

因此,最后作用于钢筋混凝土承重板顶面的矩形荷载压力面的边长为:

沿纵向
$$a_1 = a_2 + 2H$$

沿横向
$$b_1 = b_2 + 2H \tag{2-5-1}$$

式中:H——铺装层的厚度。

据此,车轮荷载作用于桥面板上时,作用于板面上的局部分布荷载为:

$$p = \frac{P}{2a_1 b_1}$$

式中：P——车辆后轴的轴重。

三、板的有效工作宽度

众所周知,板在局部分布荷载 p 的作用下,不仅直接承压部分(例如宽度为 a_1)的板宽参加工作,与其相邻的部分板宽也会分担一部分荷载共同参与工作。因此,在桥面板的计算中,就有如何确定板的有效工作宽度(或称荷载有效分布宽度)的问题。

下面分单向板和悬臂板来阐明板的有效工作宽度的概念和计算方法。

(一)单向板

现在我们考察一块跨径为 l、宽度较大的梁式行车道板的受力状态(图 2-5-4)。当车轮荷载以 $a_1 \times b_1$ 的分布面积作用在板上时,板除了沿计算跨径 x 方向产生挠曲变形 w_x 外,在沿垂直于计算跨径的 y 方向也必然发生挠曲变形 w_y [图 2-5-4b)]。这说明荷载作用下不仅直接承压的宽度为 a_1 的板条受力,其邻近的板也参与工作,共同承受车轮荷载所产生的弯矩。图 2-5-4a)示出了沿 y 方向板条所分担弯矩 m_x 的分布图形。

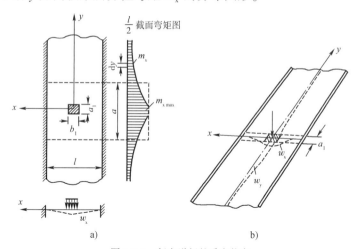

图 2-5-4 行车道板的受力状态

那么在计算中究竟以多大的板宽来承受车轮荷载产生的总弯矩呢？从图中可见,跨中弯矩 m_x 的实际图形是呈曲线分布的,在荷载中心处达到最大值 $m_{x\,max}$,距荷载越远的板条所承受的弯矩越小。如果设想以 $a \times m_{x\,max}$ 的矩形来替代此曲线图形,即：

$$a \times m_{x\,max} = \int m_x \mathrm{d}y = M$$

则得到弯矩图形的换算宽度为：

$$a = \frac{M}{m_{x\,max}}$$

式中：M——车轮荷载产生的跨中总弯矩；

$m_{x\,max}$——荷载中心处的最大单宽弯矩值,可按弹性板的理论计算得到。

上式的 a 我们就定义为板的有效工作宽度,或荷载有效分布宽度,以此板宽来承受车轮荷载产生的总弯矩,既满足了弯矩最大值的要求,计算起来也较方便。

图 2-5-5 示出跨度为 l 的宽板在不同支承条件、不同荷载性质以及不同荷载位置情况下,随承压面大小变化的有效工作宽度与跨径的比值 a/l(表中数值是按 $a_1 = b_1$ 算得的)。从图中可以看出,两边固结的板的有效工作宽度要比简支的小 30% ~ 40%,全跨满布的条形荷载的有效分布宽度也比局部分布荷载的小些。另外,荷载越靠近支承边,其有效工作宽度也越小。

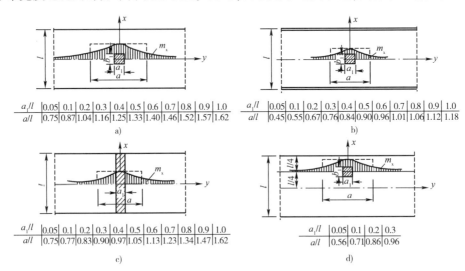

图 2-5-5 根据最大弯矩按矩形换算的有效工作宽度 a

a)简支板,跨中单个荷载;b)固结板,跨中单个荷载;c)简支板,全跨窄条荷载;d)简支板,1/4 跨径处单个荷载

考虑到实际上 a_1/l 之比值不会很小,而且桥面板属于弹性固结支承,因此为了计算方便,《公路钢筋混凝土及预应力混凝土桥涵设计规范》(JTG 3362—2018)中对于单向板的荷载有效分布宽度作了如下的规定:

1. 车轮荷载位于板的跨径中部

对于单独一个荷载[图 2-5-6a)]:$a = a_1 + l/3 = a_2 + 2H + l/3$,但不小于 $2/3l$,式中,l 为板的计算跨径。

对于几个靠近的相同车轮荷载,如按上式计算所得各相邻荷载的有效分布宽度发生重叠。应按相邻靠近的车轮荷载一起计算其有效分布宽度[图 2-5-6b)]:$a = a_1 + d + l/3 = a_2 + 2H + d + l/3$,但不小于 $2/3l + d$。式中,d 为最外两个车轮荷载的中心距离,如果只有两个相邻荷载一起计算,d 往往为车辆荷载的轴距。

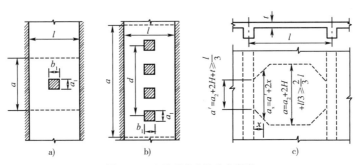

图 2-5-6 车轮荷载有效分布宽度

2.车轮荷载在板的支承处

$$a' = a_1 + t = a_2 + 2H + t \quad (a' \text{不小于} l/3)$$

式中:t——板的厚度。

3.车轮荷载靠近板的支承处

$$a_x = a' + 2x$$

式中:x——荷载离支承边缘的距离。

这就是说,荷载由支点处向跨中移动时,相应的有效分布宽度可近似地按45°线过渡。

根据以上所述,对于不同车轮位置,单向板的有效分布宽度图形如图2-5-6c)所示。

(二)悬臂板

悬臂板在车轮荷载作用下除了直接受载的板条(宽度为a_1)外,相邻板条也发生挠曲变形[见图2-5-7b)中w_y]而承受部分弯矩。沿悬臂根部在宽度y方向各板条的弯矩分布如图2-5-7a)中m_x所示。根据弹性板理论分析,当板端作用集中力P时,受载板条的最大负弯矩$m_{x\,max} \approx -0.465P$,而荷载引起的总弯矩为$M_0 = -Pl_0$。因此,按最大负弯矩值换算的有效工作宽度为:

$$a = \frac{M_0}{m_{x\,max}} = \frac{-Pl_0}{-0.465P} = 2.15l_0$$

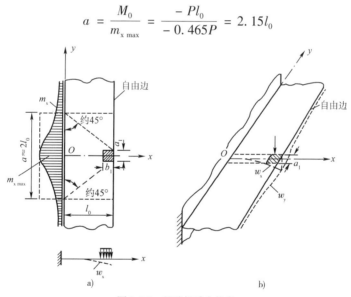

图2-5-7 悬臂板受力状态

可见,悬臂板的有效工作宽度接近于2倍悬臂长度,也就是说,荷载可近似地按45°角向悬臂板支承处分布[图2-5-7a)]。

我国《公路钢筋混凝土及预应力混凝土桥涵设计规范》(JTG 3362—2018)对悬臂板规定的车轮荷载有效分布宽度为(图2-5-8):

$$a = a_2 + 2H + 2b' = a_1 + 2b'$$

式中:b'——承重板上荷载压力面外侧边缘至悬臂根部的距离。

对于分布荷载靠近板边的最不利情况,b'等于悬臂板的跨径l_0,于是:

$$a = a_1 + 2l_0$$

对于与梁肋整体连接且具有承托的板(图2-5-9),当进行承托内或肋内板的截面验算时,板的计算高度可按下式计算:

$$h_e = h_f' + s \cdot \tan\alpha$$

式中:h_e——自承托起点至肋中心线之间板的任一验算截面的计算高度;

h_f'——不计承托时板的厚度;

s——自承托起点至肋中心线之间的任一验算截面的水平距离;

α——承托下缘与悬臂板底面夹角,当 $\tan\alpha$ 大于 $\frac{1}{3}$ 时,取 $\frac{1}{3}$。

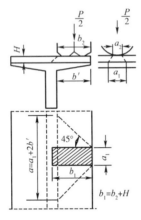

图 2-5-8 悬臂板的有效工作宽度

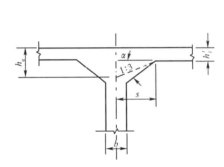

图 2-5-9 承托处板的计算高度

四、行车道板的内力计算

对于实体的矩形行车道板通常由弯矩控制设计。设计时,习惯以每米宽板条来计算比较方便,借助板的有效工作宽度,就不难得到作用在每米宽板条上的荷载和其引起的弯矩。

下面通过几种行车道板的图式说明其内力的计算方法。

(一)多跨连续单向板的内力

从构造上看,行车道板与主梁梁肋是整体连接在一起的,因此当板上有荷载作用时会促使主梁也发生相应的变形,而这种变形又影响板的内力。如果主梁的抗扭刚度极大,板的工作就接近于固端梁[图2-5-10a)];反之如果主梁抗扭刚度极小,板在梁肋支承处为接近自由转动的铰支承,则板的受力就如多跨连续梁体系[图2-5-10c)]。实际上行车道板和主梁梁肋的支承条件,既不是固端,也不是铰支,而应该考虑是弹性固结的,如图2-5-10b)所示。

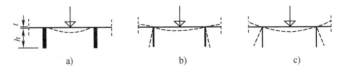

图 2-5-10 主梁扭转对行车道板受力的影响

鉴于行车道板的受力情况比较复杂,影响因素比较多,因此要精确计算板的内力是有一定困难的,通常我们采用简便的近似方法进行计算。对于弯矩,先算出一个跨度相同的简支板的跨中弯矩 M_0,然后再根据经验及理论分析的数据加以修正。弯矩修正系数可视板厚 t 与梁肋

高度 h 的比值来选用。

当 $t/h < 1/4$ 时(即主梁抗扭能力大者):

跨中弯矩
$$M_{中} = +0.5M_0$$

支点弯矩
$$M_{支} = -0.7M_0 \tag{2-5-2}$$

当 $t/h \geq 1/4$ 时(即主梁抗扭能力小者):

跨中弯矩
$$M_{中} = +0.7M_0$$

支点弯矩
$$M_{支} = -0.7M_0 \tag{2-5-3}$$

式中:$M_0 = M_{op} + M_{og}$。

M_{op} 为 1m 宽简支板条的跨中活载弯矩[图 2-5-11a)],对于车辆荷载:

$$M_{op} = (1 + \mu) \cdot \frac{P}{8a}\left(l - \frac{b_1}{2}\right) \tag{2-5-4}$$

式中:P——轴重,对于车辆荷载应取用后轴的轴重计算;

a——板的有效工作宽度;

l——板的计算跨径,当梁肋不宽时(如窄肋 T 形梁)可取梁肋中距;当主梁的梁肋宽度较大时(如箱形梁等)可取梁肋间的净距加板的厚度,即 $l = l_0 + t$,但不大于 $l_0 + b$,此处 l_0 为板的净跨径,t 为板厚,b 为梁肋宽度;

$(1 + \mu)$——冲击系数,对于行车道板通常为 1.3。

如果板的跨径较大,可能还有第二个车轮进入跨径内时,可按工程力学方法将荷载布置得使跨中弯矩最大。

M_{og} 为每米板宽的跨中恒载弯矩,可由下式计算:

$$M_{og} = \frac{1}{8}gl^2 \tag{2-5-5}$$

式中:g——1m 宽板条每延米的恒载重量。

计算单向板的支点剪力时,可不考虑板和主梁的弹性固结作用,此时荷载必须尽量靠近梁肋边缘布置。考虑了相应的有效工作宽度后,每米板宽承受的分布荷载如图 2-5-11b)所示。对于跨径内只有一个车轮荷载的情况,支点剪力 $Q_{支}$ 的计算公式为:

$$Q_{支} = \frac{gl_0}{2} + (1 + \mu)(A_1 \cdot y_1 + A_2 \cdot y_2) \tag{2-5-6}$$

其中矩形部分荷载的合力为$\left(将 p = \frac{P}{2ab_1}代入\right)$:

$$A_1 = p \cdot b_1 = \frac{P}{2a}$$

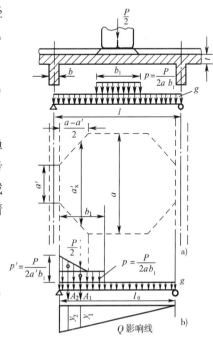

图 2-5-11 单向板内力计算图式
a)求跨中弯矩;b)求支点剪力

三角形部分荷载的合力为 $\left(\text{将 } p' = \dfrac{P}{2a'b_1} \text{ 代入}\right)$:

$$A_2 = \frac{1}{2}(p' - p)\left(\frac{a - a'}{2}\right) = \frac{P}{8aa'b_1}(a - a')^2$$

式中:p、p'——对应于有效工作宽度 a 和 a' 处的荷载强度;

y_1、y_2——对应于荷载合力 A_1 和 A_2 的支点剪力影响线竖标值;

l_0——板的净跨径。

如跨径内不止一个车轮进入,尚应计及其他车轮的影响。

(二)铰接悬臂板的内力

T 形梁翼缘板作为行车道板往往用铰接的方式连接,最大弯矩在悬臂根部。

根据计算分析可知,计算活载弯矩 M_{Ap} 时,最不利的荷载位置是把车轮荷载对中布置在铰接处,这时铰内的剪力为零,两相邻悬臂板各承受半个车轮荷载,即 $P/4$,如图 2-5-12a)所示。

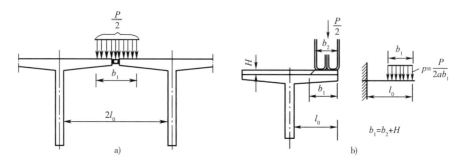

图 2-5-12 悬臂板计算图式

因此每米宽悬臂板在根部的活载弯矩为:

$$M_{Ap} = -(1 + \mu)\frac{P}{4a}\left(l_0 - \frac{b_1}{4}\right) \tag{2-5-7}$$

每米板宽的恒载弯矩为:

$$M_{Ag} = -\frac{1}{2}gl_0^2 \tag{2-5-8}$$

注意:此处 l_0 为铰接双悬臂板的净跨径。

最后,悬臂根部 1m 板宽的最大弯矩为:

$$M_A = M_{Ap} + M_{Ag} \tag{2-5-9}$$

悬臂根部的剪力可以偏安全地按一般悬臂板的图式来计算,这里从略。

(三)悬臂板的内力

对于沿纵缝不相连接的悬臂板,在计算根部最大弯矩时,应将车轮荷载靠板的边缘布置,此时 $b_1 = b_2 + H$,如图 2-5-12b)所示,则恒载和活载弯矩可由一般公式求得。

活载弯矩:

$$M_{Ap} = -(1 + \mu) \cdot \frac{1}{2}pl_0^2 = -(1 + \mu) \cdot \frac{P}{4ab_1} \cdot l_0^2 \quad (b_1 \geqslant l_0 \text{ 时}) \tag{2-5-10}$$

或

$$M_{Ap} = -(1+\mu) \cdot pb_1\left(l_0 - \frac{b_1}{2}\right) = -(1+\mu) \cdot \frac{P}{2a}\left(l_0 - \frac{b_1}{2}\right) \quad (b_1 < l_0 \text{ 时}) \quad (2\text{-}5\text{-}11)$$

式中：$p = \dfrac{P}{2ab_1}$——作用在每米宽板条上的每延米荷载强度；

l_0——悬臂板的长度。

恒载弯矩

$$M_{Ag} = -\frac{1}{2}gl_0^2 \quad (2\text{-}5\text{-}12)$$

同理，最后可得 1m 宽板条的最大设计弯矩为：

$$M_A = M_{Ap} + M_{Ag}$$

剪力计算从略。

五、行车道板的计算举例

例 2-5-1 计算图 2-5-13 所示 T 梁翼缘板所构成铰接悬臂板的设计内力。桥面铺装为 2cm 厚的沥青混凝土面层（重度为 23kN/m³）和平均厚 9cm 的 C25 混凝土底层（重度为 24kN/m³），T 梁翼缘板钢筋混凝土的重度为 25kN/m³。

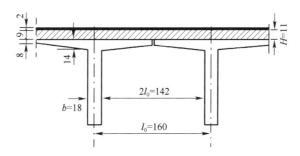

图 2-5-13 铰接悬臂行车道板（尺寸单位：cm）

1. 恒载内力（以纵向 1m 宽的板条进行计算）

(1) 每延米板上的恒载 g。

沥青混凝土面层：

$$g_1 = 0.02 \times 1.0 \times 23 = 0.46 \, (\text{kN/m})$$

C25 混凝土底层：

$$g_2 = 0.09 \times 1.0 \times 24 = 2.16 \, (\text{kN/m})$$

T 梁翼缘板自重：

$$g_3 = \frac{0.08 + 0.14}{2} \times 1.0 \times 25 = 2.75 \, (\text{kN/m})$$

合计：

$$g = \sum g_i = 5.37 \, \text{kN/m}$$

(2) 每米宽板条的恒载内力。

弯矩：

$$M_{Ag} = -\frac{1}{2}gl_0^2 = -\frac{1}{2} \times 5.37 \times 0.71^2 = -1.35 \, (\text{kN·m})$$

剪力：
$$Q_{Ag} = gl_0 = 5.37 \times 0.71 = 3.81(\text{kN})$$

2. 活载内力

(1)铰接板桥面板计算。

根据《公路桥涵设计通用规范》(JTG D60—2015)规定,局部加载选用车辆荷载。规范中表4.3.1-2规定,车辆荷载前轮着地长度及宽度为0.2m×0.3m,中、后轮着地尺寸为0.2m×0.6m,则板上荷载压力面的边长为：

前轮
$$a_1 = a_2 + 2H = 0.20 + 2 \times 0.11 = 0.42(\text{m})$$
$$b_1 = b_2 + 2H = 0.30 + 2 \times 0.11 = 0.52(\text{m})$$

中、后轮
$$a_1 = a_2 + 2H = 0.20 + 2 \times 0.11 = 0.42(\text{m})$$
$$b_1 = b_2 + 2H = 0.60 + 2 \times 0.11 = 0.82(\text{m})$$

规范中给出了车辆荷载的立面和平面尺寸,纵向而言,前轮与中轮前轴距离为3.0m,中轮后轴与后轮前轴距离为7.0m,中轮和后轮的前后轴之间的距离均为1.4m；横向而言,同一车辆两个车轮之间的距离为1.8m,并行车辆两车轮间最近距离为1.3m。

根据图2-5-14,计算车辆荷载对于悬臂根部的有效分布宽度：

前轮
$$a = a_1 + 2l_0 = 0.42 + 2 \times 0.71 = 1.84(\text{m}) < 3.0\text{m}$$

中、后轮
$$a = a_1 + 2l_0 = 0.42 + 2 \times 0.71 = 1.84(\text{m}) > 1.4\text{m}$$

由此可知,中、后轮的纵向有效分布宽度存在重叠部分,计算重叠后的有效分布宽度为：

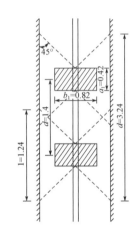

图2-5-14 车轮荷载的计算图式
（尺寸单位:m）

$$a' = a_1 + d + 2l_0 = 0.42 + 1.4 + 2 \times 0.71 = 3.24(\text{m})$$

横向而言,布置在铰接缝中央的车轮中心距最近车轮边缘的距离为：
$$b = 1.3 - 0.5b_1 = 1.3 - 0.5 \times 0.82 = 0.89(\text{m}) > l_0 = 0.71\text{m}$$

所以,在铰接桥面板的单跨计算中,车轮作用在横向上没有产生叠加效应。

根据《公路桥涵设计通用规范》(JTG D60—2015),车辆荷载的中轮轴重为120kN,后轮轴重为140kN,取较为不利的后轮轴重进行加载,则由式(2-5-7)可求得每米宽板条上,车辆荷载作用于悬臂根部的弯矩标准值为：

$$M_{sp1k} = -\frac{P}{4a}\left(l_0 - \frac{b_1}{4}\right) = -\frac{2 \times 140}{4 \times 3.24} \times \left(0.71 - \frac{0.82}{4}\right) = -10.91(\text{kN} \cdot \text{m})$$

车辆荷载冲击作用的弯矩标准值为：
$$M_{sp2k} = \mu M_{sp1k} = -0.3 \times 10.91 = -3.27(\text{kN} \cdot \text{m})$$

每米宽板条上车辆荷载作用的剪力标准值为：
$$Q_{sp1k} = \frac{P}{4a} = \frac{2 \times 140}{4 \times 3.24} = 21.60(\text{kN})$$

每米宽板条上车辆荷载冲击作用的剪力标准值为：
$$Q_{sp2k} = \mu Q_{sp1k} = 0.3 \times 21.60 = 6.48(\text{kN})$$

（2）外挑悬臂板桥面板计算。

车辆荷载对于外挑悬臂板根部的有效分布宽度与前一致，但弯矩和剪力标准值的计算不同，计算图式如图2-5-15所示。

根据式（2-5-10），由于车辆荷载后轮对应的压力面宽度 $b_1 = b_2 + H = 0.60 + 0.11 = 0.71(\text{m}) = l_0 = 0.71\text{m}$，所以对应每米宽板条上，车辆荷载作用于外挑悬臂根部的弯矩标准值为：

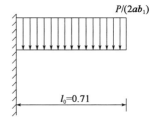

图2-5-15 悬臂板荷载效应计算图式（尺寸单位：m）

$$M_{sp1k} = -\frac{P}{4ab_1} \cdot l_0^2 = -\frac{2 \times 140}{4 \times 3.24 \times 0.71} \times 0.71^2 = -15.34(\text{kN} \cdot \text{m})$$

车辆荷载冲击作用的弯矩标准值为：

$$M_{sp2k} = \mu M_{sp1k} = -0.3 \times 15.34 = -4.60(\text{kN} \cdot \text{m})$$

每米宽板条上车辆荷载作用的剪力标准值为：

$$Q_{sp1k} = \frac{P}{2ab_1} l_0 = \frac{2 \times 140 \times 0.71}{2 \times 3.24 \times 0.71} = 43.21(\text{kN})$$

每米宽板条上车辆荷载冲击作用的剪力标准值为：

$$Q_{sp2k} = \mu Q_{sp1k} = 0.3 \times 43.21 = 12.96(\text{kN})$$

3. 作用组合

根据《公路桥涵设计通用规范》（JTG D60—2015）的规定，分别对桥面板进行承载能力极限状态设计和正常使用极限状态设计，并进行不同的作用效应组合。

（1）承载能力极限状态设计。

算例中未考虑偶然作用，因此不进行偶然组合，仅进行基本组合，其中结构重要度系数取1.0，永久作用效应分项系数取1.2，因采用车辆荷载进行计算，汽车荷载效应分项系数取1.8，则有：

铰接板悬臂根部弯矩组合

$$\begin{aligned} M_{ud} &= \gamma_{G1} M_{sg} + \gamma_{Q1}(M_{sp1k} + M_{sp2k}) \\ &= -1.2 \times 1.35 - 1.8 \times (10.91 + 3.27) \\ &= -27.14(\text{kN} \cdot \text{m}) \end{aligned}$$

铰接板悬臂根部剪力组合

$$\begin{aligned} Q_{ud} &= \gamma_{G1} Q_{sg} + \gamma_{Q1}(Q_{sp1k} + Q_{sp2k}) \\ &= 1.2 \times 3.81 + 1.8 \times (21.60 + 6.48) = 55.12(\text{kN}) \end{aligned}$$

外挑悬臂根部弯矩组合

$$\begin{aligned} M_{ud} &= \gamma_{G1} M_{sg} + \gamma_{Q1}(M_{sp1k} + M_{sp2k}) \\ &= -1.2 \times 1.35 - 1.8 \times (15.34 + 4.60) \\ &= -37.51(\text{kN} \cdot \text{m}) \end{aligned}$$

外挑悬臂根部剪力组合

$$\begin{aligned} Q_{ud} &= \gamma_{G1} Q_{sg} + \gamma_{Q1}(Q_{sp1k} + Q_{sp2k}) \\ &= 1.2 \times 3.81 + 1.8 \times (43.21 + 12.96) = 105.68(\text{kN}) \end{aligned}$$

（2）正常使用极限状态设计。

在不考虑汽车荷载外的其他可变作用的前提下，频遇组合的效应设计值显然大于准永久组合，仅选用频遇组合进行计算，其中汽车荷载（不计冲击力）的频遇值系数取0.7，则有：

铰接板悬臂根部弯矩组合
$$M_{sd} = M_{sg} + \psi_{fl} M_{sp1k} = -1.35 - 0.7 \times 10.91 = -6.29 (kN \cdot m)$$
铰接板悬臂根部剪力组合
$$Q_{sd} = Q_{sg} + \psi_{fl} Q_{sp1k} = 3.81 + 0.7 \times 21.60 = 18.93 (kN)$$
外挑悬臂根部弯矩组合
$$M_{sd} = M_{sg} + \psi_{fl} M_{sp1k} = -1.35 - 0.7 \times 15.34 = -12.09 (kN \cdot m)$$
外挑悬臂根部剪力组合
$$Q_{sd} = Q_{sg} + \psi_{fl} Q_{sp1k} = 3.81 + 0.7 \times 21.60 = 18.93 (kN)$$

有了控制设计的计算内力,就可按钢筋混凝土或预应力混凝土结构设计原理和方法来设计板内的钢筋和进行相应的验算。

第三节　荷载横向分布计算

一、概述

作用在桥梁上的荷载包括恒载与活载。恒载的计算比较简单,除了考虑实际的结构自重外,通常可以近似地将桥面铺装、人行道、栏杆等质量分摊给各片主梁来承担。鉴于人行道、栏杆等构件一般是在桥梁连成整体后安装在边梁上的,必要时为了精确起见,也可将这些恒载按以下所述荷载横向分布的方法来计算。

下面先以熟知的单梁内力计算作比较,来阐明一座梁式桥在活载作用下内力计算的特点。

对于图 2-5-16a)所示的单梁来说,如以 $\eta_1(x)$ 表示梁上某一截面的内力影响线,则可方便计算该截面的内力值 $S = P \cdot \eta_1(x)$。这里的 $\eta_1(x)$ 是一个单值函数,梁在 xoz 平面内受力和变形,它是一种简单的平面问题。对于一座梁式板桥或者由多片主梁通过桥面板和横隔梁组成的梁桥来说,如图 2-5-16b)所示,情况就完全不同了。当桥上作用荷载 P 时,由于结构的横向刚度必然会使荷载在 x 和 y 方向内同时发生传递,并使所有主梁都不同程度参与工作。鉴于结构受力和变形的空间性,故求解这种结构的内力是属于空间计算理论问题。20 世纪 50 年代以来,虽然国内外对这一问题进行过许多理论和试验研究,但由于实际结构的复杂性,完全精确的计算仍难以实现。每一种理论都有一定的假设条件和适用范围。总的来说,作为空间计算理论的共同点是直接求解结构上任一点的内力或挠度,并且也可像单梁计算中应用影响线那样,借助理论分析所得的影响面来计算某点的内力值。如果结构某点截面的内力影响面用双值函数 $\eta(x,y)$ 来表示,则该截面的内力值可表示为 $S = P \cdot \eta(x,y)$。

但是,鉴于作用于桥上的车辆荷载系沿纵横向都能移动的多个局部荷载,用影响面来求解最不利的内力值仍然是非常繁重的工作,因此上述

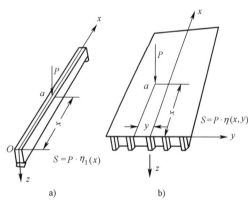

图 2-5-16　荷载作用下的内力计算
a)在单梁上；b)在梁式桥上

这种空间计算方法实际上到目前为止仍没有推广应用。

目前广泛使用的一种方法,是将复杂的空间问题合理转化成图2-5-16a)所示简单的平面问题来求解。这种方法的实质是将前述的影响面$\eta(x,y)$分离成两个单值函数的乘积,即$\eta_1(x) \cdot \eta_2(y)$,因此,对于某根主梁某一截面的内力值可表示为:

$$S = P \cdot \eta(x,y) \approx P \cdot \eta_2(y) \cdot \eta_1(x) \qquad (2\text{-}5\text{-}13)$$

在上式中$\eta_1(x)$就是单梁某一截面的内力影响线[图2-5-16a)],如果将$\eta_2(y)$看作是单位荷载沿横向作用在不同位置时对某梁所分配的荷载比值变化曲线,也称作对于某梁的荷载横向分布影响线,则$P \cdot \eta_2(y)$就是当P作用于$a(x,y)$点时沿横向分布给某梁的荷载[图2-5-16b)],暂以P'表示,即$P' = P \cdot \eta_2(y)$,这样,就可完全像图2-5-16a)所示平面问题一样,求得某梁上某截面的内力值,这就是利用荷载横向分布来计算内力的基本原理。

下面进一步阐明当桥上作用着车辆荷载时荷载横向分布系数的概念。图2-5-17a)表示桥上作用着一辆前后轴各重P_1和P_2的车辆荷载,相应的轮重为$P_1/2$和$P_2/2$。如欲求3号梁k点的截面内力,则可先用对于3号梁的荷载横向分布影响线求出桥上横向各排轮重对该梁分布的总荷载(按横向最不利荷载位置求最大值),然后再用这些荷载通过单梁k点截面的内力影响线来计算3号梁该截面的最大内力值。显然,如果桥梁的结构一定,轮重在桥上的位置也确定,则分布至3号梁的荷载也是一个定值。在桥梁设计中,通常用一个表征荷载分布程度的系数m与轴重的乘积来表示这个定值,因此前后轴的两排轮重分布至3号梁的荷载可分别表示为mP_1和mP_2[图2-5-17b)]。这个m就称为**荷载横向分布系数**,它表示某根主梁(这里指3号梁)所承担的最大荷载是各轴重的倍数(通常小于1)。

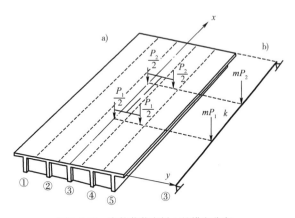

图2-5-17 车轮荷载在桥上的横向分布

这里需要说明的是,上述将空间计算问题转化成平面问题的做法只是一种近似的处理方法,因为实际上荷载沿横向通过桥面板和多根横隔梁向相邻主梁传递时情况是很复杂的,原来的集中荷载传到相邻梁的就不再是同一纵向位置的集中荷载了。但是,理论和试验研究指出,对于直线梁桥,当通过沿横向的挠度关系来确定荷载横向分布规律时,由此而引起的误差是很小的。如果考虑到实际作用在桥上的荷载并非只是一个集中荷载,而是分布在桥跨不同位置的多个车轮荷载,那么此种误差就会更小。关于这个问题,将在下面"五、铰接板(梁)和刚接梁法"中再作详细说明。

显然,同一座桥梁内各根梁的荷载横向分布系数m是不相同的,不同类型的荷载(如汽车、人群荷载等)其 m 值也各异,而且荷载在梁上沿纵向的位置对 m 也有影响。这些问题将在以后的各节中加以阐明。现在再来分析桥梁结构具有不同横向连接刚度时,对于荷载横向分布的影响。

设想图 2-5-18 表示由五根主梁所组成的桥梁在跨度内承受荷载 P 的跨中横截面。图 2-5-18a)表示主梁与主梁间没有任何联系的结构,此时如中梁的跨中有集中力 P 作用,则全桥中只有直接承载的中梁受力,也就是说,该梁的横向分布系数 $m=1$,显然这种结构形式整体性差,而且很不经济。

再看图 2-5-18c)的情况,如果将各主梁相互间借横隔梁和桥面刚性连接起来,并且设想横隔梁的刚度接近无穷大($EI_H \approx \infty$),则在同样的荷载 P 作用下,由于横隔梁无弯曲变形,因此所有五根主梁将共同参与受力。此时五根主梁的挠度均相等,荷载 P 由 5 根梁均匀分担,每根梁只承受 $(1/5)P$,也就是说,各梁的横向分布系数 $m=0.2$。

然而,一般钢筋混凝土或预应力混凝土梁桥的实际构造情况是:各根主梁虽通过横向结构连成整体,但是横向结构的刚度并非无穷大。因此,在相同的荷载 P 作用下各根主梁将按照某种复杂的规律变形[图 2-5-18b)],此时中梁的挠度 w_b 必然要小于 w_a 而大于 w_c,设中梁所受的荷载为 mP,则其横向分布系数 m 也必然小于 1 而大于 0.2。

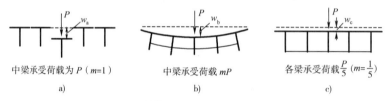

图 2-5-18 不同横向刚度时主梁的变形和受力情况
a)横向无联系;b) $\infty > EI_H > 0$;c)$EI_H \to \infty$

由此可见,桥上荷载横向分布的规律与结构的横向连接刚度有着密切关系,横向连接刚度越大,荷载横向分布作用越显著,各主梁的负担也越趋均匀。

在实践中,由于施工特点、构造设计等的不同,钢筋混凝土和预应力混凝土梁式桥上可能采用不同类型的横向结构。因此,为使荷载横向分布的计算能更好适应各种类型的结构特性,就需要按不同的横向结构简化计算模型拟定出相应的计算方法,目前常用以下几种荷载横向分布计算方法。

(1)杠杆原理法——把横向结构(桥面板和横隔梁)视作在主梁上断开而简支在其上的简支梁。

(2)刚性横梁法——把横隔梁视作刚性极大的梁,当计及主梁抗扭刚度影响时,此法又称为修正偏心压力法。

(3)横向铰接板(梁)法——把相邻板(梁)之间视为铰接,只传递剪力。

(4)横向刚接梁法——把相邻主梁之间视为刚性连接,即传递剪力和弯矩。

(5)比拟正交异性板法——将主梁和横隔梁的刚度换算成两向刚度不同的比拟弹性平板来求解。

总的来说,上列各种实用的计算方法所具有的共同特点是:从分析荷载在桥上的横向分布出发,求得各梁的荷载横向分布影响线,从而通过横向最不利布载来计算荷载横向分布系数 m。有了作用于单梁上的最大荷载,就能按熟知的方法求得主梁的活载内力值。

钢筋混凝土和预应力混凝土梁桥的恒载一般比较大,即使在计算活载内力时会带来一些误差,然而对于主梁总的设计内力来说,这种误差的影响一般是不太大的。

下面分别介绍各种计算荷载横向分布系数方法的基本原理和举例。

二、杠杆原理法

(一)计算原理和适用场合

按杠杆原理法进行荷载横向分布计算,其基本假定是忽略主梁之间横向结构的联系作用,即假设桥面板在主梁上断开,将其当作沿横向支承在主梁上的简支梁或悬臂梁来考虑。

图 2-5-19a)即为桥面板直接搁在工字形主梁上的装配式桥梁。当桥上有车辆荷载作用时,很明显,作用在左边悬臂板上的轮重 $P_1/2$ 只传递至 1 号梁和 2 号梁,作用在中部简支板上的轮重只传给 2 号梁和 3 号梁[图 2-5-19b)],也就是,板上的轮重 $P_1/2$ 各按简支梁反力的方式分配给左右两根主梁,而反力 R_i 的大小只要利用简支板的静力平衡条件即可求出,这就是通常所谓作用力平衡的"杠杆原理"。如果主梁所支承的相邻两块板上都有荷载,则该梁所受的荷载是两个支承反力之和,如图 2-5-19b)中 2 号梁所受的荷载 $R_2 = R'_2 + R''_2$。

为了求主梁所受的最大荷载,通常可利用反力影响线来进行,在此情况下,它也就是计算荷载横向分布系数的横向影响线,如图 2-5-20 所示。

有了各根主梁的荷载横向影响线,就可根据汽车和人群的最不利荷载位置求得相应的横向分布系数 m_{oq} 和 m_{or},如图 2-5-20a)所示,这里 m_o 表示按杠杆原理法计算的荷载横向分布系数,拼音字母的脚标 q 和 r 相应表示汽车和人群荷载。图中 $p_{or} = p_r \cdot a$,p_{or} 表示每延米人群荷载的强度。

尚须注意,采用杠杆原理法计算时,应当计算几根主梁的横向分布系数,以便得到受载最大的主梁的最大内力作为设计的依据。

对于图 2-5-20b)所示的双主梁桥,采用杠杆原理法计算荷载的横向分布是足够精确的。

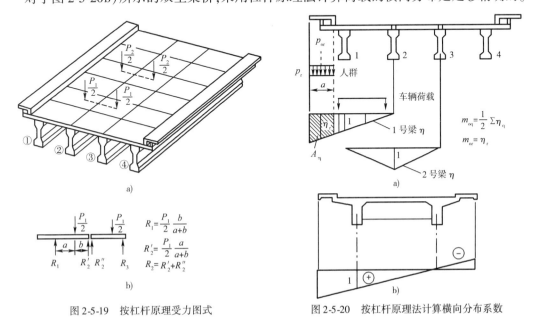

图 2-5-19 按杠杆原理受力图式

图 2-5-20 按杠杆原理法计算横向分布系数

对于一般多梁式桥,不论跨度内有无中间横隔梁,当桥上荷载作用在靠近支点处时,例如当计算支点剪力时,荷载的绝大部分通过相邻的主梁直接传至墩台。再从集中荷载直接作用在端横隔梁上的情形来看,虽然端横隔梁是连续于几根主梁之间的,但由于不考虑支座的弹性压缩和主梁本身的微小压缩变形,显然荷载将主要传至两个相邻的主梁支座,即连续横隔梁的支点反力与多跨简支梁的反力相差不多。因此,在实践中人们习惯于安全地用杠杆原理分布法来计算荷载位于靠近主梁支点时的横向分布系数。

杠杆原理法也可近似应用于横向联系很弱的无中间横隔梁的桥梁。但是这样计算的荷载横向分布系数通常对于中间主梁会偏大些,对于边梁则会偏小。对于无横隔梁的装配式箱形梁桥的初步设计,在绘制主梁荷载横向影响线时可以假设箱形截面是不变形的,故箱梁宽度内的竖标值为等于 1 的常数,如图 2-5-21 所示。

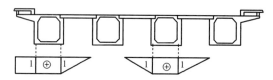

图 2-5-21　无横隔梁装配式箱梁桥的主梁横向影响线

(二)计算举例

例 2-5-2　图 2-5-22a)所示为一桥面净空为净—7m + 2 × 0.75m 人行道的钢筋混凝土 T 梁桥,共设 5 根主梁。试求荷载位于支点处时 1 号梁和 2 号梁相应于车辆荷载和人群荷载的横向分布系数。

当荷载位于支点处时,应按杠杆原理法计算荷载横向分布系数。

首先绘制 1 号梁和 2 号梁的荷载横向影响线,如图 2-5-22b)、c)所示。

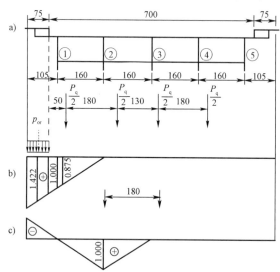

图 2-5-22　杠杆原理法计算横向分布系数(尺寸单位:cm)
a)桥梁横截面;b)1 号梁横向影响线;c)2 号梁横向影响线

再根据《公路桥涵设计通用规范》(JTG D60—2015)规定,在横向影响线上确定荷载沿横向最不利的布置位置。例如,对于车辆荷载,规定的车轮横向轮距为 1.80m,两列汽车车轮的横向最小间距为 1.30m,车轮距离人行道缘石最少为 0.50m。求出相应于荷载位置的影响线竖标值后,就可得到横向所有荷载分布给 1 号梁的最大荷载值。

车辆荷载

$$\max A_{1q} = \sum \frac{P_q}{2} \cdot \eta_q = \sum \frac{\eta_q}{2} \cdot P_q = \frac{0.875}{2} \cdot P_q = 0.438 P_q$$

人群荷载

$$\max A_{1r} = \eta_r \cdot p_{or} \cdot 0.75 = 1.422 p_{or}$$

式中:P_q、p_{or}——汽车荷载轴重和每延米跨长的人群荷载集度;

η_q、η_r——对应于汽车车轮和人群荷载集度的影响线竖标。

由此可得 1 号梁在车辆荷载和人群荷载作用下的最不利荷载横向分布系数分别为:m_{oq} = 0.438 和 m_{or} = 1.422。

同理,按图 2-5-22c)可计算得到 2 号梁在车辆荷载和人群荷载作用下的最不利荷载横向分布系数为:m_{oq} = 0.5 和 m_{or} = 0。这里,在人行道上没有布载,因为人行道荷载引起的负反力在考虑荷载组合时反而会减小 2 号梁的受力。

当各根主梁的荷载横向分布系数 m_o 求得后,通常对 m_o 最大的这根梁按常规方法来计算截面内力,这在以后还要详细阐明。

三、刚性横梁法

在钢筋混凝土或预应力混凝土梁桥上,通常除在桥的两端设置横隔梁外,还在跨度中央,甚至还在跨度四分点处设置中间横隔梁,这样可以显著增加桥梁的整体性,并加大横向结构的刚度。根据试验观测结果和理论分析,在具有可靠横向连接的桥上,且在桥的宽跨比 B/l 小于或接近于 0.5 的情况时(一般称为窄桥)❶,车辆荷载作用下中间横隔梁的弹性挠曲变形同主梁的相比较微不足道。也就是说,中间横隔梁像一根刚度无穷大的刚性梁一样保持直线的形状,如图 2-5-23 所示,图中 w 表示桥跨中央的竖向挠度。从桥上受荷后各主梁的变形(挠度)规律来看,它完全类似于一般材料力学中杆件偏心受压的情况,这就是偏心受压法计算荷载横向分布的基本前提。鉴于横隔梁无限刚性的假定,此法也称为"刚性横梁法"。

下面根据上述假定来分析荷载对各主梁的横向分布。

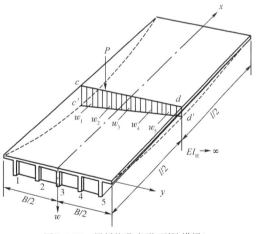

图 2-5-23 梁桥挠曲变形(刚性横梁)

---

❶ $B/l \leq 0.5$ 作为窄桥的范围,这是一种粗略的概括。近年来根据理论分析研究,认为以 $\theta = \frac{B}{2l} \sqrt[4]{\frac{D_x}{D_y}} < 0.3$ 来定名窄桥比较适宜,式中 D_x 和 D_y 相应为桥梁纵向和横向的比拟单宽刚度(详见本节"六、比拟正交异性板法")。因此较精确来说,对于 $B/l = 0.5$ 的桥,尚应满足 $D_y/D_x > 0.48$ 的条件才属于窄桥。

(一)偏心荷载 P 对各主梁的荷载分布

从图 2-5-23 中可见,在偏心荷载 P 作用下,由于各根梁的挠曲变形,刚性的中间横隔梁将从原来的 c-d 位置变位至 c'-d',成一根倾斜的直线;靠近 P 的边梁 1 的跨中挠度 w_1 最大,远离 P 的边梁 5 的 w_5 最小(也可能出现负值),其他任意梁的跨中挠度均按 c'-d' 线呈直线规律分布。因为在弹性范围内某根主梁所受到的荷载 R_i 是与该荷载所产生的弹性挠度 w_i 成正比例的,所以在上述情况下,边梁 1 受的荷载最大,边梁 5 受的荷载最小(也可能承受反向荷载)。由此可以得出结论:在中间横隔梁刚度相当大的窄桥上,在沿横向偏心布置的车辆荷载作用下,总是靠近荷载一侧的边梁受载最大。

为了计算 1 号边梁所受的荷载,现在考察图 2-5-24 所示在跨中有单位荷载 $P = 1$ 作用在左边 1 号梁梁轴上(偏心距为 e)时的荷载分布情况。作为一般的情形,假定各主梁的惯性矩 I_i 是不相等的(实践中往往有边梁大于中间主梁的情况)。显然,对于具有近似刚性中间横隔梁的结构,图 2-5-24a)所示的荷载可以用作用于桥轴线的中心荷载 $P = 1$ 和偏心力矩 $M = 1 \cdot e$ 来替代,如图 2-5-24b)所示。因此,只要分别求出上述两种荷载下[图 2-5-24c)、d)]对于各主梁的作用力,并将它们相应地叠加,便可得到偏心荷载 $P = 1$ 对各根主梁的荷载横向分布。

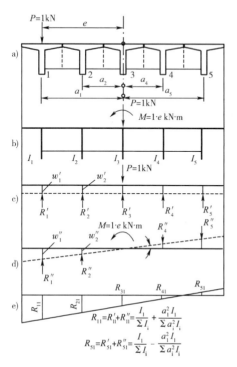

图 2-5-24 偏心荷载 $P = 1$ 对各主梁的荷载分布

1. 中心荷载 $P = 1$ 的作用

由于假定中间横隔梁是刚性的,且横截面对称于桥中线,各根主梁就产生同样的挠度[图 2-5-24c)],即:

$$w'_1 = w'_2 = \cdots = w'_n \tag{2-5-14}$$

根据材料力学,作用于简支梁跨中的荷载(即主梁所分担的荷载)与挠度的关系为:

$$w'_i = R'_i l^3 / 48EI_i \quad \text{或} \quad R'_i = \alpha I_i w'_i \tag{2-5-15}$$

式中,$\alpha = 48E/l^3 =$ 常数(E 为梁体材料的弹性模量)。

由静力平衡条件并代入式(2-5-15),可得:

$$\sum_{i=1}^{n} R'_i = \alpha w'_i \sum_{i=1}^{n} I_i = 1$$

故:

$$\alpha w'_i = \frac{1}{\sum_{i=1}^{n} I_i} \tag{2-5-16}$$

将上式代入式(2-5-15),即得中心荷载 $P = 1$ 在各梁间的荷载分布为:

$$R'_i = \frac{I_i}{\sum_{i=1}^{n} I_i} \tag{2-5-17}$$

对于 1 号梁为：

$$R'_1 = \frac{I_1}{\sum_{i=1}^{n} I_i} \tag{2-5-17'}$$

式中：I_1——1 号梁（边梁）的抗弯惯性矩；

$\sum_{i=1}^{n} I_i$——桥梁横截面内所有主梁抗弯惯性矩的总和，对于已经确定的桥梁横截面它是常数。

如果各主梁的截面均相同，则得：

$$R'_1 = R'_2 = \cdots = R'_n = \frac{1}{n} \tag{2-5-18}$$

式中：n——主梁根数。

2. 偏心力矩 $M = 1 \cdot e$ 的作用

在偏心力矩 $M = 1 \cdot e$ 的作用下，桥的横截面会产生绕中心点 O 的转角 φ [图 2-5-24d）]，因此各根主梁产生的竖向挠度 w''_i 可表示为：

$$w''_i = a_i \tan\varphi \tag{2-5-19}$$

由式（2-5-15），主梁所受荷载与挠度的关系为：

$$R''_i = \alpha I_i w''_i \tag{2-5-19'}$$

将式（2-5-19）代入上式即得：

$$R''_i = \alpha \tan\varphi \, a_i I_i = \beta a_i I_i \quad (\beta = \alpha \tan\varphi) \tag{2-5-20}$$

从图 2-5-24d）中可知，R''_i 对桥的截面中心点 O 所形成的反力矩之和应与外力矩 $M = 1 \cdot e$ 平衡，故据此平衡条件并利用式（2-5-20）可得：

$$\sum_{i=1}^{n} R''_i \cdot a_i = \beta \sum_{i=1}^{n} a_i^2 I_i = 1 \cdot e$$

则：

$$\beta = \frac{e}{\sum_{i=1}^{n} a_i^2 I_i} \tag{2-5-21}$$

式中：$\sum_{i=1}^{n} a_i^2 I_i = a_1^2 I_1 + a_2^2 I_2 + \cdots + a_n^2 I_n$，对于已经确定的桥梁截面它是常数。

将式（2-5-21）代入式（2-5-20），即得偏心力矩 $M = 1 \cdot e$ 作用下各主梁所分配的荷载为：

$$R''_i = \frac{e a_i I_i}{\sum_{i=1}^{n} a_i^2 I_i} \tag{2-5-22}$$

注意：上式中的荷载位置 e 和梁位 a_i 是具有共同原点 O 的横坐标值，因此在取值时应当计入正、负号。例如，当 e 和 a_i 位于同一侧时两者的乘积取正号，反之应取负号。故对于 1 号边梁为：

$$R''_1 = \frac{e a_1 I_1}{\sum_{i=1}^{n} a_i^2 I_i} \tag{2-5-22'}$$

若以 $e = a_1$ 代入上式，即荷载也作用在 1 号边梁轴线上时，就有：

$$R''_{11} = \frac{a_1^2 I_1}{\sum_{i=1}^{n} a_i^2 I_i} \tag{2-5-23}$$

如果各根主梁的截面均相同,则:

$$R''_{11} = \frac{a_1^2}{\sum_{i=1}^{n} a_i^2} \tag{2-5-24}$$

式中,R''_{11} 的第二个脚标表示荷载作用位置,第一个脚标则表示由于该荷载引起反力的梁号。

3. 偏心荷载 $P=1$ 对各主梁的总作用

将式(2-5-17)和式(2-5-22)相叠加,并设荷载位于 k 号梁轴上($e=a_k$),就可写出任意 i 号主梁荷载分布的一般公式为:

$$R_{ik} = \frac{I_i}{\sum_{i=1}^{n} I_i} + \frac{a_i a_k I_i}{\sum_{i=1}^{n} a_i^2 I_i} \tag{2-5-25}$$

由此也不难得到关系式:

$$R_{ik} = R_{ki} \frac{I_i}{I_k} \tag{2-5-26}$$

对于图 2-5-24 情形,如欲求 $P=1$ 作用在 1 号梁轴线上时边主梁(1 号梁和 5 号梁)所受的总荷载,只要在式(2-5-25)中将 a_k 代入 a_1,将 $a_i I_i$ 分别代以 $a_1 I_1$ 和 $a_5 I_5$,并注意到 $I_5 = I_1$ 和 $a_5 = -a_1$,则得:

$$R_{11} = \frac{I_1}{\sum_{i=1}^{n} I_i} + \frac{a_1^2 I_1}{\sum_{i=1}^{n} a_i^2 I_i}$$

$$R_{51} = \frac{I_1}{\sum_{i=1}^{n} I_i} - \frac{a_1^2 I_1}{\sum_{i=1}^{n} a_i^2 I_i} \tag{2-5-27}$$

求得各根梁所受的荷载 R_{11}、R_{21}、$\cdots$、R_{n1},就可绘出 $P=1$ 作用在 1 号梁上对各主梁的荷载分布图式,如图 2-5-24e)所示。鉴于 R_{i1} 图形呈直线分布,这一点从各梁挠度呈直线变化规律也不难加以证明,故实际上只要计算两根边梁的荷载值 R_{11} 和 R_{51} 就足够了。

(二)利用荷载横向影响线求主梁的荷载横向分布系数

以上论述了沿桥的横向只有一个集中荷载作用的情况。然而实际沿桥宽作用的车轮荷载不止一个,因此为方便起见,通常利用荷载横向影响线来计算横向一排(几个)荷载对某根主梁的总影响。

已经知道,当单位荷载 $P=1$ 作用在桥跨中任一主梁 k 轴线上时,对各根主梁的荷载横向分布为 R_{ik}[式(2-5-25)],利用式(2-5-26)的关系,就可得到荷载 $P=1$ 作用在任意梁轴线上时分布至 k 号梁的荷载:

$$R_{ki} = R_{ik} \cdot \frac{I_k}{I_i}$$

这就是 k 号主梁的荷载横向影响线在各梁位处的竖标值,通常写成 $\eta_{ki}(i=1,2,\cdots,n)$。

如果各根主梁的截面尺寸相同,则:

$$\eta_{ki} = R_{ki} = R_{ik}$$

如以 1 号边梁为例,它的横向影响线的两个控制竖标值就是:

$$\left.\begin{array}{l}\eta_{11} = R_{11} = \dfrac{I_1}{\sum\limits_{i=1}^{n} I_i} + \dfrac{a_1^2 I_1}{\sum\limits_{i=1}^{n} a_i^2 I_i} \\[2ex] \eta_{15} = R_{51} = \dfrac{I_1}{\sum\limits_{i=1}^{n} I_i} - \dfrac{a_1^2 I_1}{\sum\limits_{i=1}^{n} a_i^2 I_i}\end{array}\right\} \quad (2\text{-}5\text{-}28)$$

倘若各主梁的截面均相同,上式可简化成:

$$\left.\begin{array}{l}\eta_{11} = \dfrac{1}{n} + \dfrac{a_1^2}{\sum\limits_{i=1}^{n} a_i^2} \\[2ex] \eta_{15} = \dfrac{1}{n} - \dfrac{a_1^2}{\sum\limits_{i=1}^{n} a_i^2}\end{array}\right\} \quad (2\text{-}5\text{-}28')$$

有了荷载横向影响线,就可以根据荷载沿横向的最不利位置来计算相应的横向分布系数,从而求得其所受的最大荷载。

(三)计算举例

例 2-5-3 计算跨径 $l = 19.50$m 的桥梁横截面如图 2-5-25a)所示,试求荷载位于跨中时 1 号边梁的荷载横向分布系数 m_{cq}(汽车荷载)和 m_{cr}(人群荷载)。

此桥在跨度内设有横隔梁,具有强大的横向连接刚性,且承重结构的跨宽比为:

$$\frac{l}{B} = \frac{19.50}{5 \times 1.60} = 2.4 > 2$$

故可按偏心压力法来绘制横向影响线并计算横向分布系数 m_c。

本桥各根主梁的横截面均相等,梁数 $n=5$,梁间距为 1.60m,则:

$$\sum_{i=1}^{5} a_i^2 = a_1^2 + a_2^2 + a_3^2 + a_4^2 + a_5^2$$

$$= (2 \times 1.60)^2 + 1.60^2 + 0 + (-1.60)^2 + (-2 \times 1.60)^2 = 25.60(\text{m}^2)$$

由式(2-5-28)可得,1 号梁横向影响线的竖标值为:

$$\eta_{11} = \frac{1}{n} + \frac{a_1^2}{\sum\limits_{i=1}^{n} a_i^2} = \frac{1}{5} + \frac{(2 \times 1.60)^2}{25.60} = 0.20 + 0.40 = 0.60$$

$$\eta_{15} = \frac{1}{n} - \frac{a_1^2}{\sum\limits_{i=1}^{n} a_i^2} = 0.20 - 0.40 = -0.20$$

由 η_{11} 和 η_{15} 绘制 1 号梁横向影响线,如图 2-5-25b)所示,图中按《公路桥涵设计通用规范》(JTG D60—2015)规定确定了汽车荷载的最不利荷载位置。

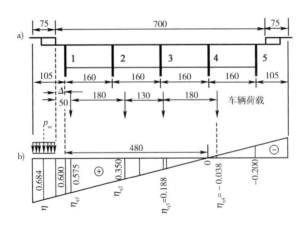

图 2-5-25 横向分布系数计算图式(尺寸单位:cm)
a)桥梁横截面;b)1号梁横向影响线

进而由 η_{11} 和 η_{15} 计算横向影响线的零点位置,在本例中,设零点至1号梁位的距离为 x,则:

$$\frac{x}{0.60} = \frac{4 \times 1.60 - x}{0.20}$$

解得:

$$x = 4.80 \text{(m)}$$

零点位置已知后,就可求出各类荷载相应于各荷载位置的横向影响线竖标值 η_q 和 η_r。

设人行道缘石至1号梁轴线的距离为 Δ,则:

$$\Delta = \frac{7.0 - 4 \times 1.60}{2} = 0.3 \text{(m)}$$

于是,1号梁的荷载横向分布系数可计算如下(以 x_{qi} 和 x_r 分别表示影响线零点至汽车车轮和人群荷载集度的横坐标距离):

车辆荷载

$$m_{cq} = \frac{1}{2} \sum \eta_q = \frac{1}{2} \cdot (\eta_{q1} + \eta_{q2} + \eta_{q3} + \eta_{q4})$$

$$= \frac{1}{2} \cdot \frac{\eta_{11}}{x} (x_{q1} + x_{q2} + x_{q3} + x_{q4})$$

$$= \frac{1}{2} \times \frac{0.60}{4.80} \times (4.60 + 2.80 + 1.50 - 0.30) = 0.538$$

人群荷载

$$m_{cr} = \eta = \frac{\eta_{11}}{x} \cdot x_r = \frac{0.60}{4.80} \times \left(4.80 + 0.30 + \frac{0.75}{2}\right) = 0.684$$

求得1号梁的各种荷载横向分布系数后,就可得到各类荷载分布至该梁的最大荷载值。

四、考虑主梁抗扭刚度的修正偏心压力法

前面所介绍的偏心压力法具有概念清楚、公式简明和计算方便等优点。然而其在推演中由于作了横隔梁近似绝对刚性和忽略主梁抗扭刚度的两项假定,这就导致了边梁受力偏大的

计算结果。因此,以往在实用计算中也有将按偏心压力法求得的边梁最大横向分布系数乘以0.9加以约略折减的方法。

为了弥补偏心压力法的不足,国内外也广泛采用考虑主梁抗扭刚度的修正偏心压力法。这一方法既不失偏压法之优点,又避免了结果偏大的缺陷,因此修正偏压法是一个具有较高实用价值的近似法。

(一)计算原理

我们已知用偏心压力法计算荷载横向影响线坐标(以1号边梁为例)的公式为:

$$\eta_{1i} = \frac{I_1}{\sum I_i} \pm \frac{ea_1 I_1}{\sum a_i^2 I_i}$$

上式中等号右边第一项是中心荷载 $P = 1$ 所引起,此时各主梁只发生挠度而无转动[图2-5-24c)],显然它与主梁的抗扭无关。等号右边的第二项原出于偏心力矩 $M = 1 \cdot e$ 的作用,此时,由于截面的转动,各主梁不仅发生竖向挠度,而且还必然同时引起扭转,可是在算式中却没有计入主梁的抗扭作用。由此可见,要计入主梁抗扭影响,只需对等式第二项给予修正。

现在来研究跨中垂直于桥轴平面内有外力矩 $M = 1 \cdot e$ 作用下桥梁的变形和受力情况。如图2-5-26所示,此时每根主梁除产生不相同的挠度 w_i'' 外尚转动一个相同的 φ 角[图2-5-26b)]。如设荷载通过跨中的刚性横隔梁传递,截出此横隔梁作为脱离体来分析,可得各根主梁对横隔梁的反作用为竖向力 R_i'' 和扭矩 M_{Ti}[图2-5-26c)]。

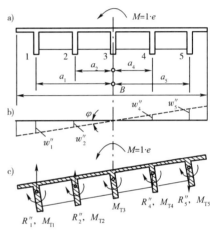

图2-5-26 考虑主梁抗扭的计算图式

根据平衡条件

$$\sum_{i=1}^n R_i'' a_i + \sum_{i=1}^n M_{Ti} = 1 \cdot e \quad (2\text{-}5\text{-}29)$$

由材料力学可知,简支梁考虑自由扭转时跨中截面扭矩与扭角以及竖向力与挠度的关系为:

$$\varphi = \frac{l M_{Ti}}{4 G I_{Ti}} \quad \text{和} \quad w_i'' = \frac{R_i'' l^3}{48 E I_i} \quad (2\text{-}5\text{-}30)$$

式中:l——简支梁的跨度;
I_{Ti}——梁的抗扭惯性矩;
G——材料的剪切模量;
其余符号含义同前。

由几何关系[图2-5-26b)]:

$$\varphi \approx \tan\varphi = \frac{w_i''}{a_i} \quad (2\text{-}5\text{-}31)$$

将式(2-5-30)代入,则:

$$\varphi = \frac{R_i'' l^3}{48 a_i E I_i} \quad (2\text{-}5\text{-}32)$$

再将上式代入 φ 与 M_{Ti} 的关系式，可得：

$$M_{Ti} = R''_i \frac{l^2 GI_{Ti}}{12 a_i EI_i} \tag{2-5-33}$$

为了计算任意 k 号梁的荷载，利用几何关系和式(2-5-30)，则：

$$\frac{w''_i}{w''_k} = \frac{a_i}{a_k} = \frac{R''_i / I_i}{R''_k / I_k} \tag{2-5-34}$$

即得：

$$R''_i = R''_k \frac{a_i I_i}{a_k I_k}$$

再将式(2-5-33)和式(2-5-34)代入平衡条件式(2-5-29)，则得：

$$\sum_{i=1}^{n} R''_k \frac{a_i^2 I_i}{a_k I_k} + \sum_{i=1}^{n} R''_k \cdot \frac{a_i I_i}{a_k I_k} \cdot \frac{l^2 GI_{Ti}}{12 a_i EI_i} = e$$

$$R''_k \cdot \frac{1}{a_k I_k} \left(\sum_{i=1}^{n} a_i^2 I_i + \frac{Gl^2}{12E} \sum_{i=1}^{n} I_{Ti} \right) = e$$

于是：

$$R''_k = \frac{e a_k I_k}{\sum_{i=1}^{n} a_i^2 I_i + \frac{Gl^2}{12E} \sum_{i=1}^{n} I_{Ti}} = \frac{e a_k I_k}{\sum_{i=1}^{n} a_i^2 I_i} \cdot \frac{1}{1 + \frac{Gl^2}{12E} \frac{\sum I_{Ti}}{\sum a_i^2 I_i}}$$

$$= \beta \frac{e a_k I_k}{\sum_{i=1}^{n} a_i^2 I_i} \tag{2-5-35}$$

最后可得考虑主梁抗扭刚度后任意 k 号梁的横向影响线竖标为：

$$\eta_{ki} = \frac{I_k}{\sum_{i=1}^{n} I_i} \pm \beta \frac{e a_k I_k}{\sum_{i=1}^{n} a_i^2 I_i} \tag{2-5-36}$$

式中：

$$\beta = \frac{1}{1 + \frac{Gl^2}{12E} \frac{\sum I_{Ti}}{\sum a_i^2 I_i}} < 1 \tag{2-5-37}$$

β 称为抗扭修正系数，它与梁号无关，纯粹取决于结构的几何尺寸和材料特性。同理，对于1号边梁的横向影响线竖标为：

$$\eta_{1i} = \frac{I_1}{\sum_{i=1}^{n} I_i} \pm \beta \frac{e a_1 I_1}{\sum_{i=1}^{n} a_i^2 I_i} \tag{2-5-38}$$

由此可见，与偏心压力法公式不同点仅在于第二项上乘以小于 1 的抗扭修正系数 β，所以此法被称为"修正偏心压力法"。

以上为了简明起见，我们是针对等截面简支梁的跨中截面进行分析的，对于其他体系梁桥以及荷载不在跨中的情况，只要根据相应的扭角与扭矩以及竖向力与挠度的关系式[式(2-5-30)]，同样也可求得各种情况下的 β 值。

对于简支梁桥，如果主梁的截面均相同，即 $I_i = I$，$I_{Ti} = I_T$，并且跨中荷载 $P = 1$ 作用在1号梁上，即 $e = a_1$，则得1号梁横向影响线的两个坐标值为：

$$\left.\begin{array}{l}\eta_{11}=\dfrac{1}{n}+\beta\dfrac{a_1^2}{\sum\limits_{i=1}^{n}a_i^2}\\[2mm]\eta_{15}=\dfrac{1}{n}-\beta\dfrac{a_1^2}{\sum\limits_{i=1}^{n}a_i^2}\end{array}\right\} \quad (2\text{-}5\text{-}39)$$

此时：

$$\beta=\dfrac{1}{1+\dfrac{nl^2 GI_{\mathrm{T}}}{12EI\sum a_i^2}} \quad (2\text{-}5\text{-}40)$$

当主梁的间距相同时：

$$\dfrac{n}{12\sum a_i^2}=\dfrac{\xi}{B^2}$$

式中：n——主梁根数；

B——桥宽[图2-5-26a)]；

ξ——与主梁根数有关的系数,如表2-5-1所示。

与主梁根数有关的系数　　　　　表2-5-1

n	4	5	6	7
ξ	1.067	1.042	1.028	1.021

在此情况下：

$$\beta=\dfrac{1}{1+\xi\dfrac{GI_{\mathrm{T}}}{EI}\left(\dfrac{l}{B}\right)^2} \quad (2\text{-}5\text{-}40')$$

从式中可以看出,l/B越大的桥,抗扭刚度对横向分布系数的影响也越大。

在计算时,式中混凝土的剪切模量G可取等于$0.425E$；对于由矩形组合而成的梁截面,如T形或I形梁,其抗扭惯性矩I_{T}近似等于各矩形截面的抗扭惯性矩之和：

$$I_{\mathrm{T}}=\sum_{i=1}^{m}c_i b_i t_i^3 \quad (2\text{-}5\text{-}41)$$

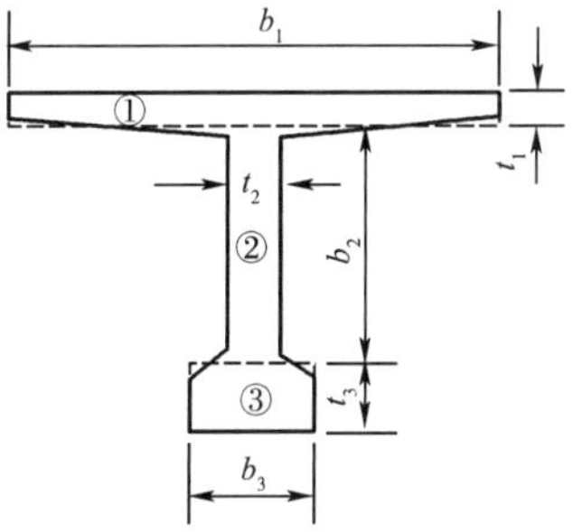

式中：b_i、t_i——相应为单个矩形截面的宽度和厚度(图2-5-27)；

c_i——矩形截面抗扭刚度系数,根据t/b比值按表2-5-2计算；

m——梁截面划分成单个矩形截面的块数。

图2-5-27　I_{T}计算图式

抗扭刚度系数c　　　　　表2-5-2

t/b	1	0.9	0.8	0.7	0.6	0.5	0.4	0.3	0.2	0.1	<0.1
c	0.141	0.155	0.171	0.189	0.209	0.229	0.250	0.270	0.291	0.312	1/3

(二)计算举例

例2-5-4　为了进行比较,仍取偏心压力法的计算举例中所采用的截面尺寸,来计算考虑抗扭刚度修正后的荷载横向影响线竖标值。T形主梁的细部尺寸如图 2-5-28 所示,计算步骤如下。

1. 计算 I 和 I_T

求主梁截面重心位置 a_x(图 2-5-28)。

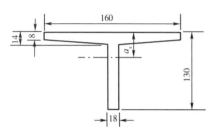

图 2-5-28　主梁截面尺寸(尺寸单位:cm)

翼缘板的换算平均高度:

$$h = \frac{8+14}{2} = 11(\text{cm})$$

$$a_x = \frac{(160-18)\times 11 \times \frac{11}{2} + 130 \times 18 \times \frac{130}{2}}{(160-18)\times 11 + 130 \times 18}$$

$$= \frac{8\,591 + 152\,100}{1\,562 + 2\,340} = \frac{160\,691}{3\,902} = 41.2(\text{cm})$$

主梁抗弯惯性矩:

$$I = \frac{1}{12} \times (160-18) \times 11^3 + (160-18)\times 11 \times \left(41.2 - \frac{11}{2}\right)^2 + \frac{1}{12}\times 18 \times 130^3 +$$

$$18 \times 130\left(\frac{130}{2} - 41.2\right)^2$$

$$= 15\,750 + 1\,989\,000 + 3\,295\,500 + 1\,325\,500 = 6\,625\,750(\text{cm}^4) = 0.066\,257\,5\text{m}^4$$

主梁抗扭惯性矩,按式(2-5-41)查表 2-5-2 计算:

对于翼缘板,$\frac{t_1}{b_1} = \frac{0.11}{1.60} = 0.068\,7 < 0.1$,查表得 $c_1 = \frac{1}{3}$

对于梁肋,$\frac{t_2}{b_2} = \frac{0.18}{1.19} = 0.151$,查表得 $c_2 = 0.301$,由式(2-5-41)得:

$$I_T = \frac{1}{3} \times 160 \times 11^3 + 0.301 \times 119 \times 18^3 = 70\,980 + 208\,890 = 279\,870(\text{cm}^4) = 0.002\,798\,7\text{m}^4$$

2. 计算抗扭修正系数 β

由表 2-5-1 知:$n = 5$ 时,$\xi = 1.042$,并取 $G = 0.425E$,代入式(2-5-40′)得:

$$\beta = \frac{1}{1 + 1.042 \times \frac{0.425E \times 0.002\,798\,7}{E \times 0.066\,257\,5} \times \left(\frac{19.5}{8.0}\right)^2}$$

$$= \frac{1}{1 + 1.042 \times 0.017\,96 \times 5.91} = \frac{1}{1.111} = 0.900$$

3. 计算横向影响线竖标值

对于 1 号边梁,考虑抗扭修正后的横向影响线竖标值为:

$$\eta'_{11} = \frac{1}{n} + \beta \frac{a_1^2}{\sum\limits_{i=1}^{n} a_i^2} = 0.20 + 0.90 \times 0.40 = 0.56$$

$$\eta'_{15} = \frac{1}{n} - \beta \frac{a_1^2}{\sum\limits_{i=1}^{n} a_i^2} = 0.20 - 0.90 \times 0.40 = -0.16$$

在本例中,计入主梁抗扭影响时,边梁的荷载横向影响线竖标值最多降低了 6.6%。设影响线零点距 1 号梁轴线的距离为 x',则:

$$\frac{x'}{0.56} = \frac{4 \times 1.60 - x'}{0.16}$$

解得:

$$x' = 4.98(\text{m})$$

4. 计算荷载横向分布系数

1 号边梁的横向影响线和布载图式如图 2-5-29 所示。

车辆荷载

$$m'_{cq} = \frac{1}{2}\sum \eta'_q = \frac{1}{2} \cdot \frac{\eta'_{11}}{x'}(x'_{q1} + x'_{q2} + x'_{q3} + x'_{q4})$$

$$= \frac{1}{2} \times \frac{0.56}{4.98} \times (4.78 + 2.98 + 1.68 - 0.12)$$

$$= 0.524(0.538)$$

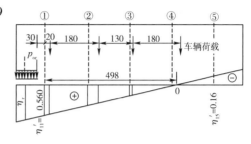

图 2-5-29 修正偏压法 m_c 计算图式(尺寸单位:cm)

人群荷载

$$m'_{cr} = \eta'_r = \frac{0.56}{4.98} \times \left(4.98 + 0.30 + \frac{0.75}{2}\right) = 0.636(0.684)$$

式中括弧内表示不计抗扭作用的值。本例计算结果表明,计及抗扭影响的 m'_{cq} 和 m'_{cr} 比不计抗扭影响的 m_{cq} 和 m_{cr} 相应降低 2.6% 和 7.0%。

五、铰接板(梁)法和刚接梁法

对于用现浇混凝土纵向企口缝连接的装配式板桥,以及仅在翼缘板间用焊接钢板或伸出交叉钢筋连接的无中间横隔梁的装配式桥,由于块件间横向具有一定的连接构造,但其连接刚性又很薄弱,因此对于跨中荷载横向分布的计算,上面所述的"杠杆原理法"和"偏心压力法"均不适用。鉴于这类结构的受力状态实际接近于数根并列而相互间横向铰接的狭长板(梁),故对此专门拟定了横向铰接板(梁)理论来计算荷载的横向分布。本节中将着重阐明铰接板(梁)法的基本假定,计算理论和计算参数的确定,最后并作了荷载横向分布系数的计算举例。至于刚接梁法,因为它可以看作铰接板(梁)理论的一种推广,为了节省篇幅,本节中拟只介绍其相异的计算特点。

(一)铰接板(梁)法

首先来分析铰接板桥的受力特点。

图 2-5-30a)示出一座用混凝土企口缝连接的装配式板桥承受荷载 P 的变形图式。当②号板块上有荷载 P 作用时,除了本身引起纵向挠曲外(板块本身的横向变形极微小,略去不计),其他板块也会因受力而发生相应的挠曲。显然,这是因为各板块之间通过接合缝所承受的内力在起传递荷载的作用。图 2-5-30b)示出一般情况下接合缝上可能引起的内力为竖向剪力 $g(x)$、横向弯矩 $m(x)$、纵向剪力 $t(x)$ 和法向力 $n(x)$。然而,当桥上主要作用竖向车轮荷载时,纵向剪力和法向力同竖向剪力相比影响极小;加之在构造上,接合缝(企口缝)的高度不

大、刚性甚弱,通常可视作近似铰接,则横向弯矩对传布荷载的影响极小,也可忽略。这样,为了简化计算,就可以假定竖向荷载作用下接合缝内只传递竖向剪力 $g(x)$,如图 2-5-30c) 所示,这就是横向铰接板(梁)计算理论的假定前提。

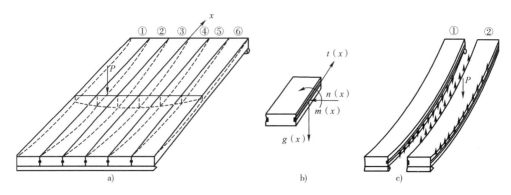

图 2-5-30 铰接板桥受力示意图

尚需指出,把一个空间计算问题,借助按横向挠度分布规律来确定荷载横向分布的原理,简化为一个平面问题来处理,严格来说,应当满足下述关系(以①、②号板梁为例):

$$\frac{w_1(x)}{w_2(x)} = \frac{M_1(x)}{M_2(x)} = \frac{Q_1(x)}{Q_2(x)} = \frac{P_1(x)}{P_2(x)} = 常数$$

此式表明,在桥上荷载作用下,任意两根板梁所分配到的荷载比值与挠度比值以及截面内力的比值都相同。

对于每条板梁有关系式:$M(x) = -EIw''$ 和 $Q(x) = -EIw'''$,代入上式,并设 EI 为常量,则:

$$\frac{w_1(x)}{w_2(x)} = \frac{w''_1(x)}{w''_2(x)} = \frac{w'''_1(x)}{w'''_2(x)} = \frac{P_1(x)}{P_2(x)} = 常数 \qquad (2\text{-}5\text{-}42)$$

但是,实际上无论对于集中轮重或分布荷载的作用情况,都不能满足上式的条件。就以图 2-5-30c) 铰接板的受力情况来看,②号板梁上的集中荷载 P 与①号板梁经竖向剪力传递的分布荷载 $g(x)$ 是性质完全不同的荷载,这就根本无法谈论它们之间的比值 $P_1(x)/P_2(x)$ 和其他比值了。

然而,如果采用具有某一峰值 p_0 的半波正弦荷载的话,根据其积分和求导的性质,条件式(2-5-42)就能得到满足。对于研究荷载横向分布,还可方便地设 $p_0 = 1$ 而直接采用单位正弦荷载来分析。此时各根板梁的挠曲线将是半波正弦曲线,它们所分配到的荷载也是具有不同峰值的半波正弦荷载。这样,就使荷载、挠度和内力三者的变化规律趋于协调统一。

$$p(x) = p_0 \sin \frac{\pi x}{l} \qquad (2\text{-}5\text{-}43)$$

由此可见,严格说来,荷载横向分布的处理方法,理论上仅对常截面的简支梁桥(w 为正弦函数时,仅简支边界条件满足要求)作用半波正弦荷载时才属正确。鉴于用正弦荷载代替跨中的集中荷载,在计算各梁跨中挠度时的误差很小,而且,计算内力时虽有稍大的误差,但考虑到实际计算时有许多车轮沿桥跨分布,这样又进一步使误差减少,故在铰接板(梁)法中,作为一个基本假定,也就采用半波正弦荷载来分析跨中荷载横向分布的规律。

1. 铰接板桥的荷载横向分布

根据以上所作的基本假定,铰接板桥的受力图式如图 2-5-31 所示。

在正弦荷载 $p(x) = p_0 \sin \frac{\pi x}{l}$ 作用下，各条铰缝内也产生正弦分布的铰接力 $g_i(x) = g_i \sin \frac{\pi x}{l}$，图 2-5-31b)中示出任意一条板梁的铰接力分布图形。鉴于荷载、铰接力和挠度三者的协调性，对于研究各条板梁所分布荷载的相对规律来说，方便地取跨中单位长度和截割段来进行分析不失其一般性，此时各板条间铰接力可用正弦分布铰接力的峰值 g_i 来表示。

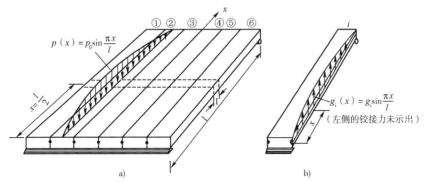

图 2-5-31　铰接板桥受力图式

图 2-5-32a)表示一座横向铰接板桥的横截面图，现在我们来研究单位正弦荷载作用在①号板梁轴线上时，荷载在各条板梁内的横向分布，计算图式如图 2-5-32b)所示。

一般来说，对于具有 n 条板梁组成的桥梁，必然具有 $(n-1)$ 条铰缝。在板梁间沿铰缝切开，则每一铰缝内作用着一对大小相等方向相反的正弦分布铰接力，因此对于 n 条板梁就有 $(n-1)$ 个欲求的未知铰接力峰值 g_i。如果求得了所有的 g_i，则根据力的平衡原理，可得分配到各板块的竖向荷载的峰值 p_{i1}，以图 2-5-31b)所示的五块板为例，即为：

$$\left.\begin{array}{ll} \text{①号板} & p_{11} = 1 - g_1 \\ \text{②号板} & p_{21} = g_1 - g_2 \\ \text{③号板} & p_{31} = g_2 - g_3 \\ \text{④号板} & p_{41} = g_3 - g_4 \\ \text{⑤号板} & p_{51} = g_4 \end{array}\right\} \quad (2\text{-}5\text{-}44)$$

下面我们按《结构力学》中熟知的"力法"原理来求解正弦分布铰接力的峰值 g_i。

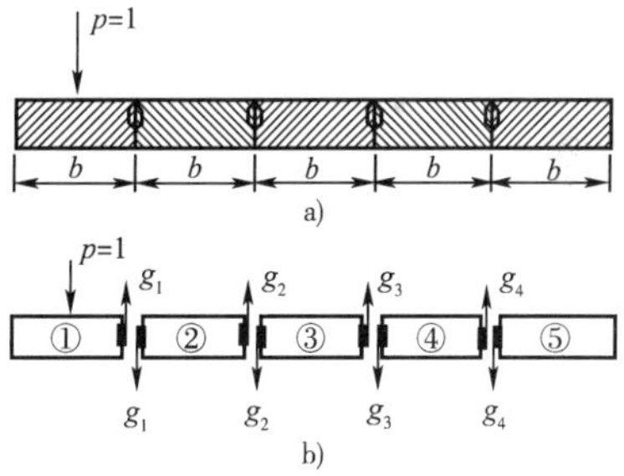

图 2-5-32　铰接板桥计算图式

显然，对于具有 $(n-1)$ 个未知铰接力的超静定问题，总有 $(n-1)$ 条铰缝，将每一铰缝切开形成基本体系，利用两相邻板块在铰接缝处的竖向相对位移为零的变形协调条件，就可解出全部铰接力峰值。为此，对于图 2-5-32b)的基本体系，可以列出四个正则方程，具体如下：

$$\left.\begin{array}{l} \delta_{11}g_1 + \delta_{12}g_2 + \delta_{13}g_3 + \delta_{14}g_4 + \delta_{1p} = 0 \\ \delta_{21}g_1 + \delta_{22}g_2 + \delta_{23}g_3 + \delta_{24}g_4 + \delta_{2p} = 0 \\ \delta_{31}g_1 + \delta_{32}g_2 + \delta_{33}g_3 + \delta_{34}g_4 + \delta_{3p} = 0 \\ \delta_{41}g_1 + \delta_{42}g_2 + \delta_{43}g_3 + \delta_{44}g_4 + \delta_{4p} = 0 \end{array}\right\} \quad (2\text{-}5\text{-}45)$$

式中：δ_{ik}——铰接缝 k 内作用单位正弦铰接力，在铰接缝 i 处引起的竖向相对位移；

δ_{ip}——外荷载 p 在铰接缝 i 处引起的竖向位移。

为了确定正则方程中的常系数 δ_{ik} 和 δ_{ip}，我们来考察图2-5-33a)所示任意板梁上左边铰缝内作用单位正弦铰接力的典型情况。图2-5-32b)为跨中单位长度截割段的示意图。对于横向近乎刚性的板块，偏心的单位正弦铰接力可以用一个中心作用的荷载和一个正弦分布的扭矩来代替，图2-5-33c)中示出了作用在跨中段上的相应峰值 $g_i = 1$ 和 $m_i = b/2$。我们设上述中心作用荷载在板跨中央产生的挠度为 w，上述扭矩引起的跨中扭角为 φ，这样在板块左侧产生的总挠度为 $w + (b/2)\varphi$，在板块右侧则为 $w - (b/2)\varphi$。掌握了这一典型的变形规律，参照图2-5-32b)的基本体系，就不难确定以 w 和 φ 表示的全部 δ_{ik} 和 δ_{ip}。计算中应遵循下述符号规定：当 δ_{ik} 与 g_i 的方向一致时取正号，也就是说，使某一铰缝增大相对位移的挠度取正号，反之取负号。至此，依据图2-5-32b)的基本体系就可写出正则方程(2-5-45)中的常系数为：

$$\delta_{11} = \delta_{22} = \delta_{33} = \delta_{44} = 2\left(w + \frac{b}{2}\varphi\right)$$

$$\delta_{12} = \delta_{23} = \delta_{34} = \delta_{21} = \delta_{32} = \delta_{43} = -\left(w - \frac{b}{2}\varphi\right)$$

$$\delta_{13} = \delta_{14} = \delta_{24} = \delta_{31} = \delta_{41} = \delta_{42} = 0$$

$$\delta_{1p} = -w$$

$$\delta_{2p} = \delta_{3p} = \delta_{4p} = 0$$

将上述系数代入式(2-5-45)，使全式除以 w 并设刚度参数 $\gamma = \dfrac{\frac{b}{2}\varphi}{w}$，则得正则方程的化简形式：

$$\left.\begin{aligned} 2(1+\gamma)g_1 - (1-\gamma)g_2 &= 1 \\ -(1-\gamma)g_1 + 2(1+\gamma)g_2 - (1-\gamma)g_3 &= 0 \\ -(1-\gamma)g_2 + 2(1+\gamma)g_3 - (1-\gamma)g_4 &= 0 \\ -(1-\gamma)g_3 + 2(1+\gamma)g_4 &= 0 \end{aligned}\right\} \quad (2\text{-}5\text{-}46)$$

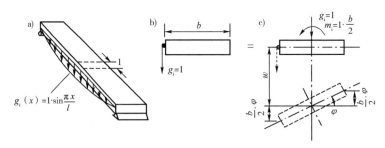

图2-5-33 板梁的典型受力图式

一般说来 n 块板就有 $(n-1)$ 个联立方程，其主系数 $\dfrac{1}{w}\delta_{ii}$ 都为 $2(1+\gamma)$，副系数 $\dfrac{1}{w}\delta_{ik}$ ($k = i \pm 1$) 都为 $-(1-\gamma)$，其余都为零。荷载项系数除了直接受荷的1号板块处为 -1 以外，其余均为0。

由此可见，只要确定了刚度参数 γ、板块数量 n 和荷载作用位置，就可解出所有 $(n-1)$ 个未知铰接力的峰值。有了 g_i 就能按式(2-5-44)计算得到荷载作用下分配到各板块的竖向荷载的峰值。

2. 铰接板桥的荷载横向影响线和横向分布系数

上面我们阐明了沿桥的横向只有一个荷载(用单位正弦荷载代替)作用下的荷载横向分布问题。为了计算横向可移动的一排车轮荷载对某根板梁的总影响，最方便的方法就是利用该板梁的荷载横向影响线来计算横向分布系数。下面将从荷载横向分布计算出发来绘制横向影响线。

图 2-5-34a)表示荷载作用在①号板梁上时，各块板梁的挠度和所分配的荷载图式。

对于弹性板梁，荷载与挠度呈正比关系，即：

$$p_{i1} = \alpha_1 w_{i1}$$
$$p_{1i} = \alpha_2 w_{1i}$$

由变位互等定理 $w_{i1} = w_{1i}$ 以及每块板梁的截面相同(比例常数 $\alpha_1 = \alpha_2$)，可得：

$$p_{1i} = p_{i1}$$

上式表明，单位荷载作用在①号板梁轴线上时任一板梁所分配的荷载，就等于单位荷载作用于任意板梁轴线上时①号板梁所分配到的荷载，这就是

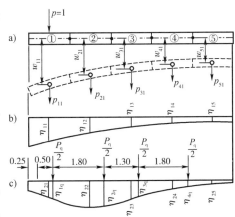

图 2-5-34 跨中荷载横向影响线

①号板梁荷载横向影响线的竖标值，通常以 η_{1i} 来表示。最后，利用式(2-5-44)，就得①号板梁横向影响线的各竖标值为：

$$\left. \begin{array}{l} \eta_{11} = p_{11} = 1 - g_1 \\ \eta_{12} = p_{21} = g_1 - g_2 \\ \eta_{13} = p_{31} = g_2 - g_3 \\ \eta_{14} = p_{41} = g_3 - g_4 \\ \eta_{15} = p_{51} = g_4 \end{array} \right\} \quad (2\text{-}5\text{-}44')$$

把各个 η_{1i} 按比例描绘在相应板梁的轴线位置，用光滑的曲线(或近似地用折线)连接这些竖标点，就是①号板梁的横向影响线，如图 2-5-34b)所示。同理，如将单位荷载作用在②号板梁轴线上，就可求得 p_{i2}，从而可得 η_{2i}，如图 2-5-34c)所示。

在实际进行设计时，可以利用对于板块数目 $n=3\sim10$ 所编制的各号板梁的横向影响线竖标计算表格(见本篇附录Ⅰ)。表中按刚度参数 $\gamma=0.00\sim2.00$ 列出了 η_{ik} 的数值，对于非表列的 γ 值，可用直线内插来确定。

有了跨中荷载横向影响线，就可按前面第二、三和四小节中同样的方法计算各类荷载的跨中横向分布系数 m_c。

3. 刚度参数 γ 值的计算

刚度参数为 $\gamma = \dfrac{b}{2}\varphi/w$，因此，为了计算 γ，首先要确定偏心的正弦荷载作用下所产生的跨

中竖向挠度 w 和扭角 φ，如图 2-5-35 所示。

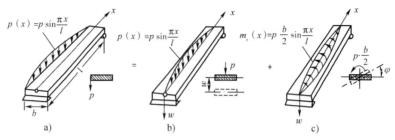

图 2-5-35 γ 值的计算图式

1) 跨中挠度 w 的计算

简支板梁轴线上作用正弦荷载 $p(x) = p\sin\dfrac{\pi x}{l}$ 时，如图 2-5-35b）所示，根据梁的挠曲理论可得微分方程：

$$EIw''''(x) = p(x) = p\sin\dfrac{\pi x}{l}$$

式中：E、I——材料的弹性模量和板梁截面的抗弯惯性矩。

将上式逐次积分后可得：

$$EIw'''(x) = -\dfrac{pl}{\pi}\cos\dfrac{\pi x}{l} + A$$

$$EIw''(x) = -\dfrac{pl^2}{\pi^2}\sin\dfrac{\pi x}{l} + Ax + B$$

$$EIw'(x) = \dfrac{pl^3}{\pi^3}\cos\dfrac{\pi x}{l} + \dfrac{Ax^2}{2} + Bx + C$$

$$EIw(x) = \dfrac{pl^4}{\pi^4}\sin\dfrac{\pi x}{l} + \dfrac{Ax^3}{6} + \dfrac{B}{2}x^2 + Cx + D$$

由两端简支的边界条件求积分常数：

(a) $x = 0, w(0) = 0$ $D = 0$

       $w''(0) = 0$ $B = 0$

(b) $x = l, w(l) = 0$ $\dfrac{1}{6}Al^3 + Cl = 0$

       $w''(l) = 0$ $A = 0$

因此：

$$A = B = C = D = 0$$

从而得挠度方程为：

$$w(x) = \dfrac{pl^4}{\pi^4 EI}\sin\dfrac{\pi x}{l} \tag{2-5-47}$$

当 $x = \dfrac{l}{2}$ 时，跨中挠度为：

$$w = \dfrac{pl^4}{\pi^4 EI} \tag{2-5-48}$$

2) 跨中扭转角 φ 的计算

简支板梁轴线上作用正弦分布的扭矩 $m_T(x) = \dfrac{b}{2} \cdot p\sin\dfrac{\pi x}{l}$ 时，如图 2-5-35c) 所示，根据梁的扭转理论可得微分方程：

$$GI_T \varphi''(x) = -m_T(x) = -\dfrac{b}{2} \cdot p\sin\dfrac{\pi x}{l}$$

式中：G、I_T——材料的剪切模量和板梁截面的抗扭惯性矩。

将上式逐次积分后可得：

$$GI_T \varphi'(x) = \dfrac{p\,b}{2} \cdot \dfrac{l}{\pi}\cos\dfrac{\pi x}{l} + A$$

$$GI_T \varphi(x) = \dfrac{p\,b}{2} \cdot \dfrac{l^2}{\pi^2}\sin\dfrac{\pi x}{l} + Ax + B$$

由两端无扭转角的边界条件求积分常数：
(a) $x = 0$，$\varphi(0) = 0$：$B = 0$。
(b) $x = l$，$\varphi(l) = 0$：$A = 0$。

从而得到扭转角方程：

$$\varphi(x) = \dfrac{p\,bl^2}{2\,\pi^2 GI_T}\sin\dfrac{\pi x}{l} \tag{2-5-49}$$

当 $x = \dfrac{l}{2}$ 时，跨中扭转角为：

$$\varphi = \dfrac{p\,bl^2}{2\,\pi^2 GI_T} \tag{2-5-50}$$

3) 刚度参数 γ 的计算

利用式(2-5-48)和式(2-5-50)，即得：

$$\gamma = \dfrac{b}{2}\dfrac{\varphi}{w} = \dfrac{b}{2} \cdot \dfrac{\dfrac{p\,bl^2}{2\,\pi^2 GI_T}}{\dfrac{pl^4}{\pi^4 EI}} = \dfrac{\pi^2 EI}{4GI_T}\left(\dfrac{b}{l}\right)^2$$

$$\approx 5.8\,\dfrac{I}{I_T}\left(\dfrac{b}{l}\right)^2 \tag{2-5-51}$$

式中，对于混凝土取用 $G = 0.425E$。

可见，由偏心的正弦荷载算得的 γ 值，与单位正弦荷载作用的计算结果是一样的。

从式(2-5-47)和式(2-5-49)可以看出，板梁的两种变形与荷载具有相似的变化规律，这也是简支梁桥荷载横向分布理论中采用半波正弦荷载的一个重要原因。

4) 抗扭惯性矩 I_T 的计算

在刚度参数 γ 值的计算中需要计算构件的抗扭惯性矩。

对于矩形截面或多个矩形组成的开口截面，可利用本节"四、考虑主梁抗扭刚度的修正偏心压力法"中的式(2-5-41)并查表 2-5-2 计算抗扭惯性矩 I_T。

对于封闭的薄壁截面或箱形截面,由于截面内抗扭剪应力的分布规律与开口式截面的本质上不同,因此不能按式(2-5-41)来计算。下面介绍此类截面抗扭惯性矩 I_T 的计算原理和公式。

设任意不等厚的封闭式薄壁截面构件承受纯扭矩 M_T 的作用,如图 2-5-36a)所示。从构件中截取一微段 Δx[图 2-5-36b)],在横截面上必然产生抵抗扭矩的剪力。由于壁不厚,可以认为剪应力沿厚度方向均匀分布,但它沿周边 s 方向可以是变化的。再从微段上沿 1、2 纵线切取局部微块[图 2-5-36c)],则上下两个纵切面上的剪应力就等于横截面上 1 和 2 点处的剪应力 τ_1 和 τ_2(剪应力互等定理),因此,由纵向力的平衡条件可得:

$$\tau_1 t_1 \Delta x = \tau_2 t_2 \Delta x$$

也即:

$$\tau_1 t_1 = \tau_2 t_2$$

式中: t_1、t_2——1 和 2 点处的壁厚[图 2-5-36c)]。

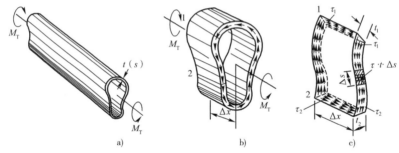

图 2-5-36 封闭式薄壁截面构件的受力图式

鉴于纵切面 1 和 2 是任意的,故知封闭式薄壁构件单位周长上的剪力 $\tau \cdot t$ 为一常量,它就称为剪力流,以 q 表示。由此得出一个重要结论:沿周边壁厚最小处剪应力最大。

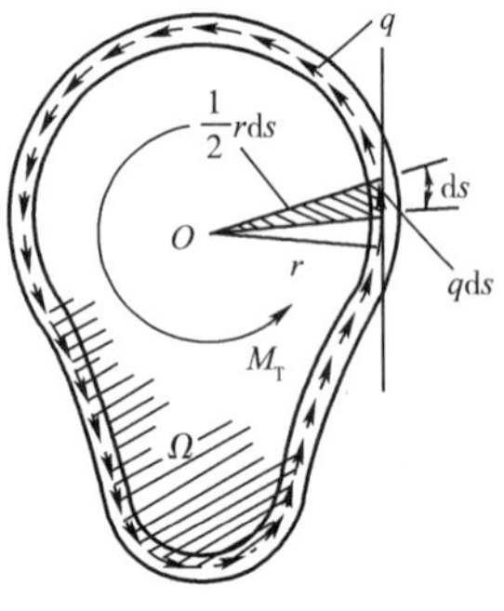

如图 2-5-37 所示,如在横截面上取任意点 O,则周长 ds 内的剪力 qds 对 O 点的力矩为 $q \cdot rds$,此处 r 为 O 点至剪力 qds 作用线的垂直距离。鉴于剪力流是扭矩 M_T 引起的,故剪力流对 O 点产生的总力矩应等于扭矩 M_T,即得:

$$M_T = \oint q \cdot rds = q \oint rds = 2\Omega q$$

图 2-5-37 封闭式截面的几何性质

也即剪力流为:

$$q = \tau \cdot t = \frac{M_T}{2\Omega} \tag{2-5-52}$$

式中: Ω——薄壁中线所围的面积。

下面再利用剪切应变能等于扭矩所作之功的原理来推导出抗扭惯性矩 I_T 的计算公式。

弹性体单位体积的剪切应变能为[图 2-5-38a)]:

$$\bar{u} = \frac{1}{2}\tau \cdot (1 \cdot \gamma) = \frac{1}{2}\frac{\tau^2}{G}$$

则单位长薄壁闭合截面构件的总应变能为[图 2-5-38b)]:

$$\overline{U} = \oint \frac{1}{2}\frac{\tau^2}{G} \cdot t\mathrm{d}s = \frac{q^2}{2G}\oint \frac{\mathrm{d}s}{t}$$

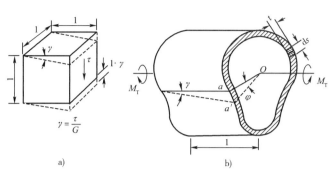

图 2-5-38　剪切应变能计算图式

将式(2-5-52)代入上式中,则得：

$$\overline{U} = \frac{M_\mathrm{T}^2}{8G\Omega^2}\oint \frac{\mathrm{d}s}{t}$$

由图 2-5-38b)可得,单位长度构件上扭矩所作之功为：

$$\overline{W} = \frac{1}{2}M_\mathrm{T} \cdot \varphi = \frac{M_\mathrm{T}^2}{2GI_\mathrm{T}}\left(因\ \varphi = \frac{M_\mathrm{T}}{GI_\mathrm{T}}\right)$$

因 $\overline{U} = \overline{W}$,则最后可得封闭薄壁截面的抗扭惯性矩公式为：

$$I_\mathrm{T} = \frac{4\Omega^2}{\oint \dfrac{\mathrm{d}s}{t}} \tag{2-5-53}$$

若遇到封闭薄壁截面上带有"翅翼"的一般情况,如图 2-5-39 所示,则其总抗扭惯性矩可近似地叠加计算：

$$I_\mathrm{T} = \frac{4\Omega^2}{\oint \dfrac{\mathrm{d}s}{t}} + \sum_{i=1}^{n} c_i b_i t_i^3 \tag{2-5-54}$$

式中,第二项为前面的式(2-5-41)。

现以图 2-5-40 所示的箱形截面为例来说明式(2-5-54)的应用。对此：

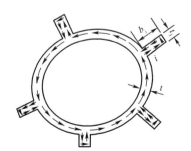
图 2-5-39　带"翅翼"的封闭截面

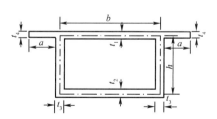
图 2-5-40　箱形截面

$$\Omega = b \cdot h$$

$$\oint \frac{ds}{t} = \frac{b}{t_1} + \frac{b}{t_2} + \frac{2h}{t_3}$$

所以:

$$I_T = \frac{4\Omega^2}{\oint \frac{ds}{t}} + \sum_{i=1}^{n} c_i b_i t_i^3 = \frac{4b^2 h^2}{b\left(\frac{1}{t_1} + \frac{1}{t_2}\right) + \frac{2h}{t_3}} + 2c \cdot at_4^3 \quad (2-5-55)$$

式中,c 由 $\frac{t_4}{a}$ 的值查表 2-5-2 求得。

4. 铰接 T 形梁桥的计算特点

小跨径的钢筋混凝土 T 形梁桥,为了便于预制施工,往往不设中间横隔梁,仅对翼缘板的板边适当连接,或者仅由现浇的桥面板使各梁连接在一起。这种梁桥的横向连接刚度很弱,其受力特点就像横向铰接的结构。此外,对于无横隔梁的组合式梁桥,也因横向连接刚度小而可以近似作为横向铰接来计算。下面将阐明横向铰接 T 形梁桥与铰接板桥相比较,在计算荷载横向分布方面的不同特点。

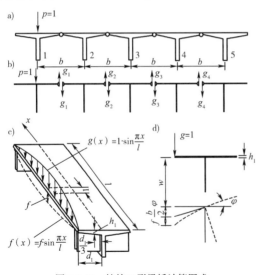

图 2-5-41 铰接 T 形梁桥计算图式

图 2-5-41a)、b)表示一座铰接 T 形梁桥在单位正弦荷载作用下沿跨中单位长度截割段的铰接力计算图式。如果将它们与前面铰接板桥计算图式[图 2-5-32a)、b)]相比较,可见两者对于荷载横向分配的表达式[式(2-5-44)]是完全一样的。唯一不同点是利用式(2-5-45)的正则方程求铰接力 g_i 时,在所有主系数 δ_{ii} 中除了考虑 w 和 φ 的影响外,还应计入 T 形梁翼缘板悬臂端的弹性挠度 f [图 2-5-41c)、d)]。

鉴于翼缘板边缘有单位正弦荷载作用时,翼缘板可视为在梁肋处固定的悬臂板,其板端挠度接近于正弦分布,即 $f(x) = f \cdot \sin\frac{\pi x}{l}$($f$ 为挠度峰值),如图 2-5-41c)所示,则得:

$$f = \frac{d_1^3}{3EI_1} = \frac{4d_1^3}{Eh_1^3}$$

式中:d_1——翼缘板的悬出长度;

h_1——翼缘板厚度,对于变厚度的翼缘板,可近似地取距离梁肋 $\frac{d_1}{3}$ 处的板厚来计算,见图 2-5-41c);

I_1——单位宽度翼缘板的抗弯惯性矩,$I_1 = \frac{h_1^3}{12}$。

因此,对于铰接 T 形梁桥,正则方程式(2-5-45)中只有 δ_{ii} 应改为:

$$\delta_{11} = \delta_{22} = \delta_{33} = \cdots = 2\left(w + \frac{b}{2}\varphi + f\right)$$

如令 $\beta = \dfrac{f}{w}$，则：

$$\beta = \dfrac{\dfrac{4d_1^3}{Eh_1^3}}{\dfrac{l^4}{\pi^4 EI}} \approx 390 \dfrac{I}{l^4}\left(\dfrac{d_1}{h_1}\right)^3$$

将改变后的 δ_{ii} 代入式(2-5-45)并经与铰接板类似的处理后，就是铰接 T 梁的正则方程：

$$\left.\begin{array}{l} 2(1+\gamma+\beta)g_1 - (1-\gamma)g_2 = 1 \\ -(1-\gamma)g_1 + 2(1+\gamma+\beta)g_2 - (1-\gamma)g_3 = 0 \\ -(1-\gamma)g_2 + 2(1+\gamma+\beta)g_3 - (1-\gamma)g_4 = 0 \\ -(1-\gamma)g_3 + 2(1+\gamma+\beta)g_4 = 0 \end{array}\right\} \quad (2\text{-}5\text{-}56)$$

由此可见，只要确定了刚度参数 γ 和 β，就可像在铰接板桥中一样，解出所有未知铰接力的峰值，并利用 $\eta_{ki} = p_{ik}$ 的关系[式(2-5-44′)]绘制荷载横向影响线。

北京市政设计院曾对无横隔梁的梁肋式结构用刚度系数 f_c 编制了荷载横向影响线计算用表，f_c 值以下式表达：

$$f_c = \dfrac{2(1+\gamma+\beta)}{1-\gamma}$$

值得指出的是，当悬臂不长(0.7～0.8m)和跨度 $l \geqslant 10$m 时，参数 γ 值一般比 β 值显著要大 $\left(\dfrac{\beta}{1+\gamma}\text{不足}5\%\right)$。因而在不影响计算精确度的条件下，可忽略 β 的影响而直接利用铰接板桥的计算用表(本篇附录 I)以简化铰接梁桥的计算。

在有必要计入 β 的影响时，也可利用 $\beta=0$ 的 η_{ii} 和 η_{ik} 计算用表，按下式近似地计算计及 β 值影响的荷载横向影响线坐标值 $\eta_{ii(\beta)}$ 和 $\eta_{ik(\beta)}$：

$$\eta_{ii(\beta)} = \eta_{ii} + \dfrac{\beta}{1+\gamma}(1 - \eta_{ii}) \quad (2\text{-}5\text{-}57)$$

$$\eta_{ik(\beta)} = \eta_{ik} - \dfrac{\beta}{1+\gamma}\eta_{ik}$$

5. 计算举例

1) 铰接板桥举例

例 2-5-5 图 2-5-42a)所示为跨径 $l = 12.60$m 的铰接空心板桥的横截面布置，桥面净空为净—7m + 2×0.75m 人行道。全桥跨由 9 块预应力混凝土空心板组成，欲求 1、3 和 5 号板的车辆荷载和人群荷载作用的跨中荷载横向分布系数。

(1) 计算空心板截面的抗弯惯性矩 I。

本例空心板是上下对称截面，形心轴位于高度中央，故其抗弯惯性矩为[如图 2-5-42c)所示半圆的几何性质]：

$$I = \dfrac{99 \times 60^3}{12} - 2 \times \dfrac{38 \times 8^3}{12} - 4 \times \left[0.006\,86 \times 38^4 + \dfrac{1}{2} \times \dfrac{\pi \times 38^2}{4}\left(\dfrac{8}{2} + 0.212\,2 \times 38\right)^2\right]$$

$$= 1\,782\,000 - 3\,243 - 4 \times 96\,828 = 1\,391 \times 10^3 (\text{cm}^4)$$

(2)计算空心板截面的抗扭惯性矩 I_T。

本例空心板截面可近似简化成图 2-5-42b)中虚线所示的薄壁箱截面来计算 I_T,按前面式(2-5-55),可得:

$$I_T = \frac{4 \times (99-8)^2 \times (60-7)^2}{(99-8) \times \left(\frac{1}{7} + \frac{1}{7}\right) + \frac{2 \times (60-7)}{8}}$$

$$= \frac{93\ 045\ 000}{26 + 13.25}$$

$$= 2.37 \times 10^6 (\text{cm}^4)$$

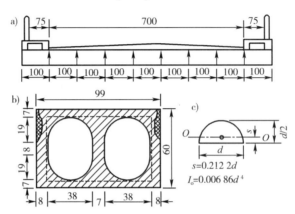

图 2-5-42 空心板桥横截面(尺寸单位:cm)

(3)计算刚度参数 γ。

$$\gamma = 5.8 \frac{I}{I_T}\left(\frac{b}{l}\right)^2 = 5.8 \times \frac{1\ 391 \times 10^3}{2\ 370 \times 10^3} \times \left(\frac{100}{1\ 260}\right)^2 = 0.021\ 4$$

(4)计算跨中荷载横向分布影响线。

从铰接板荷载横向分布影响线计算用表(本篇附录Ⅰ)中所属 9-1、9-3 和 9-5 的分表,在 $\gamma = 0.02 \sim 0.04$ 之间按直线内插法求得 $\gamma = 0.021\ 4$ 的影响线竖标值 η_{1i}、η_{3i} 和 η_{5i}。具体计算见表 2-5-3(表中的数值为实际 η_{ki} 的小数点后三位数字)。

计算跨中荷载横向分布影响线　　　　表 2-5-3

板号	γ	单位荷载作用位置(i 号板中心)									$\Sigma\eta_{ki}$
		1	2	3	4	5	6	7	8	9	
1	0.02	236	194	147	113	088	070	057	049	046	≈1 000
	0.04	306	232	155	104	070	048	035	026	023	
	0.021 4	241	197	148	112	087	068	055	047	044	
3	0.02	147	160	164	141	110	087	072	062	057	≈1 000
	0.04	155	181	195	159	108	074	053	040	035	
	0.021 4	148	161	166	142	110	086	071	060	055	
5	0.02	088	095	110	134	148	134	110	095	088	≈1 000
	0.04	070	082	108	151	178	151	108	082	070	
	0.021 4	087	094	110	135	150	135	110	094	087	

将表中 η_{1i}、η_{3i} 和 η_{5i} 的值按一定比例尺绘于各号板的轴线下方,连接成光滑曲线后,就得 1 号、3 号和 5 号板的荷载横向分布影响线,如图 2-5-43b)、c)和 d)所示。

(5)计算荷载横向分布系数。

按《公路桥涵设计通用规范》(JTG D60—2015)规定沿横向确定最不利荷载位置后,就可计算跨中荷载横向分布系数,具体如下:

1 号板,汽车荷载

$$m_{cq} = \frac{1}{2}(0.197 + 0.119 + 0.086 + 0.056) = 0.229$$

人群荷载

$$m_{cr} = 0.235 + 0.044 = 0.279$$

3 号板,汽车荷载

$$m_{cq} = \frac{1}{2}(0.161 + 0.147 + 0.108 + 0.073) = 0.245$$

人群荷载

$$m_{cr} = 0.150 + 0.055 = 0.205$$

5 号板,汽车荷载

$$m_{cq} = \frac{1}{2}(0.103 + 0.140 + 0.140 + 0.103) = 0.243$$

人群荷载

$$m_{cr} = 0.088 + 0.088 = 0.176$$

综上所得,汽车荷载横向分布系数的最大值为 $m_{cq} = 0.245$,人群荷载的最大值为 $m_{cr} = 0.279$。在设计中通常偏安全地取这些最大值来计算内力。

从图 2-5-43 所作各板的横向分布影响线可以看出,鉴于铰接空心板或实心板的抗扭能力比较大,故影响线竖标值在横桥方向还是比较均匀的。再考虑到通常在桥宽方向较大范围内要布置多个车轮荷载,这样又使各号板的受力比较均匀,因此通过计算分析,我们还可以归纳成下述近似公式,作为初估车辆荷载横向分布系数之用。

$$m_c = C \cdot \frac{k}{n}$$

式中:n——横截面内板的块数;

k——车辆荷载列数;

C——修正系数,一般取 $C = 1.15$。

2)铰接 T 形梁桥举例

例 2-5-6 无中横隔梁的横向铰接 T 形梁桥,跨径 $l = 10.0$m,桥面净空为净—7m + 2 × 0.25m 护轮带,由间距 $b = 1.5$m 的 5 根主梁组成。主梁的截

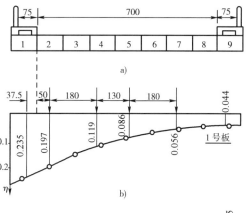

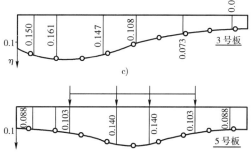

图 2-5-43 1、3、5 号板的荷载横向分布影响线
(尺寸单位:cm)

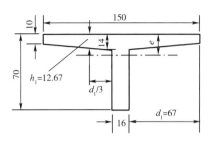

图 2-5-44 T形梁截面尺寸(尺寸单位:cm)

面尺寸如图 2-5-44 所示。试计算各主梁的汽车荷载横向分布系数。

(1) 计算截面特性。

主梁翼缘板的平均厚度为 12cm,则截面形心距翼缘板顶面的距离 e 为:

$$e = \frac{16 \times 70 \times \frac{70}{2} + (150-16) \times 12 \times \frac{12}{2}}{16 \times 70 + (150-16) \times 12} = 17.91 \text{(cm)}$$

抗弯惯性矩为:

$$I = \frac{1}{12} \times 16 \times 70^3 + (16 \times 70) \times \left(\frac{70}{2} - 17.91\right)^2 + \frac{1}{12} \times (150-16) \times 12^3 + (150-16) \times 12 \times \left(17.91 - \frac{12}{2}\right)^2$$
$$= 1\,031\,800 \text{(cm}^4\text{)}$$

由式(2-5-41)和表 2-5-2 计算抗扭惯性矩 I_T。对于翼缘板,$\frac{t_1}{b_1} = \frac{12}{150} < 0.1$,可得 $c_1 = \frac{1}{3}$;对于梁肋,$\frac{t_2}{b_2} = \frac{16}{70-12} = 0.276$,可得 $c_2 = 0.275$。抗扭惯性矩为:

$$I_T = \sum c_i b_i t_i^3 = \frac{1}{3} \times 150 \times 12^3 + 0.275 \times 58 \times 16^3$$
$$= 86\,400 + 65\,330 = 151\,700 \text{(cm}^4\text{)}$$

(2) 求刚度参数 γ 和 β。

$$\gamma = 5.8 \frac{I}{I_T} \left(\frac{b}{l}\right)^2 = 5.8 \times \frac{1\,031\,800}{151\,700} \times \left(\frac{150}{1\,000}\right)^2$$
$$= 0.888\,0$$

$$\beta = 390 \frac{I}{l^4} \left(\frac{d_1}{h_1}\right)^3 = 390 \times \frac{1\,031\,800}{1\,000^4} \times \left(\frac{67}{12.67}\right)^3$$
$$= 0.059\,5$$

$$\frac{\beta}{1+\gamma} = \frac{0.059\,5}{1+0.888\,0} = 0.031\,5$$

由计算结果可见,β 值对正则方程(2-5-56)系数的影响只有 3% 左右,因此可以忽略不计。

(3) 绘制跨中荷载横向分布影响线。

从本篇附录 I 中所属 5-1、5-2 和 5-3 的分表,在 $\gamma = 0.60$ 与 $\gamma = 1.00$ 之间内插求 $\gamma = 0.888$ 的影响线竖标值 η_{1i}、η_{2i} 和 η_{3i},并绘成各梁的荷载横向分布影响线,如图 2-5-45b)、c)和 d)所示。

(4) 计算各主梁的荷载横向分布系数。

汽车荷载的横向最不利布置如图 2-5-45 所示,则得各主梁的横向分布系数为:

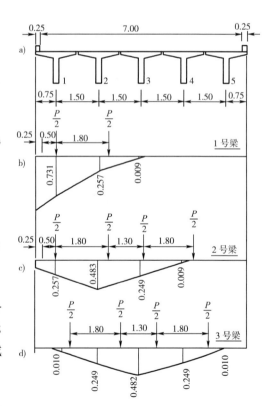

图 2-5-45 1、2、3号梁的荷载横向影响线
(尺寸单位:m)

1号梁
$$m_{cq} = \frac{1}{2} \times (0.731 + 0.216) = 0.474$$

2号梁
$$m_{cq} = \frac{1}{2} \times (0.257 + 0.440 + 0.248 + 0)$$
$$= 0.473$$

3号梁
$$m_{cq} = \frac{1}{2} \times (0.384 + 0.100) \times 2 = 0.484$$

本算例的计算结果表明,中间主梁对汽车荷载的横向分布系数比边主梁的要稍大一些,而且各主梁的横向分布系数均较接近。

(二)刚接梁法的计算特点

对于翼缘板刚性连接的肋梁桥,只要在铰接板(梁)桥计算理论的基础上,在接缝处补充引入赘余弯矩 m_i,就可建立计及横向刚性连接特点的赘余力正则方程。用这一方法来求解各梁荷载横向分布的问题,就称为**刚接梁法**。

图 2-5-46a)表示翼缘板刚性连接的 T 形简支梁桥的跨中横截面。与图 2-5-41a)一样,设有单位正弦荷载 $p(x) = 1 \cdot \sin\frac{\pi x}{l}$ 作用在 1 号梁的轴线上。在各板跨中央沿纵缝将板切开,并代以按正弦分布的赘余力素 $x_i \sin\frac{\pi x}{l}$ (这里 $i = 1$、2 和 3 表示剪力,$i = 4$、5 和 6 表示弯矩),式中 x_i 均为赘余力素在梁的跨中截面处的峰值,就得到计算刚接梁桥的基本体系,如图2-5-46b)所示。

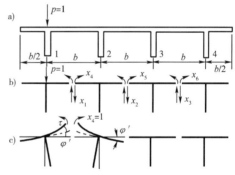

图 2-5-46 刚接梁桥计算图式

根据熟知的力法原理,用矩阵形式可简明表示为:

$$\boldsymbol{\delta}_{ij} x_i + \boldsymbol{\delta}_{ip} = \boldsymbol{0} \quad (i \text{ 或 } j = 1、2、3\cdots6) \quad (2\text{-}5\text{-}58)$$

式中:$\boldsymbol{\delta}_{ij}$——正则方程中位于赘余力素前的计算系数,它表示赘余力素峰值 $x_j = 1$ 时在 i 处引起的相对变位(包括 $i = j$ 和 $i \neq j$ 的情形);

$\boldsymbol{\delta}_{ip}$——外荷载在 i 处引起的相对变位;

x_i——i 处赘余力素的峰值。

下面我们按照图 2-5-46b)的计算图式来具体分析 $\boldsymbol{\delta}_{ij}$ 和 $\boldsymbol{\delta}_{ip}$ 的赋值。

不难看出,在系数矩阵 $\boldsymbol{\delta}_{ij}$ 中,对于仅涉及赘余剪力 x_1、x_2、x_3 和相应竖向位移的系数,与前面铰接 T 形梁桥的完全一样,即:

$$\delta_{11} = \delta_{22} = \delta_{33} = 2\left(w + \frac{b}{2}\varphi + f\right)$$

$$\delta_{12} = \delta_{23} = \delta_{21} = \delta_{32} = -\left(w - \frac{b}{2}\varphi\right)$$

$$\delta_{13} = \delta_{31} = 0$$

对于仅涉及赘余弯矩 x_4、x_5、x_6 和相应扭转角的系数，由图 2-5-46c)可得：

$$\delta_{44} = \delta_{55} = \delta_{66} = 2(\varphi' + \tau)$$
$$\delta_{45} = \delta_{56} = \delta_{54} = \delta_{65} = -\varphi'$$
$$\delta_{46} = \delta_{64} = 0$$

由于对称弯矩 $x_i = 1 (i = 4、5、6)$ 作用下接缝两侧不产生相对挠度以及各切缝两侧的剪切位移不引起相对转角，故有：

$$\delta_{14} = \delta_{25} = \delta_{36} = \delta_{41} = \delta_{52} = \delta_{63} = 0$$

此外，还可写出：

$$\delta_{34} = \delta_{16} = \delta_{43} = \delta_{61} = 0$$
$$\delta_{15} = \delta_{26} = \delta_{51} = \delta_{62} = \varphi' \frac{b}{2}$$
$$\delta_{24} = \delta_{35} = \delta_{42} = \delta_{53} = -\varphi' \frac{b}{2}$$

当单位正弦荷载作用于 1 号梁轴线上时（作用于其他梁上时，可类似处理），可得荷载系数：

$$\delta_{1p} = -w$$
$$\delta_{2p} = \delta_{3p} = \delta_{4p} = \delta_{5p} = \delta_{6p} = 0$$

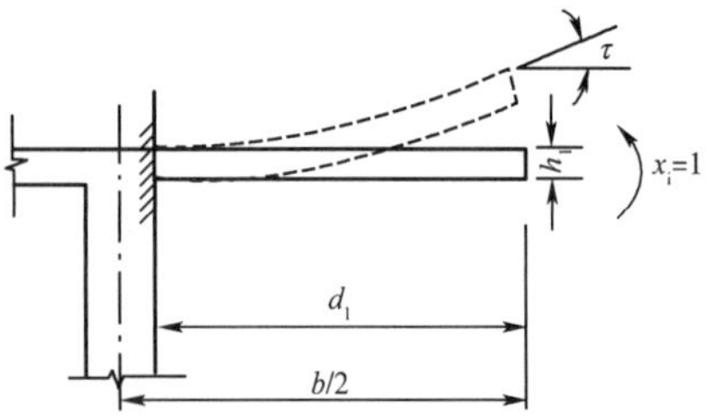

图 2-5-46b)中表示了所有正向的赘余力素 x_i。在变位系数的计算中，接缝任一侧产生与力素正向相一致的变位时取正值，反之取负值。

系数中涉及的 φ' 和 τ 分别为缝端单位弯矩作用所引起的主梁扭转角和翼缘板局部挠曲角。由图 2-5-47 可知：

$$\tau = \frac{1 \cdot d_1}{EI_1} = \frac{12 d_1}{E h_1^3}$$

图 2-5-47 局部挠曲计算图式

参见前面图 2-5-33 可得：

$$\frac{m_T}{\varphi} = \frac{x_i}{\varphi'}$$

所以：

$$\varphi' = \varphi \cdot \frac{x_i}{m_T} = \varphi \cdot \frac{1}{b/2} = \varphi \cdot \frac{2}{b}$$

式中：φ——缝端单位竖剪力引起的主梁扭转角，可按式(2-5-50)计算。

由上述分析可得，$\boldsymbol{\delta}_{ij}$ 中的许多元素为零，实际可表示为：

$$\boldsymbol{\delta}_{ij} = \begin{bmatrix} \delta_{11} & \delta_{12} & 0 & 0 & \delta_{15} & 0 \\ \delta_{21} & \delta_{22} & \delta_{23} & \delta_{24} & 0 & \delta_{26} \\ 0 & \delta_{32} & \delta_{33} & 0 & \delta_{35} & 0 \\ 0 & \delta_{42} & 0 & \delta_{44} & \delta_{45} & 0 \\ \delta_{51} & 0 & \delta_{53} & \delta_{54} & \delta_{55} & \delta_{56} \\ 0 & \delta_{62} & 0 & 0 & \delta_{65} & \delta_{66} \end{bmatrix}$$

如将 $\pmb{\delta}_{ij}$ 和 $\pmb{\delta}_{ip}$ 都除以 w，将式(2-5-58)中下部三个方程各乘以 $\dfrac{b}{2}$，并令 $g_1=x_1,g_2=x_2,g_3=x_3,m_1=\dfrac{2}{b}x_4,m_2=\dfrac{2}{b}x_5,m_3=\dfrac{2}{b}x_6$，最后可得赘余力素 g_i 和 m_i 的正则方程为：

$$\begin{bmatrix} \delta_g & \gamma-1 & 0 & 0 & \gamma & 0 \\ \gamma-1 & \delta_g & \gamma-1 & -\gamma & 0 & \gamma \\ 0 & \gamma-1 & \delta_g & 0 & -\gamma & 0 \\ \hdashline 0 & -\gamma & 0 & \delta_m & -\gamma & 0 \\ \gamma & 0 & -\gamma & -\gamma & \delta_m & -\gamma \\ 0 & \gamma & 0 & 0 & -\gamma & \delta_m \end{bmatrix} \begin{Bmatrix} g_1 \\ g_2 \\ g_3 \\ m_1 \\ m_2 \\ m_3 \end{Bmatrix} + \begin{Bmatrix} -1 \\ 0 \\ 0 \\ 0 \\ 0 \\ 0 \end{Bmatrix} = 0 \qquad (2\text{-}5\text{-}59)$$

式中：

$$\left.\begin{aligned} \delta_g &= 2(1+\gamma+\beta)\;(\text{与铰接 T 形梁桥相同}) \\ \delta_m &= 2(\gamma+3\beta') \\ \beta' &= \left(\dfrac{b}{2d_1}\right)^2 \cdot \beta \end{aligned}\right\} \qquad (2\text{-}5\text{-}60)$$

式(2-5-59)中包含 $\gamma、\beta$ 和 β' 三个参数，其中 γ 和 β 与铰接梁桥的相同，对于 T 形梁和工字形梁也可近似认为 $\beta'\approx\beta$，这样可以减少参数数目，使编制计算表格得以简化。

竖向荷载的横向分布与前面铰接梁桥一样，仍只考虑剪力 g_i 的影响。因此，由式(2-5-59)求得 g_i 后，就可按式(2-5-44)编制荷载横向分布影响线坐标 η_{ik} 的计算表格。

以上介绍了无横隔梁的刚接梁桥计算，当有中间横隔梁时，可以近似把横隔梁与实有的桥面板一起化成等刚度的虚拟桥面板来计算。有关刚接梁法的详细阐述和计算表格，可参阅同济大学原路桥教研室编写的《公路桥梁荷载横向分布计算》一书。

六、比拟正交异性板法

前面介绍的几种计算荷载横向分布系数的方法，都有一个共同的特点，就是把全桥视作一系列并排放置的主梁所构成的梁系结构来进行力学分析，各种方法的不同之处，就在于根据各种不同桥梁结构的具体特点对横向结构的连接刚性作了不同程度的假设。然而，由于实际的钢筋混凝土梁式桥结构的多样性，这些方法还不足以反映与上述梁系力学图式差别较大的桥梁结构的受力情况。例如，对于由主梁、连续的桥面板和多道横隔梁所组成的钢筋混凝土梁桥，当其宽度与其跨度之比较大时，为了能比较精确反映实际结构的受力情况，还可把此类结构简化成为纵横相交的梁格系，按杆件系统的空间结构来求解，也可设法将其比拟简化为一块矩形的平板，作为弹性薄板按古典弹性理论来进行分析，并且作出计算图表便于实际应用。目前最常用的是后一种方法，即所谓"比拟正交异性板法"或称为"G-M 法"。

为了使读者能领会"比拟正交异性板法"的基本概念，并掌握其实用计算图表的具体应用，本小节内将在各向同性板挠曲微分方程的基础上，引出比拟正交异性板的挠曲微分方程，阐明桥梁结构近似比拟成板的途径，最后再详述应用图表的原理和实用计算方法，并且在节末给出了计算实例。

(一)弹性板的挠曲面微分方程

在均质弹性薄板的古典理论中,对于图 2-5-48 所示的正交均质弹性薄板,我们知道有下述关系:

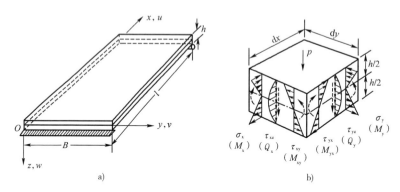

图 2-5-48　弹性薄板计算图式
a)板的一般图式;b)板微元上的应力和内力

应力与应变

$$\left.\begin{array}{l} \sigma_x = \dfrac{E}{1-\nu^2}(\varepsilon_x + \nu\varepsilon_y) \\[6pt] \sigma_y = \dfrac{E}{1-\nu^2}(\varepsilon_y + \nu\varepsilon_x) \\[6pt] \tau_{xy} = G\gamma_{xy} = \dfrac{E}{2(1+\nu)}\gamma_{xy} \end{array}\right\} \quad (2\text{-}5\text{-}61)$$

应变与位移

$$\left.\begin{array}{l} \varepsilon_x = -z\dfrac{\partial^2 w}{\partial x^2} \\[6pt] \varepsilon_y = -z\dfrac{\partial^2 w}{\partial y^2} \\[6pt] \gamma_{xy} = -2z\dfrac{\partial^2 w}{\partial x \partial y} \end{array}\right\} \quad (2\text{-}5\text{-}62)$$

内力与位移

$$\left.\begin{array}{l} M_x = -D\left(\dfrac{\partial^2 w}{\partial x^2} + \nu\dfrac{\partial^2 w}{\partial y^2}\right) \\[8pt] M_y = -D\left(\dfrac{\partial^2 w}{\partial y^2} + \nu\dfrac{\partial^2 w}{\partial x^2}\right) \\[8pt] M_{xy} = -(1-\nu)D\dfrac{\partial^2 w}{\partial x \partial y} \end{array}\right\} \quad (2\text{-}5\text{-}63)$$

式中:D——板的单宽抗弯刚度,$D = \dfrac{Eh^3}{12(1-\nu^2)}$。

内力与荷载的平衡关系为:

$$\frac{\partial^2 M_x}{\partial x^2} + 2\frac{\partial^2 M_{xy}}{\partial x \partial y} + \frac{\partial^2 M_y}{\partial y^2} = -p \tag{2-5-64}$$

将式(2-5-63)代入式(2-5-64)后,就得熟知的正交均质弹性板的挠曲微分方程:

$$\frac{\partial^4 w}{\partial x^4} + 2\frac{\partial^4 w}{\partial x^2 \partial y^2} + \frac{\partial^4 w}{\partial y^4} = \frac{p}{D} \tag{2-5-65}$$

有了正交均质弹性板的理论基础,就不难推导出**正交异性板**的挠曲微分方程。

一般所指的正交异性板,其特点是结构材料在 x 和 y 两个方向的弹性性质不同,如以弹性性质的对称面作为坐标面,于是应力与应变关系为:

$$\left.\begin{array}{l} \varepsilon_x = \dfrac{1}{E_x}(\sigma_x - \nu_x \sigma_y) \\[4pt] \varepsilon_y = \dfrac{1}{E_y}(\sigma_y - \nu_y \sigma_x) \\[4pt] \gamma_{xy} = \dfrac{\tau_{xy}}{G} \end{array}\right\} \tag{2-5-66a}$$

式中:E_x、E_y——材料沿 x、y 方向的弹性模量;

ν_x、ν_y——引起变形 ε_x、ε_y 的泊松比。

式(2-5-66a)也可写成:

$$\left.\begin{array}{l} \sigma_x = E'_x \varepsilon_x + E'' \varepsilon_y \\ \sigma_y = E'_y \varepsilon_y + E'' \varepsilon_x \\ \tau_{xy} = G \gamma_{xy} \end{array}\right\} \tag{2-5-66b}$$

上式中的常量为:

$$E'_x = \frac{E_x}{1 - \nu_x \nu_y}; \quad E'_y = \frac{E_y}{1 - \nu_x \nu_y}; \quad E'' = \frac{\nu_x E_y}{1 - \nu_x \nu_y} = \frac{\nu_y E_x}{1 - \nu_x \nu_y}$$

于是,像均质板理论一样,将式(2-5-62)代入式(2-5-66b),并将所得的应力式代入内力计算式[图2-5-48b)],即得:

$$\left.\begin{array}{l} M_x = \displaystyle\int_{-\frac{h}{2}}^{+\frac{h}{2}} \sigma_x z \mathrm{d}z = -\left(D_x \dfrac{\partial^2 w}{\partial x^2} + D_1 \dfrac{\partial^2 w}{\partial y^2}\right) \\[10pt] M_y = \displaystyle\int_{-\frac{h}{2}}^{+\frac{h}{2}} \sigma_y z \mathrm{d}z = -\left(D_y \dfrac{\partial^2 w}{\partial y^2} + D_1 \dfrac{\partial^2 w}{\partial x^2}\right) \\[10pt] M_{xy} = \displaystyle\int_{-\frac{h}{2}}^{+\frac{h}{2}} \tau_{xy} z \mathrm{d}z = -D_{xy} \dfrac{\partial^2 w}{\partial x \partial y} \end{array}\right\} \tag{2-5-67}$$

式中：D_x、D_y——x 和 y 方向的单宽抗弯刚度，$D_x = \dfrac{E'_x h^3}{12}$，$D_y = \dfrac{E'_y h^3}{12}$；

$\quad\quad D_{xy}$——单宽抗扭刚度，$D_{xy} = \dfrac{G h^3}{6}$；

$\quad\quad D_1$——单宽相关抗弯刚度，$D_1 = \dfrac{E'' h^3}{12}$。

将式(2-5-67)作相应微分后代入平衡方程(2-5-64)，经整理后可得：

$$D_x \frac{\partial^4 w}{\partial x^4} + 2H \frac{\partial^4 w}{\partial x^2 \partial y^2} + D_y \frac{\partial^4 w}{\partial y^4} = p(x,y) \quad (2\text{-}5\text{-}68)$$

其中，$H = D_1 + D_{xy}$。

方程(2-5-68)即为正交各向(材料)异性板的挠曲面微分方程。式中如设 $E_x = E_y = E$ 和 $\nu_x = \nu_y = \nu$，就可得到各向同性板的方程(2-5-65)。

下面我们要进一步阐明对于具有多根纵向主梁和横向横隔梁的肋形梁桥，如何比拟成正交各向异性板来分析其挠曲问题。

(二)比拟正交异性板挠曲微分方程

图 2-5-49a)表示实际桥跨结构纵横向的构造图式，纵向主梁的中心距离为 b，每根主梁的截面抗弯惯性矩和抗扭惯性矩分别为 I_x 和 I_{Tx}；横隔梁的中心距离为 a，其截面抗弯惯性矩和抗扭惯性矩为 I_y 和 I_{Ty}。如果梁肋间距 a 和 b 相应地与桥跨结构的宽度或长度相比是相当小的，并且桥面板与梁肋之间具有完善的结合，我们就可设想将主梁的截面惯性矩 I_x 和 I_{Tx} 平均分摊于宽度 b，将横隔梁的截面惯性矩 I_y 和 I_{Ty} 平均分摊于宽度 a，这样就把实际的纵横梁格系比拟成一块假想的平板，如图2-5-49b)所示。图中沿 x 方向的板厚表示成虚线，这说明所比拟的板在 x 和 y 两个方向的换算厚度是不相同的。此时，比拟板在纵向和横向每米宽度的截面抗弯惯性矩和抗扭惯性矩相应为：

$$J_x = \frac{I_x}{b} \quad \text{和} \quad J_{Tx} = \frac{I_{Tx}}{b}$$

以及

$$J_y = \frac{I_y}{a} \quad \text{和} \quad J_{Ty} = \frac{I_{Ty}}{a}$$

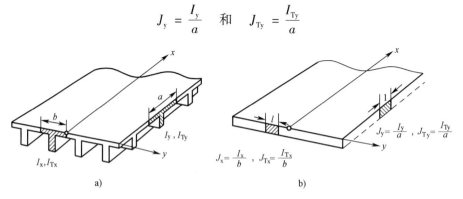

图 2-5-49 实际结构换算成比拟板的图式
a)实际结构；b)换算后的比拟异性板

对于肋梁式钢筋混凝土或预应力混凝土结构，为了简化理论分析，可近似忽略混凝土的泊

松比 ν 的影响。这样便得到一块在 x 和 y 两个正交方向的截面单宽刚度为 EJ_x、GJ_{Tx} 和 EJ_y、GJ_{Ty} 的比拟正交异性板。依照式(2-5-67)并注意到 $E_x = E_y = E$ 和 $\nu_x = \nu_y = 0$，就得内力与挠曲变形的关系为：

$$\left. \begin{array}{l} M_x = -EJ_x \dfrac{\partial^2 w}{\partial x^2}, \ M_y = -EJ_y \dfrac{\partial^2 w}{\partial y^2} \\ M_{xy} = -GJ_{Tx} \dfrac{\partial^2 w}{\partial x \partial y}, \ M_{yx} = -GJ_{Ty} \dfrac{\partial^2 w}{\partial x \partial y} \end{array} \right\} \quad (2\text{-}5\text{-}69)$$

把上列关系代入板微元的平衡方程式(2-5-64)中，便得到比拟正交(构造)异性板的挠曲微分方程：

$$EJ_x \frac{\partial^4 w}{\partial x^4} + G(J_{Tx} + J_{Ty}) \frac{\partial^4 w}{\partial x^2 \partial y^2} + EJ_y \frac{\partial^4 w}{\partial y^4} = p(x,y) \quad (2\text{-}5\text{-}70a)$$

上式可改写成如下的形式：

$$EJ_x \frac{\partial^4 w}{\partial x^4} + 2\alpha E \sqrt{J_x J_y} \frac{\partial^4 w}{\partial x^2 \partial y^2} + EJ_y \frac{\partial^4 w}{\partial y^4} = p(x,y) \quad (2\text{-}5\text{-}70b)$$

式中：$\alpha = \dfrac{G(J_{Tx} + J_{Ty})}{2E \sqrt{J_x J_y}}$。

如设 $D_x = EJ_x, D_y = EJ_y, H = \alpha E \sqrt{J_x J_y}$，上式可写成：

$$D_x \frac{\partial^4 w}{\partial x^4} + 2H \frac{\partial^4 w}{\partial x^2 \partial y^2} + D_y \frac{\partial^4 w}{\partial y^4} = p(x,y)$$

这样就得到与正交各向(材料)异性板的式(2-5-68)在形式上完全一致的挠曲微分方程，它是一个四阶非齐次的偏微分方程，解得荷载作用下任意点的挠度值 w 后，就可得到相应的内力值。

由此可见，任何纵横梁格系结构比拟成异性板，可以完全依照真正的材料异性板来求解，只是方程中的刚度常数不同。这就是"比拟正交异性板"的真实意义。同时必须指出，由于梁格系的梁肋并非对称于板的中面布置的，故此法所得的解也是近似的。

式(2-5-70b)中的常数 α 称为扭弯参数，它表示比拟板两个方向的单宽抗扭刚度代数平均值与单宽抗弯刚度几何平均值之比。对于常用的 T 形梁或 I 形梁，α 在 0~1 之间变化。

1946 年法国的居翁(Guyon)引用正交异性板的理论解决了无扭梁格($\alpha = 0$)的荷载横向分布计算问题。1950 年麦桑纳特(Massonnet)又在保留参数 α 的情况下使居翁的理论得到了推广，因此人们就习惯地把这两个方法合称为"G-M 法"。

不难看出，当 $\alpha = 1$ 且两个方向的单宽抗弯刚度相同($J_x = J_y$)时，式(2-5-70b)又简化成各向同性板的式(2-5-65)。

关于比拟正交异性板挠曲面控制方程(2-5-70b)的详细求解这里不作介绍，读者可参阅有关著述❶。下面将详细介绍应用"G-M 法"计算荷载横向分布系数的原理和方法。

(三)计算荷载横向分布的基本原理

在生产设计中如直接利用弹性挠曲面方程来求解简支梁的各点内力值，将是繁复而累赘

---

❶ 可参阅本书主编所著《钢筋混凝土梁桥》一书，该书由人民交通出版社 1982 年出版。

费时的。"G-M 法"的最大优点就在于能利用计算机工具或编就的计算图表得出相对来说比较精确的结果。同时,此法概念明确,计算简捷,对于各种桥面净空宽度和多种荷载组合的情况,可以很快求出各片主梁的相应内力值。因此这一方法在实际设计中得到了广泛的应用。

在计算时,也像前面已经介绍的几种方法一样,可以通过求解荷载横向分布系数的熟知方法来计算主梁的内力。

1. 荷载横向影响线的绘制

设图 2-5-50a)表示一块纵、横向截面单宽惯性矩分别为 J_x、J_{Tx} 和 J_y、J_{Ty} 的简支比拟板。当板上在任意横向位置 k 作用单位正弦荷载 $p(x) = 1 \cdot \sin\frac{\pi x}{l}$ 时,板在跨中就产生弹性挠曲,如图中 o'-e' 线所示。

为了分析方便,将全板按横向不同位置分作许多纵向板条①、②、③、⑥、⋯、⑩,并且以单位板宽(简称板条)来考虑。于是,在 k 处有单位正弦荷载作用下,任一板条沿 x 方向的挠度将为:

$$w_i(x) = w_i \sin\frac{\pi x}{l}$$

式中:w_i—— 与荷载峰值 1 相对应的第 i 根板条的挠度峰值。

如果我们来研究各板条在跨中(即 $x = l/2$)的挠度和受力关系,则可得到荷载和挠度分布图形,如图 2-5-50b)、c)所示。图中 η_{1k}、η_{2k}、η_{3k}、⋯、η_{nk} 表示 k 点有单位荷载作用下各板条所分担的荷载。

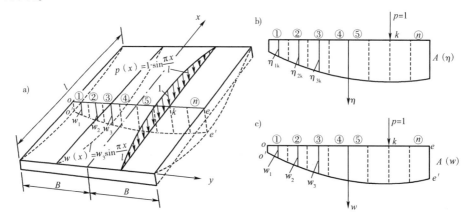

图 2-5-50 比拟板的横向挠度 w 和横向影响线竖标 η

根据荷载与挠度的正比关系,显然有:

$$\eta_{1k} = Cw_1$$
$$\eta_{2k} = Cw_2$$
$$\eta_{3k} = Cw_3$$
$$\cdots$$
$$\eta_{nk} = Cw_n$$

式中:C—— 与跨度和截面刚度相关的常数。

将等号左边所有的 η_{ik} 相加并乘以板条宽度,再由平衡条件就得:

$$(\eta_{1k} + \eta_{2k} + \eta_{3k} + \cdots + \eta_{nk}) \cdot 1 = \sum_{i=1}^{n} \eta_{ik} \cdot 1 = A(\eta) = 1$$

同样,将等号右边所有的 Cw_i 相加并乘以板条宽度,可得:

$$(Cw_1 + Cw_2 + Cw_3 + \cdots + Cw_n) \cdot 1 = C \cdot \sum_{i=1}^{n} w_i \cdot 1 = CA(w)$$

式中:$A(\eta)$、$A(w)$——跨中荷载横向分布图形的面积和挠度横向分布图形的面积[图 2-5-50b)、c)]。

上述两式应相等,由此可得:

$$C = \frac{1}{A(w)}$$

显然,在荷载 $p(x) = 1 \cdot \sin\frac{\pi x}{l}$ 作用下的挠度图面积,也可以用每一板条承受等分荷载 $\frac{1}{n} \cdot \sin\frac{\pi x}{l}$ 时的平均挠度 $\overline{w}$ 来表示,则:

$$A(w) = 2B \cdot \overline{w}$$

式中:B——桥宽的一半。

因此得到:

$$C = \frac{1}{2B\overline{w}}$$

这样,当 $p=1$ 作用在跨中截面 k 点时,任一板条所分配的荷载峰值可写成:

$$\eta_{ik} = Cw_{ik} = \frac{w_{ik}}{2B\overline{w}}$$

根据变位互等定理和反力互等定理,上式也可写成:

$$\eta_{ki} = \frac{w_{ki}}{2B\overline{w}}$$

将荷载作用在任意位置 i 时,k 点的挠度值 w_{ki} 与同一荷载下设想的平均挠度值 $\overline{w}$ 之比定义为影响系数 K_{ki},即:

$$K_{ki} = \frac{w_{ki}}{\overline{w}}$$

代入上式就得:

$$\eta_{ki} = \frac{K_{ki}}{2B} \tag{2-5-71}$$

这里 η_{ki} 为 $p=1$ 作用在任意位置 i 时分配至 k 点的荷载;显然,这就是对于 k 点的荷载横向影响线的坐标值,它就等于影响系数 K_{ki} 除以桥宽 $2B$。

由求解 w_{ki} 不难看出,K_{ki} 是欲计算的板条位置 k,荷载位置 i,扭弯参数 α 以及纵、横向截面抗弯刚度之比 θ 的函数,居翁和麦桑纳特根据理论分析编制了 $K_0 = f(\alpha=0, \theta, k, i)$ 和 $K_1 = f(\alpha=1, \theta, k, i)$ 的曲线图表(见本篇附录Ⅱ附图Ⅱ-1 至附图Ⅱ-11)❶。对于一般从肋式结构所比拟成的正交各向异性板来说,α 的变化范围在 0~1 之间,而 K_α 可足够精确地由下式通过

---

❶直接利用 K_1 曲线可以对钢筋混凝土板桥进行较精确的计算,此时 $\theta = \frac{B}{l}$。

内插法求得：

$$K_\alpha = K_0 + (K_1 - K_0)\sqrt{\alpha}$$

参数 θ 和 α 分别为：$\theta = \dfrac{B}{l} \cdot \sqrt[4]{\dfrac{J_x}{J_y}}$，$\alpha = \dfrac{G(J_{Tx} + J_{Ty})}{2E\sqrt{J_x J_y}}$。

这里需要说明，附录Ⅱ中 K_0 和 K_1 的曲线图是将桥的全宽分为八等分共九个点的位置来计算的，以桥宽中间点为 0，向左（或向右）依次为正的（或负的）$\dfrac{1}{4}B$、$\dfrac{1}{2}B$、$\dfrac{3}{4}B$ 和 B（图 2-5-51）。如果需求的主梁位置不是正好在这九个点上，例如欲求图 2-5-51 中①号梁（梁位 $f = \xi B$）处的 K 值时，则要根据相邻两个点的 K_{B_i} 和 $K_{\frac{3}{4}B_i}$ 值（由图表查得）进行内插，最后求得的 $K_{\xi B_i}$ 如图中虚线所示。尚需指出的是，K 值是可以互换的，即 $K_{ki} = K_{ik}$，适当利用这一关系，还可缩减查表计算的工作量。

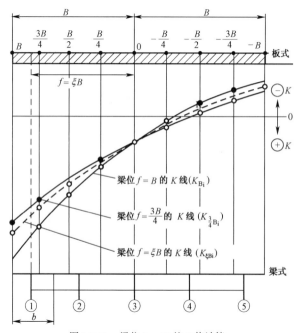

图 2-5-51　梁位 $f = \xi B$ 的 K 值计算

至此，我们说明了对于比拟板上某点位置（或某一板条）的横向影响线 9 个坐标值的计算方法。显然，如果我们要针对中距为 b 的某一主梁求算其影响线坐标值，则只要首先求出对于轴线位置处的各点影响线坐标，再将这些坐标值各乘以 b 就可以了，也即：

$$R_{ki} = \eta_{ki} \cdot b = \dfrac{K_{ki}}{2B} \cdot b$$

式中：R_{ki}——对于某根主梁的荷载横向影响线坐标。

考虑到全桥宽共有 n 根主梁，即 $b = \dfrac{2B}{n}$，则可得：

$$R_{ki} = \dfrac{K_{ki}}{2B} \cdot \dfrac{2B}{n} = \dfrac{K_{ki}}{n} \tag{2-5-72}$$

由此可见，对于横截面整齐布置的梁桥，只要将影响系数 K 除以梁数 n 就可绘出对于一根主梁的荷载横向影响线,如图 2-5-52c)所示。

有了荷载横向影响线,就可用一般方法来计算某一主梁的荷载横向分布系数。诚然,用比拟板法求得的荷载横向分布系数也是对于位于跨中的荷载而言的,在计算支点剪力时,也要按"杠杆原理法"来计算位于支点荷载的横向分布系数。

尚需指出的是,如果我们细察附录Ⅱ中 K_0 和 K_1 的曲线图就可发现,当弯曲刚度参数 $\theta < 0.3$ 时,曲线沿 K 轴方向的间隔基本上相等,也就是说,当 $\theta < 0.3$ 时,横断面的挠曲线接近于直线。这就与"偏心压力法"中假定横向刚度无限大的结果趋于一致。因此为了计算方便可以认为:$\theta \leq 0.3$ 时属于窄桥,$\theta > 0.3$ 时属于宽桥,这样规定所发生的误差在 5% 左右,最大不超过 10%。可见,用 θ 的值来考虑窄桥与宽桥的界限,要比简单由宽跨比来考虑更加合理。

2. 关于 K 值的校核

为了简捷地校验查表、内插等的正确性,尚可对所得的各 K 值进行快速检查。

图 2-5-53 表示比拟板跨中横截面在 $P = 1$ 作用下[图 2-5-53a)]和将 $P = 1$ 均分作用于 $1 \sim 9$ 点上[图 2-5-53b)]的挠曲图形,很明显,后者产生平均挠度 $\overline{w}$。

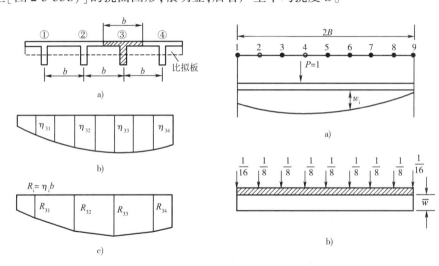

图 2-5-52 主梁荷载横向影响线的计算 　　图 2-5-53 跨中截面的挠曲图式

根据功的互等定理即有:

$$1 \cdot \overline{w} = \frac{1}{8}\sum_{i=2}^{8} w_i + \frac{1}{16}(w_1 + w_9)$$

则得:

$$\sum_{i=2}^{8} \frac{w_i}{\overline{w}} + \frac{1}{2}\left(\frac{w_1}{\overline{w}} + \frac{w_9}{\overline{w}}\right) = 8$$

或

$$\sum_{i=2}^{8} K_i + \frac{1}{2}(K_1 + K_9) = 8 \qquad (2\text{-}5\text{-}73)$$

式(2-5-73)可用来校核所计算 K 值的准确性。

3. 关于截面抗弯和抗扭刚度的计算

在利用 G-M 法的图表计算荷载横向影响线坐标时,需要预先算出参数 θ 和 α,因此要计算

纵、横向的单宽惯性矩值(图 2-5-49):

$$J_x = \frac{I_x}{b} \quad \text{和} \quad J_{Tx} = \frac{I_{Tx}}{b}$$

以及

$$J_y = \frac{I_y}{a} \quad \text{和} \quad J_{Ty} = \frac{I_{Ty}}{a}$$

(1) 抗弯惯性矩

对于纵向主梁的抗弯惯性矩 I_x,就按翼缘板宽为 b 的 T 形截面用一般方法计算,这里不必赘述。

对于横隔梁的抗弯惯性矩 I_y,由于肋的间距较大,受弯时翼缘板宽度为 a 的 T 形梁不再符合平截面假设,也就是说,翼缘板内的压应力沿宽度 a 的分布是很不均匀的,如图 2-5-54 所示。为了较精确地考虑这一因素,通常引入所谓受压翼缘板有效宽度的概念。每侧翼缘板有效宽度的值就相当于把实际应力图形换算成以最大应力 σ_{max} 为基准的矩形图形的长度 λ(图 2-5-54)。根据理论分析结果,λ 值可按 c/l 的比值由表 2-5-4 计算,其中 l 为横梁的长度,可取两根边主梁的中心距计算。

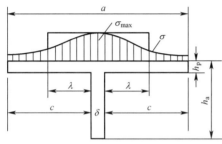

图 2-5-54 翼缘板内的应力分布

λ 值 表 2-5-4

c/l	0.05	0.10	0.15	0.20	0.25	0.30	0.35	0.40	0.45	0.50
λ/c	0.983	0.936	0.867	0.789	0.710	0.635	0.568	0.509	0.459	0.416

知道 λ 值后,就可按翼缘板宽度为 $(2\lambda + \delta)$ 的 T 形截面来计算 I_y 值。

(2) 抗扭惯性矩

纵向和横向单宽惯性矩 J_{Tx} 和 J_{Ty},可分成梁肋和翼缘板两部分来计算。梁肋部分的抗扭惯性矩按前面式(2-5-41)和表 2-5-2 来计算。

对于翼缘板部分,我们应分清图 2-5-55 所示的两种情况。

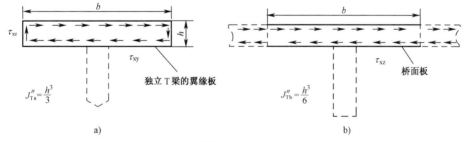

图 2-5-55 翼缘板抗扭惯性矩计算图式

图 2-5-55a)表示独立的宽扁矩形截面(b 比 h 大得多),按一般公式可知其抗扭惯性矩为:

$$J_T'' = \frac{I_T''}{b} = \frac{1}{b} \cdot \frac{1}{3} b h^3 = \frac{h^3}{3}$$

对于图 2-5-55b)所示连续的桥面板来说,情况就不同了。根据对弹性薄板的分析,由前面的式(2-5-63)和式(2-5-69),则有:

$$GJ_T = (1-\nu)D$$

将 $G = \dfrac{E}{2(1+\nu)}$ 和 $D = \dfrac{Eh^3}{12(1-\nu^2)}$ 代入上式,可得:

$$J_T = \dfrac{h^3}{6}$$

由此可见,连续桥面板的单宽抗扭惯性矩只有独立宽扁板者的一半。这一点可以这样来解释:独立板沿短边的剪力 τ_{xz} 也参与抗扭作用,而连续板的单宽部分则不出现这种剪应力(图 2-5-55)。

这样,对于连续桥面板的整体式梁桥以及对于翼缘板刚性连接的装配式梁桥,在应用"G-M 法"时,为计算扭弯参数 α 所需的纵、横向截面单宽抗扭惯性矩之和可由下式求得:

$$J_{Tx} + J_{Ty} = \dfrac{1}{3}h^3 + \dfrac{1}{b}I'_{Tx} + \dfrac{1}{a}I'_{Ty} \qquad (2\text{-}5\text{-}74)$$

式中:h——桥面板的厚度;

I'_{Tx}、I'_{Ty}——主梁肋和内横梁肋的截面抗扭惯性矩。

(四)按比拟板法计算荷载横向分布系数举例

例 2-5-7 一座五梁式装配式钢筋混凝土简支梁桥的主梁和横隔梁截面如图 2-5-56a)、b)所示,计算跨径 $l = 19.50$m,主梁翼缘板刚性连接。求各主梁对于汽车荷载和人群荷载的横向分布系数。

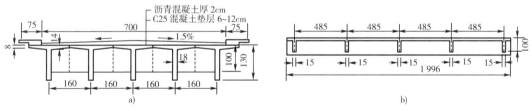

图 2-5-56 计算举例的主梁和横隔梁简图(尺寸单位:cm)

1. 计算几何特性

(1)主梁抗弯惯性矩。

$$I_x = 6\,626 \times 10^3 \text{cm}^4 [\text{见本节四}(二)1]$$

主梁的比拟单宽抗弯惯性矩:

$$J_x = \dfrac{I_x}{b} = \dfrac{6\,626 \times 10^3}{160} = 41\,410(\text{cm}^4/\text{cm})$$

(2)横隔梁抗弯惯性矩。

每根中横隔梁的尺寸,如图 2-5-57 所示。

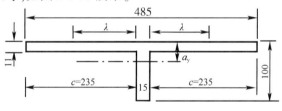

图 2-5-57 横隔梁截面图(尺寸单位:cm)

按前面表 2-5-4 确定翼缘板的有效作用宽度 λ。
横隔梁的长度取为两根边主梁的轴线距离,即:

$$l' = 4 \times b = 4 \times 160 = 640(\text{cm})$$

$$c/l' = \frac{235}{640} = 0.368$$

查表 2-5-4 得:

$$c/l' = 0.368 \text{ 时}, \lambda/c = 0.547$$

因此 $\qquad \lambda = 0.547 \times 235 = 128(\text{cm})$

求横隔梁截面重心位置 a_y:

$$a_y = \frac{2 \times 128 \times 11 \times \frac{11}{2} + 15 \times 100 \times \frac{100}{2}}{2 \times 128 \times 11 + 15 \times 100} = 21.0(\text{cm})$$

故横隔梁抗弯惯性矩为:

$$I_y = \frac{1}{12} \times 2 \times 128 \times 11^3 + 2 \times 128 \times 11 \times \left(21 - \frac{11}{2}\right)^2 + \frac{1}{12} \times 15 \times 100^3 +$$

$$15 \times 100 \times \left(\frac{100}{2} - 21\right)^2$$

$$= 3\,220 \times 10^3 (\text{cm}^4)$$

横隔梁比拟单宽抗弯惯性矩为:

$$J_Y = \frac{I_y}{a} = \frac{3\,220 \times 10^3}{485} = 6\,640(\text{cm}^4/\text{cm})$$

(3)主梁和横隔梁的抗扭惯性矩。
对于 T 梁翼缘板刚性连接的情况,应由式(2-5-74)来计算抗扭惯性矩。
对于主梁梁肋,主梁翼缘板的平均厚度:

$$h_1 = \frac{8 + 14}{2} = 11(\text{cm})$$

$$t/b = 18/(130 - 11) = 0.151, \text{由表 2-5-2 查得 } c = 0.301$$

则:

$$I'_{Tx} = cbt^3 = 0.301 \times (130 - 11) \times 18^3 = 209 \times 10^3 (\text{cm}^4)$$

对于横隔梁梁肋:

$$t/b = 15/(100 - 11) = 0.167, \text{查表 2-5-2,得 } c = 0.298$$

则:

$$I'_{Ty} = 0.298 \times (100 - 11) \times 15^3 = 89.51 \times 10^3 (\text{cm}^4)$$

因此 $\qquad J_{Tx} + J_{Ty} = \frac{1}{3} h_1^3 + \frac{1}{b} I'_{Tx} + \frac{1}{a} I'_{Ty}$

$$= \frac{1}{3} \times 11^3 + \frac{209\,000}{160} + \frac{89\,510}{485}$$

$$= 444 + 1\,306 + 185 = 1\,935(\text{cm}^4/\text{cm})$$

2. 计算参数 θ 和 α

$$\theta = \frac{B}{l}\sqrt[4]{\frac{J_x}{J_y}} = \frac{400}{1\,950}\sqrt[4]{\frac{41\,410}{6\,640}} = 0.324$$

式中:B——桥梁承重结构的半宽,即:

$$B = \frac{5 \times 160}{2} = 400(\text{cm})$$

$$\alpha = \frac{G(J_{Tx} + J_{Ty})}{2E\sqrt{J_x \cdot J_y}} = \frac{0.425E \times 1\,935}{2E\sqrt{41\,410 \times 6\,640}} = 0.024\,79$$

则:

$$\sqrt{\alpha} = \sqrt{0.024\,79} = 0.157\,4$$

3. 计算各主梁横向影响线坐标

已知 $\theta = 0.324$,从附录Ⅱ"G-M 法"计算图可查得影响系数 K_1 和 K_0 的值,如表 2-5-5 所示。

影响系数 K_1 和 K_0 表 2-5-5

系数	梁位	荷载位置									校核*
		B	$3B/4$	$B/2$	$B/4$	0	$-B/4$	$-B/2$	$-3B/4$	$-B$	
K_1	0	0.94	0.97	1.00	1.03	1.05	1.03	1.00	0.97	0.94	7.99
	$B/4$	1.05	1.06	1.07	1.07	1.02	0.97	0.93	0.87	0.83	7.93
	$B/2$	1.22	1.18	1.14	1.07	1.00	0.93	0.87	0.80	0.75	7.98
	$3B/4$	1.41	1.31	1.20	1.07	0.97	0.87	0.79	0.72	0.67	7.97
	B	1.65	1.42	1.24	1.07	0.93	0.84	0.74	0.68	0.60	8.04
K_0	0	0.83	0.91	0.99	1.08	1.13	1.08	0.99	0.91	0.83	7.92
	$B/4$	1.66	1.51	1.35	1.23	1.06	0.88	0.63	0.39	0.18	7.97
	$B/2$	2.46	2.10	1.73	1.38	0.98	0.64	0.23	-0.17	-0.55	7.85
	$3B/4$	3.32	2.73	2.10	1.51	0.94	0.40	-0.16	-0.62	-1.13	8.00
	B	4.10	3.40	2.44	1.64	0.83	0.18	-0.54	-1.14	-1.77	7.98

注:* 按式(2-5-73)进行校核。

用内插法求实际梁位处 K_1 和 K_0 值,实际梁位与表列梁位的关系如图 2-5-58 所示。

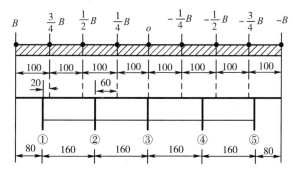

图 2-5-58 梁位关系图(尺寸单位:cm)

因此,对于①号梁:

$$K' = K_{\frac{3}{4}B} + \left(K_B - K_{\frac{3}{4}B}\right) \times \frac{20}{100}$$

$$= 0.2K_B + 0.8K_{\frac{3}{4}B}$$

对于②号梁:

$$K' = K_{\frac{1}{4}B} + \left(K_{\frac{1}{2}B} - K_{\frac{1}{4}B}\right) \times \frac{60}{100}$$

$$= 0.6K_{\frac{1}{2}B} + 0.4K_{\frac{1}{4}B}$$

对于③号梁:

$K' = K_0$(这里 K_0 是指表列梁位在 0 点的 K 值)

现将①、②和③号梁的横向影响线坐标值列表计算,如表 2-5-6 所示。

计算荷载横向影响线坐标值 表 2-5-6

梁号	算 式	荷 载 位 置								
		B	$\frac{3}{4}B$	$\frac{1}{2}B$	$\frac{1}{4}B$	0	$-\frac{1}{4}B$	$-\frac{1}{2}B$	$-\frac{3}{4}B$	$-B$
①	$K'_1 = 0.2K_{1B} + 0.8K_{1\frac{3}{4}B}$	1.458	1.332	1.208	1.070	0.962	0.864	0.780	0.712	0.656
	$K'_0 = 0.2K_{0B} + 0.8K_{0\frac{3}{4}B}$	3.476	2.864	2.168	1.536	0.918	0.356	-0.236	-0.724	-1.258
	$K'_1 - K'_0$	-2.018	-1.532	-0.960	-0.466	0.044	0.508	1.016	1.436	1.914
	$(K'_1 - K'_0)\sqrt{\alpha}$	-0.318	-0.242	-0.152	-0.074	0.007	0.080	0.161	0.227	0.302
	$K'_\alpha = K'_0 + (K'_1 - K'_0)\sqrt{\alpha}$	3.158	2.622	2.016	1.462	0.925	0.436	-0.075	-0.497	-0.956
	$\eta_{1i} = \frac{K'_\alpha}{5}$	0.632	0.524	0.403	0.292	0.185	0.087	-0.015	-0.099	-0.191
②	$K'_1 = 0.6K_{1\frac{1}{2}B} + 0.4K_{1\frac{1}{4}B}$	1.152	1.132	1.112	1.070	1.008	0.946	0.894	0.828	0.782
	$K'_0 = 0.6K_{0\frac{1}{2}B} + 0.4K_{0\frac{1}{4}B}$	2.140	1.864	1.578	1.320	1.012	0.736	0.390	0.054	-0.258
	$K'_1 - K'_0$	-0.988	-0.732	-0.466	-0.250	-0.004	0.210	0.504	0.774	1.040
	$(K'_1 - K'_0)\sqrt{\alpha}$	-0.156	-0.115	-0.074	-0.040	-0.001	0.033	0.080	0.122	0.164
	$K'_\alpha = K'_0 + (K'_1 - K'_0)\sqrt{\alpha}$	1.984	1.749	1.504	1.280	1.011	0.769	0.470	0.176	-0.094
	$\eta_{2i} = \frac{K'_\alpha}{5}$	0.397	0.350	0.301	0.256	0.202	0.154	0.094	0.035	-0.019
③	$K'_1 = K_{10}$	0.940	0.970	1.000	1.030	1.050	1.030	1.000	0.970	0.940
	$K'_0 = K_{00}$	0.830	0.910	0.990	1.080	1.130	1.080	0.990	0.910	0.830
	$K'_1 - K'_0$	0.110	0.060	0.010	-0.050	-0.080	-0.050	0.010	0.060	0.110
	$(K'_1 - K'_0)\sqrt{\alpha}$	0.017	0.010	0.002	-0.008	-0.013	-0.008	0.002	0.010	0.017
	$K'_\alpha = K'_0 + (K'_1 - K'_0)\sqrt{\alpha}$	0.847	0.920	0.992	1.072	1.117	1.072	0.992	0.920	0.847
	$\eta_{3i} = \frac{K'_\alpha}{5}$	0.170	0.184	0.198	0.214	0.223	0.214	0.198	0.184	0.170

4. 计算各梁的荷载横向分布系数

首先用表 2-5-6 中计算所得的荷载横向影响线坐标值绘制横向影响线图,如图 2-5-59 所示(图中带小圈点的坐标都是表列各荷载点的数值)。

在影响线上按横向最不利位置布置荷载后,就可按相对应的影响线坐标值求得主梁的荷载横向分布系数。

对于①号梁:

汽车荷载

$$m_{cq} = \frac{1}{2}\sum\eta = \frac{1}{2} \times (0.524 + 0.313 + 0.177 - 0.005)$$
$$= 0.504(0.524)[0.538]$$

人群荷载

$$m_{cr} = \eta_r = 0.620(0.636)[0.684]$$

圆括号内给出了考虑抗扭作用的修正偏心压力法的计算资料,方括号内是偏心压力法的计算结果,以资比较。

对于②号梁:

汽车荷载

$$m_{cq} = \frac{1}{2} \times (0.350 + 0.266 + 0.200 - 0.095)$$
$$= 0.455$$

人群荷载

$$m_{cr} = 0.391$$

对于③号梁:

汽车荷载

$$m_{cq} = \frac{1}{2} \times (0.184 + 0.212 + 0.222 - 0.200) = 0.409$$

人群荷载

$$m_{cr} = 2 \times 0.171 = 0.342$$

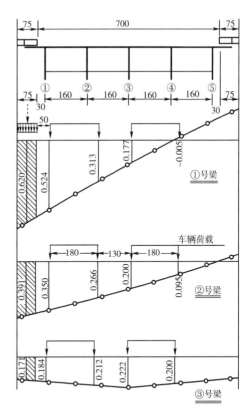

图 2-5-59 荷载横向分布系数的计算(尺寸单位:cm)

七、荷载横向分布系数沿桥跨的变化

通过前面的分析与计算,我们清楚地知道:荷载位于桥跨中间部分时,由于桥梁横向结构(桥面板和横隔梁)的传力作用,使所有主梁都参与受力,因此荷载的横向分布比较均匀。但当荷载在支点处作用在某主梁上时,如果不考虑支座弹性变形的影响,荷载就直接由该主梁传至支座,其他主梁基本上不参与受力。因此,荷载在桥跨纵向的位置不同,对某一主梁产生的横向分布系数也各异。

在以上所介绍计算荷载横向分布的所有方法中,通常用"杠杆原理法"来计算荷载位于支点处的横向分布系数 m_o,其他方法均适用于计算荷载位于跨中的横向分布系数 m_c。那么荷载位于桥跨其他位置时应该怎样确定横向分布系数 m 呢? 显然,要精确计算 m 值沿桥跨的连续变化规律是相当冗繁的,而且也会给内力计算增添麻烦。因此目前在设计实践中习惯采用图 2-5-60 所示的实用处理方法。

对于无中间横隔梁或仅有一根中横隔梁的情况,跨中部分采用不变的 m_c,从距支点 $l/4$ 处起至支点的区段内 m_x 呈直线形过渡[图 2-5-60a]。

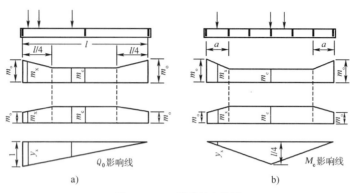

图 2-5-60 m 沿跨长变化图

对于有多根内横隔梁的情况，m_c 从第一根内横隔梁起向 m_o 直线形过渡[图 2-5-60b)]。

这样，主梁上的活载因其纵向位置不同，就应有不同的横向分布系数。图中 m_o 可能大于也可能小于 m_c，如图 2-5-60 所示。

在实际应用中，当求简支梁跨中最大弯矩时，鉴于横向分布系数沿跨内部分的变化不大，为了简化起见，通常均可按不变化的 m_c 来计算。

对于其他截面的弯矩计算，一般也可取用不变的 m_c。但对于中梁来说，m_o 与 m_c 的差值可能较大，且内横隔梁又少于三根时，以计及 m 沿跨径变化的影响为宜。

在计算主梁的最大剪力(梁端截面)时，鉴于主要荷载位于所考虑一端的 m 变化区段内，而且相对应的内力影响线坐标均接近最大值[图 2-5-60a)]，故应考虑该段内横向分布系数变化的影响。对位于靠近远端的荷载，鉴于相应影响线坐标值的显著减小，则可近似取用不变的 m_c 来简化计算(图 2-5-62)。

对于跨内其他截面的主梁剪力，也可视具体情况计及 m 沿桥跨变化的影响。

第四节 主梁内力计算

根据作用于一片主梁的恒载和通过横向分布系数求得的计算活载，就可按一般工程力学的方法计算主梁的截面内力(弯矩 M 和剪力 Q)。有了截面内力，就可按钢筋混凝土和预应力混凝土结构的计算原理进行主梁各截面的配筋设计或验算。

对于一般小跨径的简支梁，通常只需计算跨中截面的最大弯矩和支点截面及跨中截面的剪力。跨中与支点之间各截面的剪力可以近似地按直线规律变化，弯矩可假设按二次抛物线规律变化，即：

$$M_x = \frac{4M_{max}}{l^2} x(l-x)$$

式中：M_x——主梁在离支点 x 处任一截面的弯矩值；

M_{max}——主梁跨中最大设计弯矩；

l——主梁的计算跨径。

对于较大跨径的简支梁，一般还应计算跨径 1/4 截面的弯矩和剪力。如果主梁沿桥轴方向截面有变化，例如梁肋宽度或梁高变化，则还应计算截面变化处的内力。

一、恒载内力计算

钢筋混凝土或预应力混凝土公路桥梁的恒载,往往占全部设计荷载很大的比重,梁的跨径越大,恒载所占的比重也越大。因此,设计人员的职责是要正确确定作用于梁上的计算恒载。如果在设计之初荷载是通过一些近似途径(经验曲线、相近的标准设计或已建桥梁的资料等)估定,则应按试算后确定取用的结构尺寸重新确定实际的计算恒载。

在确定计算恒载时,为了简化起见,习惯上往往将沿桥跨分点作用的横隔梁质量、沿桥横向不等分布的铺装层质量以及作用于两侧的人行道和栏杆等质量均匀分布分摊给各主梁承受。因此,对于等截面梁桥的主梁,其计算恒载是简单的均匀荷载。为了更精确起见,也可根据施工安装的情况,将人行道、栏杆、灯柱和管道等重量像活载计算那样,按荷载横向分布的规律进行分配。

对于组合式梁桥,应按实际施工组合的情况,分阶段计算其恒载内力。例如,先预制主梁、微弯板和现浇桥面板的自重计算仅由预制主梁承受的第一阶段恒载内力,再按桥面铺装、人行道、栏杆等自重计算由桥梁面板和预制主梁接合而成的组合梁所承受的第二阶段恒载内力。

对于预应力混凝土简支梁桥,在施加预应力阶段,往往要利用梁体自重,或称为先期恒载,来抵消强大钢丝束张拉力在梁体上翼缘产生的拉应力。在此情况下,也要将恒载分成两个阶段(即先期恒载和后期恒载)来进行分析。在特殊情况下,恒载可能要分成更多的阶段来考虑。

确定了计算恒载 g 之后,就可按一般《材料力学》公式计算出梁内各截面的弯矩 M 和剪力 Q。当恒载分阶段计算时,应按各阶段的计算恒载 g_i 来计算内力,以便进行内力或应力组合。

下面用实例来阐明恒载内力的计算方法。

例 2-5-8 计算例 2-5-7 中图 2-5-56 所示五梁式装配式钢筋混凝土简支梁桥主梁的恒载内力。每侧的栏杆及人行道构件自重的作用力为 $5kN/m$。

1. 恒载集度

主梁

$$g_1 = \left[0.18 \times 1.30 + \frac{0.08 + 0.14}{2} \times (1.60 - 0.18)\right] \times 25 = 9.76(kN/m)$$

横隔梁

对于边主梁:

$$g_2 = \frac{\left(1.00 - \frac{0.08 + 0.14}{2}\right) \times \frac{1.60 - 0.18}{2} \times 0.15 \times 5 \times 25}{19.50} = 0.61(kN/m)$$

对于中主梁:

$$g_2^1 = 2 \times 0.61 = 1.22(kN/m)$$

桥面铺装层

$$g_3 = \frac{0.02 \times 7.00 \times 23 + \frac{1}{2} \times (0.06 + 0.1225) \times 7.00 \times 24}{5} = 3.71(kN/m)$$

栏杆和人行道

$$g_4 = 5.0 \times \frac{2}{5} = 2.00(\text{kN/m})$$

作用于边主梁的全部恒载 g 为：

$$g = \sum g_i = 9.76 + 0.61 + 3.71 + 2.00 = 16.08(\text{kN/m})$$

作用于中主梁的恒载强度为：

$$g^1 = 9.76 + 1.22 + 3.71 + 2.00 = 16.69(\text{kN/m})$$

2. 恒载内力

计算边主梁的弯矩和剪力，计算图式如图 2-5-61a)、b) 所示，则：

$$M_x = \frac{gl}{2} \cdot x - gx \cdot \frac{x}{2} = \frac{gx}{2}(l-x)$$

$$Q_x = \frac{gl}{2} - gx = \frac{g}{2}(l-2x)$$

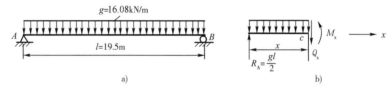

图 2-5-61 恒载内力计算图式

各计算截面的剪力和弯矩值，列于表 2-5-7 内。

边主梁恒载内力　　　　　　　　　　表 2-5-7

截面位置 x	内　　力	
	剪力 $Q(\text{kN})$	弯矩 $M(\text{kN}\cdot\text{m})$
$x=0$	$Q=157.0$	$M=0$
$x=\dfrac{l}{4}$	$Q=\dfrac{16.08}{2}\times\left(19.5-2\times\dfrac{19.5}{4}\right)=78.39$	$M=\dfrac{16.08}{2}\times\dfrac{19.5}{4}\times\left(19.5-\dfrac{19.5}{4}\right)=573.2$
$x=\dfrac{l}{2}$	$Q=0$	$M=\dfrac{1}{8}\times16.08\times19.5^2=764.3$

二、活载内力计算

前面曾多次提到，当求得了活载的横向分布系数后，就可以具体确定作用在一根主梁上的荷载数值[图 2-5-17b)]，这样就不难用一般工程力学方法来计算活载内力。截面内力计算的一般公式可表述如下：

$$S = (1+\mu) \cdot \xi \cdot m_i \left(\sum q_k \cdot \omega_j + P_k \cdot y\right) \tag{2-5-75}$$

式中:S——所求截面的弯矩或剪力;

$(1+\mu)$——汽车荷载的冲击系数,按《公路桥涵设计通用规范》(JTG D60—2015)规定取值;对于人群荷载不计冲击影响,即$(1+\mu)=1$;

ξ——多车道桥涵的汽车荷载折减系数,按《公路桥涵设计通用规范》(JTG D60—2015)规定取用;

m_i——对于所计算主梁的横向分布系数;

q_k——车道荷载的均布荷载标准值,对于公路—Ⅰ级,$q_k=10.5\text{kN/m}$;

ω_j——使结构产生最不利效应的同号影响线面积;

P_k——车道荷载的集中荷载标准值,按以下规定选取:桥梁计算跨径小于或等于5m时,$P_k=270\text{kN}$;计算跨径大于或等于50m时,$P_k=360\text{kN}$;计算跨径在 5～50m 之间时,$P_k=2(L_0+130)$(L_0为计算跨径,单位为 m)。计算剪力效应时,P_k值尚应乘以 1.2 的系数(主要用于验算下部结构或上部结构腹板的受力);

y——所加载影响线中一个最大影响线峰值。

公路—Ⅱ级车道荷载的 q_k 值和 P_k 值按公路—Ⅰ级相应值的 0.75 倍采用。

《公路桥涵设计通用规范》(JTG D60—2015)规定当桥梁计算跨径大于150m时,按上式计算的内力值尚应乘以纵向折减系数[见《公路桥涵设计通用规范》(JTG D60—2015)中的表4.3.1-5]。

当计算简支梁各截面的最大弯矩和跨中最大剪力时,如前所述可以近似取不变的跨中横向分布系数 m_c。

对于支点截面的剪力或靠近支点截面的剪力,尚须计入由于荷载横向分布系数在梁端区段内发生变化所产生的影响(图 2-5-64),以支点截面为例,其计算公式为:

$$Q_A = (1+\mu)\cdot\xi\cdot m_c(q_k\cdot\omega + 1.2\cdot P_k\cdot y) + \Delta Q_A \quad (2\text{-}5\text{-}76)$$

式中:ΔQ_A——计及靠近支点处横向分布系数变化而引起的内力增(或减)值。

ΔQ_A 的计算如下:

对于汽车荷载(图 2-5-62),由于支点附近横向分布系数的增大或减小所引起的支点剪力变化值为:

$$\Delta Q_A = (1+\mu)\cdot\xi\left[\frac{a}{2}(m_o-m_c)q_k\cdot\bar{y} + (m_o-m_c)\cdot 1.2\cdot P_k\cdot y\right] \quad (2\text{-}5\text{-}77)$$

以上是对于汽车荷载的内力计算,对于人群荷载内力的计算,只要按上面式(2-5-75)、式(2-5-76)和式(2-5-77)中不计冲击系数和多汽车折减系数,并将汽车均布荷载置换为人群荷载标准值,代入人群荷载的横向分布系数即可。

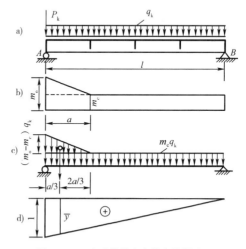

图 2-5-62 车道荷载支点剪力计算图
a)桥上荷载;b)m 分布图;c)梁上荷载;d)Q_A 影响线

例 2-5-9 以例 2-5-7 所述五梁式装配式钢筋混凝土简支梁桥为依据,计算边主梁在公路—Ⅰ级和人群荷载 $p_r=3.0\text{kN/m}^2$ 作用下的跨中最大弯矩和最大剪力以及支点截面的最大剪力。对于已经计算过的数据,可按下表中的备注栏参阅有关例题。

(1) 荷载横向分布系数汇总见表2-5-8。

边主梁荷载横向分布系数汇总表　　　　　　　　　表2-5-8

梁号	荷载位置	公路—Ⅰ级	人群荷载	备注
边主梁	跨中 m_c	0.504	0.620	按"G-M法"计算,见例2-5-7中的标题4
	支点 m_o	0.438	1.422	按"杠杆法"计算,见例2-5-2

(2) 计算公路—Ⅰ级荷载的跨中弯矩。

简支梁桥的基频为:

$$f_1 = \frac{\pi}{2l^2}\sqrt{\frac{EI_c}{m_c}} \quad (2\text{-}5\text{-}78)$$

式中:l——结构的计算跨径,本例 $l = 19.5\text{m}$;

　　　E——混凝土弹性模量,本例C40的 $E = 3.25 \times 10^{10}\text{N/m}^2$;

　　　I_c——结构跨中截面的惯性矩,本例 $I_c = 0.06626\text{m}^4$[见第三节四(二)1];

　　　m_c——结构跨中处单位长度质量($m_c = G/g$),本例中 $m_c = \dfrac{16.08 \times 10^3}{9.81} = 1.639 \times 10^3$

　　　($\text{N} \cdot \text{s}^2/\text{m}^2$)($G$值见本节一1;$g = 9.81\text{m/s}^2$);

因此,将以上相应之值代入式(2-5-78),可得:

$$f_1 = 4.735\text{Hz}$$

根据《公路桥涵设计通用规范》(JTG D60—2015)中第4.3.2条之5,当 $1.5\text{Hz} \leqslant f \leqslant 14\text{Hz}$ 时,$\mu = 0.1767\ln f - 0.0157$,则可得:

$$(1 + \mu) = 1 + (0.1767 \times \ln 4.735 - 0.0157) = 1.259$$

$\xi = 1$,双车道不折减。

$q_k = 10.5\text{kN/m}$;$P_k = 2 \times (19.5 + 130) = 299(\text{kN})$[按《公路桥涵设计通用规范》(JTG D60—2015)内插求得]。

$$\omega = \frac{1}{8}l^2 = \frac{1}{8} \times 19.5^2 = 47.53(\text{m}^2);\quad y = \frac{l}{4} = 4.875$$

故得:

$$M_{\frac{l}{2} \cdot q} = (1 + \mu) \cdot \xi \cdot m_{cq}(q_k\omega + P_k \cdot y)$$

$$= 1.259 \times 1 \times 0.504 \times (10.5 \times 47.53 + 299 \times 4.875) = 1241.59(\text{kN} \cdot \text{m})$$

(3) 计算人群荷载的跨中弯矩。

$$M_{\frac{l}{2} \cdot r} = m_{cr} \cdot p_{or} \cdot \omega = 0.620 \times (3.0 \times 0.75) \times 47.53 = 66.3(\text{kN} \cdot \text{m})$$

(4) 计算跨中截面车道活载最大剪力。

鉴于跨中剪力 $Q_{\frac{l}{2}}$ 影响线的较大坐标位于跨中部分(图2-5-63),故也采用全跨统一的荷载横向分布系数 m_{eq} 来计算。

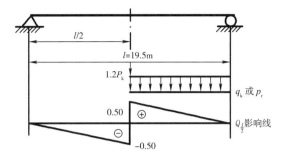

图 2-5-63 跨中剪力计算图式

$Q_{\frac{l}{2}}$ 的影响线面积：

$$\omega = \frac{1}{2} \times \frac{1}{2} \times 19.5 \times 0.5 = 2.438(\text{m})$$

故得：

$$Q_{\frac{l}{2},q} = 1.259 \times 1 \times 0.504 \times (10.5 \times 2.438 + 1.2 \times 299 \times 0.50) = 130.08(\text{kN})$$

(5) 计算跨中截面人群荷载最大剪力。

$$Q_{\frac{l}{2},r} = 0.620 \times (3.0 \times 0.75) \times 2.438$$
$$= 3.40(\text{kN})$$

(6) 计算支点截面车道荷载最大剪力。

作荷载横向分布系数沿桥跨方向的变化图形和支点剪力影响线,如图 2-5-64a)、b) 和 c) 所示。

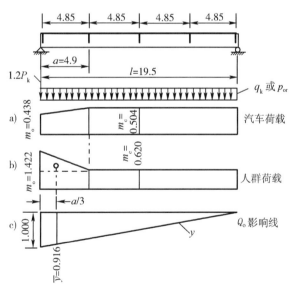

图 2-5-64 支点剪力计算图式(尺寸单位:m)

横向分布系数变化区段长度：

$$a = \frac{1}{2} \times 19.5 - 4.85 = 4.9(\text{m})$$

对应于支点剪力影响线的荷载布置,如图2-5-64a)所示。影响线面积为 $\omega = \frac{1}{2} \times 19.5 \times$

$l = 9.75(\mathrm{m})$。因此,按式(2-5-76)得:

$$Q_{0,q} = (1+\mu) \cdot \xi \cdot m_c (q_k \cdot \omega + 1.2 \cdot P_k \cdot y) + \Delta Q_{0,q}$$
$$= 1.259 \times 1 \times 0.504 \times (10.5 \times 9.75 + 1.2 \times 299 \times 1) + \Delta Q_{0,q}$$
$$= 292.63(\mathrm{kN}) + \Delta Q_{0,q}$$

附加三角形荷载重心处的影响线坐标为:

$$\bar{y} = \frac{1 \times \left(19.5 - \frac{1}{3} \times 4.9\right)}{19.5} = 0.916, 且 m_o < m_c$$

因此,按式(2-5-77)可得:

$$\Delta Q_{0,q} = 1.259 \times 1 \times \left[\frac{4.9}{2} \times (0.438 - 0.504) \times 10.5 \times 0.916 + (0.438 - 0.504) \times 1.2 \times 299 \times 1\right]$$
$$= -31.77(\mathrm{kN})$$

故公路—I级荷载的支点剪力为:

$$Q_{0,q} = 292.63 + (-31.77) = 260.86(\mathrm{kN})$$

(7)计算支点截面人群荷载最大剪力。

人群荷载的横向分布系数,如图2-5-64b)所示。

由式(2-5-76)和式(2-5-77)可得人群荷载的支点剪力为:

$$Q_{or} = m_c \cdot p_r \cdot \omega + \frac{a}{2}(m_o - m_c) p_r \cdot \bar{y}$$
$$= 0.62 \times (3.0 \times 0.75) \times 9.75 + \frac{1}{2} \times 4.9 \times (1.422 - 0.62) \times (3.0 \times 0.75) \times 0.916$$
$$= 17.65(\mathrm{kN})$$

三、主梁内力组合和包络图

为了按各种极限状态来设计钢筋混凝土及预应力混凝土梁,就需要确定主梁沿桥跨方向各截面的效应组合设计值(或称为计算内力值)S_{ud}、S_{sd}或S_{fd}[见《公路桥涵设计通用规范》(JTG D60—2015)第4.1.5条和第4.1.6条],当按承载能力极限状态设计时,效应组合设计值S_{ud}尚应乘以结构重要性系数,该系数由《公路桥涵设计通用规范》(JTG D60—2015)中的表4.1.5-1确定结构的设计安全等级后,按一级、二级和三级分别取1.1、1.0和0.9。

必须指出,在进行结构设计时,需要考虑可能出现的多种作用的效应组合,取其最不利的效应组合进行设计。《公路桥涵设计通用规范》(JTG D60—2015)只指出了作用效应组合要考虑的范围,其具体组合的内容,尚需由设计者根据实际情况来确定。

对于一根简支梁而言,如果沿梁轴的各截面处,将所求得的各效应组合设计值按适当的比例尺绘成纵坐标,其中右半跨的弯矩值(M_{max})对称于左半跨,右半跨的剪力值(Q_{min})反对称于左半跨(Q_{max}),连接这些坐标点而绘成的曲线,就称为效应组合设计值(或称为内力组合设计值)的包络图,如图2-5-65所示。对于小跨径

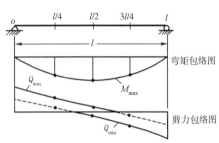

图2-5-65 效应组合设计值包络图

梁(如$l=10\text{m}$以下),通常只要计算跨中弯矩$M_{\frac{l}{2}}$以及支点剪力Q_0和跨中剪力$Q_{\frac{l}{2}}$,则弯矩包络图可近似绘成二次抛物线,剪力包络图就绘成直线形。对于较大跨度的结构,则宜视具体情况,每隔3~5m求出各该截面的效应组合设计值,连接各截面点的该值绘成包络图。利用计算机程序分析计算时,通常就是结构分段的节点计算值。

内力包络图既已确定,就可按钢筋混凝土或预应力混凝土结构设计原理和方法来设计整根梁内纵向主筋、斜筋和箍筋,并进行各种验算。

第五节 横隔梁内力计算

在设有横隔梁的钢筋混凝土或预应力混凝土梁桥上,为了保证各主梁共同受力和加强结构的整体性,横隔梁本身或其装配接头应具有足够的强度。

然而,对于纵横向由主梁和横隔梁组成的梁格结构,要精确分析横隔梁的内力是十分冗繁而复杂的。下面介绍根据主梁计算中的偏心压力法原理和比拟板法原理来计算横隔梁内力的两种实用方法。

一、偏压法计算横隔梁内力

此法的力学模型是将桥梁的中横隔梁近似视作竖向支承在多根弹性主梁上的多跨弹性支承连续梁,如图2-5-66b)所示。鉴于各主梁的荷载横向影响线(即弹性支承力影响线)在主梁计算中已经求得,故这根连续梁可以简单地用静力平衡条件来求解。鉴于桥上荷载的横向移动性,通常也用绘制横隔梁内力影响线的方法来计算比较方便。

对于具有多根内横隔梁的桥梁,由于位于跨中的横隔梁受力最大,通常只要计算跨中横隔梁的内力,其他横隔梁可偏安全地仿此设计。

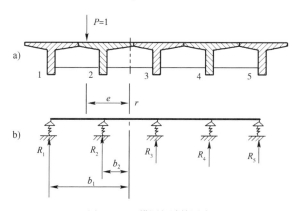

图2-5-66 横隔板计算图式

(一)横隔梁的内力影响线

如图2-5-66所示,当桥梁在跨中有单位荷载$P=1$作用时,各主梁所受的荷载将为R_1、R_2、R_3、$\cdots$、R_n,这也是横隔梁的弹性支承反力。因此,由力的平衡条件可写出横隔梁任意截面r的内力计算公式。

1. 荷载 $P=1$ 位于截面 r 的左侧

$$\left. \begin{array}{l} M_r = R_1 \cdot b_1 + R_2 \cdot b_2 - 1 \cdot e = \overset{左}{\sum} R_i b_i - e \\ Q_r = R_1 + R_2 - 1 = \overset{左}{\sum} R_i - 1 \end{array} \right\} \quad (2\text{-}5\text{-}79)$$

2. 荷载 $P=1$ 位于截面 r 的右侧

$$\left. \begin{array}{l} M_r = R_1 \cdot b_1 + R_2 \cdot b_2 = \overset{左}{\sum} R_i b_i \\ Q_r = R_1 + R_2 = \overset{左}{\sum} R_i \end{array} \right\} \quad (2\text{-}5\text{-}80)$$

式中：M_r、Q_r——横隔梁任意截面 r 的弯矩和剪力；
  e——荷载 $P=1$ 至所求截面的距离；
  b_i——支承反力 R_i 至所求截面的距离；
  $\overset{左}{\sum}$——表示涉及所求截面以左的全部支承反力的作用。

以上公式中对于确定的计算截面 r 来说，所有的 b_i 是已知的，而 R_i 则随荷载 $P=1$ 位置 e 而变化。因此就可以直接利用已经求得的 R_i 的横向影响线来绘制横隔梁的内力影响线。

通常横隔梁的弯矩在靠近桥中线的截面较大，剪力则在靠近桥两侧边缘处的截面较大。所以，以图 2-5-66 为例，一般可以只求 3 号梁处和 2 号与 3 号主梁之间（对于装配式桥即横隔板接头处）截面的弯矩，以及 1 号主梁右侧和 2 号主梁右侧等截面的剪力。

图 2-5-67 示出了按偏心压力法计算的横隔梁支承反力 R、变矩 M 和剪力 Q 的影响线。鉴于 R_i 影响线呈直线规律变化，故绘制内力影响线时只需要标出几个控制点的竖坐标值（例如对于 M_3 影响线只要算出 $P=1$ 作用在 1 号梁和 6 号梁上时的相应坐标 η_{31}^M 和 η_{36}^M，如图 2-5-67 中所示）。尚需指出，对于非直接作用于横隔梁上的荷载，在计算内力时实际上应考虑间接传力的影响，例如图 2-5-67 中 $M_{3\text{-}4}$ 影响线在 3 号梁和 4 号梁之间区段应取虚线的值。但鉴于计算中主要荷载作用于横隔梁上，为了简化起见，仍可偏安全地忽略间接传力的影响。

也可以按修正的偏心压力法来计算横隔梁的内力影响线，这时仅 R_i 影响线的竖坐标稍有变化，计算方法与上述完全相同。

（二）作用在横隔梁上的计算荷载

有了横隔梁的内力影响线，就可直接在其上加载来计算截面内力。但须注意，对于跨中一根横隔梁来说，除了直接作用在其上的轮重外，前后的轮重对它也有影响，在计算中可假设荷载在相邻横隔梁之间按杠杆原理法传布，如图 2-5-68 所示。因此，纵向一行车轮轮重分布给该横隔梁的计算荷载为：

$$P_{oq} = \left(\frac{P_1}{2} \cdot y_1 + \frac{P_2}{2} \cdot y_2 + \frac{P_3}{2} \cdot y_3 \right) = \frac{1}{2} \sum P_i \cdot y_i \quad (2\text{-}5\text{-}81\text{a})$$

式中：P_i——轴重，应注意将加重车的重轴布置在欲计算的横隔梁上；
  y_i——对于所计算的横隔梁按杠杆原理计算的纵向荷载影响线竖标值。

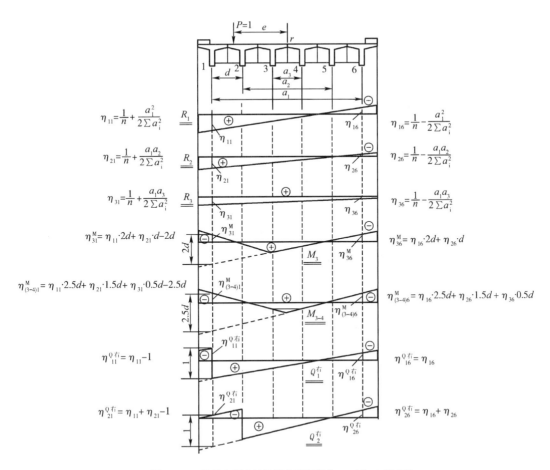

图 2-5-67 按偏心压力法计算的横隔梁的 R、M 和 Q 影响线

对于均布的人群荷载,其计算荷载相应为:

$$P_{or} = p_{or} \cdot \Omega_r = p_{or} l_a (影响线上布满荷载) \qquad (2\text{-}5\text{-}81\text{b})$$

式中:p_{or}——一侧人行道每延米的人群荷载;

Ω_r——人群荷载范围的影响线面积;

l_a——横隔梁的间距。

(三)横隔梁内力计算

用上述计算荷载在横隔梁内力影响线上按最不利位置加载,就可求得作用在一根横隔梁上的最大(或最小)内力值。在计算中对于汽车荷载应计入冲击作用,并按实际加载情况计入车道折减系数。

图 2-5-69 示出计算 3 号梁和 4 号梁之间的 $M_{3\text{-}4}$ 的计算图式。

求得横隔梁的内力后,就可按钢筋混凝土或预应力混凝土结构的计算原理来配置钢筋,并进行强度计算或验算应力。对于横隔梁用焊接钢板接头连接的装配式 T 形梁桥,应根据接头处的最大弯矩值来确定所需钢板尺寸和焊缝长度,此时钢板所承受的轴向力为:

$$N = \frac{M}{z}$$

式中：z——横隔梁顶部和底部接头钢板之间的中心距离。

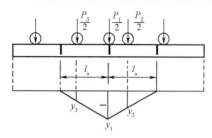

图 2-5-68 横隔梁上计算荷载的计算图式

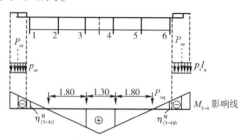

图 2-5-69 横隔梁内力计算图式(尺寸单位:m)

(四)计算举例

例 2-5-10 用偏压法计算例 2-5-3 中所示装配式钢筋混凝土简支梁桥跨中横隔梁在公路—Ⅰ级车辆荷载作用下的弯矩 $M_{2\text{-}3}$ 和剪力 $Q_1^{右}$。

1. 确定作用在中横隔梁上的计算荷载

对于跨中横隔梁的最不利荷载布置，如图 2-5-70 所示。

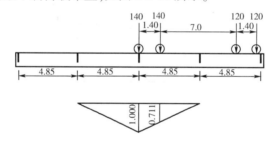

图 2-5-70 跨中横隔梁的受载图式(尺寸单位:m;轴重力单位:kN)

纵向一行车轮荷载对中横隔梁的计算荷载为：

$$P_{oq} = \frac{1}{2}\sum P_i \cdot y_i = \frac{1}{2}(140 \times 1 + 140 \times 0.711)$$
$$= 119.77(\text{kN})$$

2. 绘制中横隔梁的内力影响线

在例 2-5-3 中已经算得 1 号梁的横向影响线竖标值为：

$$\eta_{11} = 0.60, \eta_{15} = -0.20$$

同理可算得 2 号梁和 3 号梁的横向影响线竖标值为：

$$\eta_{21} = 0.40, \eta_{25} = 0$$
$$\eta_{31} = 0.20, \eta_{35} = 0.20$$

(1) 绘制弯矩影响线。

对于 2 号和 3 号主梁之间截面的弯矩 $M_{2\text{-}3}$ 影响线可计算如下：

$P=1$ 作用在 1 号梁轴上时：

$$\eta^M_{(2\text{-}3)1} = \eta_{11} \times 1.5d + \eta_{21} \times 0.5d - 1 \times 1.5d$$
$$= 0.6 \times 1.5 \times 1.6 + 0.4 \times 0.5 \times 1.6 - 1.5 \times 1.6 = -0.64$$

$P = 1$ 作用在 5 号梁轴上时：
$$\eta^M_{(2\text{-}3)5} = \eta_{15} \times 1.5d + \eta_{25} \times 0.5d$$
$$= (-0.20) \times 1.5 \times 1.6 + 0 \times 0.5 \times 1.6 = -0.48$$

$P = 1$ 作用在 3 号梁轴上时：
$$\eta^M_{(2\text{-}3)3} = \eta_{13} \times 1.5d + \eta_{23} \times 0.5d$$
$$= 0.20 \times 1.5 \times 1.6 + 0.20 \times 0.5 \times 1.6 = 0.64$$

有了此三个竖标值和已知影响线折点位置（即所计算截面的位置），就可绘出 $M_{2\text{-}3}$ 影响线，如图 2-5-71 所示。

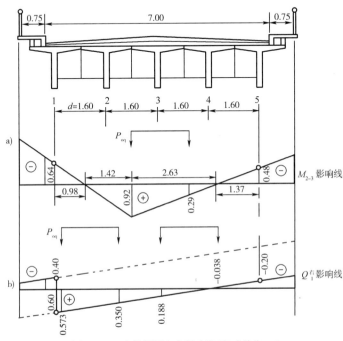

图 2-5-71 中横隔梁内力影响线（尺寸单位：m）

（2）绘制剪力影响线。

对于 1 号主梁处截面的 $Q_1^{右}$ 影响线可计算如下。

$P = 1$ 作用在计算截面以右时：

$Q_1^{右} = R_1$，即 $\eta^{Q右}_{1i} = \eta_{1i}$（就是 1 号梁荷载横向影响线）

$P = 1$ 作用在计算截面以左时：

$Q_1^{右} = R_1 - 1$，即 $\eta^{Q右}_{1i} = \eta_{1i} - 1$

绘成的 $Q_1^{右}$ 影响线，如图 2-5-71b）所示。

3. 截面内力计算

将求得的计算荷载 P_{oq} 在相应的影响线上按最不利荷载位置加载，对于汽车荷载并计入冲击影响 $(1+\mu)$❶，则得：

---

❶ 对于如何计算横隔梁的冲击系数，《公路桥涵设计通用规范》（JTG D60—2015）中无明确规定，鉴于横隔梁与主梁相连接，其动力效应受主梁的振动所制约，故实践中通常可近似地取用主梁的冲击系数，本例中 $(1+\mu) = 1.259$。

弯矩 $M_{2\text{-}3}$

$$M_{2\text{-}3} = (1+\mu) \cdot \xi \cdot P_{oq} \cdot \sum \eta = 1.259 \times 1 \times 119.77 \times (0.92 + 0.29)$$
$$= 182.46(\text{kN} \cdot \text{m})$$

剪力 $Q_1^{\text{右}}$

$$Q_1^{\text{右}} = (1+\mu) \cdot \xi \cdot P_{oq} \cdot \sum \eta = 1.259 \times 1 \times 119.77 \times (0.573 + 0.350 + 0.188 - 0.038)$$
$$= 161.80(\text{kN})$$

鉴于横隔梁的恒载内力很小,计算中可略去不计,则按极限状态设计的计算内力为:

$$M_{\max,(2\text{-}3)} = 0 + 1.4 \times 182.46 = 255.44(\text{kN} \cdot \text{m})$$
$$Q_{\max,e}^{\text{右}} = 0 + 1.4 \times 161.80 = 226.52(\text{kN})$$

二、比拟板法计算横隔梁内力

由前面式(2-5-69)已知比拟正交异性板的横向单宽弯矩表达式可写成❶:

$$\overline{M}_y = -EJ_y \frac{\partial^2 w}{\partial y^2}$$

再利用挠度 ω 与影响系数 K 的关系式:

$$w = \overline{w}K$$

并根据前面式(2-5-47)在正弦荷载 $p_o \sin \frac{\pi x}{l}$ 作用下的平均挠度:

$$\overline{w} = \frac{p_o}{2B} \frac{l^4}{\pi^4 EJ_x} \sin \frac{\pi x}{l}$$

将上述关系式代入式(2-5-69),即得:

$$\overline{M}_y = -\frac{p_o l^4}{2B \pi^4} \cdot \frac{J_y}{J_x} \cdot \sin \frac{\pi x}{l} \cdot \frac{d^2 K}{dy^2}$$

式中:K——已解出的函数,求导并经整理后引入横向弯矩影响系数 μ_α,则得:

$$\overline{M}_y = p_o \sin \frac{\pi x}{l} \cdot B \mu_\alpha \tag{2-5-82}$$

式中的系数 μ_α 与刚度参数 α 和 θ、所求弯矩点 f 的横向位置以及荷载偏离桥中线 x 轴的位置相关。对于 $\alpha=0$ 的 μ_0 和 $\alpha=1$ 的 μ_1 值已绘成曲线列于本篇附录Ⅱ的附图Ⅱ-12 和附图Ⅱ-13 内。

鉴于通常只需计算横隔梁的跨中弯矩,故附录Ⅱ中仅给出 $f=0$ 处的 μ_0 和 μ_1 值。

细察式(2-5-82)不难看出,只要把任一横向单宽板条上的荷载 $p(x) = p_o \cdot \sin \frac{\pi x}{l}$ 看作集中力,把 $B\mu_\alpha$ 看作与荷载相对应的 $\overline{M}_y$ 影响线的坐标 $\eta(y)$,则该式就是一般的内力计算式:

$$S = p(x) \cdot \eta(y)$$

图 2-5-72 中清楚地示出了式(2-5-82)的实际含义。需要指出的是,这里影响线坐标值 $B\mu_\alpha$ 与 x 无关,而 $\overline{M}_y$ 沿 x 方向的变化完全依赖于正弦荷载的分布规律。

以上涉及的是单宽板条的 $\overline{M}_y$,对于内横隔梁来说,如果 f 点就是该梁轴上的点,横隔梁的间距是 a,并且计入活载的冲击系数,则此梁承受的弯矩显然可近似地用下式表示:

---

❶ 这里为了区别于横隔梁的弯矩 M_y,故以 $\overline{M}_y$ 表示横向单宽板条的弯矩。

$$M_y = (1+\mu)\overline{M}_y \cdot a = (1+\mu)a \cdot p_o \sin\frac{\pi x}{l} \cdot B\mu_\alpha$$

同理,如果作用在桥上的荷载沿纵向的是几个集中力或局部的分布力,而且沿桥的横向有 m 行同类荷载作用时,则根据叠加原理并计及多车道折减系数 ξ 后可将上式改写成:

$$M_y = (1+\mu) \cdot \xi \cdot a \cdot \gamma \cdot \sin\frac{\pi x}{l} \cdot B\sum_{i=1}^{m}\mu_{\alpha i} \quad (2\text{-}5\text{-}83\text{a})$$

或

$$M_y = (1+\mu) \cdot \xi \cdot a \cdot \gamma \cdot \sin\frac{\pi x}{l} \cdot \sum_{i=1}^{m}\eta_i \quad (2\text{-}5\text{-}83\text{b})$$

对于跨中横隔梁,代入 $x = \dfrac{l}{2}$,则得:

$$M_y = (1+\mu) \cdot \xi \cdot a \cdot \gamma \cdot \sum_{i=1}^{m}\eta_i \quad (2\text{-}5\text{-}83\text{c})$$

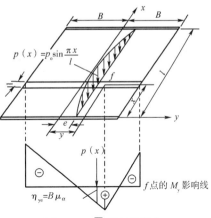

图 2-5-72　$\overline{M}_y$ 的计算图式

式中:γ——荷载函数,与荷载的形式及位置有关,它就是将各类实际荷载表达成正弦型荷载的荷载峰值;

$B\sum_{i=1}^{m}\mu_{\alpha i}$——与各行荷载位置相对应的横向弯矩影响线竖标之和;

$\sum_{i=1}^{m}\eta_i$——含义同前。

(一)γ 值的计算

不同的荷载形式 $f(x)$,可按傅立叶级数展成正弦函数:

$$p(x) = \sum_{m=1}^{\infty}\gamma_m \sin\frac{m\pi x}{l}$$

其中峰值 γ_m 按下式计算:

$$\gamma_m = \frac{2}{l}\int_0^l f(x)\sin\frac{m\pi x}{l}\mathrm{d}x \quad (2\text{-}5\text{-}84)$$

通常可只取级数的首项,则正弦荷载可表达成一般形式:

$$p(x) = \gamma \cdot \sin\frac{\pi x}{l}$$

下面介绍几种桥梁设计中常见荷载形式的荷载函数 γ。

1. 集中荷载[图 2-5-73a)]

在分析集中荷载时,首先要将每个荷载 P_i 当作分布于微小区间 $2e$ 的均布荷载 p_{oi},即 $p_{oi} = \dfrac{P_i}{2e}$,则每个集中荷载的函数表达式为:

$$f_i(x) = \begin{cases} p_{oi} & (u_i - e \leqslant x \leqslant u_i + e) \\ 0 & (u_i + e < x < u_i - e) \end{cases}$$

再按式(2-5-84)进行积分,最后使 e 趋于 0(计算过程从略),就得:

$$\gamma_i = \frac{2}{l}P_i\sin\frac{\pi u_i}{l}$$

当跨径内有 n 个集中荷载作用时：

$$\gamma = \sum_{i=1}^{n}\gamma_i = \frac{2}{l}\sum_{i=1}^{n}P_i\sin\frac{\pi u_i}{l}$$

式中：P_i——顺桥向作用的集中荷载；

u_i——各集中荷载离支点的距离。

当一个集中荷载 P 作用在跨中时，以 $u = \frac{l}{2}$ 代入后，则得：

$$\gamma = \frac{2P}{l}$$

2. 均布荷载[图 2-5-73b)]

对于荷载长度为 $2c$、荷载集度为 q 的均布荷载，其函数表达式为：

$$f(x) = \begin{cases} q & (u-c \leqslant x \leqslant u+c) \\ 0 & (u+c < x < u-c) \end{cases}$$

将式(2-5-84)积分后即得：

$$\gamma = \frac{4q}{\pi}\sin\frac{\pi u}{l}\sin\frac{\pi c}{l}$$

如果全跨满布荷载 q，以 $u = \frac{l}{2}$ 和 $c = \frac{l}{2}$ 代入，则得：

$$\gamma = \frac{4q}{\pi}$$

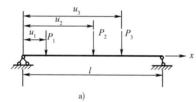 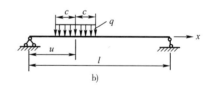

图 2-5-73 荷载峰值 γ_m 的计算图式

(二) $\sum\mu_\alpha$ 值的计算

本篇附录 II 中的 μ_0 和 μ_1 值，与 K_0 和 K_1 值一样，也是将桥宽 $2B$ 分成八等分给出的。鉴于横隔梁中间截面的弯矩最为不利，故图表中只给出对于中点 $f = 0$ 截面位置的各 μ_0 和 μ_1 值。当 α 的值在 $0 \sim 1$ 范围内时，可采用下式计算 μ_α：

$$\mu_\alpha = \mu_0 + (\mu_1 - \mu_0)\sqrt{\alpha}$$

这样我们按照 9 个荷载位置点求出相应的 μ_α 值，各乘以 B 值后，就可给出横隔梁轴线处的横向弯矩影响线。

当用比拟板法计算横隔梁的剪力时，可以根据按比拟板法求得的各主梁的荷载横向影响线，仿照"偏心压力法"绘制横隔梁剪力影响线的方法进行。

(三) 计算举例

例 2-5-11 用比拟板法计算例 2-5-7 中所示装配式钢筋混凝土简支梁桥跨中横隔梁在公

路—Ⅰ级车辆活载作用下的中点弯矩 M_y。

1. 计算跨中横隔梁的弯矩影响线坐标

根据已知参数 $\theta = 0.324$，可从本篇附录Ⅱ附图Ⅱ-12 和附图Ⅱ-13 查得桥宽中点处（梁位 $f = 0$）的横向弯矩影响系数 μ_0 和 μ_1 值，这样就可得到单宽横向板条跨中截面的弯矩影响线坐标值 $B\mu_\alpha$。显然，也可将 $B\mu_\alpha$ 乘以横隔梁间距 a 看作该横隔梁的弯矩影响线坐标，其计算可列表见表 2-5-9。

跨中横隔梁弯矩影响线坐标计算表　　　　表 2-5-9

计算项目	荷载位置				
	B	$\frac{3}{4}B$	$\frac{1}{2}B$	$\frac{1}{4}B$	0
μ_0	-0.240	-0.120	-0.001	0.120	0.244
μ_1	-0.098	-0.040	0.028	0.110	0.217
$\mu_1 - \mu_0$	0.142	0.080	0.029	-0.010	-0.027
$(\mu_1 - \mu_0)\sqrt{\alpha}$	0.022	0.013	0.005	-0.002	-0.004
$\mu_0 + (\mu_1 - \mu_0)\sqrt{\alpha}$	-0.218	-0.107	0.004	0.118	0.240
$B \cdot \mu_\alpha$ (m)	-0.872	-0.428	0.016	0.472	0.960
$B \cdot \mu_\alpha \cdot a$ (m²)	-4.230	-2.080	0.078	2.290	4.660

注：1. $\sqrt{\alpha} = 0.157$，$B = 4.0$ m，$a = 4.85$ m。
2. 因为 0～$-B$ 的数据与 0～B 的数据对称，表中未列出。

2. 计算荷载的峰值 γ

车辆荷载沿桥跨的布置，应使跨中横隔梁受力最大，如图 2-5-74 所示（图中示出的是轴重）。

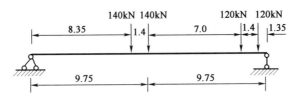

图 2-5-74　γ 的计算图式（尺寸单位：m）

对于纵向一行轮重的正弦荷载峰值为：

$$\gamma = \frac{2}{l}\sum_{i=1}^{n} P_i \sin\frac{\pi u_i}{l}$$

$$= \frac{2}{19.5} \times \left(\frac{140}{2}\sin\frac{8.35}{19.5}\pi + \frac{140}{2}\sin\frac{9.75}{19.5}\pi + \frac{120}{2}\sin\frac{16.75}{19.5}\pi + \frac{120}{2}\sin\frac{18.15}{19.5}\pi\right)$$

$$= 7.00 + 7.18 + 2.64 + 1.33 = 18.15 \text{ (kN/m)}$$

3. 计算跨中横隔梁中间截面的弯矩

首先由 $B\mu_\alpha a$ 值绘出横隔梁弯矩影响线图，然后按横向最不利荷载位置进行加载，如图 2-5-75 所示。

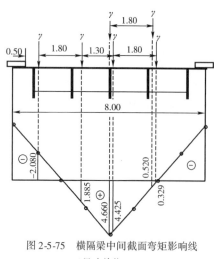

图 2-5-75　横隔梁中间截面弯矩影响线
(尺寸单位:m)

根据式(2-5-83b),对于跨中横隔梁代入 $x = \dfrac{l}{2}$,则得到在两列车辆荷载作用下中间截面($f=0$)的最大正弯矩为:

$$M_{y\,max} = (1+\mu)\cdot\xi\cdot\gamma\cdot\sin\dfrac{\pi x}{l}\cdot\sum_{i=1}^{m}\eta_i$$

$$= 1.259 \times 1 \times 18.15 \times (4.425 + 1.885 + 0.329 - 2.080)$$

$$= 104.18(\text{kN}\cdot\text{m})$$

最大负弯矩为:

$$M_{y\,max} = 1.259 \times 1 \times 18.15 \times (-2.080\times 2 + 1.885\times 2)$$

$$= -8.91(\text{kN}\cdot\text{m})$$

但当仅有一列车辆荷载作用时可得最大正弯矩为:

$$M_{y\,max} = 1.259 \times 1 \times 18.15 \times (4.660 + 0.520)$$

$$= 118.37(\text{kN}\cdot\text{m})$$

可见一列车辆荷载引起的正弯矩更大。

第六节　挠度、预拱度的计算

设计一座钢筋混凝土或预应力混凝土梁桥,除了要对主梁进行强度计算或应力验算,以确定结构具有足够的强度安全储备外,还要计算梁的变形(通常指竖向挠度),以确保结构具有足够的刚度。因为桥梁如发生过度的变形,不但会导致高速行车困难,加大车辆的冲击作用,引起桥梁的剧烈振动和行人不适,而且可能使桥面铺装层和结构的辅助设备遭到损坏,严重者甚至危及桥梁的安全。

桥梁的挠度,按产生的原因可分成恒载挠度和活载挠度。恒载(包括预应力、混凝土徐变和收缩作用)是恒久存在的,其产生的挠度与持续时间相关,还可分为短期挠度和长期挠度;活载挠度则是临时出现的,在最不利的荷载位置下,挠度达到最大值,随着活载的移动,挠度逐渐减小,一旦活载驶离桥梁,挠度立即消失。

恒载挠度并不表征结构的刚度特性,它不难通过施工时预设的反向挠度(或称"预拱度")来抵消,使竣工后的桥梁达到理想的线形。

伴随活载产生的活载挠度,使梁引起反复变形,变形的幅度(即挠度)越大,可能产生的冲击和振动作用越强烈,对行车的影响也越大。因此,在桥梁设计中就需要通过验算活载挠度来体现结构的刚度特性。

一、挠度验算

钢筋混凝土和预应力受弯构件,在正常使用极限状态下的挠度,可根据给定的构件刚度用结构力学的方法计算。

受弯构件的刚度可按下式计算：

(一)钢筋混凝土构件

$M_s \geq M_{cr}$ 时

$$B = \frac{B_0}{\left(\frac{M_{cr}}{M_s}\right)^2 + \left[1 - \left(\frac{M_{cr}}{M_s}\right)^2\right]\frac{B_0}{B_{cr}}} \quad (2\text{-}5\text{-}85)$$

$M_s < M_{cr}$ 时

$$B = B_0$$

$$M_{cr} = \gamma f_{tk} W_0 \quad (2\text{-}5\text{-}86)$$

式中：B——开裂构件等效截面的抗弯刚度；
　　　B_0——全截面的抗弯刚度，$B_0 = 0.95 E_c I_0$；
　　　B_{cr}——开裂截面的抗弯刚度，$B_{cr} = E_c I_{cr}$；
　　　M_{cr}——开裂弯矩；
　　　γ——构件受拉区混凝土塑性影响系数，$\gamma = \dfrac{2S_0}{W_0}$；
　　　I_0——全截面换算截面惯性矩；
　　　I_{cr}——开裂截面换算截面惯性矩；
　　　f_{tk}——混凝土轴心抗拉强度标准值；
　　　S_0——全截面换算截面重心轴以上(或以下)部分面积对重心轴的面积矩；
　　　M_s——按作用频遇组合计算的弯矩值；
　　　W_0——换算截面抗裂边缘的弹性抵抗矩。

(二)预应力混凝土构件

(1)全预应力混凝土和 A 类预应力混凝土构件

$$B_0 = 0.95 E_c I_0$$

(2)允许开裂的 B 类预应力混凝土构件
在开裂弯矩 M_{cr} 作用下：

$$B_0 = 0.95 E_c I_0$$

在($M_s - M_{cr}$)作用下：

$$B_{cr} = E_c I_{cr}$$

开裂弯矩 M_{cr} 按下式计算：

$$M_{cr} = (\sigma_{pc} + \gamma f_{tk}) W_0$$

$$\gamma = \frac{2S_0}{W_0}$$

式中：σ_{pc}——扣除全部预应力损失预应力钢筋和普通钢筋合力在构件抗裂边缘产生的混凝土预压应力，先张法构件和后张法构件均按《公路钢筋混凝土及预应力混凝土桥涵设计规范》(JTG 3362—2018)中的式(6.1.6-1)计算，但后张法构件采用净截面。

对于变截面连续梁,当支座截面刚度不大于跨中截面刚度的 2 倍时,构件刚度仍可采用跨中截面刚度。

有了以上计算的刚度值后,就可按一般结构力学方法来计算各类构件的挠度值。例如,对于全预应力混凝土和 A 类预应力混凝土构件,活载的计算挠度为:

$$f = \left(\frac{5}{384}m_{cq} \cdot \xi \cdot q_k l^4 + \frac{1}{48}m_{cq} \cdot \xi \cdot P_k l^3\right)\frac{1}{B_0}$$

$$= \frac{l^3}{384B_0}m_{cq} \cdot \xi(5q_k l + 8P_k) \tag{2-5-87}$$

受弯构件在使用阶段的挠度尚应考虑荷载长期效应的影响,即按荷载频遇组合和以上所规定的刚度计算的挠度值,乘以挠度长期增长系数 η_θ。挠度长期增长系数可按下列规定取用:

当采用 C40 以下混凝土时,$\eta_\theta = 1.60$;

当采用 C40~C80 混凝土时,$\eta_\theta = 1.45~1.35$,中间强度等级可按直线内插法计算取用。

钢筋混凝土和预应力混凝土受弯构件按上述计算的长期挠度值,由汽车荷载(不计冲击力)和人群荷载频遇组合在梁式桥主梁产生的最大挠度不应超过计算跨径的 1/600,在梁式桥主梁悬臂端产生的最大挠度不应超过悬臂长度的 1/300。

预应力混凝土受弯构件由预加力引起的反拱值,可用结构力学方法按刚度 $E_c I_0$ 进行计算,并乘以长期增长系数。计算使用阶段预加力反拱值时,预应力钢筋的预加力应扣除全部预应力损失,长期增长系数取 2.0。

二、预拱度设置

为了消除恒载和经常作用活载之长期效应所产生的挠度,通常需要在桥梁施工时设置预拱度(是指跨中的反向挠度)。

(一)钢筋混凝土受弯构件

预拱度值应按结构自重和 1/2 可变荷载频遇值计算的长期挠度值之和采用。汽车荷载频遇值为其标准值的 0.7 倍,人群荷载频遇值为其标准值的 0.4 倍。

对于一般小跨径的钢筋混凝土梁桥,当由荷载频遇组合并考虑长期效应影响产生的长期挠度不超过计算跨径的 1/1 600 时,可不设预拱度。

(二)预应力混凝土受弯构件

当预加应力引起的长期反拱值小于按荷载频遇组合计算的长期挠度时,应设置预拱度,其值应按该项荷载的挠度值与预加应力长期反拱值之差采用。

当预加应力产生的长期反拱值大于按荷载频遇组合计算的长期挠度时,可不设预拱度。

预拱度的设置应按最大的预拱度值沿顺桥向做成平顺的曲线。

对自重相对于活载较小的预应力混凝土受弯构件,应考虑预加应力反拱值过大可能造成的不利影响,必要时采取反预拱或设计和施工上的其他措施,避免桥面隆起直至开裂破坏。

当计算预应力混凝土构件的长期挠度时,应计入混凝土徐变的影响,通常只要将短期弹性挠度乘以考虑混凝土加载龄期和加载持续时间的徐变系数即可。

根据设计经验,预应力混凝土梁桥的刚度一般都很大,故可不必验算其挠度。然而,为了满足设置预拱度的需要,或者为了掌握梁体在各工作阶段的变形情况,也往往要计算各阶段的挠度值。其计算方法已在"结构设计原理"课程的预应力混凝土结构部分中介绍,这里不再赘述。

第六章 梁式桥的支座

第一节 概　述

钢筋混凝土和预应力混凝土梁式桥在桥跨结构和墩台之间均须设置支座,其作用如下(图2-6-1):

(1)传递上部结构的支承反力,包括恒载和活载引起的竖向力和水平力。

(2)保证结构在活载、温度变化、混凝土收缩和徐变等因素作用下的自由变形,以使上、下部结构的实际受力情况符合结构的静力图式。

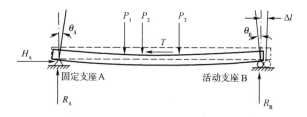

图 2-6-1　简支梁的静力图式

为此,梁式桥的支座一般分成固定支座和活动支座两种。固定支座既要固定主梁在墩台上的位置并传递竖向压力和水平力,又要保证主梁发生挠曲时在支承处能自由转动,如图2-6-1左端所示。活动支座只传递竖向压力,但它要保证主梁在支承处既能自由转动又能水平移动,如图 2-6-1 右端所示。

按照静力图式,简支梁桥应在每跨的一端设置固定支座,另一端设置活动支座。悬臂梁桥的锚固跨也应在一侧设置固定支座,另一侧设置活动支座。多孔悬臂梁桥挂梁的支座布置与简支梁相同。连续梁桥应在每联中的一个桥墩(或桥台)上设置固定支座,其余墩台上均应设活动支座。此外,悬臂梁桥和连续梁桥在某些特殊情况下支座需要传递竖向拉力时,尚应设置也能承受拉力的支座。

通常在桥梁每根梁的单个支承点上,纵桥向只能设置一个支座,横桥向不应设置多于两个支座。

当桥梁纵坡不大于1%时,板式橡胶支座可直接设于墩帽上;当桥梁纵坡大于1%时,应在梁底采取措施,使支座保持水平。当板桥桥面横坡不大于2%时,板式橡胶支座可直接设于墩帽顶面横坡上;当板桥桥面横坡大于2%时,应采取措施予以调整。

固定支座和活动支座的布置,应以有利于墩台传递纵向水平力为原则。对于多跨的简支梁桥,相邻两跨简支梁的固定支座,不宜集中布置在一个桥墩上;但若个别桥墩较高,为了减小水平力的作用,可在其上布置相邻两跨的活动支座。对于坡桥,宜将固定支座布置在高程低的墩台上。对于连续梁桥,为使全梁的纵向变形分散在梁的两端,宜将固定支座设置在靠中间的支点处;但若中间支点的桥墩较高或因地基受力等原因,对承受水平力十分不利时,可根据具体情况将固定支座布置在靠边的其他墩台上。

此外,对于特别宽的梁桥,尚应设置沿纵向和横向均能移动的活动支座。对于弯桥则应考虑活动支座沿弧线方向移动的可能性。对于处在地震地区的梁桥,其支座构造尚应考虑桥梁防震和减震的设施。

第二节 支座的类型和构造

梁式桥的支座通常用钢、橡胶或钢筋混凝土等材料来制作。从简易的油毛毡垫层到结构复杂的铸钢辊轴支座,结构类型甚多,应根据桥梁跨径的长短、支点反力的大小、梁体变形的程度以及对支座结构高度的要求等,视具体情况加以选用,下面介绍钢筋混凝土和预应力混凝土公路桥梁常用的几种支座类型和构造。

一、简易垫层支座

对于标准跨径小于 10m 的简支板桥或简支梁桥,为简单起见,可不设专门的支座结构,而直接使板或梁的端部支承在几层油毛毡或石棉做成的简易垫层上面。垫层经压实后的厚度不小于1cm。实践经验表明,这种简易垫层的变形性能较差。为了防止墩、台顶部前缘被压裂并避免上部结构端部和墩、台顶部可能被拉裂,通常应将墩、台顶部的前缘削成斜角(图 2-6-2),并最好在板或梁端底部以及墩、台顶部内增设 1~2 层钢筋网予以加强(图 2-4-14)。

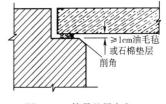

图 2-6-2 简易垫层支座

二、橡胶支座

随着橡胶工业的发展，从20世纪50年代起已尝试应用优质合成橡胶来制造桥梁支座。半个世纪以来的使用经验表明，橡胶支座与其他金属刚性支座相比，具有构造简单、加工方便、省钢材、造价低、结构高度小、安装方便等一系列优点。因此，近些年来在桥梁工程中橡胶支座已获得广泛应用。此外，鉴于橡胶支座能方便地适应任意方向的变形，故对于宽桥、曲线桥和斜交桥具有特别的适应性。橡胶的弹性还能消减上、下部结构所受的动力作用，这对于防震也十分有利。

目前用作桥梁支座的橡胶主要是化学合成的氯丁橡胶（适用于气温条件为 -25 ～ +60℃ 的地区）以及三元乙丙橡胶和天然橡胶（适用于气温条件为 -40 ～ +60℃ 的地区），它们具有一定的抗压强度、抗油蚀性、冷热稳定性、耐老化性。虽然橡胶的老化作用是不能回避的一种弱点，但实践表明，即使运营几十年后需要更换支座，从适用性和经济性上看，这种支座依然值得推广。

在桥梁工程中使用的橡胶支座大体上可分成两类，即板式橡胶支座和盆式橡胶支座，两者应分别符合《公路桥梁板式橡胶支座》（JT/T 4—2019）和《公路桥梁盆式支座》（JT/T 391—2019）的要求。下面分别介绍其构造特点。

（一）板式橡胶支座

板式橡胶支座的构造最为简单，从外形上看它就是一块放置在上、下部结构之间的矩形黑色橡胶板，如图 2-6-3a)、b) 所示。它的活动机理是：利用橡胶的不均匀弹性压缩实现转角 θ，利用其剪切变形实现水平位移 Δ，如图 2-6-3c) 所示。由此可见，板式橡胶支座一般无固定支座与活动支座之区别，所有纵向水平力和位移由各个支座均匀分配。必要时也可采用高度不同的橡胶板来调节各支座传递的水平力和水平位移。

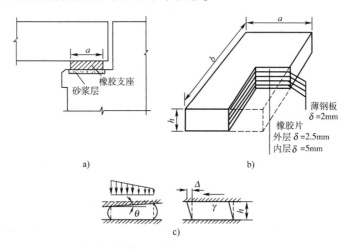

图 2-6-3 板式橡胶支座

无加劲层的纯橡胶支座，由于其容许压应力很小，约为 3 000kPa，故只适用于小跨径桥梁。常用的板式橡胶支座都用几层薄钢板或钢丝网作为加劲层[图 2-6-3b)]。由于橡胶片之间的加劲层能起阻止橡胶侧向膨胀的作用，从而显著提高橡胶片的抗压强度和支座的抗压刚度。这种支座的容许压应力可达 10 000kPa,可用于支承反力达 3 000kN 左右的中等跨径桥梁。目前在桥梁工程实践中已有采用这种支座替代弧形钢板支座的趋势。

国内常用的橡胶支座规格尺寸为:短边 $a=15\text{cm}$,长边 $b=20\text{cm}$,高度 h 分为 14cm、21cm、28cm、42cm 四档。标准构造的加劲薄钢板厚 2mm,中间橡胶片厚 5mm。也可以根据具体要求做成其他尺寸。

氯丁橡胶的硬度要求为邵氏 55°~60°,它适用于温度不低于 -25℃的地区。

橡胶支座的弹性模量 E_e 和剪变模量 G_e 可由试验确定。根据国内的研究资料,对于上述硬度的氯丁橡胶,在设计中 E_e(单位:kPa)值可由下式确定:

$$E_e = 5.4 G_e S^2 \tag{2-6-1}$$

式中:S——支座的平面形状系数,由下式计算:

矩形支座

$$S = \frac{a_0 b_0}{2t(a_0 + b_0)} \tag{2-6-1'}$$

圆形支座

$$S = \frac{d_0}{4t}$$

式中:a_0——矩形支座加劲钢板短边边长;

b_0——矩形支座加劲钢板长边边长;

t——支座中间层单层橡胶片厚度;

d_0——圆形支座钢板直径。

支座形状系数应在 $5 \leqslant S \leqslant 12$ 范围内取用。

常温下橡胶支座剪变模量 G_e 值可采用 1 000kPa。

支座橡胶片承受剪切变形时容许的剪切角正切值($\tan\gamma$),可采用 0.5(不计制动力时)和 0.7(计入制动力时)。

橡胶支座的橡胶与钢板之间的摩擦系数 $\mu=0.2$,橡胶与混凝土之间的摩擦系数 $\mu=0.3$。聚四氟乙烯板与不锈钢板接触(加硅脂)时,$\mu_f=0.06$;当温度低于 -25℃时,μ_f 值增大 30%;当不加硅脂时,μ_f 值应加倍。当有实测资料时,也可按实测资料采用。

必须指出,硬度为 55°~60°的氯丁橡胶支座,只适用于温度不低于 -25℃的地区,因为氯丁橡胶在更低温度下的弹性模量和剪切模量均会显著提高。对于低温地区采用乙丙橡胶或天然橡胶的支座。

为使橡胶支座受力均匀,在安装时应使梁底面和墩台顶面清洁平整,安装位置要正确。必要时可在墩台顶面敷设一层 1:3 水泥砂浆。通常支座板可直接安装在梁与墩台之间,但当支座比梁肋宽时,尚应在支座与梁肋之间衬以钢垫板。在水平荷载较大的情况下,为防止支座滑动,可在支座顶面、底面上设置浅的定位孔槽,并使梁底和墩台顶预埋的伸出锚钉伸入定位孔槽,加以固定。应注意锚钉不能深入支座过多,以免影响支座的活动性。

(二)盆式橡胶支座

一般的板式橡胶支座处于无侧限受压状态,故其抗压强度不高,并且其位移量取决于橡胶的容许剪切变形和支座高度,要求的位移量越大,支座就要做得越厚,所以板式橡胶支座的承载能力和位移值受到一定的限制。

近年来经研制成功并已在实践中多次使用的盆式橡胶支座,为在大、中跨桥梁上应用橡胶支座开辟了新的途径。盆式橡胶支座的主要构造特点有两个:一是将纯氯丁橡胶块放置在钢制的凹形金属盆内,由于橡胶处于有侧限受压状态,大大提高了支座的承载能力(橡胶块的容许压应力可达 25 000kPa);二是利用嵌放在金属盆顶面的填充聚四氟乙烯板与不锈钢板相对摩擦系数小的特性,保证了活动支座能满足梁的水平移动的要求。梁的转动通过盆内橡胶块的不均匀压缩来实现。常用的盆式橡胶支座构造如图 2-6-4 所示,它是由不锈钢板、锡青铜填充的聚四氟乙烯板、钢盆环、氯丁橡胶块、钢密封圈、盆塞、氟丁橡胶防水圈等组装而成。如能提高盆环与密封圈的配合精度并采取在橡胶块上下表面粘贴聚四氟乙烯板的措施,就能更有效地防止橡胶的老化。

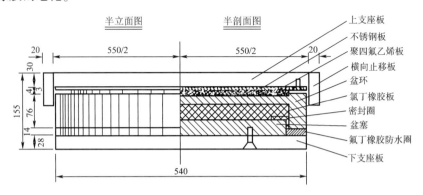

图 2-6-4　盆式橡胶支座的一般构造(尺寸单位:mm)

使用经验表明,这种支座结构紧凑、摩擦系数小、承载能力大、质量小、结构高度小、转动及滑动灵活、成本较低,是有发展前途的一种大、中型桥梁支座。

我国目前已系列生产的盆式橡胶支座,其竖向承载力分为 31 级,从 800kN 至 60 000kN,有效纵向位移量从 ±40mm 至 ±200mm。支座的容许转角为 0.02rad,设计摩擦系数为 0.06[详见《公路桥梁盆式支座》(JT/T 391—2019)]。根据最近资料,我国已在大跨度连续梁桥上应用承载力超过万吨的盆式橡胶支座。

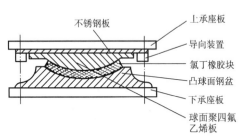

图 2-6-5　盆式球形橡胶支座示意图

为了适应能多向转动且转动量较大的情况,还可设计成盆式球形橡胶支座,如图 2-6-5 所示。如果只需要在一个方向内移动,也可设置导向装置。

鉴于活动支座的摩擦系数很小,也就显著减小了作用于墩台的水平力。在实践中,为了安全起见,当计算墩台所受水平力时往往取摩擦系数为 0.10(板式橡胶支座时为 0.20~0.30)。

三、球形钢支座

随着大跨度桥梁结构的发展,要求桥梁支座的承载能力大,同时具备适应大位移和转角的要求。

球形钢支座传力可靠,转动灵活,它不但具备盆式橡胶支座承载能力大、允许支座位移大等特点。而且能更好地适应支座大转角的需要,与盆式橡胶支座相比具有如下优点:

（1）球形钢支座通过球面传力，不出现力的缩颈现象，作用在混凝土上的反力比较均匀。

（2）球形钢支座通过球面聚四氟乙烯板的滑动实现支座的转动过程，转动力矩小，而且转动力矩只与支座球面半径及聚四氟乙烯板的摩擦系数有关，与支座转角大小无关。因此特别适用于大转角要求，设计转角可达 0.05rad 以上。

（3）支座各向转动性能一致，适用于宽桥、曲线桥。

（4）支座不用橡胶承压，不存在橡胶老化对支座转动性能的影响，特别适用于低温地区。

根据水平位移能力的不同，球形支座可以分为固定支座、单向活动支座和多向活动支座，图 2-6-6 是各种球形支座的示意图。活动支座的主要组成是上支座板、不锈钢位移板、聚四氟乙烯滑板、中间球形钢芯板、球面聚四氟乙烯板、橡胶密封圈、下支座板和上下固定连接螺栓等，如图 2-6-7 所示。

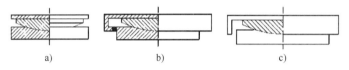

图 2-6-6　球形支座示意图
a) 双向活动支座；b) 单向活动支座；c) 固定支座）

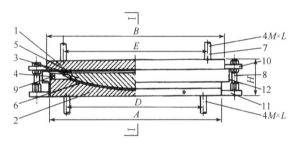

图 2-6-7　球形钢支座构造示意图

1-上支座板；2-下支座板；3-钢衬板；4-钢挡圈；5-平面聚四氟乙烯板；6-球面聚四氟乙烯板；7-锚固螺栓；8-连接螺栓；9-橡胶防尘条；10-上支座连接板；11-下支座连接板；12-防尘围板

球形钢支座的位移，是由上支座滑板与平面聚四氟乙烯板之间滑动来实现的，通过在上支座滑板上设置导向槽或导向环来约束支座的位移方向，可制成单向活动支座和固定支座。

球形钢支座的竖向转角，是由球面板与球面聚四氟乙烯板之间的滑动来实现的。通常由于支座的转动中心与上部转动中心不重合，因此在上支座板与平面聚四氟乙烯板之间形成第二滑动面。根据上部结构与支座转动中心的相应位置，球面转动方向可以与平面滑动方向一致或相反。如果两转动中心重合，则平面上就不会发生滑动。支座转动时，首先发生在球形板与球面聚四氟乙烯板处，然后才在平面聚四氟乙烯板上发生滑动，因此球形支座特别适用于有大转角要求的桥梁。

四、典型减隔震支座

对于高烈度地区桥梁，为了减小下部结构所受到的地震力，可以选择减隔震支座。减隔震支座在水平向具有延长结构振动周期，耗散地震能量的功能。目前，国内最常用的减隔震支座有铅芯橡胶支座、高阻尼橡胶支座和双曲面球钢减隔震支座（摩擦摆支座）等。

铅芯橡胶支座(图2-6-8)是在多层橡胶支座中插入铅芯,当多层橡胶产生剪切变形时,利用铅芯的塑性变形延长结构周期,耗散地震。

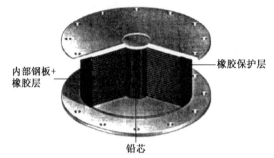

图2-6-8 铅芯橡胶支座结构示意图

双曲面球形减隔震支座是通过对技术上非常成熟的球形滑动支座进行改造而开发的。该支座将普通球形滑动支座的平滑动面改为球面,结构上包括一个具有滑动凹球面的上支座板、一个具有双凸球面的中支座板和一个具有转动凹球面的下支座板(图2-6-9)。滑动面和转动面都是由不锈钢板和聚四氟乙烯板组成的。

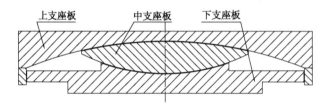

图2-6-9 双曲面球形减隔震支座的构造示意图

在正常情况下和设计地震下,固定支座的纵、横桥向均受限位装置的约束,仅满足梁体转动要求;纵向活动支座的横桥向受限位装置的约束,可满足梁体纵桥向滑移和各向转动的要求;多向活动支座,既可满足梁体的水平向滑动,又可满足转动要求。当地震发生,且地震力超过给定值时,支座限位约束被解除,所有(形式的)支座发生水平滑动,延长结构周期,耗散地震能量。

第三节 支座的选用

支座的作用是将桥梁上部结构的竖向荷载和水平荷载传递给桥梁下部结构,同时尽量减小下部结构对上部结构变形的约束,在高烈度地震地区还要起一定的减(隔)震作用。因此,支座必须有一定的承载能力、变形能力和特殊功能。

目前我国桥梁支座已经产品化,行业主管部门颁布了产品标准,规范了各类支座应达到的承载力、变形能力和功能要求。工程师只要根据桥梁特点,分析对支座的要求,然后根据要求在产品标准中选配支座即可。

(一)支座承载力需求计算

作用在支座上的力有竖向力和水平力。其中,作用在支座上的竖向力有结构自重的反力、活荷载的支点反力及其影响力。在计算汽车荷载支座反力时,应计入冲击影响力。当支座可能出现上拔力时,应分别计算支座的最大竖向力和最大上拔力。

正交直线桥梁的支座,一般仅需计入纵向水平力;斜桥和弯桥的支座,还需要考虑由于汽车荷载的离心力或其他原因(如风力和地震等)产生的水平力。

汽车荷载产生的制动力,应按照公路桥涵设计规范要求,根据车道数确定。刚性墩台各种支座传递的制动力,按规范中的规定采用。其中,规定每个活动支座传递的制动力不得大于其摩阻力;当采用厚度相等的板式橡胶支座时,制动力可平均分配至各支座。对于简支梁桥,当采用柔性排架墩时,制动力可按其刚度分配;设有板式橡胶支座的柱式墩台,可考虑联合作用。在计算支座水平力时,汽车荷载产生的制动力不应与支座的摩阻力同时考虑。其他水平力的计算按规范有关条文采用。地震地区桥梁支座的外力计算,应根据设计的地震动参数,按《公路工程抗震规范》(JTG B02—2013)的规定进行计算和组合。

(二)支座变形能力需求计算

支座的作用不仅在于作为桥梁上部结构的支承点、集中传力点;而且,它也应在结构图式许可的条件下,具有适应结构运营过程中必要变形的功能,包括允许的水平位移和转角。

对于梁桥,支座处的水平位移主要由主梁温差变形、混凝土收缩、徐变、预应力变形产生,大跨径梁桥主梁在竖向荷载作用下也会在活动支座处产生水平位移。支座转角由主梁支座处在竖向荷载、预应力偏心弯矩作用下的转动产生。必须根据结构的特点、施工过程,计算在各种可能工况下的支座位移,并进行组合。

(三)支座安装偏移量计算

常年温差位移有往复性,而混凝土收缩和预应力产生的位移是单向的,因此除了选择支座变形能力范围外,还要根据支座安装时机、桥梁合龙时机,计算活动支座安装偏移量。

第七章
简支梁桥的施工

为了多快好省地进行桥梁施工,通常应事先对全桥的工程根据技术状况、水文条件、机械设备能力、劳动力等条件作出全面的规划,包括拟订切实可行的施工方法、安排施工进度计划、确定合理的施工场地布置等,以便对桥梁施工的全过程做到心中有数,有利于加强施工管理工作,并有计划、科学指导施工。对于某些复杂的工艺,还可在施工前安排适当的科学试验工作,必要时应预先准备好补充的施工方案。

钢筋混凝土和预应力混凝土梁桥的施工,可分为就地灌筑(或简称"现浇")和预制安装两大类。

一般来说,预制安装法施工的优点是:上、下部结构可平行施工,工期短;混凝土收缩徐变的影响小,质量易于控制;有利于大规模工业化制造;有利于组织文明生产。但是这种方法需要设置预制场地和拥有必要的运输和吊装设备。

现浇法施工无需预制场地,并且不需要大型吊运设备,但需要搭设支架,工期亦长,施工质量不如预制容易控制,而且对于预应力混凝土梁由于收缩和徐变引起的应力损失也较大等,这些都是此法的不足之处。

近年来,随着吊运设备能力的不断提高、预应力工艺的日趋完善,预制安装的施工方法已在国内外得到普遍推广。对于中、小跨径的简支梁桥广泛采用标准设计进行整片预制和整片架设。据统计,在美国、俄罗斯和西欧各国,桥梁上部构造采用预制装配施工的已占80%~90%。

以下简要介绍钢筋混凝土和预应力混凝土简支梁桥的制造工艺,以及各种常用的运输安装方法。

第一节　钢筋混凝土简支梁桥的制造工艺

一、模板和简易支架

模板和支架都是施工过程中的临时性结构,对梁体的制作十分重要。模板和支架不仅控制梁体尺寸的精度、直接影响施工进度和混凝土浇筑质量,而且还影响到施工安全。因此,模板和支架应该符合下列要求:

(1)具有足够的强度、刚度和稳定性,能可靠地承受施工过程中可能产生的各项荷载;

(2)保证工程构造物的设计形状、尺寸及各部分相互之间位置的正确性;

(3)构造和制作力求简单,装拆既要方便又要尽量减少构件的损伤,以提高装、拆、运的速度和增加周转使用的次数;

(4)模板的接缝务必严实、紧密,以确保新浇混凝土在强烈振动下不致漏浆。

(一)模板的分类和构造

按制作材料分类,桥梁施工常用的模板有木模板、钢模板、钢木结合模板。有时为了节省钢木材料,也可因地制宜利用土模或砖模来制梁。按模板的装拆方法分类,可分为零拼式模板、分片装拆式模板、整体装拆式模板等。以前我国公路桥梁上常用木模板,随着我国工业的发展,既能节约木材又可提高预制质量而且经久耐用的钢模板,目前已得到广泛使用和推广。

木模板的基本构造由紧贴于混凝土表面的壳板(又称面板)、支承壳板的肋木和立柱或横档组成,壳板可以竖直拼装[图2-7-1a)]或水平拼装[图2-7-1b)]。

壳板的接缝可做成平缝[图2-7-1b)]、搭接缝或企口缝[图2-7-1c)]。当采用平缝拼接时,应在拼缝处衬压塑料薄膜或水泥袋纸以防漏浆。为了增加木模的周转次数并方便脱模,往往在壳板面上加钉一层薄铁皮。

壳板的厚度一般为2~5cm,宽15~18cm,不宜超过20cm,过薄与过宽的板容易变形。肋木、立柱或横档的尺寸可根据经验或计算确定。肋木的间距一般为0.7~1.5cm。

图2-7-2所示为常用T形梁的分片装拆式木制模板结构。相邻横隔板之间的模板形成一个柜箱,在柜箱内的横档上可安装附着式振捣器。梁体两侧的一对柜箱用顶部横木和穿通梁肋的螺栓拉杆来固定,并借助柱底的木楔进行装、拆调整。

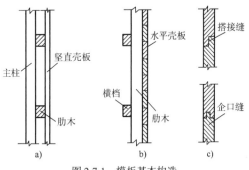

图2-7-1　模板基本构造

图2-7-3示出一种分片装拆式钢模板的结构组成。

侧模由厚度一般为4~8mm的钢壳板、角钢做成的水平和竖向肋、支托竖向肋的直撑、斜撑、固定侧模用的顶横杆和底部拉杆,以及安装在壳板上的振捣架等构成。底模通常用6~12mm的钢板制成,它通过垫木支承在底部钢横梁上。在拼装钢模板时,所有紧贴混凝土的接缝内都用止浆垫使接缝密闭不漏浆,止浆垫一般采用柔软、耐用和弹性大的5~8mm橡胶板或厚10mm左右的泡沫塑料板。

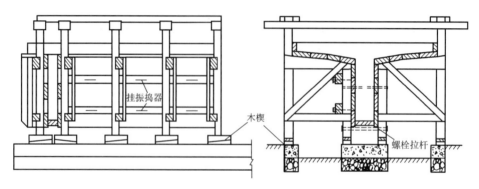

图 2-7-2　T形梁的木模构造

如果将钢模板中的钢制壳板换成水平拼装的木壳板,用埋头螺栓连接在角钢竖肋上,在木壳板上再钉一层薄铁皮,这样就做成钢木结合模板。这种模板不仅节约木材,成本低,而且具有较大的刚度和紧密稳固性,也是一种较好的模板结构。

图 2-7-4 所示,是桥梁工程中常用于空心板梁的木制芯模构造。芯模是形成空心所必需的特殊模板,其结构形式直接影响到制作是否简便经济,装拆是否方便,周转率是否高的问题。为了便于搬运装拆,每根梁的模板分成两节。木壳板的侧面装置铰链,使壳板可以转动。芯模的骨架和活动撑板,每隔 70cm 一道。撑板下端的半边朝梁端一侧用铰链与壳板连接,安装时借助榫头顶紧壳板纵面的上下斜缝,并在撑板上部设置 $\phi 20mm$ 的拉杆。撑板将壳板撑实后,在模壳外用铁丝捆扎以防散开或变形。拆模时只需用拉杆将撑板从顶部拉脱,并借助铰链先松左半模板,取出后再脱右半模板。

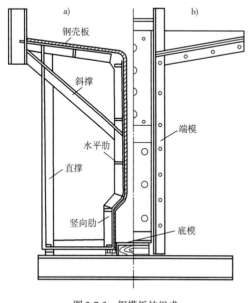

图 2-7-3　钢模板的组成

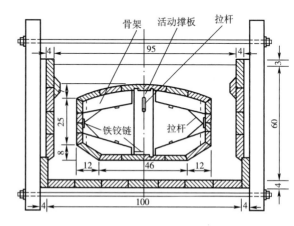

图 2-7-4　空心板梁芯模构造(尺寸单位:cm)

上述芯模亦可改用特制的充气橡胶管来完成。在国外,还采用混凝土管、纸管等做成不抽拔的芯模。

不管何种模板,为了避免壳板与混凝土粘连,通常均需在壳板面上涂以隔离剂,如石灰乳浆、肥皂水或废机油等。

(二)简易支架

就地浇筑梁桥时,需要在梁下搭设简易支架(或称为脚手架)来支承模板、浇筑的钢筋混凝土以及其他施工荷载的重量。对于装配式桥的施工,有时也要搭设简易支架作为吊装过程中的临时支承结构和施工操作之用。

目前,在桥梁施工中采用较多的是木支架和钢管支架,并以立柱式支架为多,如图2-7-5所示。立柱在顺桥方向的间距,应根据施工过程中荷载大小由计算来确定。靠墩台的立柱可设在墩台基础的襟边上;在横桥方向,立柱一般设置在梁肋下。

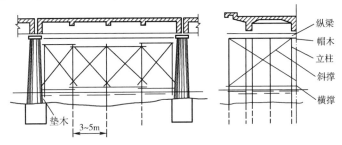

图 2-7-5 简易支架

近年来,为了进一步节约木材,对中小型公路桥梁采用支架施工时,已开始采用工业与民用建筑单位普遍使用的工具式钢管脚手架。这种脚手架的主要构件是外径为51mm的钢管,每延米质量为3.55kg,备有各式连接扣件,操作方便,损耗率低,在施工中质量有保证,并且可取得良好的经济效益。

应注意的是:支架在承受荷载后会因弹性和非弹性变形以及地基的沉降而发生下沉变形,因此在浇筑混凝土之前,通常要将支架进行预压,以期尽可能消除这些变形。

二、钢筋工作

钢筋工作的特点是:加工工序多,包括钢筋整直、切断、除锈、弯制、焊接或绑扎成型等,而且钢筋的规格和型号尺寸也比较多。鉴于钢筋的加工质量和布置在浇筑混凝土后再也无法检查,故必须仔细认真地严格控制钢筋工作的施工质量。

(一)钢筋加工的准备工作

首先应对进场的钢筋通过抽样试验进行质量鉴定,合格的才能使用。抽样试验主要做抗拉极限强度、屈服点和冷弯试验。

钢筋的整直工作根据钢筋直径的大小采用不同的方法。对于直径在10mm以上的钢筋一般用锤打整直,对于直径不到10mm的常用手摇或电动绞车通过冷拉整直(伸长率不大于1%),这样能提高钢筋的强度。

钢筋经整直、除去污锈后,即可按图纸要求进行划线下料工作。为了使成型的钢筋比较精确地符合设计要求,在下料前应计算图纸上所标明的折线尺寸与弯折处实际弧线尺寸之差值(通常可查阅现成的计算表格),同时还应计入钢筋在冷作弯折过程中的伸长量。弯折伸长量可按表2-7-1估算。图2-7-6a)示出通常设计图纸中标明的折线尺寸,图2-7-6c)为扣除了加工伸长量的实际划线下料尺寸。

钢筋弯折伸长量(cm)　　　　　　　　　表2-7-1

钢筋直径(mm)	弯折角度			钢筋直径(mm)	弯折角度		
	180°	90°	45°		180°	90°	45°
6	1.0	0.5	不计	20	3.0	1.5	1.0
8	1.0	1.0	不计	20	4.0	2.0	1.0
10	1.5	1.0		25	4.5	2.5	1.5
12	1.5	1.0	0.5	27	5.0	3.0	2.0
14	2.0	1.5	0.5	32	6.0	3.5	2.5
16	2.5	1.5	0.5				

钢筋弯制前准备工作的最后一道工序为下料,即截断钢筋,通常视钢筋直径的大小,用錾子、手动剪切机和电动剪切机来进行。

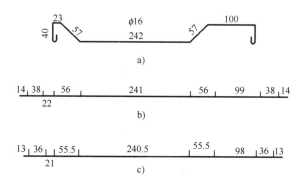

图2-7-6　弯折前的钢筋划线(尺寸单位:mm)
a)钢筋设计图;b)考虑实际弧长的展直尺寸;c)计入弯折伸长的下料尺寸

(二)钢筋的弯制成型和接头

下料后的钢筋可在工作平台上用手工或电动弯筋器按规定的弯曲半径弯制成型,钢筋的两端也应按图纸弯成所需的标准弯钩。如钢筋图中对弯曲半径未作规定时,则宜按钢筋直径的15倍为半径进行弯制。对于需要较长的钢筋,最好在接长以后再弯制,这样较易控制尺寸。

钢筋的接头应采用电焊,并以闪光接触对焊为宜,这种接头的传力性能好,且省钢料。在不能进行闪光接触对焊时,可采用电弧焊(如搭接焊、帮条焊、坡口焊、熔槽焊等)。焊接接头在构件内应尽量错开布置,且受拉主钢筋的接头截面面积不得超过受力钢筋总截面面积的50%。装配式构件连接处受力钢筋的焊接接头可不受此限制。

当钢筋的接头采用焊接困难时,也可采用绑扎搭接,受拉钢筋的接头长度应符合表2-7-2的规定;受压钢筋的绑扎接头搭接长度,应取受拉钢筋搭接长度的0.7倍,且搭接长度区段内受力钢筋接头的截面面积,在受拉区不得超过钢筋总截面面积的25%,在受压区不得超过50%。

受拉钢筋绑扎接头搭接长度　　　　　　　　　表 2-7-2

钢筋种类	HPB300		HRB400、HRBF400、RRB400	HRB500
混凝土强度等级	C25	≥C30	≥C30	≥C30
搭接长度(mm)	40d	35d	45d	50d

注:1. d 为钢筋的公称直径(mm)。当带肋钢筋 $d>25$mm 时,其受拉钢筋的搭接长度应按表值增加 5d 采用;当带肋钢筋 $d<25$mm 时,搭接长度可按表值减少 5d 采用。
  2. 当混凝土在凝固过程中受力钢筋易受扰动时,其搭接长度应增加 5d。
  3. 在任何情况下,受拉钢筋的搭接长度不应小于 300mm;受压钢筋的搭接长度不应小于 200mm。
  4. 环氧树脂涂层钢筋的绑扎接头搭接长度,受拉钢筋按表值的 1.5 倍采用。
  5. 受拉区段内,HPB300 钢筋绑扎接头的末端应做成弯钩,HRB400、HRB500、HRBF400 和 RRB400 钢筋的末端可不做成弯钩。

(三)钢筋骨架的组成与安装

装配式 T 梁的焊接钢筋骨架应在坚固的焊接工作台上进行施工。骨架的焊接一般采用电弧焊,先焊成单片平面骨架,再将它组拼成立体骨架。组拼后的骨架须有足够的刚性,焊缝须有足够的强度,以便在搬运、安装和灌筑混凝土过程中不致变形、松散。

在焊接过程中,由于焊缝填充金属及被焊金属的温度变化,骨架将会产生翘曲变形,同时在焊缝内将引起甚至会导致焊缝开裂的收缩应力。为了防止或减小这种变形和应力,一般以采用双面焊缝为好,即先焊好一面的焊缝,而后把骨架翻身,再焊另一面的焊缝。当大跨径骨架,翻身困难而不得不采用单面焊时,则须在垂直骨架平面的方向做成预拱度(其大小可由实地测验而定)。同时,在焊接操作上应采用分层跳焊法,即从骨架中心向两端对称、错开焊接,先焊骨架下部,后焊骨架上部,见图 2-7-7a);在同一断面处,如钢筋层次多,各道焊缝也应互相交错跳焊,如图 2-7-7b)所示;同时,每道焊缝可分两层焊足高度,即先按跳焊顺序焊好焊缝的下层,经冷却后,再按跳焊顺序焊完上层。当多层钢筋直径不同时,则可先焊两直径相同的钢筋,再焊直径不同的钢筋。焊缝在焊成后应全部敲掉药皮。

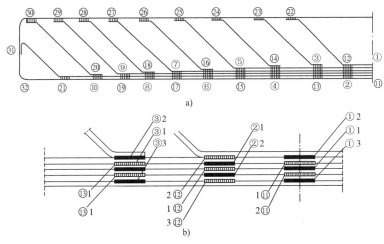

图 2-7-7　骨架焊缝焊接程序示意图
a)焊接顺序编号;b)多层焊缝跳焊编号

实践表明,装配式简支梁焊接钢筋骨架在焊接后在骨架平面内还会发生两端上翘的焊接变形。为此,尚应结合骨架在安装时可能产生的挠度,事先将骨架拼成具有一定的预拱度,再行施焊。预留拱度的数值可由试验来确定,一般也可参照表2-7-3取用。

简支 T 梁钢筋骨架的预留拱度　　　　表 2-7-3

T 梁跨径(m)	<10	10	16	20
工作台上预留拱度(cm)	0.3	3~5	4~6	5~7

焊接成型的钢筋骨架,安装比较简单,用一般起重设备吊入模板即可。

对于绑扎钢筋的安装,应事先拟定安装顺序。一般的梁肋钢筋,先放箍筋,再安放下排主筋,后装上排钢筋。在钢筋安装工作中为了保证达到设计及构造要求,应注意下列几点:

(1)钢筋的接头应按规定要求错开布置。

(2)钢筋的交叉点应用铁丝绑扎结实,必要时,也可用电焊焊接。

(3)除设计有特殊规定者外,梁中箍筋应与主筋垂直。箍筋弯钩的叠合处,在梁中应沿纵向置于上面并交错布置。

(4)为了保证混凝土保护层的必需厚度,应在钢筋与模板间设置水泥垫块或专门的塑料垫块。垫块应错开设置,应确保钢筋具有足够的保护层厚度。

(5)为保证及固定钢筋相互间的横向净距,两排钢筋之间也可使用分隔垫块,或用短钢筋扎结固定。

(6)为保证钢筋骨架有足够的刚度,必要时可以增加装配钢筋。

三、混凝土工作

混凝土工作包括拌制、运输、浇筑和振捣、养护以及拆模等工序。

(一)混凝土的拌制

混凝土一般采用机械搅拌。上料的顺序,一般是先石子、次水泥、后砂。人工搅拌只许用于混凝土用量较少工程的塑性混凝土或半干硬性混凝土。不管采用机械或人工搅拌,都应使石子表面包满砂浆、拌和料混合均匀、颜色一致。人工拌和应在铁板或其他不渗水的平板上进行,先将水泥和细集料拌匀,再加入石子和水,拌至材料均匀、颜色一致为止。如需掺附加剂,应先将附加剂溶液(指可溶性附加剂),再加入拌和水中,与其他材料拌匀。在整个施工过程中,要注意随时检查和校正混凝土的流动性或工作度(又叫作坍落度),严格控制水灰比,不得任意增加用水量。

目前,为了提高干硬或半干硬性混凝土的和易性、减少混凝土的单位用水量,以提高其强度并且达到节约水泥用量的目的,尚可在混凝土中掺用减水剂。近年来我国进行研究和试用的减水剂有亚甲基二萘磺酸钠(NNO)、次甲基a甲基萘磺酸钠(MF)、木质素磺酸盐及萘磺酸甲醛高缩合物(FDN)等。掺加减水剂的种类、数量、方法都必须通过试验确定。

保证混凝土拌和均匀的重要条件是有足够的拌和时间,其可参照表2-7-4取用。但要注意拌和时间也不能过长,否则会出现混凝土混合物的分离现象。

混凝土延续搅拌的最短时间　　　　　　　表 2-7-4

混凝土拌和机容量(L)	延续拌和时间(s)		
	混凝土坍落度(cm)		
	0~1	2~7	>7
≤400	120	60	45
800	150	90	60
1 200		120	90

(二)混凝土的运输

混凝土应以最少的转运次数、最短的距离迅速从搅拌地点运往浇筑位置。运输道路要平整,防止混凝土因颠簸振动而发生离析、泌水和灰浆流失等现象,一经发现,必须在浇筑前进行再次搅拌。

混凝土从拌和机内卸出,经运输、浇筑直至振捣完毕的允许时间列入表 2-7-5。如果超出规定时间,应在浇筑点检验其稠度,并制作试验块检验其强度。

混凝土运输、浇筑允许时间表　　　　　　　表 2-7-5

混凝土温度(℃)	20~30	10~19	5~9
混凝土延续时间	不超过 1h	不超过 1.5h	不超过 2h

若混凝土自高处倾落时,为防止离析,其自由倾落高度不宜超过 2m;超过 2m 时,应采用溜管、溜槽或串筒输送;倾落高度大于 10m 时,串筒内应附设减速叶片。

(三)混凝土的浇筑

浇筑混凝土前一定要仔细检查模板和钢筋的尺寸,预埋件的位置等是否正确,混凝土保护层垫块是否放置完好。并要查看模板的清洁、润滑和紧密程度。

混凝土的浇筑方法直接影响到混凝土的密实度和整体性,这对混凝土的质量关系很大。因此,必须根据混凝土的拌制能力、运距与浇筑速度、气温及振捣能力等因素,认真制定混凝土的浇筑工艺。当采用厂拌的商品混凝土,运至工地后进行浇筑时,特别要检查混凝土的稠度要求,绝对不允许使用因过时而加水重拌的混凝土。

当构件的高度(或厚度)较大时,为了保证混凝土能振捣密实,应采用分层浇筑法。浇筑层的厚度与混凝土的稠度及振捣方式有关,在一般稠度下,用插入式振捣器振捣时,浇筑层厚度为振捣器作用部分长度的 1.25 倍;用平板式振捣器振捣时,浇筑厚度不超过 20cm。薄腹 T 梁或箱梁的梁肋,当用侧向附着式振捣器振捣时,浇筑厚度一般为 30~40cm。采用人工捣固时,视钢筋密疏程度,通常取浇筑厚度为 15~25cm。

中小跨径的 T 梁一般均采用水平层浇筑[图 2-7-8a)],其横隔梁的混凝土与梁肋同时浇筑。对于又高又长的梁体,当混凝土的供应量跟不上按水平层浇筑的进度时,可采用斜层浇筑法,由梁的一端浇向另一端[图 2-7-8b)]。

浇筑空心板梁,一般先浇筑底板,再立芯模,扎焊顶面钢筋,然后浇筑肋板与面板混凝土,待混凝土初凝后,即可抽卸芯模。

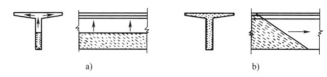

图 2-7-8 分层法浇筑混凝土
a)水平层浇筑；b)斜层浇筑

分层浇筑时,应在前层混凝土开始凝结之前,即将次层混凝土浇筑捣实完毕。在此情况下,上下层浇筑时间相隔不宜超过 1h(当气温在 30℃以上时)或 1.5h(当气温在 30℃以下时)。也可由试验资料来确定容许的相隔时间。

如果在浇筑次层时前层混凝土已经凝结,则要待前层混凝土具有不小于 1 200kPa 强度时,经接合缝处理后才可浇筑次层混凝土;当要求接合缝具有不渗水性时,应在前层混凝土强度达到 2 500kPa 后,再浇筑新混凝土。

新老混凝土接合缝处理的注意事项为:
(1)凿除老混凝土表层的水泥浆和较弱层,将接缝面凿毛,用水冲洗干净。
(2)如为垂直缝应刷一层净水泥浆,如为水平缝应在接缝面上铺一层与混凝土相同而水灰比略小的、厚度为 1~2cm 的水泥砂浆。
(3)斜面接缝应将斜面凿毛呈台阶状。
(4)接缝处于重要部位或结构物位于地震区者,在浇筑时应加锚固钢筋。
(5)振捣器工作时应距先浇混凝土 5~10cm。

(四)混凝土的振捣

混凝土拌和料具有受振时产生暂时流动的特性,此时其中的粗集料靠重力向下沉落并互相滑动挤紧,集料间的空隙被流动性大的水泥砂浆所充满,而空气则形成小气泡浮到混凝土表面被排出。这样会增加混凝土的密实度,从而大幅度提高混凝土的强度和耐久性,并使之达到内实外光的要求。

混凝土的振捣可分人工(用铁钎)振捣和机械振捣两种。人工振捣适用于坍落度大、混凝土数量少或钢筋过密部位的场合。大规模的混凝土浇筑,必须使用机械振捣。

混凝土振捣设备有插入式振捣器、附着式振捣器、平板式振捣器和振动台等。

平板式振捣器用于大面积混凝土施工,如桥面、基础等;附着式振捣器是挂在模板外部振捣,借助振动模板来振捣混凝土,对模板要求较高,而振动的效果不是太好,常用于薄壁混凝土构件,如梁肋部分等;插入式振捣器,常用的是软管式的,只要构件断面有足够的位置插入振捣器,而钢筋又不太密时采用,它的效果比平板式及附着式要好。

在选用振捣器时应注意,对于石料粒径较大的混凝土,选用频率较低、振幅较大的振捣器效率较好;反之则宜选用频率高、振幅小的。因为振幅太大容易使较小集料作无规则的翻动,反而造成混凝土的离析。

混凝土每次振捣的时间要很好掌握,振捣时间过短或过长均有弊病,一般以振捣至混凝土不再下沉、无显著气泡上升、混凝土表面出现薄层水泥浆、表面达到平整为适度。当用附着式振捣器时,因振捣效率较差,一般需 2min 左右。当用插入式振捣器时,效果较好,一般只要 15~30s。当用平板式振捣器时,在每个位置上的振捣时间为 25~40s。

(五)混凝土的养护及模板拆除

混凝土中水泥的水化作用过程,就是混凝土凝固、硬化和强度发育的过程。它与周围环境的温度、湿度有着密切的关系。当温度低于15℃时,混凝土的硬化速度减慢,而当温度降至-2℃以下时,硬化基本上停止。在干燥的气候条件下,混凝土中的水分迅速蒸发,一方面使混凝土表面剧烈收缩而导致裂缝,另一方面当游离水分全部蒸发后,水泥水化作用也就停止,混凝土即停止硬化。因此,混凝土浇筑后即需进行适当的养护,以保持混凝土硬化发育所需要的温度和湿度。

目前在桥梁施工中采用最多的是在自然气温条件下(5℃以上)的自然养护方法。此法是在混凝土终凝后,在构件上覆盖草袋、麻袋、稻草或砂,经常洒水,以保持构件经常处于湿润状态。

自然养护法的养护时间与水泥品种和是否掺用塑化剂有关。一般情况下,用普通硅酸盐水泥的混凝土为7昼夜以上;用矿渣水泥、火山灰质水泥或掺用塑化剂的为14昼夜以上。每天浇水的次数,以能使混凝土保持充分潮湿为度。在一般气候条件下,当温度高于15℃时,头三天内白天每隔1~2h浇水一次,夜间至少浇水2~4次,在以后的养护期间内可酌情减少。在干燥的气候条件下,或在大风天气中,应适当增加浇水的次数。

自然养护法比较经济,但混凝土强度增长较慢、模板占用时间也长,特别在低温下(5℃以下)不能采用。

为了加速模板周转和施工进度,可采用蒸汽法养护混凝土。混凝土经过养护,当强度达到设计强度的25%~50%时,即可拆除梁的侧模;达到设计吊装强度并不低于设计强度等级的70%时,就可起吊主梁。

(六)混凝土的冬季施工要点

当昼夜平均气温低于5℃时,或最低气温低于-3℃时,就必须采取冬季施工的技术措施。

冬季施工的技术措施,主要有以下几个方面:

(1)在保证混凝土必要和易性的同时,尽量减少用水量,采用较小的水灰比,这样可以大大促进混凝土的凝固速度,有利于抵抗混凝土的早期冻结。

(2)增加拌和时间,比正常情况下增加50%~100%,使水泥的水化作用加快,并使水泥的发热量增加以加速凝固。

(3)适当采用活性较大、发热量较高的快硬水泥、高强度等级水泥拌制混凝土。

(4)将拌和水甚至亦将集料加热,提高混凝土的初始温度,使混凝土在养护措施开始前不致冰冻。

(5)掺用早强剂,加速混凝土强度的发展,并降低混凝土水溶液的冰点,防止混凝土早期冻结。目前常用的早强剂有含三乙醇胺的硫酸钠复合剂和亚硝酸钠复合剂两种。

(6)用蒸汽养护、暖棚法、蓄热法和电热法等提高养护温度。

以上各项措施,各有特点和利弊,可根据施工期间的气温和预制场(厂)的具体条件来选定。

第二节　预应力混凝土简支梁桥的制造工艺

有关预加应力的基本概念和方法、预应力筋和锚具等的内容已在"结构设计原理"课程中作过介绍，这里不再重复。本节扼要阐述先张法和后张法的施工工艺。

一、先张法简支梁的制造工艺

先张法的制梁工艺是在浇筑混凝土前张拉预应力筋，将其临时锚固在张拉台座上，然后立模浇筑混凝土，待混凝土达到规定强度（不得低于设计强度等级的70%）时，逐渐将预应力筋放松，这样就因预应力筋的弹性回缩通过其与混凝土之间的黏结作用，使混凝土获得预压应力。

先张法生产可采用台座法或机组流水法。采用台座法时，构件施工的各道工序全部在固定台座上进行。采用机组流水法时，构件在移动式的钢模中生产，钢模按流水方式通过张拉、浇筑、养护等各个固定机组完成每道工序。机组流水法可加快生产速度，但需要大量钢模和较高的机械化程度，且需配合蒸汽养护，因此只用于工厂内预制定型构件。台座法不需复杂机械设备，施工适用性强，故应用较广泛。下面着重介绍台座、预应力筋的制备、张拉工艺及预应力筋张拉力的放松等问题。

（一）台座

台座是先张法生产中的主要设备之一，要求有足够的强度和稳定性。台座按构造形式不同，可分为墩式和槽式两类。

1. 墩式台座（图2-7-9）

墩式台座是靠自重和土压力来平衡张拉力所产生的倾覆力矩，并靠土壤的反力和摩擦力抵抗水平位移。在地质条件良好、台座张拉线较长的情况下，采用墩式台座可节约大量混凝土。

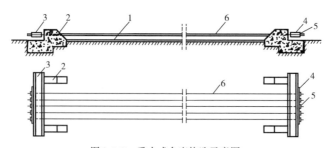

图2-7-9　重力式台座构造示意图
1-台面；2-承力架；3-横梁；4-定位钢板；5-夹具；6-预应力筋

台座由台面、承力架、横梁和定位钢板等组成（图2-7-9）。台面有整体式混凝土台面和装配式台面两种，它是制梁的底模。承力架要承受全部的张拉力，设计建造时须保证变形小、经济、安全和操作方便。按照受力大小和现场地基条件的不同，承力架可因地制宜地采取不同的形式，如图2-7-9和图2-7-10所示。横梁是将预应力筋张拉力传给承力架的构件，常用型钢设计制成。定位钢板用来固定预应力筋的位置,其厚度必须保证承受张拉力后具有足够的刚度。定位板的圆孔位置按梁体预应力筋的设计位置确定,孔径比预应力筋大2~5mm,以便穿束。

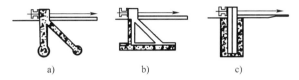

图 2-7-10 台座承力架的形式
a)爆扩桩式;b)三角架式;c)锚桩式

2. 槽式台座

当现场地质条件较差、台座又不很长时,可采用由台面、传力柱、横梁、横系梁等组成的槽式台座(图2-7-11)。传力柱和横系梁一般用钢筋混凝土做成,其他部分与墩式台座的相同。

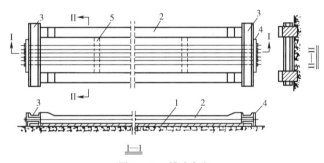

图 2-7-11 槽式台座
1-台面;2-传力柱;3-横梁;4-定位板;5-横系梁

(二)预应力筋的制备

先张法预应力混凝土梁可用精轧螺纹粗钢筋、钢绞线、螺旋肋钢丝或刻痕钢丝和冷拔低碳钢丝作为预应力筋。下面介绍我国公路桥梁上常用的可焊性较好的40硅2矾冷拉精轧螺纹粗钢筋(直径为12~28mm)的制备工作。它包括下料、对焊、镦粗或轧丝、冷拉等工序。

1. 下料

钢筋下料前应先做原材料检验和冷拉试验,以确定其冷拉伸长率和弹性回缩率等值。钢筋下料长度应根据台座长度、梁长、焊接接头压缩长度、冷拉伸长率、弹性回缩率等综合考虑决定。下料长度必须精确计算,以防止下料过长或过短造成浪费或给张拉、锚固带来困难。

预应力筋在加工前的下料长度一般可按下式计算:

$$L = \frac{l_0}{(1+\gamma)(1-\delta)} + nb$$

式中:L——钢筋下料的总长度(不包括两端螺钉端杆或夹具需要的长度);

l_0——预应力筋加工后需要的长度(即经对焊和冷拉后要求的长度);

b——每个对焊接头的压缩损耗量,一般为3~4cm;

n——对焊接头数量(包括焊接两端螺钉端杆的接头);

γ——钢筋冷拉伸长率(%),由试验确定;

δ——钢筋冷拉后的弹性回缩率(‰),由试验确定。

在长线式台座上同时生产几片梁时,下料长度应包括梁与梁间连接器的长度。

2. 对焊

精轧螺纹粗钢筋的出厂长度为 9~10m,因此需要对焊接长后才可应用。对焊一般应在冷拉前进行,以免冷拉钢筋高温回火后失去冷拉所提高的强度。对焊质量应严格控制,精轧螺纹钢筋的对焊一般在对焊机上进行。40硅2矾冷拉精轧螺纹粗钢筋的可焊性较好,焊后可不进行热处理,但一般均采用闪光—预热—闪光焊工艺来改善接头性能。

3. 镦粗或轧丝

钢筋端的张拉和锚固,除了焊接螺钉端杆的方法外,也可采用镦头锚具或轧制螺纹锚具(或称轧丝锚具),以简化锚固方法和节约优质钢材。

采用镦头锚具时,对于直径在12mm以下的钢筋可采用液压冷镦机将钢筋端头镦粗成圆头,并利用开孔的钢垫板组成锚具。对于较粗的钢筋需要用热镦法来加工,即可利用对焊机将钢筋加热加压形成镦头。直径大于22mm的钢筋,因镦粗时需用较大的压力,则可采用锻压方法加工成镦头。精轧钢筋在镦制后一般尚应进行热处理,以消除其脆硬组织。镦头制成后要进行外观检查,不得有烧伤、歪斜及裂缝。

采用轧制螺纹锚具时,关键在于钢筋端部的螺纹加工(简称轧丝)。通常可利用特制的钢模通过压力机进行冷压轧丝,轧丝后钢筋的平均直径与原钢筋相差无几,而且还可以提高钢筋的强度。国外也有直接采用热轧螺纹钢筋作为预应力筋,在此情况下既避免了螺钉端杆的焊接问题,也不必进行轧丝,使施工更趋方便。

4. 冷拉

为了提高钢筋的强度和节约钢材,预应力粗钢筋在使用前一般需要进行冷拉(即在常温下,用超过钢筋屈服强度的拉力拉伸钢筋)。

钢筋冷拉按照控制方法可分为"单控"(即仅控制冷拉伸长率)和"双控"(即同时控制应力和冷拉伸长率)两种。目前由于受钢材质量的影响,即使同一种规格的钢筋,采用相同冷拉伸长率冷拉后所建立的屈服强度并不一致;或在同一控制应力下,伸长率又极不一致。因此单按哪一种控制都不能保证质量,最好能采用"双控"冷拉,这样既可保证质量,还可在设计上充分利用钢材强度。采用双控冷拉时应以应力控制为主,伸长率控制为辅。在没有测力设备的情况下,只能采用"单控冷拉"。

冷拉控制应力和伸长率规定如表2-7-6所示。当用双控冷拉时,如钢筋已拉到控制应力,而伸长率尚未超过允许值,则认为合格;若钢筋已达到允许伸长率,而应力还小于控制应力,则这根钢筋应降低强度使用。

冷拉控制应力和伸长率　　表2-7-6

钢筋级别	双控		单控
	控制应力 $\sigma(t/m^2;kN/m^2)$	冷拉伸长率 $\gamma(\%)$ 不大于	冷拉伸长率 $\gamma(\%)$ 不大于
HRB400	53 000(519 400)	5.0	3.5~5.0
精轧螺纹	75 000(735 000)	4.0	2.5~4.0

钢筋冷拉前,应先算出冷拉拉力值和伸长值,以作为控制应力 δ 和伸长率 γ 的控制依据。拉力值即为表2-7-6所列控制应力与钢筋冷拉前公称截面面积的乘积($N = \delta A_g$);伸长值即为

测量开始时钢筋实际长度与冷拉伸长率的面积乘积($\Delta L = \gamma L$),当钢筋用连接杆接长时,应计入其弹性伸长。

冷拉操作应注意以下事项:

(1)冷拉速度不宜过快,一般控制在0.3~0.4cm/s或每秒钟应力增长5 000kPa左右。

(2)当双控冷拉时,先张拉到千斤顶压力表读数为10%总拉力值时即停车,此时作为测量伸长值的始点。为了核对钢筋的分段冷拉率与总冷拉率是否相符,可在同一根钢筋上,以1m为一段(至少取3段)用铅丝扎紧为标记。继续拉伸钢筋至总拉力值时,立即停车,并应静停1~2min后,测量伸长值。然即放松至初拉力值,再量出每一段铅丝之间的距离,测出弹性回缩率。

(3)当为单控冷拉时,先用不太大的力将钢筋拉直,放松冷拉力,作出总伸长值标记,再逐渐拉伸至达到标记处时,立即刹车,稍停1~2min后再放松全部冷拉力。

(4)冷拉完每一根钢筋要做标记、编号,并将各项数值记入冷拉记录,以作使用组编预应力筋的依据。鉴于冷拉时往往出现应力都达到,而冷拉率可能有大有小的现象,对此就可按照冷拉记录选用冷拉率比较接近(相差不超过0.5%)的钢筋作为一组使用。冷拉率超过规定参数者不能用作预应力筋,或进行取样检验后只能降低强度使用。

预应力筋冷拉后宜经人工时效处理,如条件不够可经自然时效,即至少应在自然温度下(25~30℃)放置24h,使钢筋的力学性能稳定后再使用。

(三)预应力筋的张拉

预应力筋的张拉工作,必须严格按照设计要求和张拉操作规程进行。

粗钢筋在台座上主要利用各类液压拉伸机(由千斤顶、油泵、连接油管组成)进行张拉。张拉可分单根张拉和多根整批张拉两种。

1. 张拉前的准备工作

张拉前应先在端横梁上安装预应力筋的定位钢板,同时检查其孔位和孔径是否符合设计要求。安装定位板时要保证最下层和最外侧预应力筋的混凝土保护层尺寸。

在台座上安装预应力筋,将其穿过端横梁和定位板用锚具固定在板上,穿筋时应注意不碰掉台面上的隔离剂和玷污预应力筋。

预应力筋的控制张拉力是张拉前需要确定的一个重要数据。它由预应力筋的张拉控制应力 σ_{con} 与截面面积 A_g 的乘积来确定,而《公路钢筋混凝土及预应力混凝土桥涵设计规范》(JTG 3362—2018)规定,钢筋中的最大控制应力对钢丝、钢绞线不应超过 $0.75 f_{pk}$,对冷拉粗钢筋不应超过 $0.90 f_{pf}$,此处 f_{pk} 为预应力筋的抗拉强度标准值。因此,对于冷拉粗钢筋的最大控制张拉力为:

$$N_{con} = \sigma_{con} \cdot A_g = 0.9 \cdot f_{pk} \cdot A_g$$

明确张拉力值后,还要将其换算成液压拉伸机上油压表的读数,才能在张拉时操作控制。油压表上的读数表示千斤顶油缸内单位面积油压。在理论上将油压表读数 C 乘以千斤顶油缸内活塞面积 A 就得到张拉力的大小,即 $N = CA$,但由于油缸与活塞之间存在摩阻损失,实有的张拉力要小于理论计算值。另外,油压表本身也有示值误差。因此,事前就要用标准压力计(如压力环或传感器等)和标准油压表按5t(49kN)一级来测定所用千斤顶的校正系数 K_1 和油

压表的校正系数 K_2。鉴于此,当理论值为 $N = CA$ 时,实际张拉力值为:

$$N' = \frac{CA}{K_1 K_2}$$

或者,需要达到张拉力值为 N 时,换算的油压表读数应为:

$$C' = K_1 K_2 \cdot \frac{N}{A}$$

式中:K_1——所用千斤顶理论计算吨位与标准压力计实测吨位之比,它随拉力值的不同而变化,一般为 1.02~1.05,如大于 1.05,则应检修活塞与垫圈;

K_2——所用油压表读数与标准油压表读数之比,它不应有 ±0.5 以上的偏差,过大时宜换新油压表。

对于张拉设备的各个部件在张拉前均应仔细检查,只有在一切无误的情况下才能开始张拉。

2. 张拉程序

为了减少预应力筋的应力松弛损失,通常采用超张拉的方法,按照表 2-7-7 规定的张拉程序进行张拉。其中应力由 $105\%\sigma_{con}$ 退至 $90\%\sigma_{con}$ 主要是为了设置预埋件、绑扎钢筋和支模时的安全。初应力值一般取 $10\%\sigma_{con}$,以保证成组张拉时每根钢筋应力均匀。

先张法预应力筋张拉程序 表 2-7-7

钢 筋	张拉程序
钢 筋	0→初应力→$105\%\sigma_{con}$(持荷 2min)→$90\%\sigma_{con}$→σ_{con}(锚固)
碳素钢丝、钢绞线	0→初应力→$105\%\sigma_{con}$(持荷 2min)→0→σ_{con}(锚固)
冷拔低碳钢丝	0→$105\%\sigma_{con}$(持荷 2min)→σ_{con} 或 0→$103\%\sigma_{con}$(锚固)

为了避免台座承受过大的偏心力,应先张拉靠近台座截面重心处的预应力筋。

如遇钢筋的伸长值大于拉伸机油缸最大工作行程时,可采用重复张拉的办法来解决。

单根张拉和多根整批张拉的操作方法基本相同。通常在将预应力筋拉至初应力状态时,应检查钢筋保护层尺寸,如发现有偏差时就需调整定位板的位置。

图 2-7-12 示出多根预应力筋成批张拉的平面布置。在此情况下,为了使每根力筋受力均匀,就必须使它们的初始长度保持一致。为此,可在钢筋的一端选用螺钉端杆锚具另一端选用镦头夹具与张拉千斤顶连接(图 2-7-12)。这样就可以利用螺钉端杆上的螺母来调整各根钢筋的初始长度,对于直径较小的钢筋,在保证精确下料长度的情况下,两端都可采用镦头夹具。

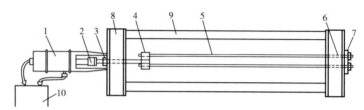

图 2-7-12 多根钢筋成批张拉图式

1-60t 拉杆式千斤顶;2-千斤顶套碗;3-固定螺母;4-镦头夹具;5-预应力筋;6-螺钉端杆锚具;7-定位板;8-横梁;9-承力压杆;10-高压油泵

张拉时,台座两端不得站人,操作人员要站在放在台座侧面的油泵外侧面进行工作,以保安全。钢筋拉到张拉力后,要静停 2~3min,待稳定后再锚固。

(四)混凝土工作

预应力混凝土梁的混凝土工作,除了因所用强度较高而在配料、制备、浇筑、振捣和养护等方面更应严格要求外,基本操作与钢筋混凝土结构中相仿。此外,在台座内每条生产线上的构件,其混凝土必须一次连续灌筑完毕;振捣时,应避免碰击预应力筋。

(五)预应力筋张拉力的放松

预应力筋的放松是必须待混凝土养护不少于 5~7d 并达到设计规定的强度(一般为混凝土强度的 70%~80%)以后才可以进行。放松过早会造成较多的预应力损失(主要是收缩、徐变损失),或因混凝土与钢筋的黏结力不足而造成预应力筋弹性收缩滑动和在构件端部出现水平裂缝的质量事故;放松过迟,则影响台座和模板的周转。放松操作时速度不应过快,尽量使构件受力对称均匀。只有待预应力筋被放松后,才能切割每个构件端部的钢筋。

现介绍下列几种放松预应力筋的方法:

(1)千斤顶放松:当混凝土达到规定强度后,再安装千斤顶重新将钢筋张拉至能够扭松固定螺母时止(图 2-7-12),随着固定螺母的扭松,逐渐放松千斤顶,让钢筋慢慢回缩。

当逐根放松预应力筋时,应严格按有利于梁受力的次序分阶段地进行。通常自构件两侧对称地向中心放松,以免较后放松的某根钢筋断裂时使梁受大的水平弯曲冲击作用。放松的分阶段次数应视张拉台座至梁端外露钢筋长短而定,较长时分阶段次数可少些,过短时次数应增多。

(2)砂筒放松:在张拉预应力筋之前,在承力架(或传力柱)与横梁间各放置一个灌满(约达到 2/3 筒身)烘干细砂的砂筒(图 2-7-13)。张拉时筒内砂被压实,需要放松预应力筋时,可将出砂口打开,使砂慢慢流出,活塞徐徐顶入,直到张拉力全部放松为止。

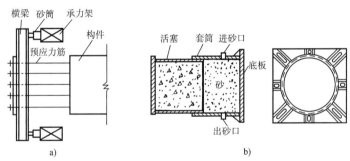

图 2-7-13 砂筒放松示意图
a)砂筒布置;b)砂筒构造

利用砂筒放松,易于控制放松的速度,能较好地保证预应力梁的质量。

(3)滑楔放松:代替上述的砂筒,也可用图 2-7-14 所示的钢制滑楔来放松张拉力。滑楔由三块钢楔块组成,中间一块上装有螺钉。将螺钉拧进螺杆就使三个楔块连成一体。需要放松时,将螺钉慢慢往上拧松,由于钢筋的回缩力,随着中间楔块的向上滑移,张拉力就被放松。

(4)螺杆、张拉架放松:在台座的固定端设置用来锚固预应力筋的螺杆和张拉架(图 2-7-15)。放松时,拧松螺杆上的螺母,钢筋慢慢回缩,张拉力即被放松。但由于作用在螺母上的压力很大,拧松螺母比较费力。

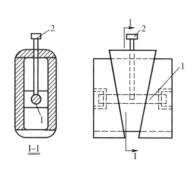

图 2-7-14　钢制滑楔
1-螺杆；2-螺钉

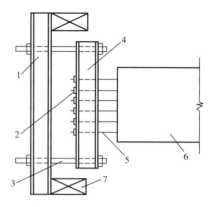

图 2-7-15　螺杆、张拉架放松示意图
1-横梁；2-夹具；3-螺杆；4-张拉架；5-预应力筋；6-构件；7-承力架

二、后张法简支梁的制造工艺

后张法制梁的步骤是先制作留有预应力筋孔道的梁体,待其混凝土达到规定强度后,再在孔道内穿入预应力筋进行张拉并锚固,最后进行孔道压浆并灌梁端封头混凝土。

后张拉法工序比先张法复杂(例如需要预留孔道、穿筋、灌浆等),且构件上耗用的锚具和埋设件等增加了用钢量和制作成本,但鉴于此法不需要强大的张拉台座,便于在现场施工,而且又适宜于配置曲线形预应力筋的大型和重型构件制作,因此目前在公路桥梁上得到广泛的应用。

制梁过程中有关模板和混凝土等工作与钢筋混凝土梁和先张法预应力梁的基本相同,不再赘述。下面介绍后张法制梁所特有的一些工序。

(一)预应力筋的制备

后张法预应力混凝土桥梁一般用钢绞线作为预应力筋。对于跨径较小的T形桥梁,也可以采用冷拔低碳钢丝作为预应力筋。

钢绞线预应力筋是以盘条供应的,在使用前应进行预拉,以减少钢绞线的构造变形和应力松弛损失,并便于等长控制。预拉应力取标准抗拉强度的85%,拉至规定应力后应保持5~10min再放松。

钢绞线的下料长度由孔道长度和工作长度来确定。下料时最好采用电弧熔割法,使切口绞线熔焊在一起。

成束使用的钢绞线在使用前也要用18~20号铁丝每隔1~1.5m绑扎一道形成束状。

(二)预应力筋孔道成型

孔道成型是后张法梁体施工中的一项重要工序。它的主要工作内容有:选择和安装制孔器、抽拔制孔器和孔道通孔检验等。

1. 制孔器的种类

制孔器可分为抽拔式与埋置式两类。埋置式制孔器主要采用薄铁皮波纹套管或塑料波纹管。预埋波纹套管能使成孔均匀,摩阻力小,但其冷作加工和安装比较困难,使用后不能回收,因而成本高和钢材耗用量大。抽拔式制孔器的最大优点是能够周转重复使用,经济而省钢材。我国常用的抽拔式制孔器有以下三种。

(1)橡胶管制孔器:分夹布胶管和钢丝网胶管两种。通常选用具有5~7层夹布的高压输水(气)管作为制孔器,要求管壁牢固,耐磨性能好,能承受5kN以上的工作拉力,并且应弹性恢复性能好,有良好的挠曲适应性。

安装胶管时,将其沿梁长方向顺序穿越各定位钢筋的"井"字网眼,定位钢筋的间距一般为0.4~0.6m,曲线形管道应适当加密。采用橡胶管制孔时,可在管内插入衬管(软塑料管、纯橡胶管)或芯棒(圆钢筋)来加强其刚度,以利控制其位置和形状。

预应力混凝土T形梁的预留孔道长度一般在25m以上,而胶管的出厂长度却不到25m,并且考虑到制孔器安装和抽拔的方便,故常采用两根胶管对接的构造形式。常用的胶管接头构造如图2-7-16所示。接头要牢固严密,防止浇筑混凝土时脱节或进浆堵塞。

胶管内如利用充气或充水来增加刚度,管内压力不得低于500kPa,充气(水)后胶管的外径应符合要求的孔道直径。

专为预应力混凝土施工特制的钢丝网胶管和夹布胶管的构造基本相同,但其本身刚度较大,一般可不用衬管只用芯棒进行加劲。

(2)金属伸缩管制孔器:它是一种用金属丝纺织成的可伸缩网套,具有压缩时直径增大而拉伸时直径减小的特性。为了防止漏浆和增强刚度,网套内可衬以普通橡胶的衬管和插入圆钢或$\phi 5mm$钢丝束芯棒(图2-7-17)。

(3)钢管制孔器:它是用表面平整光滑的钢管焊接制成。焊接接头应磨平,钢管制孔器抽拔力大,但不能弯曲,仅适用于短而直的孔道。混凝土浇筑完毕后要定时转动钢管。

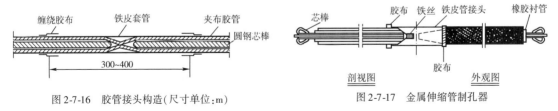

图2-7-16 胶管接头构造(尺寸单位:m)　　图2-7-17 金属伸缩管制孔器

无论采用何种制孔器,都应按设计规定或施工需要预留排气、排水和灌浆用的孔眼。

2. 制孔器的抽拔

制孔器可由人工逐根或用机械(电动卷扬机或手摇绞车)分批进行抽拔。抽拔时先抽芯棒,后拔胶管;先拔下层胶管,后拔上层胶管;先拔早浇筑的半根梁,后拔晚浇筑的半根梁。

混凝土浇筑后合适的抽拔时间是顺利抽拔和保证成孔质量的关键。如抽拔过早,则混凝土容易塌陷而堵塞孔道;如抽拔过迟,则可能拔断胶管。因此,制孔器的抽拔要在混凝土初凝之后与终凝之前,待其抗压强度达4 000~8 000kPa时方为合适。根据经验,制孔器的抽拔时间可参考表2-7-8或按下式估计:

$$H = \frac{100}{T}$$

式中:H——混凝土浇筑完毕至抽拔制孔器的时间(h);

T——预制构件所处的环境温度(℃)。

制孔器抽拔时间表　　　　　　　　表 2-7-8

环境温度(℃)	抽拔时间(h)	环境温度(℃)	抽拔时间(h)
30 以上	3	20~10	5~8
30~20	3~5	10 以下	8~12

由于确定可能抽拔时间的幅度较大,施工中也可通过试验来掌握其规律。

3. 孔道检查

制孔器抽拔完毕后,即用比孔径小 4~7mm 的钢制橄榄形通孔器进行通孔检查,如发现孔道堵塞,及时用钢筋芯棒通捣,若金属伸缩套或胶管因拉断而残留于孔道中,则应及时标出准确位置,从侧面凿开取出,疏通管道,重设制孔器,修补缺口。

(三)预应力筋的张拉工艺

当梁体混凝土的强度达到设计强度的 70% 以上时,才可进行穿束张拉。穿束前,可用空压机吹风等方法清理孔道内的污物和积水,以确保孔道畅通。

预应力筋张拉时,应按顺序对称地进行,以防过大偏心压力导致梁体出现较大的侧弯现象。分批张拉时,先张拉的预应力筋应考虑因以后张拉其他预应力筋所引起弹性压缩的预应力损失。

预应力筋的具体张拉程序和操作方法与所用的预应力筋形式、锚具类型和张拉机具有关。

后张法张拉预应力筋所用的液压千斤顶按其作用可分为单作用(张拉)、双作用(张拉和顶紧锚塞)和三作用(张拉、顶锚和退楔)等三种形式;按其构造特点则可分为锥锚式、拉杆式和穿心式等三种形式。下面分别说明它们的张拉工艺。

1. 锥锚式千斤顶张拉工艺

后张法预应力混凝土梁桥使用最广的是采用高强钢丝束、钢制锥形锚具并配合锥锚式千斤顶的张拉工艺。其张拉程序是:0 → 初应力(画线作标记) → 105% σ_{con}(持荷 5min) → σ_{con} → 顶锚(测量钢丝伸长量及锚塞外露量) → 大缸回油至初应力(测量钢丝伸长量和锚塞外露量) → 0 → 给油退楔。

图 2-7-18 表示 TD-60 型锥锚式三作用千斤顶的构造和张拉装置简图。其操作工序为:

(1)张拉前准备工作:在支承钢板上画出锚圈轮廓的准确位置,随着放入锚塞而将钢丝均匀分布在锚塞周围,用手锤轻敲锚塨,使其不致脱出。

(2)装上对中套(即缺口垫圈,借以可测量钢丝伸长量和锚塞外露量等),并将钢丝用楔块楔住在千斤顶夹盘内,先不要楔得太紧,待张拉到初应力时钢丝发生自动滑移而调整长度后再打紧楔块。

(3)初始张拉:先从 A 油嘴进油入张拉缸,使钢丝束略为拉紧,并随时调整锚圈及千斤顶的位置,务使孔道、锚具和千斤顶三者的轴线相吻合。进而两端同时张拉至钢丝束达到初应力(约为 10% σ_{con})时打紧夹丝楔块,并在分丝盘沟槽处的钢丝上标出测量伸长量的起点记号。在夹丝盘前端的钢丝上也标出用以辨认是否滑丝的记号。

(4)正式张拉:A 油嘴进油,两端轮流分级加载张拉,每级加载值为油压表读数 5 000kPa

的倍数,直到超张拉值后持荷 5min,以消除预应力筋的部分松弛损失。再使 A 油嘴回油卸载至控制张拉值,测量钢丝伸长量。

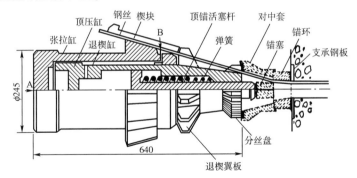

图 2-7-18　TD-60 型锥锚式三作用千斤顶张拉装置(尺寸单位:mm)

(5)顶锚:完成上述张拉工序后,先从一端使 B 油嘴进油顶紧锚塞(顶锚力约为控制张拉力的 50%～55%),测量钢丝伸长量及锚塞外露量后,再使张拉缸回油卸载至钢丝具有初应力的张拉力,继续测量钢丝伸长量及锚塞外露量。然后算出钢丝内缩量并作出记录。最后使千斤顶回油至零。

由于先从一端顶锚时钢丝因内缩而发生预应力损失,故以后在另一端顶锚前就能将张拉力补足。另一端的顶锚步骤与前相同。

必须注意,在顶锚时千斤顶张拉缸油压会上升,其原因主要是退楔缸油压迫使张拉缸套向前移动,从而使张拉缸缸室压缩。但此时油压的上升并不说明预应力筋内应力的增加。这时如果降低张拉缸油压,则张拉缸缸套继续前移,会使预应力筋内缩量增大而导致张拉力不足。因此在顶锚时,不应降低张拉缸油压。

(6)退楔:顶锚完毕后,两端同时使 A 油嘴回油,张拉缸卸载前移;再从 B 油嘴进油,由于退楔缸室的液压作用,使张拉缸继续前移,直至夹丝楔块顶住退楔翼缘板,使楔块顶松而退出楔块为止。

(7)千斤顶缸体复位:A、B 油嘴均回油,在弹簧力的作用下,使顶压活塞杆后移复位。

千斤顶减压撤除后,应检查有无断丝、滑丝现象。通常在一个断面上的断丝数量不得超过该断面钢丝总数的 2%。每束中断丝数不得超过 2 根,每束钢丝滑移量总和不得大于该束伸长量的 2%。如超过规定,应研究处理,甚至更换钢丝束,重新张拉并锚固。最后再在紧贴锚圈的钢丝根部刻画标记,以便观察以后有无滑丝现象。

在张拉工序中须特别注意安全,尤其在张拉或退楔时千斤顶后方不得站人,以防预应力筋拉断或锚具、楔块弹出伤人。高压油泵在有压情况下,不得随意拧动油泵或千斤顶各部位的螺钉。油管接头处应加防护套,以防喷油伤人。已张拉完而尚未压浆的梁,严禁剧烈振动,以防预应力筋裂断而酿成重大事故。钢束张拉时应按规定的记录表格做好详细记录。

2. 拉杆式千斤顶张拉工艺

拉杆式千斤顶构造简单、操作方便,适用于张拉带有螺杆式和镦头式锚、夹具的单根粗钢筋、钢筋束或碳素钢丝束。张拉吨位常用的有 60t 和 80t 两种。

图 2-7-19 为常用的 GJ_2Y-60A 型拉杆式千斤顶的构造示意图。其工作原理为:张拉时将预应力筋的螺钉端杆用连接器与千斤顶拉杆相连接,并使传力架支承在构件端部的预埋钢板

上,然后开动油泵从主缸油嘴 A 进油,推动活塞张拉预应力筋。当拉伸到需要的应力值时,用扳手旋紧锚固螺母,将预应力筋锚固在构件端部。再从副缸油嘴 B 进油,将主缸活塞及其拉杆推回原来的位置,旋下连接器,张拉完毕。张拉工序的某些细节与前述类似,这里不再赘述。

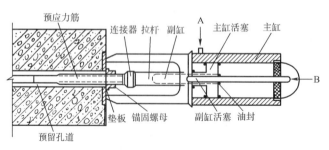

图 2-7-19　GJ_2Y-60A 型千斤顶构造示意图

3. 穿心式千斤顶张拉工艺

穿心式千斤顶的构造特点是沿千斤顶轴线有一穿过预应力筋的穿心孔道。这种千斤顶主要用于张拉带有夹片式锚、夹具的单根钢筋、钢绞线或钢筋束、钢绞线束。张拉吨位有 18t、25t、60t、200t 和 300t 等。

图 2-7-20 示出 GJ_2Y-60 型(即 YC-60 型)穿心式千斤顶的构造简图。这种千斤顶如配上特制的配件改装后,也可作拉杆式和锥锚式千斤顶使用。其工作原理为:张拉前先将预应力筋穿过千斤顶,在其后端用锥销式工具锚锚住。从主缸油嘴 A 进油而顶压油缸,并使其后移而带动工具锚并张拉预应力筋。在保持张拉力稳定的条件下,从顶压缸油嘴 B 进油,借助顶压活塞顶压夹片锚塞锚固预应力筋。回程时使油嘴 A 回油、油嘴 B 进油,张拉油缸就前移复位;顶压活塞则在油嘴 A 和 B 同时回油下由弹簧顶回原位。

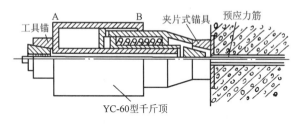

图 2-7-20　GJ_2Y-60 型穿心式千斤顶构造简图

(四)孔道压浆

孔道压浆目的是保护预应力筋不致锈蚀,并使力筋与混凝土梁体黏结成整体,从而既能减小锚具的受力,又能提高梁的承载能力、抗裂性能和耐久性。孔道压浆用专门的压浆泵进行,压浆时要求密实、饱满,并应在张拉后尽早完成。

1. 准备工作

压浆前烧割锚外钢丝时,应采取降温措施,以免锚具和预应力筋因过热而产生滑丝。用环氧砂浆或棉花和水泥浆填塞锚塞周围的钢丝间隙。用压力水冲洗孔道,排除孔内粉渣杂物,确保孔道畅通,并吹去孔内积水。

2. 水泥浆的制备

压注孔道所用的水泥浆,须用不低于 C50 的普通硅酸盐水泥或 C40 快硬硅酸盐水泥拌制。火山灰质水泥与矿渣水泥由于凝固慢、泌水率高,均不宜使用。水泥浆强度(7.07cm 立方体试块强度)不应低于结构本身混凝土强度的 50%(7d 龄期时),后者尚不得低于 C30。

水泥浆的水灰比应为 0.40~0.45,最大不超过 0.5。为了防止腐蚀钢丝,加掺合剂时须验明其中不含氯盐,不得掺用加气剂,但可掺入适量的塑化剂和铝粉(膨胀剂),其掺量由试验确定。制浆前应筛除水泥中的结块、大颗粒及杂物,以免堵塞输浆管路或孔道。当孔道直径较大而力筋的直径较小时,浆内可掺适量细砂,以减少水泥用量、减小水泥浆体积收缩并提高强度。

水泥浆可用小型灰浆拌和机拌制。每次拌和量以不超过 40min 的使用量为宜。拌好的水泥浆在通过 2.5mm×2.5mm 的细筛后,存放以供使用。水泥浆在使用前仍应进行低速搅拌,以防止流动度的损失。

水泥浆的温度不宜过高或过低,夏季不宜超过 25℃,冬季不宜低于 5℃,否则需要采取降温措施或采用冬季施工措施。

3. 压浆程序和操作方法

压浆工艺有"一次压注法"和"二次压注法"两种,前者用于不太长的直线形孔道,对于较长的孔道或曲线孔道以"二次压注法"为好。

压浆压力以 500~600kPa 为宜,如压力过大,易胀裂孔壁。压浆顺序应先下孔道后上孔道,以免上孔道漏浆把下孔道堵塞。直线孔道压浆时,应从构件的一端压到另一端;曲线孔道压浆时,应从孔道最低处开始向两端进行。

二次压浆时,第一次从甲端压入直至乙端流出浓浆时将乙端的阀关闭,待灰浆压力达到要求且各部再无漏水现象时再将甲端的阀关闭。待第一次压浆后 30min,打开甲、乙端的阀,自乙端再进行第二次压浆,重复上述步骤,待第二次压浆完成经 30min 后,卸除压浆管,压浆工作便告完成。

在压浆操作中应当注意以下几点:

(1)在冲洗孔道时如发现串孔,则应改成两孔同时压注。

(2)每个孔道的压浆作业必须一次完成,不得中途停顿,如因故停顿,且时间超过 20min,则应用清水冲洗已压浆的孔道,重新压注。

(3)水泥浆从拌制到压入孔道的间隔时间不得超过 40min,在此时间内,应不断地搅拌水泥浆。

(4)输浆管的长度最多不得超过 40m。当超过 30m 时,就要提高压力 100~200kPa,以补偿输浆过程中的压力损失。

(5)压浆工人应佩戴防护眼镜,以免灰浆喷出时射伤眼睛。

(6)压浆完毕后应认真填写压浆记录。

(五)封端

孔道压浆后应立即将梁端水泥浆冲洗干净,并将端面混凝土凿毛。在绑扎端部钢筋网和安装封端模板时,要妥善固定,以免在浇筑混凝土时因模板走动而影响梁长。封端混凝土的强度应不低于梁体的强度。浇完封端混凝土并静置 1~2h 后,应按一般规定进行洒水养护。

第三节　装配式简支梁桥的运输和安装

一、预制梁的运输

装配式简支梁桥的主梁通常在施工现场的预制场内或可在桥梁厂内预制。结合架梁的方法,解决如何将梁运至桥头或桥孔下的问题。

从工地预制场至桥头的运输,称为场内运输,通常需铺设钢轨便道,由预制场的龙门吊车或木扒杆将梁装上平车后用绞车牵引运抵桥头。运输过程中,梁应竖立放置,为了防止构件发生倾倒、滑动或跳动等现象,需要在构件两侧采用斜撑和木楔等临时固定。对于小跨径梁或规模不大的工程,也可设置木板便道,利用钢管或硬圆木作滚子,使梁靠两端支承在几根滚子上用绞车拖曳,边前进边换滚子运至桥头。

当采用水上浮吊架梁而需要使预制梁上船时,运梁便道应延伸至河边能使驳船靠拢的地方,为此就需要修筑一段装船用的临时栈桥(码头)。

当预制工厂(场)距桥工地很远时,通常可用大型平板拖车、火车或驳船将梁运至工地存放,或直接运至桥头或桥孔下进行架设。

在厂(场)内运梁时,为平稳前进以确保安全,通常在用牵引绞车徐徐向前拖拉的同时,后面的制动索应跟着慢慢放松,以控制前进的速度。

梁在起吊和安放时,应按设计规定的位置布置吊点或支承点。

二、预制梁的安装

预制梁的安装是装配式桥梁施工中的关键性工作。应结合施工现场条件、桥梁跨径大小、设备能力等具体情况,从节省造价、加快施工速度和充分保证施工安全等方面,来合理选择架梁的方法。

简支式梁、板构件的架设,不外乎起吊、纵移、横移、落梁等工序。从架梁的工艺类别来分,有陆地架设、浮吊架设和利用安装导梁或塔架、缆索的高空架设等,每一类架设工艺中,按起重、吊装等机具的不同,又可分成各种独具特色的架设方法。随着国家在建筑领域中工业化和机械化程度的不断提高,架桥新工艺、新设备的不断涌现,推动了桥梁施工技术的进步。我国在修建洛阳黄河公路桥中,曾用大型架桥设备成功架设了 67 孔共 355 片跨度为 50m、质量达 130t 的预应力混凝土梁,使我国的架桥技术接近了世界水平。

必须强调指出,桥梁架设既是高空作业又需要使用重而大的机具设备,在操作中如何确保施工人员的安全和杜绝工程事故,这是工程技术人员的重要职责。因此,在施工前应研究制订周到而妥善的安装方案,详细分析和计算承力设备的受力情况,采取周密的安全措施。在施工中并应加强安全教育,严格执行操作规程和加强施工管理工作。

下面简要介绍各种常用架梁方法的工艺特点。

(一)陆地架设法

1. 自行式吊车架梁

在桥不高,场内又可设置行车便道的情况下,用自行式吊车(汽车吊车或履带吊车)架设中、小跨径的桥梁十分方便[图 2-7-21a)]。此方法视吊装质量不同,还可采用单吊(一台吊车)或双吊(两台吊车)两种。其特点是机动性好,不需要动力设备,不需要准备作业,架梁速度快。一般吊装能力为 150~1 000kN,国外已出现 4 100kN 的轮式吊车。

2. 跨墩门式吊车架梁

对于桥不太高,架桥孔数又多,沿桥墩两侧铺设轨道不困难的情况,可以采用一台或两台跨墩门式吊车来架梁[图 2-7-21b)]。此时,除了吊车行走轨道外,在其内侧尚应铺设运梁轨道,或者设便道用拖车运梁。梁运到后,就用门式吊车起吊、横移,并安装在预定位置。当一孔架完后,吊车前移,再架设下一孔。

在水深不超过 5m、水流平缓、不通航的中小河流上,也可以搭设便桥并铺轨后用门式吊车架梁。

3. 摆动排架架梁

用木排架或钢排架作为承力的摆动支点,由牵引绞车和制动绞车控制摆动速度。当预制梁就位后,再用千斤顶落梁就位。此法适用于小跨径桥梁[图 2-7-21c)]。

4. 移动支架架梁

对于高度不大的中、小跨径桥梁,当桥下地基良好能设置简易轨道时,可采用木制或钢制的移动支架来架梁[图 2-7-21d)]。随着牵引索前拉,移动支架带梁沿轨道前进,到位后再用千斤顶落梁。

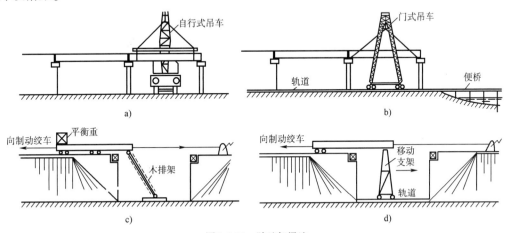

图 2-7-21 陆地架梁法
a)自行式吊车架梁;b)跨墩门式吊车架梁;c)摆动排架架梁;d)移动支架架梁

(二)浮吊架设法

1. 浮吊船架梁

在海上和深水大河上修建桥梁时,用可回转的伸臂式浮吊架梁比较方便[图 2-7-22a)]。

这种架梁方法,高空作业较少,施工比较安全,吊装能力也大,工效也高,但需要大型浮吊。鉴于浮吊船来回运梁航行时间长,要增加费用,故一般采取用装梁船储梁后成批一起架设的方法。

浮吊架梁时需在岸边设置临时码头来移运预制梁。

架梁时,浮吊要认真锚固。如流速不大时,则可用预先抛入河中的混凝土锚来作为锚固点。国外目前采用浮吊的吊装能力已达 80 000kN。我国在修建全长达 36km 的杭州湾大桥时,已用25 000kN的浮吊来架设跨长 70m 整孔预制的引桥预制梁。

2. 固定式悬臂吊架梁

在缺乏大型伸臂式浮吊时,也可用钢制万能杆件或贝雷架拼装固定式的悬臂浮吊进行架梁[图 2-7-22b)]。

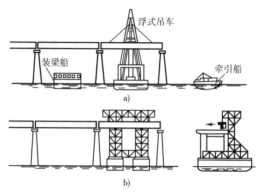

图 2-7-22 浮吊架设法

架梁前,先从存梁场吊运预制梁至下河栈桥,再由固定式悬臂浮吊接运并安放稳妥,再用拖轮将重载的浮吊拖运至待架桥孔处,并使浮吊初步就位。将船上的定位钢丝绳与桥墩锚系,慢慢调整定位,在对准梁位后就落梁就位。在流速不大、桥墩不高的情况下,用此法架设 30m 的 T 梁或 T 形刚构的挂梁都很方便。

不足之处是每架一片梁,浮吊都要拖至河边栈桥处取梁,这样不但影响架梁的速度,而且增加了浮吊来回拖运的经济耗费。

(三)高空架设法

1. 联合架桥机架梁

此法适合于架设中、小跨径的多跨简支梁桥,其优点是不受水深和墩高的影响,并且在作业过程中不阻塞通航。

联合架桥机由一根两跨长的钢导梁、两套门式吊机和一个托架(又称为蝴蝶架)三部分组成(图 2-7-23)。导梁顶面铺设运梁平车和托架行走的轨道。门式吊车顶横梁上设有吊梁用的行走小车;为了不影响架梁的净空位置,其立柱底部还可做成在横向内倾斜的小斜腿,这样的吊车又称为拐脚龙门架。

架梁操作工序如下:
(1)在桥头拼装钢导梁,铺设钢轨,并用绞车纵向拖拉导梁就位。
(2)拼装蝴蝶架和门式吊机,用蝴蝶架将两个门式吊机移运至架梁孔的桥墩(台)上。

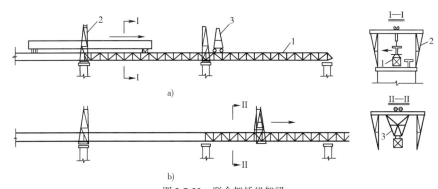

图 2-7-23 联合架桥机架梁
1-钢导梁；2-门式吊车；3-托架(运送门式吊车用)

(3)由平车轨道运送预制梁至架梁孔位，将导梁两侧可以安装的预制梁用两个门式吊机起吊、横移并落梁就位[图 2-7-23a)]。

(4)将导梁所占位置的预制梁临时安放在已架设的梁上。

(5)用绞车纵向拖拉导梁至下一孔后，将临时安放的梁架设完毕。

(6)在已架设的梁上铺接钢轨后，用蝴蝶架顺次将两个门式吊车托起并运至前一孔的桥墩上[图 2-7-23b)]。

如此反复，直至将各孔梁全部架设好为止。

用此法架梁时作业比较复杂，需要熟练的操作工人，而且架梁前的准备工作和架梁后的拆除工作比较费时。因此，此法用于孔数多、桥较长的桥梁比较经济。

2. 闸门式架桥机架梁

在桥高、水深的情况下，也可用闸门式架桥机(或称为穿巷式吊机)来架设多孔中、小跨径的装配式梁桥。架桥机主要由两根分离布置的安装梁、两根起重横梁和可伸缩的钢支腿三部分组成(图 2-7-24)。安装梁用四片钢桁架或贝雷桁架拼组而成，下设移梁平车，可沿铺在已架设梁顶面的轨道行走。两根型钢组成的起重横梁支承在能沿安装梁顶面轨道行走的平车上，横梁上设有带复式滑车的起重小车。其架梁步骤如下：

(1)将拼装好的安装梁用绞车纵向拖拉就位，使可伸缩支腿支承在架梁孔的前墩上(安装梁不够长时可在其尾部用前方起重横梁吊起预制梁作为平衡压重)。

(2)前方起重横梁运梁前进，当预制梁尾端进入安装梁巷道时，用后方起重横梁将梁吊起，继续运梁前进至安装位置后，固定起重横梁。

(3)借起重小车落梁安放在滑道垫板上，并借墩顶横移将梁(除一片中梁外)安装就位。

(4)用以上步骤并直接用起重小车架设中梁，整孔梁架完后即铺设移运安装梁的轨道。

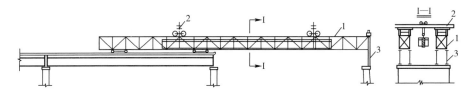

图 2-7-24 闸门式架桥机架梁
1-安装梁；2-起重横梁；3-可伸缩支腿

重复上述工序,直至全桥架梁完毕。

用此法架梁,由于有两根安装梁承载,起吊能力较大,可以架设跨度较大较重的构件。我国已用这种类型的吊机架设了全长 51m、质量 131t 的预应力混凝土 T 梁桥。当梁较轻时用此方法就可能不经济。

3. 宽穿巷式架桥机架梁

图 2-7-25 表示用宽穿巷式架桥机架梁的示意图。其结构特点是:在吊机支点处用强大的倒 U 形支承横梁来支承间距放大布置的两根安装梁,见图中剖面 I—I。在此情况下,横截面内所有主梁都可由起重横梁上的起重小车横移就位,而不需要墩顶横移的费时工序。

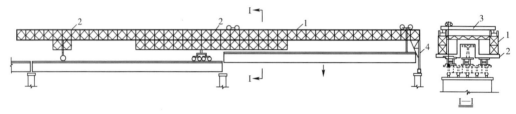

图 2-7-25　宽穿巷式架桥机架梁
1-安装梁;2-支承横梁;3-起重横梁;4-可伸缩支腿

安装梁可用贝雷钢架或万能杆件拼组,当它前移行走时应将两台起重横梁移至尾端,起平衡压重的作用。其他架梁步骤与闸门式架桥机架梁基本相同。

由于宽穿巷架桥机的自重很大,所以当它沿桥面纵向移动时,一定要保持慢速,并须注意观察前支点的下挠度,以保证安全。

4. 自行式吊车桥上架梁

在梁的跨径不大、质量较轻且预制梁能运抵桥头引道上时,直接用自行式伸臂吊车(汽车吊或履带吊)来架梁非常方便[图 2-7-26a)]。显然,对于已架桥孔的主梁,当横向尚未联成整体时,必须核算吊车通行和架梁工作时的承载能力。这种架梁方法,几乎不需要任何辅助作业。

5. "钓鱼法"架梁

利用设在一岸的扒杆或塔柱用绞车牵引预制梁前端,扒杆上设复式滑车,梁的后端用制动绞车控制,就位后用千斤顶落梁[图 2-7-26b)]。此法仅适用于架设小跨径梁,安装前应验算跨中的反向弯矩。

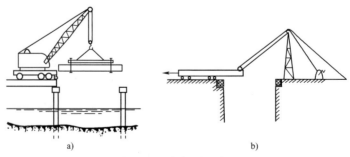

图 2-7-26　小跨径梁的架设

6. 木扒杆架梁

此方法仅适用于小跨径较轻构件的架设,且其起吊高度和水平移动范围均不大(图2-7-27)。

架梁时,在桥孔两边各设置一套人字摇头扒杆,将预制梁两端各系于摇头扒杆的起吊钢索上,用绞车牵引后徐徐进入桥孔,然后落梁就位。预制梁在纵向移动时后端也应有制动绞车来控制前进速度,以确保安全。

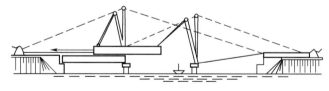

图2-7-27 木扒杆吊装

附录 I
铰接板荷载横向分布影响线竖标表

说明：

(1)本表适用于横向铰接的梁或板，各片梁或板的截面是相同的。

(2)表名后括号内的两个数字表示所要查的梁或板号，其中第一个数目表示该梁或板是属于几片梁或板铰接而成的体系，第二个数目表示该片梁或板在这个体系中自左而右的序号。

(3)横向分布影响线竖标以 η_{ij} 表示，第一个脚标 i 表示所要求的梁或板号，第二个脚标 j 表示受单位荷载作用的那片梁或板号；表中 η_{ij} 下的数字前者表示 i，后者表示 j，η_{ij} 的竖标应绘在梁或板中轴线处。

(4)表中的 η_{ij} 值为小数点后的三位数字，例如 278 即为 0.278，006 即为 0.006。

(5)表值按弯矩参数 γ 给出。

$$\gamma = 5.8 \frac{I}{I_T}\left(\frac{b}{l}\right)^2$$

式中：l——计算跨径；

b——一片梁或板的宽度；

I——梁或板的抗弯惯性矩；

I_T——梁或板的抗扭惯性矩。

铰 接 板 （3-1）　　　　　附表 I-1

γ	η_{ij}			γ	η_{ij}			γ	η_{ij}		
	11	12	13		11	12	13		11	12	13
0.00	333	333	333	0.08	434	325	241	0.40	626	294	080
0.01	348	332	319	0.10	454	323	223	0.60	683	278	040
0.02	363	331	306	0.15	496	317	186	1.00	750	250	000
0.04	389	329	282	0.20	531	313	156	2.00	829	200	−029
0.06	413	327	260	0.30	585	303	112				

铰 接 板 （3-2）　　　　　附表 I-2

γ	η_{ij}			γ	η_{ij}			γ	η_{ij}		
	21	22	23		21	22	23		21	22	23
0.00	333	333	333	0.08	325	351	325	0.40	294	412	294
0.01	332	336	332	0.10	323	355	323	0.60	278	444	278
0.02	331	338	331	0.15	317	365	317	1.00	250	500	250
0.04	329	342	329	0.20	313	375	313	2.00	200	600	200
0.06	327	346	327	0.30	303	394	303				

铰 接 板 （4-1）　　　　　附表 I-3

γ	η_{ij}				γ	η_{ij}			
	11	12	13	14		11	12	13	14
0.00	250	250	250	250	0.15	484	295	139	082
0.01	276	257	238	229	0.20	524	298	119	060
0.02	300	263	227	210	0.30	583	296	089	033
0.04	341	273	208	178	0.40	625	291	066	018
0.06	375	280	192	153	0.60	682	277	035	005
0.08	405	285	178	132	1.00	750	250	000	000
0.10	431	289	165	114	2.00	828	201	−034	005

铰 接 板 （4-2）　　　　　附表 I-4

γ	η_{ij}				γ	η_{ij}			
	21	22	23	24		21	22	23	24
0.00	250	250	250	250	0.15	295	327	238	139
0.01	257	257	248	238	0.20	298	345	238	119
0.02	263	264	246	227	0.30	296	375	240	089
0.04	273	276	243	208	0.40	291	400	243	066
0.06	280	287	241	192	0.60	277	441	247	035
0.08	285	298	239	178	1.00	250	500	250	000
0.10	289	307	239	165	2.00	201	593	240	−034

铰 接 板 （5-1）　　　　　　附表 I-5

γ	η_{ij}					γ	η_{ij}				
	11	12	13	14	15		11	12	13	14	15
0.00	200	200	200	200	200	0.15	481	291	130	061	036
0.01	237	216	194	180	173	0.20	523	295	114	045	023
0.02	269	229	188	163	151	0.30	583	0296	087	026	010
0.04	321	249	178	136	116	0.40	625	291	066	015	004
0.06	362	263	168	115	092	0.60	682	277	035	004	001
0.08	396	273	158	099	073	1.00	750	250	000	000	000
0.10	425	281	150	085	059	2.00	828	201	−034	006	−001

铰 接 板 （5-2）　　　　　　附表 I-6

γ	η_{ij}					γ	η_{ij}				
	21	22	23	24	25		21	22	23	24	25
0.00	200	200	200	200	200	0.15	291	320	222	105	061
0.01	216	215	202	187	180	0.20	295	341	227	091	045
0.02	229	228	204	176	163	0.30	296	374	235	070	026
0.04	249	249	207	158	136	0.40	291	399	240	055	015
0.06	263	267	211	144	115	0.60	277	440	246	031	004
0.08	273	281	241	133	099	1.00	250	500	250	000	000
0.10	281	294	216	123	085	2.00	201	593	241	−041	006

铰 接 板 （5-3）　　　　　　附表 I-7

γ	η_{ij}					γ	η_{ij}				
	31	32	33	34	35		31	32	33	34	35
0.00	200	200	200	200	200	0.15	130	222	295	222	130
0.01	194	202	208	202	194	0.20	114	227	318	227	114
0.02	188	204	215	204	188	0.30	087	235	357	235	087
0.04	178	207	230	207	178	0.40	066	240	389	240	066
0.06	168	211	243	211	168	0.60	035	246	437	246	035
0.08	158	214	256	214	158	1.00	000	250	500	250	000
0.10	150	216	268	216	150	2.00	−034	241	586	241	−034

铰 接 板 （6-1）　　　　　　附表 I-8

γ	η_{ij}						γ	η_{ij}					
	11	12	13	14	15	16		11	12	13	14	15	16
0.00	167	167	167	167	167	167	0.15	481	290	129	058	027	016
0.01	214	192	168	151	140	135	0.20	523	295	113	043	01	009
0.02	252	212	168	138	119	110	0.30	583	295	086	025	008	003
0.04	312	239	165	117	090	077	0.40	625	291	065	015	003	001
0.06	358	257	159	101	069	055	0.60	682	277	035	004	001	000
0.08	394	270	152	088	055	041	1.00	750	250	000	000	000	000
0.10	423	278	146	078	044	031	2.00	828	201	−034	006	−001	009

铰 接 板 （6-2） 附表 I-9

γ	η_{ij}						γ	η_{ij}					
	21	22	23	24	25	26		21	22	23	24	25	26
0.00	167	167	167	167	167	167	0.15	290	319	219	098	046	027
0.01	192	190	175	157	146	140	0.20	295	340	226	087	035	017
0.02	212	209	182	149	129	119	0.30	295	373	234	069	021	008
0.04	239	238	192	137	105	090	0.40	291	399	240	054	012	003
0.06	257	259	200	127	087	069	0.60	277	440	246	031	004	001
0.08	270	276	206	119	074	055	1.00	250	500	250	000	000	000
0.10	278	291	210	112	064	044	2.00	201	593	241	-041	007	-001

铰 接 板 （6-3） 附表 I-10

γ	η_{ij}						γ	η_{ij}					
	31	32	33	34	35	36		31	32	33	34	35	36
0.00	167	167	167	167	167	167	0.15	129	219	288	208	098	058
0.01	168	175	179	170	157	151	0.20	113	226	314	217	087	043
0.02	168	182	190	173	149	138	0.30	086	234	356	230	069	0.25
0.04	165	192	210	179	137	117	0.40	065	240	388	238	054	015
0.06	159	200	227	186	127	101	0.60	035	246	437	246	031	004
0.08	152	206	243	191	119	088	1.00	000	250	500	250	000	000
0.10	146	210	257	197	112	078	2.00	-034	241	586	243	-041	006

铰 接 板 （7-1） 附表 I-11

γ	η_{ij}							γ	η_{ij}						
	11	12	13	14	15	16	17		11	12	13	14	15	16	17
0.00	143	143	143	143	143	143	143	0.15	480	290	128	057	025	012	007
0.01	200	177	152	133	120	111	107	0.20	523	295	113	043	017	007	003
0.02	244	202	157	125	102	088	082	0.30	583	295	086	025	002	002	001
0.04	309	235	159	109	078	059	051	0.40	625	291	065	015	003	001	000
0.06	356	255	156	096	061	042	034	0.60	682	277	035	004	001	000	000
0.08	293	268	151	085	049	031	023	1.00	750	250	000	000	000	000	000
0.10	423	278	144	076	040	023	016	2.00	828	201	-034	006	-001	000	000

铰 接 板 （7-2） 附表 I-12

γ	η_{ij}							γ	η_{ij}						
	21	22	23	24	25	26	27		21	22	23	24	25	26	27
0.00	143	143	143	143	143	143	143	0.15	290	318	219	097	043	020	012
0.01	177	175	158	139	125	115	111	0.20	295	340	225	086	033	013	007
0.02	202	198	170	135	111	096	088	0.30	295	373	234	068	020	006	002
0.04	235	232	185	127	091	069	059	0.40	291	399	240	054	012	003	001
0.06	255	256	196	121	077	053	042	0.60	277	440	246	031	004	001	000
0.08	268	275	203	115	067	041	031	1.00	250	500	250	000	000	000	000
0.10	278	290	209	109	058	033	023	2.00	201	593	241	-041	007	-001	000

铰 接 板 （7-3） 附表Ⅰ-13

γ	η_{ij}							γ	η_{ij}						
	31	32	33	34	35	36	37		31	32	33	34	35	36	37
0.00	143	143	143	143	143	143	143	0.15	128	219	287	205	092	043	025
0.01	152	158	161	150	134	125	120	0.20	113	225	314	216	083	033	017
0.02	157	170	176	156	128	111	102	0.30	086	234	356	229	067	020	007
0.04	159	185	201	167	119	091	078	0.40	065	240	388	237	053	012	003
0.06	156	196	222	176	112	077	061	0.60	035	246	437	246	031	004	001
0.08	151	203	239	184	107	067	049	1.00	000	250	500	250	000	000	000
0.10	144	209	255	191	102	058	040	2.00	−034	241	586	243	−042	007	−001

铰 接 板 （7-4） 附表Ⅰ-14

γ	η_{ij}							γ	η_{ij}						
	41	42	43	44	45	46	47		41	42	43	44	45	46	47
0.00	143	143	143	143	143	143	143	0.15	057	097	205	282	205	097	057
0.01	133	139	150	157	150	139	133	0.20	043	086	216	310	216	086	043
0.02	125	135	156	169	156	135	125	0.30	025	068	229	354	229	068	025
0.04	109	127	167	193	167	127	109	0.40	015	054	237	387	237	054	015
0.06	096	121	176	213	176	121	096	0.60	004	031	246	436	246	031	004
0.08	085	115	184	231	184	115	085	1.00	000	000	250	500	250	000	000
0.10	076	109	191	248	191	109	076	2.00	006	−041	243	586	243	−041	006

铰 接 板 （8-1） 附表Ⅰ-15

γ	η_{ij}							
	11	12	13	14	15	16	17	18
0.00	125	125	125	125	125	125	125	125
0.01	191	168	142	122	107	096	089	085
0.02	239	197	151	117	093	076	066	061
0.04	307	233	156	106	073	052	040	034
0.06	355	254	155	094	058	037	025	020
0.08	392	268	150	084	048	028	017	013
0.10	423	277	144	075	039	021	012	008
0.15	480	290	128	057	025	011	005	003
0.20	523	295	113	043	016	006	003	001
0.30	583	295	086	025	007	023	001	000
0.40	625	291	065	015	003	001	000	000
0.60	682	277	035	004	001	000	000	000
1.00	750	250	000	000	000	000	000	000
2.00	828	201	−034	006	−001	000	000	000

铰 接 板（8-2） 附表 I-16

γ	η_{ij}							
	21	22	23	24	25	26	27	28
0.00	125	125	125	125	125	125	125	125
0.01	168	165	148	127	111	100	092	089
0.02	197	193	163	127	101	083	071	066
0.04	233	230	182	123	085	060	046	040
0.06	254	255	194	119	073	047	032	025
0.08	268	274	202	113	064	037	023	017
0.10	277	290	208	108	057	030	017	012
0.15	290	318	219	097	043	019	009	005
0.20	295	340	225	086	033	013	006	003
0.30	295	373	234	068	020	006	002	001
0.40	291	399	240	054	012	003	001	000
0.60	277	440	246	031	004	001	000	000
2.00	201	593	241	-041	007	-001	000	000
1.00	250	500	250	000	000	000	000	000

铰 接 板（8-3） 附表 I-17

γ	η_{ij}							
	31	32	33	34	35	36	37	38
0.00	125	125	125	125	125	125	125	125
0.01	142	148	150	137	120	108	100	096
0.02	151	163	168	147	116	096	083	076
0.04	156	182	197	162	111	079	060	052
0.06	155	194	219	173	107	068	047	037
0.08	150	202	238	182	103	060	037	028
0.10	144	208	254	190	099	053	030	021
0.15	128	219	287	205	091	041	019	011
0.20	113	225	314	215	082	032	013	006
0.30	086	234	356	229	067	020	006	002
0.40	065	240	388	237	053	012	003	001
0.60	035	246	437	246	031	004	001	000
1.00	000	250	500	250	000	000	000	000
2.00	-034	241	586	243	-042	007	-001	000

铰 接 板 （8-4） 附表 I-18

γ	η_{ij}							
	41	42	43	44	45	46	47	48
0.00	125	125	125	125	125	125	125	125
0.01	122	127	137	143	134	120	111	107
0.02	117	127	147	158	142	116	101	093
0.04	106	123	162	185	156	111	085	073
0.06	094	119	173	208	168	107	073	058
0.08	084	113	182	227	178	103	064	048
0.10	075	108	190	245	186	099	057	039
0.15	057	097	205	281	203	091	043	025
0.20	043	086	215	310	214	082	033	016
0.30	025	068	229	354	229	067	020	007
0.40	015	054	237	387	237	053	012	003
0.60	004	031	246	436	246	031	004	001
1.00	000	000	250	500	250	000	000	000
2.00	006	－041	243	586	243	－042	007	－001

铰 接 板 （9-1） 附表 I-19

γ	η_{ij}							
	11	12	13	14	15	16	17	18	19
0.00	111	111	111	111	111	111	111	111	111
0.01	185	162	136	115	098	086	077	072	069
0.02	236	194	147	113	088	070	057	049	046
0.04	306	232	155	104	070	048	035	026	023
0.06	355	254	154	094	057	035	023	015	012
0.08	392	268	150	084	047	027	015	010	007
0.10	423	277	144	075	039	020	011	006	004
0.15	480	290	128	057	025	011	005	002	001
0.20	523	295	113	043	016	006	002	001	000
0.30	583	295	086	025	007	002	001	000	000
0.40	625	291	065	015	003	001	000	000	000
0.60	682	277	035	004	001	000	000	000	000
1.00	750	250	000	000	000	000	000	000	000
2.00	828	201	－034	006	－001	000	000	000	000

铰 接 板 （9-2）　　　　　　　　　　附表Ⅰ-20

γ	η_{ij}								
	21	22	23	24	25	26	27	28	29
0.00	111	111	111	111	111	111	111	111	111
0.01	162	158	141	119	102	090	081	075	072
0.02	194	189	160	122	095	075	062	053	049
0.04	232	229	181	121	082	057	040	031	026
0.06	254	255	194	118	072	044	028	019	015
0.08	268	274	202	113	063	036	021	013	010
0.10	277	290	208	108	056	029	016	009	006
0.15	290	318	219	097	043	019	008	004	002
0.20	295	340	225	086	033	013	005	002	001
0.30	295	373	234	068	020	006	002	001	000
0.40	291	399	240	054	012	003	001	000	000
0.60	277	440	246	031	004	001	000	000	000
1.00	250	500	250	000	000	000	000	000	000
2.00	201	593	241	−041	007	−001	000	000	000

铰 接 板 （9-3）　　　　　　　　　　附表Ⅰ-21

γ	η_{ij}								
	31	32	33	34	35	36	37	38	39
0.00	111	111	111	111	111	111	111	111	111
0.01	136	141	142	129	111	097	087	081	077
0.02	147	160	164	141	110	087	072	062	057
0.04	155	181	195	159	108	074	053	040	035
0.06	154	194	219	172	105	065	041	028	023
0.08	150	202	237	182	102	058	033	021	015
0.10	144	208	254	190	099	052	028	016	011
0.15	128	219	287	205	090	040	018	008	005
0.20	113	225	314	215	082	031	012	005	002
0.30	086	234	356	229	067	020	006	002	001
0.40	065	240	388	237	053	012	003	001	000
0.60	035	246	431	246	031	004	001	000	000
1.00	000	250	500	250	000	000	000	000	000
2.00	−034	240	586	243	−042	007	−001	000	000

铰 接 板 (9-4)　　　　　　　　附表 I-22

γ	η_{ij}								
	41	42	43	44	45	46	47	48	49
0.00	111	111	111	111	111	111	111	111	111
0.01	115	119	129	133	123	108	097	090	086
0.02	113	122	141	152	134	106	087	075	070
0.04	104	121	159	182	151	104	074	057	048
0.06	094	118	172	206	165	102	065	044	035
0.08	084	113	182	226	176	099	058	036	027
0.10	075	108	190	244	185	097	052	029	020
0.15	057	097	205	281	202	089	040	019	011
0.20	043	086	215	310	214	082	031	013	006
0.30	025	068	229	354	229	067	020	006	002
0.40	015	054	237	387	237	053	012	003	001
0.60	004	031	246	436	246	031	004	001	000
1.00	000	000	250	500	250	000	000	000	000
2.00	006	-041	243	586	243	-042	007	-001	000

铰 接 板 (9-5)　　　　　　　　附表 I-23

γ	η_{ij}								
	51	52	53	54	55	56	57	58	59
0.00	111	111	111	111	111	111	111	111	111
0.01	098	102	111	123	131	123	111	102	098
0.02	088	095	110	134	148	134	110	095	088
0.04	070	082	108	151	178	151	108	082	070
0.06	057	072	105	165	203	165	105	072	057
0.08	047	063	102	176	224	176	102	063	047
0.10	039	056	099	185	242	185	099	056	039
0.15	025	043	090	202	280	202	090	043	025
0.20	016	033	082	214	309	214	082	033	016
0.30	007	020	067	229	354	229	067	020	007
0.40	003	012	053	237	387	237	053	012	003
0.60	001	004	031	246	436	246	031	004	001
1.00	000	000	000	250	500	250	000	000	000
2.00	-001	007	-042	243	586	243	-042	007	-001

铰接板 (10-1)　　　　附表 I-24

γ	η_{ij}									
	11	12	13	14	15	16	17	18	19	1,10
0.00	100	100	100	100	100	100	100	100	100	100
0.01	181	158	131	110	093	080	070	063	058	056
0.02	234	192	146	111	085	066	052	043	037	034
0.04	306	232	155	103	069	047	032	023	018	015
0.06	355	254	154	094	057	035	021	014	009	007
0.08	392	268	150	084	047	026	015	009	005	004
0.10	423	277	144	075	039	020	011	006	003	002
0.15	480	290	128	057	025	011	005	002	001	001
0.20	523	295	113	043	016	006	002	001	000	000
0.30	583	295	086	025	007	002	001	000	000	000
0.40	625	291	065	015	003	001	000	000	000	000
0.60	682	277	035	004	001	000	000	000	000	000
1.00	750	250	000	000	000	000	000	000	000	000
2.00	828	201	-034	006	-001	000	000	000	000	000

铰接板 (10-2)　　　　附表 I-25

γ	η_{ij}									
	21	22	23	24	25	26	27	28	29	2,10
0.00	100	100	100	100	100	100	100	100	100	100
0.01	158	154	137	114	097	083	073	065	060	058
0.02	192	188	157	120	092	071	056	046	040	037
0.04	232	229	181	121	081	055	038	027	020	018
0.06	254	255	193	117	071	044	027	017	012	009
0.08	268	274	202	113	063	035	020	012	007	005
0.10	277	290	208	108	056	029	015	008	005	003
0.15	290	318	219	097	043	019	008	004	002	001
0.20	295	340	225	086	033	013	005	002	001	000
0.30	295	373	234	068	020	006	002	001	000	000
0.40	291	399	240	054	012	003	001	000	000	000
0.60	277	440	246	031	004	001	000	000	000	000
1.00	250	500	250	000	000	000	000	000	000	000
2.00	201	593	241	-041	007	-001	000	000	000	000

铰 接 板 （10-3）　　　　　　　附表Ⅰ-26

γ	η_{ij}									
	31	32	33	34	35	36	37	38	39	3,10
0.00	100	100	100	100	100	100	100	100	100	100
0.01	131	137	137	123	104	090	078	070	065	063
0.02	146	157	162	138	106	082	065	054	046	043
0.04	155	181	195	158	106	072	049	035	027	023
0.06	154	193	218	171	104	064	039	025	017	014
0.08	150	202	237	181	101	057	032	019	012	009
0.10	144	208	254	189	098	051	027	014	008	006
0.15	128	219	287	205	090	040	018	008	004	002
0.20	113	225	314	215	082	031	012	005	002	001
0.30	086	234	356	229	067	020	006	002	001	000
0.40	065	240	388	237	053	012	003	001	000	000
0.60	035	246	437	246	031	004	001	000	000	000
1.00	000	250	500	250	000	000	000	000	000	000
2.00	−034	241	586	243	−042	007	−001	000	000	000

铰 接 板 （10-4）　　　　　　　附表Ⅰ-27

γ	η_{ij}									
	41	42	43	44	45	46	47	48	49	4,10
0.00	100	100	100	100	100	100	100	100	100	100
0.01	110	114	123	127	116	100	087	078	073	070
0.02	111	120	138	148	129	100	080	065	056	052
0.04	103	121	158	180	149	101	069	049	038	032
0.06	094	117	171	205	163	100	062	039	027	021
0.08	084	113	181	226	175	098	056	032	020	015
0.10	075	108	189	244	185	096	050	027	015	011
0.15	057	097	205	281	202	089	040	018	008	005
0.20	043	086	215	310	214	082	031	012	005	002
0.30	025	068	229	354	229	067	020	006	002	001
0.40	015	054	237	387	237	053	012	003	001	000
0.60	004	031	246	436	246	031	004	001	000	000
1.00	000	000	250	500	250	000	000	000	000	000
2.00	006	−041	243	586	243	−042	007	−001	000	000

铰 接 板 （10-5） 附表 I-28

γ	η_{ij}									
	51	52	53	54	55	56	57	58	59	5,10
0.00	100	100	100	100	100	100	100	100	100	100
0.01	093	097	104	116	123	114	100	090	083	080
0.02	085	092	106	129	142	126	100	082	071	066
0.04	069	081	106	149	175	146	101	072	055	047
0.06	057	071	104	163	201	162	100	064	044	035
0.08	047	063	101	175	223	174	098	057	035	026
0.10	039	056	098	185	241	184	096	054	029	020
0.15	025	043	090	202	280	201	089	040	019	011
0.20	016	033	082	214	309	214	082	031	013	006
0.30	007	020	067	229	354	229	067	020	006	002
0.40	003	012	053	237	387	237	053	012	003	001
0.60	001	004	031	246	436	246	031	004	001	000
1.00	000	000	000	250	500	250	000	000	000	000
2.00	-001	007	-042	243	586	243	-042	007	-001	000

附录 Ⅱ
G-M 法 K_0、K_1、μ_0、μ_1 值的计算用图

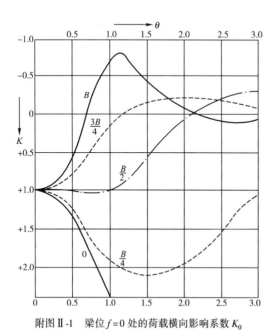

附图 Ⅱ-1　梁位 $f=0$ 处的荷载横向影响系数 K_0

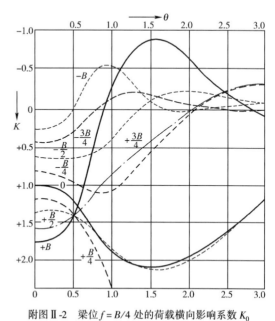

附图 Ⅱ-2　梁位 $f=B/4$ 处的荷载横向影响系数 K_0

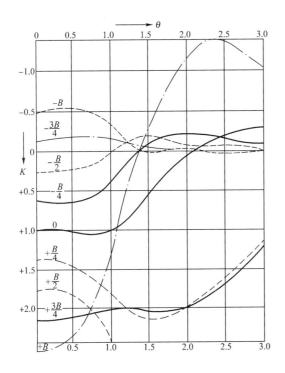

附图Ⅱ-3 梁位 $f=B/2$ 处的荷载横向影响系数 K_0

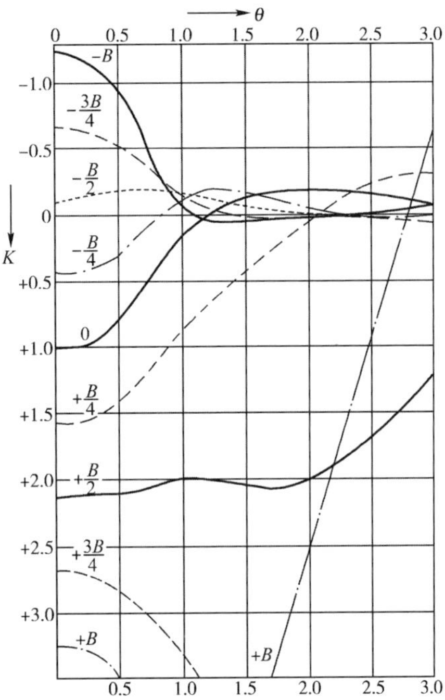

图Ⅱ-4 梁位 $f=3B/4$ 处的荷载横向影响系数 K_0

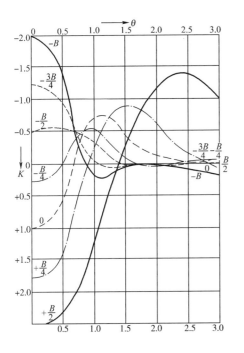

附图Ⅱ-5 梁位 $f=B$ 处的荷载横向影响系数 K_0

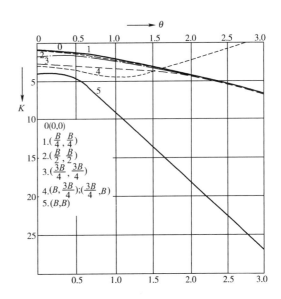

附图Ⅱ-6 不同梁位处的荷载横向影响系数 K_0（数值较大时）

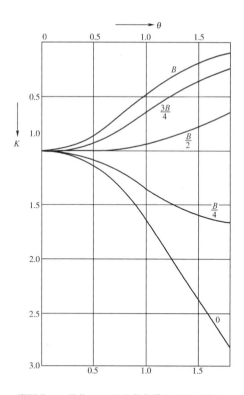

附图Ⅱ-7 梁位 $f=0$ 处的荷载横向影响系数 K_1

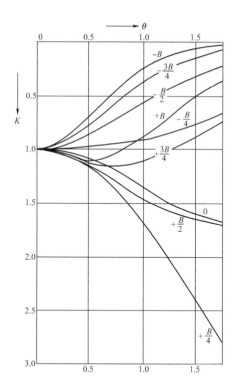

图Ⅱ-8 梁位 $f=B/4$ 处的荷载横向影响系数 K_1

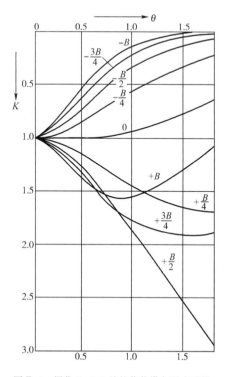

图Ⅱ-9 梁位 $f=B/2$ 处的荷载横向影响系数 K_1

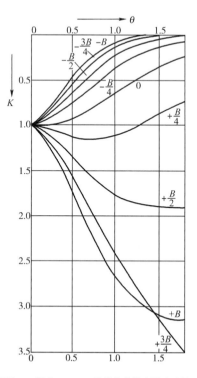

图Ⅱ-10 梁位 $f=3B/4$ 处的荷载横向影响系数 K_1

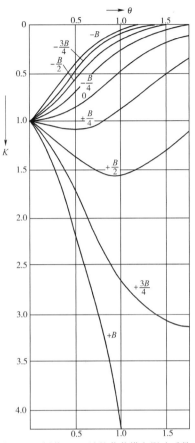

附图 II-11　梁位 $f=B$ 处的荷载横向影响系数 K_1

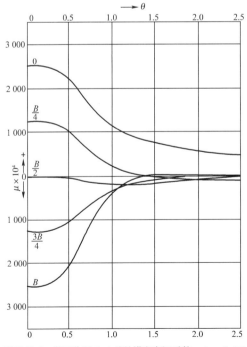

附图 II-12　截面位置 $f=0$ 处的横向弯矩系数 μ_0（$\nu=0.15$）

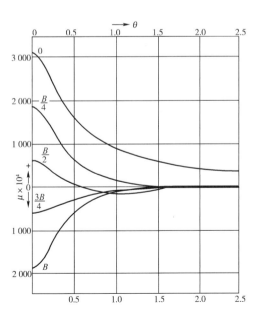

附图 II-13　截面位置 $f=0$ 处的横向弯矩系数 μ_1（$\nu=0.15$）

PART3 第三篇
悬臂与连续体系梁桥

简支梁由于构造简单,预制和安装方便,因而成为梁式桥中应用最早、使用最广泛的一种桥型,然而随着跨径的增大,简支体系梁桥跨中弯矩和截面尺寸也急剧增加。大量工程实践表明,当钢筋混凝土简支梁跨径超过 25m,或预应力混凝土简支梁跨径超过 50m 时,不但材料用量很高而不经济,而且架设重量很大,施工困难。因此,对于较大跨径的梁式桥,为了降低材料指标和方便施工架设,宜采用能减小跨中弯矩和材料用量的其他体系梁桥。在钢筋混凝土和预应力混凝土梁式桥中,悬臂体系和连续体系与简支体系一起成为三种最古老的梁桥体系。

本篇将围绕悬臂与连续体系梁桥,着重介绍预应力混凝土悬臂梁桥、连续梁桥和刚构式桥的结构布置、配筋设计、结构计算和施工方法等。

第一章
基本结构体系

梁式桥是指在垂直荷载作用下,仅产生垂直反力而无水平反力的结构体系总称,按受力特点梁桥基本结构体系一般可以划分成仅受正弯矩的简支体系、以负弯矩为主的悬臂体系和正负弯矩并存的连续体系。由于悬臂与连续体系梁桥在支点附近负弯矩区段内,梁的上翼缘受拉,使得修建钢筋混凝土大跨度结构具有一定的局限性,因此,应结合悬臂施工法推广采用预应力混凝土结构。为了便于描述梁桥基本结构特点,下面将梁式桥归纳成4种基本结构体系,即简支梁桥、悬臂梁桥、连续梁桥和刚构式桥,分别加以比较和对比。

简支梁是一种静定结构,如图3-1-1a)所示,体系温度、混凝土收缩徐变、初始预应力、地基变形等均不会在梁体中产生附加内力,设计计算方便,最易形成各种标准跨径的装配式结构。简支梁桥的受力简单,梁中只有正弯矩,其设计主要受跨中正弯矩的控制;当跨径增大时,跨中恒载和活载弯矩将急剧增加,当恒载弯矩所占比例较大时,结构能承受活载的能力很小;在跨径和恒载集度相同的情况下,与有支点负弯矩的悬臂梁桥[图3-1-1b)]和[图3-1-1c)]、连续梁桥和刚构式桥[图3-1-1e)]相比,简支梁桥的跨中弯矩最大。从表征材料用量的弯矩图面积大小(绝对值)而言,简支梁桥要比悬臂梁桥、连续梁桥和刚构式桥大得多,若以图3-1-1c)中单悬臂的中跨弯矩图为例,当$l_x = l/4$时,简支梁正、负弯矩图面积的总和是单悬臂梁的3.2倍。在钢筋混凝土简支梁桥中,经济合理的常用跨径在20m以下,由于预应力能使混凝土梁全截面参与工作,减轻了结构恒载,增加了抵抗活载的能力,从而加大了桥梁的跨越能力,我国常用的预应力混凝土简支梁的标准跨径在40m以下。

第一节 悬臂梁桥

将简支梁梁体加长,并超过支点就成为悬臂梁桥。仅有一端越过支点的称为单悬臂梁,如图 3-1-1b)所示;两端同时越过支点的称为双悬臂梁,如图 3-1-1c)所示。由此可见,悬臂梁桥一般应布置成三跨以上,习惯上将悬臂主跨称为锚跨。

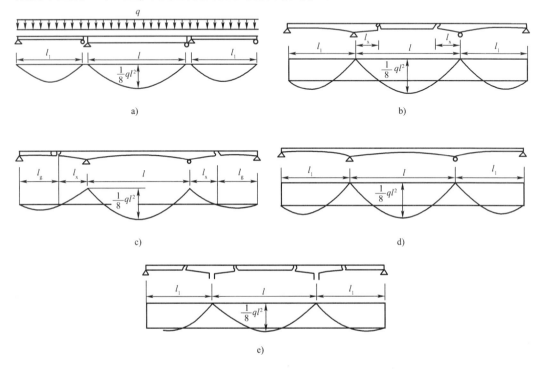

图 3-1-1 恒载弯矩比较图
a)简支梁;b)双悬臂梁;c)单悬臂梁;d)连续梁桥;e)T 形刚构

悬臂梁利用悬出支点以外的伸悬,使得支点产生负弯矩对锚跨之中正弯矩产生有利的卸载作用。显然,与简支梁各跨之中恒载弯矩相比[图 3-1-1a)],无论是单悬臂梁还是双悬臂梁,其锚跨之中弯矩因支点负弯矩图卸载作用而显著减小,而悬臂跨中因简支体系的跨径缩短而跨中弯矩也同样显著减小。再从活载方面来看,如梁只在悬臂梁的悬臂跨布载,活载引起的跨中最大正弯矩是按支承跨径较小的简支挂梁产生的正弯矩计算,其最大弯矩比简支梁小得多。由此可见,与简支梁相比,悬臂梁可以减小跨内主梁高度和降低材料的用量,是比较经济的。

悬臂梁桥一般为静定结构,结构内力不受地基变形的影响,对基础要求较低。与简支梁相比,墩上均只需设置一个支座,减小了桥墩尺寸,节省了基础工程量。此外,悬臂梁将结构的伸缩缝移至跨内,其变形曲线的转折角比简支梁变形曲线在支点上的转折角要小,这对行车的舒适较为有利。

悬臂梁桥虽然在力学性能上优于简支梁桥,可适用于更大跨径的桥梁方案,但由于悬臂梁的某些区段同时存在正、负弯矩,无论采用何种主梁截面形式,其构造较为复杂;而且跨径增大以后,梁体重量快速增加,不易采用装配式施工,往往要在费用昂贵、速度缓慢的支架上现浇。钢筋混凝土悬臂梁,还因支点负弯矩区段的存在,不可避免地将在梁顶产生裂缝,虽然有桥面防水措施,但是仍会受雨水侵蚀影响而降低使用年限;预应力混凝土悬臂梁桥虽无此患,并可采用节段悬臂施工,但由于支点为单点简支,施工时必须采用临时固结措施。正是由于结构构造和施工方法等方面的问题,无论是钢筋混凝土悬臂梁还是预应力混凝土悬臂梁,在实际桥梁工程中较少采用。国内钢筋混凝土悬臂梁的最大跨径一般在55m以下,而预应力混凝土悬臂梁桥的最大跨径也在100m以下。

第二节 连 续 梁 桥

将简支梁梁体在支点上连续就成为连续梁桥,连续梁至少布置成两跨,一般布置成多跨一联。每联跨数越多,联长就越长,由温度变化和混凝土收缩等引起的纵向位移就越大,伸缩缝和活动支座的构造就越复杂;每联跨数越少,联长就越短,伸缩缝数量越多,则对高速行车越不利。为了充分发挥连续梁在高速行车中平顺的优点,现代伸缩缝及支座构造已经作了极大的改进,梁体连续长度1 500m、伸缩缝伸缩长度1m已经成为可能。一般情况下,连续梁中间墩上只需设置一个支座,而在相邻两联连续梁的桥墩处仍需设置两个支座。在跨越山谷的连续梁中,中间高墩也可采用双柱(壁)式墩,每柱(壁)上都设有支座,连续梁支点负弯矩尖峰可被削低。

从图3-1-1d)中不难发现,在恒载作用下,连续梁由于支点负弯矩的卸载作用,跨中正弯矩显著减少,其弯矩图与相应跨径的悬臂梁桥相差不大,如果悬臂梁的悬臂长度恰好与连续梁弯矩零点位置相对应,则连续梁弯矩图[图3-1-1d)]与悬臂梁弯矩图[图3-1-1b)]完全一致。然而,在活载作用下,连续梁因主梁连续产生支点负弯矩对各跨跨中正弯矩仍有卸载作用,其弯矩分布要比悬臂梁更合理。

连续梁是一种外部超静定结构,基础不均匀沉降将引起结构附加内力,因此,对桥梁基础要求较高,通常宜选择良好的地基条件和沉降较小的基础形式。此外,初始预应力、混凝土收缩和徐变、结构温差作用等都会引起超静定结构影响力,不仅增加了设计计算的复杂程度,而且连续梁最终恒载内力的形成还依赖于不同的施工方法,关于这一点将在本篇第四章中详细讨论。

连续梁在力学性能上优于简支梁桥和悬臂梁桥,其具有结构刚度大、桥面变形小、动力性能好、变形曲线平顺、有利于高速行车等突出优点。虽然钢筋混凝土连续梁同悬臂梁一样,因在施工和使用上的相同缺陷,限制了它的使用,仅在城市高架和小半径弯桥中少量采用,一般跨径不超过25~30m,但是预应力混凝土连续梁的应用范围很广,常用跨径达到了150m,在数量上仅次于简支梁桥。尤其是悬臂施工法、顶推法、逐跨施工法等分段施工技术在连续梁桥中的应用,充分发挥了预应力技术的优点,使施工设备机械化和构件生产工厂化,从而提高了施工质量,减少了施工费用。

第三节 刚构式桥

刚构式桥是一种具有悬臂受力特点的墩梁固结梁式桥,因桥墩向两侧伸出悬臂形同"T"字,故又称为T形刚构。由于悬臂部分承受负弯矩,刚构式桥几乎都是预应力混凝土结构。预应力混凝土刚构式桥一般可以分为带剪力铰刚构、带挂梁刚构和连续刚构三种基本类型,如图3-1-2所示。

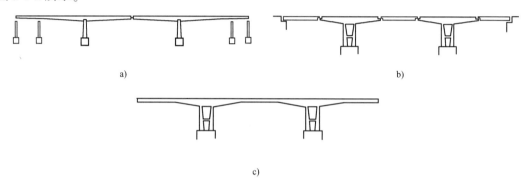

图 3-1-2 刚构式桥基本类型
a)带剪力铰刚构;b)带挂梁刚构;c)连续刚构

带剪力铰刚构桥的上部结构全部由悬臂组成,如图 3-1-2a) 所示,相邻两悬臂端通过剪力铰相连接。剪力铰是一种只能传递竖向剪力,不能传递水平推力和弯矩的连接构造。当在一个T形刚构单元上作用竖向力时,相邻的T形刚构单元将通过剪力铰共同参与受力,从而减轻了直接受荷T形刚构单元的结构受力,从结构受力与牵制悬臂梁端竖向变形来看,剪力铰起到了有利作用。对称布置的带剪力铰刚构桥在恒载作用下属于静定结构,但在活载作用下是外部超静定结构。在结构温差作用、混凝土收缩和徐变、基础不均匀沉降等因素影响下,剪力铰两侧悬臂端的挠度不同,必然产生超静定结构附加内力。这些挠度和附加内力,事先难以准确估计,且不易采用措施加以调整。其次,中间铰结构复杂,用钢量很大,但耐久性又比较差。此外,在运营中发现,剪力铰处往往因下挠而形成折角,导致车辆跳车,损坏剪力铰。因此,带剪力铰刚构桥目前已经较少采用。

带挂梁刚构桥的上部结构由部分悬臂和挂梁组成,如图 3-1-2b) 所示,是一种静定结构,与带剪力铰刚构桥相比,虽由于各个T形刚构单元独立作用,在受力和变形方面略差一些,但它的受力明确,不受各种内外因素的影响。带挂梁刚构桥在跨内因有正、负弯矩分布,其总弯矩图面积要比带剪力铰刚构桥小,虽然增加了牛腿构造,但免去了构造复杂的剪力铰。带挂梁刚构桥的主要缺点是桥面伸缩缝较多,对于高速行车不利;其次,除了悬臂施工工序和机具设备外,还增加了挂梁预制、安装工序及机具设备。目前国内经常采用的预应力混凝土带挂梁刚构桥的跨径在 60~150m 范围内。

连续刚构桥综合了连续梁和上述两种刚构桥的受力特点,将主梁做成连续梁体,并与薄壁桥墩固结[图 3-1-2c)]。它与连续梁一样,可以做成多跨一联,在特长桥中,还可以在若干中间跨以剪力铰或简支挂梁相连。典型的连续刚构体系,一般采用对称布置,非常适合于平衡悬臂施工。随着墩高的增加,薄壁桥墩对上部结构的嵌固作用越来越小,直至退化为柔性墩。连续刚构桥梁体的受力性能与连续梁相仿,而薄壁墩底部所承受的弯矩和梁体内的轴力会随着墩高的增大而急剧减小。在跨径大而墩高小的连续刚构桥中,由于体系温度的变化,混凝土收缩等将在墩顶产生较大的水平位移。为减少水平位移在墩中产生的弯矩,连续刚构桥常采用水平抗推刚度较小的双薄壁墩。目前,连续刚构桥已经成为预应力混凝土大跨径梁式桥的主要桥型,最大跨径已经突破300m。

第二章
立面与横断面设计

立面设计在桥梁的初步设计中占有十分重要的地位,直接影响到桥梁的实用性、安全性、经济性和美观性。立面设计的内容包括桥梁体系的选择、桥梁总长及分跨布置、桥面高程确定、梁高选择、桥梁下部结构和基础形式的选择等。本章主要介绍混凝土悬臂梁桥、连续梁桥和刚构式桥的立面布置,着重叙述梁高、跨径及其关系的选用;在桥梁横断面设计中,主要是确定桥面的宽度和桥跨结构横断面的布置,着重介绍混凝土桥梁常用的板式、肋式和箱形横断面的布置。

第一节 混凝土悬臂梁桥立面布置

混凝土悬臂梁桥的一般立面布置如图 3-2-1 所示,其中图 3-2-1a) 为三跨双悬臂结构,图 3-2-1b) 为三跨单悬臂带挂梁结构,图 3-2-1c) 为多跨双悬臂带挂梁结构。

一、三跨双悬臂结构

三跨双悬臂结构的悬臂梁桥常用于跨线桥,其中跨跨径取决于跨线的行车净空要求。三跨双悬臂结构的悬臂梁桥利用悬臂端伸入路堤可省去两个体积庞大的桥台,但需在悬臂与路堤的衔接处设置钢筋混凝土搭板以利行车。当主梁采用 T 形截面时,两侧悬臂长度一般为中跨跨径的 0.3~0.4 倍。当主梁采用箱形截面时,为了使跨中最大和最小弯矩绝对值大致相等,以充分发挥跨中部分底板受压能力,两侧悬臂长度可加大到中跨跨径的 0.4~0.6 倍。需要注意的是,悬臂过长时活载挠度较大,行车跳动比较厉害,这会造成悬臂端与路堤连接处结构的损坏;而悬臂过短时,因为支点负弯矩减小,又会削弱其对跨中正弯矩的卸载作用。表 3-2-1 列出了三跨双悬臂结构的悬臂梁桥跨径与梁高的关系。

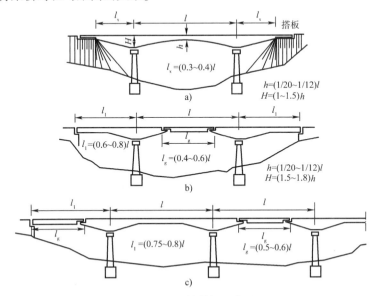

图 3-2-1 悬臂梁桥立面布置

a) 三跨双悬臂结构;b) 三跨单悬臂带挂梁结构;c) 多跨双悬臂带挂梁结构

三跨双悬臂结构的悬臂梁桥跨径与梁高的关系　　　　　　　　　　表 3-2-1

桥　型	跨径关系	截面形式	跨径梁高关系
钢筋混凝土双悬臂结构	$l_x = (0.3 \sim 0.4)l$	T 形截面	$h = \left(\dfrac{1}{20} \sim \dfrac{1}{12}\right)l$
			$H = (1.0 \sim 1.5)h$
		箱形截面	$h = \left(\dfrac{1}{30} \sim \dfrac{1}{20}\right)l$
			$H = (2.0 \sim 2.5)h$
预应力混凝土双悬臂结构	$l_x = (0.3 \sim 0.5)l$	T 形截面	$h = \left(\dfrac{1}{25} \sim \dfrac{1}{20}\right)l$
			$H = (1.5 \sim 2.0)h$
		箱形截面	$h = \left(\dfrac{1}{35} \sim \dfrac{1}{20}\right)l$
			$H = (2.0 \sim 2.5)h$

二、三跨单悬臂带挂梁结构

在跨越城市河道的桥梁中,带挂梁的三跨钢筋混凝土单悬臂梁桥是常采用的一种桥型方案。其中跨跨径取决于桥下通航净空的要求,一般不超过60m。边跨是锚跨,跨径较小,可作为城市桥梁沿河道路的立交孔。表3-2-2列出了三跨单悬臂带挂梁结构的跨径与梁高的关系。当需要进一步减小锚跨的跨径时,应考虑活载作用在中跨时锚跨边支点可能出现负反力的情况,为此需在锚跨边支点加设平衡重或设置能承受拉力的支座,如果桥两侧还有简支的引桥孔,可将相邻的简支梁端做成牛腿形式压在锚跨边支点上,从而起到压重的作用。

三跨单悬臂带挂梁结构的跨径与梁高的关系　　　　表3-2-2

桥　型	跨径关系	截面形式	跨径梁高关系
钢筋混凝土单悬臂带挂梁	$l_g = (0.4 \sim 0.6)l$ $l_1 = (0.6 \sim 0.8)l$	T形截面	$h = \left(\dfrac{1}{20} \sim \dfrac{1}{12}\right)l$
			$H = (1.5 \sim 1.8)h$
		箱形截面	$h = \left(\dfrac{1}{25} \sim \dfrac{1}{15}\right)l$
			$H = (2.0 \sim 2.5)h$
预应力混凝土单悬臂带挂梁	$l_g = (0.2 \sim 0.4)l$ $l_1 = (0.6 \sim 0.8)l$	T形截面	$h = \left(\dfrac{1}{25} \sim \dfrac{1}{20}\right)l$
			$H = (1.5 \sim 2.0)h$
		箱形截面	$h = \left(\dfrac{1}{30} \sim \dfrac{1}{20}\right)l$
			$H = (2.0 \sim 2.5)h$

三、多跨双悬臂带挂梁结构

当桥梁的长度较大,通航跨径要求在60m以下时,可采用图3-2-1c)所示的多跨双悬臂带挂梁结构的悬臂梁桥。通常设计成中跨跨径相同,两侧边跨跨径稍小的立面布置形式。当跨径不太大时,为便于预制和运输,带双悬臂的锚跨也可以设计成等高度梁。钢筋混凝土和预应力混凝土多跨双悬臂带挂梁结构的跨径与梁高的关系列于表3-2-3中。

多跨双悬臂带挂梁结构的跨径与梁高的关系　　　　表3-2-3

桥　型	跨径关系	截面形式	跨径梁高关系
钢筋混凝土双悬臂带挂梁	$l_g = (0.5 \sim 0.6)l$ $l_1 = (0.75 \sim 0.80)l$	T形截面	$h = \left(\dfrac{1}{20} \sim \dfrac{1}{12}\right)l$
			$H = (1.5 \sim 1.8)h$
		箱形截面	$h = \left(\dfrac{1}{30} \sim \dfrac{1}{20}\right)l$
			$H = (2.0 \sim 2.5)h$
预应力混凝土双悬臂带挂梁	$l_g = (0.5 \sim 0.7)l$ $l_1 = (0.75 \sim 0.80)l$	T形截面	$h = \left(\dfrac{1}{25} \sim \dfrac{1}{20}\right)l$
			$H = (2.0 \sim 2.5)h$
		箱形截面	$h = \left(\dfrac{1}{35} \sim \dfrac{1}{25}\right)l$
			$H = (2.0 \sim 2.5)h$

一般而论,当跨径超过50～60m时,钢筋混凝土悬臂梁桥不再适用,此时可以采用预应力混凝土悬臂梁桥。预应力混凝土悬臂梁桥同钢筋混凝土悬臂梁桥在纵截面布置上的主要差别在于,钢筋混凝土悬臂梁桥因承受负弯矩时顶面受拉会形成裂缝,故悬臂不宜过长,一般为$(0.15 \sim 0.3)l$,而预应力混凝土悬臂梁桥悬臂长度可以更长,一般为$(0.3 \sim 0.5)l$,当悬臂长度达到$0.5l$时,跨中即用剪力铰连接;预应力混凝土悬臂梁因全截面参与作用,梁高可以减少至$(1/25 \sim 1/20)l$,而支点处梁高可以增大至$H = (2 \sim 2.5)h$,以利于长悬臂的受力;此外,当采用悬臂施工法时,纵截面一般采用对称布置,边跨与中跨之比在0.5～0.8范围内。

第二节　混凝土连续梁桥立面布置

连续梁跨径的布置一般采用不等跨的形式。因为如采用等跨布置形式,则边跨内力将控制全桥设计,而这样做是不经济的。一般边跨长度选为中跨跨径的0.5～0.8倍;钢筋混凝土连续梁取偏大值,使边跨与中跨控制截面内力基本相同;预应力混凝土连续梁取偏小值,以增加边跨刚度和减小活载弯矩的变化幅度,从而减少预应力筋数量。此外,边跨长度还与施工方法有关,如采用悬臂法施工,边跨长度以不超过中跨跨径的0.65倍为宜。根据连续梁梁高随跨径方向的变化形式,可以把混凝土连续梁分为等高度连续梁和变高度连续梁。

一、等高度连续梁桥

等高度连续梁的优点是结构构造简单,对采用顶推法、移动模架法、整孔架设法等施工的跨径在40～60m范围内的预应力混凝土连续梁,一般都采用等高度的主梁。等高度连续梁的缺点是在支点上主梁不能通过增加梁高而只能通过增加预应力筋来抵抗较大的负弯矩，导致材料用量较大。

等高度连续梁桥的梁高与跨径之比一般选取在 1/26~1/16 范围内。当采用顶推法施工时，梁高的选择不仅与桥梁的跨径有关，还与顶推施工时对梁高的要求有关，即与施工时是否设置临时墩等施工措施有关。梁高与顶推跨径之比一般选取在 1/16~1/12 范围内。等高度连续梁桥的主要尺寸如表 3-2-4 所示。

等高度连续梁桥的主要尺寸表　　　　　表 3-2-4

类别	梁高与跨度之比 H/L	支点腹板总厚度与行车道板宽度之比 $\sum\delta/B$	支点处腹板厚度与梁高之比 δ/H
一般施工法	$\frac{1}{26} \sim \frac{1}{16}$	$\frac{1}{21} \sim \frac{1}{16}$	$\frac{1}{16} \sim \frac{1}{12}$
顶推法施工	$\frac{1}{16} \sim \frac{1}{12}$	$\frac{1}{21} \sim \frac{1}{16}$	$\frac{1}{16} \sim \frac{1}{12}$

二、变高度连续梁桥

从受力特点分析，连续梁立面以采用变高度的布置形式为宜。这是因为连续梁在恒、活载作用下，支点截面将出现较大的负弯矩，而且支点截面负弯矩的绝对值往往大于跨中截面的正弯矩，因此采用变高度梁能较好地符合连续梁的内力分布规律。同时，变高度的立面布置使梁体外形和谐，节省材料并增大桥下净空。若采用悬臂法施工，变高度梁又与施工内力状态相吻合。对已建桥梁统计资料分析表明，跨径大于 100m 的预应力混凝土连续梁桥，90% 以上都采用了变高度梁。

变高度连续梁的截面变化曲线可以为二次抛物线、圆弧线或者折线，由于连续梁的恒载弯矩变化规律与二次抛物线相似，所以一般选用二次抛物线。而折线形截面变化布置可使桥梁构造简单、施工方便，常用于中小跨径的连续梁桥。变高度连续梁桥的主要尺寸如表 3-2-5 所示。表 3-2-6 列出了我国已经建成的大跨径预应力混凝土连续梁桥。

变高度连续梁桥的主要尺寸　　　　　表 3-2-5

类别		支点梁高与跨度之比 H/L	支点腹板总厚度与行车道板宽度之比 $\sum\delta/B$	支点处腹板厚度与梁高之比 δ/H
跨径在 100m 内		$\frac{1}{18} \sim \frac{1}{14}$	$\frac{1}{19} \sim \frac{1}{13}$	$\frac{1}{20} \sim \frac{1}{15}$
跨径超过 100m	单向施加预应力	$\frac{1}{20} \sim \frac{1}{16}$	$\frac{1}{17} \sim \frac{1}{14}$	$\frac{1}{21} \sim \frac{1}{16}$
	双向施加预应力	$\frac{1}{20} \sim \frac{1}{16}$	$\frac{1}{23} \sim \frac{1}{20}$	$\frac{1}{28} \sim \frac{1}{19}$

我国已建成的大跨径预应力混凝土连续梁桥

表 3-2-6

序号	桥名	主桥跨径组合	桥址	建成年份	截面形式	梁高(m)及高跨比				混凝土用量 (m^3/m^2)	预应力筋用量 (kg/m^2)	普通钢筋用量 (kg/m^2)	施工方法
						$H_支$	$H_支/l$	$h_中$	$h_中/l$				
1	南京长江二桥北汊桥	90m+3×165m+90m	江苏	2000	双幅单箱单室	8.8	1/18.7	3	1/55	0.96	75.54 12.81	124	悬臂浇筑
2	六库怒江大桥	85m+154m+85m	云南	1995	单箱单室	8.53	1/18.1	2.83	1/54.4	1.73	67	109	
3	宜昌乐天溪桥	85.8m+2×125m+85.8m	四川	1990	单箱单室	7.7	1/16.2	3.2	1/39.1				
4	黄浦江奉浦大桥	85m+3×125m+85m	上海	1995	单箱单室	7	1/17.9	2.8	1/44.6	0.91	69.2	102	悬臂浇筑
5	潭洲大桥	75m+125m+75m	广东	1996	双幅单箱单室	7	1/17.9	2.75	1/45.5				
6	常德沅大桥	84m+3×120m+84m	湖南	1986	单箱单室	6.8	1/17.6	3	1/40	0.85	65.7	89.5	悬臂浇筑
7	风陵渡黄河大桥	87m+7×114m+87m	山西	1994									
8	沙洋汉江大桥	63m+6×111m+63m	湖北	1985	单箱单室	6.0	1/18.5	2.5	1/44.4	0.88	49.4	75	悬臂浇筑
9	江门外海桥	55m+7×110m+55m	广东	1988		5.8	1/19.0	2.5	1/44				
10	珠江三桥	80m+110m+80m	广东	1983	五箱单室	5.5	1/20	2.7	1/40.7	0.83	48.8	87.1	大型浮吊拼装
11	天津东堤头大桥	70m+100m+70m	天津	1988	单箱单室	6	1/16.7	3.3	1/30.3				
12	宜城汉江公路大桥	55m+4×100m+55m	湖北	1990	单箱单室	5	1/20	2.6	1/38.5	0.69	34.1	70.6	悬臂浇筑
13	顺德容奇桥	73.5m+3×90m+73.5m	广东	1984	双箱单室	5.35	1/16.8	3.0	1/30	0.58	33.3	118	大型浮吊拼装
14	松花江大桥	59m+7×90m+59m	黑龙江	1986	双箱单室	5.4	1/16.7	3.0	1/30	0.83	49.3	92.6	悬臂浇筑
15	湘潭湘江桥	50m+5×90m+50m	湖南	1994									

第三节 混凝土刚构式桥立面布置

混凝土刚构式桥包括T形刚构桥和连续刚构桥。其中T形刚构桥又可分为带挂梁结构的T形刚构桥和带剪力铰结构的T形刚构桥。

一、带挂梁结构

T形刚构桥桥型分跨的选择和布置中需注意使全桥的T形单元尽可能相同,以简化设计与施工;而T形刚构的布置也应尽可能对称,以避免T形刚构桥承受不平衡的恒载弯矩。

预应力混凝土T形刚构桥的横断面形式、梁底线形等基本上与普通钢筋混凝土T形刚构桥相类似。不过由于采用了强度等级更高的混凝土和高强度预应力筋(单向、双向或三向预应力),使结构的尺寸稍有不同。

对于带挂梁的T形刚构桥,适当增大挂梁长度,可使悬臂长度相应减小,从而减少悬臂施工工作量;反之增大悬臂长度,可减小挂梁长度,从而减小跨中建筑高度,减轻挂梁重量,便于运输安装。根据一些资料分析,挂梁长度与主孔跨径之比在0.25~0.50范围内时,相对来说弯矩图面积最小,其工程数量较为经济。当主孔跨径较大时,比值宜取小值。挂梁最大跨径由同类简支梁的最大跨径及运输安装能力决定,一般预应力混凝土挂梁跨径不超过40m。

根据统计,国外修建的公路和城市中的预应力混凝土T形刚构桥,其支点处梁高与跨径之比、支点处腹板总厚度与行车道板宽度之比以及支点处腹板厚度与梁高之比如表3-2-7所示。跨中梁高一般为支点梁高的0.2~0.4倍。

T形刚构式桥主要尺寸   表3-2-7

类　　别	支点处梁高与跨径之比 H/L	支点处腹板总厚度与行车道板宽度之比 $\Sigma\delta/B$	支点处腹板厚度与梁高之比 δ/H
跨径在100m内	$\frac{1}{22} \sim \frac{1}{14}$	$\frac{1}{19} \sim \frac{1}{13}$	$\frac{1}{20} \sim \frac{1}{15}$
跨径超过100m	$\frac{1}{21} \sim \frac{1}{17}$	$\frac{1}{17} \sim \frac{1}{14}$	$\frac{1}{21} \sim \frac{1}{16}$
双向预应力	$\frac{1}{21} \sim \frac{1}{17}$	$\frac{1}{23} \sim \frac{1}{20}$	$\frac{1}{28} \sim \frac{1}{19}$

从我国已建成的十余座桥梁来分析,H/L为1/18~1/16,$\Sigma\delta/B$为1/14~1/10,δ/H与表内的值比较接近。

跨中梁高视挂梁跨径或设铰需要而定,一般为支点梁高的1/5~1/2,当挂梁跨径在30m以下时梁高通常取在2m以下。

梁高沿桥纵向的变化曲线可以是抛物线、半立方抛物线、正弦曲线、三次曲线、圆弧线以及折线等。这些线形在国内已建成的桥梁中都用过,跨中设铰时较多采用正弦曲线;带挂梁的T形刚构,跨径小于100m时,多数采用二次抛物线;跨径超过100m时,多采用三次曲线。梁高变化采用哪一种曲线对内力影响都不大,但对各截面的应力验算影响较大。从桥梁外形的美观来看,以半立方抛物线或正弦曲线为好;从施工方便来看,则以折线或圆弧线为好。折线形底板,如果在折线夹角的角平分线方向上,布置一斜向横隔板通至梁顶,以平衡折线底板的向空推力,则可节省曲线底板作为曲杆受压增设的钢筋。

二、带剪力铰结构

带剪力铰结构的 T 形刚构桥的上部结构全部是悬臂部分,相邻两悬臂通过剪力铰相连接。所谓剪力铰是一种只能传递竖向剪力,不能传递水平推力和弯矩的连接构造。带剪力铰的、以铰对称布置的 T 形刚构桥在恒载作用下是静定结构,在活载作用下是超静定结构。在一个 T 形结构单元上作用有竖向力时,相邻的 T 形单元将因剪力铰的存在而同时受到作用,从而减轻了直接受荷的 T 形单元的结构内力。从结构受力与牵制悬臂变形来看,剪力铰起到了有利作用。另外,带剪力铰的 T 形刚构桥,由于不设挂梁,省去了预制和安装挂梁的大型设备,仅使用悬臂施工技术即可延伸桥梁跨径,这是国外曾经广泛修建带铰 T 形刚构桥的原因之一。然而,中间铰既要传递复杂的竖向剪力,又要满足纵向自由伸缩,桥面要设置伸缩缝,致使中间铰结构极其复杂,构造上很难处理,用钢量和工程费用也将增加。此外,运营中发现,剪力铰处往往因下挠形成折角,加上剪力铰和伸缩缝极易损坏,致使跳车现象难以根治。这也是带剪力铰的 T 形刚构桥的致命弱点。

带剪力铰结构的 T 形刚构桥的立面布置大致与带挂梁结构相同。

三、连续刚构

连续刚构桥是墩梁固结的连续梁桥。因为这种体系利用主墩的柔性来适应桥梁的纵向变形,所以在大跨高墩连续梁中比较适合。连续刚构桥也分跨中无铰和跨中带铰两种类型,两者一般均采用变高度梁。梁墩固结点多设置在大跨、高墩的桥墩上,因为利用高墩的柔度可以适应结构由预加力、混凝土收缩徐变和温度变化所引起的纵向位移。边跨较矮的桥墩,相对刚度较大,可设置滑动支座。带铰的连续刚构桥,由于跨中的铰可以满足一部分纵向位移,所以桥墩的刚度可以比不设铰的连续刚构大一些。桥梁的伸缩缝通常设在连续梁两端的桥台或过渡墩处,设铰的长桥也可将伸缩缝设在铰处。为保证结构的水平稳定性,梁端需要设置控制水平位移的挡块。

当跨径较大而墩的高度不高时,为增加墩的柔性,常采用双薄壁墩。此外,双薄壁墩还有削减墩顶负弯矩峰值的作用。因此,目前国内多数连续刚构桥如最大跨径 270m 的广东虎门大桥辅航道桥就采用这种桥墩。

连续刚构体系都采用平衡悬臂施工,其跨径布置、梁高选用与变截面连续梁相似。表 3-2-8 列出了我国已建成的大跨径公路预应力混凝土连续刚构桥的梁高(高跨比)、板厚(顶、底板及腹板)和最大底板厚跨比的数值,可供设计参考。总之,公路多跨连续刚构桥,箱梁根部梁高可取 $(1/20 \sim 1/17)L$,跨中可取 $(1/60 \sim 1/50)L$;对铁路桥,因活载较大,箱梁根部梁高可取 $(1/16 \sim 1/15)L$,跨中可取 $(1/50 \sim 1/30)L$。加大箱梁根部梁高,通常可使正弯矩减小,正弯矩区缩短,使主梁大部分承受负弯矩,这样可使大多数预应力钢束布置在梁的顶部,构造与施工均较简单。

多跨连续刚构,由于结构上墩梁固结,为减小次内力的敏感性,必须选择抗压刚度较大、抗推刚度较小的单壁式或双壁式的薄壁墩,使墩适应梁的变形。一般情况下,在初步设计选择桥墩尺寸时,其长细比可考虑 $16 \sim 20$。双薄壁的中距与主跨比值在 $1/25 \sim 1/20$ 范围内。在通航繁忙的大河上建桥,应充分注意桥梁薄壁墩抵抗船舶撞击的安全性,及早研究防撞措施。

表 3-2-8 我国已建成的大跨径公路预应力混凝土连续刚构桥

序号	桥名	主桥跨径组合	建成年份	边中跨比	截面形式	梁高(m) 根部	梁高(m) 跨中	高跨比 根部	高跨比 跨中	梁宽(m) 顶板	梁宽(m) 底板	板厚(cm) 顶板	板厚(cm) 底板	板厚(cm) 腹板	最大底板厚跨比	边跨合龙方法	备注
1	虎门大桥辅航道桥	150m+270m+150m	1997	0.556	单室箱	14.8	5.0	1/18.2	1/54	15.0	7.0	25	32~130	40~60	1/207.7	设计建议用导梁浇筑混凝土合龙边跨,实际支架上合龙	桥梁位于 $R=7\,000$m 平曲线上
2	重庆黄花园大桥	137m+3×250m+137m	1999	0.548	单室箱	13.8	4.3	1/18.1	1/58.1	15.0	7.0	25	28~150	40~70	1/166.7	落地支架	连续长度1 024m
3	马鞍石嘉陵江大桥	146m+3×250m+146m		0.584	单室箱	13.7	4.2	1/18.2	1/59.5	11.5	5.5	25	32~150	40~60	1/166.7	落地支架	连续长度1 042m
4	黄石长江大桥	162.5m+3×245m+162.5m	1995	0.663	单室箱	13.0	4.1	1/18.8	1/59.8	19.6	10.0	25	32~135	50~80	1/181.5	落地支架	连续长度1 060m
5	江津长江大桥	140m+240m+140m	1997	0.583	单室箱	13.5	4.0	1/17.8	1/60.0	22.0	11.5	25	32~120	50~80	1/200		
6	重庆高家花园嘉陵江大桥	140m+240m+140m		0.583	单室箱	3.6			1/66.7	15.36	8.0		32~120	40~60	1/200	落地支架	
7	泸州长江二桥	140m+240m+55.5m	1997	0.552	单室箱	13.5	4.0	1/17.8	1/60.0	25.0	13.0						55.5m边跨重力式锚碇桥台
8	南澳跨海大桥	122m+221m+122m	1998	0.579	单室箱	11.0	3.0	1/18.6	1/73.7	17.1	8.0	25	32~110	40~60	1/209	设计建议用导梁浇筑混凝土合龙边跨	梁底用1.65次抛物线
9	华南大桥	110m+190m+110m	1998	0.694	单室箱	9.5	3.0	1/20.0	1/63.3	17.75	9.5	28	32~100	35~55	1/190	设计建议用接长的挂篮浇筑混凝土合龙边跨,实际支架上合龙	梁底用1.5次抛物线
10	洛溪大桥	65m+125m+180m+110m	1998	0.727	单室箱	10.0	3.0	1/18.0	1/60.0	15.14	8.0		32~120	50~70	1/150	落地支架	
11	宁波大桥	123.6m+170m+123.6m	1999		单室箱	10.5	4.5	1/16.0	1/37.3	12.6	7.0	28	75~120	70~90	1/140	落地支架	铁路单线
12	攀钢专用线金沙江大桥	100m+168m+100m	1996	0.595	单室箱												

第四节　混凝土横断面布置

混凝土悬臂梁桥、连续梁桥和刚构式桥一般采用的横断面形式有板式截面、肋式截面和箱形截面三种，以下分别予以介绍。

一、板式横断面

板式横断面梁桥的承重结构就是矩形横断面的钢筋混凝土板或预应力混凝土板[图3-2-2a)]，其主要特点是构造简单，施工方便，而且建筑高度较小。从力学性能上分析，位于受拉区的混凝土材料不但不能发挥作用，反而增大了结构的自重，当跨度稍大时就显得笨重而不经济。

图3-2-2a)表示整体式板桥的横截面，这种板在车辆荷载作用下除了沿跨径方向引起弯曲受力外，板在横向也发生挠曲变形，因此它是一块双向受力的弹性薄板。有时为了减轻自重，也可做成留有圆洞的空心板桥或将受拉区稍加挖空的矮肋式板桥[图3-2-2b)]。

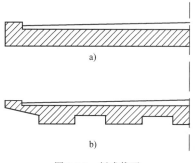

图3-2-2　板式截面

图3-2-3所示是现代化高架道路上经常采用的单波和双波式横截面的板桥，在与柱型桥墩的配合下，桥下净空大，可布置与桥梁同向的线路，造型也美观，但这种结构的施工较为复杂。

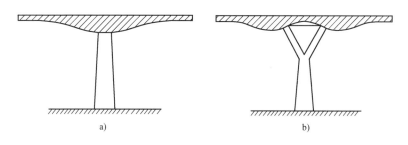

图3-2-3　高架桥的板式截面

二、肋式横断面

在横断面内形成明显肋形结构的梁桥称为肋梁式梁桥，或简称肋梁桥。在这种桥上，梁肋（或称为腹板）与顶部的钢筋混凝土桥面板结合在一起作为承重结构。由于肋与肋之间处于受拉区域的混凝土得到很大程度的挖空，因此显著减轻了结构自重。特别对于仅承受正弯矩作用的简支梁来说，既充分利用了扩展的混凝土桥面板的抗压能力，又有效发挥了集中布置在梁肋下部的受力钢筋的抗拉作用，从而使结构构造与受力性能达到理想的结合。与板桥相比，对于梁肋较高的肋梁桥来说，由于混凝土抗压和钢筋受拉所形成的力偶臂较大，因而肋梁桥具有更大的抵抗荷载弯矩的能力。目前，中等跨径（15m以上）的梁桥，通常采用肋板式横截面。

由于主梁除了在跨中部分承受正弯矩外,在支点附近还要抵抗较大的负弯矩,因此在进行截面设计时往往要加强截面底部的混凝土受压区。常见的底部加强肋梁式横断面形式有两种:一种是带马蹄形的 T 形截面,为了适应向支点处逐渐增大的负弯矩,梁高及马蹄尺寸可相应加大;另一种是在梁肋底部加设局部变宽的下翼缘板以增大混凝土受压面积,下翼缘板宽度和厚度沿跨长方向可依据负弯矩数值的变化而改变。

按照制造工艺来说,肋梁式截面又可分为整体式肋梁截面和装配式肋梁截面。

图 3-2-4 所示为整体式肋梁的横截面形状。在设计整体式梁桥时,鉴于梁肋尺寸不受起重安装机具的限制,故可以根据钢筋混凝土体积最小的经济原则来确定截面尺寸。对于桥面净空为净—7m 的桥梁,只要建筑高度不受限制,往往以建成双主梁桥最为合理,主梁的间距可按桥梁全宽的 0.55~0.60 布置。有时为减小桥面板的跨径,还可在两主梁之间增设内纵梁[图 3-2-4b)]。

图 3-2-4 肋梁式截面

T 形截面主梁肋厚(即腹板厚度)在满足主拉应力强度和抗剪强度的前提下,一般可做得较薄,以减轻截面恒载重量,但必须保证梁肋的屈曲稳定性,还要注意不致使浇筑混凝土发生困难。T 梁上翼缘板厚度的确定主要取决于桥面板承受车辆局部荷载的要求,而翼缘板根部(与梁肋衔接处)需加高以抵抗较大的弯矩,所以翼缘板一般都是变厚度的,即端部较薄,至根部加厚至不小于主梁梁高的 1/12。此外为使翼缘板和梁肋连接平顺,并减小局部应力和便于脱模,一般应在截面转角处设置钝角式承托或圆角。T 梁下部马蹄形部分或下翼缘板的设置则主要根据支点附近断面抵抗负弯矩的要求来进行。

三、箱形横断面

当悬臂与连续体系梁桥的跨径较大时,箱形截面是最适宜的横断面形式。在已建成的跨径超过 40m 的预应力混凝土梁桥中,横截面大多为箱形截面。箱形截面的顶板和底板都具有比较大的面积,因而能有效抵抗正负双向弯矩,满足配筋要求,并具有比 T 形截面高的截面效率指标;而且由于截面闭合,抗扭刚度较大,当桥梁承受偏心荷载时内力分布比较均匀,整体性能也较好;此外,箱形截面具有良好的动力特性,并且收缩变形数值也较小。

箱形截面根据桥面宽度、施工方法等的不同可以采用各种不同的形式。常见的箱形截面基本形式有:单箱单室、单箱多室、多箱单室、多箱多室等,可参见图 3-2-5。

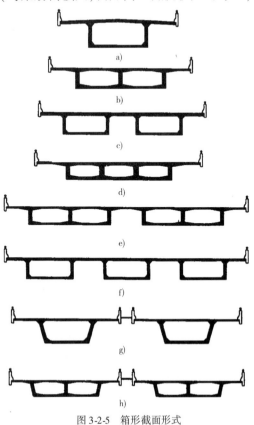

图 3-2-5 箱形截面形式

单箱单室截面整体性好,受力明确,施工方便,节省材料用量,但是由于钢筋混凝土桥面板的跨度和两侧悬臂的长度受到一定限制,因而只适用于桥面宽度较窄的情况。要在桥面较宽的条件下使用单箱单室截面,就需要在构造上采取一定措施,例如,在悬臂上设置横梁加劲、并在横梁上施加横向预应力,或者在桥面板内设置横向预应力筋。

与单箱单室截面相比,采用单箱多室截面可以有效减小顶板所承受的正负弯矩数值,而且由于腹板厚度的增加使主拉应力和剪应力都减小,也给布置预应力筋增加了空间。但多室截面施工比较困难,腹板自重弯矩占恒载总弯矩的比例较大,这些都影响了多室截面的应用。

对于桥面较宽的桥梁,采用多箱单室截面比单箱多室截面要经济,例如,在重庆长江大桥的初步设计中进行过双箱单室截面和双箱双室截面的比较,结果表明前者比后者减轻重量13%左右。在悬臂施工时,多箱单室截面可采用分箱施工,从而减小施工荷载,降低施工费用。分离式单箱截面也因为施工方便得到了应用,分离的箱梁分别支承在独立的桥墩上,箱梁之间设纵向接缝连接。

箱形截面主梁的顶板主要按照行车道板的要求来设计,钢筋混凝土箱梁梁肋的间距通常不宜超过 2.5~3.0m,以避免顶板跨径过大,并保证顶板和梁肋共同受力。跨中梁段的底板可尽量做得薄些,但从施工要求出发,一般不宜小于 15cm 或梁肋间净距的 1/16;而进入负弯矩区后,底板厚度随负弯矩的增大需逐渐增加直至支点截面,一般在墩顶处达到梁高的 1/12~1/10,以适应受压要求。梁肋(腹板)主要承受截面的剪应力和主拉应力,其最小厚度应满足剪切极限强度的要求,侧腹板因要满足弯扭剪切极限强度的要求,一般比中腹板厚一些;梁肋厚度一般也可沿桥长变化,跨中截面梁肋总厚度不宜小于桥宽的 1/20~1/12,而支点截面则不宜小于 1/12~1/8。箱梁顶底板与梁肋的连接处应设置梗腋,以加强竖肋同水平板的联系,并提高截面的抗扭刚度和抗弯刚度,减小扭转剪应力、畸变应力和次应力;此外在构造上利用梗腋所提供的空间布置纵向和横向预应力筋,也为减少顶底板的厚度提供了构造上的保证。由于箱形截面的抗扭性能好,也有利于荷载的横向分布,所以一般只在支点上、跨中和悬臂端设置横隔板,横隔板应开孔以便施工和养护人员进出。

无论采用哪种横截面形式,为了适应悬臂梁桥从跨中梁段向支点逐渐增大的负弯矩和剪力的要求,横截面布置都宜设计成沿桥长变化的形式。图 3-2-6 所示为悬臂梁桥横截面布置沿桥长变化的主梁构造,这里采用了三种措施:①从跨中向支点逐渐增大梁高;②逐渐加厚梁肋;③增设逐渐拓宽的下翼缘板。这几种措施的采用应视具体条件,通过分析比较来确定。

变高度主梁的梁底曲线可以做成多种形式,如大半径圆弧曲线、抛物线、正弦曲线和折线等。从美观与截面内力相适应的角度来看,抛物线和正弦曲线较佳;而从施工方便的角度看,则折线和大半径圆弧曲线较佳。特别是对于多跨 T 形悬臂梁桥或刚构式桥,折线形变高度的悬臂配上等高度简支挂梁所形成的折线形梁底,既经济简洁,施工也较为方便。

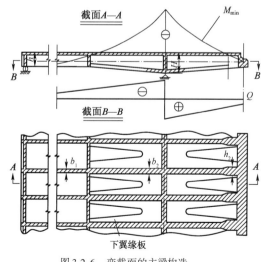

图 3-2-6 变截面的主梁构造

第三章 配筋与其他构造设计原则

本章主要介绍混凝土桥梁纵向钢筋和预应力筋设计,箱梁三向预应力筋设计,以及横隔梁、牛腿、剪力铰、体外预应力等其他构造的设计原则。

第一节 纵向钢筋和预应力筋设计

一、悬臂梁桥配筋

对钢筋混凝土悬臂梁桥而言,主梁内主钢筋的布置要满足正、负弯矩的要求。在悬臂部分和支点附近是负弯矩区段,主钢筋要布置在梁的顶部;跨中部分承受正弯矩,主钢筋应布置在梁的底部;在正、负弯矩过渡区域,两个方向的弯矩都可能发生,所以梁的顶部和底部都要布置适量的主钢筋。主梁内抵抗主拉应力的斜钢筋可以根据受力需要由梁顶和梁底的主钢筋弯折而成。对于跨中正弯矩区段主钢筋密集的部位,可通过敷设加强钢筋网来改善混凝土的裂缝分布;在支点负弯矩区段,也可在桥面铺装层内敷设钢筋网并采取有效的防水措施,以避免雨水渗入梁体。

预应力筋的布置形式同梁桥结构体系、受力情况、构造形式和施工方法都有密切的关系。如果其他条件已选择确定,那么预应力筋的布置形式应根据结构的受力要求来确定。对预应力混凝土悬臂梁桥而言,通常以最大设计内力图(弯矩包络图)的全部纵坐标除以一个常数来得到沿跨长预应力筋的偏心距。这些偏心距的连线即是预应力筋的重心线,也是预应力筋的压力线。图 3-3-1 和图 3-3-2 分别给出了单悬臂梁和双悬臂梁内预应力筋连续布置的形式,这通常应用在有支架的现浇预应力混凝土悬臂梁桥中。无论短跨或长跨、短悬臂或长悬臂,这样布置的预应力筋都充分利用了结构变截面的特点,既符合受力要求,又尽可能减缓了预应力筋的曲率,从而降低了预应力筋的摩阻损失。

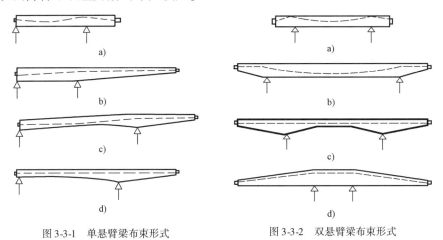

图 3-3-1　单悬臂梁布束形式　　　　图 3-3-2　双悬臂梁布束形式

当然,当不采用支架现浇的施工方法时,预应力筋的布置形式应根据施工阶段的受力要求进行调整。所以,如果施工阶段所需布置的预应力筋与结构使用状态下所需的预应力筋,在布置形式及数量要求上取得一致时,往往是最经济的设计。

二、连续梁桥配筋

目前,采用现场整体浇筑的钢筋混凝土连续梁在城市跨线桥上仍有应用,主要原因是钢筋混凝土桥梁的施工简易。其梁内纵向主钢筋须根据结构弯矩包络图进行布置,以满足正、负弯矩的要求;斜钢筋则可根据抵抗主拉应力的需要设置,既可由上、下部主钢筋弯折而成,也可另外配置。

预应力混凝土连续梁桥中预应力筋的布置形式,与所采用的施工方法以及预应力筋的种类等有密切的关系。

对于就地现浇连续梁的预应力筋布置形式,在短跨的等截面的连续梁中,可以连续布置;而在较长的连续梁中,为了减小连续预应力筋的摩阻损失,在梁顶上或梁底部设置锚固端,在梁的构造上要设置凹槽,可放置锚具并便于安装千斤顶张拉,凹槽在张拉后用混凝土填封。当采用这种预应力筋时,为防止在中间锚固处因集中较大的锚固力(偏心距较大)而导致结构另一缘的拉裂,通常需要布置较多的普通钢筋。在跨径不大的变截面连续梁中,可在支点截面上布置帽束;在较大跨径的变截面连续梁中,应充分利用梁的形心轴线变化,充分采用束筋曲率不大的布置形式,从而获得较大的偏心距,预应力筋的有效偏心距是从预应力筋重心处至梁截面形心轴的距离。

图 3-3-3a) 所示为采用顶推法施工的直线形预应力筋布置。上、下通长束使截面接近轴心受压,以抵抗顶推过程中各截面交替承受的正、负弯矩。待顶推完成后,再在跨中的底部和支点的顶部增加局部预应力筋,用来满足运营荷载下相应的受力要求。有时按设计还在跨中的

顶部和支点附近的底部设置局部的施工临时束,待顶推完成后即予卸除。

图 3-3-3b)所示为采用先简支后连续施工方法的预应力筋布置。待墩上接缝混凝土达到强度后,用设置在接缝顶部的局部预应力筋来建立结构的连续性。

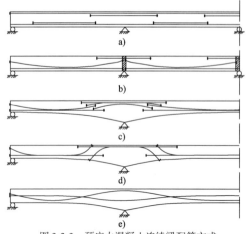

图 3-3-3　预应力混凝土连续梁配筋方式

图 3-3-3c)和图 3-3-3d)所示为曲线形的预应力筋布置。梁中除了正弯矩区和负弯矩区各需布置底部和顶部预应力筋外,在有正、负弯矩的区段内,顶、底板中均需设置预应力筋。预应力筋可以根据受力需要在跨径内截断后锚固在梁体高度内[图 3-3-3c)],也可弯出梁体而锚固在梁顶和梁底[图 3-3-3d)]。

图 3-3-3e)表示整根曲线形通长束锚固于梁端的布置方式,在此情况下,由于预应力筋既长而且弯曲次数又多,这就显著加大了预应力筋的摩擦损失,预应力筋的布置要考虑到张拉操作的方便。当需要在梁内、梁顶或梁底锚固预应力筋时,应根据预应力筋锚固区的受力特点给予局部加强,以防开裂损坏。

三、刚构式桥配筋

带挂梁的 T 形刚构式桥的悬臂部分只承受负弯矩,因此将预应力筋布置在梁肋顶部和桥面板内,以获得最大的作用力臂,如图 3-3-4)所示。预应力筋分直线束和曲线束两类,直线束的一部分在接缝端面上锚固,另一部分直通至悬臂端部锚固在牛腿端面上。肋内的曲线束则随着施工的推进逐渐下弯而倾斜锚固在各安装块件(或现浇段)的端面上。为了使位于梁肋外承托内的预应力筋也能下弯锚固,通常还要使它们在平面内也作适当弯曲,如图 3-3-4 的平面图所示。下弯的预应力筋能增加梁体的抗剪能力。在大跨径桥梁中还可在肋内设置专门的竖向预应力筋来增强梁肋的抗剪作用。

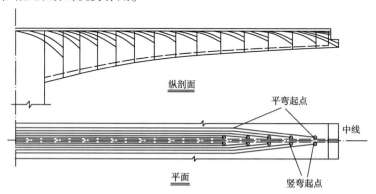

图 3-3-4　T 形刚构悬臂预应力筋布置图

对于带剪力铰的 T 形刚构,悬臂部分也可能出现正负异号的弯矩,在此情况下,梁的底部也应布置适当的纵向预应力筋。

箱梁截面中的非预应力钢筋,大多属于构造钢筋,通常预制成钢筋网来安装,并注意在截面变化处(如承托处等)和削弱处(如检查孔处等)进行局部加强。

T形刚构的墩柱属于压弯构件,而且墩柱两侧均可能受拉,因此必须在两侧柱壁内布置足够的受力钢筋或预应力筋。

预应力混凝土连续刚构式桥的钢筋布置与连续梁桥类似,这里不再赘述。

对于预应力混凝土梁桥预应力筋布置的经济性来说,如果在施工阶段所需布置的预应力束筋与结构使用状态下所需的预应力束筋,在布置形式与受力要求的束数取得了一致,这将是最经济的设计。而顶推法施工的连续梁,它因施工阶段的受力包络图与连续梁的设计内力包络图很不一致,因而导致在连续梁顶推施工中要布置施工临时束,然后在最后形成连续梁后予以拆除。这将使施工中张拉顺序复杂化,并多用一些预应力束筋,这是不经济的。然而在施工的其他方面,如机具简单,固定台座生产预制梁段逐步顶推等优点又节省了劳动力与费用。所以,顶推法施工在布束条件上是不利于节约材料的,只有在某些特定条件下采用才可能达到综合经济效益。而预应力混凝土T形刚构采用悬臂施工法,使结构在施工时的布束原则与形式和结构使用状态下的要求完全一致,因而预应力束筋用材最小,根据统计资料分析,T形刚构的预应力束筋用料比连续梁要节省10%~15%。因为连续梁的结构次内力,以及体系转换往往需要布置正弯矩束。

第二节 箱梁三向预应力筋设计

一、横向预应力筋设计

箱梁顶板在横桥向作为支撑在腹板上的多跨连续桥面板参加工作。当箱梁腹板间距较大或翼缘板悬臂长度较大时,采用普通钢筋混凝土桥面板是不经济的,此时应考虑采用横向预应力混凝土桥面板。桥面板中横向预应力束一般采用直线布置,设置在桥面板上、下两层钢筋网之间,可与纵向束叠置。桥面板中间最小厚度为纵向预应力管道直径与横向预应力管道直径之和再加2~5cm。大跨度连续梁中一般纵向束选用钢绞线,管道直径根据实际所选用的钢绞线数量决定;横向预应力束采用扁束,管道高度为22mm,则桥面板厚度不小于21cm。横向束在桥面板中部受顶板厚度限制,偏心距较小,可在承托附近缓缓向上弯曲,以承受较大的负弯矩。横向预应力束的间距一般采用0.5~1.0m,张拉端和内锚固端交替布置。每根预应力筋的预加力一般为300~600kN。

需要强调的是,对布置有预应力钢束的顶、底板,预应力管道占去了相当一部分板厚,在外力作用下,预应力管道上下缘的箱梁壁板很可能发生局部屈曲,为此必须在板内布设一定数量的连接上下构造钢筋网的箍筋,以保证构件的安全。

二、竖向预应力筋设计

箱梁腹板中因有桥面板下弯的纵向预应力束,故主拉应力较小,一般跨度不大的连续梁仅需配置普通的抗剪箍筋,箍筋宜选用间距为10~20cm、直径 $\phi 12 \sim \phi 18$ 的 HRB335 钢筋。如施工条件容许,可在支点附近加设倾角为50°~60°的斜箍筋。对大跨度连续梁,在距支点1/4跨区间,箱梁腹板高度较高,为增强箱梁抗剪能力,通常设置竖向预应力筋。竖向预应力筋常用 $\phi 25$ 精轧螺纹钢筋、轧丝锚,或采用 $24\phi 5$ 碳素钢丝、墩头锚。竖向预应力筋的间距为30~60cm。

第三节　其他构造设计

一、横隔梁

横隔梁在装配式 T 形梁中起着保证各根主梁相互连成整体的作用,其刚度越大,桥梁的整体性越好,在荷载作用下各主梁就能更好地协同工作。然而,设置横隔梁使主梁模板工作稍趋复杂,横隔梁的焊接接头往往要在设于桥下专门的工作架上进行,施工比较麻烦。实践证明,对于简支梁桥,一般在跨中、四分点、支点处各设一道横隔梁就可满足要求。

横隔梁的高度可取主梁高度的四分之三左右。在支点处可与主梁同高,以利于梁体在运输和安装中的稳定性。但如果端横隔梁高度比主梁略小一些,则对安装和维修支座是有利的。

横隔梁的肋宽常用 12~20cm。预制时做成上宽下窄和内宽外窄的楔形,以便脱模。

箱梁横隔梁的基本作用是增加截面的横向刚度,限制畸变应力。在支承处的横隔梁还担负着承受和分布较大支承反力的作用。箱形截面由于具有很大的抗扭刚度,所以横隔梁的布置可以比一般肋形的桥梁少一些。目前许多国家认为可以减少或不设置中间横隔梁。从受力角度来分析,中间横隔梁对纵向应力和横向弯矩的分布影响很小,活载横向弯矩的增加很少超过 8%,而恒载应力又不受横隔梁的影响,因此单从结构上考虑,中间横隔梁的作用可以用局部加强腹板或特殊的横向框架来代替。重庆长江大桥主跨跨径 174m,悬臂长 69.5m,在悬臂中间仅设置一道横隔梁,边跨悬臂长 51.5m,中间则不设横隔梁。日本的浦户大桥主跨跨径 230m,设 5 道横隔梁,间距 38m。滨名大桥、彦岛大桥横隔梁间距各为 29.3m。联邦德国的本道夫桥横隔梁间距为 35m。

箱梁中横隔梁的配筋形式与箱梁的支承方式有关。当支承位于主梁腹板下时,在横隔梁中只要配置一定数量的水平方向的普通钢筋便可。当支承不通过主梁腹板轴线,而是通过箱梁轴线支承在底板上时,横隔梁受力类似弹性支承的悬臂梁,在横隔梁中应设置曲线形的预应力钢筋。同时可在主梁或横隔梁腹板内布设预应力直筋,但 40%~60% 的支承反力是由曲线形的预应力筋来承担的。

二、牛腿

挂梁构造中最复杂的部位,就是悬臂端和挂梁端衔接的部位,即通常所说的牛腿。由于梁的相互搭接,而且还要设置支座来传递较大的竖直和水平反力,所以牛腿高度已削弱至不到梁高的一半,却又要传递较大的竖直和水平反力,再加上截面凹折转角多,因而牛腿是一个受力非常复杂的部位,也是上部结构中的薄弱部位。

牛腿的构造需要注意以下一些问题:

(1)牛腿部位应设置端横梁来保证传力效果。端横梁的宽度一般应将牛腿包含在内以形成整体,长度最好比主梁横向总宽度(如箱梁底宽)大一些,横向挑出的牛腿横梁既为架梁及设置抗震挡块提供了方便,还可以避免横梁横向钢束的锚头对边梁支座下受压部位混凝土截面的削弱。

(2)悬臂梁和挂梁的腹板最好一一对应,以达到受力明确、缩短传力路线的目的,接近牛腿部位的腹板应予以加厚,加厚区段的长度不宜小于梁高。

（3）牛腿的凹角线形应该缓和,避免尖锐转角,以缓和应力集中现象。图3-3-5所示为两种不同形状牛腿在荷载作用下的主应力迹线。图3-3-5a）中的牛腿在凹角处主拉应力迹线密集,应力集中现象严重；图3-3-5b）为改进后的牛腿形状,所以只要简单地避免尖锐凹角就能缓和应力集中现象。

（4）牛腿处的支座高度应尽量减小,如采用橡胶支座,并且宜采用摩阻力较小的支座,如滑板支座,以改善牛腿的受力状态。

（5）牛腿的构造尚应满足某些特殊要求,如承受更换支座的顶升荷载,再如端横梁因通过管线开洞后加固钢筋网的设置等。

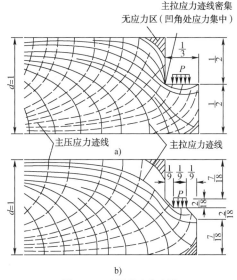

图3-3-5 牛腿的应力迹线

根据受力需要,牛腿的配筋分为预应力筋和普通钢筋。

图3-3-6为牛腿预应力筋布置示意图。图中由凹角下弯的纵向预应力筋用以抵抗剪力；竖向预应力筋对抵抗剪力也很有效,特别是在某些截面由于纵向预应力与竖向反力产生同方向剪力,此处就必须设置竖向预应力筋来抵抗剪力；横向预应力筋可根据端横梁的受力要求来配置。

图3-3-7为牛腿普通钢筋布置示意图。图中斜筋是主要钢筋,基本上沿主拉应力方向布置并应尽量靠近凹角转折处；水平钢筋起着牛腿竖截面承受负弯矩及支座水平力的作用,其长度不宜小于梁高；沿牛腿端部下弯的竖向钢筋相当于加粗的箍筋；此外为承受主拉应力和减少裂缝,牛腿处的箍筋和水平钢筋应适当加密。

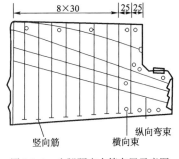

图3-3-6 牛腿预应力筋布置示意图
（尺寸单位:mm）

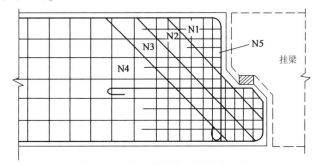

图3-3-7 牛腿普通钢筋布置示意图

三、剪力铰

带铰的T形刚构桥,其相邻的两悬臂是通过剪力铰互相联系的,要求剪力铰只传递竖向剪力而不传递弯矩和纵向水平力。在竖向荷载作用下,各T形单元可以共同受力,相邻悬臂的端点挠度一致；剪力铰还需保证相邻悬臂能够自由伸缩和转动,使各T形单元能保证相对的独立性。

为了满足上述要求,剪力铰在构造上通常做成下列形式。

1. 链杆式铰

由链杆、销钉及预埋在相邻悬臂端面且相互伸出的钢板等组成。但它受力小、纵向行程短,只用于跨径较小的桥上。

2. 拉杆及辊轴组成的铰

在相邻悬臂的牛腿间放置辊轴以承受竖向压力,并在上下牛腿间加竖向拉杆以承受竖向拉力。

3. 唧筒式铰

由一侧悬臂端面伸出一钢铰嵌入与另一侧悬臂固结的钢板内。钢铰可以是圆球形铰,以承受竖向及侧向剪力,也可以是平面形铰,只承受竖向剪力,而侧向剪力可通过相邻悬臂的底板做成榫接而传递。

四、体外预应力

体外预应力钢束布置形式可以是直线束和折线束,直线束直接锚固在两端锚固块上,而折线束则通过梁体上设置的转向块保证线形走向。

体外筋的防护十分重要,常用的防护方法是在束筋外包裹聚乙烯管,目前国内已有专用产品供应。在横隔梁和转向块处需预埋镀锌钢套管,钢套管与聚乙烯管间常采用氯丁橡胶管连接。

体外配筋的优点是预应力束不需设置预留孔道,不削弱主梁截面,可减薄梁顶板、底板和腹板尺寸,施工中也不会出现因为漏浆或管道堵塞而带来的麻烦。但体外配筋对结构及管道防护设施要求较高,体外预应力束的疲劳强度及结构的极限承载能力有所降低。尽管如此,国内外在近期相继修建了一批体外配筋的预应力混凝土桥梁。

第四章 结构内力计算

第一节 结构恒载内力

一般意义下的桥梁结构恒载内力分析认为,整个结构施工是一次形成的,即所谓的一次落架计算法,这种分析方法对于按整体施工法形成的桥梁结构的受力分析是可以接受的,但对分段施工只是一种近似计算模型,并不能真实反映实际结构的受力性能。

桥梁施工是以桥梁结构最终成桥状态的结构受力(包括几何线形和截面内力)达到原定理想状态为目标的。采用整体施工法时,这一目标比较容易实现,即一次落架达到理想状态,但当采用分段施工法时,这一目标的实现要复杂得多。造成这一复杂性的主要原因在于:一方面分段施工要经历多个施工阶段,每个施工阶段的结构受力都将随着结构体系、约束条件和荷载作用的变化而变化;另一方面不同的施工方法在确保桥梁结构几何线形实现成桥状态预期目标的前提下,由于施工中结构体系的不同,对超静定结构将形成不同的成桥状态截面内力。

一、一次落架内力

悬臂与连续体系桥梁的恒载内力的计算步骤和方法基本相同,这里只是阐述在计算中需要特殊注意的一些要点。

悬臂和连续体系桥梁的截面内力沿梁长方向不但数值有变化,而且还会有正负符号的变化,所以为了能够较精确地确定内力的变化情况,以便合理设计截面和布置钢筋,主梁的计算截面就要比简支梁的多些,对于一般中等跨径每跨宜选 5~6 个计算截面。通常可利用各截面的内力影响线,方便地计算出截面内力并最终绘出内力包络图。

静定的悬臂体系梁桥的内力影响线呈多段直线形,绘制这样的影响线比较简便。对于超静定的连续梁桥,通常可尽量利用现成的公式和图表来绘制内力影响线。变截面连续梁的最大和最小截面惯性矩比不大于 2.5 倍时,即 $\frac{I_{\max}}{I_{\min}} \leqslant 2.5$,仍可利用等截面的内力影响线图表来计算,如图 3-4-1 所示。

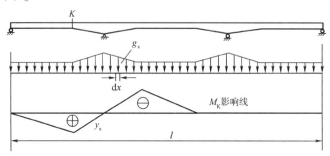

图 3-4-1 变截面梁恒载内力计算图式

计算变截面梁的恒载内力时,需要计及恒载集度 g_x 沿梁长的变化。只有当 g_x 的变化幅度在 10% 范围以内时,才可近似按平均荷载计算,此时应取恒载最大集度和最小集度的平均值来计算。

在恒载集度变化的一般情况下,利用影响线计算恒载内力较为方便。例如求图 3-4-1 中截面 K 的恒载弯矩时,内力的表达式可以写成:

$$S = \int_l g_x y_x \mathrm{d}x \tag{3-4-1}$$

在多跨静定梁中,内力影响线呈多段直线形,此时可用影响线的转折点为界来分段计算,最后求和。

当影响线为直线段时,y_x 可用下式表示[图 3-4-2a)]:

$$y_x = x\tan\theta \tag{3-4-2}$$

将式(3-4-2)代入式(3-4-1),即得该段荷载引起的恒载内力为:

$$S_i = \int_{x_a}^{x_b} g_x x\tan\theta \mathrm{d}x = \tan\theta \cdot \bar{x} \cdot \Omega_g \tag{3-4-3}$$

式中:Ω_g——l_i 段荷载集度 g 图的面积;

$\bar{x}$——g 图的形心至 O 点的距离。

设 g 图形心所对应的影响线竖标为 $\bar{y}$,则 $\bar{x}\tan\theta = \bar{y}$[图 3-4-2a)],因此:

$$S_i = \Omega_g \cdot \bar{y} \tag{3-4-4}$$

上式表明,如影响线为直线时,不论 g 图的形状如何,均可用 g 图面积乘以相应 g 图形心处的影响线坐标来表示所欲计算的内力值。

当 g 图呈曲线形时,为便于计算,可以把 g 图再分成若干小段,每一小段近似作直线处理[图 3-4-2b)],这样求算 g 图形心位置就比较方便。

当 g 图和影响线都呈直线形时,上式还可直接写成以下形式(读者不难自己推导得出):

$$S_i = \Omega_g \cdot \bar{y} = \frac{l_i}{6}[y_a(2g_a + g_b) + y_b(g_a + 2g_b)] \tag{3-4-5}$$

截面的总内力为各段计算内力之和,即:

$$S = \sum_{i=1}^{n} S_i = \sum_{i=1}^{n} \frac{l_i}{6}[(2g_a + g_b)y_a + (g_a + 2g_b)y_b] \tag{3-4-6}$$

式中:n——荷载 g 和影响线的分段数目;

其他符号均见图 3-4-2a)。

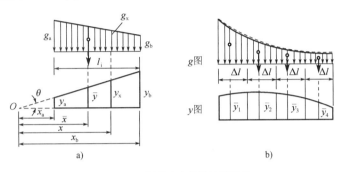

图 3-4-2 恒载内力分段计算图式

二、分段施工内力

采用不同的施工方法,可能会引起各施工阶段结构内力的变化,有时甚至产生很大的变化。为了阐明各种分段施工方法对成桥状态截面内力的影响,现以图 3-4-3 所示等截面三跨连续梁为例,分别分析计算按整体施工法、简支变连续法、悬臂施工法、逐跨施工法和顶推施工法等所形成的最终成桥状态截面内力。

图 3-4-3 三跨连续梁结构

1. 整体施工法

当按整体施工法形成结构时,最终成桥状态截面内力的计算,相当于将等截面桥跨结构的均布荷载 q 以一次落架方式作用在最终形成的三跨连续梁结构上,求解超静定结构内力。因此,其成桥状态截面弯矩图很容易求得,即为一次落架弯矩图,如图 3-4-4 所示,其中,墩顶负弯矩为 $0.28qL^2$,中跨正弯矩为 $0.22qL^2$,边跨正弯矩为 $0.02qL^2$。

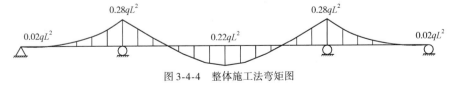

图 3-4-4 整体施工法弯矩图

2. 简支变连续法

当按先简支后连续,即简支变连续法形成结构时,成桥状态的截面弯矩与简支状态的截面弯矩一致。其中,两个边跨的跨中正弯矩为 $0.125qL^2$,而中跨的跨中弯矩为 $0.5qL^2$。采用这种方式形成的成桥状态截面弯矩在整个三跨连续梁结构上将不会出现负弯矩,而墩顶截面弯矩都为 0,如图 3-4-5 所示。

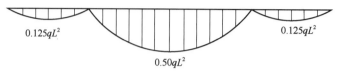

图 3-4-5　简支变连续法弯矩图

3. 悬臂施工法

当按悬臂施工法形成结构时,成桥状态的截面弯矩是通过逐个梁段的悬伸逐步形成的。由于图 3-4-3 三跨连续梁的中跨跨径正好是边跨跨径的一倍,因此,可以设想一种最简单的施工顺序,即从两个桥墩墩顶平衡对称悬臂施工直至两边桥台和中跨跨中。采用这种方式形成的成桥状态截面弯矩在整个三跨连续梁结构上将不会出现正弯矩,而墩顶负弯矩达到 $0.5qL^2$,如图 3-4-6 所示。

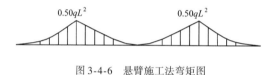

图 3-4-6　悬臂施工法弯矩图

4. 逐跨施工法

当按逐跨施工法形成结构时,为了改善施工接缝断面处受力,一般总是将施工接缝设在按一次落架计算的弯矩较小的截面处,而最好的选择就是弯矩为零截面,由此得到的最终成桥状态的截面弯矩如图 3-4-7 所示,其与一次落架弯矩完全相同。值得注意的是,如果施工接缝偏离弯矩为零截面,最终成桥状态的截面弯矩会与一次落架弯矩有所不同,但是这一差别较小,仍可近似采用一次落架法计算成桥状态截面内力。

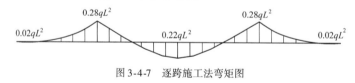

图 3-4-7　逐跨施工法弯矩图

5. 顶推施工法

当按顶推施工法形成结构时,尽管在顶推过程中结构体系发生了多次变换,但最终成桥状态截面弯矩如果忽略混凝土徐变影响,与整体施工时的一次落架弯矩完全相同,如图 3-4-4 所示。

根据对上述 5 种施工方法所形成的三跨连续梁成桥状态截面弯矩的计算分析,不难发现,不同施工方法对成桥状态的结构受力有很大影响,就这种影响而言,上述 5 种施工方法可以分成两大类:一是可以采用或近似采用一次落架法计算成桥状态截面内力的施工方法,如整体施工法、逐跨施工法(必须选择弯矩零点为接缝)和顶推施工法;二是必须按照施工过程中的结构体系逐阶段计算截面内力,并最终累加起来计算成桥状态截面内力的施工方法,如悬臂施工法、逐跨施工法(注意接缝)以及简支变连续法。尽管上述结论是从简单三跨连续梁计算分析中得到的,但它同样适合于其他形式的超静定体系桥梁结构。

第二节 超静定结构影响力

桥梁结构在各种内外因素的影响下,可能会受到强迫的挠曲变形或轴向的伸缩变形影响。对于静定结构来说,这种变形是自由的,因此不会产生影响力;而对于超静定结构来说,在多余的约束处将会产生多余的约束力,从而就会产生桥梁结构的附加内力,称为结构影响力。可能产生结构影响力的因素有预加力、基础变位、温度变化以及混凝土材料的收缩和徐变,等等。

一、预加力及其影响力

在预加力的作用下,桥梁会发生挠曲变形。对于简支梁来说,由于是静定结构,在支座处结构的变形是自由的,就不会产生附加力;而对于连续梁等超静定结构来说,由于多余约束的存在,结构的变形将不再自由,这样就会在多余约束处产生附加力,从而在梁体内产生附加内力矩。

图 3-4-8 所示为多余约束引起预加力及其影响力的说明。两跨连续梁由于中间支点处的多余约束力 R 的存在[图 3-4-8a)],除了梁体中的初预矩 M_0[图 3-4-8b)]之外,还会产生附加预矩 M'[图 3-4-8c)],其总预矩 M_N 应是初预矩 M_0 与附加预矩 M' 的代数和[图 3-4-8d)]:

$$M_N = M_0 + M' = N_y e + M' \quad (3-4-7)$$

式中:N_y——预加力;

e——预加力的偏心距。

下面着重介绍采用力法求解总预矩,除此之外还可以采用等效荷载法进行计算。

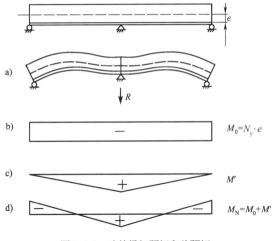

图 3-4-8 连续梁初预矩和总预矩

采用力法进行总预矩的计算,一般取支点弯矩作为赘余力,通过变形协调方程求出赘余力。现以图 3-4-9a)所示两跨连续梁为例加以介绍。

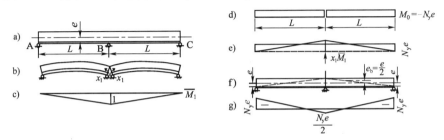

图 3-4-9 两跨连续梁预加力及其影响力计算图式

预应力束筋有效预加力为 N_y,偏心距为 e,取简支梁为基本结构如图 3-4-9b)所示,取中间截面弯矩 x_1 为赘余力,单位赘余力作用下的弯矩图如图 3-4-9c)所示,初预矩 M_{N0} 如图 3-4-9d)

所示。在预加力作用下,支座 B 处的变形协调方程为:

$$\delta_{11}x_1 + \Delta_{1N} = 0 \quad (3\text{-}4\text{-}8)$$

δ_{11} 和 Δ_{1N} 即可根据解除赘余约束后静定结构下由于赘余力 $x_1 = 1$ 产生的弯矩 $\overline{M}_1$ 和预加力 N_y 产生的弯矩 M_{N0} 进行图乘而得到。求解方程(3-4-8)可得 x_1,预加力引起的附加力矩为 $M'_1 = x_1 \overline{M}_1$ [图 3-4-9e)],主梁内的总预矩为[图 3-4-9f) 和 g)]:

$$M_N = M_{N0} + M'_1 = M_{N0} + x_1 \overline{M}_1 \quad (3\text{-}4\text{-}9)$$

例 3-4-1 在图 3-4-10 所示的三跨连续梁下缘张拉通长的预应力直索,预应力索偏心距为 e,计算预应力次内力效应。

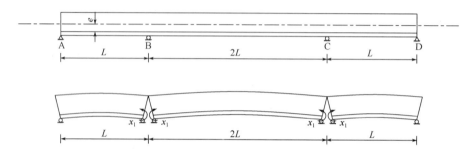

图 3-4-10 采用直线配筋的三跨连续梁示意图与基本结构

解:设预应力直索有效预加力为 N_y,偏心距为 e,取简支梁为基本结构。由于是对称结构,中间两个支点 B、C 截面弯矩 x_1 相等,设为赘余力。图 3-4-11 为三跨连续梁的初预矩与单位次力矩图。在预加力作用下,变形协调方程为:

$$\delta_{11}x_1 + \Delta_{1N} = 0$$

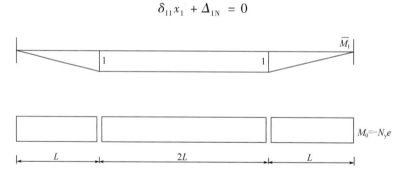

图 3-4-11 三跨连续梁初预矩与单位次力矩图

由图 3-4-11 可求得:

$$\delta_{11} = 2 \times L \times 1 \times \frac{1}{2} \times \frac{2}{3} \times \frac{1}{EI} + 2L \times 1 \times 1 \times \frac{1}{EI} = \frac{8L}{3EI}$$

$$\Delta_{1N} = -N_y e \times \left(2 \times 1 \times L \times \frac{1}{2} + 2L \times 1\right) \times \frac{1}{EI} = -\frac{3N_y eL}{EI}$$

代入上式,即得:

$$x_1 = -\frac{\Delta_{1N}}{\delta_{11}} = \frac{9}{8}N_y e$$

预加力次力矩 $M'_1 = x_1 \overline{M}_1$,梁内各截面的总预矩为:

$$M_N = M_0 + M'_1 = -N_y e + \frac{9}{8} N_y e \overline{M}_1 = \left(\frac{9}{8}\overline{M}_1 - 1\right) N_y e$$

B、C 处 $\overline{M}_1 = 1$,得:

$$M_N^B = M_N^C = \frac{1}{8} N_y e$$

A、D 处 $\overline{M}_1 = 0$,得:

$$M_N^A = M_N^D = -N_y e$$

中间为线性变化,最后得总预矩图如图 3-4-12 所示。

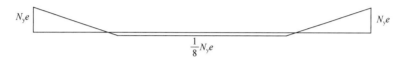

图 3-4-12　三跨连续梁总预矩图

二、混凝土收缩和徐变影响力

混凝土收缩变形是指混凝土构件在没有任何荷载作用的情况下,随时间变化而缓慢发生的变形,主要是由于干燥过程中的水分蒸发和碳化过程中的体积变化所引起的,由于干燥和碳化总是从混凝土表面开始的,因此,收缩变形实际上是不均匀的。混凝土徐变变形是指混凝土构件由荷载引起的瞬时弹性变形随时间缓慢增加的那部分变形,目前主要有三种理论解释徐变,即水泥浆与周围介质气压平衡产生的变形、混凝土晶格滑动引起的混凝土变形和混凝土黏性流动造成的变形。而当这些变形发生在超静定结构中时,在多余的约束处会产生多余的约束力,从而产生了次内力,这就是混凝土徐变和收缩的影响力。

1. 变形计算模型

在实际结构中,弹性应变、徐变应变、收缩应变和温差应变总是混合在一起难以区分。在分析计算中,弹性应变和温差应变往往单独计算,而收缩应变和徐变应变则往往一起考虑。根据 1990 年 CEB-FIP 标准规定,在时刻 τ 承受单轴应力 $\sigma_c(\tau)$ 的混凝土构件,在时刻 t 的总应变 $\varepsilon(t)$ 可分解为:

$$\varepsilon_t = \varepsilon_i(\tau) + \varepsilon_s(t) + \varepsilon_c(t) + \varepsilon_t(t) \tag{3-4-10}$$

式中:$\varepsilon_i(\tau)$——变形开始时 τ 的初始应变或弹性应变,且 $\varepsilon_i(\tau) = \sigma_c(\tau)/E$;

　　$\varepsilon_s(t)$——时刻 $t > \tau$ 时的收缩应变,与 $\sigma_c(\tau)$ 无关;

　　$\varepsilon_c(t)$——时刻 $t > \tau$ 时的徐变应变,与 $\sigma_c(\tau)$ 有关;

　　$\varepsilon_t(t)$——温差应变,与 $\sigma_c(\tau)$ 无关,当不考虑温度影响时 $\varepsilon_t(t) = 0$。

(1) 收缩应变表达式。

混凝土收缩应变一般可以表达为收缩应变终值与时间函数的乘积,即:

$$\varepsilon_s(t,\tau) = \varepsilon_s(\infty,0)\varphi_s(t-\tau) \tag{3-4-11}$$

式中:$\varepsilon_s(\infty,0)$——收缩应变终值,其取决于环境相对湿度、混凝土强度、混凝土成分和构件理论厚度等因素；

$\varphi_s(t-\tau)$——收缩应变时间函数，且 $t=\tau$ 时，$\varphi_s(t-\tau)=0$；$t\to\infty$，$\varphi_s(t-\tau)=1$。

收缩应变时间函数主要有如下几种形式。

指数函数

$$\varphi_s(t-\tau) = 1 - e^{-\alpha(t-\tau)} \tag{3-4-12}$$

双曲函数

$$\varphi_s(t-\tau) = \frac{t-\tau}{A+(t-\tau)} \tag{3-4-13}$$

平方根双曲函数

$$\varphi_s(t-\tau) = \sqrt{\frac{t-\tau}{A+(t-\tau)}} \tag{3-4-14}$$

上式中：α 为收缩速率；A 为混凝土收缩参数，与构件形状和有效厚度等因素有关，我国公路桥涵设计规范采用平方根双曲线函数；$\varepsilon_s(\infty,0)$ 和 $\varphi_s(t-\tau)$ 的确定可以参照《公路钢筋混凝土及预应力混凝土桥涵设计规范》(JTG 3362—2018)附录 F。

(2) 徐变系数表达式。

混凝土的徐变通常采用徐变系数 $\varphi_c(t,\tau)$ 来描述。令在 τ 时刻开始作用于混凝土的单轴常应力 $\sigma(\tau)$ 至 t 时刻所产生的徐变应变为 $\varepsilon_c(t,\tau)$，则有：

$$\varepsilon_c(t,\tau) = \frac{\sigma(\tau)}{E(\tau)}\varphi_c(t,\tau) \tag{3-4-15}$$

式中：$E(\tau)$——加载时刻 τ 的混凝土弹性模量。

混凝土徐变系数一般可以表达为徐变系数终值 $\varphi_c(\infty,\tau)$ 与时间函数 $\phi_c(t-\tau)$ 的乘积，即：

$$\varphi_c(t,\tau) = \varphi_c(\infty,\tau)\phi_c(t-\tau) \tag{3-4-16}$$

式中：$\varphi_c(\infty,\tau)$——徐变系数终值，取决于环境相对湿度、混凝土强度和构件理论厚度等因素；

$\phi_c(t-\tau)$——徐变系数时间函数，当 $t=\tau$ 时，$\phi_c(t-\tau)=0$；当 $t\to\infty$ 时，$\phi_c(t-\tau)=1$。

徐变系数时间函数主要有如下两种形式：

指数函数

$$\phi_c(t-\tau) = e^{-\beta\tau}[1 - e^{-\beta(t-\tau)}] \tag{3-4-17}$$

双曲幂函数

$$\phi_c(t-\tau) = \left[\frac{t-\tau}{B+(t-\tau)}\right]^d \tag{3-4-18}$$

式中：β——徐变速率；

B——混凝土徐变参数，取决于环境相对湿度和构件有效厚度等因素；

d——由试验确定的指数，我国《公路钢筋混凝土及预应力混凝土桥涵设计规范》(JTG 3362—2018)采用双曲幂函数，且取 $d=0.3$；

$\phi_c(t-\tau)$——参照《公路钢筋混凝土及预应力混凝土桥涵设计规范》(JTG 3362—2018)附录 C 确定。

2. 应力与应变关系

为了进行收缩和徐变影响力的分析计算,在确定了收缩应变和徐变系数的计算模式之后,必须建立收缩和徐变引起的应变与应力之间关系和力学基本方程。

(1)应变叠加原理。

混凝土收缩的产生与应力无关,混凝土徐变则是在应力作用下引起的。大量试验结果表明,只要构件中应力强度不超过混凝土强度的50%左右,不仅徐变应变与所施加应力之间存在线性关系,而且分批施加应力所产生的应变满足叠加原理。

对于在时刻 τ_0 施加初应力 $\sigma(\tau_0)$,又在不同时刻 $\tau_i(i=1,2,\cdots,n)$ 分阶段施加应力增量 $\Delta\sigma(\tau_i)$ 的混凝土构件,其后任意时刻 t 的徐变和收缩总应变可以按应变叠加原理表示为:

$$\varepsilon(t,\tau_0) = \frac{\sigma(\tau_0)}{E(\tau_0)}[1+\varphi(t,\tau_0)] + \sum_{i=1}^{n}\frac{\Delta\sigma(\tau_i)}{E(\tau_i)}[1+\varphi(t,\tau_i)] + \varepsilon_s(t,\tau_0) \quad (3\text{-}4\text{-}19)$$

对连续变化的施加应力,则有积分表达式:

$$\varepsilon(t,\tau_0) = \frac{\sigma(\tau_0)}{E(\tau_0)}[1+\varphi(t,\tau_0)] + \int_{\tau_0}^{t}\frac{\partial\sigma(\tau)}{\partial\tau}\frac{1+\varphi(t,\tau)}{E(\tau)}\mathrm{d}\tau + \varepsilon_s(t,\tau_0) \quad (3\text{-}4\text{-}20)$$

或

$$\varepsilon(t,\tau_0) = \frac{\sigma(t)}{E(t)} + \int_{\tau_0}^{t}\frac{\sigma(\tau)}{E(\tau)}\frac{\mathrm{d}\varphi(\tau,\tau_0)}{\mathrm{d}\tau}\mathrm{d}\tau + \frac{\varphi(t,\tau_0)}{\varphi(\infty,0)}\varepsilon_s(\infty,0) \quad (3\text{-}4\text{-}21)$$

式(3-4-21)中假定收缩应变的发展进程与徐变相似。

(2)Dischinger 方程。

最早建立徐变应变与应力关系方程的是 F. Dischinger,一般称该方程为 Dischinger 方程:

$$\frac{\mathrm{d}\varepsilon}{\mathrm{d}t} = \frac{1}{E(t)}\frac{\mathrm{d}\sigma(t)}{\mathrm{d}t} + \frac{\sigma(t)}{E(t)}\frac{\mathrm{d}\varphi(t,\tau)}{\mathrm{d}t} \quad (3\text{-}4\text{-}22)$$

式(3-4-22)实质上是式(3-4-21)的微分形式,因而也称为应变与应力微分方程。由于徐变系数表达式很难找到微分形式,故只有少数简单问题才能利用微分方程求解。这就限制了 Dischinger 方程的广泛应用。

(3)松弛系数法。

20 世纪 60 年代,H. Trost 教授假定混凝土弹性模量和外荷载不随时间变化,从应变叠加原理出发,引用松弛系数,建立了由收缩和徐变引起的应变增量与应力增量之间关系的代数方程:

$$\Delta\varepsilon(t,\tau) = \frac{\sigma(\tau)}{E}\varphi(t,\tau) + \frac{\Delta\sigma(t,\tau)}{E}[1+\rho(t,\tau)\varphi(t,\tau)] + \varepsilon_s(t,\tau) \quad (3\text{-}4\text{-}23)$$

$$\varepsilon(t) = \frac{\sigma(\tau)}{E}[1+\varphi(t,\tau)] + \frac{\Delta\sigma(t,\tau)}{E}[1+\rho(t,\tau)\varphi(t,\tau)] + \varepsilon_s(t,\tau) \quad (3\text{-}4\text{-}24)$$

从而可推导出从应变变化求应力变化的代数方程:

$$\Delta\sigma(t,\tau) = -\frac{\varphi(t,\tau)}{1+\rho(t,\tau)\varphi(t,\tau)}\left\{\sigma(\tau) - \frac{E[\varepsilon(t)-\varepsilon(\tau)]}{\varphi(t,\tau)} + \frac{E\varepsilon_s(t,\tau)}{\varphi(t,\tau)}\right\} \quad (3\text{-}4\text{-}25)$$

$$\sigma(t) = \sigma(\tau)\left[1 - \frac{\varphi(t,\tau)}{1+\rho(t,\tau)\varphi(t,\tau)}\right] + \frac{E}{1+\rho(t,\tau)\varphi(t,\tau)}[\varepsilon(t)-\varepsilon(\tau)-\varepsilon_s(t,\tau)]$$

$$(3\text{-}4\text{-}26)$$

式中:$\Delta\varepsilon(t,\tau)$、$\Delta\sigma(t,\tau)$——从开始加载的时刻 τ 至时刻 t 的应变增量和应力增量;

E——混凝土弹性模量,且为常数;

$\rho(t,\tau)$——松弛系数,且

$$\rho(t,\tau) = \sum_{\tau_i=\tau}^{t} \frac{\Delta\sigma(\tau_i)}{\Delta\sigma(t,\tau)} \cdot \frac{\varphi(t,\tau_i)}{\varphi(t,\tau)} \tag{3-4-27}$$

式中:$\Delta\sigma(\tau_i)$——任意时刻 τ_i 由徐变引起的应力变化;

$\Delta\sigma(t,\tau)$——从 τ 至 t 的全部时间内由徐变引起的应力变化。

实际上,对于连续变化的应变积分表达式(3-4-20),忽略收缩应变影响,利用积分中值定理同样可以建立上述松弛系数法。设 $\varepsilon_c(t,\tau)$ 表示徐变应变,$\varepsilon_i(t)$ 表示弹性应变,则:

$$1 + \varphi(t,\tau) = 1 + \frac{\varepsilon_c(t,\tau)}{\varepsilon_i(t)} = \frac{\varepsilon_i(t) + \varepsilon_c(t,\tau)}{\varepsilon_i(t)} = \frac{\varepsilon(t,\tau)}{\varepsilon_i(t)} \tag{3-4-28}$$

令:

$$\phi(t) = \varepsilon(t,\tau_0) \tag{3-4-29}$$

$$K(t,\tau) = \frac{1}{E\varepsilon_i(t)} \frac{\partial\sigma(\tau)}{\partial\tau} = \frac{1}{\sigma_i(t)} \frac{\partial\sigma(\tau)}{\partial\tau} \tag{3-4-30}$$

$$f(t) = \frac{\sigma(\tau_0)}{E(\tau_0)}[1 + \varphi(t,\tau_0)] \tag{3-4-31}$$

则式(3-4-20)可化为第二类 Fredholm 积分方程:

$$\phi(t) = f(t) + \int_{\tau_0}^{t} K(t,\tau)\phi(\tau)\mathrm{d}\tau \tag{3-4-32}$$

式中:$K(t,\tau)$——积分方程的核;

$f(t)$——积分方程自由项;

$\phi(t)$——未知函数。

由于该积分方程核的变量可分离,即:

$$K(t,\tau) = \sum_{j=1}^{n} P_j(t)\theta_j(\tau) \tag{3-4-33}$$

则式(3-4-32)是退化核方程。根据 Fredholm 第一定理,方程(3-4-20)或方程(3-4-32)存在唯一解。但是,在通常情况下直接求解方程(3-4-20)是很困难的,在方程具有唯一解的前提下,利用积分中值定理可得方程解为:

$$\varepsilon(t) = \frac{\sigma(\tau_0)}{E}[1 + \varphi(t,\tau_0)] + \frac{\Delta\sigma(t,\tau_0)}{E}[1 + \rho(t,\tau_0)\varphi(t,\tau_0)] \tag{3-4-34}$$

式中:

$$\rho(t,\tau_0) = \frac{\int_{\tau_0}^{t} \frac{\partial\sigma(\tau)}{\partial\tau}\varphi(\tau,\tau_0)\mathrm{d}\tau}{[\sigma(t) - \sigma(\tau_0)]\varphi(t,\tau_0)} < 1 \tag{3-4-35}$$

求得松弛系数 $\rho(t,\tau_0)$ 后,为了结构计算方便,可以定义按龄期调整的有效弹性模量:

$$E_\varphi = \frac{E(\tau_0)}{1 + \rho(t,\tau_0)\varphi(t,\tau_0)} \tag{3-4-36}$$

3. 影响分析方法

对于静定结构,混凝土收缩和徐变仅仅引起结构的应变和变形,并不产生应力。但在超静定结构中,收缩和徐变不仅会引起变形,而且还会导致内力重分布。针对混凝土收缩和徐变所

引起内力重分布计算,最初采用 Dischinger 提出的微分方程求解法,但由于引入了一些假定后所造成的偏差以及微分方程求解过程中本身的复杂性,很快为 Tröst 等提出的代数方程求解法所替代。随着计算机技术的进步和结构有限元分析方法的推广,对于复杂结构及其施工过程,采用有效弹性模量的有限元逐步分析法,已经成为可能。

(1)微分方程求解法。

设桥梁结构的所有构件具有相同的收缩和徐变特性,在体系转换之前的荷载为 q,内力为 X_1,体系转换之后结构具有 n 次超静定。采用力法求解时,令前期结构赘余力方向的初内力为 $X_{j,1}(j = 1, 2, \cdots, n)$,结构体系转换时刻为 τ,体系转换后时刻 t 的次内力为 $X_j(t, \tau)$ $(j = 1, 2, \cdots, n)$。在体系转换后的任意时刻 t 的 $\mathrm{d}t$ 时间内,第 i 个赘余力方向变位增量的相容条件可表示为:

$$\sum_{j=1}^{n}\delta_{ij}\mathrm{d}X_j(t,\tau) + \sum_{j=1}^{n}\delta_{ij}X_j(t,\tau)\mathrm{d}\varphi(t,\tau) + \Delta_{i,1}\mathrm{d}\varphi(t,\tau) + \mathrm{d}\Delta_{i,s}(t,\tau) = 0 \quad (3\text{-}4\text{-}37)$$

式中: δ_{ij}——$X_j = 1$ 时基本静定结构第 i 个赘余力方向的变位;

$\Delta_{i,1}$——荷载 q 及初内力 X_1 产生于基本静定结构第 i 个赘余力方向的变位,即 $\Delta_{i,1} = \Delta_{i,q} + \sum_{j=1}^{n}\delta_{ij}X_{j,1}$;

$\mathrm{d}\Delta_{i,s}(t,\tau)$——体系转换后经 $t - \tau$ 的 $\mathrm{d}t$ 时间内,混凝土收缩产生的基本静定结构第 i 赘余力方向的变位,且 $\mathrm{d}\Delta_{i,s}(t,\tau) = \dfrac{\Delta_{i,s}(\infty,\tau)}{\varphi(\infty,\tau)}\mathrm{d}\varphi(t,\tau)$,其中 $\Delta_{i,s}(\infty,\tau)$ 表示 $t \to \infty$ 时混凝土收缩引起的基本静定结构第 i 赘余力方向的变位。

式(3-4-37)也可改写为下列形式:

$$\sum_{j=1}^{n}\delta_{ij}\left[\frac{\mathrm{d}X_j(t,\tau)}{\mathrm{d}\varphi(t,\tau)} + X_j(t,\tau) + X_{j,1}\right] = -\left[\Delta_{i,q} + \frac{\Delta_{i,s}(\infty,\tau)}{\varphi(\infty,\tau)}\right] \quad (3\text{-}4\text{-}38)$$

另一方面,若以相同的外荷载和与收缩终极值瞬时施加于体系转换后的后期结构中,令第 i 个赘余力方向的弹性内力为 $X_{i,2}(i = 1, 2, \cdots, n)$,则有相应方程为:

$$\sum_{j=1}^{n}\delta_{ij}X_{j,2} = -\left[\Delta_{i,q} + \frac{\Delta_{i,s}(\infty,\tau)}{\varphi(\infty,\tau)}\right] \quad (3\text{-}4\text{-}39)$$

比较式(3-4-38)和式(3-4-39)可得:

$$\frac{\mathrm{d}X_i(t,\tau)}{\mathrm{d}\varphi(t,\tau)} + X_i(t,\tau) + X_{i,1} = X_{i,2} \quad (3\text{-}4\text{-}40)$$

根据初始条件 $t = \tau$ 时,$X_i(t,\tau) = 0$ 和 $\varphi(t,\tau) = 0$,求解微分方程(3-4-40),可得:

$$X_i(t,\tau) = (X_{i,2} - X_{i,1})[1 - \mathrm{e}^{-\varphi(t,\tau)}] \quad (3\text{-}4\text{-}41)$$

式中:$X_i(t,\tau)$——第 i 个赘余力方向由收缩和徐变引起的内力变化;

$X_{i,1}$、$X_{i,2}$——先期结构和后期结构在第 i 个赘余力方向的截面内力。

(2)代数方程求解法。

设桥梁结构各构件的徐变、收缩特性相同,后期结构为 n 次超静定,则从体系转换时刻 τ 至以后任意时刻 t,因收缩和徐变产生于第 i 个赘余力方向的变形协调条件为:

$$\Delta_{i,1}\varphi(t,\tau) + \sum_{j=1}^{n}X_j(t,\tau)\delta_{ij}[1 + \rho(t,\tau)\varphi(t,\tau)] + \Delta_{i,s}(t,\tau) = 0 \quad (3\text{-}4\text{-}42)$$

式中:$X_j(t,\tau)$——从时刻τ至时刻t的时间内,第j个赘余力方向的徐变次内力;

其余符号意义同前。

假定收缩和徐变具有相同的发展规律,则有:

$$\sum_{j=1}^{n}\delta_{ij}\{[1+\rho(t,\tau)\varphi(t,\tau)]X_j(t,\tau)+X_{j,1}\varphi(t,\tau)\}=-\varphi(t,\tau)\left[\Delta_{i,q}+\frac{\Delta_{i,s}(\infty,\tau)}{\varphi(\infty,\tau)}\right] \tag{3-4-43}$$

如果构件节段混凝土具有不同的收缩和徐变特性,则式(3-4-42)或式(3-4-43)中的δ_{ij}、$\Delta_{i,1}$和$\Delta_{i,s}$等均应按徐变特性分段计算。因此,代数方程求解法可以计入构件节段之间实际存在的收缩和徐变特性差异,能用于分段施工桥梁结构的精确分析中。

(3)有限元逐步分析法。

设t_i为计算时刻,用较精确的形式表达应力与应变增量的关系为:

$$\Delta\varepsilon_{cs}(t_i,t_{i-1})=\frac{\Delta\sigma_{cs}(t_i,t_{i-1})}{E(t_{i-1})}[1+\rho(t_i,t_{i-1})\varphi(t_i,t_{i-1})]+$$

$$\sum_{j=1}^{i-1}\frac{\Delta\sigma(t_j)}{E(t_j)}[\varphi(t_i,t_j)-\varphi(t_{i-1},t_j)]+\Delta\varepsilon_s(t_i,t_{i-1}) \tag{3-4-44}$$

式中:$\Delta\varepsilon_{cs}(t_i,t_{i-1})$、$\Delta\sigma_{cs}(t_i,t_{i-1})$——$t_{i-1}$至$t_i$时间内由收缩和徐变引起的应变增量和应力增量;

$\Delta\sigma(t_j)$——时刻t_j的应力增量;

$E(t_j)$——时刻t_j的弹性模量;

$\Delta\varepsilon_s(t_i,t_{i-1})$——$t_{i-1}$至$t_i$时间内由收缩引起的应变增量。

同理,可以建立截面曲率增量与弯矩增量的关系:

$$\Delta\gamma_{cs}(t_i,t_{i-1})=\frac{\Delta M_{cs}(t_i,t_{i-1})}{E(t_{i-1})I_c}[1+\rho(t_i,t_{i-1})\varphi(t_i,t_{i-1})]+$$

$$\sum_{j=1}^{i-1}\frac{\Delta M(t_j)}{E(t_j)I_c}[\varphi(t_i,t_j)-\varphi(t_{i-1},t_j)]+\Delta\gamma_s(t_i,t_{i-1}) \tag{3-4-45}$$

式中:$\Delta\gamma_{cs}(t_i,t_{i-1})$、$\Delta M_{cs}(t_i,t_{i-1})$——$t_{i-1}$至$t_i$时间内由收缩和徐变引起的曲率增量和弯矩增量;

$\Delta M(t_j)$——时刻t_j的弯矩增量;

$\Delta\gamma_s(t_i,t_{i-1})$——$t_{i-1}$至$t_i$时间内由收缩引起的曲率增量;

I_c——混凝土截面的抗弯惯性矩。

令

$$E_\varphi(t_i,t_{i-1})=\frac{E(t_i,t_{i-1})}{1+\rho(t_i,t_{i-1})\varphi(t_i,t_{i-1})} \tag{3-4-46}$$

$$\eta(t_i,t_{i-1})=\frac{E(t_i,t_{i-1})}{E(t_j)}[\varphi(t_i,t_j)-\varphi(t_{i-1},t_j)] \tag{3-4-47}$$

代入式(3-4-44),若以$\Delta\sigma_{cs}(t_i,t_{i-1})$为通过形心点的应力增量,则轴力增量可表示为:

$$\Delta N_{cs}(t_i,t_{i-1})=A_c E_\varphi(t_i,t_{i-1})\left[\Delta\varepsilon_{cs}(t_i,t_{i-1})-\sum_{j=1}^{i-1}\frac{\eta(t_i,t_j)}{E_\varphi(t_i,t_{i-1})}\Delta\sigma(t_j)-\Delta\varepsilon_s(t_i,t_{i-1})\right] \tag{3-4-48}$$

式中：A_c——混凝土的截面面积。

同样将式(3-4-46)和式(3-4-47)代入式(3-4-45)，则弯矩增量可表示为：

$$\Delta M_{cs}(t_i, t_{i-1}) = I_c E_\varphi(t_i, t_{i-1}) \left[\Delta \gamma_{cs}(t_i, t_{i-1}) - \sum_{j=1}^{i-1} \frac{\eta(t_i, t_j)}{E_\varphi(t_i, t_{i-1})} \Delta M(t_j) - \Delta \gamma_s(t_i, t_{i-1}) \right]$$

(3-4-49)

由以上公式可知，如果龄期调整的有效模量 $E_\varphi(t_i, t_{i-1})$ 代替混凝土的弹性模量 E，则在第 $t_i - t_{i-1}$ 时间内，由于收缩和徐变引起的应力或内力增量与应变增量之间具有线性关系，因而可以利用求解弹性结构的方法来解混凝土结构的收缩和徐变问题。在采用有限元法时，只需将刚度矩阵中的 E 用 $E_\varphi(t_i, t_{i-1})$ 代替即可。

根据有限元法形成荷载矩阵的原理，可得平面梁单元节点约束产生的节点轴力增量与节点弯矩增量为：

$$\Delta N_{cs}(t_i, t_{i-1}) = -\sum_{j=1}^{i-1} \eta(t_i, t_j) \Delta N(t_j) - E_\varphi(t_i, t_{i-1}) A_c \Delta \varepsilon_s(t_i, t_{i-1}) \quad (3\text{-}4\text{-}50)$$

$$\Delta M_{cs}(t_i, t_{i-1}) = -\sum_{j=1}^{i-1} \eta(t_i, t_j) \Delta M(t_j) - E_\varphi(t_i, t_{i-1}) I_c \Delta \gamma_s(t_i, t_{i-1}) \quad (3\text{-}4\text{-}51)$$

由上述两式并考虑单元两端 $\Delta N(t_j)$、$\Delta \varepsilon_s(t_i, t_{i-1})$、$\Delta M(t_j)$ 及 $\Delta \gamma_s(t_i, t_{i-1})$ 的区别，按单元规定的坐标系即可形成单元徐变、收缩荷载矩阵。

在分段施工桥梁结构的收缩和徐变有限元分析时，可将从施工开始到竣工的收缩和徐变完成的过程划分为若干计算阶段，每个计算阶段再划分为数个适当的时间间隔；每个计算阶段已建结构划分成若干个单元，使每个单元的混凝土具有均一的收缩和徐变特性。在静定结构阶段，收缩和徐变只引起变形增量而不引起内力增量，即徐变次内力为0，这时仍可用有限元法进行分析，但松弛系数可取1.0。

例3-4-2 采用简支变连续的方法建造如图3-4-3所示的三跨连续梁，自重荷载集度为 q，计算徐变完成后自重引起的徐变次内力效应。设梁刚度为 EI，徐变完成时徐变系数 $\varphi(\infty, \tau) = 2$、松弛系数 $\rho(\infty, \tau) = 0.5$。

解：

计入松弛系数后的有效弹性模量为：

$$E_\varphi = \frac{E}{1 + \rho(\infty, \tau)\varphi(\infty, \tau)} = \frac{E}{1 + 0.5 \times 2} = 0.5E$$

由于施工方法是简支变连续，先取简支梁为基本结构。恒载产生的弯矩如图3-4-13所示。

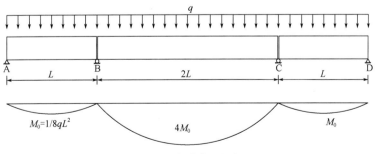

图3-4-13 恒载产生的弯矩

由于是对称结构,中间两个支点 B、C 截面弯矩 x_{1t} 相等,设为赘余力。单位赘余力产生的弯矩图如图 3-4-14 所示。在赘余力作用下,变形协调方程为:

$$\delta_{11}^{\oplus} x_{1t} + \Delta_{1P}^{\oplus} = 0$$

$$\delta_{11}^{\oplus} = 2 \times L \times 1 \times \frac{1}{2} \times \frac{2}{3} \times \frac{1}{E_\varphi I} + 2L \times 1 \times 1 \times \frac{1}{E_\varphi I} = \frac{8L}{3E_\varphi I} = \frac{16L}{3EI}$$

$$\Delta_{1P}^{\oplus} = \left(2 \times \frac{2}{3} M_0 L \times \frac{1}{2} \times \frac{1}{EI} + \frac{2}{3} \times 4 M_0 \times 2L \times 1 \times \frac{1}{EI}\right) \times \varphi(\infty,\tau) = \frac{12 M_0 L}{EI} = \frac{3qL^3}{2EI}$$

代入上式,即得:

$$x_{1t} = -\frac{\Delta_{1P}^{\oplus}}{\delta_{11}^{\oplus}} = -\frac{9}{32} qL^2$$

徐变次力矩 $M_1' = x_{1t} \overline{M}_1$。

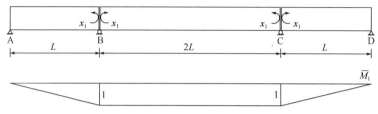

图 3-4-14 单位赘余力产生的弯矩

A、D 处弯矩为 0,B、C 处弯矩为 $-\frac{9}{32} qL^2$。

AB、CD 跨跨中弯矩为:

$$M_G^{AB} = M_G^{CD} = \frac{1}{8} qL^2 - \frac{9}{32} qL^2 \times \frac{1}{2} = -\frac{1}{64} qL^2$$

BC 跨跨中弯矩为:

$$M_G^{BC} = \frac{1}{2} qL^2 - \frac{9}{32} qL^2 \times 1 = \frac{7}{32} qL^2$$

中间为二次变化,最后得弯矩图如图 3-4-15 所示。

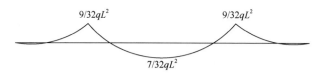

图 3-4-15 最终弯矩图

例 3-4-3 采用悬臂施工法建造如图 3-4-3 所示的三跨连续梁,具体参数与例题 3-4-2 相同,计算徐变完成后自重引起的徐变次内力效应。

解:
计入松弛系数后的有效弹性模量为:

$$E_\varphi = \frac{E}{1 + \rho(\infty,\tau)\varphi(\infty,\tau)} = \frac{E}{1 + 0.5 \times 2} = 0.5E$$

由于施工方法是悬臂施工法,先取悬臂梁为基本结构,恒载产生的弯矩如图 3-4-16 所示。

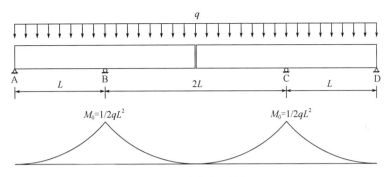

图 3-4-16 恒载产生的弯矩

由于是对称结构,设 BC 跨跨中截面弯矩 x_{1t} 为赘余力,单位赘余力产生的弯矩如图 3-4-17 所示。在赘余力作用下,变形协调方程为:

$$\delta_{11}^{\oplus} x_{1t} + \Delta_{1P}^{\oplus} = 0$$

$$\delta_{11}^{\oplus} = 2 \times L \times 1 \times \frac{1}{2} \times \frac{2}{3} \times \frac{1}{E_\varphi I} + 2L \times 1 \times 1 \times \frac{1}{E_\varphi I} = \frac{8L}{3E_\varphi I} = \frac{16L}{3EI}$$

$$\Delta_{1P}^{\oplus} = -\left(2 \times \frac{1}{3} M_0 L \times \frac{3}{4} \times \frac{1}{EI} + 2 \times \frac{1}{3} M_0 L \times 1 \times \frac{1}{EI}\right) \times \varphi(\infty, \tau) = -\frac{7 M_0 L}{3EI} = -\frac{7qL^3}{6EI}$$

代入上式,即得:

$$x_{1t} = \frac{\Delta_{1P}^{\oplus}}{\delta_{11}^{\oplus}} = \frac{7}{32} qL^2$$

徐变次力矩 $M_1' = x_{1t} \overline{M}_1$。

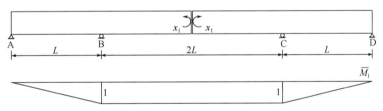

图 3-4-17 单位赘余力产生的弯矩图

A、D 处弯矩为 0,BC 跨跨中弯矩为 $\frac{7}{32}qL^2$。

B、C 处弯矩为:

$$M_G^B = M_G^C = -\frac{1}{2}qL^2 + \frac{7}{32}qL^2 = -\frac{9}{32}qL^2$$

中间为二次变化,最后弯矩图如图 3-4-18 所示。

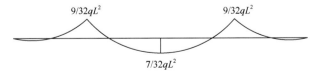

图 3-4-18 最终弯矩图

三、基础变位影响力

连续梁墩台基础的沉降与地基土壤的物理力学特性有关,一般随时间而递增,要经过相当长的时间才接近沉降终极值。为简化分析,同样可以假定沉降变化规律类似于徐变变化规律,其基本表达式为:

$$\Delta_d(t) = \frac{\Delta_d(\infty)\varphi(t,\tau)}{\varphi(\infty,\tau)} \tag{3-4-52}$$

式中:$\Delta_d(t)$——t 时刻的墩台沉降值;

$\Delta_d(\infty)$——$t=\infty$ 时刻的墩台基础沉降终极值。

由于墩台沉降的增长速度是与地基土壤有关的,因此上式可以写成:

$$\Delta_d(t) = \Delta_d(\infty)[1 - e^{-p(t-\tau)}] \tag{3-4-53}$$

式中:p——墩台沉降增长速度,p 值应根据实地土壤的试验资料决定。

在进行因墩台基础沉降而引起的结构次内力的求解中,其求解方程只需在左端项加入基础沉降产生的变形值 $\Delta_{1,p}$ 即可,具体方法可参照混凝土收缩和徐变影响力计算。

四、温度影响力

当任何一种结构的温度有所改变时,它的各个部分材料都将由于温度的升高或降低而趋于膨胀或收缩。由于结构物所受的外部约束以及各个部分相互之间的内部约束,这种膨胀或收缩所引起的变形并不能自由地发生,于是就产生了应力,即所谓温差应力或温度应力。

温度影响一般包括两个方面:即短期温差和长期温差。短期温差影响下的温度荷载主要是指结构构件沿厚度方向两个表面在某一时刻的温差,即温度梯度,而其控制温度荷载一般出现在日辐射强度最大或寒流强度最大的季节里。长期温差影响下的温度荷载,主要是指结构构件的平均温度在某段时间内的温差,即温度梯度,而其控制温度荷载一般是年最大温差荷载。

1. 温差荷载形式

考虑到长期(年)温差比较简单,只需假定整个梁截面均匀上升或下降某个温度即可,对于无水平约束的结构,长期(年)温差只会引起结构的均匀伸缩,并不会产生结构温度次内力。如果结构的均匀收缩受到了水平约束的限制,长期(年)温差就会在结构中产生温度次内力。而短期(日)温差往往是设计控制荷载。各国桥梁规范对梁式结构沿梁高方向的温度梯度的规定略有不同,其中主要分为线性温差变化和非线性温度变化两种。对于线性变化的情况,梁式结构只会发生挠曲变形,而梁在变形后仍然服从平截面假定。因此,在静定的梁式结构中,线性温度的变化梯度只会引起结构的位移而不会产生温度次应力,而在超静定的梁式结构中,由于多余约束的存在,结构不仅会有相应的位移,同时还会产生结构内的温度次应力。而对于非线性温度变化来说,即使是静定梁式结构,由于梁要服从平截面假定,截面上的纵向纤维因温差的变化而受到约束,就会产生纵向约束应力。故以下温差荷载形式主要针对日照温差和寒流降温等短时温度变化所引起的非线性温差荷载与温差应力。

(1)T 梁温差荷载

在日照作用下,T 梁或 Π 梁底部的温差和肋板水平方向的温差一般被忽略,温差分布近似为:

$$T(y) = T_0 e^{-c_0 y} \tag{3-4-54}$$

式中：T_0——梁顶、底的温差，一般最大可取 20℃；
　　C_0——指数系数，一般可取 5；
　　y 以米计。

温差分布和应变如图 3-4-19 所示。

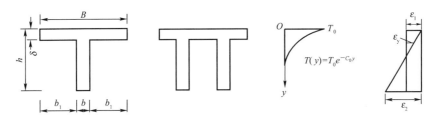

图 3-4-19　T 梁或 Π 梁温差荷载与应变

（2）单室箱梁温差荷载

单室箱梁在日照升温或降温等因素作用下，竖向沿梁高与横向沿梁宽的温差分布可简化为（图 3-4-20）。

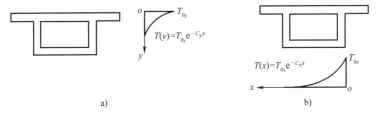

图 3-4-20　单室箱梁日照温差分布

$$T(y) = T_{0y} e^{-C_y y} \tag{3-4-55}$$

$$T(x) = T_{0x} e^{-C_x x} \tag{3-4-56}$$

式中：T_{0y}——箱梁顶、底的温差，一般取值 15℃，仅计算竖向温差时取 20℃；
　　T_{0x}——箱梁两外侧腹板的温差，一般取值 15℃；
　　C_y、C_x——指数系数，一般可取 7，仅考虑竖向温差时，C_y 取 5；
　　x 和 y 以米计。

因受寒流骤然降温影响，箱梁各板壁厚方向的温差分布可按下式计算（图 3-4-21）：

$$\overline{T}(y) = \overline{T}_0 e^{-\overline{C}\delta} \tag{3-4-57}$$

式中：$\overline{T}_0$——箱梁壁板的负温差，一般可取 –10℃；
　　$\overline{C}$——指数系数，一般可取 12；
　　δ——壁厚方向坐标，以米计。

（3）多室箱梁温差荷载

双室或多室箱梁的温差荷载分布规律与单室箱梁基本一致，根据实测资料比较分析，可用单室箱梁的温差荷载图式来分析双室与多室箱梁的温差荷载状况，唯有中腹板的温度变化较小，仅在竖向温差分布上略有变化。双室与多室箱梁横向的温差荷载分布规律和数值，均与单室箱梁相同，这也是由对实测温差荷载资料分析后得出的。

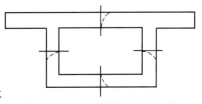

图 3-4-21　单室箱梁寒流温差分布

2. 温差变形与应力

在由温差荷载引起的变形与应力计算中,一般采用以下假定:沿梁长方向的温度分布是均匀的,并略去断面局部变化引起的梁体温差分布的微小差别;假定混凝土或钢材是均质、各向同性的,在未开裂之前,符合弹性变形规律;平截面假定仍然适用;按单向温差荷载计算温差变形和应力,然后叠加组合多向温差荷载状态下的温差变形和应力。

(1) 纵向自约束应力

设梁高各点由温差产生的自由应变为:

$$\varepsilon_T(y) = aT(y) \tag{3-4-58}$$

式中:a——材料的线膨胀系数;

$T(y)$——沿梁高的温差分布函数;y 的原点设在梁底,方向向上。

根据平截面假定,实际应变为:

$$\varepsilon(y) = \varepsilon_0 + \rho y \tag{3-4-59}$$

式中:ε_0——梁底处的应变;

ρ——截面曲率。

上述两项应变差即为自约束应变 $\varepsilon_\sigma(y)$ 为:

$$\varepsilon_\sigma(y) = \varepsilon_T(y) - \varepsilon(y) = aT(y) - (\varepsilon_0 + \rho y) \tag{3-4-60}$$

由自约束应变 $\varepsilon_\sigma(y)$ 引起的自约束应力 $\sigma_\varepsilon(y)$ 为:

$$\sigma_\varepsilon(y) = E\varepsilon_\sigma(y) = E[aT(y) - (\varepsilon_0 + \rho y)] \tag{3-4-61}$$

式中:E——弹性模量。

因为截面的自约束应力处于自平衡状态,故利用 $\sum M = 0$, $\sum N = 0$ 等平衡条件,由联立方程可求得 ε_0 与 ρ,将其代入式(3-4-61)可计算纵向自约束应力。

(2) 纵向外约束应力与变形

由于温差荷载引起的截面自约束作用,桥梁构件将发生变形,当结构为静定时,仅有变形而无应力;当结构为超静定时,外部多余约束将引起内力及应力,可按有限元分析方法求解。

(3) 横向温差应力与变形

箱梁各板在板厚范围内的温差荷载一般可分为两种情况:由日照引起的沿梁高、梁宽两个方向的温差分布所产生的板厚范围内的温差荷载;由寒流引起的板厚范围内的温差荷载。板的横向自约束应力的分析方法与纵向自约束应力相同。

箱梁横向框架约束应力的计算方法,与纵向外约束应力计算方法相似,可采用有限元法按计算图式(图 3-4-22)进行计算。横向温差应力与变形可由上述两项计算结果叠加而成。

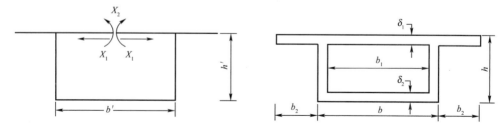

图 3-4-22 箱梁横向框架计算图式

(4)结构温差受力分析

温度荷载确定之后,结构温差受力分析可以将温度荷载转换成等效节点荷载,采用有限元方法进行分析。

第三节 基本活载内力

在内力影响线上按最不利荷载位置布置活载,就可求得截面的控制内力值。当内力影响线有正、负两种区段时,就应分别对正、负区段加载,以求出正、负两个内力值。在此情况下,正值和负值分别称为最大和最小活载弯矩(或剪力)。当只有正号影响线时,则最小内力为零;反之则最大内力为零。

在计算各主梁活载内力时,与简支梁中一样,也要分析荷载的横向分布,即确定主梁的荷载横向分布系数。鉴于悬臂梁和连续梁与简支梁的力学体系不同,因而不能直接应用前面基于简支梁分析所得的结果。下面按T形或工字形截面以及箱形截面两类情况分别阐述横向分布系数和截面内力的计算方法。

一、T形或工字形截面主梁

对各种桥梁位于支点处的荷载,显然均可像简支梁内一样按"杠杆原理法"来计算其横向分布系数 m_0。

对位于悬臂梁桥锚固孔跨中的荷载,由于其力学效应与同跨径简支梁相似,故也可视具体情况按窄桥($l/B \geq 2$)或宽桥($l/B < 2$)的条件采用"偏心压力法"或"G-M"法计算其横向分布系数 m_c。

然而,对于悬臂和连续体系中的悬臂部分和连续梁跨,情况就与简支梁不同。鉴于跨中荷载横向分布的规律主要取决于结构纵向刚度与横向刚度之间的关系(见简支梁部分的分析),因此我们可以引用一个非简支体系的纵向刚度修正系数 C_w 来近似考虑因体系不同对荷载横向分布带来的影响(体系改变不引起横向刚度的变化)。如果以跨中挠度来表示刚度特征,则系数 C_w 可计算如下:

$$C_w = \frac{w}{w'} \qquad (3\text{-}4\text{-}62)$$

式中:w——单位荷载 $p=1$ 作用于简支体系跨中时的跨中挠度[图3-4-23a)];

w'——单位荷载 $p=1$ 作用于非简支体系跨中时的跨中挠度。

当荷载作用于不同体系的悬臂端时,为了计算与简支梁相对应的跨中挠度,我们可在不损及悬臂受力特性的情况下作出图3-4-23b)、图3-4-23c)和图3-4-23d)所示的假想计算图式。但需注意,此时与简支梁对应的跨径应取 $l = 2l_x$。

表3-4-1列出了图3-4-23b)~g)所示常用非简支梁体系等截面梁的纵向刚度修正系数 C_w 值。

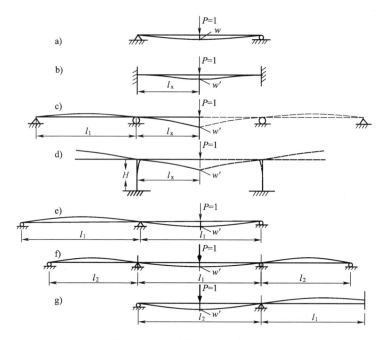

图 3-4-23 各种体系 C_w 的计算图式

a)简支梁;b)固端悬臂梁;c)带锚孔悬臂梁;d)T形悬臂梁;e)两跨连续梁;f)三跨连续梁中跨;g)三跨连续梁边跨

C_w 值   表 3-4-1

	1	2	3	4	5			6		
结构体系	固端悬臂梁	带锚孔悬臂梁	T形悬臂梁	两跨连续梁	三跨连续梁中跨 $l_边:l_中$			三跨连续梁边跨 $l_边:l_中$		
					1:1	1:1.2	1:1.4	1:1	1:1.2	1:1.4
纵向刚度修正系数 C_w	1	$\dfrac{l_x}{l_1+l_x}$	$\dfrac{l_x}{l_1+3H\alpha}$	1.391	1.818	1.931	2.034	1.429	1.382	1.344

已知纵向刚度修正系数 C_w 后,下面为确定悬臂和连续体系窄桥和宽桥的划分标准。

根据理论分析可知,按 $\theta=\dfrac{B}{2l}\sqrt[4]{\dfrac{J_x}{J_y}}\leqslant 0.3$ 来定名"窄桥"比粗略的 $\dfrac{l}{B}\geqslant 2$ 来定名更为合适(参见简支梁计算中"偏心压力法")。在上式中引入纵向刚度修正系数 C_w 即得其作为窄桥的条件为:

$$\dfrac{l}{B}\geqslant 1.66\sqrt[4]{\dfrac{C_w J_x}{J_y}} \tag{3-4-63}$$

式中:l——与简支梁相对应的跨径,对于悬臂部分取 $l=2l_x$,对于连续梁取 $l=l_1$(或 l_2);

B——桥梁承重结构的宽度;

J_x、J_y——桥梁纵向和横向的比拟单宽刚度(详见简支梁桥的计算部分)。

由此可见,当荷载位于悬臂端部和连续梁跨中时,如结构满足式(3-4-63)的条件,则就可按"偏心压力法"来计算相应的荷载横向分布系数 m_c。

对于 $\dfrac{l}{B}<1.66\sqrt[4]{\dfrac{C_w J_x}{J_y}}$ 的场合,就宜采用"G-M 法"来计算。在此情况下,应根据用 C_w 系数修正后的刚度参数 θ' 和 α' 进行查表计算,并绘制荷载横向分布影响线。θ' 和 α' 的修正式为:

$$\theta' = \frac{B}{2l}\sqrt[4]{\frac{C_w J_x}{J_y}} = \sqrt[4]{C_w} \cdot \theta \qquad (3\text{-}4\text{-}64)$$

$$\alpha' = \frac{G(J_{T_x} + J_{T_y})}{2E\sqrt{C_w J_x \cdot J_y}} = \frac{1}{\sqrt{C_w}} \cdot \alpha \qquad (3\text{-}4\text{-}65)$$

式中：θ、α——同跨径简支体系的刚度参数，必须注意，对于长度为 l_x 的悬臂梁在计算 θ 时应取对应的跨径 $l = 2l_x$。

荷载横向分布系数沿梁长的变化，也可参照简支梁桥中的方法一样处理。

二、箱形截面主梁

闭口薄壁箱形截面梁的受力特点与一般 T 形梁不同，其精确计算必须用薄壁构件结构力学的方法求解。如图 3-4-24 所示，当桥上有 K 行车辆活载对桥中线呈偏心作用时，横向一排车辆的总重 KP 将具有偏心距 e，此时整体箱形梁的受力可分作两种情况来计算：对称荷载 KP 作用下的平面弯曲计算和扭矩 $M_T = KPe$ 作用下的扭转计算。

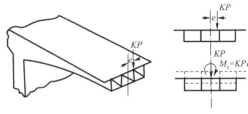

图 3-4-24　箱形截面梁的受力图式

对于平面弯曲计算，通常可用熟知的材料力学公式计算各横截面上的弯曲正应力 σ_M 和弯曲剪应力 τ_M。对于扭转计算，一般来说，箱形薄壁杆件受扭后横截面将产生自由扭转剪应力 τ_k、约束扭转正应力 σ_w 与剪应力 τ_w 以及截面发生歪扭引起的畸变正应力 σ_{dw} 与剪应力 τ_{dw}。

设计经验表明，钢筋混凝土或预应力混凝土箱形截面的抗扭刚度很大，由扭转引起的应力通常较平面弯曲引起的应力小得多。而且箱壁具有一定厚度的箱梁在横隔板的制约下截面不易发生歪扭，因而其畸变应力将更小，可以忽略不计。再考虑到一般中、大跨径箱形截面桥梁的恒载内力比活载内力大很多，因而活载扭转应力占总应力的比重就更小了。如以我国所建乌龙江大桥（主跨 144m）和柳州大桥（主跨 120m）两座桥的箱形截面 T 形刚构桥为例，活载正应力占总应力的 11%～21%，活载剪应力占总剪应力的 9%～30%。如按技术文献所推荐的约束扭转正应力为活载弯曲应力的 15% 计，扭转剪应力为活载弯曲剪应力的 5% 计，则约束扭转正应力仅占全部荷载所产生正应力的 1.7%～3.2%，扭转剪应力仅占全部荷载剪应力的 0.5%～1.5%，数值甚微。

由此可见，在实际设计中，我们可以避免相当繁复的扭转应力计算而采用一些近似方法来估计这些数值，这对计算结果不会导致很大的误差。

国内对直线箱形截面的桥梁常采用下列近似方法来计算其荷载内力。

(1) 经验估值法

对于具有一定厚度且有横隔板加劲的箱形梁，忽略歪扭变形的畸变应力；将活载偏心作用引起的约束扭转正应力和剪应力分别估计为活载对称作用下平面弯曲正应力的 15% 和剪应力的 5%。因此当恒载对称作用时箱形梁任意截面计及扭转影响的总荷载内力近似估计为：

弯矩　　　　　　　　　　$M = M_g + 1.15 M_P$ 　　　　　　　　(3-4-66)

剪力　　　　　　　　　　$Q = Q_g + 1.05 Q_P$ 　　　　　　　　(3-4-67)

式中：M_g、Q_g——恒载引起的弯矩和剪力；

M_P、Q_P——全部活载对称于桥中线作用时引起的弯矩和剪力。

(2)修正偏心压力法

鉴于箱形截面横向刚度和扭转刚度大,荷载作用下梁发生变形时可以认为横截面保持原来形状不变,即箱梁各个腹板的挠度也呈直线变化。因此,通常可以将箱梁腹板近似看作等截面的梁肋,先按修正偏心压力法求出活载偏心作用下边腹板的荷载分配系数,再乘以腹板总数,这样就得到箱梁截面活载内力的增大系数。例如,对于图 3-4-25 所示的单箱三室截面,边腹板的活载分配系数为:

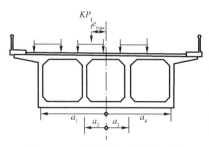

图 3-4-25 内力增大系数计算图式

$$\eta_{\max} = \frac{1}{n} + \beta \frac{e_{\max} a_1}{\sum_{i=1}^{n} a_i^2} \qquad (3\text{-}4\text{-}68)$$

式中:n——箱梁的腹板总数;

β——抗扭修正系数。

$$\beta = \frac{1}{1 + n\gamma \dfrac{G}{E} \cdot \dfrac{I_T}{I} \cdot \dfrac{1}{\sum a_i^2}} \qquad (3\text{-}4\text{-}69)$$

对于简支跨的跨中截面 $\gamma = l^2/12$,对于悬臂梁的端部截面 $\gamma = l_x^2/3$;对于带锚固孔(跨径为 l_1)的外伸梁的端部截面 $\gamma = [l_x(l_1 + l_x)]/3$;对于各种跨径比的连续梁的跨中截面,也可按前文简支梁计算中横向分布系数的计算部分中所述的原理求得 γ 之值。I_T/I 之比值在这里可用整个箱梁截面的抗扭惯矩与抗弯惯矩之比来代替。在计算抗扭惯矩时可近似地忽略中间腹板的影响。

附带说明,式(3-4-69)中系数 γ 的值是按等截面杆自由扭转推出的,对于变截面杆约束扭转来说,修正系数 β 将更小,因此按式(3-4-69)来计算是偏于安全的。

求得了边腹板的荷载分配系数 $\eta_{\max}$ 后,即得活载内力增大系数 ζ:

$$\zeta = n\eta_{\max} \qquad (3\text{-}4\text{-}70)$$

因此,计及活载偏心扭转作用的箱形截面总内力为:

弯矩 $\qquad M = M_g + \zeta M_P \qquad (3\text{-}4\text{-}71)$

剪力 $\qquad Q = Q_g + \zeta Q_P \qquad (3\text{-}4\text{-}72)$

式中:符号意义同前。

在设计时应分别计算出设计活载(汽车及人群荷载)和验算活载(挂车或履带车)产生的最大和最小内力值,并与恒载内力组合,经比较后确定各截面的控制设计内力值。据此就可绘制最大和最小内力包络图形,以提供钢筋布置和强度校核之用。

通常除了按上述方法计算横截面上的荷载内力外,还要计算沿纵截面上由恒载和局部活载引起的横向弯曲内力,计算也可以按常用的近似方法进行。

第五章
施工方法简介

悬臂与连续体系梁桥施工方法的选择,需要充分考虑桥位的地形、环境、施工能力及桥梁设计要求等诸多因素。每一种施工方法都有其自身的优缺点。不同的施工方法所需机具设备、劳动力不同,施工的组织、安排和工期也不一样。随着桥梁结构的发展,对施工方法提出了更高的要求,将来会出现更多的、适应各种不同条件的施工方法。

第一节　有支架浇筑施工法

有支架就地浇筑施工是一种应用很早的施工方法,它是在支架上安装模板,绑扎及安装钢筋骨架,预留孔道,并在现场浇筑混凝土与施加预应力的施工方法;过去由于施工需用大量的模板支架,一般仅在小跨径桥或交通不便的边远地区采用。但近年来,随着桥梁结构形式的发展,出现了一些变宽的异形桥、弯桥等复杂的混凝土结构,加上临时钢构件和万能杆件系统的标准化和装配化的提高,使有支架就地浇筑施工得到了广泛的应用。

一、支架和模板

支架按构造可分为支柱式、梁式和梁柱式支架;按材料可分为木支架、钢支架、钢木混合支架和万能杆件拼装的支架等。常用支架的构造简图见图 3-5-1。

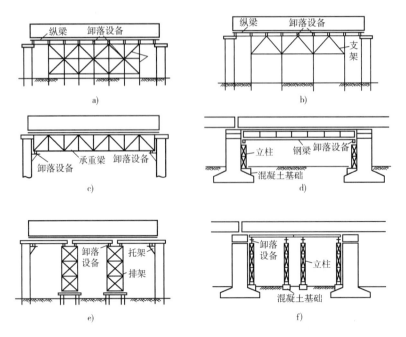

图 3-5-1 常用支架的构造简图

支柱式支架构造简单,常用于陆地或不通航的河道,或桥墩不高的小跨径桥梁。梁式支架依其跨径可采用工字钢、钢板梁或钢桁梁作为承重梁,当跨径小于 10m 时可采用工字梁,跨径大于 20m 时可采用钢桁梁。梁既可以支承在墩旁支架上,也可支承在桥墩上预留的托架或在桥墩处临时设置的横梁上。梁柱式支架可在大跨径桥上使用,梁支承在支架或临时墩上而形成多跨连续支架。

就地浇筑桥梁的模板常用木模板和钢模板。木模板可按结构要求预先制作,然后在支架上用连接件拼装;钢模板大都做成大型的块件,由加劲骨架焊接组成,一般长度为 3~8m,钢板厚 4~8mm。模板和支架虽然都是临时结构,但要承受桥梁的大部分恒载,因此必须有足够的强度、刚度和稳定性,同时支架的基础应可靠,构件结合要紧密,并要有足够的纵、横、斜向的连接杆件,使支架和模板成为整体;在施工前要计算支架受荷后的变形和挠度,设置预拱度,使落架后的桥跨结构线形符合设计要求;对河道中的支架要充分考虑洪水和漂流物的影响;模板的接缝要密合,以免漏浆。

二、就地浇筑施工法

通常情况下,就地浇筑施工一次灌注的混凝土工作量较大,需要连续作业,因此采用现场浇筑施工法的桥梁,在再浇混凝土前要对模板、支架、钢筋和钢索位置、供料、拌制、运输系统、机械设备等进行周密的准备和严密的检查。施工期间要保证浇筑混凝土的整体性,并防止在浇筑上层混凝土时破坏下层混凝土,因此浇筑混凝土时须有一定的速度,使上层浇筑的混凝土能在先浇混凝土初凝之前完成。

悬臂与连续体系梁桥就地浇筑施工,一般要分层或分段进行。一种施工方法是水平分层方法,先浇筑底板,待达到一定强度后进行腹板施工,或直接先浇筑完底板与腹板,然后浇筑顶板。当工程量较大时,各部位可分数次完成浇筑。另一种施工方法是分段施工法,根据施工能力,每隔一定距离设置连接缝,该连接缝一般设在梁的弯矩较小的区域,待各段混凝土浇筑完成后,最后在接缝处施工合龙。

鉴于悬臂与连续体系梁桥在中墩处是连续的,而桥墩刚性远比临时支架的刚度大得多,因此在施工中必须设法消除由于支架沉降不均匀而导致梁体在支承处的裂缝。为此,在浇筑混凝土时应从跨中向两端墩台进行,其邻跨也从悬臂端向墩、台进行,在墩台处设置接缝,待支架沉降稳定后,再浇筑墩顶处梁的接缝混凝土。在浇筑悬臂梁和连续梁的混凝土时,由于不可能在初凝前一次浇完整根梁,一般就在墩台处留出工作缝,如图3-5-2a)所示。若施工支架中采用了跨径较大的梁式构件时,鉴于支架的挠度曲线将在梁的支承处有明显转折,因此在这些部位上也应设置工作缝[图3-5-2b)]。工作缝宽度应不小于0.8~1.0m,由于工作缝处的端板上有钢筋通过,故制作安装都很困难,而且在浇筑前还要对已浇端面进行凿毛和清洗等工作。有时为了避免设置工作缝的麻烦,也可以采取不设宽工作缝的分段浇筑方法,如图3-5-2c)所示,此时4、5段须待1、2、3段强度达到设计要求后才能浇筑。

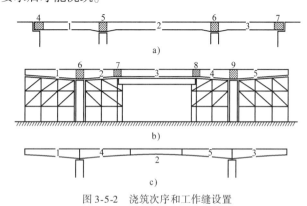

图3-5-2 浇筑次序和工作缝设置

分段浇筑的顺序,应使支架沉降较均匀发展。对于支承处加高的梁,通常应从支承处向两边浇筑,这样还可避免砂浆由高处流向低处的弊端。分段浇筑时,大部分混凝土重力在梁体合龙之前已作用上,这样可减少支架早期变形和由此原因而引起的梁体的开裂。大跨径桥梁,除在桥墩处设置接缝外,还可在支架的硬支点附近设置接缝。当悬臂梁设有挂梁时,须待悬臂梁混凝土强度达到70%设计强度以上时方可进行挂梁施工。

三、养护和落架

浇筑完混凝土后,要对混凝土进行养护。养护能促使混凝土硬化,获得规定强度,并防止混凝土干缩引起的裂缝,防止混凝土受雨淋、日晒受冻及受荷载的振动、冲击。由于混凝土在硬化过程中发热,在夏季和干燥的气候下应进行湿润养护,而冬季则主要保护其不受冻,采用加温养护。梁的落架程序应从梁挠度最大处的支架节点开始,逐步卸落相邻两侧的节点,并要求对称、均匀、有顺序地进行;各节点应分多次进行卸落,以使梁的沉落曲线逐步加大。通常连续梁可从跨中向两端进行;悬臂梁则应先卸落挂梁及悬锚部分,然后卸落锚跨部分。预应力混凝土连续梁桥在预应力筋张拉后恒载自重已能由梁本身承担时再落架。

普通钢筋混凝土悬臂梁桥和连续梁桥,由于主梁的长度和重量大,一般很难像简支梁那样将整根梁一次架设。如果采取分段预制,则不但架设困难,而且受力截面的主钢筋都被截断,接头工作复杂,强度也不易保证。因此目前在修建钢筋混凝土的此类桥梁时,常采用搭设支架模板就地浇筑的施工方法。

搭设支架模板就地浇筑施工方法的主要优点有:桥梁的整体性好,施工平稳、可靠,不需大型起吊、运输设备;施工中无体系转换;预应力混凝土连续梁可以采用强大预应力体系,使结构构造简化,方便施工。主要缺点有:搭设支架影响河道的通航与排洪,施工期间支架可能受到洪水和漂流物的威胁;需要使用大量施工支架施工工期长、费用高,不容易控制施工质量;混凝土的收缩、徐变会使预应力混凝土连续梁的应力损失较大。

第二节 平衡悬臂施工法

采用悬臂施工法建造悬臂与连续体系梁桥时,不需要在河中搭设支架,而直接从已建墩台顶部逐段向跨径方向延伸施工,每延伸一段就施加预应力,使其与成桥部分联结成整体。

一、悬臂施工关键

采用悬臂施工法时,要特别注意两个关键问题:

1. 在施工过程中必须保证墩与梁固结

用悬臂施工法从桥墩两侧逐段延伸来建造预应力混凝土悬臂梁桥时,为了承受施工过程中可能出现的不平衡力矩,保证施工过程中结构的稳定可靠,需要采取措施使墩顶的零号块件与桥墩临时固结起来。图 3-5-3 表示将零号块梁段与桥墩用钢筋或预应力筋临时固结,待需要解除固结时切断。

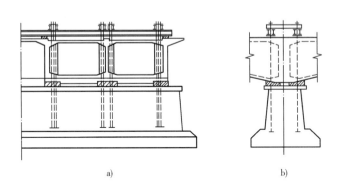

图 3-5-3 零号块梁段与桥墩的临时固结

图 3-5-4 示出另外几种临时固结的做法。其中,图 3-5-4a) 是当桥不高,水又不深而易于搭设临时支架时的支架式固结措施,在此情况下,拼装中的不平衡力矩完全靠梁段的自重来保持稳定;图 3-5-4b) 是利用临时立柱和预应力筋来锚固上下部结构的构造,预应力筋的下端埋固在基础承台内,上端在箱梁底板上张拉并锚固,以使立柱在施工过程中始终受压,以维持稳定;在桥高水深的情况下,也可采用围建在墩身上部的三角形撑架来敷设梁段的临时支承,并可使用砂筒作为悬臂拼装完毕后转换体系的卸架设备 [图 3-5-4c)]。临时梁墩固结要考虑两侧对称施工时有一个梁段超前的不平衡力矩,应验算其稳定性,稳定性系数不小于 1.5。

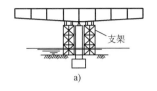 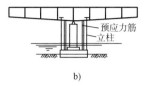 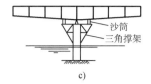

图 3-5-4 临时固结措施

2. 必须充分考虑施工期出现的体系转换问题

结构体系转换是指在施工过程中,当某一施工程序完成后,桥梁结构的受力体系发生了变化,如简支体系变化为悬臂体系或连续体系等,这种变化过程简称为体系转换。下面以三孔连续梁悬臂施工为例来说明其体系转换过程,见图 3-5-5。

图 3-5-5a) 表示从桥墩向两侧用对称平衡的悬臂施工法建造双悬臂梁,此时结构体系如同 T 形刚构。图 3-5-5b) 为在临时支架上浇筑(或拼装)不平衡的边孔边段,安装端支座,拆除临时固结措施,使墩上永久支座进行工作,此时结构属于单悬臂体系。图 3-5-5c) 表示继续浇筑(或拼装)

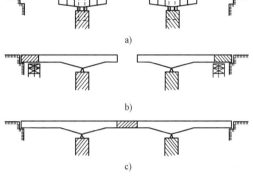

图 3-5-5 悬臂施工法建造连续梁中的体系转换

中跨中央段,使体系转换成三跨连续梁,采用这种体系转换方式,只有小部分后加荷载(桥面铺装及人行道)以及活载才具有连续梁的受力效果,因此梁内的预应力筋大部分按悬臂弯矩图布置,体系连续后再在跨中区段张拉承受正弯矩的预应力筋。

悬臂施工法不受桥高、河深等影响,适应性强,目前不仅适用于悬臂与连续梁体系梁桥的施工,而且还广泛应用于混凝土斜拉桥以及钢筋混凝土拱桥等施工中。

二、悬臂施工分类

按照梁体的制作方式,悬臂施工法又可分为悬臂浇筑和悬臂拼装。下面分别介绍这两种方法。

1. 悬臂浇筑法

悬臂浇筑施工目前主要采用挂篮悬臂浇筑施工。挂篮悬臂浇筑施工利用悬吊式的活动脚手架(或称为挂篮)在墩柱两侧对称平衡地浇筑梁段混凝土(每段长 2~5m),每浇筑完一对梁段,待达到规定强度后张拉预应力筋并锚固,然后向前移动挂篮,进行下一梁段的施工,直到悬臂端为止。挂篮主要有梁式挂篮、斜拉式挂篮及组合斜拉式挂篮三种。

图 3-5-6 示出梁式挂篮结构简图,它由底模架、悬吊系统、承重结构、行走系统、平衡重、锚固系统、工作平台等部分组成。挂篮的承重结构可用万能杆件或贝雷架拼成,或采取专门设计的结构。它除了要能承受梁段自重和施工荷载外,还要求具备自重轻、刚度大、变形小、稳定性好、行走方便等特点。

图 3-5-7 所示为斜拉式挂篮结构简图。斜拉式挂篮也称为轻型挂篮。随着桥梁跨径越来越大,为了减轻挂篮自重,以达到减少施工阶段增加的临时钢丝束,在梁式挂篮的基础上研制了斜拉式挂篮。斜拉式挂篮承重结构由纵梁、立柱、前后斜拉杆组成,其杆件少,结构简单,受

力明确,承重结构轻巧,其他构造系统与梁式挂篮相似。我国重庆长江大桥施工中采用了斜拉式挂篮,其承重结构由箱形截面钢梁和钢带拉杆组成,行走系统采用聚四氟乙烯滑板。这种挂篮结构的用钢量比万能杆件节省了1/3,使用也方便,取得了良好的效果。

图 3-5-6　梁式挂篮结构简图
1-底模架;2、3、4-悬吊系统;5-承重结构;6-行走系统;7-平衡重;8-锚固系统;9-工作平台

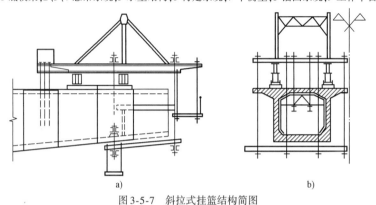

图 3-5-7　斜拉式挂篮结构简图

图 3-5-8 为组合斜拉式挂篮结构简图。它是在斜拉式挂篮的基础上加以改进的一种新的结构形式。承重结构由主梁、主上横梁、前上横梁和后上横梁组成一体,承受和传递斜拉带及内、外滑梁的荷重。悬吊系包括斜拉带、下后锚带、内外滑梁吊带。主梁后部有水平和竖向限位器,其不仅能固定挂篮位置,还起传递施工荷载的作用。挂篮行走时竖向限位器换成压轮,以控制挂篮行走时的稳定性。挂篮自重更轻,其承重比不大于0.4,最大变形量不大于20mm,行走方便,箱梁段施工周期更短。

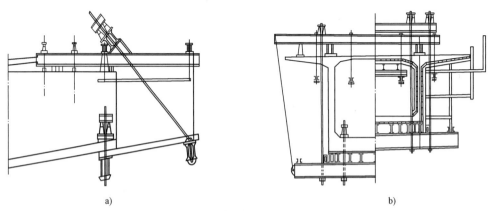

图 3-5-8　组合斜拉式挂篮结构简图

用挂篮浇筑墩侧第一对梁段时,由于墩顶位置受限,往往需要将两侧挂篮的承重结构连在一起,如图 3-5-9a)所示。待浇筑到一定长度后再将两侧承重结构分开。如果墩顶位置过小,

开始用挂篮浇筑发生困难时,可以设立局部支架来浇筑墩侧的前几对梁段[图3-5-9b)],然后再安装挂篮。

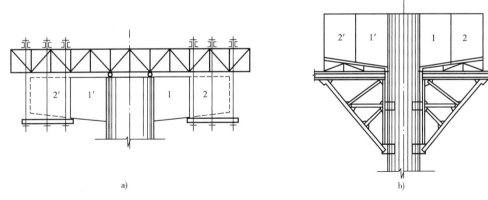

图3-5-9 墩侧头几对梁段的浇筑

每浇一个箱形梁段的工艺流程为:移挂篮—安装底模、侧模—安装底板、肋板钢筋和预留管道—安装内模—安装顶板钢筋和预留管道—浇筑混凝土—养生—穿顶应力筋、张拉和锚固—管道压浆。

悬臂浇筑一般采用由快凝水泥配制的强度等级C40~C60混凝土。在自然条件下,浇筑后30~36h,混凝土强度就可达到30MPa左右(接近标准强度的75%),这样可以加快挂篮的移位。目前每段施工周期为7~10d,其视工作量、设备、气温等条件而异。

悬臂浇筑法施工的主要优点是:不需要占地很大的预制场;逐段浇筑,易于调整和控制梁段的位置,且整体性好;不需要大型机械设备;主要作业在设有顶棚、养生设备等的挂篮内进行,可以做到施工不受气候条件影响;各段施工属于严密的重复作业,需要施工人员少,技术熟练快,工作效率高等。主要缺点是:梁体部分不能与墩柱平行施工,施工周期较长,而且悬臂浇筑的混凝土加载龄期短,受混凝土收缩和徐变影响较大。

最常采用悬臂浇筑法施工的跨径为50~120m。

2. 悬臂拼装法

悬臂拼装法施工是在工厂或桥位附近将梁体沿轴线划分成适当的块件进行预制,然后用船或平板车从水上或从已建成部分桥位上运至架设地点,并用活动吊机等起吊后向墩柱两侧对称均衡地拼装就位,张拉预应力筋,重复这些工序直至拼装完悬臂梁全部块件为止。因此,悬臂拼装的基本施工工序是:梁段预制、移位、堆放和运输、梁段起吊拼装和施加预应力。

预制的长度取决于运输、吊装设备的能力,实践中已采用的块件长度为1.4~6.0m。块件质量为14~170t。但从桥跨结构和安装设备统一来考虑,块件的最佳尺寸应使质量在35~60t范围内。预制尺寸要求准确,特别是拼装接缝要密贴,预留孔道的对接要顺畅。为此,通常采用间隔浇筑法来预制块件,使得先完成块件的端面成为浇筑相邻块件时的端模,如图3-5-10所示(图中数字表示浇筑次序)。在浇筑相邻块件之前,应在先浇块件端面上涂刷肥皂水等隔离剂,以便分离出坑。在预制好的块件上应精确测量各块相对高程,在接缝处做出对准标志,以便拼装时易于控制块件位置,保证接缝密贴,外形准确。

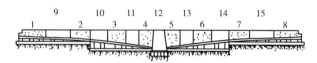

图 3-5-10 块件预制(间隔法)

预制块件的悬臂拼装可根据现场布置和设备条件采用不同的方法来实现。当靠岸边的桥跨不高且可在陆地或便桥上施工时,可采用自行式吊车、门式吊车来拼装。对于河中桥孔,也可采用水上浮吊进行安装。如果桥墩很高,或水流湍急而不便在陆上、水上施工时,就可利用各种吊机进行高空悬臂施工。

图 3-5-11a)表示用沿轨道移动的伸臂吊机进行悬臂拼装,预制块件用船运至桥下。国外用此方法曾拼装了长 6m、质量为 170t 的箱形块件。

图 3-5-11b)示出用拼拆式活动吊机进行悬臂拼装的示意图。吊机的承重结构与悬臂浇筑法中挂篮的相仿,不过在吊机就位固定后起重平车可沿承重梁顶面的轨道纵向移动,以便拼装时调整位置。

图 3-5-11c)示出用缆索起重机吊运和拼装块件的简图,此方法适用于起重机跨度不太大、块件质量也较轻的场合。

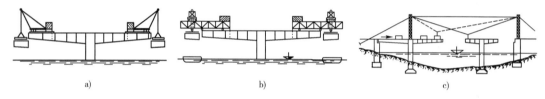

图 3-5-11 桁式吊悬臂拼装施工

在无法用浮运设备运送块件至桥下面、需要从桥的一岸出发修建多孔大跨径预应力混凝土桥梁时,还可以采用特制的自行式的悬臂-闸门式吊机进行悬臂拼装施工。图 3-5-12 表示出这种吊机在施工过程中两种主要位置的图式。

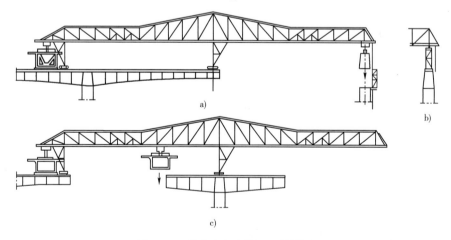

图 3-5-12 悬臂-闸门式吊机悬臂拼装施工

悬臂拼装时,预制块件间接缝的处理分为湿接缝、干接缝和半干接缝等形式(图 3-5-13)。需要将伸出钢筋焊接后灌混凝土的湿接缝[图 3-5-13a)],通常仅用于拼装与墩柱连接的第一对块件和在支架上拼装的岸边孔桥跨结构。在满足抗剪强度要求的情况下,也可采用无伸出钢筋而仅填筑水泥砂浆的平面湿接缝。湿接缝的施工费时,但它能有利于调整块件的拼装位置和增强接头的整体性。密贴的平面或齿形干接缝可以简化拼装工作,早期曾有采用,但由于接缝渗水会降低装配结构的运营质量和耐久性,故目前已很少应用。在悬臂拼装中采用最为广泛的是应用环氧树脂等胶结材料使相邻块件黏结的胶接缝[图3-5-13b)、图3-5-13d)、图3-5-13e)和图3-5-13f)]。胶接缝能消除水分对接头的有害作用,因而能提高结构的耐久性,除此以外,胶接缝还比干接缝具有较大的抗剪能力。胶接缝可以做成平面形[图3-5-13f)]、多齿形[图3-5-13b)]、单阶形[图3-5-13d)]和单齿形[图3-5-13e)]等形式。齿形和单阶形的胶接缝用于块件间摩阻力和黏结力不足以抵抗梁体剪力的情况。单阶形的胶接缝在施工中拼接最为方便。图3-5-13c)表示半干接缝的构造,已拼块件的顶板和底板作为拼接安装块件的支托,而在腹板端面上有形成骨架的伸出钢筋,待浇筑混凝土后使块件结合成整体。这种接缝可用来在拼装过程中调整悬臂的平面和立面位置。根据悬臂拼装的经验,在每一拼装悬臂内设置一个半干接缝来调整悬臂位置是合理的。

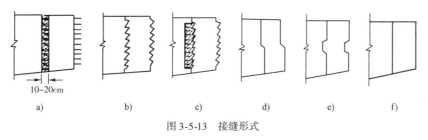

图3-5-13 接缝形式

悬臂拼装法施工的主要优点是:梁体块件的预制和下部结构的施工可同时进行,拼装成桥的速度较现浇的快,可显著缩短工期;块件在预制场内集中制作,质量较易保证;梁体塑性变形小,可减少预应力损失,施工不受气候影响等。主要缺点是:需要占地较大的预制场地,为了移运和安装需要大型的机械设备;如不用湿接缝,则块件安装的位置不易调整等。

第三节 逐跨顶推施工法

预应力混凝土连续梁顶推法施工的构思,源自钢桥架设中普遍采用的纵向拖拉法。但由于混凝土结构自重大,滑道设备过于庞大,而且配置承受施工中变号内力的预应力筋也比较复杂,因而这种方法未能很早实现。随着预应力混凝土技术的发展和高强低摩阻滑道材料(聚四氟乙烯塑料)的问世,至20世纪60年代初,联邦德国首先用此法架设预应力混凝土桥梁获得成功。目前,推顶法施工已作为架设连续梁桥的先进工艺,在世界各国得到了广泛应用。

一、施工临时设施

顶推施工时梁的受力状态变化较大,施工应力状态与运营应力状态相差也较多,因此采用顶推施工时,需要同时满足施工与运营荷载的要求。在施工时可采取加设临时墩、设置导梁和其他措施,临时设施有导梁(鼻梁)、临时墩、拉索、托架及斜拉索等。这样可以减小施工内力,降低施工难度。

1. 导梁

导梁设置在主梁的前端,为等截面或变截面的钢桁梁或钢板梁,主梁前端装有预埋件与钢导梁栓接。导梁底缘与箱梁底应在同一平面上,前端底缘呈向上圆弧形,并且前端常设置一个竖向千斤顶,不断地将导梁端头顶起进墩。顶推施工通常均设置前导梁,也可以增设尾导梁。导梁的长度一般采用顶推跨径的0.6~0.7倍,较长的导梁可以减小主梁悬臂负弯矩;导梁小于顶推跨径的0.4倍,会导致增大主梁的施工负弯矩值;但导梁过长也会导致导梁与箱梁接头处负弯矩和支反力相应增加。

2. 临时墩

设置临时墩可以调整顶推跨径,滑升模板浇筑的混凝土薄壁空心墩、混凝土预制板或预制板拼砌的空心墩或混凝土板和轻便钢架组成的框架临时墩,应用较广泛;钢制临时墩由于在荷载作用和温度变化下变形较大,目前较少采用。临时墩的基础根据地质和水深等因素考虑,可采用打桩基础等。在顶推前将临时墩与永久墩用钢丝绳拉紧或者在每墩上、下游各设一束钢索进行张拉,可以减小临时墩承受的水平力和增加临时墩的稳定性。临时墩上一般不设顶推装置而仅设置滑移装置。由于临时墩仅在施工中使用,使用临时墩会增加桥梁的施工费用,但是可以节省上部结构材料用量,需要从桥梁分跨、通航要求、桥墩高度、水深、地质条件、造价、工期和施工难易等因素来综合考虑。目前在大跨径内最多设两个临时墩。

3. 拉索、托架及斜拉索

拉索系统由钢制塔架、连接构件、竖向千斤顶和钢索组成,设置在主梁的前端。拉索的范围为两倍顶推跨径左右。塔架支承在主梁的混凝土固定块上,用钢铰连接,并在该处对截面进行加固,以承受塔架的集中竖向力。在顶推过程中,箱梁内力不断变化,因此要根据不同阶段的受力状态调节索力,这项工作由设在塔架下端的两个竖向千斤顶来完成。在法国和意大利曾使用拉索加劲主梁以抵消顶推时的悬臂弯矩,并获得成功。在桥墩上设托架,用以减小顶推跨径和梁的受力。斜拉索在顶推时用于加固桥墩,特别对于具有较大纵坡和较高桥墩的情况,采用斜拉索可以减小桥墩的水平力,增加稳定性。这种加固方法宜在水不太深或跨山谷的桥梁上采用。图3-5-14所示为采用拉索加劲的一般布置形式。

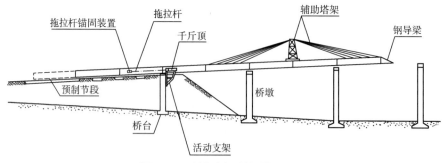

图3-5-14 用拉索加劲的顶推法施工

二、顶推施工作业

顶推法施工的基本步骤:在桥台后面的引道上或在刚性好的临时支架上设置制梁厂(场),集中制作(现浇或预制装配)一般为等高度的箱形梁段(10~30m一段),待有2~3段后,在上、下翼缘板内施加能承受施工中变号内力的预应力,然后用水平千斤顶等顶推设备将支承在聚四氟乙烯板与不锈钢板滑道上的箱梁向前推移,推出一段再接长一段,这样周期性地反复操作直至最终位置,进而调整预应力(通常是卸除支点区段底部和跨中区段顶部的部分预应力筋,并且增加和张拉一部分支点区段顶部和跨中区段底部的预应力筋),使满足后加恒载和活载的需要,最后,将滑道支承移置成永久支座,至此施工完毕。

由于聚四氟乙烯板与不锈钢板之间的摩擦系数一般为 0.02 ~ 0.05,故对于梁重即使达 10000t,也只须 500t 以下的推力即可推出。

顶推法施工按水平力的施加位置和施加方法可分单点顶推和多点顶推,按顶推的施工方向可分为单向顶推和双向顶推,按支承系统可分为设置临时滑动支承顶推和使用永久支座合一的滑动支承顶推等。图 3-5-15a)表示一般单向单点顶推的情况。顶推设备只设在一岸桥台处。在顶推中为了减少悬臂负弯矩,一般要在梁的前端安装一节长度为 0.6 ~ 0.7 倍顶推跨径的钢导梁,导梁应自重轻而刚度大。单向顶推最宜于建造跨度为 40 ~ 60m 的多跨连续梁桥。对于特别长的多联多跨桥梁,也可以应用多点顶推的方式,使每联单独顶推就位,如图 3-5-15b)所示。在此情况下,在墩顶上均可设置顶推装置,且梁的前后端都应安装导梁。图 3-5-15c)示出三跨不等跨连续梁采用从两岸双向顶推施工的图式。用此法可以不设临时墩而修建中跨跨径更大的连续梁桥。

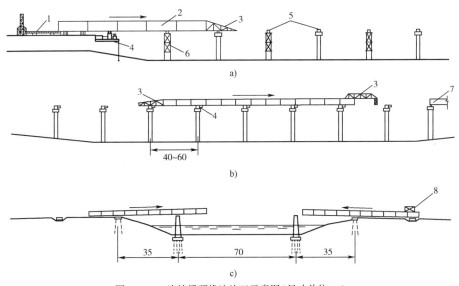

图 3-5-15 连续梁顶推法施工示意图(尺寸单位:m)
1-制梁厂(场);2-梁段;3-导梁;4-千斤顶装置;5-滑道支承;6-临时墩;7-已架完的梁;8-平衡重

三、主要顶推设备

顶推施工中采用的主要设备是千斤顶和滑道。根据不同的传力方式,顶推工艺分为推头式或拉杆式两种。

图 3-5-16 表示推头式顶推装置。图 3-5-16a)是设置在桥台上进行顶推的布置,利用竖向千斤顶将梁顶起后,就启动水平千斤顶推动竖向千斤顶(推头)。由于推头与梁底间橡胶垫板(或粗齿垫板)的摩擦力显著大于推头与桥台间滑板的摩擦力,这样就能将梁向前推动。一个行程推完后,降下竖向千斤顶使梁落在支承垫板上,水平千斤顶退回,然后重复上一循环将梁

推进。图中 3-5-16b)为多点顶推时安装在桥墩上的顶推装置。顶推时梁体压紧在推头上,水平千斤顶拉动推头使其沿钢板滑移,这样就将梁推动前进。水平千斤顶走完一个行程后,用竖向千斤顶将梁顶起,水平千斤顶活塞杆带动推头退回原处,再落梁并重复将梁推进。推头式顶推工艺的主要特点是在顶推循环中必须有竖向千斤顶顶起和放落的工序。

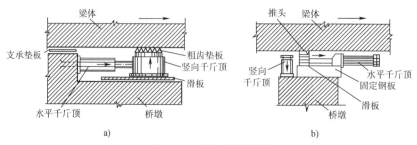

图 3-5-16 推头式顶推装置

图 3-5-17 示出拉杆式顶推装置的布置。图中 3-5-17a)的顶推工艺为:水平千斤顶通过传力架固定在桥墩(台)顶部靠近主梁的外侧,装配式的拉杆用连接器接长后与埋固在箱梁腹板上的锚固器相连接,驱动水平千斤顶后活塞杆拉动拉杆,使梁借助梁底滑板装置向前滑移,水平千斤顶每走完一个行程后,就卸下一节拉杆,然后水平千斤顶回油使活塞杆退回,再连接拉杆并进行下一顶推循环。也可以用图 3-5-17b)中所示穿心式水平千斤顶来拉梁前进,在此情况下,拉杆的一端固定在梁的锚固器上,另一端穿过水平千斤顶后用夹具锚固在活塞杆尾端,水平千斤顶每走完一个行程,松去夹具,活塞杆退回,然后重新用夹具锚固拉杆并进行下一顶推循环。采用拉杆式顶推装置的主要优点是在顶推过程中不需要用竖向千斤顶作反复顶梁和落梁的工序,这就简化了操作并加快了推进速度。

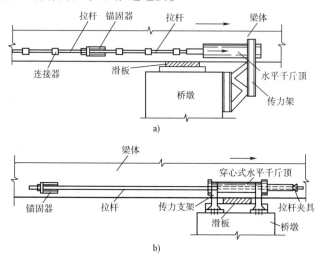

图 3-5-17 拉杆式顶推装置

必须注意,在顶推过程中要严格控制梁体两侧千斤顶同步运行。为了防止梁体在平面内发生偏移(特别在单点顶推的场合),通常在墩顶在梁体旁边设置横向导向装置。图 3-5-18a)、b)示出顶推法常用的滑道装置,它由设置在墩顶的混凝土滑台、铬钢板和滑板组成。滑板则由上层氯丁橡胶板和下层聚四氟乙烯板镶制而成,橡胶板与梁体接触使摩擦力增大,而滑板与铬钢板接触使摩擦力减至最小,借此就可使梁体滑移前进。对于图 3-5-18a)的构造,当滑板从铬钢板的一侧滑移到另一侧时必须停止前进而用竖向千斤顶将梁顶起,将滑板移至原来位置,然后再使竖向千斤顶回油将梁落在滑板上,再重复顶推过程。国内常用图 3-5-18b)所示利用接下和喂入滑板的方式使梁连续滑移,这样可节省竖向千斤顶的操作工序,加快顶进速度,但应注意滑板进出口处要做成顺畅的弧面,不然容易损坏昂贵的滑板。图 3-5-18c)示出利用封闭形铬钢带进行自动连续滑移的滑道装置,在此情况下,滑板位置固定而三层封闭形铬钢带(每层厚 1mm),则不断沿滑板面滑移,最外层铬钢带的外表面上有 4mm 厚的硫化橡胶。这种装置构思新颖,效果好,但结构较复杂。

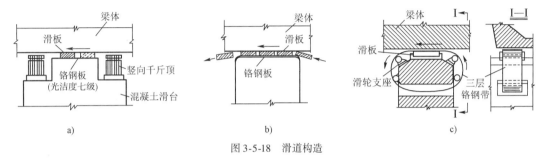

图 3-5-18 滑道构造

采用顶推法施工,每一节段从制梁开始到顶推完毕,一个循环需 6～8d;全梁顶推完毕后,即可调整、张拉和锚固部分预应力筋,进行灌浆、封端、安装永久支座,主体工程即告完成。

综上所述,预应力混凝土连续梁顶推法施工具有如下特点:

(1)梁段集中在桥台附近机械化程度较高的小型预制厂(场)内制作,占用场地小,不受气候影响,施工质量易保证。

(2)用现浇法制作梁段时,非预应力钢筋连续通过接缝,结构整体性好。

(3)顶推设备简单,不需要大型起重机械就能无支架建造大跨径连续梁桥,桥越长经济效益越好。

(4)施工平稳、安全、无噪声,需用劳动力既少,劳动强度又轻。

(5)施工是周期性重复作业,操作技术易于熟练掌握,施工管理方便,工程进度易于控制。

采用顶推法施工的不足之处是:一般采用等高度连续梁,会增大结构耗用材料的数量,梁高较大会增加桥头引道土方量,且不利于美观。此外,顶推施工的连续梁跨度也受到一定的限制。

第四节 移动模架施工法

移动模架施工法是利用机械化的支架和模板逐跨移动并进行现浇混凝土施工的方法。采用移动模架施工法就像构建了一座沿桥梁跨径方向封闭的"桥梁预制工厂",随着施工进程不断前移连续浇筑。这种施工方法自 1950 年在联邦德国首次实施以来,已经得到广泛应用。根据移动模架的不同,移动模架施工方法可以分为悬吊模架法和活动支架法。

一、悬吊模架法

移动悬吊模架的形式很多,就其基本结构而言主要由三个部分构成:承重梁、从承重梁伸出的肋骨状横梁和支承主梁的移动支承结构,如图 3-5-19 所示。

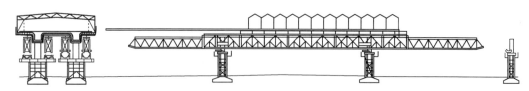

图 3-5-19 悬吊模架

承重梁通常采用钢梁,长度一般大于两倍主梁跨径,是承受施工设备自重、模板系统重量和现浇混凝土重量的主要承重构件。承重梁的后端通过可移式支承结构悬吊在已完成的梁段上,将重量传递给桥墩。承重梁的前端支承在桥墩上,其工作状态为单悬臂状态。除了起到主要承重作用外,承重梁还将在一孔梁施工完成后作为导梁同悬吊模架一起纵移至下一施工孔,其移位以及内部运输由数组千斤顶或起重机完成,并通过中心控制室操作。

从承重梁两侧伸出呈悬臂状态的肋骨状横梁覆盖桥梁全宽,并通过 2~3 组钢索锚固在承重梁上以增加刚度。横梁两端垂直向下,到主梁以下再呈水平状态,从而形成下端开口的框架并将主梁包在内部。当模板支架处于浇筑混凝土状态时,模板依靠下端的悬臂梁和锚固在横梁上的吊杆定位,并用千斤顶固定模板以浇筑混凝土。当模板支架需要运送时,放松千斤顶和吊杆,模板固定在下端悬臂上,并转动前端,以顺利通过桥墩。

二、活动支架法

活动支架的形式比较多,其中一种构造形式由承重梁、导梁、台车和桥墩托架等构件组成。在混凝土箱梁的两侧各设置一根承重梁,支承模板和施工重量,其长度要大于桥梁跨径,并在浇筑混凝土时支承在桥墩托架上。导梁主要用于运送承重梁和活动支架,因此需要有大于两倍桥梁跨径的长度。当一跨梁施工完成后进行脱模卸架,由前方台车(在导梁上移动)和后方台车(在已完成梁段上移动)沿纵向将承重梁和活动支架运送到下一跨,承重梁就位后导梁再向前移动。

活动支架的另一种构造形式是采用两根长度大于两倍跨径的承重梁分设在箱梁翼缘板的下方,同时起到支承重量和移动支架的功能,因此不再需要设置导梁。这种施工方式与悬吊模架法很相似。

当桥梁下方为地面时,可以直接在地面上铺设轨道,通过可在轨道上滑动的移动支架支承支架梁,在支架梁上架设模板并现浇混凝土,如图 3-5-20 所示。当一跨梁施工完成后,通过移动轨道上的移动支架,即可将支架梁和模板一起运送到下一跨。这种施工方法在施工每一跨桥梁时,就是有支架浇筑施工法。

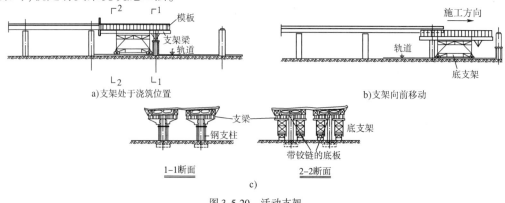

图 3-5-20 活动支架

无论移动模架的具体形式是什么,移动模架施工法的共同特点在于高度的精细化,其模板、钢筋、混凝土和张拉工艺等整套工序均可在模架内完成。同时由于施工作业是周期性进行的,且不受气候和外界因素干扰,不仅便于工程管理,而且提高工程质量和加快施工进度。因此,对于中等跨径的桥梁而言,移动模架施工法是一种较为适宜的施工方法。当然这种施工方法需要一整套设备及配件,除耗用大量钢材外,还需要一整套机械动力设备和自动化装置,一次性投资相当巨大。为了提高使用效率,必须解决装配化和科学管理问题,方能取得较好的经济效益。

第六章
桥型实例介绍

本章将按照混凝土悬臂梁桥、连续梁桥和刚构式桥的分类,介绍六座混凝土梁桥的实例,分别是钢筋混凝土悬臂梁桥、预应力混凝土悬臂梁桥、南京长江二桥北汊桥北引桥(等高度连续梁)、南京长江二桥北汊桥主桥(变高度连续梁)、重庆长江大桥(带挂梁刚构式桥)和虎门大桥辅航道桥(连续刚构式桥)。

第一节 混凝土悬臂梁桥示例

一、钢筋混凝土悬臂梁桥

图 3-6-1 所示为一座钢筋混凝土三跨悬臂梁桥。全桥的分跨布置为 21.65m + 32.00m + 21.65m,桥面宽度为净 -7m + 2×1.50m。跨度为 32m 的中跨是由锚跨伸出的长 6m 的悬臂与 20m 跨径的简支预应力混凝土挂梁所组成的。跨径为 21.65m(约为中跨的 0.7 倍)的两个边跨也采用预制结构。本桥由 7 片 T 梁组成,梁肋厚度为 15cm。为了满足抵抗负弯矩的需要,T 梁下部做成马蹄形截面,底部宽 45cm;支点附近因负弯矩很大,除加大梁高外,还扩大了马蹄形的加宽部分。因为本桥是城市桥梁,考虑到美观要求,梁底采用曲线线形。7 片 T 梁间用横隔梁联结,在墩顶及悬臂端处的横隔梁予以特别加强,以保证全桥的整体受力。

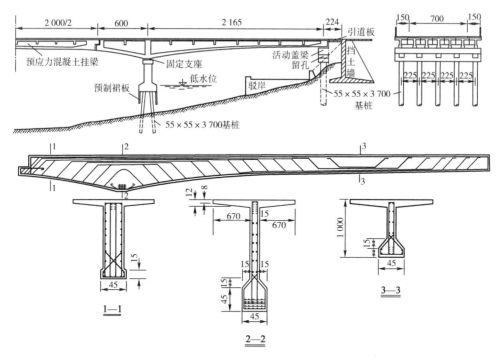

图 3-6-1 钢筋混凝土悬臂梁桥构造实例(尺寸单位:cm)

悬臂梁的配筋采用焊接钢筋骨架。在设置支座的部位,梁内还放置了一些钢筋网,以承受较大集中力引起的横向拉应力。

二、预应力混凝土悬臂梁桥

图 3-6-2 所示为一座三跨装配式预应力混凝土悬臂梁桥,全桥跨径布置 25m + 35m + 25m。跨径35m的中跨由5m的悬臂与25m跨径的预应力混凝土挂梁组成。主梁横断面为T形截面,为了满足抵抗负弯矩的需要,T梁下部做成马蹄形截面,底部宽60cm;支点附近因负弯矩很大,除加大梁高外,还扩大了马蹄形的加宽部分。主梁采用等高度梁,各片主梁间通过横隔梁连接,在墩顶及悬臂端处的横隔梁还予以特别加强,以保证全桥的整体受力。

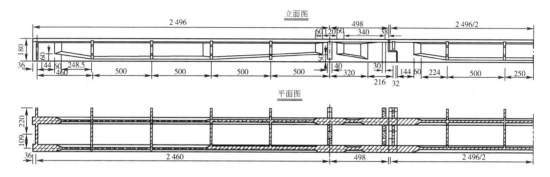

图 3-6-2

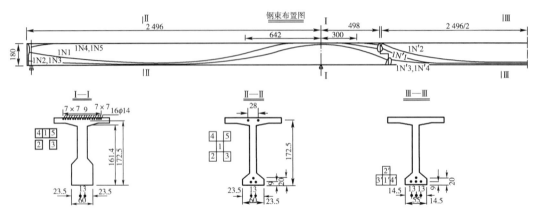

图 3-6-2 预应力混凝土悬臂梁桥构造实例(尺寸单位:cm)

预应力筋的布置是根据结构的受力要求来确定的:中跨挂梁跨中正弯矩区的 4 束预应力筋都位于梁底;两边跨单悬臂梁支点负弯矩区的 5 束预应力筋都布置在上翼缘板内以抵抗较大的负弯矩,而到边跨跨中有 3 束预应力筋下弯到梁底以承受正弯矩。

第二节 混凝土连续梁桥示例

一、等高度连续梁桥

南京长江二桥北汊桥北引桥上部结构为 $16\times30m+5\times50m$ 的等高度预应力混凝土连续箱梁桥,如图 3-6-3 所示。由上、下行分离的两个单箱单室截面组成(图 3-6-4)。

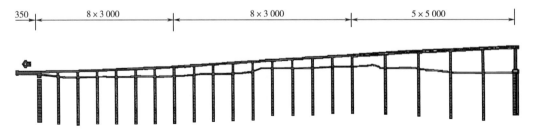

图 3-6-3 北汊桥北引桥立面布置(尺寸单位:mm)

引桥 30m、50m 预应力混凝土连续箱梁采用等高度双幅单箱单室断面,其梁高分别为 1.5m 和 2.5m。半幅顶板全宽 15.42m,斜腹板使箱底更窄,以利于减轻自重,从而减少下部构造工程量。其中,$5\times50m$ 引桥箱梁采用 C50 混凝土,梁高 2.5m,顶板宽 15.42m,底板宽 6.5m,翼缘板悬臂长 3.96m;顶板厚 25cm,跨中底板厚 20cm,跨中腹板厚 35cm。双向预应力体系,除设置纵向预应力筋外,在桥面板内设有横向预应力筋。引桥上部结构横断面尺寸及构造详见图 3-6-4。

南京长江二桥北汊桥北引桥上部结构施工的特色之处,是采用了滑移模架系统施工技术。滑移模架法施工是将机械化的支架和模板支撑(悬吊)在长度大于两跨、前端作导梁用的承载梁上,然后在桥跨内进行现浇施工,待预应力张拉后脱模,并将整孔模架移至下一孔,如此逐孔推进至全桥施工完毕。

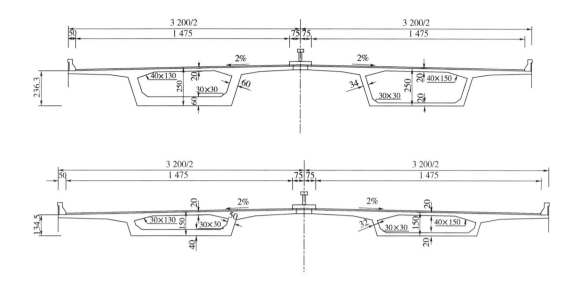

图 3-6-4 北汉桥北引桥横截面(尺寸单位:cm)

二、变高度连续梁桥

南京长江二桥北汉桥主桥的上部结构为 90m + 3×165m + 90m 的五跨变截面预应力混凝土连续梁桥,由上、下行分离的两个单箱单室箱形断面组成,位于半径 $R = 16\,000$m 的竖曲线,如图 3-6-5 所示。

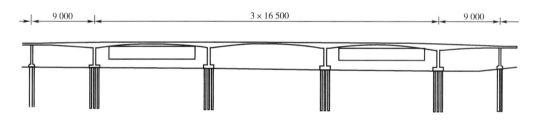

图 3-6-5 北汉桥主桥立面布置(尺寸单位:cm)

桥宽 32.0m,预应力混凝土(PC)箱梁由上、下行分离的两个单箱单室箱形截面组成,箱梁根部梁高 8.8m,跨中梁高 3.0m,箱梁顶板宽 15.42m,底板宽 7.5m,翼缘板悬臂长为 3.96m,如图 3-6-6 所示。箱梁梁高从距墩中心 3.0m 处到跨中按二次抛物线变化,除墩顶 0 号块两端设厚度 0.8m 的横隔板及边跨端部设厚度 2.0m 的横隔板外,其余部位均不设横隔板。箱梁采用纵、横、竖三向预应力体系。为改善 0 号块受力,在 0 号块横隔板及矮横梁中设置了横向预应力钢筋。

0 号块距墩中心 3.0m 范围内箱梁顶、底板厚度分别为 0.40m 和 1.40m,腹板厚度为 0.90m,在 0 号块中心底板处设高度为 1.50m 的矮横梁;距 0 号块中心 3.0m 处至跨中箱梁顶板厚为 0.28m,底板厚度从 1.10~0.30m 按二次抛物线变化,13 号块以前腹板厚 0.70m,14 号块以后为 0.40m,13、14 号块范围内由 0.70m 按直线变化到 0.40m。

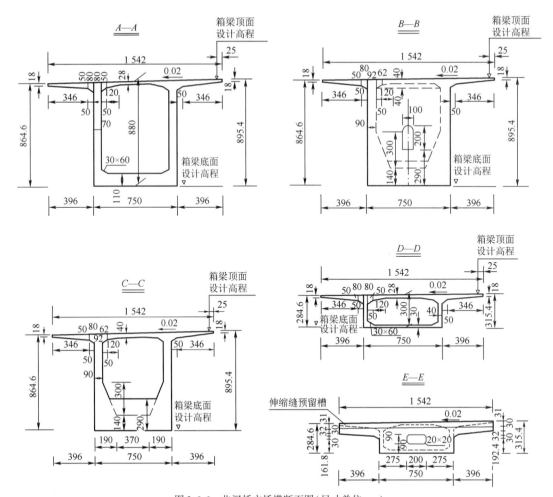

图 3-6-6 北汉桥主桥横断面图(尺寸单位:cm)

主桥纵向预应力采用 27ϕ^j15.24、25ϕ^j15.24、19ϕ^j15.24 和 12ϕ^j15.24 共 4 种规格的钢绞线。OVM 锚固体系,其锚下张拉控制应力为 $\sigma_k = 0.75 R_y^b$,设计张拉荷载分别为 5 273.1kN、4 882.5kN、3 710.7kN、2 343.6kN(锚口摩阻损失和千斤顶的内摩阻由试验确定)。纵向预应力在箱梁根部几个梁段布设腹板下弯束,其余梁段布设顶板束和底板束。顶板束采用 27ϕ^j15.24 的钢绞线,顶板下弯束采用 25ϕ^j15.24,中跨、次中跨底板束为 19ϕ^j15.24,边跨底板束为 19ϕ^j15.24 和 12ϕ^j15.24,中跨、次中跨合龙束为 19ϕ^j15.24,边跨合龙束 1 和边跨合龙束 2 为 27ϕ^j15.24。

预应力布筋形式见图 3-6-7。图 3-6-6 中,C—C 断面为次边跨跨中断面。

箱梁顶板横向预应力采用 4ϕ^j15.24 钢绞线,BM-4 型扁锚,以 75cm 的间距布设,交替单端张拉锚固,设计张拉荷载为 781.21kN。

箱梁竖向预应力、0 号块横隔板及矮横梁的横向预应力采用 JL 32 精轧螺纹粗钢筋,设计张拉荷载为 542.7kN。竖向预应力筋以 50cm 等间距布置,在近支点 38.5m 范围内每侧腹板按双肢配置,其余梁段按单肢配置,为方便施工,竖向预应力可兼作悬臂施工时挂篮的后锚点。

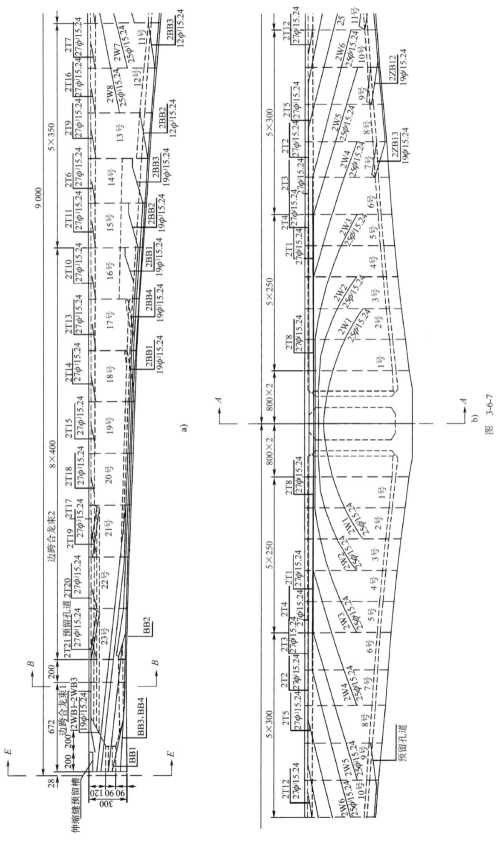

图 3-6-7

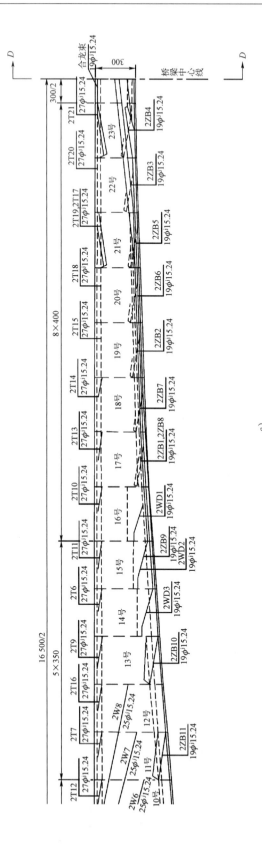

图3-6-7 北汊桥主桥预应力筋布置
a)边跨预应力筋纵向分布情况；b)中跨预应力筋纵向分布情况；c)预应力筋断面分布情况

第三节 混凝土刚构式桥示例

一、带挂梁刚构式桥

重庆长江大桥是一座带挂梁的预应力混凝土T形刚构桥,最大跨径174m,是国内同类桥梁的最大跨径。桥梁全长1 073m,共分8跨,分跨布置为86.5m+4×138.0m+156.0m+174.0m+104.5m。利用两种不同长度的对称T构与跨径一律为35m的挂梁组合成不同的桥跨,以形成通航主孔。主孔的两个T构悬臂长度为69.5m,标准孔T构悬臂长度为51.5m,挂梁的计算跨径取35m。桥宽为21m,其中,行车道15m,两侧人行道各3m。桥梁总体布置见图3-6-8。

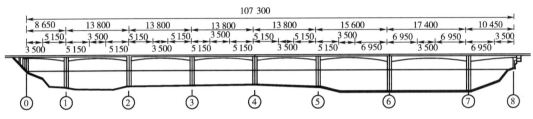

图3-6-8 重庆长江大桥主桥总体布置(尺寸单位:cm)

T构悬臂梁采用底宽各为5.48m的分离式双箱结构(图3-6-9),箱梁顶宽为19m。T构悬臂梁梁底为三次抛物线,根部梁高对于138m跨为8m,174m跨为11m,为跨径的1/17~1/16。在不受桥下净空限制的条件下,根部采用较大的梁高是比较经济的。悬臂梁端部处梁高均为3.2m。分离施工的两个箱梁中间用50cm宽的后浇带联结,并施加横向预应力。

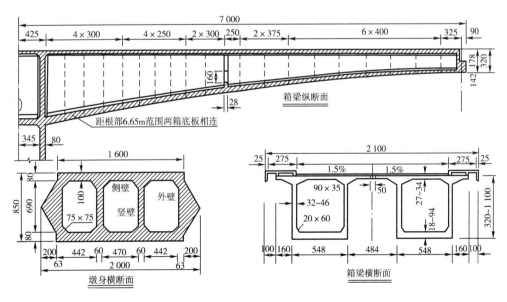

图3-6-9 重庆长江大桥主桥横断面(尺寸单位:cm)

箱梁混凝土强度等级为C40,要求浇筑后3d强度达到C30,以加快施工速度。

箱梁为三向预应力结构。纵、横向预应力筋采用24φ5高强钢丝束,钢制F式锚头。钢束用量主要受弹性阶段控制,以174m跨的单箱为例,根部截面最多,为320束,端部截面最少,为28束。竖向预应力筋为冷拉Ⅲ级φ28(25MnSi)钢筋。张拉端用螺杆螺母锚固。预应力管道均采用铁皮套管。预制挂梁因受架设质量(120t)限制,跨度定为35m,跨中高3m,两端与悬臂梁配合,高为3.2m。全桥宽共布置4根挂梁,分别支承在箱梁腹板处的牛腿上,梁间通过现浇桥面板和横隔板的接缝联成整体。

主跨174m的T构每侧悬臂净长65.75m,分20个节段施工,每段长度为2.5~4.0m不等,质量一般不超过100t,近根部几段质量稍大,使用托架浇筑。138m跨的T构每侧净长48.7m,分14个节段施工,每段长度3.10~3.85m不等,质量也不超过100t。

二、连续刚构式桥

虎门大桥主桥工程总长4 606m,包括主航道桥、辅航道桥、东引桥、中引桥和西引桥五个部分。其中,辅航道桥为150m+270m+150m的三跨预应力混凝土连续刚构,由钻孔桩、空心薄壁柔性墩、预应力混凝土箱梁和桥面系等组成,是当时世界上跨径最大的预应力混凝土连续刚构桥。虎门大桥辅航道桥立面布置如图3-6-10所示。

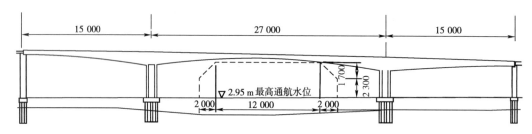

图3-6-10 虎门大桥辅航道桥立面布置图(尺寸单位:cm)

辅航道桥上部结构为三跨预应力混凝土连续刚构,桥面全宽为31m,由两幅宽15m的桥面组成,箱梁横断面采用单箱单室布置。箱梁顶板宽15m,底板宽7m,两个悬臂长度各为4m;跨中断面梁高为5m(L/54)、顶板厚0.25m、底板厚0.32m、腹板厚0.40m;支点断面梁高为14.8m(L/18.2)、顶板厚0.45m、底板厚1.3m、腹板厚0.8m。其横断面布置如图3-6-11所示。

三跨连续刚构采用轻型鹰式挂篮悬臂对称浇筑施工,箱梁节段划分如图3-6-12所示。其中,边跨两端33号梁段在落地支架上浇筑;两个0号梁段在托架上浇筑;四个1号梁段采用联体挂篮浇筑施工;其余2~31号梁段采用分体挂篮浇筑施工;三个32号梁段分别为两个边跨和中跨的合龙段,也采用分体挂篮浇筑施工。

混凝土箱形截面采用三向预应力体系。纵向预应力束采用高强度低松弛钢绞线。其中,顶板束大部分采用VSL6-22规格,小部分采用VSL6-12规格,并全部锚固在悬臂施工各节段的端部;底板束全部采用VSL6-12规格,边跨底板束多数在梁端适当位置弯起后锚固,中跨底板束采用齿板分散锚固,如图3-6-13所示。采用上述纵向预应力布置方案,简化了预应力钢束线形,钢束平弯和竖弯分类减少且很有规律,降低了预应力施工难度,并且使得箱梁腹板90%

以上长度范围内无纵向预应力管道穿过,有利于钢筋骨架的绑扎和腹板混凝土的浇筑,确保混凝土的施工质量。

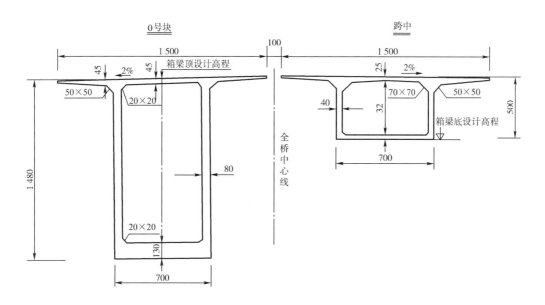

图 3-6-11　虎门大桥辅航道桥横断面布置图(尺寸单位:cm)

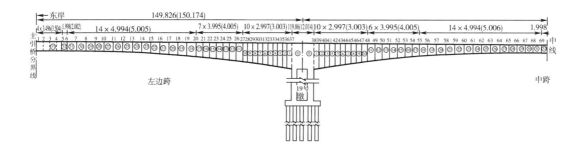

图 3-6-12　虎门大桥辅航道桥箱梁节段划分图(尺寸单位:m)

由于混凝土箱梁断面的悬臂长度达到 4m,需配置一定数量的横向预应力钢束。考虑到顶板厚度不大,钢绞线扁锚预应力体系是最好的选择,扁形波纹管短边外径仅 2.7cm,采用图 3-6-14 所示的布置形式,纵向间距为 1m。为了节约扁锚数量,设计成一端张拉、另一端轧花固定的锚固形式。

竖向预应力采用高强度精轧螺纹粗钢筋,YGM 粗钢筋锚具,顶端一端张拉。高强度精轧螺纹粗钢筋布设在箱梁腹板内,顺桥向间距为 0.50m。当腹板厚度为 0.4m 时,每个腹板布置一排,当腹板厚度大于 0.6m 时,每个腹板布置两排,如图 3-6-15 所示。竖向预应力筋同时还可以作为悬臂浇筑挂篮的后锚点。由于粗钢筋张拉锚固是通过人工拧螺母来实现的,存在一定的不可预见性,因此在设计时需要考虑一定数量的储备。

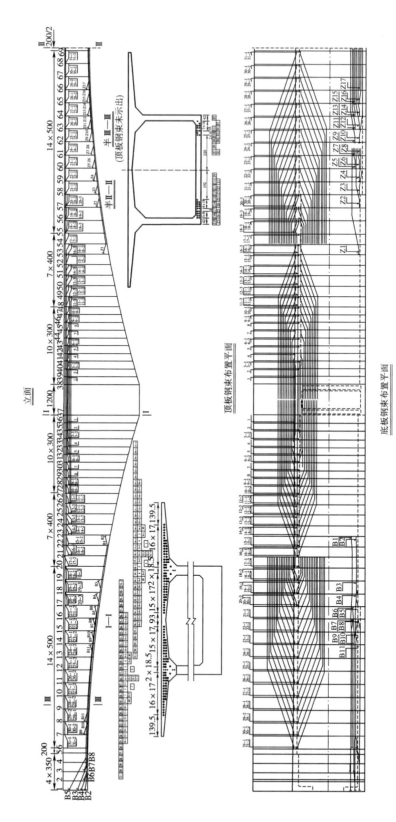

图 3-6-13 虎门大桥辅航道桥纵向预应力钢筋布置图(尺寸单位:cm)

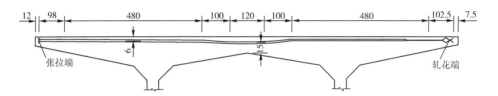

图 3-6-14　虎门大桥辅航道桥横向预应力钢筋布置图(尺寸单位:cm)

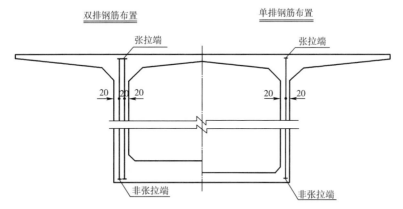

图 3-6-15　虎门大桥辅航道桥竖向预应力钢筋布置图(尺寸单位:cm)

PART4 第四篇
混凝土拱桥

第一章 概论

第一节 拱桥的基本特点及其适用范围

拱桥是我国公路上使用很广的一种桥型。拱桥和梁桥的区别不仅在于外形,更重要的是在受力性能方面。由力学知识可知,在竖向荷载作用下,梁在支承处将仅受到竖向反力作用,而拱在竖向荷载作用下,支承处将同时受到竖向和水平反力的共同作用。这个水平反力的反作用力,被称为水平推力(简称推力)。由于水平反力的作用,拱承受的弯矩将比相同跨径的梁小很多,从而处于主要承受轴向压力的状态。这样,拱桥不仅可以利用钢、钢筋混凝土等材料来修建,而且还能依据其受力特点,利用适合承压而抗拉性能较差的圬工材料(石料、混凝土、砖等)来修建。根据理论推算,按现有的材料技术水平,混凝土拱桥的极限跨度可达500m,钢拱桥的极限跨度可达1 200m。

采用圬工材料的拱桥,简称圬工拱桥。这种拱桥具有取材容易、节省钢材与水泥、构造简单、技术容易掌握、承载能力潜力大、耐久性好、养护费用少等优点。目前世界上跨度最大的石拱桥,是我国于1990年建成的山西晋城丹河大桥,跨度达到146m。

以混凝土和钢筋为主要建筑材料的拱桥,称为钢筋混凝土拱桥。与圬工拱桥相比较,钢筋混凝土拱桥自重小、跨越能力大,充分利用了混凝土与钢材的受力优势。钢筋混凝土拱桥也能通过选择合理的体系、突出结构线条,达到良好的建筑艺术效果。目前世界上第一、二跨径的钢筋混凝土拱桥,分别为1997年建成的、跨径420m的我国重庆万县长江大桥,1980年建成的390m跨径的南斯拉夫KRK桥。

将钢管混凝土作为拱建筑材料的拱桥,称为钢管混凝土拱桥,它是在钢筋混凝土拱桥基础上发展起来的新结构。钢管混凝土材料优异的受压性能和钢管施工架设的便利条件,使混凝土拱桥的跨越能力得到进一步提升。目前世界上钢管混凝土拱桥的跨径已突破500m,广西平南三桥的跨径已经达到575m。

钢拱桥是以钢材为主要建筑材料的拱桥,钢材的优良性能使拱桥原则上能够适应更大跨径的要求。建成于2009年跨径达到552m的重庆朝天门大桥为世界最大跨径的钢拱桥(也是第二大跨径的拱桥),1977年建成跨径518m的美国新河峡谷(New River Gorge)大桥是国外最大跨径的钢拱桥。

施工方法是大跨径拱桥建设的关键。从传统的利用支架(拱架)施工发展到无支架施工,拱桥的适用性及在大跨径桥梁中的竞争力有了很大提高。与斜拉桥相比较,钢筋混凝土拱桥的造价低、抗风稳定性强、维护费用少。钢管混凝土、劲性骨架混凝土及预应力混凝土材料的使用,为大跨径拱桥施工与设计水平的提高提供了保证。尤其是钢管混凝土材料,因其优异的抗压性能,成为以受压为主的大跨径拱桥的最佳材料。同时,钢管混凝土拱桥利用先安装的钢管拱作为支架,然后灌注钢管内的混凝土,使拱桥的施工安装重量大大减轻;而将钢管混凝土作为拱桥施工的劲性骨架,体积庞大的特大跨径拱桥在符合受力要求的条件下逐步建成,不需要强劲的支架与强大的吊装能力。

拱桥的缺点主要表现为:一般拱桥上部结构的自重较大,且存在水平推力,下部结构工程量增加,地质条件要求高;施工工序较多、建桥时间也较长,一般情况下未能采用高度机械化和工业化的建造方法,辅助设备和劳动力用量多;在连续多跨的大、中型结构中,为防止一跨破坏而影响全桥安全,需要采取较复杂的结构措施,或应设置抵抗单向水平推力的桥墩,增加了造价;在满足桥下净空要求时,上承式拱的曲线底面将增加桥面高程,当其用于城市立体交叉及平原地区时,将增加接线的工程量或桥面纵坡,既增大造价又对行车不利。这些缺点的存在,也使某些形式拱桥的使用范围受到了一定的限制。

拱桥虽然存在上述缺点,但只要在条件适合的情况下,修建拱桥往往经济合理且优点突出。因此,在我国公路桥梁建设中拱桥得到了广泛应用,而拱桥的缺点也正在得到改善和克服。如必须在地质条件不良的地区修建拱桥时,就从结构体系上、构造形式上采取措施,或利用轻质材料来减轻结构物的自重,或设法提高地基承载能力等。为了节约劳动力、加快施工进度,就设法提高预制构件在圬工数量中所占的比重,以利于施工机械化和工业化。这些措施的采用更加扩大了拱桥的使用范围。

在今后一个较长时期内,拱桥仍是我国公路桥梁的主要形式之一。结合我国具体情况,进一步研究拱桥的设计理论,并使结构构造和施工工艺更臻完善,更加重视装配化、轻型化、机械化施工方法,以加快桥梁建设的速度,将是我国广大桥梁工作者努力的方向。

第二节 拱桥的组成和类型

一、拱桥的主要组成

拱桥同其他桥梁一样,也是由桥跨结构(上部结构)及下部结构两大部分组成。

拱桥桥跨结构的主要承重构件是曲线形的拱圈,也称为主拱圈或主拱。拱圈在横桥向有整体式和分离式两种构造方式。分离式拱圈通常由两条以上的拱肋组成。整体式拱圈的顶曲面称为拱背,底曲面称为拱腹。根据桥面系或桥面结构在拱桥上部结构立面中的位置,拱桥可以构造成上承式、中承式或下承式三种形式。图 4-1-1 表示的是拱桥的各主要组成部分及其名称。

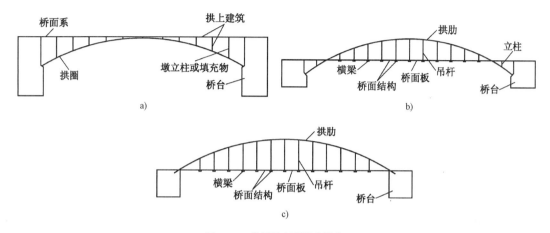

图 4-1-1　拱桥的主要组成部分
a)上承式拱桥;b)中承式拱桥;c)下承式拱桥

上承式拱桥的桥面系位于拱圈之上,桥面系与拱圈之间由传力构件或填充物过渡以形成平顺的桥道,桥面系的这些传力构件或填充物统称为拱上结构或拱上建筑。拱上建筑完全填实充满的上承式拱桥,称为实腹式拱桥,否则为空腹式拱桥。

中承式拱桥的拱圈由分离的拱肋所组成,由横梁及支承于其上的桥面板等所构成的桥面结构位于拱肋立面的中部,利用设在横梁处的吊杆将荷载传递到拱肋,桥面结构位于拱肋以上的部分则由立柱支撑在拱肋及墩、台上。

下承式拱桥的拱圈也由分离的拱肋所组成,桥面结构与中承式拱桥相似,但其位于拱肋立面的底部且均由吊杆悬吊在拱肋上。

拱桥的下部结构由桥墩、桥台及基础等组成,用以支承桥跨结构,将桥跨结构的荷载传至地基,并与两岸路堤相连接。对于拱脚处设铰的有铰拱桥,拱圈与墩(台)帽间还设置了能传递荷载、又允许结构变形的拱铰构造。

有关拱桥的主要尺寸和其他术语名称,可参见第一篇"总论"的第一章"概论"部分,这里不再重复。

二、拱桥的主要类型

拱桥发展历史长、使用极为广泛,形式多种多样、构造各有差异。为了便于进行研究,可以按照不同的方式将拱桥分类。例如:

按照建桥材料(主要是针对拱圈使用的材料)可以分为圬工拱桥、钢筋混凝土拱桥、钢管混凝土拱桥及钢拱桥等;

按结构体系的类型可分为简单体系拱桥与组合体系拱桥;

按照拱圈轴线采用的线形可将拱桥称为圆弧拱桥、抛物线拱桥和悬链线拱桥等;

按拱圈截面形式可分为板拱、肋拱、双曲拱和箱形拱桥;
按照桥面系在上部结构立面中的位置可以分为上承式拱桥、中承式拱桥和下承式拱桥;
上承式拱桥按照拱上结构形式可以分为实腹式拱桥与空腹式拱桥;
按照是否对下部结构产生水平推力则分为有推力拱桥和无推力拱桥。
现仅根据下面两种不同的分类方式对拱桥的主要类型作一些介绍。

(一)按结构体系分类

按照拱圈与桥面结构之间相互作用的性质和影响程度,拱圈与桥面结构联结构造的方式,可以把拱桥分为简单体系拱桥及组合体系拱桥两大类,结构体系简图如图4-1-2所示。

在简单体系拱桥中,桥面结构(拱上结构或拱下悬吊结构)与拱圈之间无刚性联结或联结较薄弱,其不参与拱圈一起受力或与拱圈的共同作用可以近似不计,拱圈以裸拱的形式作为主要承重结构。这种体系的拱桥,按照不同的静力图式,拱圈又可以做成三铰拱、无铰拱和两铰拱。

(1)三铰拱[图4-1-2a)]属于静定结构。温度变化、混凝土收缩、支座沉陷等原因引起的变形不会在拱圈内产生附加内力。所以,在地基条件很差或寒冷地区修建拱桥时可以采用三铰拱。但是由于铰的存在,使其构造复杂、施工困难,而且降低了整体刚度,尤其减小了抗震能力,因此主拱圈一般不采用三铰拱。而三铰拱常常用来作为空腹式拱上建筑中的腹拱。

(2)两铰拱[图4-1-2b)]属于一次超静定结构。它的特点介于三铰拱与无铰拱之间。因取消了跨中铰,结构整体刚度比三铰拱大。由于结构在地基沉降下不会产生附加内力,故在地基条件较差而不宜修建无铰拱时可考虑采用两铰拱。

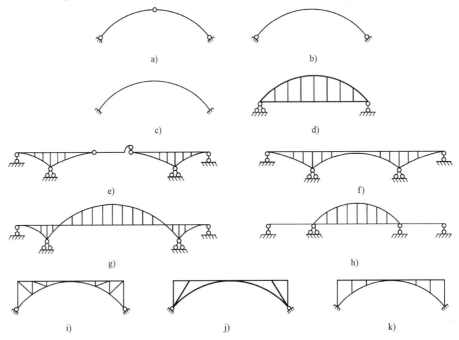

图4-1-2 拱桥结构体系简图

a)三铰拱;b)两铰拱;c)无铰拱;d)简支拱式组合桥;e)单悬臂拱式组合桥;f)~h)连续拱式组合桥;i)桁架拱;j)拱片桥;k)刚性梁的柔性拱

(3)无铰拱[图4-1-2c)]属于三次超静定结构。在自重及外荷载作用下,由于拱的内力分布比三铰拱均匀,所以它的材料用量较三铰拱节省。又由于拱圈没有设铰,结构的整体刚度大,而且构造简单、施工方便,因此实际使用较广泛。但是,由于无铰拱结构的超静定次数高,温度变化、材料收缩,特别是墩台位移会在拱内产生较大的附加内力,所以无铰拱一般适合修建在地质条件良好的地区。不过,随着跨径的增大,附加力的影响也相对减小,因此钢筋混凝土无铰拱桥仍是大跨径桥梁的主要桥型之一。

组合体系拱桥,也称为组合式拱桥,将桥面结构与主拱结构按不同的方式构造成一个整体,以共同承受荷载。组合式拱桥是内部高次超静定的结构,根据不同的组合方式和受力特点,又分为无推力的和有推力的、外部静定的和超静定的。

(1)无推力的组合式拱桥使用较广泛,其中常用的形式是简支拱式组合桥、单悬臂拱式组合桥及连续拱式组合桥[图4-1-2d)~h)],这些桥梁结构为外部静定或外部超静定。根据构造,拱式组合桥又分为两种结构形式:第一种是拱梁组合结构,拱和梁共同受力且由梁承担拱的水平推力,这种结构的桥梁简称拱梁组合桥;第二种为拱系杆组合结构,拱悬吊桥面结构,由与桥面结构分离的系杆承担拱的水平推力,这种结构的桥梁则简称系杆拱桥。

(2)有推力组合体系拱桥,属于外部超静定结构,拱与下部结构间设铰或无铰。常用的形式有桁架拱[图4-1-2i)]、拱片桥[图4-1-2j)]及刚梁柔拱组合桥[图4-1-2k)]等。这些拱桥把拱与梁组成一个整体式拱片,底面为曲线形、顶面适应竖曲线形,一般用于上承式桥梁。

由于组合式拱桥在经济上、施工上、使用上各具特点,因此得到了广泛应用。

(二)按拱圈截面形式分类

拱圈沿拱轴线可以构造成等截面或变截面的形式。沿桥跨方向,等截面拱圈的横截面是相同的[图4-1-3a)],变截面拱圈的横截面是逐渐变化的。无铰拱通常采用从拱顶向拱脚逐渐增大的形式[图4-1-3b)];在三铰拱或两铰拱中,由于最大内力的截面位置分别约在四分之一跨径或跨中处,因此常采用图4-1-3c)或图4-1-3d)(俗称镰刀形)的截面变化形式。由于等截面拱的构造简单、施工方便,因此它是目前采用最普遍的形式。

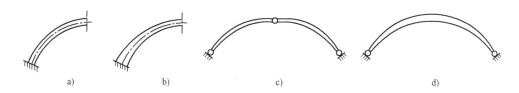

图4-1-3 拱圈截面变化形式示意
a)等截面;b)~d)变截面

拱圈横截面的形式是多种多样的,最常用的有下面几种(图4-1-4)。

1. 板拱[图4-1-4a)]

拱圈采用矩形实体截面是上承式圬工拱桥的基本形式。由于它的构造简单、施工方便,因而使用广泛。但在相同截面面积的条件下,实体矩形截面的抗弯惯性矩比其他形式截面小。若要获得较大的抗弯惯性矩,则必须增大截面尺寸,也就相应增加了材料用量和结构自重,从而加重了下部结构的负担,结果将是不经济的。所以,通常只在地质条件较好的中、小跨径圬工拱桥中采用板拱形式。

2. 肋拱[图 4-1-4b)]

拱圈由两条或多条分离的拱肋组成,肋与肋之间由横系梁相连。拱圈可用较小的截面面积获得较大的抗弯惯性矩,从而大大节省材料用量、减轻自重,使其成为适合较大跨径的各类拱桥。

3. 双曲拱[图 4-1-4c)]

这种拱圈是由板拱发展而成的,适用于上承式结构,横截面由一个或数个小拱构成。由于拱圈在纵向及横向均呈曲线形,故称之为双曲拱。

双曲拱圈的截面抗弯惯性矩较板拱大,节省材料、自重小,拱圈化整为零预制,构件重量小、吊装方便。双曲拱桥曾在全国公路、铁路、渠道等工程结构中广泛应用。但由于施工程序多,组合截面的整体性较差,易开裂等问题,故双曲拱桥目前已很少采用。

4. 箱形拱[图 4-1-4d)、e)]

箱形截面拱圈的外形与板拱相似,主要适用于上承式拱桥。由于箱形拱的截面抗弯惯性矩比相同材料用量的板拱大很多,所以材料省、自重轻。又由于箱形截面抗扭刚度大,横向整体性和结构稳定性均好,所以更适用于大跨径结构,也适合无支架施工。它是国内外大跨径钢筋混凝土拱桥拱圈截面的基本形式。

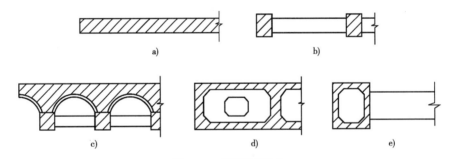

图 4-1-4 拱圈截面形式
a)板拱;b)肋拱;c)双曲拱;d)箱形板拱;e)箱形肋拱

第二章
拱桥的设计与构造

公路桥涵工程应按照技术先进、安全可靠、耐久适用、经济合理的原则进行设计。如何根据这些原则结合实际情况合理地进行设计,就是本章所要解决的主要问题。

第一节 拱桥总体布置与设计构思

在通过必要的桥址方案比较确定了桥位之后,根据当地水文、地质等具体情况,合理地拟定桥梁的长度、跨径、跨数、桥面高程等,是拱桥总体设计的主要内容。有关确定桥长和桥梁分孔的一般原则,在第一篇第二章和第三章中的桥梁纵断面设计部分已作了介绍,这里不再重复。下面将重点阐明拱桥的总体布置与设计思路。

一、设计高程和矢跨比的确定

(一)设计高程的确定

拱桥的设计控制高程主要有四个,即桥面高程、跨中结构(拱或桥面结构)底面高程、起拱线高程及基础底面高程(图4-2-1)。这几项高程对拱桥的设计有直接的影响,设计时需按有关规定同有关部门商定。拱桥的桥面高程,一方面由两岸线路的纵断面设计来控制,另一方面也要保证桥下净空能满足泄洪、通航或地面行车的要求。桥下设计水位或地面道路设计高程加上桥下净空高度,决定了拱桥跨中区段结构底面的最低高程;而桥面高程与跨中区段结构底面的最低高程之差,也就决定了拱桥跨中区段建筑高度的容许范围。起拱线高程主要由流冰水位、施工要求等决定。

拟定起拱线高程时,为了尽量减小桥墩(台)基础底面的弯矩、节省墩台的圬工数量,一般宜选择低拱脚的设计方案。但在具体设计时,拱脚位置往往又受到通航净空、排洪、流冰条件,以及结构体系等要求的限制,并要符合《公路桥涵设计通用规范》(JTG D60—2015)的有关规定(图4-2-2)(见第一篇第三章第二节的内容)。

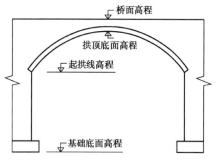

图4-2-1 拱桥设计控制高程

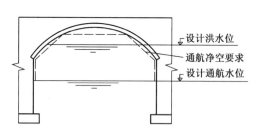

图4-2-2 拱桥净空规定

(二)矢跨比的确定

当跨径在分孔时初步拟定后,根据跨径及拱顶、拱脚高程,就可以确定主拱的矢跨比(f/l)。拱桥主拱的矢跨比是拱桥设计的主要参数之一。它的大小不仅影响主拱内力的大小,而且也影响到拱桥的构造形式和施工方法的选择。

由结构力学可知,拱脚水平推力与矢跨比呈反比关系。对于简单体系拱桥,如采用圬工及钢筋混凝土拱圈,水平推力大,拱内的轴向压力也大,对拱圈自身的受力是有利的,但对墩台基础是不利的;同时,矢跨比越小,弹性压缩、温度变化、混凝土收缩徐变,以及墩台位移等因素,在拱圈内引起的附加内力也越大。然而,较小的矢跨比却能提供较大的桥下有效净空,降低桥面高程,减小引道长度。另外,拱桥的外形是否美观,与周围景物能否协调等,也与矢跨比有很大关系。因此,拱圈的矢跨比应经过综合比较后才能进行选定;但在设计高程、跨径限制很严的情况下,矢跨比又是不能随意选定的。

对于简单体系拱桥,石、混凝土等圬工拱桥的矢跨比一般为1/8~1/4,一般不宜小于1/10;钢筋混凝土拱桥的矢跨比一般为1/8~1/5。通常情况下,矢跨比小于1/5的拱称为坦拱,大于或等于1/5的拱称为陡拱。对于组合式拱桥,矢跨比一般为1/10~1/5,或者更小一些,按构造形式而变化,但一般不小于1/12。

二、拱桥体系与结构类型的选择

(一)拱桥体系的选择

按照第一章所述的拱桥分类,从拱圈与桥面结构相互作用的性质、影响程度及联结构造的基本特点来看,拱桥可分为两大体系,即简单体系拱桥与组合体系拱桥。这两个体系的拱桥,不仅在受力、构造方面有差别,而且在造价及施工方法等方面均有差异。为了选取合适的拱桥体系,总体设计应在已知桥位自然条件、通航要求、分孔及道路等级等情况下,从经济合理性、技术可行性、耐久适用性等方面进行分析研究。

经济合理是一个基本的设计原则。拱桥体系的选取应与所属道路等级、桥梁地位相协调。低等级、次要的道路,宜考虑采用构造简单、造价、维护费较低的简单体系拱桥,并因地制宜地选用当地建材。高等级道路桥梁也应依其所处环境,选择合适的体系。

技术可行性也是拱桥体系选择的一个主要因素。在技术可行的条件下,应按照技术先进的原则进行设计与施工,但是设计也必须考虑经济合理性、适用性、安全性。充分利用成熟的先进技术,结合实际设计与施工能力,才能达到与经济、适用、安全共存的技术可行性。

耐久适用性,涉及拱桥设计性能的长期维持和维护的经济性。在设计寿命期的使用荷载和环境因素作用下,所选择的拱桥体系经简便和经济的维护、维修,不应出现功能下降。在特定的荷载与桥位环境下,拱桥体系的选择应同时考虑维护的简便性及经济性。

(二)结构类型的选择

1. 拱桥结构静力图式的选择

对于简单体系拱桥,在地基较差的地区,一般可考虑采用二铰拱结构,因其仅有一次超静定,较能适应不良地基引起的墩台不均匀沉降、水平位移及转动。虽然静定结构即三铰拱更适合不良地基,但因拱顶铰构造复杂、施工困难及结构整体刚度差等原因,现已极少采用,故可不予考虑。

对于组合体系拱桥,静定与超静定结构均有。当遇到不良地基时,对于结构外部有水平推力的单跨桁架拱桥或刚架拱桥,可以考虑拱脚设铰的静力图式;对于多跨组合式拱桥,不仅可考虑拱脚设铰,而且也可将桥墩处拱座与承台之间的水平约束释放,使其成为与连续梁一样的外部静力图式。当然,外部静定的组合体系拱桥更适合用于不良地基。

2. 拱桥上部构造形式的选择

拱桥上部构造的形式,受上部结构的设计高程控制。桥面系在拱桥上部结构立面中的位置,即采用上承式、中承式或下承式结构,将直接与拱桥跨中桥面高程、结构底面高程和起拱线高程有关。一旦拱桥的控制高程确定,拱桥的构造形式也就基本被限定。

对于给定的设计跨径,由上述三个控制高程和合理的矢跨比,可判断采用上承式结构的可能性。若桥面与拱脚高差较小、矢跨比不能满足上承式结构要求时,可考虑采用中承式或下承式结构。但需注意,无推力的中承式组合拱桥为多跨结构,在单跨情况下只能采用下承式结构。

对于平原地区尤其是城市桥梁,由于受到地面建筑物、纵坡等影响,桥面高程是严格控制的;同时桥下净空则受到航道等级、排洪或地面行车等要求的限制,跨中结构底面高程也被下限值所控制。采用中承或下承式拱桥可降低建筑高度,提供较大的桥下净空。

三、拱轴线的选择

由结构力学可知,拱轴线的形状不仅直接影响着拱的内力及截面应力的分布(强度影响),而且它与结构的耐久性(开裂影响)、经济合理性和施工安全性等都有密切的关系。因此,在拱桥设计中,选择合适的拱轴线形是一个需要解决的重要问题。

选择拱轴线的原则,就是尽可能降低由荷载产生的弯矩。最理想的拱轴线是采用拱上各种荷载作用下的压力线,即拱轴线与压力线吻合。此时的拱轴线也称为合理拱轴线,这时拱截面只承受轴向压力,而无弯矩作用,以充分利用圬工材料的抗压性能。但事实上是不可能获得这样的拱轴线的,因为拱除了受到恒载外,还要受到活载、温度变化和材料徐变、收缩等因素的作用。当恒载压力线与拱轴线吻合时,在活载作用下就不再吻合。然而,公路拱桥的恒载占全部荷载的比重较大,如一座30m跨径的双车道公路拱桥,活载大约只是恒载的20%,随着跨径的增大,恒载所占的比重还将增大。故一般来说,若以恒载压力线作为设计拱轴线,基本上也就是适宜的。但是,就在恒载作用下,拱本身的轴线还将因材料的弹性压缩而变形,致使其实际压力线与原设计所用的拱轴线发生偏离。因此在主拱设计时,要选一条能够使恒载作用下的截面弯矩都为零的拱轴线,实际上也是不可能的。

一般来说,拱桥设计中所选择的拱轴线应满足以下几方面的要求:①尽量减小主拱截面的弯矩,使其在计入弹性压缩、均匀温降、混凝土徐变、收缩等影响下各主要截面的应力相差不大、且最大限度地减小截面拉应力,最好是不出现拉应力;②对于无支架施工的拱桥,应能满足各施工阶段的受力要求,并尽可能少用或不用临时性施工措施;③线形美观,且便于施工。

目前,我国拱桥常用的拱轴线形有以下几种:

1. 圆弧线

圆弧线简单,施工最方便,易于掌握。但在一般情况下,圆弧形拱轴线与恒载压力线偏离较大,使拱圈各截面受力不均匀。因此圆弧线常用于15~20m以下的小跨径拱桥。少量的大跨径预制装配式钢筋混凝土拱桥,也有采用圆弧形拱轴线的。

2. 悬链线

实腹式拱桥的恒载集度(单位长度上的重力),从拱顶向拱脚是逐渐增加的(图4-2-3)。在这种荷载分布图式下,拱圈的压力线是一条悬链线。因此,实腹式拱桥采用悬链线作为拱轴线,在恒载作用下当不计拱圈弹性压缩的影响时,拱圈截面将只承受轴压力而无弯矩。

对于空腹式拱桥,由于拱上建筑的形式发生了变化,从拱顶到拱脚的恒载集度也不再是逐渐增加的,相应的恒载压力线将是一条有转折点的多段曲线。如仍用相应的悬链线作为拱轴线时,恒载压力线与拱轴线将有偏离。然而,理论分析证明,这种偏离对拱圈控制截面的受力是有利的。另一方面,悬链线拱轴线对各种空腹式拱上建筑的适应性较强,并已有现成完备的计算图表可利用。因此,空腹式拱桥也广泛采用悬链线作为拱轴线。悬链线是目前我国大、中跨径拱桥采用最普遍的拱轴线形。

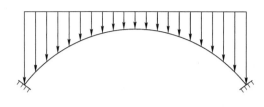

图4-2-3 实腹式拱桥恒载分布示意图

3. 抛物线

由结构力学可知,在竖向均布荷载作用下,拱的合理拱轴线是二次抛物线。对于恒载强度比较接近均布的拱桥,往往可以采用二次抛物线作为拱轴线。

中承式与下承式简单体系拱桥、组合体系拱桥的恒载分布较均匀,因此二次抛物线作为拱轴线是适宜的。

在某些大跨径拱桥中,由于拱上建筑布置的特殊性(如腹孔跨径特别大等),为了使拱轴线尽可能与恒载压力线相吻合,也有采用高次抛物线(如四次或六次抛物线)作为拱轴线的。

由上可见,拱上建筑的形式与布置、桥面结构的支承方式,对拱轴线选择有密切的关系。在一般情况下,上承式小跨径拱桥可采用实腹圆弧拱或实腹悬链线拱;大、中跨径上承式拱桥可采用空腹悬链线拱;轻型拱桥、矢跨比较小的大跨径上承式拱桥、中承式和下承式拱桥及各种组合式拱桥,可以采用抛物线拱。

四、多跨连续拱桥的布置

简单体系拱桥和部分组合式拱桥,对下部结构作用着水平推力。为了使多跨连续拱桥(简称连拱)恒载水平推力相互抵消,减少不平衡水平推力对下部结构的不利影响,最好选用等跨分孔的方案。但在受地形、地质、通航等条件的限制,或引桥很长应考虑与桥面纵坡协调一致时,或对桥梁美观有特殊要求(如城市或风景区的桥梁)时,可以考虑采用不等跨的分孔方案。如一座跨越水库的拱桥,全长 376m,谷底至桥面最高处达 80m 余米。根据地形、地质条件和技术经济比较等综合考虑后,以采用不等跨分孔为宜。于是,跨越深谷的主孔跨径采用 116m,而两边的边孔跨径均采用 72m(图 4-2-4)。

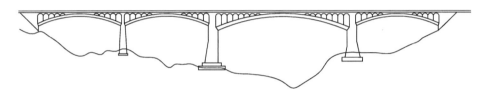

图 4-2-4　不等跨分孔拱桥示意

由于相邻跨的恒载水平推力不相等,使桥墩和基础增加了不平衡的恒载水平推力。在采用柔性墩的多跨连续拱桥中,还需考虑恒载不平衡水平推力产生的连拱作用,这将使计算和构造复杂。为了减小这个不平衡水平推力,改善桥墩、基础的受力状况,节省材料和造价,可采用以下措施。

1. 采用不同的矢跨比

利用在跨径一定时矢跨比与水平推力大小成反比的关系,在相邻两跨中,大跨径用较陡的拱(矢跨比较大),小跨径用较坦的拱(矢跨比较小),使两相邻跨在恒载作用下的不平衡水平推力尽量减小。

2. 采用不同的拱脚高程

由于采用了不同的矢跨比,致使两相邻孔的拱脚高程不在同一水平线上。因大跨径孔的矢跨比大,拱脚高程相对降低,减小了拱脚水平推力对基底的力臂,这样可以使大跨与小跨的恒载水平推力对基底所产生的弯矩得到平衡(图 4-2-5)。

3. 调整上部结构的自重

若必须使相邻跨的拱脚放置在相同(或相接近)的

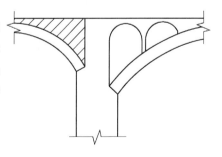

图 4-2-5　相邻孔拱脚选用不同高程

高程上时(如美观要求等),则可用调整上部结构的自重来减小相邻跨间的不平衡水平推力。例如,对于上承式拱桥,大跨径拱可用自重较小的拱圈截面和轻质的拱上填料或空腹式拱上建筑,小跨径拱用自重较大的拱圈截面及重质量的拱上填料或实腹式拱上建筑,以改变恒载重力来调整拱桥的恒载水平推力。

在具体设计时,也可以同时采用几种措施。如果仍不能达到完全平衡推力的目的,则需设计体形不对称的或大尺寸的桥墩和基础,来平衡或承受不平衡水平推力。

第二节 简单体系拱桥的构造

简单体系拱桥是我国公路桥梁中使用最广的一种拱桥,其构造简单、受力明确、计算分析方便,施工方法成熟。本节将重点介绍上承式简单体系拱桥的构造,同时也概要说明中承式与下承式简单体系拱桥的构造。

一、拱圈的构造

(一)板拱

板拱是指拱圈采用实体矩形截面的拱。根据设计要求,板拱可以采用等截面圆弧拱、等截面或变截面悬链线拱,拱圈所用材料可为石材、混凝土和钢筋混凝土,结构多数为无铰拱,也可用二铰拱和三铰拱。

1. 拱圈截面尺寸拟定

1) 拱圈宽度

对于实腹拱桥,拱圈的宽度主要取决于桥面的宽度。桥面的栏杆(一般宽 150~250mm)一般都布置在帽石的悬出部分上面[图 4-2-6a)]。这样,拱圈的宽度就接近桥宽。

为了减小实腹拱的拱圈宽度,可将人行道布置在钢筋混凝土悬臂上。钢筋混凝土悬臂的做法大致有两种,一种是设置单独的悬臂构件[图 4-2-6b)、c)];另一种是采用横贯全桥的钢筋混凝土挑梁,在挑梁上再安设钢筋混凝土人行道板[图 4-2-6d)]。采用悬臂式人行道结构,虽然用钢量较不设悬臂者多,但减少了拱圈宽度及墩台尺寸,节省了较多的圬工量,从而能获得更大的经济效益。

对于空腹式板拱,拱圈宽度则与腹孔形式有较大关系。如采用拱式腹孔,一般按实腹拱一样的方法拟定拱圈宽度;若为梁式腹孔,其构造相似于多跨梁桥,则拱圈宽度均小于桥面宽度[图 4-2-6e)、f)]。

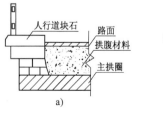
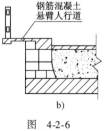

图 4-2-6

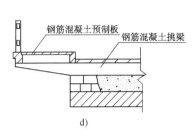
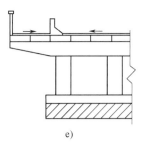
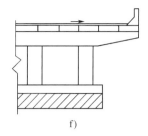

d)　　　　　　　　　　　e)　　　　　　　　　　　f)

图 4-2-6　拱圈宽度确定与人行道布置

桥面结构悬出拱圈长度一般以 1.0~2.5m 为宜,但个别更大。对于以恒载为主的板拱桥,拱圈宽度减小对恒载应力影响很小,活载应力略有增加。故综合考虑全桥造价,采用较窄的拱圈是经济的。如主桥全长 1250m 的长沙湘江大桥,桥面宽度为 20m,由于采用了预制钢筋混凝土悬臂人行道,两侧各挑出 1.10m,而使主拱圈宽度减小到 17.80m,从而节省了工程造价,加快了工程进度。

公路拱桥主拱圈宽度一般均大于跨径的 1/20,随着跨径的增大,宽跨比也在减小。按我国《公路钢筋混凝土及预应力混凝土桥涵设计规范》(JTG 3362—2018)规定,若主拱圈的宽跨比小于 1/20 时,为了确保拱的安全可靠,则应验算其横向稳定性。

2) 拱圈高度

拱圈高度与跨径、矢高、建筑材料、荷载大小等因素有关。

根据我国多年来实践经验,中、小跨径石拱桥拱圈高度可按下列经验公式进行估算:

$$h = 45mk\sqrt[3]{l_0} \tag{4-2-1}$$

式中:h——拱圈高度(mm);

l_0——拱圈净跨径(m);

m——系数,一般为 4.5~6,取值随矢跨比的减小而增大;

k——荷载系数,对于公路—Ⅰ级为 1.4,公路—Ⅱ级为 1.2。

大跨径石拱桥的拱圈高度,可参照已建成桥梁的设计资料拟定或参考其他经验公式进行估算。

对于钢筋混凝土板拱,拱顶截面高度可按跨径的 1/70~1/60 进行估算,跨径大时取小值。若采用变高度截面,拱脚截面高度可按 $h_j = h_d/\cos\varphi_j$ 估算,拱脚截面倾角可近似按相应圆弧拱之值 $\varphi_j = 2\tan^{-1}(2f/l)$。

2. 拱圈截面的变化规律

拱桥的拱圈有等截面和变截面两种形式。变截面拱圈的做法通常有两种,一种是拱圈沿拱轴方向不变宽度而只变厚度,另一种是厚度不变而改变拱圈的宽度(图 4-2-7)。

由结构力学可知,拱圈截面上作用着轴向力 N 和弯矩 M(剪力 Q 暂且不计),而轴向力可近似表示为 $N \approx H/\cos\varphi$,此处 H 为水平推力,φ 为任意截面处拱轴切线与水平线的夹角,由于 $\cos\varphi$ 值由

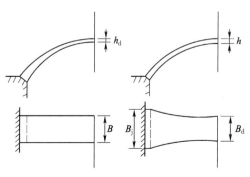

图 4-2-7　拱圈截面的两种变化方式

拱顶向拱脚逐渐减小,故轴向力 N 由拱顶向拱脚逐渐增大。特别是在陡拱中,它的差值悬殊更大。为了使各截面的应力值趋于相等,拱圈的截面也应自拱顶向拱脚逐渐增大。所以,在相同条件(跨径、矢高、荷载)下,变截面拱圈的圬工数量较等截面拱圈少(根据石拱桥标准图所列工程数量进行比较,变截面拱圈的圬工数量比等截面少 10% ~ 15%)。但变截面拱施工较麻烦。

同时,在无铰拱中,沿拱轴截面弯矩 M 的变化也很复杂,它不仅与截面位置、荷载布置有关,而且与截面变化规律有着密切的联系。随着截面惯性矩由拱顶向拱脚增加,分配到这些截面的弯矩值也随之增大(尤其是拱脚附近区段)。计算表明,用增大截面惯性矩来减小弯曲应力的方法并不是最有效的。而且根据拱桥的试验可知,由于拱上结构与拱圈的共同作用,拱上结构对拱圈的内力(主要是指截面弯矩值)有明显的减载作用(对拱顶影响较小,对 1/4 拱跨至拱脚区段较显著),因此在一般情况下,为了方便施工,拱圈一般宜采用等截面。

目前在无铰拱桥设计中,对于跨径小于 50m 的石板拱桥,跨径小于 100m 的双曲拱,箱形拱或钢筋混凝土肋拱桥,均可采用等截面拱圈。只有在更大跨径或很陡的圬工拱桥中,为了节省圬工,减轻拱圈自重,可考虑采用由拱顶向拱脚增厚的变截面形式,截面变化如图 4-2-8 所示。

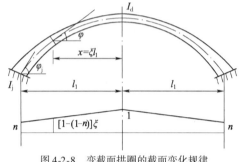

图 4-2-8 变截面拱圈的截面变化规律

拱圈截面变化最常采用的规律可按下式进行计算:

$$\frac{I_d}{I\cos\varphi} = 1 - (1-n)\xi$$

或

$$I = \frac{I_d}{[1-(1-n)\xi]\cos\varphi} \tag{4-2-2}$$

式中:I——拱圈任意截面惯性矩;

I_d——拱顶截面惯性矩;

φ——拱圈任意截面的拱轴切线与水平的倾角;

n——拱厚变化系数,视恒载与活载的比值而定,n 越小,拱厚变化就越大。

公路空腹式与实腹式圬工拱桥的 n 值一般可取用 0.3 ~ 0.5 和 0.4 ~ 0.6,公路钢筋混凝土拱桥可采用 0.5 ~ 0.8。矢跨比较小的拱,取较小的 n 值;反之取较大的 n 值。

在拟定了拱顶截面尺寸之后,由上述公式即可确定拱圈其他截面的尺寸。如在拱脚处:

$$I_j = \frac{I_d}{n\cos\varphi_j}$$

式中:I_j——拱脚截面惯性矩;

φ_j——拱脚截面的拱轴切线与水平线的夹角;

其余符号意义同前。

在大跨径拱桥中,也可以采用等高变宽的变截面拱圈。这种方式由于截面高度不变而宽度由拱顶(或 1/4 跨径处)向拱脚逐渐增大,因此在截面惯性矩改变不大的情况下,既加大了截面(以抵抗向拱脚增大的轴向力,使其应力更趋均匀),又提高了拱的横向稳定性。但这种拱圈变截面方式,将增大下部结构的宽度、增加造价,因而一般适用于大跨径窄拱桥。如日本1974年建成的外津桥,主孔为跨径170.0m的两铰拱,桥面宽9.5m,拱圈采用等高(2.4m)变宽的形式:拱顶截面宽8.0m,拱脚截面宽16.0m,这样既提高了拱圈横向刚度,增强了横向稳定性,又扩大了拱脚铰支承的面积,有利于铰的设置。

关于两铰拱或三铰拱拱圈截面的变化规律,也应以适应弯矩变化为依据进行拟定,此处不再详述。

3. 拱圈构造

1) 石砌板拱

石砌板拱,又称为石板拱。按照砌筑拱圈的石料规格,又可以分为料石拱、块石拱及片石拱等各种类型。

用来砌筑拱圈的石料,要求是未经风化的,强度等级不低于MU40。拱圈砌筑所用砂浆的强度等级,对于大、中跨径拱桥不低于MU10,小跨径拱桥不低于MU7.5。为了节省水泥,在有条件的地方,可以用小石子混凝土代替砂浆砌筑片石或块石拱圈。小石子粒径一般不宜大于20mm。小石子混凝土砌体的强度,比相同等级水泥砂浆砌体的强度高,而且一般可以节省水泥用量1/4~1/3。

关于拱石的规格,在《公路桥涵施工技术规范》(JTG/T 3650—2020)中作了明确的规定。由于料石加工要求较高,因此对于中小跨径的公路石拱桥,如果条件允许,应尽量采用片石拱,以便节省劳动力,降低工程造价。对于城市桥梁,有时为了美观,可以用细料石作为拱桥的镶面。

用粗料石砌筑拱圈时,拱石需要随拱轴线和截面形式不同而分别进行编号,以便于拱石的加工。等截面圆弧线拱圈,因截面相等又是同心圆弧线,拱石规格较少,编号比较简单,如图4-2-9所示。变截面拱圈由于截面发生变化,使拱石类型较多、编号较复杂,给施工带来很大的麻烦(图4-2-10)。因此等截面石砌板拱桥修建得最为广泛。

在砌筑料石拱圈时,根据受力的需要,构造上应满足以下几点要求:

(1)拱石受压面的砌缝应是辐射方向,即与拱轴线相垂直。这种砌缝一般可做成通缝,不必错缝。

(2)当拱圈较薄时可采用单层拱石砌筑[图4-2-9a)]。当拱圈较厚时可采用多层拱石砌筑[图4-2-9b)、图4-2-10],但要求垂直于受压面的顺桥向砌缝应错开,其错缝间距不小于100mm(图4-2-11)。

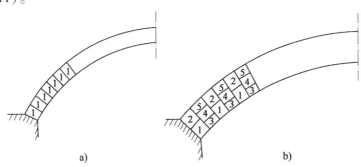

图4-2-9 等截面圆弧拱的拱石编号
a)单层拱石砌筑;b)多层拱石砌筑

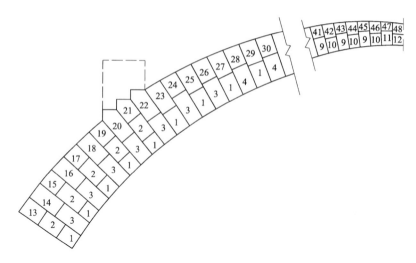

图 4-2-10 变截面圆弧拱的拱石编号

(3)在拱圈的横截面内,拱石的竖向砌缝应错开,其错开宽度至少100mm,见图4-2-11的Ⅰ—Ⅰ截面及Ⅱ—Ⅱ截面。这样,在纵向或横向剪力作用下,可避免剪力单纯由砌缝内的砂浆承担,从而增大砌体的抗剪强度和整体性。

(4)砌缝的缝宽不应大于20mm。

(5)拱圈与墩台、空腹式拱上建筑的腹孔墩与拱圈相连接处,应采用特制的五角石(图4-2-12),以改善连接处的受力状况。五角石不得带有锐角,以免施工时易破坏和被压碎;也可采用现浇混凝土拱座及腹孔墩底梁(图4-2-12)代替制作复杂的五角石。

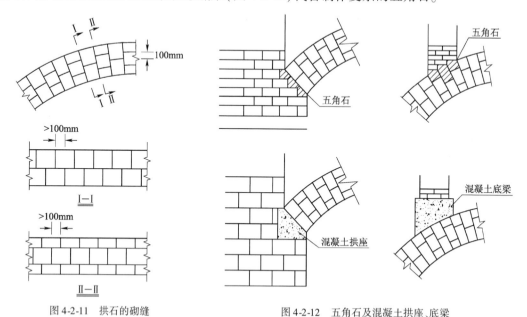

图 4-2-11 拱石的砌缝　　　　图 4-2-12 五角石及混凝土拱座、底梁

当用块石或片石砌筑拱圈时,应选择较大的平整面与拱轴线垂直,并使石块的大头向上、小头向下。石块间的砌缝必须相互交错,较大的缝隙应用小石块嵌紧。同时还要求砌缝用砂浆或小石子混凝土灌满。

对于跨径较小、桥面特宽的桥梁,为防止拱圈横桥向受力不匀及温度变化等因素造成拱圈纵向开裂,可以考虑采用分离式拱圈。

为了节省材料、减轻自重、改善拱圈的抗弯性能,也可砌筑成一种带肋的板拱构造[图 4-2-13a)],俗称板肋拱。石砌板肋拱一般采用片石或小石子混凝土砌块,对石料要求不高,一般可节省材料 30%。

在缺乏合格天然料石的地区,可采用素混凝土建造板拱。为了避免整体现浇混凝土拱圈引起过大的收缩应力,以及施工支架用量大、工期长和质量不易控制等问题,通常采用先预制混凝土砌块然后再砌筑的施工方法。根据预制及砌筑的可能性,预制砌块可制成同上述料石一样,或制成体积更大的块件,也可制成空心的块件[图 4-2-13b)]。有关砌块构造、砌筑要求同石拱圈相似。

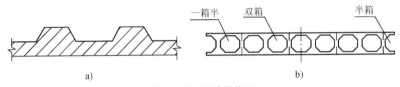

图 4-2-13 板肋拱截面
a)带肋的板拱截面;b)空心板拱截面

2)钢筋混凝土板拱

相比于石板拱,钢筋混凝土板拱具有外形美观、表面整齐、构造简单、板薄轻巧的特点(图 4-2-14)。根据桥宽或施工方案,钢筋混凝土板拱的横向,可采用整体式板构造[图 4-2-14a)]或分割成若干块板(分离式)构造[图 4-2-14b)]。

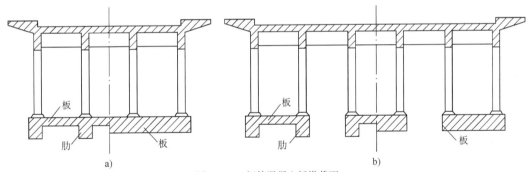

图 4-2-14 钢筋混凝土板拱截面
a)整体式板;b)分离式板

钢筋混凝土板拱的配筋由计算与构造要求决定。沿拱圈轴向所配置的纵向受力钢筋的最小含筋率一般为 0.2% ~ 0.4%,上下缘对称布置,以满足弯矩变化的要求。无铰拱的纵向钢筋应伸入墩台并达到锚固要求。在纵向钢筋的外侧,按受压构件的构造要求设置箍筋,并在纵向钢筋的内侧设横向分布钢筋。在拱脚及其他节点处横向钢筋按《公路钢筋混凝土及预应力混凝土桥涵设计规范》(JTG 3362—2018)要求加密布置。

同石板拱相似,为了节省材料、减轻自重、充分利用钢筋混凝土强度,改善拱圈的抗弯性能,钢筋混凝土板拱也可设计成一种带肋的板拱,即钢筋混凝土板肋拱。

(二)肋拱

肋拱的拱圈由两条或多条分离、平行的拱肋所组成(图 4-2-15),通常多为无铰拱,也可用两铰拱,材料通常是混凝土或钢筋混凝土。钢筋混凝土肋拱桥与板拱桥相比,主要优点在于:能较多地节省混凝土用量,减轻拱体自重,相应地,桥墩、桥台的工程量也减少。随着恒载对拱肋内力影响的减小,活载影响相应增大,钢筋可以较好承受拉应力,这样就能充分发挥钢材的作用。当然,它比混凝土板拱用钢量大,施工也较复杂。

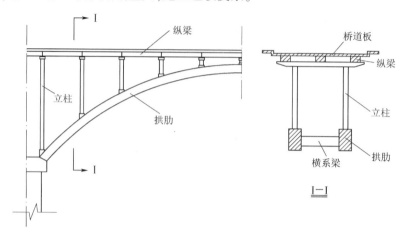

图 4-2-15　肋拱截面

1. 拱肋的构造

拱肋的数目和间距,与跨径、桥宽、拱上结构构造、所用材料及经济性等因素有关。为了简化构造,宜选用较少的拱肋数量。同时,与其他形式拱桥一样,为了保证肋拱桥的横向整体稳定性,两侧拱肋最外缘的间距,一般也不应小于跨径的 1/20。

拱肋的截面形式主要与跨径有关。为便于施工,小跨径的肋拱桥多采用矩形截面[图 4-2-16a)],这种截面拱肋的经济性相对较差;大、中跨径拱肋桥常做成工字形截面[图 4-2-16b)],以减轻结构自重并改善截面受力,但这种截面拱肋的横向刚度较小;跨径大、桥面宽的肋拱桥,还可采用箱形截面拱肋[图 4-2-16c)],以提高拱肋横向受力和抗扭性能、节省更多的圬工量,但结构构造及施工较复杂。采用钢管混凝土材料的拱肋[图 4-2-16d)],是一种抗压性能好、自重小、塑性及耐疲劳等性能优良的结构构造,现已在我国广泛采用。

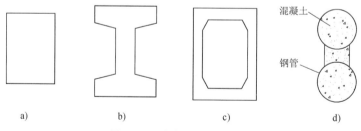

图 4-2-16　肋拱拱肋的截面形式

在分离的拱肋之间应设置横系梁,以增强肋拱桥的横向整体性、稳定性,在拱脚及跨中段横系梁布置应适当加密。横系梁可采用矩形或工字形截面,肋(腹)板的厚度不少于 100mm、高度取 800~1000mm 或与拱肋同高。

拱肋的纵向钢筋配置按使用期、施工阶段的受力和构造要求确定,箍筋按受压构件要求设置(图 4-2-17),在拱脚处箍筋应加密布置。若采用支架施工且按受力要求不需要配置钢筋时,则应按构造要求布筋。采用无铰拱肋时,纵向钢筋应伸入墩台并达到锚固要求。横系梁一一般可按构造要求配置钢筋,但不得少于4根(沿四周放置),并用箍筋组合形成骨架。

箱形截面拱肋的构造,详见本节后面箱形拱的有关内容;钢管混凝土拱肋的构造,详见本章第四节的有关内容。

2. 拱肋截面尺寸拟定

拱肋截面尺寸与跨径和截面形式及拱肋的数目和间距等有关。

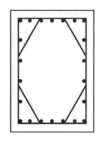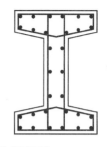

图 4-2-17　肋拱截面配筋

根据设计经验,矩形和工字形截面拱肋的肋高,可分别按跨径的 1/60~1/40 与 1/35~1/25 拟定,也可采用如下经验公式:

$$h = \frac{l_0}{100} + h_0 \tag{4-2-3}$$

式中:h——拱肋高度(mm);

l_0——拱肋净跨径(mm);

h_0——矩形截面取 800mm,工字形截面取 1000mm。

矩形截面拱肋的肋宽常为肋高的 0.5~2.0 倍;工字形截面拱肋的肋宽常为肋高的 0.4~0.5 倍,其肋板厚度常采用 300~500mm。

我国的湖南省湘潭大桥,净跨径为 60m,矢跨比 1/6,钢筋混凝土工字形截面拱肋,肋高 1.6m,约为跨径的 1/37.5,肋宽 500mm,约为肋高的 0.31,肋间间距为 4.0m。

肋拱桥的拱肋除一般采用钢筋混凝土结构以外,也能因地制宜、就地取材,采用石料砌筑拱肋。石肋拱一般为矩形截面,根据跨径、桥宽、荷载等采用双肋或多肋,肋间设置钢筋混凝土横系梁。石肋拱比石板拱具有更好的经济性。如净跨 78m 四川赤水河桥,采用两条分离的等截面石砌拱肋,拱肋为厚 1.5m、宽 2.0m 的矩形截面,两肋中距为 5m,其材料为 MU15 砂浆砌 MU60 粗料石。两肋间设置了 13 根钢筋混凝土横系梁,用 20 号钢筋混凝土桥面板跨盖分离式拱上建筑。这座桥与相同跨径的空腹式石板拱桥相比,可减小拱圈自重的 1/2,节省石料 50%,节省拱架 60% 以上。

(三)双曲拱

双曲拱圈由拱肋、拱波、拱板和横向联系等部分组成(图 4-2-18)。

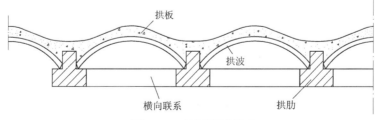

图 4-2-18　双曲拱圈的组成

双曲拱圈采用"化整为零、集零为整"的成形方式,充分利用了预制装配施工方法,适用于无支架和无大型吊装设备的施工条件。

根据桥梁的跨度、宽度、设计荷载的大小、所用材料以及施工等不同情况,双曲拱圈的截面有多种形式(图 4-2-19)。公路双曲拱圈较多采用多肋多波型[图 4-2-19a)、b)、c)]。一般说来,肋间距的选取,应考虑拱波矢高要求,以确保拱圈截面的刚度,但为了便于施工吊装,也应避免拱肋间距过大。在跨径和荷载较小的单车道桥梁中,还可用单波型[图 4-2-19d)]。

双曲拱圈为组合截面的受力构件,但拱肋是拱圈的重要组成部分,它不仅参与拱圈受力,而且在施工过程中,又起砌筑拱波和浇筑拱板的支架作用,因此拱肋应具有足够的强度、刚度及纵向和横向的稳定性。常用的拱肋截面形式有矩形、倒 T 形(凸字形)、槽形和工字形等(图 4-2-19)。

拱肋通常可以利用支架现浇混凝土或采用分段预制安装的方法施工。

拱波一般都用混凝土预制,常做成圆弧形。拱波不仅是参与拱圈共同受力的组成部分,而且也是浇筑拱板混凝土的模板。

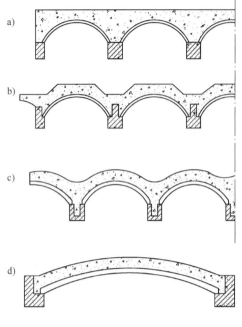

图 4-2-19 双曲拱圈截面形式

拱板在拱圈截面中占有较大比率,现浇混凝土拱板将拱肋、拱波连成整体,使拱圈实现"集零为整"。因此,拱板在加强拱圈整体性方面起着重要的作用。

双曲拱桥应有较强的横向联系,以保证结构的整体性、各肋受力均匀,避免拱波顶可能出现的纵向裂缝。常用的横向联系是横系梁和横隔板(图 4-2-18),布置在拱顶、腹孔墩下面、分段吊装的拱肋接头处等,间距一般为 3~5m。

双曲拱相当于一种曲形板肋拱。尽管这种构造形式在受力方面有其优点,但由于采用了多次截面组合的施工成形方式,造成截面受力复杂、整体性差。经多年使用发现,多数双曲拱都出现了较严重的裂缝,影响到桥梁安全,故目前已很少采用。

(四)箱形拱

箱形拱的拱圈(图 4-2-20),可以由一个单箱单室或多室箱[图 4-2-20a)]组成,也可由两个或几个分离单室箱[图 4-2-20b)]组成。以上前后两种主拱,也分别被称为箱形板拱和箱形肋拱。

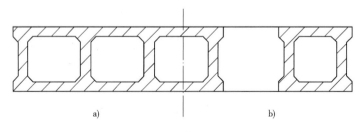

图 4-2-20 箱形拱圈截面
a)单箱多室;b)分离单箱

大跨径拱桥采用的箱形截面,截面挖空率可达全截面的50%~70%。因此,可以大量减少圬工用量,减轻结构自重,节省结构造价。同时,在相同的截面面积条件下,箱形截面抗弯惯性矩大,且抗扭惯性矩更大。因而截面受力性能好、材料充分利用,结构整体性强、稳定性好,能较好地满足结构各种状态的受力要求。尤其在无支架施工中,尽管构件壁板薄,但吊装时刚度大、稳定性好,操作安全。但是箱形拱的制作要求高,需要较大的吊装能力。因此,跨径在50m以上的大跨径拱桥才宜采用箱形拱。

1. 箱形板拱

1)箱形板拱的构造

箱形板拱为单箱单室或单箱多室截面,单箱单室截面仅用于窄桥。拱圈的每一个闭合箱由腹板(箱壁)、顶板(盖板)及底板组成,并在箱内设置横隔板。箱形板拱的构造与施工方法有密切的联系。箱形板拱可以采用预制拱箱无支架吊装或有支架现场浇筑等施工方法建造。若采用无支架施工时,拱箱可采用分段预制。当吊装能力较大时,拱箱节段可以采用横向整体预制的方法,这样可增加拱箱在施工过程中的整体稳定性,减少施工步骤。但是,为了减轻吊装重量或方便操作,拱箱节段的横向往往不是一次整体预制成形的,而是采用逐步装配整体化、分阶段的施工方法,最后拼装成一个整体。

由多条预制箱形肋和现浇箱间混凝土组成箱形多室截面[图4-2-21a)],是目前最常用的装配整体化成形方式。箱形肋的预制可以一次浇筑成型,也可分阶段进行,如先预制腹板和横隔板,再浇筑底板与顶板[图4-2-21b)]。虽然后者工序较多,但腹板和横隔板采用卧式预制,质量较好,腹板的预制厚度可较小(40~50mm)。预制箱形肋的优点是抗弯、抗扭刚度大,吊装稳定性好。这是一种目前箱形多室截面主要的成形方式。

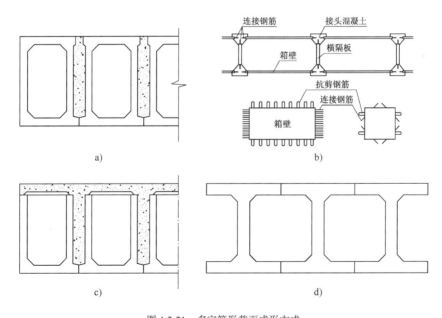

图4-2-21 多室箱形截面成形方式
a)预制箱形肋;b)组合式箱形肋;c)预制槽形肋;d)预制工字形肋

箱形多室截面的装配整体化成形方式还有如下两种。一是,由多条预制槽形肋、顶盖板和现浇顶板组成[图4-2-21c)];二是,由多条预制工字形肋和翼缘板焊接组成[图4-2-21d)]。

虽然这两种成形方式有吊装重量小的优点,但它们的缺点主要在于预制肋抗弯刚度较小,单肋合拢后的稳定性差。另外,前一种方式还有现浇混凝土量大、结构自重大的缺点;而后一种方式则不能保证横向连接的质量。因此,这两种方式目前已较少采用。

特大跨径拱桥拱圈的成型方式较为特殊。我国重庆万县长江大桥的拱圈为单箱三室截面,采用钢管混凝土劲性骨架、多次混凝土浇筑成型(图 4-2-22)。钢管混凝土劲性骨架既可作为拱圈截面成形最初的施工支架,又作为截面的一部分参与受力。在截面成形过程中,每次浇筑的某一部分截面的重力,将由既有组合截面拱圈承担。

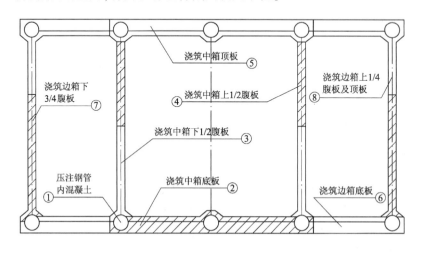

图 4-2-22 重庆万县长江大桥拱圈截面成型步骤

为了加强预制箱形肋在吊运及使用期的抗扭刚度,提高箱壁局部稳定性,除在预制箱肋的端部、吊点及拱上结构传力点(腹孔墩)设置垂直于拱轴线的横隔板,箱内其他部位也应每隔 2.5~5m 的距离设置一道厚度 60~150mm 横隔板,拱顶段的横隔板应适当加厚、加密。横隔板中间设人孔,以减轻自重及便于施工人员通行(图 4-2-23)。

为保证拱圈的整体性,预制箱形肋之间应有可靠的横向联结。预制箱形肋常用的横向联结构造为:底板横向预留外伸带钩钢筋,交叉分布在现浇混凝土内;在设横隔板处顶板上面预埋钢板,箱肋间用钢筋搭焊连接[图 4-2-24a)]。在横隔板之间区段的顶板横向,也预留外伸带钩钢筋,确保箱肋横向联结整体性。为了减轻箱肋吊装重量,也可将箱肋部分厚度的顶板在拱圈安装后再现浇,这样就不必预埋钢板和搭焊钢筋,直接在后浇混凝土中布置钢筋即可。对于采用预制槽形肋方式形成的拱圈,可采用如图 4-2-24b)所示的方式进行横向联结。

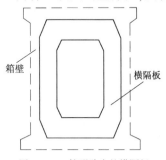

图 4-2-23 箱形肋内的横隔板

大跨径拱圈恒载内力的比例很大,同时在设计中拱轴线都经过仔细选定,在使用荷载作用下拱圈一般以受压为主、无拉应力或拉应力很小。因此,拱圈除个别控制截面需按使用阶段受力要求配筋,其他区段仅需按施工吊装受力及构造要求布置钢筋。纵向受力钢筋对称配置在顶、底板内,在腹板高度范围内设置分布纵向钢筋(间距不大于 250mm);箍筋沿径、横向布置,但因拱圈以受压为主,必须满足受压构件箍筋的构造要求,在拱脚处的箍筋应加密布置。拱脚采用无铰构造时,纵向钢筋应伸入墩台并达到锚固要求。

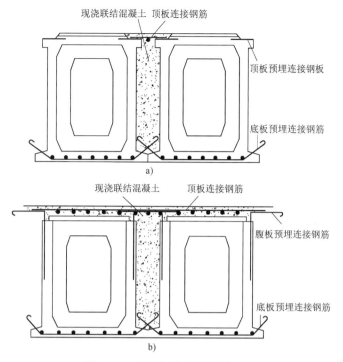

图 4-2-24 预制箱、槽形肋的横向联系

预制箱形肋节段的联结构造,通常采用预埋角钢顶接定位,合龙后加盖钢板焊接、箱内填封混凝土的方式[图 4-2-25a)]。预埋角钢布置在截面的上、下缘并与纵向主钢筋焊接,接头处箱形肋的壁板适当加厚。预制箱形肋节段与拱座的联结构造如图 4-2-25b)所示。

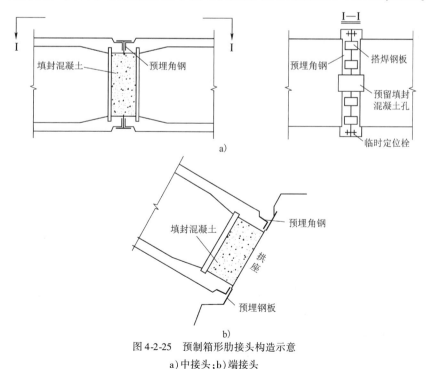

图 4-2-25 预制箱形肋接头构造示意
a)中接头;b)端接头

箱形拱圈应在底板上设排水孔,大跨径拱圈尚应在腹板的上端设通风孔。当部分拱圈可能被洪水淹没时,水位以下部分的拱箱应设进、排水孔。

2) 箱形板拱截面尺寸拟定

箱形板拱的拱圈高度主要由其跨径决定,并与所用材料有较大关系。根据已建桥梁的资料,拱圈常用混凝土强度等级约 C40,特大跨径时混凝土强度等级一般不超过 C60,拱圈截面高度可以初取跨径的 1/75～1/55,或采用如下经验公式估算:

$$h = \frac{l_0}{100} + h_0 \tag{4-2-4}$$

式中:h——拱圈高度(mm);

l_0——拱圈净跨径(mm);

h_0——多室箱取 600mm,单室箱取 700mm。

箱形板拱的拱圈宽度,可采用与板拱相似的方法来拟定。拱圈宽度一般为桥宽的 0.6～1.0 倍,桥面结构外悬拱圈的长度比板拱更大,一般为 1.5～4m。对于特大跨径拱桥,拱圈宽度可能小于跨径 1/20(我国重庆万县长江大桥为 1/26.25),不能满足拱圈横向稳定的构造要求,故需进行必要的稳定性分析,以确保拱圈有足够的安全度。

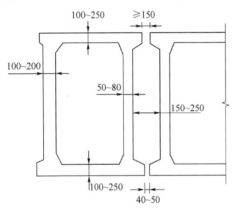

图 4-2-26　预制箱形肋截面细部尺寸(尺寸单位:mm)

箱形截面的挖空率可取 50%～70%。腹板的厚度宜取 100～200mm,顶、底板厚度宜取 100～250mm。当采用预制装配施工时,腹板预制和现浇厚度宜分别为 50～80mm 和 150～250mm,顶板现浇混凝土的厚度不宜小于 100mm。边腹板应采用一次成形。对于特大跨径拱桥,上述尺寸将有所改动。

预制箱形肋的其他细部尺寸可参照图 4-2-26 拟定。

在拱圈纵向分段确定后,箱形板拱横向分割尺寸大小,即预制箱形肋的宽度主要取决于施工吊装能力。根据我国的情况,吊装能力一般不大于 800kN,宽度约为 1.5m。

2. 箱形肋拱

1) 箱形肋拱的构造

箱形肋拱的主拱由双肋或多肋组成,拱肋由横系梁联结形成整体(图 4-2-27)。箱形肋拱的外形与肋拱相似,与箱形板拱相比,混凝土用量少、自重轻、水平推力小,下部结构工程量相应减小。

箱形肋拱的肋数,与桥宽、荷载等级、材料性能、拱肋与拱上结构的构造,以及施工条件等因素有关。在一般情况下,桥宽小于 20m 时宜采用双肋式;桥宽大于 20m 时,根据肋间横系梁、拱上立柱及柱顶盖梁尺寸,同拱肋尺寸的相对合理性、协调性,选取合适的肋数,一般为三肋或四肋式。由于多肋拱受力较复杂、宽度过大的下部结构也易出现各种问题,故在桥宽较大时,如高速公路桥梁等,通常采用分离的两个双肋拱。

当在拱肋受力、构造及施工需要时,箱形肋可构造成单箱拱肋[图4-2-27a)]或双箱拱肋[图4-2-27b)]。前者截面一次成形,整体性较好,构造简单,便于施工。但当拱跨大、拱肋截面大、吊装能力不足时,不得不考虑后者的组合截面。

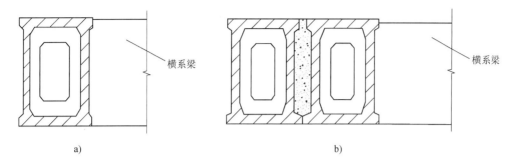

图 4-2-27 箱形肋拱截面
a)单箱拱肋;b)双箱拱肋

箱形肋拱肋之间的横系梁,起着保证拱圈的整体性、增强拱肋横向整体稳定性及荷载横向分布的作用。为了确保上述作用的实现,横系梁自身应具有足够的刚度,且其与拱肋的联结构造应为可靠的刚结。横系梁常用的形式有三种:工字梁、桁梁及箱梁(图4-2-28)。在这三种截面的横系梁中,前两种构造轻巧、自重小,起吊安置方便,但梁平面外刚度及抗扭刚度较小,对抵抗拱轴线方向各拱肋之间相对错动的作用较小;箱形截面横系梁虽然体积、自重较大,起吊安置要求也略高,但其竖、横向抗弯刚度尤其抗扭刚度均大,能够较好地达到箱形肋拱对横系梁构造与受力的要求。为便于联结,横系梁的高度与拱肋相同,而为保证横系梁平面外的刚度要求,梁宽应不小于其长度的1/15。为了保证横系梁与拱肋之间的可靠联结,宜采用现浇湿接头的方式,即在接头处拱肋侧面预留外伸钢筋,其与横系梁端的预留外伸钢筋焊接,然后现浇混凝土。

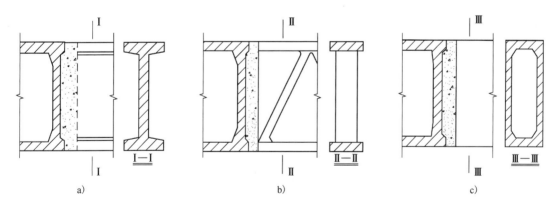

图 4-2-28 箱形肋拱横系梁形式
a)工字梁;b)桁梁;c)箱梁

箱形肋拱的横隔板及拱肋的其他构造要求,参照箱形板拱的有关内容。

2)箱形肋拱截面尺寸拟定

箱形肋拱截面高度的决定因素同箱形板拱一样。根据已建桥梁的资料,拱肋截面高度可以初取跨径的 1/70~1/50,或采用如下经验公式估算:

$$h = \frac{l_0}{100} + 700 \tag{4-2-5}$$

式中：h——拱圈高度(mm)；

l_0——拱圈的净跨径(mm)。

箱形肋单个箱室的宽度一般可取为肋高的 0.5～1.0 倍，但也应满足施工期的受力与稳定要求。拱肋截面的其他细部尺寸拟定，可参照箱形板拱的有关内容，其中顶板、腹板及底板的尺寸应取箱形板拱相应尺寸的较大值。

目前，我国跨径大于 100m 的钢筋混凝土箱形肋拱桥已建 5 座，均采用无支架吊装施工方法，跨径最大的四川武胜嘉陵江大桥，其跨径为 130m，桥梁宽度 13m，双室肋、双肋，拱肋高度 2m，为跨径的 1/65，单个箱室宽度 1.4m。

二、拱上建筑的构造

拱上建筑或拱上结构，是上承式拱桥的桥面系与拱圈之间的传力(或填充)构造物，以使桥面道路达到行车要求。按拱上建筑采用的不同构造方式，可将其分为实腹式和空腹式两种(图 4-2-29、图 4-2-30)。实腹式拱上建筑的构造简单、施工方便，但填料的数量较多，恒载较大，故一般在小跨径圬工拱桥中采用；大、中跨径拱桥多采用空腹式拱上建筑，以利于减小恒载，并使桥梁显得轻巧美观。

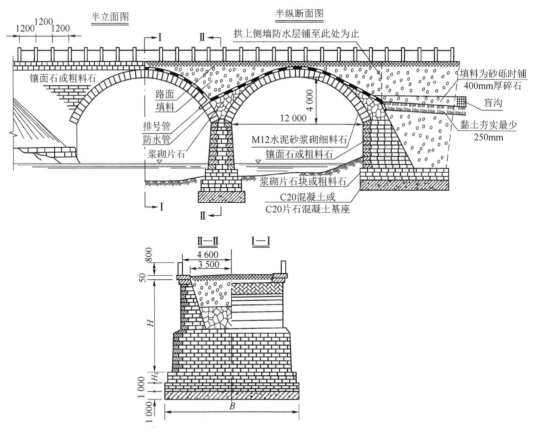

图 4-2-29 实腹式拱上建筑(尺寸单位：mm)

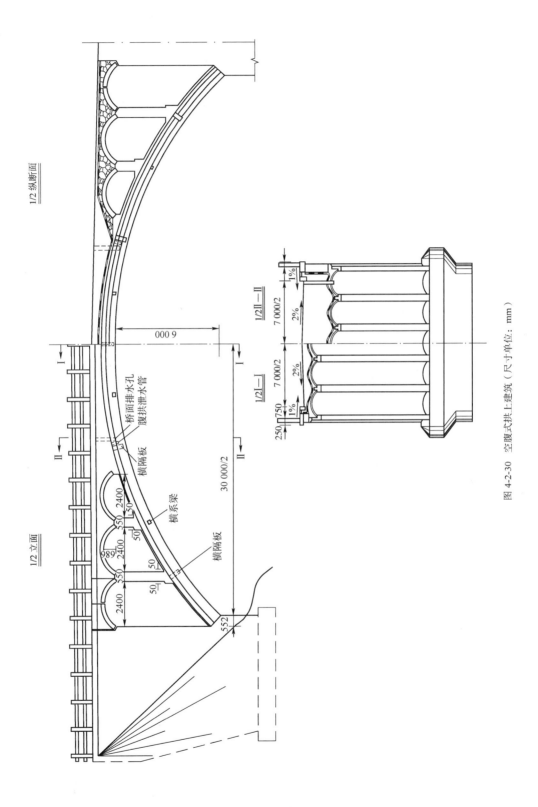

图 4-2-30 空腹式拱上建筑（尺寸单位：mm）

(一)实腹式拱上建筑

实腹式拱上建筑由侧墙、拱腹填料、护拱以及变形缝、防水层、泄水管和桥面系等部分组成(图 4-2-29)。

根据所选的拱腹填料及其构造特点,实腹式拱上建筑分为填充与砌筑两种方式。

填充式拱上建筑是指在拱圈两侧筑以侧墙,其内充以填料。侧墙主要承受填料及车辆荷载所产生的侧压力,一般采用块石或片石砌筑,也可根据拱圈的材料采用混凝土或轻型钢筋混凝土侧墙。为了美观需要,可用粗料石或细料石镶面。侧墙厚度一般按构造要求确定,其顶面宽为 500~700mm,向下逐渐增厚,墙脚厚度可采用侧墙高度的 0.4 倍。特殊情况下侧墙厚度应由计算确定。填料主要起填空、传力的作用,故应尽量降低成本,做到就地取材,通常采用砾石、碎石、粗砂或卵石夹黏土并加以夯实。这些材料的透水性较好,对侧墙的压力不大。在地质条件较差的地区,为了减轻拱上建筑的重力,可以采用其他轻质材料(如炉渣、石灰、黏土等混合料)作填料。

当填充材料不易取得时,可改用砌筑式拱上建筑,即采用干砌圬工或浇筑素混凝土作为拱腹填料。当用素混凝土填时,往往可以不另设侧墙,而在外露混凝土表面用砂浆饰面或设置镶面。

在多跨拱桥中,为了便于敷设防水层和排出积水,又设置了护拱。护拱一般用现浇混凝土或砌筑块片石修筑。图 4-2-29 中用浆砌片石作的护拱,还起到加强拱圈的作用。

(二)空腹式拱上建筑

空腹式拱上建筑由多跨腹孔构造、桥面结构及其支撑构造(腹孔墩)组成(图 4-2-30),在腹孔布置中有带实腹段式和全空腹式两种情况。空腹式拱上建筑重量小、结构轻巧,适合于大、中跨径拱桥,特别是矢高较大的拱桥。

1. 腹孔

腹孔是一种建在拱圈之上的多跨结构,通常对称布置在拱圈两侧结构高度允许的范围内。腹孔的形式可以采用如图 4-2-30 所示的拱式腹孔,也有采用梁式腹孔(图 4-2-33)。在圬工拱桥中,为了节省钢材,大多采用拱式腹孔;而在大跨径拱桥中,为减轻结构自重,则一般采用梁式腹孔。

腹孔的形式和跨径的选择,在因地制宜、就地取材的原则下,应考虑既能尽量减轻拱上建筑的重量,又不使荷载过分集中给拱圈受力造成不利影响。在改善拱圈受力状况和便于施工的同时,还要使拱桥外形更加协调和美观。不同结构形式的腹孔,也将对拱圈产生不同的联合作用效应。

1)拱式腹孔

拱式腹孔,也称为腹拱。在带实腹段式拱上建筑的腹孔布置中,每半跨内腹拱的布置范围一般不超过主拱跨径的 1/4~1/3[图 4-2-31a)]。对于全空腹式,考虑到美观及有利于拱顶截面受力的要求,一般采用奇数腹孔布置方式。

腹拱的跨径一般可选用 2.5~5.5m,但不宜大于拱圈跨径的 1/15~1/8,比值随拱圈跨径的增大而减小。腹拱宜做成等跨的,以利于腹拱墩的受力和便于施工。

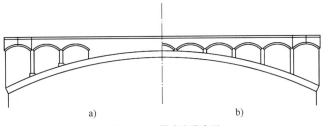

图 4-2-31 拱式腹孔布置
a)带实腹段式;b)全空腹式

腹拱的拱圈,可以采用石砌、混凝土预制或现浇的圆弧形板拱,矢跨比一般为 1/6~1/2。为了减轻重量,也可以采用双曲拱、微弯板和扁壳等各种形式的轻型腹拱。通常,双曲拱的矢跨比采用 1/8~1/4(无支架施工的拱桥,腹拱的矢跨比宜用小者),微弯板的矢跨比用 1/12~1/10。

腹拱圈的厚度与它的跨径、构造形式等有关。当腹拱的跨径为 1~4m 时,石板拱的厚度不小于 300mm,混凝土板拱的厚度不小于 150mm,也可以采用厚度为 140mm 的微弯板(其中预制厚 60mm、现浇厚 80mm)。当腹拱跨径为 4~6m 时,可采用双曲拱,其拱圈高度一般为 300~400mm。当采用钢筋混凝土拱时,拱圈厚度可进一步减薄,如跨径在 5.5m 时,拱圈厚度仅需 200mm。

紧靠桥墩(台)的第一个腹拱,可将腹拱的拱脚直接支承在墩(台)上[图 4-2-32a)、b)],或跨越桥墩使桥墩两侧的腹拱圈相连[图 4-2-32c)]。

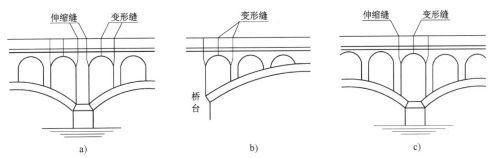

图 4-2-32 墩(台)上腹拱的布置方式
a)、b)腹拱脚支承在墩(台);c)腹拱跨越桥墩

在长期使用中发现,带实腹段式的腹孔布置由于拱顶段上缘被覆盖,在大气温度骤变等不利因素影响下,拱顶下缘易出现开裂的情况;全空腹式的拱上建筑布置可以避免上述情况发生[图 4-2-31b)],同时能减轻结构重量,但也有加大拱顶截面高度、提高桥面高程的不利因素。

2)梁式腹孔

在大跨径钢筋混凝土拱桥或无支架施工的拱桥中,为了进一步减轻拱上建筑的重量,改善拱圈在施工期的受力状况,通常采用钢筋混凝土梁式结构的腹孔(图 4-2-33)。

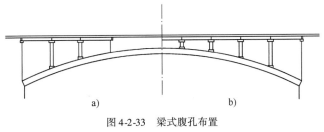

图 4-2-33 梁式腹孔布置
a)带实腹段式;b)全空腹式

腹孔的布置要求与上述腹拱基本相同。带实腹段的腹孔布置方式一般用于板拱,但因这种布置方式使拱顶段在温度变化等因素影响下处于不利的受力状态,故在大跨拱桥(尤其是肋拱桥)的梁式拱上建筑中一般都采用全空腹的布置方式[图4-2-33b)]。考虑到美观及有利于拱顶截面的受力,全空腹式的腹孔数一般取为奇数。

腹孔梁的结构形式为:当腹孔的跨径小于10m时,通常采用钢筋混凝土简支实心或空心板;当跨径在10~20m时,常采用预应力混凝土简支空心板;当跨径大于20m时,一般采用预应力混凝土简支T梁。我国重庆万县长江大桥采用了跨径为30.67m的后张预应力混凝土简支T梁。简支结构时除了墩(台)支承处以外,一般可采用连续桥面构造。为了适应拱圈变形,腹孔梁宜采用活动性较好的支座,如厚度较大的橡胶支座等。与墩(台)衔接处应采用完善的伸缩缝构造。

除采用简支结构的腹孔,连续、框架等其他结构也常被采用(图4-2-34)。

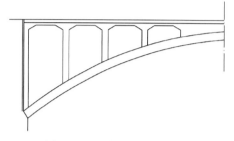

图4-2-34 连续与框架式腹孔布置

2.腹孔墩

腹孔的支撑结构或腹孔墩,可分为横墙(立墙)式和立柱式两种(图4-2-35)。

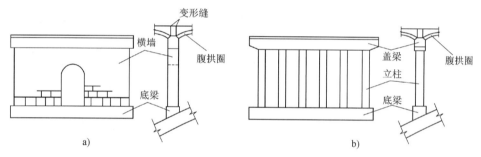

图4-2-35 腹孔墩构造形式

对于砖、石拱桥,多采用石料、混凝土预制块砌筑的或现浇混凝土做成的横墙式腹孔墩。这种横墙式腹孔墩,全圬工、自重大。为了节省圬工、减轻重量,也便于检修人员在拱上建筑中通行,可在横墙上挖孔[图4-2-35a)]。腹孔墩的厚度,用浆砌片石、块石时,不宜小于600mm;用混凝土浇筑时,一般应大于腹拱圈厚度的1倍。

立柱式腹孔墩[图4-2-35b)],是由立柱和盖梁组成的钢筋混凝土排架结构。在必要时沿立柱高度设置若干根横系梁,间距一般不大于6m。在河流有漂流物或流冰时,如果拱圈会被部分淹没,就不宜采用立柱式腹孔墩。立柱及盖梁常采用矩形截面,截面尺寸按受力要求拟定外,还应考虑和拱桥的外形及构造相协调;钢筋配置方式同梁桥的立柱、盖梁相似,但立柱的纵向钢筋应伸入盖梁轴线以上、拱轴线之下,并具有足够的锚固长度。为了分散立柱集中传递给拱圈的压力,在立柱下面应设置横向通长的底梁,厚度不小于横向柱距的1/5。底梁可以与拱圈一起施工完成。如采用混凝土浇筑时,可按构造要求布置钢筋。

为便于施工,腹孔墩的侧面一般做成竖直的。若采用斜坡式,则以不超过30:1的坡度为宜。

对于框架结构形式的空腹式拱上建筑,拱上结构与主拱联结成整体,在温度变化或活载等因素作用下,将引起拱上结构变形(图 4-2-36),并在立柱中产生附加弯矩。由于矮立柱的刚度较大,附加弯矩也大,立柱上、下节点附近的混凝土极易开裂。为了避免拱上结构参与主拱受力后引起不利因素,可在靠近跨中 1~2 根矮立柱的上、下端设置铰(图 4-2-37),释放节点弯矩,使其成为主要承受轴向压力的构件。另外,对于较容易发生裂缝的桥面结构与拱顶相接处,可采用设置横向贯通缝的构造形式,以减小其联结刚性。

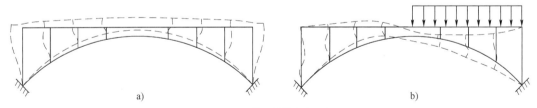

图 4-2-36　拱上结构变形示意
a)温度上升;b)偏载作用

三、拱桥的其他细部构造

(一)拱桥中铰的设置

通常,拱桥中有三种情况需要设铰。一是拱圈按两铰拱或三铰拱设计时;二是空腹式拱上建筑,其腹拱圈按构造要求需要采用两铰或三铰拱,或高度较小的腹孔墩上、下端与顶梁、底梁连接处需设铰时;三是在施工过程中,为消除或减小拱圈部分附加内力,以及对拱圈内力作适当调整时,往往在拱脚或拱顶设临时铰。

前两种铰是永久性的,由于必须满足设计计算的要求,并能保证长期的正常使用,因此要求较高、构造也较复杂。临时铰在施工结束时或基础变形趋于稳定时即将其封固,所以构造较简单。

在拱圈上设置的铰(拱铰),按照铰所处的位置、受力大小、使用材料等条件,综合考虑后选择其形式。目前常用的有弧形铰、平铰或其他种类的假铰。对于肋拱桥,拱铰处拱肋之间应设置横系梁。

用石料、混凝土、钢筋混凝土等材料均可做成弧形铰。弧形铰由两个具有不同半径弧形表面的块件合成(图 4-2-38),一个为凹面(半径为 R_2),一个为凸面(半径为 R_1)。R_2 与 R_1 的比值常在 1.2~1.5 范围内取用。铰的宽度应等于构件的全宽,沿拱轴线方向的长度,取厚度的 1.15~1.20 倍。铰的接触面应精确加工,以保证紧密结合。

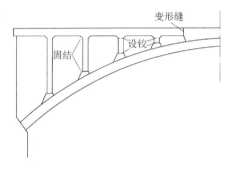

图 4-2-37　拱上立柱联结方式

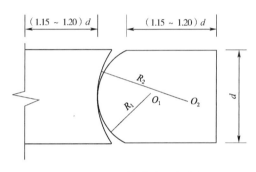

图 4-2-38　弧形铰构造尺寸要求

弧形铰由于构造复杂、加工困难,因此主要用作拱铰。在支承点后的拱铰构造内,应设置不少于三层的钢筋网。图 4-2-39 为一座净跨 30m 的两铰拱桥的拱铰构造及钢筋布置图。为了固定拱铰中心位置,横桥方向设置直径 32mm 的定位锚杆。

中小跨径的板拱或肋拱桥,可以在铰缝间设置铅垫板(图 4-2-40),利用铅板的塑性变形达到铰的功能。铅垫铰由 15~20mm 铅板外包 10~20mm 厚的铜片构成,横桥向分段设置,总宽度为拱圈宽度的 1/4~1/3。其他构造要求与钢筋混凝土弧形铰相似。

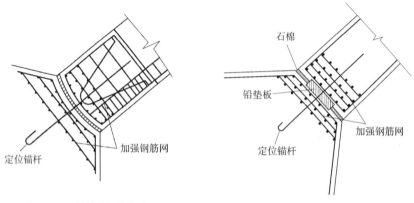

图 4-2-39　拱铰的钢筋构造　　　　图 4-2-40　拱脚铅垫铰构造

对于中小跨径钢筋混凝土整体式拱桥,由于上部结构自重较小,为简化拱脚铰的构造,通常采用将拱脚直接插入拱座、砂浆填缝的平铰构造。

空腹式拱上建筑的腹拱圈,由于跨径较小,可以采用构造简单的平铰(图 4-2-41)。这种铰是平面直接抵承,铰间可铺砌一层强度等级较低的砂浆,也可垫衬油毛毡或直接采用干砌。

小跨径或轻型钢筋混凝土拱圈、预制吊装的腹拱圈,为了便于整体安装,还可以采用图 4-2-42 所示的不完全铰(或称假铰)。这种铰构造连续但在使用时起到拱铰的作用,构造也简单,因此使用较广泛。

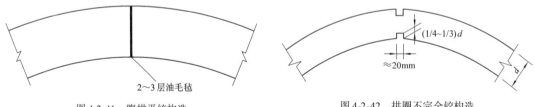

图 4-2-41　腹拱平铰构造　　　　图 4-2-42　拱圈不完全铰构造

在钢筋混凝土空腹式拱桥腹孔墩(立柱)上、下端设置的铰,一般可采用构造简单的平铰或不完全铰(图 4-2-43)。由于连接处腹孔墩截面的减小(达全截面的 1/3~2/5),因而可以保证支承截面的转动。支承截面应按局部承压进行构造和计算。

在跨径特大或在特殊情况下还可采用钢铰,如劲性骨架拱圈或施工临时设铰等。但在一般混凝土拱桥中很少采用。

(二)拱上填料、桥面铺装

拱上建筑中的填料,一方面能起扩大车辆荷载分布面积的作用,同时还能减小车辆荷载的冲击作用,但其也增加了拱桥恒载。根据《公路桥涵设计通用规范》(JTG D60—2015)

第4.3.2条的规定,当填料厚度(包括路面厚度)大于或等于500mm时,拱桥结构计算时可不计汽车荷载的冲击力。

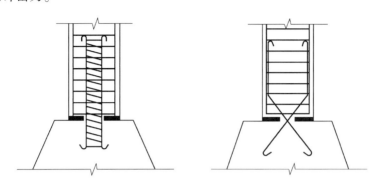

图 4-2-43 腹孔墩或立柱端铰构造

大跨径钢筋混凝土拱桥或很差地基上建造的拱桥,为了进一步减轻拱上建筑重量,可以减薄填料厚度,甚至可以不用填料,直接在拱顶面上修建混凝土路面。这时,混凝土层的最小厚度应不小于80mm,并在其中设置钢筋网。设计计算时还应计入汽车荷载的冲击力。

拱桥车行道、人行道桥面铺装的要求与梁桥基本相同。

(三)伸缩缝与变形缝

拱上建筑与拱圈在构造和受力上都有密切的联系。由于拱上建筑参与拱圈共同作用,一方面能够提高拱圈的承载能力,另一方面也对拱圈的变形起到了约束作用(图 4-2-44),在拱圈和拱上建筑内产生附加内力。

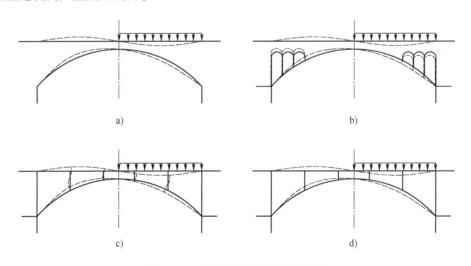

图 4-2-44 拱上建筑对拱圈变形的约束
a)实腹拱;b)空腹拱;c)连续腹孔;d)简支腹孔

为了使结构的计算图式尽量与实际的受力情况相符合,保证结构的安全性和耐久性,避免拱上建筑不规则开裂,除在设计计算中充分考虑外,还需在构造上采取必要的措施。通常是在相对变形(位移或转角)较大的位置处设置伸缩缝,而在相对变形较小处设置变形缝。

实腹式拱桥的伸缩缝通常设在两拱脚的上方,并应在横桥方向贯通、向上延伸侧墙全高,直至人行道及栏杆。伸缩缝一般做成直线形(图4-2-45),以使构造简单、施工方便。

对于空腹、拱式拱上结构,一般将紧靠桥墩(台)的第一个腹拱圈做成三铰拱,并在靠墩台的拱铰上方的侧墙、人行道及栏杆上设置伸缩缝,在其余两铰上方的侧墙、人行道及栏杆设变形缝(图4-2-46)。在大跨径拱桥中,根据温度变化情况和跨径大小,必要时还需将靠近拱顶的腹拱圈或其他腹拱也做成两铰拱或三铰拱。拱铰上面的侧墙也需相应地设置变形缝,以便使拱上建筑更好适应拱圈的变形。

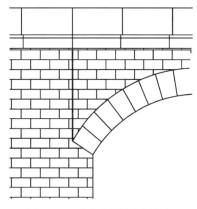

图4-2-45　实腹式拱桥的伸缩缝　　　　图4-2-46　空腹式拱桥的伸缩缝与变形缝

空腹、梁式拱上结构可采用连续桥面构造,但在拱脚上方应通过腹孔墩等措施,使其能相对桥墩(台)伸缩变形(图4-2-33),在近拱顶处的连续桥面也应设伸缩装置。梁或板与腹孔墩的支承连接宜采用铰接,以适应拱圈的变形。上述构造可参见梁桥相应内容。

变形量很小的伸缩缝的宽度一般为10~20mm。在施工时可用锯木屑与沥青按1:1比例配合压制成的预制板嵌入砌体或埋入现浇混凝土中,对于变形量较大的伸缩缝应采用成品伸缩缝。变形缝则不留缝宽,用干砌或油毛毡隔开即可。

(四)排水及防水层

大自然中的雨、雪水等自然因素,对拱桥的耐久性、美观等均有较大影响。因此,拱桥不仅要求能够及时排除桥面的雨、雪水,而且要求将透过桥面铺装渗入拱腹内的水也能及时排除。因为这些渗水不及时排出,它会增大拱腹填料的含水率,降低承载能力,影响路面层的强度,并且渗水会沿着拱上结构的一些缝隙(如变形缝或裂缝等)渗透,在冬季冰冻时使结构产生冻胀损坏。

关于桥面雨水的排除,除桥梁设置纵坡和桥面设横坡外,一般还沿桥面两侧缘石边缘设置泄水管,其构造情况可见图4-2-47。

透过桥面铺装渗入拱腹内的水,应由防水层汇集于预埋在拱腹内的泄水管排出。防水层和泄水管的敷设方式与上部结构的形式有关。

对于实腹式拱桥,防水层应沿拱背护拱、侧墙铺设。如果是单孔,可以不设拱腹泄水管,积水沿防水层流至两个桥台后面的盲沟,然后沿盲沟排出路堤(如图4-2-28的右侧桥台处的构造)。如果是多跨拱桥,可在1/4跨径处设泄水管[图4-2-48a)]。对于空腹式拱桥,防水层应沿腹拱上方与主拱圈跨中实腹段的拱背设置[图4-2-48b)]。

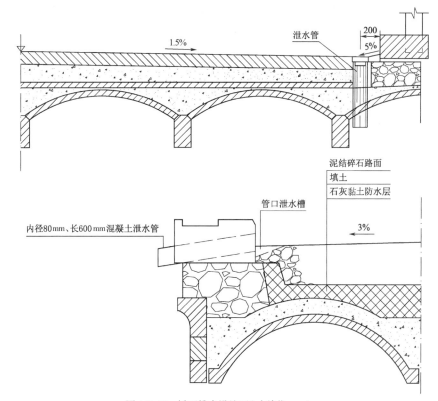

图 4-2-47　桥面排水设施(尺寸单位:mm)

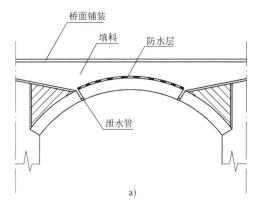

a)

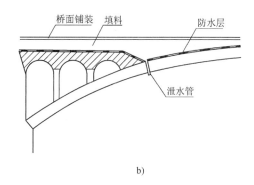

b)

图 4-2-48　防水层及拱腹泄水管布置

泄水管可以采用铸铁管、混凝土管、陶瓷(瓦)管或 PVC 管等。泄水管的内径一般为 60~100mm。在严寒地区或雨水特多地区需适当加大(不宜小于 150mm)。泄水管应伸出结构外表面 50~100mm,以免雨水顺着结构物外表面流动。为了便于泄水,泄水管尽可能采用直管,并减小管节长度。

防水层在全桥范围内不宜断开,当通过伸缩缝或变形缝处应妥善处理,使其既能防水又可以适应变形,其构造可见图 4-2-49。

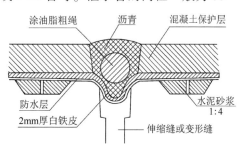

图 4-2-49　伸缩缝、变形缝的防水构造

防水层有粘贴式与涂抹式两种。前者是由2~3层油毛毡与沥青胶交替贴铺而成,效果较好,但造价高、施工麻烦。后者采用沥青或柏油涂抹于砌体表面,施工简便、造价低廉,但效果较差,适用于雨水较少的地区。

四、中承式及下承式拱桥的构造要点

在进行拱桥总体布置与构造时,当根据控制高程采用上承式结构矢跨比太小,或上承式结构的建筑高度不能满足要求时,可以考虑采用中承或下承式拱桥。中承式和下承式拱桥的构造特点明显,在多跨连续布置时,整体外形起伏,造型轻巧、美观,较易满足景观和景点设计要求。

(一)总体构造要点

中承式拱桥的桥面系位于上部结构的中部,桥面结构部分由吊杆悬挂至拱肋、部分用立柱支承在拱肋上,拱桥的主要组成部分为:拱肋、纵梁(桥面板)、横梁、吊杆、立柱等[图4-2-50a)]。下承式拱桥的桥面系位于上部结构底部,桥面结构全部由吊杆悬挂至拱肋[图4-2-50b)]。

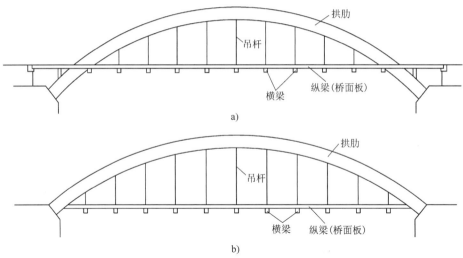

图4-2-50 中承式和下承式拱桥的立面布置
a)中承式;b)下承式

中承式和下承式拱桥的拱肋为主要承载构件,采用位于两个平面内的分离式构造。两个拱平面可采用相互平行或相互内倾(相接或横撑相接)的方式;后者俗称提篮式拱,主要用于大跨径拱,以提高结构空间整体稳定性。因拱肋恒载受力较均匀,拱肋轴线一般采用二次抛物线形,矢跨比为1/7~1/4;拱肋沿轴线可采用等截面或变截面;拱脚常采用无铰构造图式,以保证拱肋刚度。

在两个拱肋之间通常设置横向联系,以提高分离拱肋横向整体性、稳定性。横向联系可采用简单的横撑、K形撑或X形撑等。中承式拱桥桥面结构以下的拱肋间常设X形撑。桥面以上设置横向风撑对行车与景观都有不利影响。当拱肋横向稳定性足够时可以取消横向风撑,形成桥面敞开式构造[图4-2-51a)]。在这种构造方式中,若采用刚性吊杆将其与拱肋形成弹

性框架,则有利于提高拱肋横向稳定性[图 4-2-51b)]。

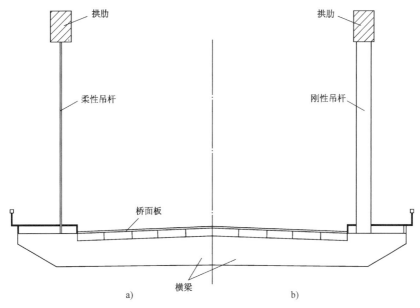

图 4-2-51 无风撑桥面敞开式构造
a)柔性吊杆;b)刚性吊杆

吊杆或立柱是中承式和下承式拱桥的桥面结构与拱肋之间的传力构件。吊杆或立柱的间距由受力、构造及美观等要求决定。按照一般构造要求,吊杆或立柱采用等间距,常用间距为4～10m。中承式拱桥在拱肋与桥面结构的交点处,桥面结构将支承在拱肋间的横梁上。

中承式和下承式拱桥的桥面结构一般采用两种构造:一是,横梁与纵梁联结成平面框架,桥面板支承在横梁(或横梁及纵梁)上;二是,不设纵梁,桥面板或肋板梁支承在横梁上。无论采用哪种构造,横梁都是桥面结构最主要受力构件。

为了避免桥面结构受拱肋变形的影响而造成开裂,一般在桥面结构与拱肋相交的横梁处设置断缝,或在其他地方利用双吊杆、双横梁设置断缝,或采用简支桥面构造设断缝。

(二)细部构造要点

1. 拱肋的构造

中承式和下承式拱桥的混凝土拱肋可以采用矩形、工字形和箱形截面[图 4-2-52a)];同时,根据拱肋受力、施工等需要,拱肋也可采用钢管混凝土材料,其截面也有多种形式[图 4-2-52b)],如单管圆形、双管哑铃形、单管圆端形、三管三角形及四管矩形或梯形等。

(1)钢筋混凝土拱肋。

中、小跨径的钢筋混凝土拱肋一般采用矩形截面,拱肋的高度为跨径的 1/70～1/40,桥宽在 20m 以内时的拱肋宽度为拱肋高度的 0.5～1.0 倍,当不设横向风撑时肋宽应取大值;大跨径钢筋混凝土拱肋常用工字形和箱形截面,拱肋高度可按式(4-2-6)拟定,20m 以内桥宽时的肋宽的一般取值也为肋高的 0.5～1.0 倍,特殊情况时肋宽应加大。

$$h = \frac{l_0}{100} + h_0 \tag{4-2-6}$$

式中：h——拱肋高度(mm)；
l_0——拱圈净跨径(mm)；
h_0——$l_0 < 100$m 时，$h_0 = 600 \sim 1\,000$mm；$l_0 = 100 \sim 300$m 时，$h_0 = 1\,000 \sim 2\,500$mm。

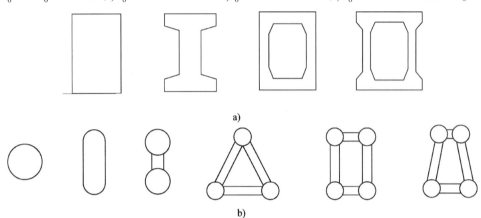

图 4-2-52 拱肋截面形式
a) 钢筋混凝土拱肋；b) 钢管混凝土拱肋

钢筋混凝土拱肋按偏心受压构件配筋，具体构造要求同上承式肋拱。

(2) 钢管混凝土拱肋。

钢管混凝土是一种受压性能优良的拱肋材料，利用钢管对核心混凝土的约束作用，以及钢材的塑性性能，使拱肋具有更高的强度和变形能力，既提高了拱肋受力性能又节省了材料用量；钢管自身作为受力构件的同时，也成为拱肋施工的支架与模板，从而简化了拱肋施工、降低了工程造价。钢管混凝土拱肋因其在受力、施工中的优势，已成为跨径大于60m拱肋的主要构造形式。

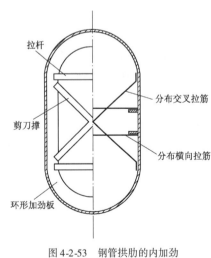

图 4-2-53 钢管拱肋的内加劲

钢管混凝土拱肋在中、小跨径时，可采用单管圆形截面；中、大跨径时一般采用双管哑铃形或单管圆端形截面；大跨径时常取用三管三角形或四管矩形、梯形截面。多根钢管组成的拱肋，钢管的直径为跨径的1/200～1/100或由构造与受力确定，钢管壁厚为10～16mm。钢管混凝土拱肋的高度一般为跨径的1/60～1/40，拱肋宽度一般为拱肋高度的0.5～1.0倍。根据受力需要拱肋高度与宽度可做相应调整。

由于钢管内混凝土压注时会产生较大的径向膨胀力，混凝土收缩、徐变也将使钢管的纵向压应力增加很多。因此，对于圆端形等非圆形钢管，以及其他钢管的压应力、应力幅度较大的部位，均须加强管内加劲(图4-2-53)。

2. 吊杆的构造

中承式和下承式拱桥有刚性、半刚性吊杆和柔性吊杆三种构造方式。

刚性吊杆一般采用预应力混凝土矩形截面[图4-2-54a)]，过去也采用钢筋混凝土材料，但因耐久性等问题已很少采用；半刚性吊杆则为钢管混凝土圆形截面[图4-2-54b)]，其内可采用镦头锚的高强度碳素钢丝、精轧螺纹钢筋、夹片锚的高强低松弛钢绞线。刚性、半刚性吊杆两端与拱肋和横梁均采用刚性联结构造,吊杆内的预应力筋通常穿透拱肋与横梁,锚具一般埋入拱肋与横梁,故吊杆除承担轴向拉力还受到节点弯矩的作用。但半刚性吊杆的钢管外径小,主要起预应力筋的外护套作用,节点弯矩相对较小。

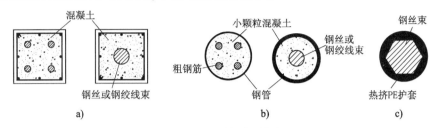

图 4-2-54 吊杆截面构造
a) 刚性吊杆; b) 半刚性吊杆; c) 柔性吊杆

需要注意的是,若钢管混凝土吊杆采用高强度低松弛钢绞线,预应力须在混凝土浇筑之后施加,以免低应力下夹片锚失效。一般情况下,钢管混凝土吊杆宜设计成钢管基本不受拉、焊缝处于受压的状态。

柔性吊杆常用高强度钢丝束制成[图 4-2-54c)],钢丝束外采取防护措施,两端用镦头锚具。目前,高强度钢丝束吊杆已成品化生产,为了钢丝束的防腐、保证其耐久性,钢丝束外采用热挤高密度聚乙烯(HDPE)工艺形成的护套(图 4-2-55)。柔性吊杆的锚具可埋入拱肋与横梁,或外露于拱肋与横梁、设置防护罩。

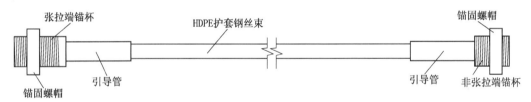

图 4-2-55 柔性吊杆构造

3. 横梁的构造

横梁是桥面结构最主要的受力构件,并决定着桥面结构的建筑高度。

中承式和下承式拱桥桥面结构吊杆处的横梁,常用矩形或凸字形截面、工字形或带凸的工字形截面(图 4-2-56),对于桥宽与吊杆间距较大的大型横梁也可采用箱形截面。横梁的受力截面高度一般取 1/15~1/10 的吊点跨径,采用钢筋混凝土或预应力混凝土材料。

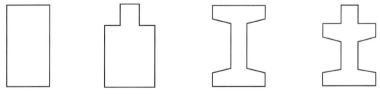

图 4-2-56 横梁截面形式

对于中承式拱桥,在桥面结构与拱肋相交处,桥面结构由与两拱肋刚性联结的固定横梁支承。由于该横梁受力较复杂,截面通常比吊杆处横梁强大,根据构造要求可做成对称或不对称工字形、三角形等(图 4-2-57)。该横梁也采用钢筋混凝土或预应力混凝土材料。另外,中承式拱桥两边拱上立柱与桥面结构的支承构造,与上承式拱桥梁式拱上建筑相似,但桥面结构一般宜采用连续构造方式(图4-2-58)。

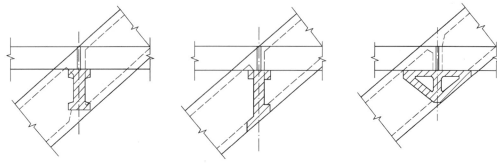

图 4-2-57　拱肋与桥面结构相交处横梁截面形式

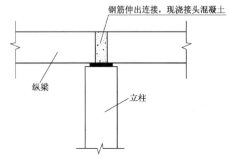

图 4-2-58　中承式拱桥拱上建筑连续构造

4. 纵梁及桥面板

中承式和下承式拱桥的桥面结构若设置边纵梁,可将边纵梁与横梁联结成平面框架,然后再铺设桥面板(实心或空心板)形成整体桥面结构[图4-2-59a)];或者采用多根肋板式的纵梁与横梁联结组合成桥面结构[图4-2-59b)];也可采用将桥面板(实心或空心板)或肋板梁支承在横梁上[图4-2-59c)]组成桥面结构。

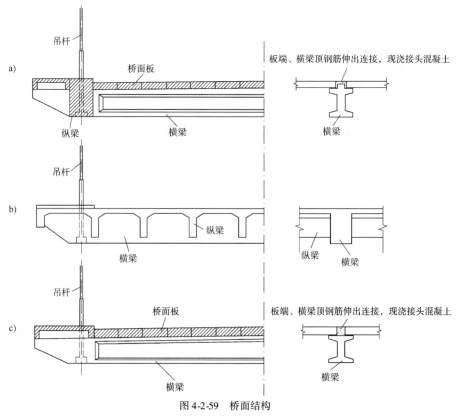

图 4-2-59　桥面结构
a)设边纵梁的框架结构;b)纵、横向组合的肋板式结构;c)横梁支承式结构

有关各种构件的联结构造,参见本章第三节组合体系拱桥的构造。

第三节 组合体系拱桥的构造

一、整体式拱桥的构造

随着钢筋混凝土拱桥的逐步发展,为了进一步减轻拱桥的自重、增强结构的整体性、发挥装配式施工的优点及扩大使用范围,桁架拱、刚架拱、二铰平板拱等多种钢筋混凝土整体式拱桥在我国得到了推广与发展。这些结合我国桥梁建设条件发展起来的桥型,已从小型农桥推广到大型公路桥、城市桥;由全部采用钢筋混凝土结构发展到主体结构采用预应力混凝土;由小构件拼装发展到大型块件(或整片)吊装与组装。从而,这些新型桥梁的优越性得到了充分发挥,同时它们的缺点也被逐步克服和改善。限于篇幅,这里主要介绍钢筋混凝土桁架拱桥和刚架拱桥的构造。

(一)钢筋混凝土整体式拱桥的特点

钢筋混凝土整体式拱桥,是一种主拱与拱上结构整体构造的上承式钢筋混凝土组合式拱桥(图4-2-60)。这种拱桥的跨中部分设有实腹段,实腹段两侧采用主拱与拱上结构整体构造的空腹段。相对于一般拱桥,钢筋混凝土整体式拱桥具有结构轻巧、受力合理、整体性强、节省材料等特点。

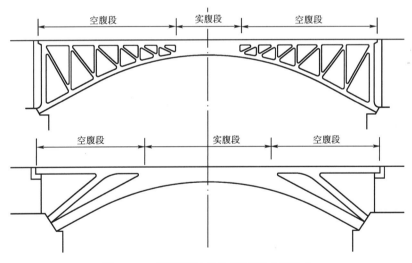

图4-2-60 钢筋混凝土整体式拱桥的主要形式

钢筋混凝土整体式拱桥的实腹段,因受到水平推力的作用而弯矩较小,其在恒载作用下主要承受轴向压力,在活载和附加荷载作用后,成为一个偏心受压构件;空腹段的主拱与拱上结构为一个整体,结构共同受力、刚度较大。

根据对建成的钢筋混凝土整体式拱桥的比较分析,其混凝土用量为轻型双曲拱桥的1/3左右,仅与钢筋混凝土T形梁相当或稍多。而钢材用量与轻型双曲拱桥接近,比梁式桥节省较多。因此,钢筋混凝土整体式拱桥的经济指标较好、重量轻,其对软土地基有较好的适应性。

钢筋混凝土整体式拱桥由多个拱片组合而成。除桥面板现浇部分外大部分都可预制施工,其安装块件的尺寸和重量由运输和安装能力而定。通常,中等跨径的拱片可分三段预制安装,每段重十余吨,当起重能力较大时,分段还可减少或跨径还可增大。桁架拱桥的预制构件品种、施工工序少,因此工期较短。但对构件的预制安装工艺有较高的要求。

由于钢筋混凝土整体式拱桥的主拱与拱上结构采用整体化构造,结构内部的超静定次数较高,但结构外部则可根据构造而简化为二铰拱、无铰拱或拱与其他结构组合的支承形式。

钢筋混凝土整体式拱桥虽较适应软土地基,但毕竟是一种有推力的结构,跨径过大时支反力也大,对地基承载能力的要求就高。由于拱上结构各杆件交点采用刚性联结,交会节点易开裂,影响整体刚度和耐久性,难以维修养护。另外,施工中对起重设备和工艺的要求也较高。因此,钢筋混凝土整体式拱桥一般的应用范围以中等跨径为宜。

(二)桁架拱桥

桁架拱桥又称拱形桁架桥,是一种具有水平推力的桁架结构,它具有自重轻、整体性好、刚度大及经济指标较先进的优点。桁架拱内部的超静定次数较高,但外部一般可简化为一次超静定结构的二铰拱。由于桁架拱兼备了桁架和拱式结构的有利因素,实腹段主要承受轴向压力与弯矩,空腹段除上弦杆外的桁架杆件主要承受轴向力,因此钢筋混凝土材料的受力性能得到较好发挥。

1. 桁架拱的构造

桁架拱桥的上部结构主要由桁架拱片、横向联结系和桥面板三部分组成(图4-2-61)。

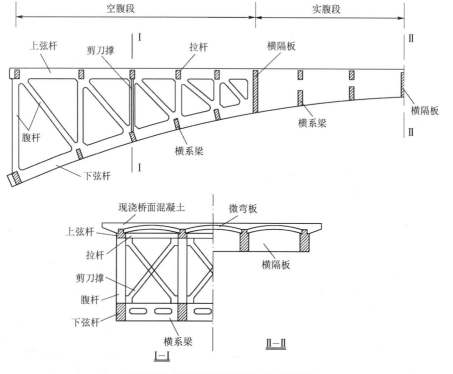

图4-2-61 桁架拱桥上部结构的主要组成

桁架拱片由上弦杆、腹杆、下弦杆构成的空腹段和拱中实腹段两部分组成,它是桁架拱桥的主要承重结构。在施工中桁架片将承受几乎整个上部结构的自重(包括施工荷载),竣工后它与桥面结构组合一体,共同承受活载和其他荷载。

上弦杆和实腹段上缘构成桁架拱片的上边缘,它与桥面竖曲线平行。桁架拱片下弦杆的轴线可采用圆弧线、二次抛物线或悬链线。

腹杆包括斜杆和竖杆。根据腹杆的不同布置情况,可分为竖杆式、三角形、斜压杆和斜拉杆4种形式(图4-2-62)。竖杆式桁架拱[图4-2-62a)]外形美观,施工较方便,但杆件以弯曲变形为主,整体刚度较小,竖杆与上、下弦杆连接的节点处易开裂,故适用于荷载小、跨径较小的桥梁。无竖杆式三角形桁架拱[图4-2-62b)],采用几何不变构造方式,腹杆根数少、杆件的总长度也最短,因此腹杆用料省,整体刚度较大。但是当拱跨、矢高较大时,上弦杆的节间就过大,为承受桥面荷载将增加桥面构件的用钢量,因此宜增设竖杆来减少节间长度。带竖杆式三角形桁架拱,根据斜杆倾斜方向的不同,有斜压杆式[图4-2-62c)]和斜拉杆式[图4-2-62d)]两种,前者斜杆受压、竖杆受拉,而且斜杆的长度随矢高和节间长度的增大而显著增长,尤其是第一个节间内的斜杆长度更大。为了防止斜杆失稳而需增大截面尺寸,或者采用不同截面尺寸的斜杆以节省材料,但这些都增加了施工麻烦。另外,斜压杆式桁架拱的外形也不太美观,故目前已较少采用。斜拉杆式桁架拱则相反,斜杆受拉而竖杆受压,为了避免拉杆及节点处开裂,并减小截面尺寸、节省材料,可采用预应力混凝土斜拉杆,外形也较美观。

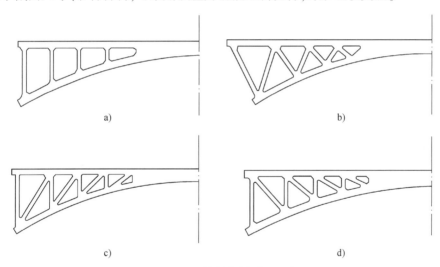

图4-2-62 桁架拱腹杆布置形式
a)竖杆式;b)三角形式;c)斜压杆式;d)斜拉杆式

桁架拱片各杆件的节点是一个很重要的部位,节点(尤其在拱脚处)附近杆件的箍筋应加密,杆件交点应配置包络钢筋。这些钢筋的构造随拱跨大小、腹杆布置方式等不同而有所不同,常用的节点钢筋构造方式如图4-2-63所示。

为使桁架拱片连成整体、共同受力,并保证结构横向稳定,需在桁架拱片之间设置横向联系。横向联系由拉杆、横系梁、横隔板和剪刀撑等组成(图4-2-64)。

拉杆和横系梁分别设置在上、下弦杆的节点处,拱顶实腹段每隔3~5m也应设置横系梁。当跨径较小时,横系梁也可用拉杆代替。而对于城市宽桥,拱顶实腹段的横向联系宜加强,有利于活载横向分布。

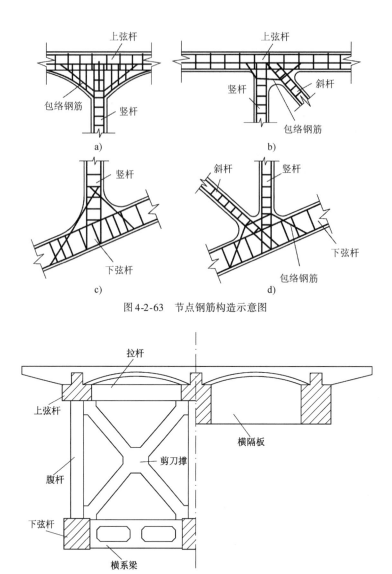

图 4-2-63 节点钢筋构造示意图

图 4-2-64 桁架拱片的横向联系

横隔板一般设置在实腹段与桁架段的连接处及跨中,它在高度方向常直抵桥面板。横桥向的剪刀撑一般设置在四分之一跨径附近的上、下节点之间及跨径端部。较小跨径的桁架拱可不设端部剪刀撑。对于大跨径桁架拱桥,除设置竖向剪刀撑外,还可在端节间等处下弦杆的平面内设置水平剪刀撑或其他一些联结系杆,以加强桥梁的横向刚度。

桁架拱的桥面板,有横向微弯板、纵向微弯板和预应力混凝土空心板等多种形式。横向微弯板比较省钢材,但一般跨径较小,因此拱片数量较多。较大跨径的桁架拱桥,为了减少拱片的数量,可采用空心板或纵向微弯板,但纵向微弯板需要较强的横梁,各有优缺点,应根据具体情况选用。

在跨径较大或桥面很宽时,桁架拱也可局部采用预应力结构,一般可在受拉腹杆、上弦杆、跨中实腹段、桥面板内施加预应力。预应力可以避免杆件裂缝,减少用钢量,提高结构的整体性,另外还可以作为拼装的手段。出于经济目的,也可设计成部分预应力结构,以限制或消除使用荷载作用下混凝土的裂缝。

桁架拱与墩(台)的连接包括:下弦杆、上弦杆与桥墩(台)的连接和多孔桁架拱各跨结构之间的连接等。连接方式随上、下部结构的形式、施工方法、美观要求等而异,一般常用的连接方式如图 4-2-65 所示。

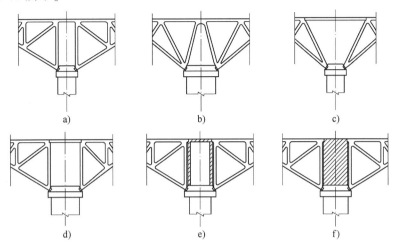

图 4-2-65　桁架拱与墩(台)的连接方式

中小跨径桁架拱常采用下弦杆与墩台连接,在墩台帽上预留深 100mm 左右(或与肋高相同)的槽孔,将下弦杆的端头插入,然后四周用砂浆填空。在跨径较大时,由于墩台位移等原因,往往造成支承面局部承压,反力偏心引起结构内力变化,因此不宜采用上述方法,而宜采用较完善的铰接。

桁架拱的上部与墩台的连接,以及多跨拱间的连接,有悬臂式[图 4-2-65a)、b)]、过梁式[图 4-2-65c)、d)]和伸入式[图 4-2-68e)、f)]等三种,一般以过梁式为好。悬臂式因拱桥变形后会引起上、下位移,对构造处理及行车均有不良影响,故不宜采用。

2. 桁架拱主要构造尺寸拟定

桁架拱跨中截面的高度,可采用如下经验公式估算:

$$h = k\left(200 + \frac{l_0}{70}\right) \tag{4-2-7}$$

式中:h——拱圈高度(mm);

　　k——荷载系数,对于公路—Ⅰ级为 1.4,公路—Ⅱ级为 1.2;

　　l_0——拱圈净跨径(mm)。

对于桥墩刚度较小的多跨桁架拱桥,还要考虑连拱作用的影响,桁架拱片跨中截面的高度通常为跨径的 1/50~1/30。

桁架拱片的数量由桥梁的宽度、跨径、设计荷载等级及经济性等多方面因素综合确定。一般情况下,跨径较大时宜采用较少的片数。对于跨径在 20~50m 的桁架拱,拱片间距一般可取 2.0~3.5m,跨径再大时可稍加大一些,以减少拱片的数量。

桁架拱片跨中实腹段长度 l_1,一般取跨径的 0.3~0.4 倍。桁架节间长度 l_2 与上弦杆局部受力、腹杆受力和桥梁外观等有关。一般跨径的桁架拱桥,最大节间长度不宜超过 5m,节间长度由端部向跨中逐节减小,斜杆大体平行并与竖杆保持 30°~50°。

各杆件尺寸(图4-2-66)的拟定方法如下:

上弦杆与桥面板组合后的高度 h_1,由上弦杆最大节间长度决定,一般为最大节间长度的 1/8~1/6。下弦杆一般均用相等的矩形截面,其高度 h_2 可取跨径的 1/100~1/80。对于中、小跨径取较大值,对于大跨径取较小值。

桁架拱片宽度 b 一般为 200~500mm,前者用于跨径较小、拱片片数较多的情况;后者则相反。宽度选择还应结合施工方法来考虑,对预制安装的拱片,还要满足拱片施工时平吊、翻身等的要求。

斜杆和竖杆的宽度 b_3 和 b_4,一般小于或等于拱片厚度。截面高度 h_3 和 h_4,一般为下弦杆截面高度的 1/2.0~1/1.5,通常取 200~400mm。为使杆件尺寸比例协调,腹杆的截面高度也可随杆长的增加而加大。为了使拱片在吊运过程中不致损坏,端腹杆的截面尺寸可适当增大一些。

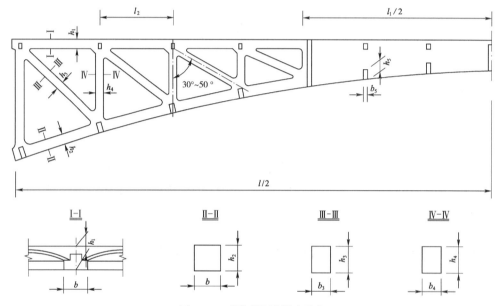

图 4-2-66 桁架拱杆件尺寸示意

横向联结系杆件的截面尺寸,主要由构造决定。拉杆和剪刀撑可取边长为 150~200mm 的矩形截面。横系梁一般也采用矩形截面,其高度 h_5 与下弦杆高度 h_2 相同,宽度 b_5 不小于拱片净间距的 1/15,可取 150~200mm。为了减轻自重,一般还可将横系梁中部挖空。横隔板的厚度通常为 150~200mm。

桥面结构采用微弯板时,微弯板的净矢跨比一般取 1/15~1/10。板的跨中厚度一般为板跨径的 1/15~1/13,其中预制微弯板的厚度 d 与桥面填平层在板顶处的厚度 c 可取相同值,也可使后者略大于前者,两者的厚度一般为 50~80mm。

微弯板沿桥横向搁置在桁架拱片的上弦杆和实腹段上。为了加强微弯板与桁架拱的联结,一般将上弦杆和实腹段设计成凸形,并在肋顶伸出连接钢筋。凸肩宽可取拱片宽度的 1/5,但不宜小于 50mm。

上述普通钢筋混凝土桁架拱主要适合中等跨径的情况。对于有更大跨径要求及在桥址条件适合的情况下,预应力混凝土组合桁架拱桥将有其优势(图4-2-67)。图4-2-67a)是一座三跨连续组合桁架拱桥,而图4-2-67b)的组合桁架拱桥利用了岸边地形构造边跨结构,不用下弦杆,腹杆直接支承在地基上。我国贵州江界河大桥就是一座预应力混凝土组合桁架拱桥,跨径达到330m,位居世界第一。

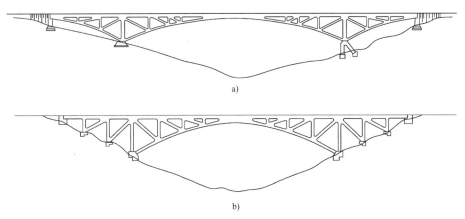

图4-2-67 预应力混凝土组合桁架拱桥
a)边跨设下弦杆的连续结构;b)边跨不设下弦杆的连续结构

预应力混凝土组合桁架拱桥的主要构造特点为:中跨与边跨之比一般采用0.2~0.4;在中跨跨中$(0.4~0.5)l$段的两侧,上弦杆设置断缝(下弦杆整跨连续);下弦杆轴线一般可采用二次抛物线。预应力混凝土组合桁架拱桥中段桁架拱的受力类似于普通桁架拱,设置断缝后使上弦杆的拉力大减。理论分析表明,这种拱桥的结构刚度大、稳定性好,拱顶弯矩比相同跨径的简单桁架拱降低30%以上。

自20世纪80年代初以来,我国预应力混凝土组合桁架拱桥建成了40余座。但最近几年调查结果表明,该类拱桥大都存在不同程度的病害,如桁架裂缝普遍、构件联结部位开裂严重、结构整体受力性能明显劣化等。目前大部分桥梁已被加固,部分病害严重的桥梁已被拆除或即将废弃。出现上述病害的原因虽然是多方面的,有构造细节处理问题和施工质量问题等,但普遍反映出结构接头过多、节点及构件联结薄弱、安全储备不够及耐久性差等问题。鉴于上述情况,新建桥梁已很少采用这种结构。

(三)刚架拱桥

刚架拱桥是在桁架拱桥、斜腿刚架桥等基础上发展起来的另一种新桥型,它具有构件少、自重轻、整体性好、刚度大、施工简便、经济指标较先进、造型美观等优点。结构内部一般为多次超静定,结构外部可简化为二铰拱、无铰拱或拱与其他结构组合的支承形式。刚架拱桥兼具刚架和拱式结构的受力特点,因此钢筋混凝土材料的受力性能得到了较好利用。

1. 刚架拱的构造

刚架拱桥的上部结构由刚架拱片、横向联结系和桥面板等部分组成(图4-2-68)。

刚架拱片是刚架拱桥的主要承载结构,一般由拱顶实腹段、空腹段的纵梁、拱腿、斜撑等(也称为次拱腿)构成(图4-2-68),其构造形式主要与桥梁跨径、荷载大小等有关。当跨径小于25m时,可采用只设拱腿、不设斜撑的最简单形式[图4-2-69a)];当跨径为25~70m时,为了减小腹孔段纵梁的跨径,可以设置一根斜撑[图4-2-68、图4-2-69b)];随着跨径的增大,为了减小纵梁和斜撑的内力,可设置多根斜撑。这些斜撑可以都直接支承在桥墩(台)上[图4-2-69b)],也可以将斜撑支承在拱腿上[图4-2-69c)]。

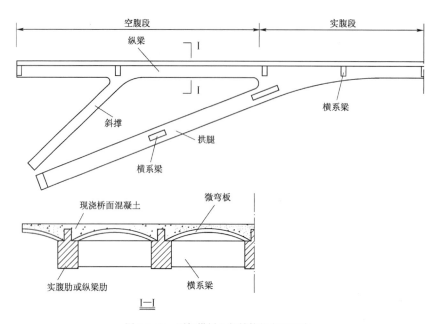

图 4-2-68　刚架拱桥上部结构的主要组成

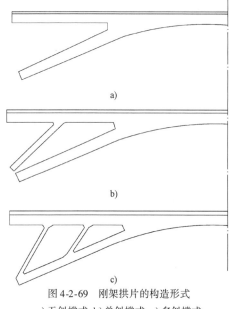

图 4-2-69　刚架拱片的构造形式
a) 无斜撑式；b) 单斜撑式；c) 多斜撑式

拱顶实腹段和拱腿的交接处称为主节点，纵梁和斜撑的交接处称为次节点。节点构造一般均按固结设计，并配置相应钢筋。拱腿和斜撑的支座分别称为主支座和次支座，根据构造方式的不同，可以采用固结和铰接(平铰或较完善的弧形铰等)的图式。各节点及拱脚处的配筋应加强、箍筋布置应加密。

拱顶实腹段、拱腿所构成的拱形结构是否合理，对全桥结构的受力有显著的影响。拱顶实腹段和纵梁的梁肋上缘线一般与桥面竖曲线平行；实腹段下边缘线一般可采用二次抛物线、圆弧线或悬链线，使实腹段成为变截面构件。拱腿可根据跨径大小和施工方法等不同，设计成等截面直杆或微曲杆。从美观考虑，可将实腹段和拱腿的底缘采用同一根曲线，同时也改善实腹段和拱腿的受力状况。

根据不同的施工方法和条件(运输、安装能力等)，刚架拱片可以采用现浇或预制安装方法施工，目前大多数采用后者。为了减小吊装重量，可将实腹段和纵梁、斜撑等分别预制，现浇混凝土接头连接。当跨径较大时，纵梁还可分段预制。

横向联系是保证刚架拱片整体受力、横向稳定的构造措施。为了简化构造，横向联系可采用预制装配式的横系梁或横隔板形式，其间距视跨径大小酌情布置，一般取为 3~5m。在刚架拱片的跨中、主节点和次节点、纵梁端部等处应设置横系梁。当跨径较大或者跨径小、桥面很宽时，为加强跨中实腹段刚架拱片间的横向整体性，有利于荷载的横向分布，可增设直抵桥面板的横隔板。

桥面板可由预制微弯板、现浇混凝土填平层、桥面铺装等部分组成,也可采用预制空心板、现浇混凝土层及桥面铺装构成。

2.刚架拱主要构造尺寸拟定

刚架拱跨中截面的高度,可采用如下经验公式估算:

$$h = k\left(350 + \frac{l_0}{100}\right) \tag{4-2-8}$$

式中:h——跨中截面高度(mm);

l_0——拱圈净跨径(mm);

k——荷载系数,对于公路—Ⅰ级为1.4,公路—Ⅱ级为1.2。

对于桥墩刚度较小的多跨刚架拱桥,跨中截面的高度通常约为跨径的1/50~1/30。

刚架拱片的数量也与桥宽、跨径等有关。拱片间距一般为2.0~3.5m,当预应力混凝土空心板和预应力刚架拱片配合使用时,拱片间距离还可适当加大,减少拱片数量,可以取得较好的经济效果。

刚架拱片各主要节点的位置不仅关系到结构的受力状况,也关系到全桥的外形美观。主节点位置由实腹段长度和拱腿斜度确定。一般情况下,实腹段长度为桥梁跨径(l)的0.4~0.5倍,拱腿与水平线夹角在30°左右,主节点位置一般取在(0.25~0.30)l处。

次节点的位置则与主节点位置和空腹段边纵梁(墩或台至第一根斜撑之间)跨度的大小有关,当只有一根斜撑的拱片,一般可将次节点布置在纵梁的中点附近,以改善纵梁的受力。

实腹段一般为变截面构件,其底缘的弧线可采用矢跨比为1/20~1/16的二次抛物线或其他曲线,此时拱腿可采用直杆或微曲杆。为了改善拱片受力和美观,拱腿与实腹段也可采用同一根曲线。

刚架拱片的厚度一般为200~400mm,为了简化施工,实腹段、斜撑均采用相同宽度。纵梁的高度由边纵梁(无斜撑水平分压力作用)的受力所控制,一般小于拱的跨中截面高度。实腹段、纵梁采用凸形截面,斜撑采用矩形截面。斜撑高度为其宽度的2.5~3.5倍。在初步拟定截面尺寸后,再经过试算进行调整。

其他相似构造的尺寸同桁架拱。

二、拱式组合桥的构造

拱式组合桥是一种以拱为主要承重构件、具有拱式结构内力分布和变形特征的组合式桥梁结构。拱式组合桥具有外形美观、结构轻巧、无推力或小推力的结构特点,适用于不同环境和各种地质条件;它能够充分发挥各种材料的受力优势,结构受力合理、经济指标优良稳定。拱式组合桥近年来的新发展,也得益于预应力技术与工艺的更新,从而保证了这种体系及相应施工方法的可行性。下面将对拱式组合桥的类型、结构特点、构造等方面作简要介绍。

(一)拱式组合桥的类型组成及特点

1.主要类型及其基本组成

1)简支拱式组合桥

简支拱式组合桥,是一种单跨、简支、下承式的拱式组合桥(图4-2-70)。简支拱式组合桥有两种不同的结构形式:第一种结构由拱肋、纵梁、吊杆及横梁与桥面板等组成,拱和梁共同受力、且由梁承担拱水平推力；第二种结构则由拱肋、系杆、吊杆及横梁和桥面板等组成，桥面结构悬吊在拱肋上，但拱的水平推力则由与桥面结构分离的系杆承担。

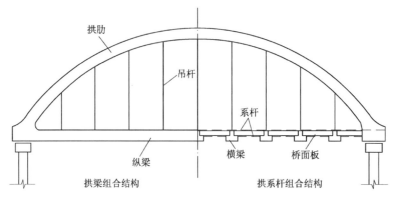

图 4-2-70　简支拱式组合桥的主要构造

2) 单悬臂拱式组合桥

单悬臂拱式组合桥，是一种三跨、上承式的单悬臂拱式组合桥（图 4-2-71）。桥梁的基本组成部分为拱肋、立柱、纵梁、挂孔及横向联系与桥面板等，它是一种拱与梁组合、共同受力、且由梁承担拱水平推力的结构。

图 4-2-71　单悬臂拱式组合桥的主要构造

3) 连续拱式组合桥

连续拱式组合桥，是指三跨或多跨结构连续的拱式组合桥（图 4-2-72）。根据路面在桥梁结构中的位置，连续拱式组合桥分为上承式、中承式及下承式三种。

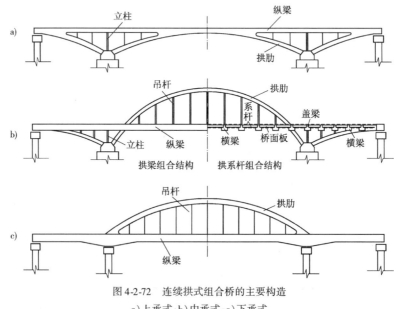

图 4-2-72　连续拱式组合桥的主要构造
a) 上承式；b) 中承式；c) 下承式

上承式结构由拱肋、立柱、纵梁及横向联系和桥面板等组成,它是一种拱与梁组合的结构,梁与拱共同受力并承担拱产生的水平推力。

中承式结构有两种形式:第一种结构由拱肋、纵梁、吊杆、立柱及横梁与桥面板等组成,拱和梁共同受力、且由梁承担拱水平推力;第二种结构由拱肋、系杆、吊杆、立柱及横梁、边纵梁、桥面板等组成,拱悬吊桥面结构,与桥面结构分离的系杆承担拱的水平推力。

下承式结构的中跨常见为拱梁组合形式,基本组成和构造形式与简支拱梁组合桥相似,边跨采用与中跨截面相似的纵梁。

2. 结构特点

简支、单悬臂拱式组合桥是外部静定的结构,且对下部结构无水平推力作用。连续拱式组合桥,在构造上可以处理成完全无水平多余约束或在成桥后才形成多余约束的两种方式。即使有水平多余约束也在桥梁建成后起作用,而大部分永久荷载并不引起水平推力,表现出连续梁桥的外部受力特点。因此,从结构外部整体受力情况来看,拱式组合桥有简支梁、单悬臂梁、连续梁(无水平多余约束或成桥后有水平多余约束)的图式。

拱式组合桥的拱与梁或系杆的构造特点,是根据结构外部受力要求布置拱与梁或系杆的相对位置、调整结构内力分布。例如:简支和单悬臂拱式组合桥,上承式、中承式连续拱式组合桥的中支点附近段,中承式和下承式连续拱式组合桥的跨中段,都通过拉开拱与梁或系杆的相对距离,利用拱、梁或系杆的压力与拉力形成自平衡的抵抗力矩平衡外荷载弯矩;通过对上承式和中承式连续拱式组合桥中支点旁区段的加强(较长的空腹段布置),扩大负弯矩作用区段的范围、调整结构内力分布。利用拱轴线与水平线之间的倾角,将拱压力的竖向分力平衡外荷载剪力。

然而,下承式连续拱式组合桥中支点附近的区段,并不通过拱、梁或系杆的分离方式进行加强,而是通过对中跨的加强吸引内力,并将荷载通过拱直接转移到支点,结果达到了"声东击西"的目的。正是因为中跨的加强作用,中跨与边跨的相互影响大为减弱,边跨出现负反力的可能性大大减小,使非通航边跨的跨度达到了最小值。结果,中跨较大的剪力主要由拱压力的竖向分力抵抗,而边跨较小的弯矩与剪力由边梁承受。

除上述结构特点,对于内部超静定、拱梁组合的拱式组合桥,拱、梁之间的刚度变化对结构受力也有影响。从拱与梁的主要受力特点来看,当拱主要承受弯压组合作用、梁的抗弯作用可忽略时,通常称为刚拱柔梁结构;当拱主要承受轴压力、梁主要起抗弯作用时,称为柔拱刚梁结构;而当梁与拱的受力介于以上两种状况之间时,则称为刚拱刚梁结构。

对于拱悬吊桥面结构、自由系杆承担拱水平推力的拱式组合桥,桥面结构参与拱共同作用的性能较弱,在拱与系杆组成的结构中,拱主要起承重作用、系杆承担拱产生的水平推力。

目前,常用拱式组合桥主要有两种结构体系:一种是刚拱刚梁的拱梁组合结构,简称拱梁组合桥;另一种是由拱与系杆组成的拱系杆组合结构,简称系杆拱桥。这两种体系的拱式组合桥,在结构受力、整体刚度、跨越能力、构造要求及外形协调性等方面,均有一定的优势。

(二)拱式组合桥的构造要点

拱式组合桥的结构特点与构造有密切关系。从结构的总体构造至细部构造,与普通拱桥或整体式拱桥相比,都存在较明显的区别。下面将对拱式组合桥的构造要点作一介绍。

1. 总体构造与主要尺寸

1)总体构造

拱式组合桥根据其构造方式主要有五种形式,如图 4-2-73 所示,每一种形式都有其特殊的总体构造特点与要求。图 4-2-73 给出了它们的适用跨径、分跨比例、矢跨比及其他数据。

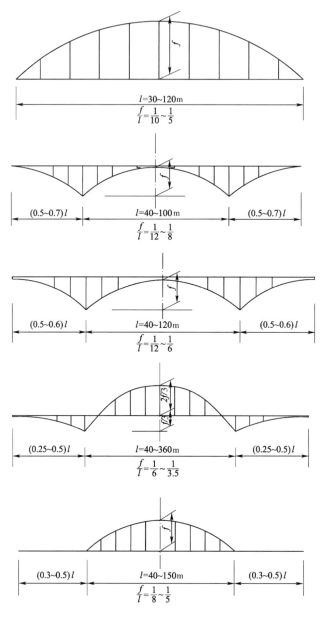

图 4-2-73 拱式组合桥的适用跨径及主要总体构造参数

拱式组合桥的分跨原则可概述为:

(1)考虑墩身、承台外形及尺寸要求,主跨的跨径 l 可按通航孔宽度加 5~8m 计算。

(2)在三跨布置的情况下,当采用无平衡压重的平衡转体施工时,中跨的跨径 l 一般应大于河面宽度加桥面宽度;如果旋转轴不设在承台中心,即偏心转体,跨径 l 可相应减小。

(3)在单孔通航的情况下可以采取简支结构,但采用多跨结构时,在降低造价的前提下,边跨应尽量缩短。边跨受力应以主要受负弯矩为主,并利用端横梁的重量,使边支座不出现负反力(单悬臂结构应满足抗倾覆要求),这将有利于预应力束的配置,即主要以直束为主。

(4)根据河床水文、地质及地形条件,当河宽在100m左右时,尽可能采取一跨过河,避免设置水中墩。

在总体布置时尚需注意到:简支与下承式连续结构一般不受桥面竖曲线高低位置的影响;简支、中承式及下承式连续结构的建筑高度较小;单悬臂、上承式和中承式连续结构在总体构造时,桥面竖曲线高程、跨径及拱脚高程三者将有一定约束关系,详见本篇第二章第一节有关内容。另外,拱式组合桥的跨越能力与矢跨比、结构形式有关,矢跨比较小、外部静定的结构,跨越能力相对较小。

中承式和下承式拱式组合桥,可以是单拱肋式或多拱肋式。若采用多拱肋,拱肋之间横向一般需设置风撑;不设风撑时必须采用强大的端横梁,若为拱梁组合结构则应取用抗扭刚度较大的纵梁;单拱肋的拱梁组合结构,纵梁必须采用箱梁,以保证空间稳定的要求。上承式拱式组合桥,为多肋式构造,肋间应设置横向联系。还有,上承式和中承式拱式组合桥,在拱脚处立柱间、拱脚与近拱脚的拱肋间设置剪刀撑,以保证桥梁横向及拱肋纵向的整体性。

2)主要尺寸拟定

(1)上承式拱式组合桥。

上承式拱式组合桥为多肋式构造的拱梁组合结构,拱肋的中距一般可取为4~6m,拱肋之间和纵梁之间设置多道横梁,空腹范围内节间长度和实腹范围内的横梁间距为$l/16~l/10$,一般限制在10m以内。

单悬臂结构中跨挂梁高度可按相应跨径的简支梁估计,一般大于其跨径的1/20,连续结构跨中拱肋截面的高度可按下式估计:

$$h = \frac{l}{100} + (500~800) \qquad (4\text{-}2\text{-}9a)$$

或

$$h = \frac{l}{50} \sim \frac{l}{40} \qquad (4\text{-}2\text{-}9b)$$

式中:h——拱肋高度(mm);

l——中跨跨径(mm)。

空腹范围内拱肋截面的高度按下式估算:

$$h = \frac{l}{100} + 200 \qquad (4\text{-}2\text{-}10)$$

式中,符号意义同上。

空腹范围内纵梁的高度可取1~2m,并满足预应力筋布置要求,纵梁的宽度与拱肋一致。横梁的高度与空腹范围内纵梁相同或略低,宽度按是否设置预应力筋的构造要求取用。空腹范围内拱肋之间横系梁尺寸可取600mm×800mm,主跨大于80m时,尺寸尚需加大。立柱的厚度可与拱肋相同,立柱的宽度一般大于或等于400mm,拱座顶立柱的宽度约为其他立柱宽度的2倍。剪刀撑的截面尺寸可取400mm×600mm。

(2)中承式和下承式拱式组合桥。

按刚拱刚梁的拱梁组合结构设计时,拱肋截面的高度可按下式估算:

$$h = \frac{l}{50} \sim \frac{l}{40} \tag{4-2-11}$$

对于拱肋略偏柔(以下简称偏柔刚拱刚梁)的拱梁组合结构,拱肋截面的高度可按下式估算:

$$h = \frac{l}{80} \sim \frac{l}{60} \tag{4-2-12}$$

当采用刚拱柔梁的拱梁组合结构,或采用拱系杆组合结构时,拱肋截面的高度可按下式估算:

$$h = \frac{l}{50} \sim \frac{l}{30} \tag{4-2-13}$$

以上式中 l 为中跨跨径。

当跨径较大时,拱肋截面可以采用变高度的构造方式。

拱肋宽度与风撑设置的情况有关。当桥宽在20m左右时,双肋式的拱肋宽度可拟定为:不设风撑时按刚拱刚梁设计的拱肋宽度 $b = (1.0 \sim 1.2)h$,设风撑时 b 值减半;偏柔刚拱刚梁的拱肋宽度 $b = (1.0 \sim 1.2)h$,不设风撑时取大值。若桥宽大于20m,或肋数多于两个,拱肋宽度须相应调整。单肋式拱肋的宽度,一般与同桥宽多肋的总宽度相当。

横梁的高度按纵梁或吊杆横向间距的 $1/20 \sim 1/10$ 选取。对于刚拱刚梁和偏柔刚拱刚梁的拱梁组合结构,双拱肋时纵梁的高度一般大于横梁与桥面板的组合高度,以便纵、横向钢筋布置,纵梁的宽度大于拱肋;采用单拱肋时纵梁一般为箱形截面,梁高主要由抗扭、箱梁构造等因素决定,高度一般为桥宽的 $1/15 \sim 1/10$。下承式连续拱梁组合结构在中支点处的纵梁高度应适当加大,一般可按 $(1/20 \sim 1/10)l$ 拟定,纵向构造成折线或曲线变截面。立柱、桥面板尺寸的拟定方法同上承式结构。对于刚拱柔梁的拱梁组合结构,纵梁的高度主要取决于预应力束的布置要求。

以上尺寸也不是绝对的。一般来说,对于拱梁组合结构,若纵梁高度取得大一些,拱肋高度可取小一些,拱肋的弯矩及其配筋量可以减小。但是,由于通常纵梁的抗弯刚度大于拱肋较多,结构的变形一般由拱肋的变形所决定;同时拱肋主要承受轴向压力,拱肋的刚度也体现在轴压刚度。因此,综合增加拱肋的刚度,对减小结构变形有重要的作用。拱系杆组合结构也有相似的特点。城市桥梁车流量大,结构振动较明显,拱肋刚度宜取大些。

2. 细部构造要点

1)拱肋

当采用钢筋混凝土结构时,拱肋可采用矩形、工字形及箱形截面[图4-2-52a)],它们的常用跨径分别约小于60m、小于80m及大于100m。作为主要受压的构件,受力钢筋和箍筋(尤其在拱脚、空实腹交界处、吊杆与立柱联结处),是构造的关键部分,须严格按现行《公路钢筋混凝土及预应力混凝土桥涵设计规范》(JTG 3362—2018)执行。当跨径较大、矢跨比较小时(如上承式结构),也可以考虑采用劲性钢骨混凝土结构。

下承式结构的拱肋、中承式结构桥面以上的拱肋,也可采用钢管混凝土结构,截面形式有圆形、圆端形、哑铃形、三圆管形成的三角形、四圆管形成的四边形等[图4-2-52b)]。钢管混凝土拱肋因其在受力、施工中的优势,已成为跨径大于60m的下承式和中承式结构拱肋的主要构造形式。非圆形钢管和其他钢管的压应力、应力幅度较大部位的加劲构造,见图4-2-53。

2)纵梁与系杆

拱梁组合结构的纵梁承受着拉弯组合作用,构造上与拱肋、横梁及吊杆或立柱联结在一起。纵梁采用预应力混凝土材料,截面形式有矩形、工字形或箱形(图4-2-74),根据跨径、梁高、拱肋布置形式等情况取用。对于双肋式构造,当吊杆的间距较小时,也常采用矩形截面。截面的构造,尤其是工字形和箱形截面,须与其他构造要求(如预应力筋布置等)综合考虑。详见纵梁、横梁、吊杆的联结构造要求。为了保证拱肋的稳定性,非箱形截面的纵梁与桥面板之间须有可靠的联结,提供足够的整体刚度、确保吊杆能产生有效的非保向力效应(图4-2-75)。对于刚拱柔梁的下承式与中承式拱梁组合结构,纵梁虽在构造上仍与拱肋、横梁及吊杆等联结,但已趋向主要承受拉力作用的构件(系杆)。

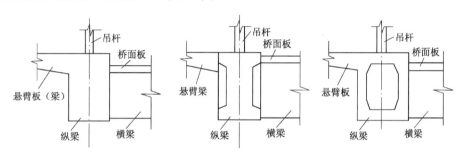

图4-2-74 纵梁的截面形式

拱系杆组合结构虽然在外形上与拱梁组合结构相似,但系杆的构造、受力与纵梁完全不同;有些桥面结构虽也设(小)纵梁,或中承式结构的边跨也可设置与拱梁组合结构相似的纵梁,但这些纵梁并不承担拱肋产生的水平推力。因系杆的作用主要是承担拱肋所产生的水平推力,不承担桥面局部荷载和参与拱肋抗弯作用,故在构造上系杆一般采用抗弯刚度较小的柔性构件,并且其与横梁、吊杆或立柱不产生共同作用。系杆的构造方式主要有:在横梁顶面设置纵向可自由滑动的系杆箱,内分隔成多室,穿入高强钢丝或钢绞线成品索[图4-2-76a)];在横梁顶面设置滚轮,其上放置高强钢丝或钢绞线成品索[图4-2-76b)];在横梁上预设纵向可自由滑动的系杆孔(道),内穿高强钢丝或钢绞线成品索[图4-2-76c)]。这是目前常用的三种系杆构造方式。

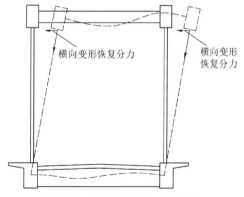

图4-2-75 吊杆的非保向力效应示意

3)横梁及桥面结构

根据纵梁或吊杆横向之间的跨径,横梁可以采用钢筋混凝土或预应力混凝土结构,截面形式有矩形、工字形、T形、凸字形及带凸头工字形等(图4-2-77)。为形成桥面横坡,横梁一般为变高度的。对于拱梁组合结构,矩形、工字形、凸字形及带凸头工字形横梁,在其两端与纵梁联结后,梁顶作为桥面板的支承面,并与预制桥面板通过现浇混凝土结合成桥面结构。T形横梁为带翼的肋板式梁,翼缘板作为桥面板的一部分,同时横梁之间也留有一部分现浇的桥面板。T形横梁钢筋用量较省、桥面结构整体性较好,但吊装重量较大。其他不带翼横梁预制截面的形心偏低、用钢量较大,梁与板的结合性能相对较差。为了保证桥面以上拱肋平面外稳定性,桥面处的拱肋横梁应构造强大,起到约束拱在平面外转动的作用。在大跨径结构中,此横梁可采用箱形截面。有关横梁端部构造及预应力筋布置等要求,见本标题下的"(7)纵梁、横梁及吊杆的联结"。

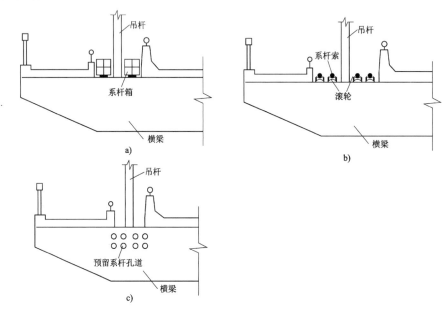

图 4-2-76 系杆的构造方式
a)横梁顶设系杆箱式;b)横梁顶设滚轮式;c)横梁预留孔道式

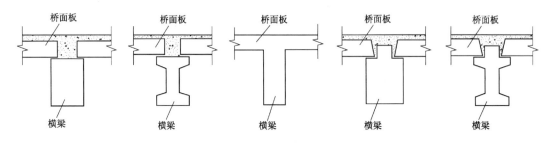

图 4-2-77 横梁的截面形式

对于拱系杆组合结构,横梁与桥面板或与带(小)纵梁的桥面板等构件形成桥面结构。为了不使桥面结构参与承担拱的水平推力,避免收缩、徐变和温度变化对结构整体受力的影响,常在近拱脚处(下承式结构)或拱肋与桥面交点的横梁处(中承式结构),设横向断缝并设置滑动支承。但桥面结构对拱肋仍存在较弱的加劲作用。

4) 吊杆

下承式和中承式结构的吊杆,可采用预应力混凝土、预应力钢管混凝土材料,也可用热挤PE护套的平行钢丝成品索[图4-2-54c)]。前两种材料的吊杆分别称为刚性和半刚性吊杆,热挤PE护套的平行钢丝成品索为柔性吊杆,其构造与斜拉索相似。

5) 立柱

上承式和中承式结构的立柱,通常为钢筋混凝土结构,采用矩形截面。立柱内钢筋应按受压构件要求配置。在拱梁组合部分,预应力引起的拱、梁不协调变形,以及车辆荷载作用下纵梁的局部弯曲变形,都将在立柱的两端尤其是上端引起较大的弯矩。这些因素往往会造成立柱端部开裂,主要是近实腹段的短柱。因此,靠近实腹段的几根短柱的上端一般需要设铰,常用构造见图4-2-78。

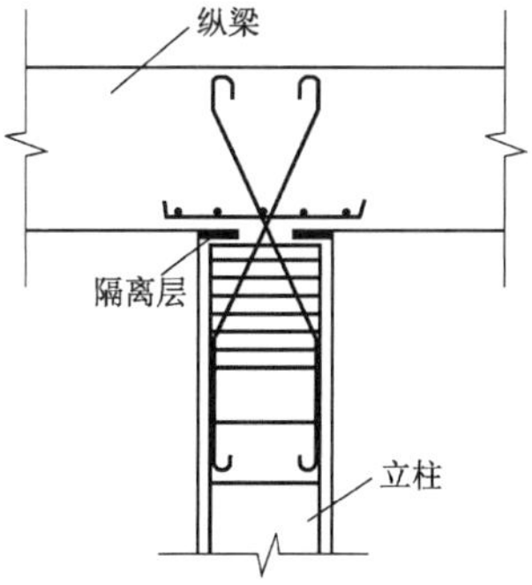

6) 拱肋、纵梁及横梁的联结

拱肋、纵梁及横梁的联结点,是下承式和中承式拱梁组合结构的重要构造(图4-2-79)。从简支拱梁组合结构在该联结点处的主应力迹线可见[图4-2-80a)],主应力方向变化很大;同时,该处的构造难点在于纵横向预应力筋、普通钢筋和拱肋钢筋相互交叉,以及横向预应力筋需锚固,简支结构还需锚固纵向预应力筋。图4-2-80b)为简支结构在该联结点处钢筋的布置方式,其中为了简化构造、改善受力,采取了将纵向预应力筋的锚固端块加长、锚固点后移的措施。这个措施对桥梁整体构造布置无任何不利影响。对于上承式、中承式结构边跨的端部,拱肋与纵梁的联结构造与整体式拱桥相似,但也应考虑纵横向预应力筋、普通钢筋和拱肋钢筋的构造要求。

图4-2-78 立柱上端设铰构造示意

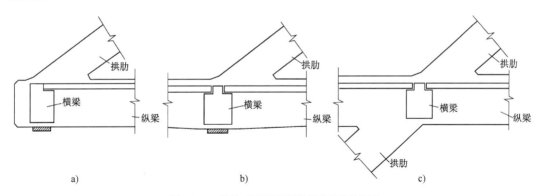

图4-2-79 拱肋、纵梁及横梁的联结点构造示意

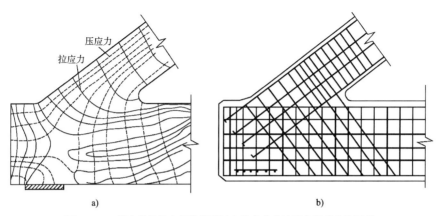

图4-2-80 简支拱梁组合桥拱脚联结点的主应力迹线和钢筋构造示意
a) 主应力迹线; b) 钢筋构造

7) 纵梁、横梁及吊杆的联结

拱梁组合结构纵梁、横梁、吊杆联结点的构造要点,应使纵向、横向预应力筋和普通钢筋,以及吊杆及其锚点互不干扰。为此,纵向预应力筋可避开吊杆及其结点布置范围,并让出横向预应力筋的锚固空间;横梁端部截面横向扩大、横向预应力筋在进入纵梁前向两侧分开,让出吊杆布置及锚固空间;横梁的普通钢筋避开纵梁钢筋(可取横梁高度低于纵梁),详见图4-2-81。

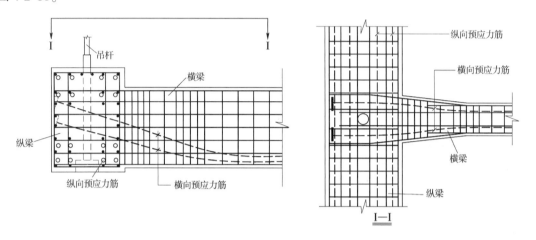

图4-2-81　纵梁、横梁及吊杆联结点钢筋构造示意

8) 吊杆与拱肋的联结

吊杆与拱肋的联结构造的关键是吊杆的锚固构造。对于钢筋混凝土拱肋,若吊杆内采用多锚头分散的预应力筋,则在锚固区的构造同一般预应力构件相似[图4-2-82a)];如果吊杆内采用集中单锚的高强度碳素钢丝束,或吊杆采用热挤PE护套的平行钢丝成品索,因锚固力大而集中,一般须采取钢锚箱等构造[图4-2-82b)],这种构造也将便于以后吊杆(索)更换。

9) 拱脚与拱座的联结

上承式和中承式结构的拱肋,通过拱座与下部结构联结(图4-2-83)。从拱肋施工起始至桥梁建成,拱脚截面弯矩变化幅度可能很大。为此,对于钢筋混凝土拱肋,可采取在拱脚处将拱肋截面上、下缘外层钢筋暂不与拱座内钢筋相连的措施,以释放拱脚不利弯矩,待上部结构合龙后的某一工况再进行联结。对于钢管混凝土拱肋,可采取临时铰的构造措施,既可以释放施工阶段的不利弯矩,也便于在安装钢管拱时调整拱肋高程。

10) 拱肋间的横向联系

为了保证拱肋平面外稳定性,拱肋间常用设置横向联系。桥面以上的拱肋可采用风撑[图4-2-84a)],桥面以下部分的拱肋则采用横系梁[图4-2-84b)]。风撑的构造主要有简单的直横联形、K形等。K形风撑能有效抵抗横向S形失稳模态,也有利于减少横向偏载引起的拱肋纵向相对错动变形。若拱肋平面外抗弯刚度较小时,易出现平面外单波形横向失稳模态。此时,拱顶直横联形风撑截面的长边应垂直于拱轴线、竖向刚度应取得较大,以提高拱肋横向稳定性。但有时这种构造方式也不能起有效作用,只能从改变拱肋截面入手。桥面以下拱肋之间的横系梁应设置在立柱处,以有效抵抗立柱压力对拱肋横向失稳的不利效应;横系梁截面的长边一般沿拱轴线方向布置,以加强拱肋纵向变形的整体性。

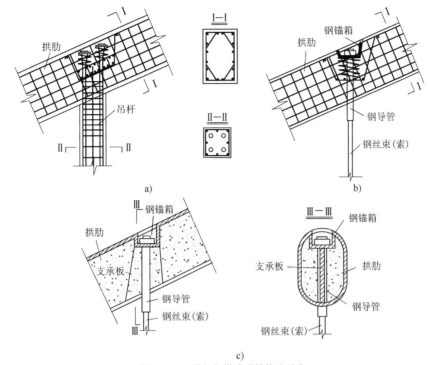

图 4-2-82 吊杆与拱肋联结构造示意
a) 预应力混凝土吊杆；b)、c) 钢丝束(索)吊杆

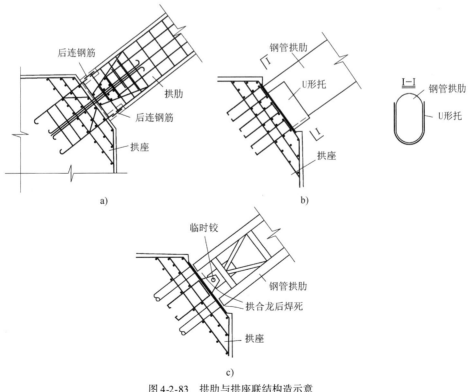

图 4-2-83 拱肋与拱座联结构造示意
a) 混凝土拱；b)、c) 钢管混凝土拱

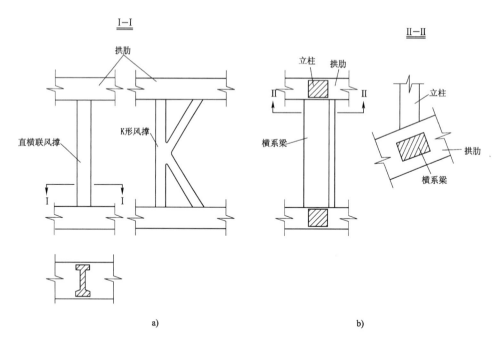

图 4-2-84 拱肋间横向联系形式
a) 风撑；b) 横系梁

对于上承和中承式结构，在拱座顶立柱横向之间应设置斜撑或剪刀撑，拱脚与靠近拱脚第一排立柱的拱肋横向之间应设置剪刀撑，以保证桥梁横向及拱肋纵向相对的整体性（图 4-2-85）。

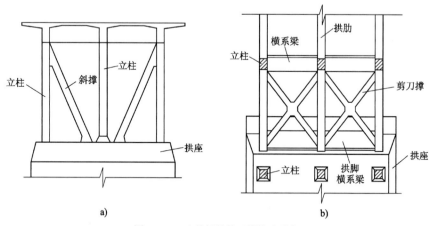

图 4-2-85 立柱间的剪刀撑构造示意
a) 拱座顶立柱与斜撑；b) 拱脚与靠近拱脚第一排立柱间的剪刀撑

第三章
拱桥的计算

第一节 概 述

拱桥是多次超静定的结构。即使对于简单体系的上承式拱桥,拱上建筑也将参与拱圈共同作用,这种现象称为"拱上建筑与主拱的联合作用"或简称"联合作用"。研究表明,简单体系上承式拱桥拱式拱上建筑的联合作用较强,而梁式拱上建筑的联合作用较弱。在拱式拱上建筑中,联合作用的大小又与许多因素有关。例如,拱上建筑相对拱圈的刚度越大,联合作用越显著;腹拱愈坦,其抗推刚度越大,联合作用亦越大。此外,同一拱桥不同截面的联合作用也是不同的。一般情况下,拱脚与 1/4 截面的联合作用较大而拱顶较小。随着拱上建筑的轻型化和主拱的约束减小,联合作用也随之减小,当采用轻型的梁式拱上建筑时,联合作用的影响可以略去不计。因此,如何在计算时考虑普通拱桥拱上建筑的联合作用,使这一联合作用成为有利、合理、明确的结构安全储备,是结构计算分析的难点。

拱桥是一种空间结构。在横桥方向,不论活载如何作用,拱圈(肋)的横断面上都会出现应力(内力)不均匀分布,这种现象称为"活载的横向分布"。拱桥的活载横向分布也与许多因素有关,如结构形式、拱上建筑的形式、拱圈的截面形式与刚度等。对于上承式板式拱圈的石拱、箱形拱及拱上建筑为立墙的双曲拱桥,联合作用较大的拱脚及 1/4 截面,横向分布比较均匀;而联合作用较弱的拱顶截面,活载横向分布影响较大。但总体而言,这些拱桥拱圈的横向受力比较均匀。然而,肋拱桥尤其是中承式与下承式结构,活载横向分布影响较大。同样,整体式拱桥和拱梁组合桥,也是活载横向分布影响较大的结构。因此,简单体系的肋拱桥、组合体系拱桥,都是活载横向不均匀分布影响较大的结构。

多次超静定、空间受力的拱桥,虽然受力复杂但其整体受力特点明显,具有空间受力平面简化的条件。因此,除一些结构局部空间应力分析、空间稳定及动力分析等特殊问题外,为了便于设计计算,拱桥通常被简化为平面杆系结构。这种平面结构是沿拱桥纵向划分出的一条、一根或一片可以代表结构整体的部分。如:肋(箱肋)拱桥可以取出一根代表性的拱肋(箱拱肋)及相应肋间范围内的结构部分将空间结构平面化;板拱桥可以划出某一宽度的板拱条和相应拱上结构部分而化为平面结构;整体式拱桥可取出一平面拱片成为平面结构;其他构造的拱桥也是用相似的方法,实现空间结构的平面简化。

在简单体系拱桥的设计计算中,若采用手算则一般不考虑联合作用的影响,即假定作用在桥上的活载全部由拱圈承担。实际上,拱顶截面不考虑联合作用和横向分布影响,往往会偏于不安全。对于拱上建筑为立墙的上承式板式拱圈的石拱、箱形拱及双曲拱桥,当活载横桥向分布不超出拱圈范围,一般可假定活载由主拱全宽均匀承受,不考虑横向不均匀受力影响。根据结构空间受力的特点,双肋拱桥一般可近似采用杠杆法计算横向分布系数;对于多肋拱桥的横向分布系数,窄桥时可采用偏心压力法计算,宽桥时则可用弹性支承连续梁法计算。整体式拱桥在设计时就考虑了联合作用,因此结构构造及结构受力图式明确;拱梁组合桥是另一种组合式结构,拱、梁、吊杆、立柱共同作用,也有明确的结构构造与受力图式。整体式拱桥和拱梁组合桥横向分布系数的计算方法同上述肋拱桥一样。

第二节　简单体系拱桥的计算

为了充分发挥圬工材料的抗压能力、节省钢材用量,拱轴线的选取成为拱桥设计中的最重要的内容之一。悬链线是普通拱桥尤其是大跨拱桥常用的拱轴线,其特有的与拱圈内力联系在一起的几何性质,以及与悬链线拱桥相应的计算内容将在本节详细介绍。

一、悬链线拱的几何性质

(一)实腹式悬链线拱

上承实腹式拱是用结构重力作用下的压力线作为拱轴线(不计弹性压缩)的拱,而这一压力线的方程就是悬链线方程。下面将以结构重力作用下的压力线作为拱轴线,推导出悬链线方程。

设实腹式拱的结构重力包括拱圈、拱上填料和桥面层自重[图4-3-1a)]的分布规律如图4-3-1b)所示。取图4-3-1所示坐标系,设拱轴线即为结构重力作用下的压力线,故在结构重力作用下拱顶截面的弯矩 $M_d = 0$、剪力 $Q_d = 0$,于是,拱顶截面仅作用结构重力引起的轴压力,即结构重力引起的水平推力 H_g。现对拱脚截面取矩,则有:

$$H_g = \frac{\sum M_j}{f} \tag{4-3-1}$$

式中：H_g——拱的结构重力引起的水平推力（不考虑弹性压缩）；
$\sum M_j$——半拱结构重力对拱脚截面的弯矩；
f——拱的计算矢高。

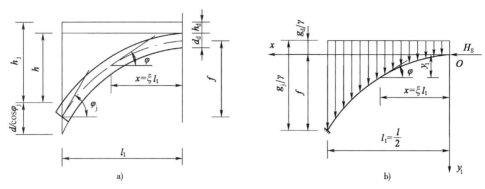

图 4-3-1　实腹式悬链线拱轴计算图式

对任意截面取矩，可得：

$$y_1 = \frac{M_x}{H_g} \tag{4-3-2}$$

式中：y_1——以拱顶为坐标原点，拱轴上任意点的坐标；
M_x——任意截面以右的全部结构重力对该截面的弯矩值；
其余符号意义同前。

式（4-3-2）即为求算结构重力作用下的压力线的基本方程。将上式两边对 x 求导两次得：

$$\frac{d^2 y_1}{dx^2} = \frac{1}{H_g} \frac{d^2 M_x}{dx^2} = \frac{g_x}{H_g} \tag{4-3-3}$$

式（4-3-3）为结构重力作用下的压力线的基本微分方程。为了得到拱轴线的一般方程，必须知道结构重力集度的分布规律。由图 4-3-1b)，任意点的结构重力集度 g_x 可以下式表示：

$$g_x = g_d + \gamma y_1 \tag{4-3-4}$$

式中：g_d——拱顶处结构重力集度；
γ——拱上建筑材料重度；
其余符号意义同前。

由式（4-3-4）得：

$$g_j = g_d + \gamma f = m g_d \tag{4-3-5}$$

$$m = \frac{g_j}{g_d} \tag{4-3-6}$$

式中：g_j——拱脚处结构重力集度；
m——拱轴系数（或称为拱轴曲线系数）；
其余符号意义同前。

由式（4-3-5）得：

$$\gamma = (m-1)\frac{g_d}{f} \tag{4-3-7}$$

将式（4-3-7）代入式（4-3-4），可得：

$$g_x = g_d + y_1(m-1)\frac{g_d}{f} = g_d\left[1 + (m-1)\frac{y_1}{f}\right] \tag{4-3-8}$$

式中,符号意义同前。

再将式(4-3-8)代入基本微分方程(4-3-3)。为使最终结果简单,引入参数 $x = \xi l_1$,则

$$dx = l_1 d\xi$$

可得:

$$\frac{d^2 y_1}{d\xi^2} = g_d \frac{l_1^2}{H_g}\left[1 + (m-1)\frac{y_1}{f}\right]$$

令

$$k^2 = \frac{g_d l_1^2}{f H_g}(m-1) \tag{4-3-9}$$

则:

$$\frac{d^2 y_1}{d\xi^2} = \frac{g_d l_1^2}{H_g} + k^2 y_1 \tag{4-3-10}$$

式中,符号意义同前。

式(4-3-10)为二阶非齐次常系数线性微分方程。解此方程,则得拱轴线方程为:

$$y_1 = \frac{f}{m-1}(\text{ch}k\xi - 1) \tag{4-3-11}$$

式中,符号意义同前。

式(4-3-11)一般也称为悬链线方程。以拱脚截面 $\xi = 1$,$y_1 = f$ 代入式(4-3-11)得:

$$\text{ch}k = m$$

通常 m 已知,则 k 值可由下式求得:

$$k = \text{ch}^{-1}m = \ln(m + \sqrt{m^2 - 1}) \tag{4-3-12}$$

式中,符号意义同前。

当 $m = 1$ 时,则 $g_x = g_d$,表示的结构重力是均布荷载。不难理解,在均布荷载作用下拱的压力线为二次抛物线,其方程为:$y_1 = f\xi^2$。悬链线拱的拱轴系数一般不宜大于3.5。

由悬链线方程(4-3-11)可以看出,当拱的矢跨比确定后,拱轴线各点的纵坐标将取决于拱轴系数 m。各种 m 值的拱轴线坐标可直接由《公路桥涵设计手册——拱桥》(以下简称《拱桥》)附录表(Ⅲ)-1 查出,一般不必按式(4-3-11)计算。

下面介绍实腹式悬链线拱拱轴系数的确定。

因为

$$m = \frac{g_j}{g_d}$$

由图 4-3-1 可知,拱顶处结构重力集度为:

$$g_d = \gamma_1 h_d + \gamma d \tag{4-3-13}$$

在拱脚处 $h_j = h_d + h$,则其结构重力集度为:

$$g_j = \gamma_1 h_d + \gamma_2 h + \gamma \frac{d}{\cos\varphi_j} \tag{4-3-14}$$

$$h = f + \frac{d}{2} - \frac{d}{2\cos\varphi_j} \tag{4-3-15}$$

式中:h_d——拱顶处填料厚度;

h_j——拱脚处填料厚度;

d——拱圈高度;

γ——拱圈重度;

γ_1——拱顶填料及路面的平均重度;

γ_2——拱腹填料平均重度;

φ_j——拱脚处拱轴线的水平倾角;

其余符号意义同前。

从式(4-3-13)和式(4-3-14)可以看出,这两式中除了φ_j为未知数外,其余均为已知数。由于φ_j为未知,故不能直接算出m值,需采用逐次逼近法确定:即先根据跨径和矢高假定m值,由《拱桥》附录表(Ⅲ)-20查得拱脚处的$\cos\varphi_j$值,代入式(4-3-14)求得g_j后,再连同g_d一起代入式(4-3-6)算得m值。然后与假定的m值相比较,如算得的m值与假定的m值相符,则假定的m值即为真实值;如两者不符,则应以算得的m值作为假定值(为了计算的方便,m值应按表4-3-1所列数值假定),重新进行计算,直至两者接近为止。

拱轴系数m与$y_{l/4}/f$的关系表 表4-3-1

m	1.000	1.167	1.347	1.543	1.756	1.988	2.240	2.514	2.814	3.142	3.500	…	5.321
$\dfrac{y_{l/4}}{f}$	0.250	0.245	0.240	0.235	0.230	0.225	0.220	0.215	0.210	0.205	0.200	…	0.180

当拱的跨径和矢高确定之后,悬链线的形状取决于拱轴系数m,其线形特征可用$l/4$点纵坐标$y_{l/4}$的大小表示(图4-3-2)。

拱跨$l/4$点的纵坐标$y_{l/4}$与m值有下述关系。当$\xi = 1/2$时,$y_1 = y_{l/4}$,代入式(4-3-11)得:

$$\frac{y_{l/4}}{f} = \frac{1}{m-1}\left(\operatorname{ch}\frac{k}{2} - 1\right) \tag{4-3-16}$$

式中,符号意义同前。

由式(4-3-16)可见,$y_{l/4}$与m值成反比关系。当m增大时,拱轴线抬高;反之,当m减小时,拱轴线降低(图4-3-2)。在一般的悬链线拱桥中,结构重力从拱顶至拱脚逐渐增加,$g_j > g_d$,因而$m > 1$。只有在均布荷载作用下$g_j = g_d$时,方能出现$m = 1$的情况。由式(4-3-16)可得,在这种情况下$y_{l/4} = 0.25f$(图4-3-2)。

在《拱桥》附录的计算用表中,除了可以根据拱轴系数m查得所需的表值之外,也可借助相应的$y_{l/4}$查得同样的表位。$y_{l/4}$与m的对应关系见表4-3-1,读者可以根据计算的方便,利用m值或者$y_{l/4}$的数值查表,其结果是一致的。

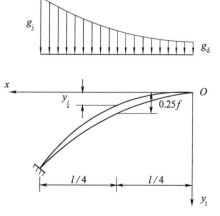

图4-3-2 拱跨$l/4$点纵坐标与m的关系

(二) 空腹式悬链线拱

在上承式空腹式拱桥中,桥跨结构的结构重力可视为由两部分组成:拱圈与实腹段自重的分布荷载与空腹部分通过腹孔墩传下的集中力[图4-3-3a)]。由于集中力的存在,拱的结构重力作用下的压力线是一条转折的、不光滑的曲线。在设计空腹式拱桥时,由于悬链线拱的受力与线形均较好,又有完整的计算表格可用,故多采用悬链线作为拱轴线。为使采用的悬链拱轴线与其结构重力作用下的压力线接近,一般采用"五点重合法"确定悬链拱轴线的 m 值。所谓"五点重合法",是指在拱跨上有五个点(拱顶、两 $l/4$ 点和两拱脚)的拱轴线与相应三铰拱结构重力作用下的压力线重合[图4-3-3b)]。

欲达此目的,可以采用上述五点弯矩为零的条件来确定 m 值。

由拱顶弯矩为零及结构重力的对称条件知,拱顶仅有通过截面重心结构重力引起的轴力,也即拱结构重力引起的水平推力 H_g,弯矩及剪力为零。

在图4-3-3a)、b)中,由 $\sum M_A = 0$ 得:

$$H_g = \frac{\sum M_j}{f} \quad (4\text{-}3\text{-}17)$$

由 $\sum M_B = 0$ 得:

$$H_g y_{l/4} - \sum M_{l/4} = 0$$

则:

$$H_g = \frac{\sum M_{l/4}}{y_{l/4}}$$

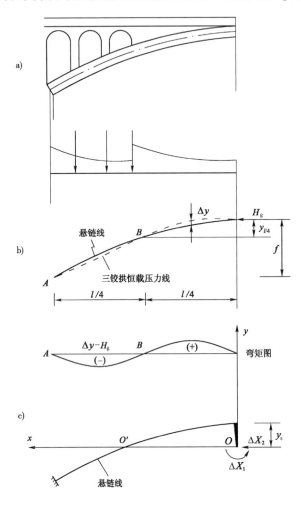

图4-3-3 空腹式悬链线拱轴计算图式

将式(4-3-17)的 H_g 代入上式,可得:

$$\frac{\sum M_j}{f} = \frac{\sum M_{l/4}}{y_{l/4}} \quad (4\text{-}3\text{-}18)$$

式中:$\sum M_{l/4}$——自拱顶至拱跨 $l/4$ 点的结构重力对 $l/4$ 截面的力矩;

其余符号意义同前。

等截面悬链线拱的拱圈结构重力对 $l/4$ 及拱脚截面的弯矩 $M_{l/4}$、M_j,可由《拱桥》附录表(Ⅲ)-19 查得。

求得 $y_{l/4}/f$ 之后,可由式(4-3-16)反求 m,即:

$$m = \frac{1}{2}\left(\frac{f}{y_{l/4}} - 2\right)^2 - 1 \qquad (4\text{-}3\text{-}19)$$

式中,符号意义同前。

空腹式拱桥的 m 值,仍可采用逐次逼近法确定。即由假定的 m 值定出拱轴线,作图布置拱上建筑,然后计算拱圈和拱上建筑的结构重力对 $l/4$ 和拱脚截面的力矩 $\sum M_{l/4}$ 和 $\sum M_j$,利用式(4-3-19)算出 m 值。如与假定的 m 值不符,则应以求得的 m 值作为假定值,重新计算,直至两者接近为止。

应当注意,用上述方法确定空腹拱的拱轴线,仅与相应三铰拱结构重力作用下的压力线保持五点重合,其他截面处的拱轴线与三铰拱结构重力作用下的压力线都有不同程度的偏离。大量计算证明,从拱顶到 $l/4$ 点,一般压力线在拱轴线之上,而从 $l/4$ 点到拱脚,压力线则大多在拱轴线之下。拱轴线与相应三铰拱结构重力作用下的压力线的偏离类似于一个正弦波[图4-3-3b)]。

结构重力作用下的压力线与拱轴线的偏离会引起拱弯曲,并在拱中产生相应附加内力。对于三铰拱,各截面的偏离弯矩 M_P 可按压力线与拱轴线在该截面处的偏离值 Δy 计算,表示为 $M_P = H_g \Delta y$;但对于无铰拱,偏离弯矩则应根据结构力学方法算得。

由结构力学知,若采用力法求解偏离弯矩,可采用悬臂曲梁为基本结构[图4-3-3c)],结构重力(包括 H_g)引起在弹性中心的赘余力满足方程:

$$\Delta X_1 \delta_{11} + \Delta_{1P} = 0 \qquad (4\text{-}3\text{-}20)$$

$$\Delta X_2 \delta_{22} + \Delta_{2P} = 0 \qquad (4\text{-}3\text{-}21)$$

式中:ΔX_1、ΔX_2——压力线与拱轴线偏离引起在弹性中心处的弯矩和轴力;

δ_{11}、δ_{22}——基本结构在 ΔX_1、ΔX_2 方向的柔度;

Δ_{1P}、Δ_{2P}——结构重力(包括 H_g)在 ΔX_1、ΔX_2 方向引起的变形。

求解式(4-3-20)与式(4-3-21),可得任意截面处的偏离弯矩[图4-3-3c)]:

$$\Delta M = \Delta X_1 - \Delta X_2 y + M_P \qquad (4\text{-}3\text{-}22)$$

式中:y——以弹性中心为原点(向上为正)的拱轴线坐标;

其余符号意义同前。

对于拱顶、拱脚截面,偏离弯矩为:

$$\Delta M_d = \Delta X_1 - \Delta X_2 y_s \qquad (4\text{-}3\text{-}23\text{a})$$

$$\Delta M_j = \Delta X_1 + \Delta X_2 (f - y_s) \qquad (4\text{-}3\text{-}23\text{b})$$

式中:y_s——弹性中心至拱顶之距离;

其余符号意义同前。

由式(4-3-23)可见,由于拱轴线与结构重力作用下的压力线有偏离,在拱顶、拱脚都产生了偏离弯矩。因 Δy 值正、负交替,Δ_{1P} 的数值较小,于是 ΔX_1 值也较小;而大量计算证明 ΔX_2 恒为正值。因此,拱顶的偏离弯矩 ΔM_d 为负而拱脚的偏离弯矩 ΔM_j 为正,这恰好与这两截面控制弯矩的符号相反。这一事实说明,在空腹式拱桥中,用"五点重合法"确定的悬链拱轴线,偏离弯矩对拱顶、拱脚都是有利的。因而,空腹式无铰拱采用悬链拱轴线,比采用结构重力作用下的压力线更加合理。

空腹式无铰拱桥,采用"五点重合法"确定的拱轴线,与相应三铰拱结构重力作用下的压力线在拱顶、两 $l/4$ 点和两拱脚五点重合,而与无铰拱结构重力作用下的压力线实际上并不存在五点重合的关系。

(三)拱轴线的水平倾角 φ

将式(4-3-11)对 ξ 取导数,得:

$$\frac{\mathrm{d}y_1}{\mathrm{d}\xi} = \frac{fk}{m-1}\mathrm{sh}k\xi \tag{4-3-24}$$

因为:

$$\tan\varphi = \frac{\mathrm{d}y_1}{\mathrm{d}x} = \frac{\mathrm{d}y_1}{l_1\mathrm{d}\xi} = \frac{2\mathrm{d}y_1}{l\mathrm{d}\xi}$$

将式(4-3-24)代入上式,得:

$$\tan\varphi = \frac{2fk}{l(m-1)}\mathrm{sh}k\xi = \eta\mathrm{sh}k\xi \tag{4-3-25}$$

$$\eta = \frac{2fk}{l(m-1)}$$

式中,符号意义同前。

可见,拱轴水平倾角与拱轴系数 m 有关。拱轴线上各点的水平倾角 $\tan\varphi$,可直接由《拱桥》附录表(Ⅲ)-2 查出。

(四)悬链线无铰拱的弹性中心

在按力法计算无铰拱的内力(结构重力、活载、温度变化、混凝土收缩和拱脚变位等)时,为了简化计算工作,常利用拱的弹性中心法。在此,我们讨论的是对称拱,弹性中心在对称轴上。

由结构力学知,弹性中心距拱顶的距离为(图4-3-4):

$$y_s = \frac{\int_s \frac{y_1 \mathrm{d}s}{EI}}{\int_s \frac{\mathrm{d}s}{EI}} \tag{4-3-26}$$

$$y_1 = \frac{f}{m-1}(\mathrm{ch}k\xi - 1)$$

$$\mathrm{d}s = \frac{\mathrm{d}x}{\cos\varphi} = \frac{l}{2\cos\varphi}\mathrm{d}\xi$$

其中:

$$\cos\varphi = \frac{1}{\sqrt{1+\tan^2\varphi}} = \frac{1}{\sqrt{1+\eta^2\mathrm{sh}^2k\xi}}$$

则

$$\mathrm{d}s = \frac{l}{2}\sqrt{1+\eta^2\mathrm{sh}^2k\xi}\,\mathrm{d}\xi \tag{4-3-27}$$

以上式中,符号意义同前。

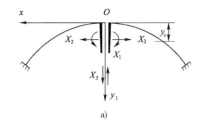
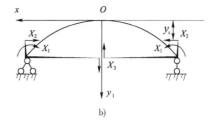

图 4-3-4 拱的弹性中心

将 y_1 及 $\mathrm{d}s$ 代入式(4-3-26),并注意到等截面拱中 I 为常数,则:

$$y_s = \alpha_1 f \tag{4-3-28}$$

$$\alpha_1 = \frac{1}{m-1} \frac{\int_0^1 (\mathrm{ch}k\xi - 1)\sqrt{1+\eta^2\mathrm{sh}^2 k\xi}\,\mathrm{d}\xi}{\int_0^1 \sqrt{1+\eta^2\mathrm{sh}^2 k\xi}\,\mathrm{d}\xi}$$

式中,系数 α_1 可由《拱桥》附录表(Ⅲ)-3 查得;其余符号意义同前。

二、拱圈内力计算

简单体系拱桥内力计算可以用手算或电算。手算主要采用结构力学的力法,并配合使用现成的《拱桥》图表进行计算;电算则采用计算机语言编程的有限单元法进行分析。这里先介绍手算方法,有关电算的要点将在本节的最后介绍。

当采用结构力学的力法手算悬链线拱圈内力时,基本结构有两种取法:图 4-3-4a)为以悬臂曲梁为基本结构,图 4-3-4b)为以简支曲梁为基本结构。在计算无铰拱的内力影响线时,为了简化计算,常用简支曲梁为基本结构。

(一)拱圈结构重力引起的内力

采用结构重力作用下的压力线作为拱轴线,若不考虑拱圈变形的影响,则拱圈的结构重力引起的内力只有轴向压力,即拱圈处于纯压状态。但是,拱圈材料在结构重力引起的轴向压力作用下会产生弹性压缩,使拱轴长度缩短。这种现象称为拱的弹性压缩。由于无铰拱是超静定结构,弹性压缩引起拱轴的缩短,将在拱中产生内力。为便于设计计算,结构重力引起的内力一般分为两部分,即不考虑弹性压缩影响的内力与弹性压缩引起的内力,两者相加即得结构重力作用下的总内力。

1. 不考虑弹性压缩结构重力引起的内力

1)实腹拱

在不考虑弹性压缩的情况下,拱圈结构重力引起的内力,可按纯压拱的公式计算。由公式(4-3-9)

$$k^2 = \frac{g_d l_1^2}{f H_g}(m-1)$$

可得结构重力引起的水平推力为:

$$H_g = \frac{m-1}{4k^2}\frac{g_d l^2}{f} = k_g \frac{g_d l^2}{f} \tag{4-3-29}$$

$$k_g = \frac{m-1}{4k^2}$$

以上式中,符号意义同前。

结构重力作用下,拱脚的竖向反力为半拱的结构重力,即:

$$V_g = \int_0^{l_1} g_x \mathrm{d}x = \int_0^l g_x l_1 \mathrm{d}\xi$$

将式(4-3-8)、式(4-3-11)代入上式,积分得:

$$V_g = \frac{\sqrt{m^2-1}}{2[\ln(m+\sqrt{m^2-1})]} g_d l = k_g' g_d l \tag{4-3-30}$$

$$k_g' = \frac{\sqrt{m^2-1}}{2[\ln(m+\sqrt{m^2-1})]}$$

以上式中,系数 k_g、k_g' 可在《拱桥》附录表(Ⅲ)-4 中查得,其余符号意义同前。

拱圈各截面的轴向力 N 按下式计算,结构重力引起的弯矩和剪力均为零。

$$N = \frac{H_g}{\cos\varphi} \tag{4-3-31}$$

式中,符号意义同前。

2) 空腹拱

由于拱轴线与结构重力作用下的压力线有偏离,空腹式悬链线无铰拱的拱顶、拱脚和 $l/4$ 点都有结构重力引起的弯矩。为了便于设计计算,将此结构重力引起的内力分为两部分:首先不考虑偏离的影响,将拱轴线视为结构重力作用下的压力线;然后再考虑偏离的影响,按式(4-3-20)~式(4-3-22)计算由偏离引起的内力。二者叠加后,得空腹式无铰拱不考虑弹性压缩结构重力引起的内力。

不考虑偏离的影响时,空腹拱结构重力引起的内力亦按纯压拱计算。此时,拱的结构重力引起的推力 H_g 和拱脚竖向反力 V_g,可直接由静力平衡条件写出:

$$H_g = \frac{\sum M_j}{f}$$

$$V_g = \sum P(半拱的结构重力)$$

式中,符号意义同前。

算出 H_g 之后,即可利用纯压拱的式(4-3-31)计算各截面的轴向力。此时,拱中的弯矩和剪力均为零。

在设计中、小跨径空腹式拱桥时,可偏安全地不考虑偏离弯矩的影响。大跨径空腹式拱桥,结构重力作用下的压力线与拱轴线的偏离一般较大,偏离弯矩是一种可供利用的有利因素。此时,应当计入偏离弯矩的影响。计算结构重力作用下的偏离弯矩的影响时,除了计算偏离弯矩对拱顶、拱脚的有利影响之外,还应计入偏离弯矩对 $l/8$ 和 $3l/8$ 截面的不利影响。尤其是 $3l/8$ 截面,往往成为正弯矩的控制截面。

2. 弹性压缩引起的内力

在结构重力引起的轴向压力作用下,拱圈的弹性压缩表现为拱轴长度的缩短。按结构力学中的力法,将拱顶切开,取悬臂曲梁为基本结构。弹性压缩会使拱轴在跨径方向缩短 Δl,而由拱顶的变形协调条件,可求得赘余力 ΔH[图4-3-5a)],即:

$$\Delta H \delta'_{22} - \Delta l = 0 \qquad (4\text{-}3\text{-}32)$$

式中符号意义见图 4-3-5。

从拱中取出一微段 ds [图 4-3-5b)],在轴向力 N 作用下缩短 Δds,其水平分量为 $\Delta dx = \Delta ds\cos\varphi$,则整个拱轴缩短的水平分量为:

$$\Delta l = \int_0^l \Delta dx = \int_s \Delta ds\cos\varphi = \int_s \frac{Nds}{EA}\cos\varphi = H_g \int_0^l \frac{dx}{EA\cos\varphi} \qquad (4\text{-}3\text{-}33)$$

将式(4-3-31)代入上式得:

$$\Delta l = \int_0^l \frac{H_g dx}{EA\cos\varphi} = H_g \int_0^l \frac{dx}{EA\cos\varphi} \qquad (4\text{-}3\text{-}34)$$

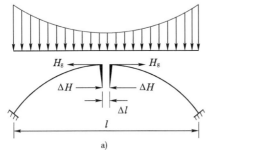 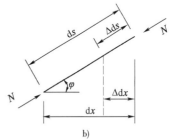

图 4-3-5 拱圈弹性压缩计算图式

考虑轴向力的影响后,在 s 方向的柔度为:

$$\delta'_{22} = \int_s \frac{\overline{M}_2^2 ds}{EI} + \int_s \frac{\overline{N}_2^2 ds}{EA} = \int_s \frac{y^2 ds}{EI} + \int_s \frac{\cos^2\varphi ds}{EA} = (1+\mu)\int_s \frac{y^2 ds}{EI} \qquad (4\text{-}3\text{-}35)$$

$$\mu = \frac{\int_s \frac{\cos^2\varphi ds}{EA}}{\int_s \frac{y^2 ds}{EI}} \qquad (4\text{-}3\text{-}36)$$

$$\overline{M}_2 = -y; \overline{N}_2 = \cos\varphi$$

式中:E——拱圈材料的弹性模量;
A——拱圈截面面积;
I——拱圈截面抗弯惯性矩;
其余符号意义同前或见图 4-3-5。

将式(4-3-33)、式(4-3-35)代入式(4-3-32),得:

$$\Delta H = H_g \frac{1}{1+\mu} \frac{\int_0^l \frac{dx}{EA\cos\varphi}}{\int_s \frac{y^2 ds}{EI}} = H_g \frac{\mu_1}{1+\mu} \qquad (4\text{-}3\text{-}37)$$

$$\mu_1 = \frac{\int_0^l \frac{dx}{EA\cos\varphi}}{\int_s \frac{y^2 ds}{EI}} \qquad (4\text{-}3\text{-}38)$$

式中,符号意义同前。
为了便于计算,对于等截面拱,可将式(4-3-36)、式(4-3-38)改写为:

$$\mu = \frac{l}{EvA\int_s \frac{y^2 ds}{EI}} \qquad (4\text{-}3\text{-}39)$$

$$\mu_1 = \frac{l}{Ev_1 A\int_s \frac{y^2 ds}{EI}} \qquad (4\text{-}3\text{-}40)$$

式中,符号意义同前。

以上各式中,$\int \frac{y^2 ds}{EI}$ 可自《拱桥》附录中的表(Ⅲ)-5 中查得,v_1、v 可自表(Ⅲ)-8、表(Ⅲ)-10 查得。等截面拱的 μ_1 和 μ,可直接由附录中的表(Ⅲ)-9、表(Ⅲ)-11 查出。

3. 结构重力作用下拱圈各截面的总内力

按结构力学符号规定:弯矩以使拱圈内缘受拉为正,剪力以绕脱离体逆时针转为正,轴向力则使拱圈受压为正。图 4-3-6 所示 M、Q、N 均为正。

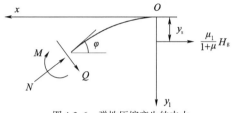

图 4-3-6 弹性压缩产生的内力

当不考虑空腹拱结构重力作用下压力线偏离拱轴线的影响时,拱圈各截面结构重力引起的内力为:不考虑弹性压缩的内力[仅有按式(4-3-31)计算的轴向力 N]加上弹性压缩产生的内力(图 4-3-6)。

轴向力:

$$N = \frac{H_g}{\cos\varphi} - \frac{\mu_1}{1+\mu}H_g\cos\varphi \qquad (4\text{-}3\text{-}41)$$

弯矩:

$$M = \frac{\mu_1}{1+\mu}H_g(y_s - y_1) \qquad (4\text{-}3\text{-}42)$$

剪力:

$$Q = \mp\frac{\mu_1}{1+\mu}H_g\sin\varphi \quad (\text{左半拱为"} - \text{",右半拱为"} + \text{"}) \qquad (4\text{-}3\text{-}43)$$

以上式中,符号意义同前。

由式(4-3-42)可见,考虑了结构重力作用下的弹性压缩之后,无论是空腹式拱还是实腹式拱,压力线将不可能和拱轴线重合。

按式(4-3-20)~式(4-3-22),计入偏离的影响之后,各截面的内力公式为:

$$\left. \begin{aligned} N &= \frac{H_g}{\cos\varphi} + \Delta X_2\cos\varphi - \frac{\mu_1}{1+\mu}(H_g + \Delta X_2)\cos\varphi \\ M &= \frac{\mu_1}{1+\mu}(H_g + \Delta X_2)(y_s - y_1) + \Delta M \\ Q &= \mp\frac{\mu_1}{1+\mu}(H_g + \Delta X_2)\sin\varphi \pm \Delta X_2\sin\varphi \end{aligned} \right\} \qquad (4\text{-}3\text{-}44)$$

式中,ΔX_2、ΔM 按式(4-3-21)、式(4-3-22)计算;其余符号意义同前。

在下列情况下,设计时可不计弹性压缩的影响:

$l \leq 30\text{m}, \dfrac{f}{l} \geq \dfrac{1}{3}$;

$l \leq 20\text{m}, \dfrac{f}{l} \geq \dfrac{1}{4}$;

$l \leq 10\text{m}, \dfrac{f}{l} \geq \dfrac{1}{5}$。

4. 裸拱自重内力

采用早脱架施工(拱圈合龙达到一定强度后就卸落支架)及无支架施工的拱桥,须计算裸拱自重产生的内力,以便进行裸拱强度和稳定性验算。

取悬臂曲梁为基本结构(图4-3-7)。对于等截面拱,任意截面 i 的结构重力集度 g_i 为:

$$g_i = \dfrac{g_d}{\cos\varphi_i} \quad (4\text{-}3\text{-}45)$$

式中,符号意义见图4-3-7。

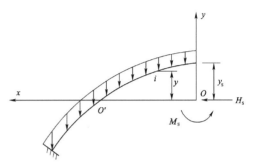

图4-3-7 拱圈自重作用下内力计算图式

由于结构和荷载均为正对称,故在弹性中心仅有两个正对称的赘余力:弯矩 M_s 和水平力 H_s。由变形协调方程求得:

$$\left. \begin{aligned} M_s &= -\dfrac{\Delta_{1P}}{\delta_{11}} = -\dfrac{\int_s \dfrac{\overline{M}_1 M_P ds}{EI}}{\int_s \dfrac{\overline{M}_1^2 ds}{EI}} = -\dfrac{\int_s \dfrac{M_P ds}{EI}}{\int_s \dfrac{ds}{EI}} = \dfrac{A\gamma l^2}{4} V_1 \\ H_s &= -\dfrac{\Delta_{2P}}{\delta'_{22}} = -\dfrac{\int_s \dfrac{\overline{M}_2 M_P ds}{EI}}{\int_s \dfrac{\overline{M}_2^2 ds}{EI} + \int_s \dfrac{\overline{N}_2^2 ds}{EA}} = \dfrac{\int_s \dfrac{M_P y ds}{EI}}{(1+\mu)\int_s \dfrac{y^2 ds}{EI}} = \dfrac{A\gamma l^2}{4(1+\mu)f} V_2 \end{aligned} \right\} \quad (4\text{-}3\text{-}46)$$

式中:γ——拱圈重度;

A——裸拱圈截面积;

V_1、V_2——系数,可从《拱桥》附录中的表(Ⅲ)-15、表(Ⅲ)-16查得;

其余符号意义同前。

由静力平衡条件得任意截面 i 的弯矩和轴向力为:

$$\left. \begin{aligned} M_i &= M_s - H_s y - \sum_n^i M \\ N_i &= H_s \cos\varphi_i + \sin\varphi_i \sum_n^i P \end{aligned} \right\} \quad (4\text{-}3\text{-}47)$$

式中:$\sum_n^i M$——拱顶至 i 截面裸拱自重对 i 截面产生的弯矩之和,可查《拱桥》附录表(Ⅲ)-19得;

$\sum_n^i P$——拱顶至 i 截面裸拱自重之和,可查《拱桥》附录表(Ⅲ)-19得;

n——拱顶截面的编号,在设计中 n 常采用 12 或 24;

其余符号意义同前。

当拱的矢跨比为 1/10～1/5 时,裸拱结构重力作用下压力线的拱轴系数 $m_0 = 1.305～1.079$,通常比拱轴线采用的 m 值小。计算表明,在裸拱的自重作用下,拱顶、拱脚一般都产生正弯矩。拱轴线的 m 与 m_0 差得越多,拱顶、拱脚的正弯矩就越大。因而,采用无支架施工或早脱架施工的拱桥,宜适当降低拱轴系数。

根据《公路钢筋混凝土及预应力混凝土桥涵设计规范》(JTG 3362—2018)规定:在施工阶段,自重效应的分项系数取 1.2,其他荷载效应的分项系数取 1.4。因此,从裸拱施工到拱桥成形的过程中,截面强度和拱的稳定性验算,均应按考虑分项系数的自重与荷载效应进行计算。

(二)拱圈活载引起的内力

在求拱圈活载内力时,为了便于简化计算,计算仍分两步进行:先计算不考虑拱轴向弹性压缩影响的内力,然后再计入弹性压缩的影响。活载内力计算仍采用结构力学的力法求解赘余力,但与前面结构重力引起内力计算不同的是,虽然结构对称但活载作用不对称,计算时不能简化为半跨结构,故将拱的基本结构取为弹性中心不变的简支曲梁。

1. 不考虑弹性压缩影响的活载内力

不考虑弹性压缩影响的活载内力采用内力影响线加载计算。先计算赘余力影响线,然后用叠加法计算内力影响线,最后由内力影响线按最不利情况布载计算活载内力。

1)赘余力影响线

在求解拱的内力影响线时,可采用简支曲梁为基本结构[图 4-3-8a)],赘余力 X_1、X_2、X_3 作用在弹性中心。设图 4-3-8a)、b)所示内、外力方向及与内力同向的变形均为正值。此时暂不考虑轴向力对变形的影响,也不计剪力及曲率对变形的影响,在单位荷载 $P = 1$ 作用下,赘余力方向变形协调方程为:

$$\left.\begin{array}{l}X_1\delta_{11} + \Delta_{1P} = 0\\X_2\delta_{22} + \Delta_{2P} = 0\\X_3\delta_{33} + \Delta_{3P} = 0\end{array}\right\} \tag{4-3-48}$$

式中:Δ_{1P}、Δ_{2P}、Δ_{3P}——单位荷载 $P = 1$ 在基本结构赘余力方向产生的变形。

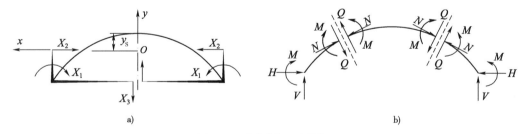

图 4-3-8 简支曲梁基本结构

单位荷载 $P = 1$ 在拱中产生的弯矩 M_P,可利用对称性计算。图 4-3-9a)中将单位荷载分解为正对称和反对称两组荷载[图 4-3-9b)、c)],并设荷载作用在右半拱。

由于结构的对称性,在计算 Δ_{1P}、Δ_{2P} 时,只需考虑正对称荷载作用的情况(反对称为零);而计算 Δ_{3P} 时则只考虑反对称荷载的情况(正对称为零)。

正对称时：

$$M_P=\frac{1}{2}(l_1-x)(AB\text{ 段})$$

$$M_P=\frac{l_1}{2}(1-a)(BC\text{ 段})$$

反对称时：

$$M_P=\mp\frac{a}{2}(l_1-x)(AB\text{ 段})$$

$$M_P=\mp\frac{x}{2}(1-a)(BC\text{ 段})$$

式中，“－”适用于左半拱、“＋”适用于右半拱。

方程式(4-3-48)中赘余力方向由单位力引起的变形表示为：

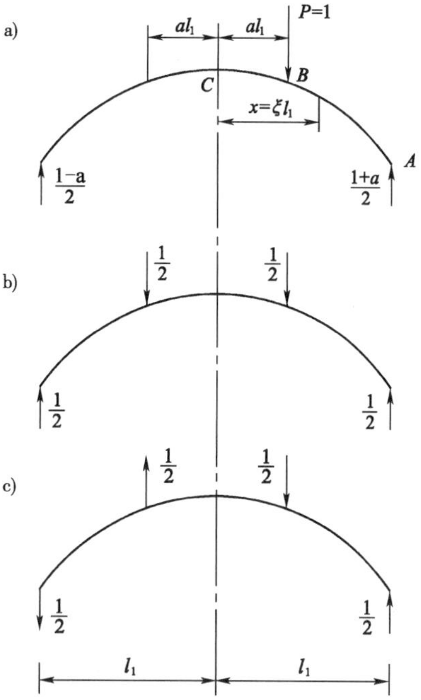

图 4-3-9　赘余力方向变形计算图式

$$\delta_{11}=\int_s\frac{\overline{M}_1^2\mathrm{d}s}{EI}=\int_s\frac{\mathrm{d}s}{EI}$$

式中，$\overline{M}_1=1$。将式(4-3-27)代入上式，得：

$$\delta_{11}=\frac{l}{EI}\int_0^1\sqrt{1+\eta^2\mathrm{sh}^2k\xi}\,\mathrm{d}\xi=\frac{l}{EIv_1}$$

$$\delta_{22}=\int_s\frac{\overline{M}_2^2\mathrm{d}s}{EI}=\int_s\frac{(y_1-y_s)^2}{EI}\mathrm{d}s$$

式中，$\overline{M}_2=y_1-y_s$。利用弹性中心的特性，将式(4-3-11)、式(4-3-27)代入，得：

$$\delta_{22}=\frac{l}{EI}\int_0^1\left[\frac{f}{m-1}(\mathrm{ch}k\xi-1)-y_s\right]\left(\frac{f}{m-1}\mathrm{ch}k\xi\right)\sqrt{1+\eta^2\mathrm{sh}^2k\xi}\,\mathrm{d}\xi=\theta\frac{lf^2}{EI}$$

$$\delta_{33}=\int_s\frac{\overline{M}_3^2\mathrm{d}s}{EI}=\int_s\frac{x^2\mathrm{d}s}{EI}$$

式中，$\overline{M}_3=\pm x$。将式(4-3-27)代入上式，得：

$$\delta_{33}=\frac{l^3}{4EI}\int_0^1\xi^2\sqrt{1+\eta^2\mathrm{sh}^2k\xi}\,\mathrm{d}\xi=\gamma\frac{l^3}{4EI}$$

以上式中的 $1/v_1$、θ、γ 可分别由《拱桥》附录表(Ⅲ)-8、表(Ⅲ)-5、表(Ⅲ)-6 查得；其余符号意义同前。

在代入式(4-3-11)、式(4-3-27)及 M_P 后，方程式(4-3-48)中赘余力方向由单位荷载 $P=1$ 引起的变形可表示为：

$$\Delta_{1P}=\int_s\frac{\overline{M}_1M_P}{EI}\mathrm{d}s=\frac{(1-a)l^2}{4EI}\int_0^a\sqrt{1+\eta^2\mathrm{sh}^2k\xi}\,\mathrm{d}\xi+\frac{l^2}{4EI}\int_a^1(1-\xi)\sqrt{1+\eta^2\mathrm{sh}^2k\xi}\,\mathrm{d}\xi$$

$$\begin{aligned}\Delta_{2P}&=\int_s\frac{\overline{M}_2M_P}{EI}\mathrm{d}s\\&=\frac{l^2}{4EI}\left\{(1-a)\int_0^a\left[\frac{f}{m-1}(\mathrm{ch}k\xi-1)-y_s\right]\sqrt{1+\eta^2\mathrm{sh}^2k\xi}\,\mathrm{d}\xi+\right.\\&\left.\int_a^1\left[\frac{f}{m-1}(\mathrm{ch}k\xi-1)-y_s\right](1-\xi)\sqrt{1+\eta^2\mathrm{sh}^2k\xi}\,\mathrm{d}\xi\right\}\end{aligned}$$

$$\Delta_{3P} = \int_s \frac{\overline{M}_3 M_P}{EI} ds = -\frac{l^3(1-a)}{8EI}\int_0^a \xi^2\sqrt{1+\eta^2\text{sh}^2k\xi}\,d\xi - \frac{l^2 a}{8EI}\int_a^1 \xi(1-\xi)\sqrt{1+\eta^2\text{sh}^2k\xi}\,d\xi$$

式中，符号意义同前。

将以上单位力或荷载引起的变形代入方程式(4-3-48)，即可求得 $P=1$ 作用在 B 点的 X_1、X_2、X_3。

为了计算赘余力的影响线坐标，一般将拱圈沿跨径方向分成48(或24)等分。当 $P=1$ 从图 4-3-10a)中的左拱脚按步长移到右拱脚时，即可利用式(4-3-48)算出 P 在各个分点上 X_1、X_2、X_3 的影响线竖标。三个赘余力影响线的图形见图 4-3-10b)、c)、d)。

2) 内力影响线

有了赘余力的影响线之后，拱中任何截面的内力影响线，均可利用静力平衡条件和叠加原理求得。

(1) 水平推力 H 的影响线。

由 $\sum X = 0$ 知，拱中任意截面的水平推力 $H = X_2$，因此，H 的影响线即为 X_2 的影响线。H 影响线[图 4-3-10c)]的各点竖坐标，可由《拱桥》附录表(Ⅲ)-12 查得。

(2) 拱脚竖向反力 V 的影响线。

将 X_3 移至两支点后，由 $\sum Y = 0$ 得：

$$V = V_0 \mp X_3 \tag{4-3-49}$$

式中，V_0 为简支曲梁的反力影响线；-、+ 号分别适用于左、右拱脚；其余符号意义同前。

由 V_0 与 X_3 两条影响线叠加而成的竖向反力影响线 V 见图 4-3-10e)（左拱脚的竖向反力影响线）。显见，拱脚竖向反力 V 影响线之总面积为 $\omega = l/2$。

(3) 任意截面的弯矩影响线。

由图 4-3-11a)得任意截面的弯矩为：

$$M = M_0 - Hy \pm X_3 x + X_1 \tag{4-3-50}$$

式中，M_0 为简支曲梁的弯矩影响线；-、+ 号分别适用于左、右半拱(以下均同)；其余符号意义同前。

对于拱顶弯矩 M_d 影响线，可按图 4-3-11b)、c)、d)方法形成：

$$M_d = M_{d_0} - Hy + X_1 \tag{4-3-51}$$

式中：M_{d_0}——简支曲梁跨中截面的弯矩影响线；

其余符号意义同前。

同理可得，拱中任意截面 i 的弯矩影响线 M_i [图 4-3-11e)]。拱中各截面不考虑弹性压缩的弯矩影响线坐标，可由《拱桥》附录表(Ⅲ)-13 查得。

截面 i 的轴向力 N_i 及剪力 Q_i 的影响线为：

$$N_i = N_{i_0} + H\cos\varphi_i \mp X_3\sin\varphi_i \tag{4-3-52}$$

$$Q_i = Q_{i_0} \mp H\sin\varphi_i + X_3\cos\varphi_i \tag{4-3-53}$$

式中，N_{i_0}、Q_{i_0} 为简支梁曲梁在 i 截面的轴力与剪力影响线；等号右边第二、三项的上侧符号适用于左半拱，下侧符号适用于右半拱；其余符号意义同前。

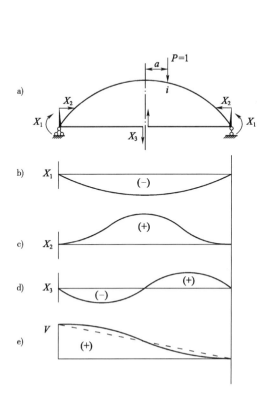

图 4-3-10 拱的赘余力影响线

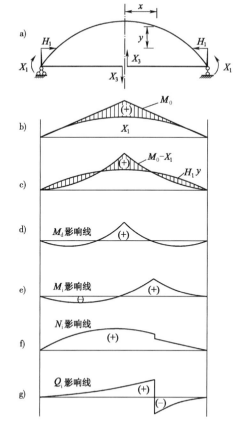

图 4-3-11 拱的内力影响线

从图 4-3-11f)、g) 可见,轴向力 N_i 及剪力 Q_i 影响线在截面 i 处均有突变,故该截面两侧的 N 及 Q 也将有突变。一般可先计算 H、V,然后再由 H、V 近似计算 N_i 及 Q_i。

为了便于计算拱的内力,《拱桥》附录表(Ⅲ)-14 列有不计弹性压缩的弯矩 M 及相应的 H、V 影响线面积表,供计算活载内力时选用。

3)活载内力计算

圬工拱桥计算时,认为荷载在拱桥的横向全宽均布。石拱桥常取 1m 拱宽作为计算单元,双曲拱桥则常取一个单元宽度来计算。

拱圈是偏心受压构件,一般以最大正(负)弯矩控制设计。计算拱中各截面的最大内力时,均按该截面弯矩影响线的最不利情况布载,通常计算两种荷载工况:M_{max}(最大正弯矩)及相应的 N;M_{min}(最大负弯矩)及相应的 N。但在特殊情况下,也可能出现非最大正(负)弯矩控制的荷载工况。

活载内力可通过内力影响线加载计算。图 4-3-12 为拱脚最大正弯矩及相应的轴向力的

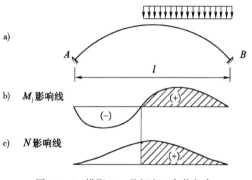

图 4-3-12 拱脚 M_{max} 及相应 N 布载方式

布载方式。

在计算下部结构时,常以最大水平力控制设计。此时,应在 H 的影响线上按最不利情况加载,然后按 H_{max} 的布载位置计算其他相应内力与反力。

2. 活载作用下弹性压缩引起的内力

活载弹性压缩影响计算与结构重力作用下的弹性压缩相似,它是考虑由活载产生的轴向力对拱轴变形的影响,亦在弹性中心产生赘余水平力 ΔH(拉力)。由变形协调方程得:

$$\Delta H = -\frac{\Delta l}{\delta'_{22}} = -\frac{\int_s \frac{Nds}{EA}\cos\varphi}{\delta'_{22}} \quad (4\text{-}3\text{-}54)$$

式中,符号意义同前。

取脱离体如图 4-3-13 所示,轴力 N 可表示为:

$$N = \frac{H - Q\sin\varphi}{\cos\varphi} = \frac{H}{\cos\varphi}\left(1 - \frac{Q}{H}\sin\varphi\right)$$

式中的第二项 $Q\sin\varphi/H$ 常可近似略去,则得:

$$N = \frac{H}{\cos\varphi}$$

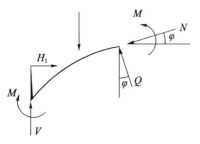

图 4-3-13 活载弹性压缩引起的内力计算简图

式中,符号意义同前。

于是

$$\Delta l = \int_s \frac{Nds}{EA}\cos\varphi = H\int_l \frac{dx}{EA\cos\varphi}$$

将上式代入式(4-3-54)得:

$$\Delta H = -\frac{H\int_s \frac{dx}{EA\cos\varphi}}{\delta'_{22}} = -\frac{H\int_s \frac{dx}{EA\cos\varphi}}{(1+\mu)\int_s \frac{y^2 ds}{EI}} = -H\frac{\mu_1}{1+\mu} \quad (4\text{-}3\text{-}55)$$

式中,符号意义同前。

活载弹性压缩引起的内力为:

$$\left.\begin{aligned}\Delta M &= -\Delta Hy = \frac{\mu_1}{1+\mu}Hy \\ \Delta N &= \Delta H\cos\varphi = -\frac{\mu_1}{1+\mu}H\cos\varphi \\ \Delta Q &= \pm\Delta H\sin\varphi = \mp\frac{\mu_1}{1+\mu}H\sin\varphi\end{aligned}\right\} \quad (4\text{-}3\text{-}56)$$

式中,符号意义同前。

将不考虑弹性压缩的活载内力与活载弹性压缩产生的内力叠加起来,即得活载作用下的总内力。不考虑弹性压缩的活载内力可通过内力影响线加载计算,活载弹性压缩产生的内力可根据 μ 与 μ_1 由式(4-3-56)直接求出。

(三) 其他作用引起的内力

在超静定拱桥中,温度变化、混凝土收缩和拱脚变位都会产生附加内力。我国许多地区温度变化幅度大,温度变化产生的附加内力不容忽视;混凝土收缩,尤其是就地浇筑的混凝土的收缩变形,易使拱桥开裂;在软土地基上建造圬工拱桥,墩台变位的影响比较突出,水平位移的影响更为严重。

1. 温度变化产生的附加内力计算

根据拱圈材料的物理性能,当大气温度高于拱圈合龙温度(拱圈施工合龙时的温度)时,将引起拱体相对膨胀;反之,当大气温度比合龙温度低时,则引起拱体相对收缩。无论是拱体膨胀还是收缩都会在拱中产生内力。

在图 4-3-14 中,设温度变化引起基本结构在水平方向的变位为 Δl_t,则在弹性中心将产生一对水平力 H_t。由在 H_t 方向变形协调方程得:

$$H_t = -\frac{\Delta l_t}{\delta'_{22}} = -\frac{\Delta l_t}{(1+\mu)\int_s \frac{y^2}{EI}ds}$$

$$\Delta l_t = -\alpha \cdot \Delta t \cdot l$$

式中:Δt——温度增值,即最高(或最低)温度与合龙温度之差;

α——材料的线膨胀系数,混凝土或钢筋混凝土结构 $\alpha = 0.000\,010$,混凝土预制块砌体 $\alpha = 0.000\,009$,石砌体 $\alpha = 0.000\,008$;

其余符号意义同前。

由温度变化引起拱中任意截面的附加内力为(图 4-3-15):

$$\left.\begin{array}{l} M_t = -H_t y = -H_t(y_s - y_t) \\ N_t = H_t \cos\varphi \\ Q_t = \pm H_t \sin\varphi \end{array}\right\} \quad (4\text{-}3\text{-}57)$$

式中,符号意义同前。

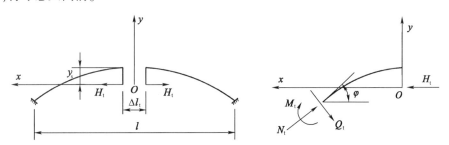

图 4-3-14 温度变化引起赘余力计算简图　　图 4-3-15 温度变化引起内力计算简图

对于箱形拱桥,温度计算内容尚应包括箱室内外温差效应。当无可靠资料时,箱室内外温差可按 ±10℃ 计算。箱室内外温差效应计算方法与箱梁桥相似。

2. 混凝土收缩引起的内力

混凝土的收缩作用与温度下降相似,通常将混凝土收缩折算为温度的额外降低。根据结构施工方法,混凝土收缩的影响可按 JTG 3362—2018 建议计算:

(1)整体浇筑混凝土,一般地区相当于降低温度 20℃,干燥地区为 30℃;整体浇筑的钢筋混凝土,相当于降低温度 15~20℃。

(2) 分段浇筑的混凝土或钢筋混凝土,相当于降低温度 10~15℃。

(3) 装配式钢筋混凝土,相当于降低温度 5~10℃。

计算拱圈的温度变化和混凝土收缩影响时,可根据实际资料考虑混凝土徐变的影响。如缺乏实际资料,计算内力可乘以下列系数:温度变化影响力取 0.7;混凝土收缩影响力取 0.45。虽然这是 JTG 3362—2018 的建议,但考虑到目前已完全有能力将混凝土徐变效应在结构分析中计入,因此不建议采用折减考虑混凝土徐变的影响。因为,这种简化方法可能不利于对混凝土徐变及其他效应的认识与判断。

3. 拱脚变位引起的内力计算

在软土地基上修建的拱桥以及桥墩较柔的多孔拱桥,拱脚变位是难以避免的。拱脚的变位包括拱脚的水平位移、垂直位移(沉降)和转动,每一种变位都将在拱中产生内力。

在图 4-3-16 中,设两拱脚发生相对水平和竖向位移为 Δ_h、Δ_v,两拱脚发生相对转角 Δ_θ。在弹性中心处的变形协调方程为:

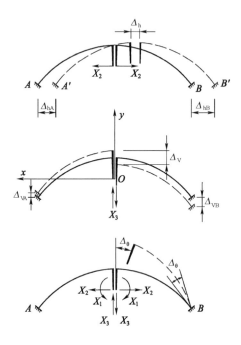

图 4-3-16 拱脚位移引起内力计算简图

$$\left.\begin{array}{l} X_1\delta_{11} + \Delta_{1\Delta} = 0 \\ X_2\delta_{22} + \Delta_{2\Delta} = 0 \\ X_3\delta_{33} + \Delta_{3\Delta} = 0 \end{array}\right\} \quad (4\text{-}3\text{-}58)$$

根据虚功原理,由拱脚变位在赘余力方向的位移为:

$$\Delta_{1\Delta} = -(-1 \times \Delta_\theta) = \Delta_\theta \quad (4\text{-}3\text{-}59)$$

$$\Delta_{2\Delta} = -[-1 \times \Delta_h - (f - y_s)\Delta_\theta] = \Delta_h + (f - y_s)\Delta_\theta \quad (4\text{-}3\text{-}60)$$

$$\Delta_{3\Delta} = -\left(-1 \times \Delta_v + \frac{l}{2} \times \Delta_\theta\right) = \Delta_v - \frac{l\Delta_\theta}{2} \quad (4\text{-}3\text{-}61)$$

代入方程式(4-3-58)得:

$$\left.\begin{array}{l} X_1 = -\dfrac{\Delta_{1\Delta}}{\delta_{11}} = -\dfrac{\Delta_\theta}{\int_s \dfrac{ds}{EI}} \\[12pt] X_2 = -\dfrac{\Delta_{2\Delta}}{\delta'_{22}} = -\dfrac{\Delta_h + (f - y_s)\Delta_\theta}{(1+\mu)\int_s \dfrac{y^2}{EI}ds} \\[12pt] X_3 = -\dfrac{\Delta_{3\Delta}}{\delta_{33}} = -\dfrac{\Delta_v - \dfrac{l\Delta_\theta}{2}}{\int_s \dfrac{x^2}{EI}ds} \end{array}\right\} \quad (4\text{-}3\text{-}62)$$

式中,符号意义同前。

拱脚变位引起的内力可按下式计算:

$$\left.\begin{array}{l}M_\Delta = X_1 - X_2 y \pm X_3 x \\ N_\Delta = \mp X_3 \sin\varphi + X_2 \cos\varphi \\ Q_\Delta = X_3 \cos\varphi \pm X_2 \sin\varphi\end{array}\right\} \quad (4\text{-}3\text{-}63)$$

式中,符号意义同前。

根据 JTG 3362—2018 建议,由于混凝土徐变效应的影响,计算由相邻墩台不均匀沉降或水平位移引起的作用效应时,可乘以折减系数 0.5。

经过上述各种荷载作用下的内力计算后,即可按 JTG 3362—2018 规定进行最不利情况下的荷载组合,进而对控制截面的强度进行验算。一般无铰拱桥,拱脚和拱顶是控制截面。大、中跨径无铰拱桥,常验算拱顶、拱脚和拱跨 $l/4$ 等截面。采用无支架施工的大跨径拱桥,必要时需加算拱跨 1/8 和 3/8 截面。

三、拱圈内力调整

无铰拱桥在最不利荷载组合时,常出现拱脚负弯矩和拱顶正弯矩过大的情况。为了减小拱脚、拱顶的不利弯矩,可从设计或施工方面采取一些措施调整拱圈结构重力引起的内力。

(一)假载法

当拱顶和拱脚两个截面中一个弯矩很大而另一弯矩较小时,则可采用假载法进行调整。

所谓假载法,实质上就是通过改变拱轴系数来改变拱轴线,使拱轴线与压力线偏离所产生的效应,有利于拱顶或拱脚截面的受力。理论和计算表明,拱脚负弯矩过大时,可适当提高 m 值[图 4-3-17a)],使拱轴线与压力线发生相对偏离,拱顶与拱脚都将产生

图 4-3-17 拱轴线随 m 值变化示意图

附加正弯矩,从而可减小拱脚的负弯矩;反之,则可通过降低 m 值[图 4-3-17b)],使拱顶、拱脚都产生附加负弯矩,从而改善拱顶截面的受力。

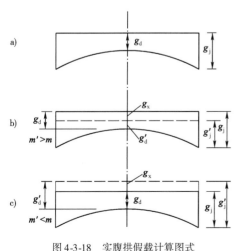

图 4-3-18 实腹拱假载计算图式

在图 4-3-18 所示的实腹式拱中,设调整前的拱轴系数为 m,$m = g_j/g_d$;调整后的拱轴系数为 m',$m' = g'_j/g'_d$。由图 4-3-18 可知:

$$m' = \frac{g'_j}{g'_d} = \frac{g_j \mp g_x}{g_d \mp g_x} \quad (4\text{-}3\text{-}64)$$

式中:g_x——假想减去[图 4-3-18b)]或增加[图 4-3-18c)]的一层均布荷载,被称为假载。

事实上,拱轴线的微量变动对结构重力的影响是可以忽略不计的,但因悬链线拱的拱轴系数与结构重力的特殊关系,故引出所谓假载的概念。在图 4-3-18b)中,减去的假载 g_x 是实际结构重力的一

部分,因而,拱的实际结构重力引起的内力为按 $m'(m'>m)$ 算出的内力加上 g_x 所产生的内力。同样,在图 4-3-18c)中,增加的假载 g_x 事实上也是不存在的,因而,拱的实际结构重力引起的内力为按 $m'(m'<m)$ 算出的内力减去 g_x 所产生的内力。

把假载看作一种荷载,也便于理解其调整内力的作用。由于拱顶、拱脚两个截面的弯矩影响线都是正面积比负面积大,因而增加一层假载时[图 4-3-18b)],在拱顶、拱脚两截面都产生正弯矩,而减少一层假载时[图 4-3-18c)],在拱顶、拱脚都产生负弯矩。

在拱圈内力调整后,拱的几何尺寸应按 m' 来计算,所有的荷载引起的内力也应按 m' 计算。为了便于利用《拱桥》中的表格计算拱的几何尺寸及各项内力,m' 总是取表中所列的值。按拱轴系数为 m' 计算结构重力引起的内力时,因拱轴线与考虑假载后的结构重力作用下的压力线完全吻合,因而可按纯压拱计算内力。至于假载 g_x 所产生的内力,可以很方便地利用内力影响线计算。将 g_x 布置在 M、H 和 V 等影响线的全部面积上,即可求得 g_x 所产生的内力值。

对于空腹式拱桥,拱轴线形的变化是通过改变 $y_{l/4}$ 来实现的。设调整前的拱轴系数为 m,拱跨 $l/4$ 点的纵坐标为 $y_{l/4}$;调整后的拱轴系数为 m',相应点的纵坐标为 $y'_{l'/4}$。假想均布荷载 g_x 可由下式解出:

$$\frac{y'_{l/4}}{f} = \frac{\sum M_{l/4} \mp \dfrac{g_x l^2}{32}}{\sum M_j \mp \dfrac{g_x l^2}{8}} \quad (4\text{-}3\text{-}65)$$

式中,g_x 前的符号取法与式(4-3-64)一样,即当 $m'>m$ 时取负,$m'<m$ 时取正;其余符号意义同前。

空腹式拱桥结构重力引起内力的计算方法与实腹拱桥相似。在结构重力和假载 g_x 共同作用下,不计弹性压缩的结构重力引起的水平推力按下式计算:

$$H_g = \frac{\sum M_j \mp \dfrac{g_x l^2}{8}}{f} \quad (4\text{-}3\text{-}66)$$

式中,符号意义同前。

应该指出:改变拱轴系数的办法,不能同时改善拱顶、拱脚两个控制截面的内力。例如,提高 m 值,拱脚负弯矩减小,而拱顶正弯矩则相应增加;反之则拱顶正弯矩减小,而拱脚负弯矩则相应增大。

(二)临时铰法

拱圈施工时,在拱顶、拱脚先用铅垫板做成临时铰;拆除拱架后,由于临时铰的存在,拱圈成为静定的三铰拱。待拱上建筑完成后,再用高强度等级水泥砂浆封固,成为无铰拱。由于拱圈在结构重力作用下是静定三铰拱,拱在结构重力作用下弹性压缩以及封铰前已发生的墩台变位均不产生附加内力,从而减小了拱中的弯矩。

如将临时铰偏心布置,尚可进一步消除日后因混凝土收缩引起的附加内力。设混凝土收缩在拱顶引起正弯矩 M_d,在拱脚引起负弯矩 M_j。为了消除这两个弯矩,可将临时铰偏心布置(图 4-3-19),即拱顶截面的临时铰布置在拱轴线以下(距拱轴为 e_d),而拱脚截面的临时铰则布置在拱轴线以上(距拱轴为 e_j),使结构重力作用时在拱顶产生负弯矩 M_d、在拱脚产生正弯矩 M_j。欲达此目的,偏心距 e_d、e_j 可按下述方法确定。

设置临时铰后,压力线的矢高为(图4-3-19):
$$f_1 = f - e_d - e_j\cos\varphi_j$$

此时,拱的结构重力引起的水平推力值变为:

$$H'_g = H_g\frac{f}{f_1} \quad (4\text{-}3\text{-}67)$$

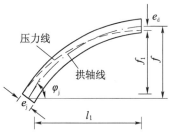

图4-3-19 临时铰调整拱圈内力示意

式中:H_g——不设置临时铰拱结构重力引起的推力;
其余符号意义同前。

根据需要调整的弯矩值 M_d、M_j,可求偏心距:

$$e_d = \frac{M_d}{H'_g} = \frac{M_d}{H_g}\frac{f_1}{f} \quad (4\text{-}3\text{-}68)$$

式中,符号意义同前。

用临时铰调整应力,实质上是人为改变拱中压力线,使结构重力作用下的压力线对拱轴线造成有利的偏离。消除拱顶与拱脚不利的弯矩,达到调整拱圈内力的目的。

国外大跨径钢筋混凝土拱桥,大多采用千斤顶调整内力。在砌筑拱上构造之前,在拱顶预留接头处设置上、下两排千斤顶,使拱顶产生负弯矩、拱脚产生正弯矩,以消除弹性压缩、收缩及徐变产生的内力。

用临时铰或千斤顶调整应力,效果相当显著,但其施工比较复杂。

(三)改变拱轴线形法

在前面图4-3-3中,由于悬链拱轴线与三铰拱结构重力作用下的压力线存在近似正弦波形的自然偏离,可以不同程度地减小拱顶与拱脚偏大的弯矩。根据这个原理,可在三铰拱结构重力作用下的压力线的基础上,根据各桥的实际需要叠加一个正弦波形的调整曲线(图4-3-20),采用逐次近似法调整,使结构重力、弹性压缩和混凝土收缩等固定因素作用下,拱顶、拱脚两截面的弯矩趋近于零。为了实现上述目的,要求调整曲线的零点通过 O' 点,并使拱轴线与三铰拱结构重力作用下的压力线具有相同的弹性中心。根据弹性中心的定义,则有:

$$\int_s \frac{(y-\Delta y)}{EI}ds = \int_s \frac{yds}{EI} - \int_s \frac{\Delta yds}{EI} = 0$$

因

$$\int_s \frac{yds}{EI} = 0$$

故

$$\int_s \frac{\Delta yds}{EI} = 0$$

式中,符号意义同前。

由式(4-3-20)、式(4-3-21)知:拱轴线偏离三铰拱结构重力作用下的压力线在弹性中心的赘余力[图4-3-20b)]为：

$$\left.\begin{array}{l}\Delta X_1 = 0 \\ \Delta X_2 = H_g \dfrac{\int_s \dfrac{y \Delta y \mathrm{d}s}{EI}}{\int_s \dfrac{y^2 \mathrm{d}s}{EI}}\end{array}\right\} \quad (4\text{-}3\text{-}69)$$

式中，符号意义同前。

由图4-3-20b)可知，式(4-3-69)中的 y 与 Δy 总是同号的，因而，式(4-3-69)中的 ΔX_2 必为正值(压力)。众所周知，弹性压缩和混凝土收缩在弹性中心将产生一对水平拉力，通过适当地选取调整曲线竖标 Δy，使按式(4-3-69)算得的水平力 ΔX_2 与弹性压缩等所产生的水平力大小相等、方向相反，即可抵消弹性压缩和混凝土收缩在拱顶、拱脚产生的弯矩值，起到调整内力的作用。

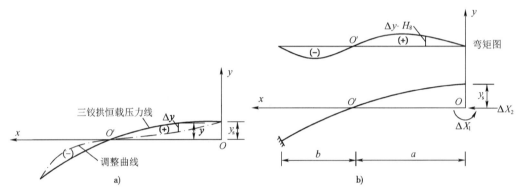

图 4-3-20 改变拱轴线形调整拱圈内力示意图

四、简单体系拱桥有限元分析要点

随着计算机技术的迅速发展、结构有限单元分析软件功能的完善，结构电算已是一种简便和实用的方法。虽然简单体系拱桥的计算相对容易些，但随着桥梁跨径的增大、控制截面及控制状态的增多，以及结构构造与施工过程的复杂、多样化等难题的出现，仍采用手算配图表的方法进行结构计算，将不可能达到设计要求的安全、可靠、有效的基本目标。

结构有限元分析最先的工作是确定结构计算模型。拱桥是一种空间结构，根据其构造特点，结构可看成由曲板、曲箱、曲杆、平板、直杆等构件所组成。按照现有软件功能，完全能够将整个拱桥表示成计算模型。然而，若要按此要求建立模型进行分析计算，那将是一件麻烦的、低效的工作。因为在一般情况下，简单体系拱桥整体受力特点明显，具有空间受力平面简化的条件；桥梁结构平面杆系有限元分析软件功能较完善，能够较好模拟从施工至成桥全过程的荷载工况，结构状况，较容易地完成一般设计计算所有内容，而这正是桥梁空间有限元分析软件有待完善之处。因此，除一些结构局部空间应力分析、空间稳定及动力分析等特殊问题外，简单体系拱桥通常都采用平面杆系结构模型进行有限元分析。目前国内成熟的桥梁平面杆系有限元分析软件已有多种。

根据材料力学、结构力学的基本约定，拱桥的计算模型可以用构件轴线及相应约束条件组成。对于施工中的裸拱，根据拱脚的约束条件，计算模型可以表示为如图4-3-21所示；上承式拱桥成型后的计算模型表示为如图4-3-22a)所示；中承式和下承式拱桥成型后的计算模型，可分别表示为如图 4-3-22b)、c)所示,图中以柔性吊杆为例。

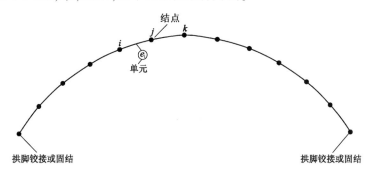

图 4-3-21 裸拱有限元计算模型

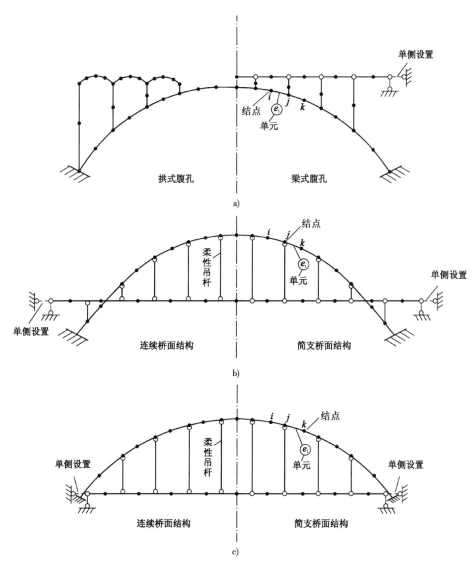

图 4-3-22 拱桥成桥后有限元计算模型
a)上承式;b)中承式;c)下承式

在上述计算模型确定过程中应注意以下几个问题:一般平面杆系结构有限元分析软件,对于曲线形的拱都是用逐段直线杆模拟的,因此在单元划分时不宜分得太长,由于结构构造原因,构件联结处的各构件轴线有时不相交于一点,或即使相交于一点但在某一区域内轴线所代表的各构件实际上是一个块体,考虑到这些区域已超出杆模拟的范围,同时也不会发生像杆系那样的变形,故近似采用刚臂连接或代替这一区域的轴线。

在进行结构有限元分析时,除应按规范要求考虑各种荷载因素(施工荷载、使用荷载及附加荷载等)、时间因素(混凝土徐变、收缩),尚应逐阶段考虑结构施工步骤、体系变化等过程。拱桥的建成需经历一个复杂的成形、受力过程,结构一次落架、荷载一次施加是不存在的。以往由于受到手算能力及简化分析思路的影响,未能给予模拟施工全过程的结构受力分析足够重视。随着拱桥向大跨方向发展、施工方法的多样化,进行模拟施工全过程的结构受力分析,将是确保拱桥施工期安全的重要内容。

第三节 组合体系拱桥的计算

本节将对组合体系拱桥中的钢筋混凝土整体式拱桥、拱式组合桥的计算方法作一介绍。这些带拱的组合式桥梁,在结构构造、受力等方面虽有许多优点,但也对设计计算提出了更高的要求,即不能完全通过有关通用图表经手算完成设计计算。因此,这些桥梁的结构计算,目前主要采用有限单元法由计算机完成,同时也配合一定的手算工作。当然,在没有电算的情况下,简单结构也可以采用结构力学方法由手算完成。下面将从注重讲述整体式拱桥、拱梁组合桥,在结构计算时的基本假定、计算模型,以及应考虑的施工过程等问题,并从手算与电算两方面给出相应的方法。

一、整体式拱桥的计算

钢筋混凝土桁架拱桥与刚架拱桥,在受力方面的特点是拱上建筑参与拱圈共同作用;而在结构施工成形方面的特点,则是先形成整体式拱片、然后再与桥面板形成组合截面。因此,无论是采用手算或电算,均须将结构受力及其施工成形方面的特点计入在计算中。

(一)桁架拱桥

桁架拱桥的受力主要由其构造与荷载所决定:桁架部分的腹杆与下弦杆主要承受轴向力,同普通桁架的受力相似;桁架部分的上弦杆,除承受轴向压力外,还直接承受车辆荷载所产生的局部弯矩;跨中实腹段部分承受轴向力和弯矩,同普通上承式拱桥跨中段的受力相似。

从桁架拱桥的施工及受力过程来看,桁架拱桥的桥面板是在预制的桁架拱片上逐步施工成型的,桥面板最初不参与预制上弦杆、实腹段承受恒载,经徐变内力重分布逐步参与承担恒载;而在成桥后活载及附加荷载作用下,桥面板将一直与预制上弦杆、实腹段共同作用。

以上结构施工成形及受力特点,是手算简化方法的基本依据。

1. 基本假定及计算模型

当采用力法手算桁架拱桥时,为简化计算工作、突出结构受力特点,在试验研究的基础上,常采取下列假定：

(1) 取单片桁架拱片为计算对象，将空间桁架拱简化为平面结构。荷载在横桥向的不均匀分布，以荷载横向分布系数来体现。

(2) 以各杆件的轴线形成结构计算图线。在桁架与实腹段联结的截面处，按平截面假定利用刚臂将各构件计算图线相连。

(3) 在进行结构整体内力计算时，假定桁架拱的结点为理想铰接（试验研究证明，采用铰接的假定是合理的，由于结点固结而产生的次弯矩，除下弦杆外可以不予考虑）。

(4) 考虑到桁架拱片的拱脚在构造上仅插入墩台预留孔中，故假定桁架拱片的拱脚与墩台的联结为铰接。这样，桁架拱桥简化为外部一次超静定的两铰拱结构。

根据以上假定，桁架拱桥就简化为外部一次超静定、内部静定的双铰桁架拱式结构，其简化计算模型见图 4-3-23。

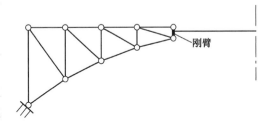

图 4-3-23 桁架拱桥上部结构简化计算模型

2. 赘余力计算

桁架拱计算时常以水平推力 H 作为赘余力，因此力法计算的基本结构为简支拱形桁架（图 4-3-23）。

由 H 方向的结构变形协调条件可得：

$$H = -\frac{\Delta_{HP}}{\delta_{HH}} \qquad (4\text{-}3\text{-}70)$$

式中：Δ_{HP}——外荷载作用下基本结构在 H 方向的变位；

δ_{HH}——基本结构在赘余力 $\overline{H}=1$ 作用下支点的水平变位。

计算 Δ_{HP}、δ_{HH} 时，桁架部分的杆件只考虑轴向力，实腹段部分只考虑弯矩（轴向力影响很小，可不考虑），因此：

$$\left. \begin{array}{l} \delta_{HH} = \sum \dfrac{\overline{N}_H^2 l}{EA} + \sum \dfrac{\overline{M}_H^2 \Delta l}{EI} \\[2mm] \Delta_{HP} = \sum \dfrac{\overline{N}_H N_P l}{EA} + \sum \dfrac{\overline{M}_H M_P \Delta l}{EI} \end{array} \right\} \qquad (4\text{-}3\text{-}71)$$

式中：$\overline{N}_H$、N_P——$\overline{H}=1$ 和外荷载作用于基本结构时桁架杆件的轴向力；

$\overline{M}_H$、M_P——$\overline{H}=1$ 和外荷载作用于基本结构时实腹段截面的弯矩；

l、A——桁架杆件的长度和截面面积；

Δl、I——用分段总和法计算实腹段变位时，实腹各分段的长度和截面惯性矩。

在进行活载内力计算时，只要将外荷载取为 $P=1$，并依次作用于桁架拱上弦各结点与跨中实腹段各分段点，按式（4-3-70）求出相应的 H 值，即求得 H 的影响线。然后再用静力平衡条件求得各杆件的内力影响线及实腹段的弯矩影响线。

3. 结构内力计算

桁架拱桥结构的恒载内力，可按式（4-3-70）计算，也可利用水平推力影响线加载求出水平推力后，直接解出各杆件和实腹段的恒载内力。活载内力则需根据桥面板参与共同作用时结构各杆件的内力影响线来计算。

1) 恒载内力计算

桁架拱桥的恒载包括桁架拱片、横向联结系和桥面板等的重量。桁架拱桥的恒载内力需考虑两种情况：一种是恒载全部由裸桁架拱(由预制桁架拱片和横系梁组成的结构)单独承受，另一种是考虑恒载由桥面板参与共同作用的整体桁架拱承受。恒载由桁架拱片单独承受，与施工刚完成时的受力情况相符；按桥面板参与共同作用来计算恒载内力，为结构经徐变内力重分布后渐近但无法达到的受力状况。桁架拱桥的恒载内力分别按以上两种情况进行计算，从中选取最不利的内力作为设计内力，以避免进行复杂的徐变内力重分布计算。

2) 活载内力计算

计算桁架拱桥活载内力时，应考虑桥面板参与桁架拱片的共同作用。桁架拱各杆件轴力影响线，可参照结构力学方法求解。求得各杆件轴力影响线和实腹段的弯矩与轴力影响线后，各构件的活载内力可用设计荷载直接在其影响线上按最不利情况布载求得。对于偏心受压的实腹段，应分别按弯矩和轴力的最不利情况进行加载，对于每一种布载情况同时计算这两项内力。

应当指出，桁架拱桥的上弦杆除作为整体桁架杆件承受轴向力外，在运营时还直接承受局部荷载产生的弯矩。由于桁架第一节间上弦杆跨度最大，局部荷载产生的弯矩也为最大，在所有的上弦杆中，常以第一节间上弦杆控制设计。上弦杆的杆端和跨中截面的弯矩可用下式估算：

$$\left. \begin{array}{l} M_A = -0.7 M_P - 0.06 g l^2 \\ M_c = 0.8 M_P + 0.06 g l^2 \end{array} \right\} \quad (4\text{-}3\text{-}72)$$

式中：M_P——简支梁的活载弯矩；

g——恒载集度；

l——上弦杆净跨(即上弦杆扣除节点块后的净长)。

在下弦杆中，因靠近拱脚的第一根下弦杆轴向力较大，常以这一根下弦杆控制设计。具体设计时，应将下弦杆所承受的轴向压力提高20%，以考虑节点固结所产生的次弯矩影响。

实践证明，桁架拱桥具有明显的横向分布作用。当计算整体结构内力时，常用偏心受压法计算横向分布系数；而计算上弦杆在局部荷载作用下的受力时，常用杠杆法。

4. 桁架拱桥电算要点

目前，桁架拱桥的结构分析较多采用了计算机编程的有限单元法。电算桁架拱桥时应注意考虑如下几个问题：

(1) 为简化分析工作，电算一般仅取用一个拱片，各拱片间的横向受力分配仍采用横向分布系数。因此，桁架拱桥电算最常用的结构分析软件，是平面杆系有限元分析软件。对于代表桁架拱桥进行计算的拱片，以各构件的轴线作为计算图线，各杆件之间的联结不再假定为铰接，即视为刚结，但拱脚与墩台的连接因其构造特点仍取为铰接。

(2) 随着施工的进展，桁架拱桥的实腹段截面和空腹段的上弦杆截面，将由预制截面变成与桥面板组合的组合截面[图4-3-24a)]，同时截面形心、杆件轴线的位置上移[图4-3-24b)]。这样，腹杆与上弦杆轴线的联结方式将随构造与施工进展而变，计算模型处理方法如图4-3-25a)所示。

(3)在桁架拱桥的空腹段,各杆件在节点处重叠,形成了一个刚度很大的区域,称为"刚性域"。为了减少使用杆系有限元分析软件而产生的误差,结构计算模型可按图4-3-25b)处理。

(4)计算分析时应考虑结构施工过程的影响,并同步计算混凝土徐变内力重分布。

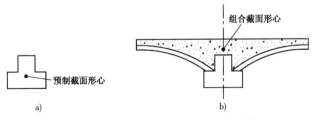

图4-3-24 桁架拱桥实腹段与空腹上弦杆组合截面
a)上弦杆和实腹段预制截面;b)上弦杆和实腹段的组合截面

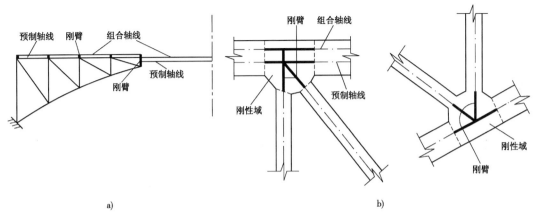

图4-3-25 桁架拱结构和杆件节点计算图式
a)结构计算图式;b)节点计算图式

(二)刚架拱桥

刚架拱桥除两个边腹孔纵梁为受弯构件外,其余杆件,如拱腿、内腹孔纵梁、斜撑及实腹段,均属于压弯构件,部分具有刚架的受力特点。

按照刚架拱桥的施工与受力过程,结构由最初的裸拱(预制拱腿及实腹段)逐步施工为裸肋结构(拱腿、实腹段、空腹段纵梁、斜撑及横系梁组成的结构),再与桥面板组合形成最终的整体结构,桥面板最初不参与纵梁、实腹段承受恒载,经徐变内力重分布逐步参与承担恒载;而在成桥后活载及附加荷载作用下,桥面板将一直参与纵梁和实腹段共同受力。

以上结构受力特点和施工过程,是手算简化方法的基本依据。

1. 基本假定及计算模型

当采用力法手算刚架拱桥时,为简化计算工作、反映结构受力特点,常可采取如下假定:

(1)取单片刚架拱片为计算对象,将空间刚架拱简化为平面结构。以荷载横向分布系数,反映荷载在横桥向的分配。

(2)以刚架拱各杆件的轴线为计算图线。在空、实腹交界的截面处,利用刚臂将各构件计算图线相连。

(3) 考虑到拱脚和斜撑脚仅插入墩台预留孔中,故均假定为铰接。
(4) 假定斜撑以半铰的方式与空腹段纵梁连接(试验证明,半铰假定是合理的)。

根据以上假定,刚架拱桥简化为五次超静定结构,计算模型见图 4-3-26。

2. 刚架拱桥的计算

刚架拱桥的手算方法与桁架拱桥相似,按结构力学中的力法方程,求解赘余力或赘余力影响线,最终求得结构内力。

1) 恒载内力计算

由于刚架拱桥一般采用预制组装的施工方法,结构将产生徐变内力重分布。为了避免用手算解决这种复杂问题,恒载内力计算可采用与桁架拱相似的方法,即按两种情况考虑:一种是恒载全部由裸刚架拱(拱腿、实腹段、空腹段纵梁、斜撑和横系梁组成的结构)单独承受;另一种是考虑恒载由桥面板参与纵梁和实腹段共同作用的整体刚架拱承受。前一种情况符合结构施工及受力过程,结构内力接近于竣工时的受力状况;按桥面板参与共同作用来计算恒载内力,为结构经徐变内力重分布后渐近但无法达到的受力状况。刚架拱桥的恒载内力分别按以上两种情况进行计算,从中选取最不利的内力作为设计内力。

无论采用上述哪种情况计算,刚架拱桥均为五次超静定结构,考虑到荷载和结构的对称性,简化为三次超静定结构(图 4-3-27)。取图 4-3-27 所示的基本结构,赘余力方向变形协调方程为:

$$\left.\begin{array}{l}\delta_{11}X_1 + \delta_{12}X_2 + \delta_{13}X_3 + \Delta_{1P} = 0\\ \delta_{21}X_1 + \delta_{22}X_2 + \delta_{23}X_3 + \Delta_{2P} = 0\\ \delta_{31}X_1 + \delta_{32}X_2 + \delta_{33}X_3 + \Delta_{3P} = 0\end{array}\right\} \quad (4\text{-}3\text{-}73)$$

式中: $X_i(i=1\sim3)$ ——刚架拱结构的赘余力;
$\delta_{ij}(i=1\sim3, j=1\sim3)$ ——单位力在基本结构赘余力方向产生的变位;
$\Delta_{iP}(i=1\sim3)$ ——外荷载在基本结构赘余力方向产生的变位。

方程(4-3-73)中各项位移的计算公式可参见《结构力学》,此处不再列出。根据刚架拱桥的受力特点,位移计算时可以忽略轴向力对变形的影响。

求出赘余力之后,则不难利用静力平衡条件求解各截面的内力。

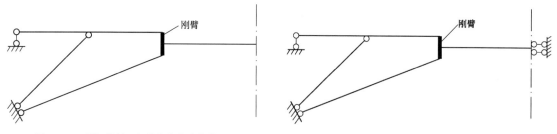

图 4-3-26 刚架拱桥上部结构简化计算模型　　图 4-3-27 对称刚架拱的简化计算模型

2) 活载内力计算

计算活载内力时,应考虑桥面板与拱肋的共同作用,并采用全桥计算模型,结构为五次超静定。刚架拱各构件的截面内力影响线,可按结构力学方法求解。在得到截面轴力和弯矩影响线后,活载内力可用设计荷载直接在影响线上按最不利情况布载求得。由于刚架拱主要由偏心受压构件组成,因此这些构件每个截面的活载内力应至少按两种方式加载,即最大(小)弯矩与对应轴力、最大(小)轴力与对应弯矩。

试验表明,刚架拱桥实测的横向分布曲线,与按弹性支承连续梁法计算的分布曲线比较接近。因此,刚架拱桥荷载横向分布系数的计算,目前常用弹性支承连续梁法。

3. 刚架拱桥电算要点

与桁架拱桥一样,刚架拱桥的结构分析目前主要是采用计算机编程的有限单元法。同样,电算刚架拱桥时也应注意考虑几个问题:

(1)刚架拱桥的电算也主要采用平面杆系有限元分析软件,以一个拱片为计算对象,利用横向分布系数考虑各拱片间的横向受力分配。计算代表刚架拱片各构件之间的联结均视为刚结,但拱脚与墩台的联结因其构造特点仍可取为铰接。

(2)与桁架拱桥相似,刚架拱桥的实腹段截面和空腹段的纵梁截面,也将由预制截面变成与桥面板组合的组合截面,轴线的位置上移,计算模型如图4-3-28所示。

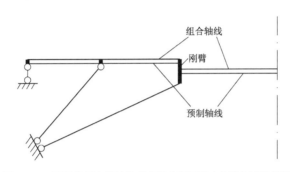

图4-3-28 刚架拱桥上部结构考虑组合截面影响的简化计算模型

(3)计算分析时应考虑结构在施工中的变化过程,并同步计算混凝土徐变内力重分布。

二、拱式组合桥的计算

拱式组合桥是一种在构造与受力方面很有特点的组合体系拱桥,这些特点也对设计计算提出了更高的要求。目前,拱梁组合桥主要采用平面杆系有限单元法电算。下面介绍拱梁组合桥在结构电算时的基本假定、计算模型,以及应考虑的施工过程等问题。

(一)基本假定及计算模型

1. 下承式简支拱式组合桥

下承式简支拱式组合桥是一种外部静定、内部超静定的结构。在采用电算进行结构分析时,吊杆一般均可看作只承受轴向力的构件,除非采用刚性吊杆,如截面较大的预应力混凝土或钢管混凝土吊杆。对于拱梁组合结构,在拱肋与纵梁联结处的重叠部分,按拱肋轴线延长轨迹通过刚臂与纵梁轴线相连;当采用刚性吊杆时,其与拱肋和纵梁重叠部分也宜用刚臂替代;采用柔性吊杆时,如热挤聚乙烯(PE)护套的平行钢丝成品索,吊杆的轴线一般直接与拱、梁轴线相交。对于拱系杆组合结构,桥面结构作为附属结构悬吊于拱肋,系杆表示为只承受轴向力的构件。下承式简支拱式组合桥的计算模型见图4-3-29(图中以柔性吊杆为例)。

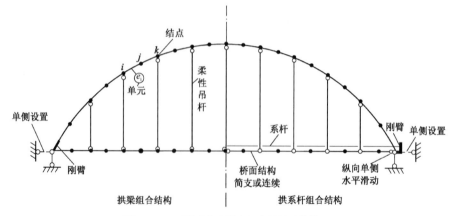

图 4-3-29　下承式简支拱式组合桥的计算模型

2. 下承式连续拱式组合桥

下承式连续拱式组合桥一般采用三跨连续构造,外部和内部均为超静定。在常见的拱梁组合结构的计算模型中,拱肋与纵梁联结处、吊杆与纵梁和拱肋联结处的处理方法,同下承式简支拱梁组合结构。下承式连续拱式组合桥的计算模型见图 4-3-30(图中以柔性吊杆为例)。

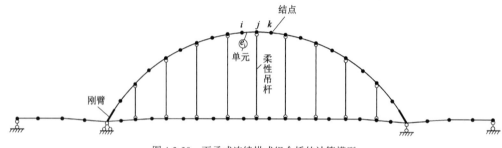

图 4-3-30　下承式连续拱式组合桥的计算模型

3. 中承式连续拱式组合桥

中承式连续拱式组合桥一般为三跨连续构造,内部与外部均为超静定。不论拱梁组合结构,还是拱系杆组合结构,均可采用同上文一样的方法建立计算模型,也可采用相似的方法处理立柱与下拱肋和纵梁等处的联结问题(图 4-3-31 以柔性吊杆为例),并考虑:立柱上端是否有设铰构造;边跨空、实腹交界处轴线连接的方法同整体式拱桥;下拱脚与拱座的联结,应考虑在施工期是否临时设铰及其封铰问题;拱座与承台之间的联结在施工期与使用期是否改变;桥面结构纵向在拱肋处的约束或支承条件。

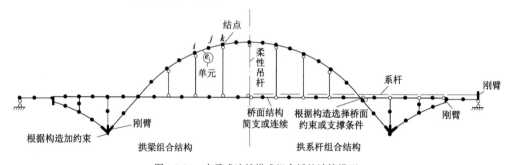

图 4-3-31　中承式连续拱式组合桥的计算模型

4. 上承式连续拱式组合桥

上承式连续拱式组合桥是一种拱梁组合结构,结构外部一般也为三跨连续,内部和外部均为超静定。计算模型中有关结点、轴线连接等问题的处理均同上;拱脚与拱座联结的临时设铰及其封铰问题,同中承式连续拱梁组合结构处理方法一样。上承式连续拱梁组合桥的计算模型见图4-3-32。

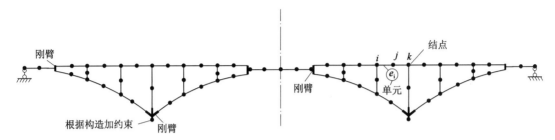

图 4-3-32　上承式连续拱梁组合桥的计算模型

5. 上承式单悬臂拱式组合桥

上承式单悬臂拱梁组合桥为拱梁组合结构,其一般也为三跨构造,外部(超)静定、内部超静定。按照上述相同的方法,处理计算模型中有关结点、轴线连接等问题;拱脚与拱座的联结可能也有上述问题。上承式单悬臂拱式组合桥的计算模型见图4-3-33。

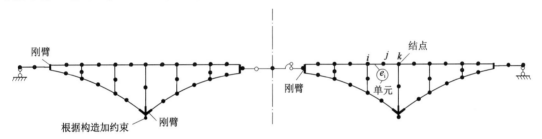

图 4-3-33　上承式单悬臂拱式组合桥的计算模型

上述结构的计算模型,按平面杆系有限元计算要求,除在各构件联结点设计算结点,还应在构件中设置适当数量的结点,尤其是一些变截面和曲线构件;在一个构件中,两相邻结点间为一个计算单元。其他具体要求按所用软件决定。

(二)几个结构计算问题

1. 柔性吊杆初张力

对于跨径较大、采用柔性吊杆的下承式和中承式拱梁组合结构,吊杆在施工时的初张力对结构成型状态的影响较大。在某些施工工况中,不合适的初拉力会出现柔性吊杆受压的情况,这可能意味着吊杆需采用多次张拉工艺;而在桥梁成型状态,调整吊杆拉力是不能同时有效地实现内力与变位的最优,纵梁的最优线形主要由施工预变位(拱度)来控制。因此,无论在施工期还是在使用阶段,吊杆的拉力主要取决于结构的整体受力;纵梁的成形线形,则应由施工期的初始预变位(预拱度)所决定。确定柔性吊杆初张力的方法与混凝土斜拉桥的确定初始索力的方法相似,读者可参考有关资料,此不赘述。

2.钢管混凝土拱截面应力重分布

钢管混凝土拱是拱式组合桥的主要构造特点,但钢管中混凝土的收缩、徐变,使混凝土与钢管之间引起不可忽视的内力重分布,尤其在拱的轴压力较大时。通过对不同形式采用钢管混凝土拱的拱式组合桥的分析,得到了这样的结果:当钢管截面占拱截面的含量为2%~8%时,施工至竣工后的三年内,混凝土收缩、徐变使钢管内混凝土的压力相对卸载3%~30%,钢管的压力相应增大,截面内力发生明显的重分布。因此,结构分析时应重视钢管混凝土拱截面应力重分布问题。

3.横梁简化计算

双拱肋的中承式与下承式拱梁组合结构的横梁与纵梁刚性联结,结点处又与吊杆联结;横梁两端的这种弹性固结作用,使其处于较复杂的受力状态,按平面结构计算时受力图式是不明确的。但分析横梁在特殊荷载下的受力情况可以发现:在局部荷载(如单辆汽车)作用下,纵梁对横梁的约束作用接近于两端刚性固结[图4-3-34a)];而在满跨车道荷载作用下,横梁的约束则接近于两端铰接[图4-3-34b)]。为了简化横梁活载内力计算,可偏安全地取按上述两种图式得到的内力的包络值;而对于恒载作用下的横梁内力,考虑到横梁的整体变形受纵梁约束的影响很小,也可采用简支计算模型计算。

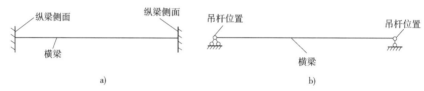

图 4-3-34 横梁计算模型
a)固结计算图式;b)铰接计算图式

上承式、多拱肋的中承式与下承式拱梁组合结构的横梁,可考虑按弹性支承连续梁计算。

活载沿桥梁纵向移动对横梁内力的影响计算,可参照简支梁桥横梁计算中的有关内容进行。

4.活载横向分布

拱式组合桥是一种复杂的空间结构,但纵、横构件构造很有规律,因此,目前实用计算仍采用空间结构平面化的方法。当然,利用横向分布系数反映活载的影响是一种较近似的计算方法。根据理论分析与试验验证,对于上承式拱梁组合结构,当桥宽小于跨径的1/2时(即窄桥),通常可以采用偏心压力法计算横向分布系数;对于双拱肋的中承式与下承式结构,可以采用杠杆分布法计算横向分布系数;对于多拱肋的宽桥结构,可采用弹性支承连续梁法计算横向分布系数;对于单拱肋的拱梁组合结构,主要考虑偏载对箱梁(即纵梁)内力的影响,偏载内力增大系数可取1.10~1.15。

(三)应考虑的施工过程

拱式组合桥的施工方法很多、简繁都有,但无论如何都经历一个结构逐步成形、荷载变化的过程。下面介绍一些在结构分析时应考虑的特殊施工问题。

1.钢管混凝土拱成形过程

根据常用施工方法,钢管拱内的混凝土一般以合龙成拱后的钢管为支撑,分段灌注而成;

少数情况下也有在混凝土灌注时钢管外另设支架,不让钢管拱单独承担未成形的混凝土荷载。这两种施工方法对钢管混凝土拱受力的影响较大,尤其是对钢管混凝土收缩、徐变内力重分布的影响较大。因此,在拱梁组合桥的施工分析中,应注意考虑钢管与混凝土的传力、受力及截面组合等过程。

2. 柔性吊杆的张拉过程

拱梁组合桥的柔性吊杆,与斜拉桥相似,需根据施工与结构受力要求按一定的次序张拉。张拉力的大小、张拉的次序均对结构受力产生不小的影响。故在施工分析时应认识并考虑这一特殊施工工况。

3. 各种结构与体系变化过程

在拱梁组合结构的计算中还有其他一些需要考虑的工况,如:纵梁在支架上分段施工、连续、张拉预应力筋,以及截面分次组合等;中承式连续结构采用转体施工时的临时塔架、辅助拉索;上承式、中承式连续结构的梁或拱合龙前的跨中临时固结等,均应在结构施工分析中反映出来,简单采用结构一次成形(落架)是不可取的。

(四)其他需注意的问题

本教材所指的拱梁组合结构均需采用预应力。拱梁组合结构的预应力都施加在受拉的梁上,预应力度的大小影响着梁的徐变。但拱内压应力的大小往往取决于结构的构造布置,尤其在矢跨比较小时拱内的压应力将急剧上升。拱和梁内压应力的相对水平,影响结构长期变形和受力的趋势,对于内部高次超静定的拱梁组合结构,不协调的恒载受力状态将对结构的最终状态产生很不利的影响。因此,设计计算不仅是给出相应的计算结果,更重要的是为结构选择一种良好的永久荷载状态。值得注意的是,尽管影响拱、梁内压应力的因素很多,但拱与梁内相近的压应力水平,对结构长期变形与受力极为有利。

第四节 拱桥的稳定性验算

拱桥的稳定性验算,主要是针对以受压为主的承重构件拱圈或拱肋进行的。若拱的长细比较大,则当其承受的荷载达到某一临界值时,拱的稳定平衡状态将不能保持而出现两种状况:在拱平面内轴线可能离开原来的稳定位置(也称为纵向失稳),或者轴线可能侧倾离开原拱平面(也称为横向失稳),结果导致拱的承载能力丧失。这两种离开原来稳定平衡状态而丧失承载能力的现象,称为第一类稳定(失稳)问题。对于轴压偏心的拱,当承受的荷载逐步增大时,其变形将沿着初始变形的方向从几乎线性到非线性的规律逐渐发展,直至最后丧失承载能力。这种平衡状态不发生瞬时突变的承载能力丧失问题,称为第二类稳定(失稳)问题。事实上,一般拱桥都属于第二类稳定问题,因为纯轴向受压的拱是不存在的。但从实用角度来看,拱桥失稳的事故主要发生在施工阶段,第一类失稳一旦发生往往先于第二类失稳,且很快使拱丧失承载能力,故在拱桥设计中应验算第一类稳定。拱桥的第二类失稳问题属于考虑非线性影响的强度问题,这在常规设计计算中已考虑。

在拱桥设计中,拱的稳定性验算分为拱平面内(也称为纵向)与拱平面外(也称为横向)两个方面。小跨径上承式实腹拱桥,可以不验算拱的稳定性;在拱上建筑合龙后再卸落拱架的大、中跨径拱桥,由于拱上建筑与拱存在共同作用,也无需验算拱的稳定性。采用无支架施工或拱上建筑合龙前就脱架的上承式拱桥,应验算拱的平面内(纵向)与平面外(横向)稳定性。拱的宽度小于跨径 1/20 的上承式拱桥,应验算拱平面外(横向)稳定性。中承式与下承式拱桥均应进行拱的平面内(纵向)与平面外(横向)稳定性验算。

下面将主要介绍利用规范或解析方法进行拱稳定性验算的方法,也对复杂结构稳定性分析提出建议。

一、拱平面内(纵向)稳定性验算

在验算拱圈或拱肋稳定性时,当长细比不大且矢跨比较小时,可将拱圈或拱肋换算为相当稳定计算长度的压杆,以验算抗压承载力的形式验算其稳定性;当长细比超出某一范围后,则以验算临界轴向力的方式验算其稳定性。

(1)对于中、小跨径砌体拱圈或拱肋、混凝土拱圈或拱肋,当轴向力偏心距小于 JTG 3362—2018 的限值、长细比在表 4-3-2 所列范围时,可采用下列承载力计算公式验算稳定性:

$$\gamma_0 N_d \leqslant \varphi A f_{cd} \tag{4-3-74}$$

式中:γ_0——结构重要性系数,按公路桥涵的设计安全等级,一级、二级、三级分别取 1.1、1.0、0.9;

N_d——拱圈或拱肋轴向力设计值,可近似表示成 $N_d = H_d/\cos\varphi_m$,其中 H_d 为拱圈或拱肋水平推力的设计值,φ_m 如图 4-3-35 所示;

A——拱圈或拱肋的截面面积,组合截面时为各层截面换算成标准层强度的换算截面面积;

f_{cd}——拱圈或拱肋材料抗压强度设计值,对于组合截面为标准层材料的抗压强度设计值;

φ——拱圈或拱肋换算压杆的纵向弯曲系数或纵向弯曲与偏心影响系数,对于混凝土拱圈或拱肋按表 4-3-2 取值,对于砌体拱圈或拱肋按如下公式计算:

$$\varphi = \cfrac{1}{\cfrac{1}{\varphi_x} + \cfrac{1}{\varphi_y} - 1} \tag{4-3-75a}$$

$$\varphi_x = \cfrac{1 - \left(\cfrac{e_x}{x}\right)^m}{1 + \left(\cfrac{e_x}{i_y}\right)^2} \cdot \cfrac{1}{1 + \alpha\beta_x(\beta_x - 3)\left[1 + 1.33\left(\cfrac{e_x}{i_y}\right)^2\right]} \tag{4-3-75b}$$

$$\varphi_y = \cfrac{1 - \left(\cfrac{e_y}{y}\right)^m}{1 + \left(\cfrac{e_y}{i_x}\right)^2} \cdot \cfrac{1}{1 + \alpha\beta_y(\beta_y - 3)\left[1 + 1.33\left(\cfrac{e_y}{i_x}\right)^2\right]} \tag{4-3-75c}$$

$$\beta_x = \frac{\gamma_\beta l_0}{3.5 i_y} \tag{4-3-75d}$$

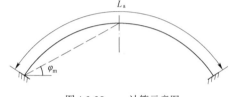

图 4-3-35 φ_m 计算示意图

$$\beta_y = \frac{\gamma_\beta l_0}{3.5 i_x} \tag{4-3-75e}$$

式中：φ_x、φ_y——截面 x 轴方向和 y 轴方向纵向弯曲与偏心影响系数；

e_x、e_y——作用（或荷载）设计值产生的轴向力在截面（或换算截面）x 轴方向和 y 轴方向的偏心距，其值应小于 JTG 3362—2018 的限值；

x、y——截面 x 轴方向和 y 轴方向的形心（或换算截面形心）至轴向力偏心侧截面边缘的距离；

i_x、i_y——弯曲平面内拱圈或拱肋截面的回转半径，$i_x = \sqrt{I_x/A}$、$i_y = \sqrt{I_y/A}$，其中 I_x、I_y 分别为截面（或换算截面）绕 x 轴和绕 y 轴的抗弯惯性矩，A 为截面（或换算截面）面积；

m——截面形状系数，圆形截面取 2.5，T 形或 U 形截面取 3.5，箱形或矩形截面取 8.0；

α——与砂浆强度有关的系数，当砂浆强度等级大于或等于 M5 时 α 取 0.002，当砂浆强度低于 M5 时 α 取 0.013；

β_x、β_y——拱圈或拱肋换算压杆在截面 x 轴方向和 y 轴方向的长细比，当 β_x、β_y 小于 3 时取 3；

γ_β——长细比修正系数，对于混凝土预制块砌体或组合构件取 1.0，细料石、半细料石砌体取 1.1，对于粗料石、块石、片石砌体取 1.3；

l_0——拱圈或拱肋纵向稳定计算长度，无铰拱 $l_0 = 0.36 L_a$，双铰拱 $l_0 = 0.54 L_a$，三铰拱 $l_0 = 0.58 L_a$，其中 L_a 为拱轴线的弧长；

其余符号意义见 JTG 3362—2018 有关条款。

混凝土拱圈或拱肋纵向弯曲系数 φ 表 4-3-2

l_0/b	<4	4	6	8	10	12	14	16	18	20	22	24	26	28	30
l_0/i	<14	14	21	28	35	42	49	56	63	70	76	83	90	97	104
φ	1.00	0.98	0.96	0.91	0.86	0.82	0.77	0.72	0.68	0.63	0.59	0.55	0.51	0.47	0.44

注：表中 b 为弯曲平面内拱圈或拱肋截面高度；其余符号意义同前。

（2）对于钢筋混凝土拱圈或拱肋，当其长细比在表 4-3-3 所列范围时，也将其换算为相当计算长度的压杆，按下列承载力计算公式验算稳定性：

$$\gamma_0 N_d \leqslant 0.9 \varphi (f_{cd} A + f'_{sd} A'_s) \tag{4-3-76}$$

式中：φ——拱圈或拱肋换算压杆的纵向弯曲系数，按表 4-3-3 取用；

f_{cd}——拱圈或拱肋混凝土材料抗压强度设计值；

A——拱圈或拱肋的截面面积，当纵向钢筋配筋率大于 3% 时取混凝土净截面面积；

f'_{sd}——纵向钢筋抗压强度设计值；

A'_s——纵向钢筋截面面积；

其余符号意义同前。

钢筋混凝土拱圈或拱肋纵向弯曲系数 φ 表 4-3-3

l_0/b	≤8	10	12	14	16	18	20	22	24	26	28
l_0/d_i	≤7	8.5	10.5	12	14	15.5	17	19	21	22.5	24
l_0/i	≤28	35	42	48	55	62	69	76	83	90	97
φ	1.00	0.98	0.95	0.92	0.87	0.81	0.75	0.70	0.65	0.60	0.56

续上表

l_0/b	30	32	34	36	38	40	42	44	46	48	50
l_0/d_i	26	28	29.5	31	33	34.5	36.5	38	40	41.5	43
l_0/i	104	111	118	125	132	139	146	153	160	167	174
φ	0.52	0.48	0.44	0.40	0.36	0.32	0.29	0.26	0.23	0.21	0.19

注：表中 b 为矩形截面拱圈或拱肋的短边长度；d_i 为圆形截面拱圈或拱肋的直径；i 为截面最小回转半径；其余符号意义同前。

(3) 当拱圈或拱肋换算压杆的长细比超出表 4-3-2 或表 4-3-3 的范围时，可近似采用欧拉临界力验算稳定性，即：

$$N_d \leqslant \frac{N_{L1}}{K_1} \tag{4-3-77}$$

式中：N_d——拱圈或拱肋轴向力设计值；

K_1——纵向稳定安全系数，一般取 4～5；

N_{L1}——纵向失稳的临界轴向力，表示为：

$$N_{L1} = \frac{H_{L1}}{\cos\varphi_m} \tag{4-3-78}$$

式中：N_{L1}——纵向失稳的临界水平推力，按下式计算：

$$H_{L1} = k_1 \frac{E_a I_x}{l^2} \tag{4-3-79}$$

E_a——拱圈或拱肋材料的弹性模量；

I_x——拱圈或拱肋截面对自身水平轴的惯性矩；

k_1——纵向失稳的临界推力系数，等截面悬链线和抛物线拱在均布荷载下的 k_1 值分别可按表 4-3-4、表 4-3-5 取用；

其余符号意义同前。

悬链线拱临界推力系数 k_1 表 4-3-4

f/l	0.1	0.2	0.3	0.4	0.5
无铰拱	74.2	63.5	51.0	33.7	15.0
两铰拱	36.0	28.5	19.0	12.9	8.5

抛物线拱临界推力系数 k_1 表 4-3-5

f/l	1/10	1/9	1/8	1/7	1/6	1/5	1/4
无铰拱	35.6	35.0	34.1	32.9	31.0	28.4	23.5
两铰拱	75.8	74.8	73.3	71.1	68.0	63.0	55.5

二、拱平面外（横向）稳定性验算

对于中承式与下承式拱桥、拱圈宽度小于跨径的 1/20 的上承式拱桥，肋拱桥、特大跨径拱桥及无支架施工中的拱圈或拱肋，均应进行横向稳定性验算。目前，工程上常用与纵向稳定相似的方法验算拱的横向稳定性。因此，横向稳定验算的关键是确定换算压杆的计算长度。

（1）对于等截面、圆弧线形、无铰板拱圈或单肋，在径向均布荷载作用下，横向稳定临界轴

向力可简化为欧拉公式:

$$N_{L2} = \frac{\pi^2 E_a I_y}{l_0^2} \quad (4\text{-}3\text{-}80)$$

式中:N_{L2}——横向稳定临界轴向力;

I_y——拱圈或拱肋截面对自身竖轴的惯性矩;

l_0——拱圈或拱肋横向稳定计算长度,$l_0 = \mu r$,μ 按表 4-3-6 取值;

r——圆弧拱的轴线半径,其他线形拱按下式近似换算:

$$r = \frac{l}{2}\left(\frac{l}{4f} + \frac{f}{l}\right)$$

其余符号意义同前。

μ 值表　　　　　　　　　　　　　　　　　表 4-3-6

f/l	1/3	1/4	1/5	1/6	1/7	1/8	1/9	1/10
μ	1.1665	0.9622	0.7967	0.5759	0.4950	0.4519	0.4248	0.4061

按表 4-3-6 的 μ 值确定了横向稳定计算长度 l_0 后,若可由式(4-3-75)(砌体拱)、表 4-3-2(混凝土拱)或表 4-3-3(钢筋混凝土拱)确定纵向弯曲系数 φ,则横向稳定验算就能简化,按式(4-3-74)或式(4-3-76)进行验算。

(2)对于等截面、抛物线形、双铰拱圈或单肋合龙时的拱肋,在竖向均布荷载作用下,横向稳定临界水平推力的计算公式为:

$$H_{L2} = k_2 \frac{E_a I_y}{8fl} \quad (4\text{-}3\text{-}81)$$

式中:k_2——横向失稳的临界推力系数,可按表 4-3-7 取用,表中 γ 为截面抗弯刚度与抗扭刚度之比,即:

$$\gamma = \frac{E_a I_y}{G_a I_k}$$

式中:G_a——拱圈或拱肋材料的剪切弹性模量,可取 $G_a = 0.43 E_a$;

I_k——拱圈或拱肋截面的抗扭惯性矩;

其余符号意义同前。

临界推力系数 k_2　　　　　　　　　　　表 4-3-7

	γ	0.7	1.0	2.0
	0.1	28.5	28.5	28.0
f/l	0.2	41.5	41.0	40.0
	0.3	40.0	38.5	36.5

参照图 4-3-36,临界轴向力的计算公式为:

$$N_{L2} = \frac{H_{L2}}{\cos\varphi_m} = \frac{1}{\cos\varphi_m} k_2 \frac{E_a I_y}{8fl} \quad (4\text{-}3\text{-}82)$$

将其表示成欧拉临界力公式:

$$N_{L2} = \frac{\pi^2 E_a I_y}{l_0^2}$$

其中
$$l_0 = \pi \sqrt{\frac{8fl\cos\varphi_m}{k_2}} \qquad (4\text{-}3\text{-}83)$$

以上式中,符号意义同前。

按式(4-3-82)确定横向稳定计算长度 L_0 后,如能由式(4-3-75)(砌体拱)、表4-3-2(混凝土拱)或表4-3-3(钢筋混凝土拱)确定纵向弯曲系数 φ,则可按式(4-3-74)或式(4-3-76)进行横向稳定验算。

(3)对于双肋拱或无支架施工时采用双肋合龙的拱肋,在验算横向稳定性时,可视为组合压杆(图4-3-36),组合压杆的长度等于拱轴长度 L_a,临界轴向力计算也简化为欧拉公式:

$$N_{L2} = \frac{\pi^2 E_a I_y}{l_0^2}$$

图4-3-36 组合压杆计算图式

其中
$$l_0 = \psi\mu L_a \qquad (4\text{-}3\text{-}84)$$

对于图4-3-36a)所示横向联系:
$$\psi = \sqrt{1 + \frac{\pi^2 E_a I_y}{(\mu L_a)^2}\left(\frac{1}{E_c A_c \sin\theta\cos^2\theta} + \frac{b}{aE_b A_b}\right)} \qquad (4\text{-}3\text{-}85\text{a})$$

对于图4-3-36b)~d)所示横向联系:
$$\psi = \sqrt{1 + \frac{\pi^2 E_a I_y}{(\mu L_a)^2} \cdot \frac{1}{E_c A_c \sin\theta\cos^2\theta}} \qquad (4\text{-}3\text{-}85\text{b})$$

对于图4-3-36e)所示横向联系:
$$\psi = \sqrt{1 + \frac{\pi^2 E_a I_y}{(\mu L_a)^2}\left(\frac{ab}{12E_b I_b} + \frac{a^2}{24E_a I_a} \cdot \frac{1}{1-\chi} + \frac{na}{bGA_b}\right)} \qquad (4\text{-}3\text{-}85\text{c})$$

$$\chi = \frac{a^2 N_{L2}}{2\pi^2 E_a I_a} \qquad (4\text{-}3\text{-}86)$$

式中:I_y——两拱肋对竖轴的组合惯性矩,$I_y = 2[I_a + A_a(b/2)^2]$;

ψ——考虑剪力对稳定的影响系数;

μ——计算长度系数,无铰拱为0.5,两铰拱为1.0;

a——横系梁(或夹木)的间距;

b——两拱肋中距,即横系梁的计算长度;

θ——斜撑与横系梁(或夹木或横垂线)的交角;

E_b——横系梁(或夹木)材料的弹性模量;

E_c——斜撑材料的弹性模量;

A_b——横系梁(或夹木)的截面面积;

A_c——斜撑的截面面积,如交叉撑为其面积之和;
I_a——单根拱肋对自身竖轴的惯性矩;
I_b——单根横系梁(或夹木)对竖轴的惯性矩;
χ——考虑节间局部稳定性的系数;
其余符号意义同前或见图4-3-36。

在横向稳定计算长度确定时,对于图4-3-36e)所示横向联系,先由假定的χ代入式(4-3-85c)计算ψ,然后由式(4-3-87)计算l_0,再由欧拉公式计算N_{L2},最后将此N_{L2}代入式(4-3-86)求出χ。若此χ与原先假定值差异较大,则应重新假定χ后再试算。经试算得到χ后就能最终确定横向稳定计算长度l_0。

横向稳定计算长度l_0确定后,如能由式(4-3-75)(砌体拱)、表4-3-2(混凝土拱)或表4-3-3(钢筋混凝土拱)确定纵向弯曲系数φ,则可按式(4-3-74)或式(4-3-76)进行横向稳定验算。

(4)当拱圈或拱肋换算压杆的长细比超出表4-3-2或表4-3-3的范围时,可近似采用欧拉临界力验算性,即:

$$N_d \leq \frac{N_{L2}}{K_2} \tag{4-3-87}$$

式中:N_d——拱圈或拱肋轴向力设计值;
K_2——横向稳定安全系数,一般取4~5;
其余符号意义同前。

(5)吊杆非保向力效应对稳定的影响。

对于中承式与下承式拱桥,当拱肋发生侧倾时,吊杆上端将同时随拱肋侧移,若桥面结构纵向整体连续并与拱肋刚性联结,则吊杆下端的横移将受到限制。倾斜吊杆的拉力T将对拱肋、桥面结构产生一对向内与向外的水平分力H(图4-3-37),前一分力对拱肋起着扶正的作用,后一分力使桥面结构发生向外的水平位移。吊杆拉力对结构产生的这种效应,称为非保向力效应。简单体系的中承式与下承式拱桥,因桥面结构纵向设断缝而非整体连续,故吊杆的非保向力效应并不显著。根据上述构造要求,吊杆具有非保向力效应的拱桥,主要是拱梁组合桥。

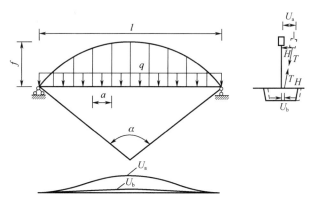

图4-3-37 吊杆非保向力效应示意图

中承式与下承式拱梁组合桥拱肋横向失稳的模态,一般为单向侧倾型和反对称S形鼓出型;桥面结构的模态与拱肋相似,但前者大于后者。由于拱肋受到吊杆水平分力的扶正作用,即非保向力作用,稳定安全系数得到较大提高。下面以下承式简支(圆弧)拱梁组合桥为例,介绍吊杆非保向力效应对拱肋稳定性的影响。

对于下承式简支(圆弧)拱梁组合桥,以拱肋与桥面结构侧移作为失稳模式,其中将吊杆拉力 T 简化为间距 a 范围的均布荷载 q,利用变分法得到考虑非保向力效应的拱肋临界轴向力计算公式:

$$N_{L2} = \eta \cdot N_{L2,0} = \eta \cdot \frac{E_a I_y}{R^2} \left(\frac{2\pi}{\alpha}\right)^2 \zeta \tag{4-3-88}$$

$$\eta = \frac{1}{1-C}$$

$$\zeta = \frac{1 + 2(\gamma-1)\left(\frac{\alpha}{2\pi}\right)^2 + 3\left(\frac{\alpha}{2\pi}\right)^4}{1 + 3\gamma\left(\frac{\alpha}{2\pi}\right)^2}$$

$$C = \frac{1}{\frac{\alpha}{2}\left(\frac{2\pi}{\alpha}\right)^2} \int_{-\alpha/2}^{\alpha/2} \frac{\left(1 + \cos\frac{2\pi\varphi}{\alpha}\right)^2}{(\cos\varphi - 1) + \frac{f}{R}} d\varphi$$

式中:η——非保向力效应的影响系数;

$N_{L2,0}$——不考虑非保向力效应的拱肋临界轴力;

R——圆弧拱的半径;

α——圆弧拱的圆心角;

C——非保向力效应的参数,考虑到拱顶段 U_a 较大,可偏安全地近似取为:

$$C = \frac{3R}{4f}\left(\frac{\alpha}{\pi}\right)^2$$

其余符号意义同前。

通过计算,非保向力效应的影响系数列于表 4-3-8。考虑非保向力效应之后,拱肋横向稳定性提高约 3 倍,随矢跨比减小而减小。采用上述近似的非保向力效应参数计算公式,对于工程设计计算都有足够的精度,且偏安全。

非保向力效应的影响系数 η 表 4-3-8

f/l		1/3	1/4	1/5	1/6	1/7	1/8
η	近似值	3.16	2.88	2.76	2.70	2.65	2.64
	精确值	3.50	3.31	3.22	3.17	3.14	3.12

非保向力效应对拱肋稳定性的影响较大。因此,拱梁组合桥在进行空间稳定验算时,应考虑吊杆的非保向力效应。

三、拱桥稳定性验算中的若干问题

由于拱桥实用的结构材料并非理想弹性,在到达弹性稳定临界荷载之前,材料也可能已进入塑性阶段;同时,在拱平面内拱本来就是有初始偏心的受压构件,拱在平面内的实际失稳形态基本属于第二类失稳,即已为极限点失稳或极限强度问题。

因此,拱桥平面内的稳定计算,一般可转化为极限强度计算。但是,限于目前的分析手段,拱桥空间稳定计算仍主要采用理想弹性分析方法。上述给出的几种横向稳定验算公式,都是基于这种理想弹性分析方法。现有规范对弹性稳定安全系数的建议值为 4~5,主要考虑材料非线性、混凝土徐变等影响因素折减后,安全系数仍不小于 1.5。当然,这也包含了一些经验和桥梁专家的建议。

精确分析拱桥空间稳定性,必须借助考虑材料、几何非线性的空间稳定有限元分析方法。若有可能按此方法进行稳定分析,可与 JTG 3362—2018 的简化方法相互校核。但也注意到,由于有限元分析过程中涉及混凝土材料的本构关系、破坏准则等一些仍处于研究的问题,故将这一方法作为实用设计分析方法还有一定困难。在目前的情况下,近似采用理想弹性的空间稳定有限元分析方法,对大跨、复杂拱桥进行稳定分析仍是一种可行的方法。

第五节 连拱计算简介

一、连拱作用的基本概念

多跨拱桥在荷载作用下,拱与墩的联结点会产生水平位移和转角[图 4-3-38a)]。考虑拱与墩节点产生变位的计算,称为连拱计算。在拱与墩节点的两个变位中,水平位移 Δ 对拱、墩内力的影响较大,而转角 θ 对拱、墩内力的影响较小。因而,从定性分析时可以用节点水平位移的大小,近似地反映连拱影响的程度。

一般而言,桥墩相对拱圈越细柔,拱墩节点的水平位移越大,连拱的影响越显著。当桥墩相对拱圈的刚度接近无限大时,即可忽略连拱影响时,多跨拱桥可各自按拱脚固定的单跨拱计算[图 4-3-38b)],称为按固定拱计算,由此算得的内力称为固定拱内力。但在实际拱桥中,桥墩相对拱圈的刚度,不可能无限大。即使是采用刚度较大的重力式墩,仍有一定的连拱作用,而钻孔灌注桩的桩柱式桥墩和轻型桥墩的连拱作用相当显著。为了更准确反映桥梁的实际受力情况,一般多跨拱桥均应考虑连拱影响。

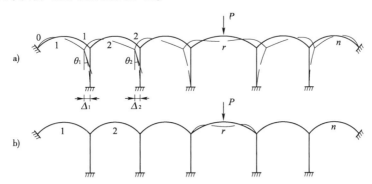

图 4-3-38 多跨拱桥拱墩节点的位移图式

鉴于按连拱计算与按固定拱计算的根本区别在于墩顶(拱脚)是否产生变位。因而,按连拱计算的内力,可视为按固定拱计算的内力加上连拱影响产生的内力。对上部结构而言,连拱影响主要是拱脚水平位移的影响,因而,连拱的内力也可视为固定拱内力加上拱脚水平位移产生的内力。

为了阐明连拱内力与固定拱内力的特性,图 4-3-39b)~g)示出了 3 孔连拱与相应固定拱

的几种主要影响线。根据各截面连拱及相应固定拱影响线,可以看出如下几个问题:

(1)连拱内力影响线与相应固定拱内力影响线不同。除了影响线的荷载长度和最大竖标位置不同[图 4-3-39b)~e)]之外,还有与连续梁影响线相似的特点。

理论与实践证明,在多跨拱桥中,连拱作用影响最大的是荷载孔。距荷载孔越远,拱墩节点的变位越小,因而连拱作用的影响也越小。

(2)计算拱脚、$l/8$ 截面最大负弯矩及拱中其他截面的最大正弯矩时,均以单跨(计算截面所在跨)布载不利[图 4-3-39b)~e)];计算拱脚、$l/8$ 截面的最大正弯矩及拱中其他截面的最大负弯矩时,以多跨布载不利。

由于拱脚水平位移的影响,连拱受到的水平反力[图 4-3-39f)]比固定拱小,而控制设计的拱脚负弯矩和拱顶正弯矩则比固定拱大。因而连拱设计时需要适当增强拱圈,以承受比固定拱更大的弯矩值。

(3)按连拱计算时,墩顶水平力影响线的正、负面积均比固定拱小[图 4-3-39g)],而桥墩又常以墩顶水平力控制设计,故按连拱计算时桥墩承受的水平力比固定拱小,可以节省桥墩的材料。

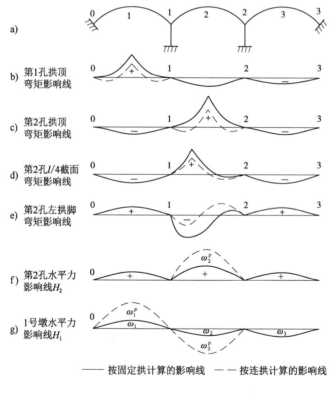

图 4-3-39 连拱内力影响线

假使在图 4-3-39a)中,三跨连拱跨径相等、拱轴线又相同,则在图 4-3-39g)中必有:

$$\omega_1 + \omega_2 + \omega_3 = 0 \text{ 或 } \omega_1 = |\omega_2 + \omega_3| \tag{4-3-89}$$

要证明式(4-3-89)的正确性,只需将图 4-3-39a)中的等跨连拱同时施加均布荷载,则因 1 号墩墩顶水平力自相平衡而式(4-3-89)得证。

由式(4-3-89)可知,计算 1 号墩顶最大水平力时,以荷载作用在第 1 跨为不利。同样,对于任意等跨连拱,计算边墩最大水平力时,以荷载作用在边跨为不利;而计算拱中最大弯矩时,则以荷载作用在中跨为不利。

不难证明,计算中墩的最大水平力时,无论是等跨或不等跨连拱,最不利布载情况一般有两种可能性:一是,墩左各孔布载,墩右各孔无载;二是,墩右各孔布载,墩左各孔无载。即墩顶单向水平力最大方式布载。

二、连拱的简化计算方法

(一)计算简图

这种简化计算方法是根据桥墩的抗推刚度 K'(按下端固结、上端铰接计算)与拱的抗推刚度 K 的不同比值,而采用不同的简化计算图式。经过计算对比分析,根据 K'/K 的不同比值,采用三种不同的简化计算图式(表4-3-9)。

连拱简化计算图式 表4-3-9

类 别	计 算 简 图	适 用 范 围
第一种		$\dfrac{\bar{K'}}{K} \leqslant \dfrac{2}{3}$
第二种		$\dfrac{2}{3} < \dfrac{\bar{K'}}{K} \leqslant 7$
第三种		$\dfrac{\bar{K'}}{K} > 7$

注:K-拱的抗推刚度;$\bar{K'}$-下端固结上端铰接墩的抗推刚度。

(1)当 $K'/K \leqslant 2/3$ 时,无铰连拱可按表4-3-9第一种连拱简化图式计算。此时,由于拱的抗推刚度较大而墩的抗推刚度较小,在拱墩节点变位中,拱对墩有较大的约束作用,阻碍了墩顶的转动。在这种情况下,拱墩节点采用固结的图式,并假定节点的转角为零。

(2)当 $2/3 < K'/K \leqslant 7$ 时,无铰连拱可按表4-3-9中第二种连拱简化图式计算。即将墩顶视为铰接,并假定拱脚的转角为零。

(3)当 $K'/K > 7$ 时,无铰连拱可按表4-3-9中第三种连拱简化图式计算。此时,由于墩的抗推刚度 K' 比拱的抗推刚度 K 大了许多倍,拱圈已不能制止墩顶的转动,略去墩顶的约束作用,则墩顶呈铰接状态。

表4-3-9中的三种连拱简化计算图式,从结构力学角度来讲,它们有着明显的共性,即在位移法的基本未知数中,只有水平位移一个未知数。因而,可用位移法建立统一的计算公式,计算节点变位和拱、墩内力。

(二)内力计算

根据前面分析,连拱的内力可视为固定拱的内力加上连拱影响产生的内力。由于这种简化计算方法只考虑了节点水平位移的影响,故连拱作用的附加力仅由拱脚产生的水平位移所引起。对于荷载跨而言,两拱脚所产生的水平位移都是向外的,由此引起的附加力将在拱的弹性中心产生一对水平拉力 ΔH(图 4-3-40)。

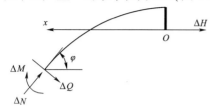

图 4-3-40　连拱作用引起的附加内力

采用结构力学的力法计算得到 ΔH 后,就能计算 ΔH 引起的附加内力 ΔN 和 ΔM,其与固定拱的内力叠加后即为连拱的内力。

上述连拱简化计算方法的优点是未知数少,计算比较简单。但是,这种简化计算方法由于忽略了节点转角的影响,拱、墩内力特别是墩顶与拱脚的截面内力,常与精确解相差较多。

连拱的简化计算方法有三种,上述方法仅为其中的一种。其他两种方法为同时考虑墩顶节点位移和转角影响的总和法(简称 Σ 法)及换算刚度法。读者若有兴趣,可阅读有关文献。

需要指出的是,上述连拱简化计算方法虽为手算带来了较大方便,但随着结构有限元计算方法的普及,手算的用途已逐渐减弱。因此,介绍简化计算方法的目的,主要在于使读者认识、了解连拱作用的基本概念、连拱结构的受力特点与性能。

第四章
拱桥的施工

拱桥的施工方法,大体可分为有支架施工和无支架施工两大类。在我国,前者常用于石拱桥、混凝土预制块拱桥及现浇混凝土拱桥;后者多用于肋拱、双曲拱、箱形拱、桁架拱桥等。当然,也有采用两者相结合的施工方法。本章在侧重介绍有支架施工及无支架施工方法的基础上,概要介绍一些适合大跨径拱桥和组合式拱桥的新施工方法。

第一节 拱架施工法

石拱桥、混凝土预制块拱桥及现浇混凝土拱桥,都是在拱架上修建的。这些拱桥的主要施工工序,包括材料的准备、拱圈放样(包括石拱桥拱石的放样)、拱架制作与安装、拱圈及拱上建筑的砌筑等。本节着重介绍后两个内容。

拱桥建筑材料的选用应满足设计和施工规范(或规定)的要求。对于石拱桥,石料的准备(包括开采、加工和运输等)是决定施工进度的一个重要环节,也在很大程度上影响桥梁的造价和质量。特别是料石拱圈,拱石规格繁多,所费劳动力就很多。为了加快桥梁建设速度,降低桥梁造价,减少劳动力消耗,可以采用小石子混凝土砌筑片石拱,以及用大河卵石砌拱等多种方法修建拱桥。

拱圈或拱架的准确放样,是保证拱桥符合设计要求的基本条件之一。石拱桥一般采用放出拱圈(肋)大样的办法来制作拱石样板,即在样台上将拱圈按1:1的比例放出大样,然后用木板或锌铁皮在样台上按分块大小制成样板,并注明拱石编号(图 4-2-10)。

样台必须保证在施工期间不发生过大变形,便于施工过程中对样板进行复查。对于左右对称的拱圈,为了节省场地,可只放出半跨大样。常用的放样方法是直角坐标法。显然,拱弧分点越多放出的拱圈尺寸越精确。例如某净跨径 100m 的箱形拱桥,为了提高放样的精度,半跨拱圈由原设计的 12 分点增加到 32 分点。

一、拱架

砌筑石拱圈、混凝土预制块拱圈和就地浇筑混凝土拱圈等时需要搭设一个拱架,以支承全部或部分拱圈和拱上建筑的重量,并保证拱圈的形状符合设计要求。显然,拱架要有足够的强度、刚度和稳定性。同时,拱架又是一种施工临时结构,故要求构造简单、制作容易、节省材料、装拆方便并能重复使用,以加快施工进度、减少施工费用。

(一)拱架的形式和构造

拱架的种类很多,按使用材料可分为木拱架、钢拱架、竹拱架、竹木拱架及"土牛拱胎"等形式。

木拱架制作简单、架设方便,但耗用木材较多,常用于盛产木材的地区。钢拱架一般为桁架式结构,大多数采用常备式构件(又称为万能构件)在现场按要求组拼成所需的形式。钢拱架是由多种零件(如由角钢制成的杆件、节点板和螺栓等)组装而成的,故其拆装容易、运输方便、适用范围广、利用效率高。选定拱架类型应贯彻因地制宜、就地取材的原则,以便降低造价、加快施工进度。如在南方产竹地区,可修建竹拱架或竹木混合拱架。在缺乏木材或钢材及少雨的地区,也可用简单经济的"土牛拱胎"代替拱架,即先在桥下用土或砂、卵石填筑一个"土胎"(俗称"土牛"),拱圈砌成之后再将填土撤除即可。

在一般情况下,拱架按拱圈宽度设置。但当桥宽较大时,由于拱架费用高(有的高达桥梁总造价的 25%),为了提高拱架利用率、减少拱架数量和费用,可以考虑将拱圈分成若干条施工,拱架沿拱圈宽度方向重复使用。

下面主要对木拱架和钢拱架进行扼要介绍。

1. 木拱架

木拱架常用于修建中、小跨径的圬工拱桥,按其构造形式可分为满布式拱架、拱式拱架等。
(1)满布式拱架。

满布式拱架的优点是施工可靠、技术简单,木材和铁件规格要求较低。但这种拱架木材用量大,木材及铁件的损耗率也较大。在受洪水威胁、水深流急、漂流物较多及要求通航的河流上,不能采用这种拱架。

满布式拱架通常由拱架上部(拱盔)、卸架设备、拱架下部(支架)等三个部分组成。常用的形式有立柱式和撑架式两种。

立柱式拱架(图 4-4-1),上部为由斜梁、立柱、斜撑和拉杆等组成的拱形桁架,下部是由立柱及横向联系(斜夹木和水平夹木)组成的支架,上、下部之间放置卸架设备(木楔或砂筒等)。为了增强横向稳定性,拱架各片之间应设置横向联系(水平及斜向夹木)。立柱式拱架的构造和制作都很简单,但立柱数量多,只适用于跨度和高度都不大的拱桥。

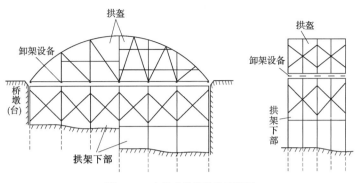

图 4-4-1 立柱式拱架构造示意图

撑架式拱架(图 4-4-2)的特点是用少数加斜撑的框架式支架来代替数量众多的立柱。木材用量较立柱式拱架少,构造上也不复杂,而且能在桥下留出适当的空间,减小了洪水及漂流物的威胁,并在一定程度上提供了通航条件。因此,它是采用较多的一种拱架。

无论是立柱式还是撑架式拱架,都应当构造简单、受力明确,避免采用复杂的节点和接头构造。拱架构件连接应紧密,以保证拱架在荷载作用下变形最小且变形曲线圆顺。

(2) 拱式拱架。

与满布式拱架相比较,拱式拱架不受洪水、漂流物的影响,在施工期间能维持通航,适用于墩高、水深、流急或要求通航的河流。

三铰桁架式拱架(图 4-4-3)是拱式木拱架中常用的一种形式,其材料消耗率低,但要求有较高的制作水平和架设能力。三铰桁架式拱架的纵、横向稳定也应特别注意。除在结构构造上须加强纵、横向联系外,还需设抗风缆索,以加强拱架的整体稳定性。在施工中还应注意对称均称地加载,并加强施工观测。

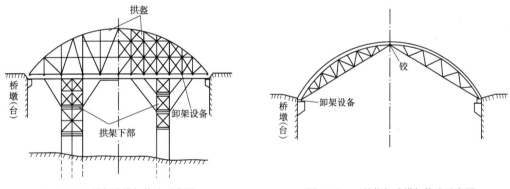

图 4-4-2 撑架式拱架构造示意图　　图 4-4-3 三铰桁架式拱架构造示意图

2. 钢拱架

钢拱架多为常备式构件组拼而成的桁架式拱架,并由几个单片拱形桁架组成整体。桁架片的数量视桥宽与荷载而定。根据拱圈跨径大小,钢拱架可组拼成三铰、两铰或无铰的拱式结构。拱圈跨径小于 80m 时一般用三铰拱架;跨径为 80~100m 时常用两铰拱架;跨径大于 100m 时多用无铰拱架。图 4-4-4a) 为一种钢拱架的构造示意,其基本构件为预制常备的标准节段和联结构件,非常备构件及设备则根据拱圈构造尺寸等要求配制,如拱顶和拱脚节段、两个标准节段之间的下弦杆等构件,以及拱架卸落等需要的设备。

钢拱架的标准节段为似 W 形[图 4-4-4b)]，由面状和杆状构件组成。节段有宽、窄两个种类，以便套接、简化节点构造。当拱圈跨径较大时，可用标准节段和其他常备构件组拼成双层拱架[图 4-4-4c)]。

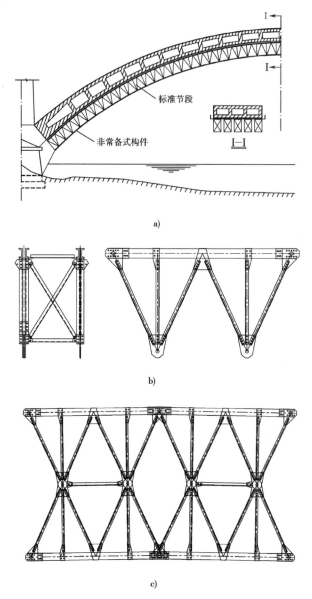

图 4-4-4　钢拱架构造示意

当桥址河床平坦、施工期水位很低时，也可采用着地可移动式钢拱架(图 4-4-5)。整个拱架由预制常备构件组拼成框架式结构，其立柱底部设置移动装置，拱架可沿横桥向移动。拱架的宽度小于拱圈，拱圈横向采用两个半幅或成条带地逐步建造。这种拱架施工法可以节省材料，也能缩短工期。

(二)拱架的设计要点

拱架系临时性结构，其材料及容许应力可按相关规定采用。为了保证拱圈的形状能符合设计要求,拱架还必须有足够的刚度,故需对拱架进行挠度验算。

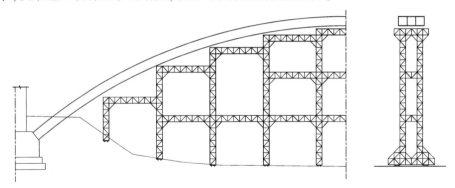

图 4-4-5　可移动式钢拱架构造示意图

1. 拱架的设计荷载

拱架的设计荷载包括:拱架自重荷载、拱圈重量、施工人员和机具重量及横向风力。拱圈重量要考虑砌筑或浇筑位置的影响,荷载强度应根据拱圈的施工方法而定,其他荷载可按有关规范及施工经验取用。

2. 拱架的计算

除一些特殊的情况,一般拱架已有大量的设计图或使用经验可供参考,通常不必重新设计。因此,拱架设计的主要内容,在于对拱架使用中各种受力工况进行验算。

为了验算拱架各构件的受力情况,对于石拱桥和混凝土预制块砌筑的拱桥,必须分析拱石在拱架上的传力规律。按图 4-4-6a),斜面上拱石的重量可分解为垂直于斜面的正压力 N、平行于斜面的切向力 T;此外由于 N 的作用,使拱石与模板间产生摩阻力 T_0。由此可知:

$$\left.\begin{array}{l} N = G\cos\varphi \\ T = G\sin\varphi \\ T_0 = \mu_1 N = \mu_1 G\cos\varphi \end{array}\right\} \tag{4-4-1}$$

式中:G——拱石的重力;

μ_1——拱石与模板间的摩阻系数。

若拱石由拱脚逐块紧靠着向拱顶方向砌筑[图 4-4-6b)],则拱石间由 T 产生的摩阻力为 $N_0 = \mu_2(T - T_0)$。此时在拱架斜面上的正压力为 $N' = N - N_0 = G\cos\varphi - \mu_2(T - T_0)$,其中 μ_2 为拱石间的摩阻系数。

由式(4-4-1)可见:正压力 N 及相应摩阻力 T_0 随 φ 值增大而减小,切向力 T、拱石间摩阻力 N_0 均随 φ 值的增大而增大。当 $N_0 \geq N$ 时,拱石能自身稳定在已砌好的下排拱石上,而无需拱架的支撑。这种情况只能出现在拱脚附近区段。随 φ 角的减小,作用到拱架上的正压力 N' 就逐渐增大,在拱顶处($\varphi = 0, N_0 = 0$)正压力也就是拱石的全部重力。再看切向力 T,当 $T_0 \geq T$ 时,拱石就能

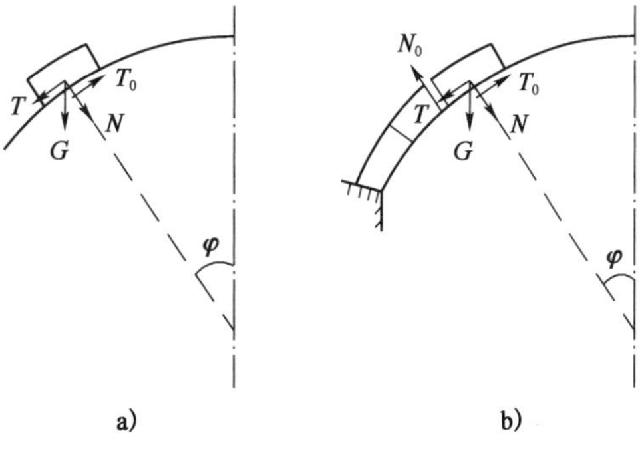

图 4-4-6　拱架上拱石的受力分析

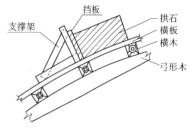

图 4-4-7 拱架上拱石支撑挡板的构造

自己稳定在拱架上而不会下滑;而当 $T_0 < T$ 时,拱石将会下滑。对于后一种情况,如采用分段砌筑拱圈时,相应区段的拱石砌筑时需设置支撑挡板(图 4-4-7)。这样,拱石一方面通过摩阻力使一部分等于摩阻力的切向分力作用于拱架上,同时剩余的一部分切向力 $(T - T_0)$ 将借助下排拱石传递于拱座或支撑挡板上。

按照以上分析,求出拱石作用于拱架上弦各节点上的荷载后,就可应用节点法逐次求得各杆件的内力。假定节点不能承受拉力。拱架的斜梁应按压弯构件计算,斜撑、立柱按压杆计算,模板按受弯构件计算。斜夹木和横夹木作为增强稳定之用,按构造设置。

3. 拱架的预拱度及设置方法

拱架承受荷载后,将产生弹性变形和非弹性变形;当拱圈砌筑或浇筑完毕,强度达到要求而卸落拱架后,拱圈由于受到自重、温度变化及墩台位移等因素的作用,也要产生弹性下沉。为了使拱轴线符合设计要求,必须在拱架上预留施工拱度,以便能抵消这些可能发生的垂直变形。

拱架的预拱度包括以下内容:

(1)拱圈自重产生的弹性下沉,即拱架卸落后拱圈在自重作用下的弹性下沉。

(2)拱圈温度变化产生的弹性变形,即拱圈合龙温度与年平均温度差异而引起的变形。

(3)墩、台水平位移产生的拱顶下沉,即拱架卸落后拱圈因墩、台水平位移而产生的弹性下沉。

(4)拱架在承重后的弹性及非弹性变形,即拱架在受力后产生的弹性变形、各种接头局部间隙或压陷产生的非弹性变形,以及砂筒受压后产生的非弹性压缩。

(5)支架基础在受载后的非弹性下沉。

拱架在拱顶处的预拱度,可根据上述下沉与变形按可能产生的各项数值相加后得到,具体计算方法可参照《公路钢筋混凝土及预应力混凝土桥涵设计规范》(JTG 3362—2018)有关内容。由于影响预拱度的因素很多,而且不可能算得很准确,施工时应结合实践经验对计算值进行适当调整。当无可靠资料时,拱顶预留拱度也可按 $l/800 \sim l/400$ 估算(l 为拱圈的跨径,矢跨比较小时预留拱度取较大值)。

当算出拱顶预拱度 δ 后,拱圈其他点的预拱度一般可近似地按二次抛物线规律设置 [图 4-4-8a)]。在这里需要指出的是,对于无支架或早期脱架施工的悬链线拱,裸拱圈的挠度曲线呈"M"形,即拱顶下挠而两边 $l/8$ 处上升。如果仍按二次抛物线分配预拱度,将会使 $l/8$ 处的拱轴线偏离设计拱轴线更远。为此,可以采用降低拱轴系数 m 来设置预拱度,即将原设计矢高 f 加高至 $(f+\delta)$,再将原设计的悬链线拱轴系数 m 降低一级(或半级),然后以新的矢高 $(f+\delta)$ 和新的拱轴系数计算施工放样的坐标。这种方法的效果,实际上是在拱顶预加正值,在 $l/8$ 处预留负值(或者是较小的正值)[图 4-4-8b)]。待拱圈产生"M"形变形后,刚好符合(或接近)设计拱轴线。

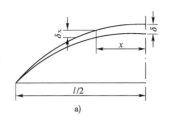 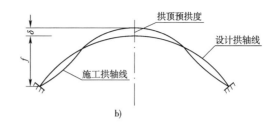

图 4-4-8　拱架预拱度的分布形式

(三)拱架的制作与安装

为了使拱架具有准确的外形和各部尺寸,在制作拱架前,一般要在样台上放出拱架大样,拱架大样应计入预拱度。根据大样可制作杆件的样板,并按样板进行杆件加工。

杆件加工完毕,一般须进行试拼(1~2 片)。根据试拼情况,在对构件作局部修改后即可在现场安装。

满布式拱架一般采用在桥跨内逐杆进行安装,桁架拱架都采用整片或分段吊装方法安装。安装时应及时测量以保证设计尺寸的准确,同时应注意施工安全。在风力较大的地区,拱架需设置风缆索,以增强稳定性。

拱架安装好后,其轴线和高程等主要技术指标(尺寸)应符合设计要求。拱架上用于拼装或灌筑拱圈(拱肋)的垫木或底模的顶面高程误差,不应大于计算跨径的1/1 000,也不应超过30mm,而且要求圆顺(无转折)。

(四)拱架的卸落

拱圈砌筑或现浇混凝土完毕,待达到一定强度后即可拆除拱架。

如果施工情况正常,在拱圈合龙后,拱架应保留的最短时间与跨径大小、施工期温度、养护方式等因素有关,对于石拱桥,一般当跨径在 20m 以内时为 20 昼夜;跨径大于 20m 时为 30 昼夜。对于混凝土拱桥,按设计强度要求、混凝土块试压强度等具体情况确定。因施工要求必须提早拆除拱架时,应适当提高砂浆(或混凝土)的强度等级或采取其他措施。

1. 卸架设备

为保证拱架能按设计要求均匀下落,必须设置专门的卸架设备。

卸架设备常用木楔、木凳(木马)、砂筒(砂箱)等形式(图4-4-9)。通常,中、小跨径多用木楔或木凳,大跨径或拱式拱架多用砂筒或其他专用设备(如千斤顶等)。

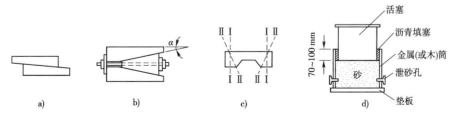

图 4-4-9　卸架设备的形式

木楔又可分为简单木楔和组合木楔。简单木楔由两块斜面的硬木楔形块组成[图4-4-9a)]。

落架时,用锤轻轻敲击木楔小头,将木楔移出,拱架即下落。一般可用于中、小跨径桥梁。组合木楔由三块楔形木和拉紧螺栓组成[图4-4-9b)]。卸架时只需扭松螺栓,则木楔徐徐下降。它可用于40m以下的满布式拱架或20m以下的拱式拱架。

木凳(木马)是另一种简单的卸架设备。卸架时,只要沿Ⅰ—Ⅰ与Ⅱ—Ⅱ方向锯去木凳的两个边角[图4-4-9c)],在拱架自重作用下,木凳被压陷,于是拱架也随之下落。一般用于跨径在15m以内的拱桥。

跨径大于30m的拱桥,宜用砂筒作卸架设备。砂筒是由内装砂的金属(或木料)筒及活塞(木制或混凝土制)组成[图4-4-9d)]。拱架卸落时砂从筒的下部预留泄砂孔流出,由砂泄出量控制拱架卸落高度,并由泄砂孔的开与关进行分次卸架。砂筒能使拱架均匀下降而不受震动。砂筒卸架设备要求筒里的砂干燥、均匀、清洁。砂筒与活塞间用沥青填塞,以免砂受潮而不易流出。

2. 卸架程序设计

为了保证拱圈(或已完成拱上建筑的上部结构)逐渐均匀降落,使拱架所支承的桥跨结构重量逐渐转移至由拱圈自身承担,拱架不能突然卸除,而应该按照一定的卸架程序进行。

卸架的程序一般是:对于中小跨径拱桥,可从拱顶开始逐次向拱脚对称卸落;对于大跨径的悬链线拱圈,为了避免拱圈发生"M"形的变形,也有从两边$l/4$处逐次对称地向拱脚和拱顶均衡地卸落。卸架的时间宜在白天气温较高时进行,这样能够便于卸落拱架。

多孔连续拱桥施工时,还应考虑相邻孔间的影响。若桥墩设计允许承受单孔施工荷载,就可以单孔卸架。否则应多孔同时卸落拱架,以避免桥墩不能承受单向推力而产生过大的位移,甚至引起严重的施工事故。

二、拱圈与拱上建筑的施工

(一)拱圈的施工

修建拱圈时,为保证在整个施工过程中拱架受力均匀、变形最小,使拱圈的质量符合设计要求,必须选择适当的砌筑方法和顺序。一般根据跨径大小、构造形式等分别采用不同繁简程度的施工方法。有关混凝土拱桥的模板、钢筋、混凝土浇筑等工程项目的具体要求或构造等可参见第二篇钢筋混凝土和预应力混凝土简支梁桥的有关内容,此处不再赘述。

通常,跨径在10m以下的拱圈,可按拱的全宽和全厚,由两侧拱脚同时对称向拱顶砌筑或浇筑混凝土,但应争取在拱顶合龙时,拱脚处砌缝的砂浆尚未凝结或混凝土尚未初凝。

跨径10~15m的拱圈,最好在拱脚预留空缝,由拱脚向拱顶按全宽、全厚进行砌筑或浇筑混凝土。为了防止拱架的拱顶部分上翘,可在拱顶区段预先压重。待拱圈砌缝的砂浆达到设计强度70%后或混凝土达到设计强度,再将拱脚预留空缝用砂浆或混凝土填塞。

大、中跨径的拱桥,一般采用分段施工或分环(分层)与分段相结合的施工方法。分段施工可使拱架变形比较均匀,并可避免拱圈的反复变形。分段的位置与拱架的受力和结构形式有关,一般应设置在拱架挠曲线有转折及拱圈弯矩比较大的地方,如拱顶、拱脚及拱架的节点处。对于石拱桥,分段间应预留30~40mm的空缝或设置木撑架,混凝土拱圈则应在分段间设混凝土挡板(端模板),待拱圈砌筑或浇筑混凝土后再用砂浆(或埋入石块)或浇筑混凝土灌缝。拱圈分段对称施工的一般顺序如图4-4-10所示。拱顶处封拱(如石拱桥拱顶石的砌筑)必须在所有空缝填塞并达到设计强度后才能进行。另外,还需注意封拱(合龙)时的大气温度是否符合设计要求,如设计无明确要求时,也宜在气温较低时(凌晨)进行。

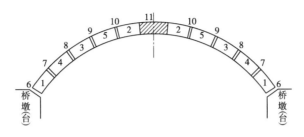

图4-4-10 拱圈分段对称施工的一般顺序

当跨径大、拱圈厚度较大时,可将拱圈全厚分层(即分环)施工,按分段施工法建好一环合龙成拱,待砂浆或混凝土强度达到设计要求后,再浇筑(或砌筑)上面的一环。这样,第一环拱圈就能起拱的作用,参与拱架共同承受第二环拱圈结构的重力。以后各环均照此进行。这样可以大大减小拱架的设计荷载。同时,分环施工合龙快,能保证施工安全,节省拱架材料。对于箱形板拱和肋拱,拱圈一般分成两环或三环。当分两环浇筑时,可先分段浇筑底板,然后分段浇筑腹板、隔板与顶板;分三环浇筑时,先分段浇筑底板,再分段浇筑腹板与隔板,最后分段浇筑顶板。在分段、分环浇筑时,可采用分环填间隔缝合龙和全拱完成后一次填充间隔缝合龙的两种合龙方式。图4-4-11所示一个跨径为146m的箱形拱圈分三环、九段浇筑施工方法。

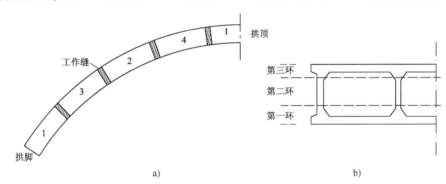

图4-4-11 箱形拱圈分段、分环浇筑施工方法示例
a)拱圈轴向分段;b)拱圈高度分环

(二)拱上建筑的施工

拱上建筑的施工,应在拱圈合龙、混凝土或砂浆达到设计强度30%后进行。对于石拱桥,一般不少于合龙后三昼夜。

拱上建筑的施工,应避免造成拱圈产生过大的不均匀变形,一般可按自拱脚向拱顶对称进行。大跨径拱桥拱上建筑的施工程序,应根据有利于受力的情况进行设计。

实腹式拱上建筑,应由拱脚向拱顶对称地砌筑侧墙,再填筑拱腹填料及修建桥面结构等。空腹式拱桥一般是在腹孔墩施工完后就卸落拱架,然后再对称均衡地施工腹孔,以避免由于拱圈的不均匀下沉而使腹拱圈开裂。混凝土立柱浇筑应从底到顶一次完成,施工缝设在上横梁承托的底面;当上横梁与桥面板直接联结时,横梁与立柱应同时浇筑。

在多孔连续拱桥中,当桥墩不是按单向受力墩设计时,仍应注意相邻孔间的对称均衡施工,避免桥墩承受过大的单向推力。尤其在裸拱圈上修建拱上建筑的多孔连拱更应注意,以免影响拱圈的质量和安全。

第二节　缆索吊装施工法

在峡谷或水深流急的河段上,或在通航河流上需要满足船只的顺利通行,或在洪水季节施工并受漂流物影响等条件下修建拱桥,以及采用有支架施工方法将会遇到很大困难或很不经济时,就宜考虑采用无支架施工方法,而不需搭设拱架作为临时支承。

缆索架桥设备由于具有跨越能力大、水平和垂直运输机动灵活、适应性广、施工也比较稳妥方便等优点,因此目前在修建公路拱桥时较多采用了缆索吊装方法。尤其在修建大跨径的或连续多孔的拱桥中,更能显示这种施工方法的优越性。在广泛的实践中,此法已得到很大发展并积累了丰富的经验。目前,缆索吊机的最大单跨跨径已达500m以上。由单跨缆索发展到双跨连续缆索,其最大跨径已达$2 \times 400m$以上。吊装重力也达到750kN,能够顺利地吊装跨径达160m的分段预制箱形拱桥。缆索架桥设备也逐渐配套、完善,并已成套生产。

在采用缆索吊装施工的拱桥上,为了充分发挥缆索的作用,拱上建筑也应尽量采用预制装配式构件,这样就能提高桥梁工业化施工的水平,并有利于加快桥梁建设的速度。例如主桥全长1 250m的长沙湘江大桥,17孔共408节拱肋和其中8孔76m跨径的拱上建筑预制构件(立柱、盖梁、腹拱圈等)全部由两套缆索吊机吊装安砌,仅用65个工作日就安装完成。这对于加快大桥建设速度、减少木材用量、降低桥梁造价等方面都起了很大作用。

拱桥缆索吊装施工大致包括:拱肋(箱)的预制、移运和吊装,拱圈施工,拱上建筑施工,桥面结构的施工等主要工序。可以看出,除缆索吊装设备,以及拱肋(箱)的预制、移运和吊装、拱圈施工等几项工序外,其余工序都与有支架施工方法相同(或相近)。因此本节主要介绍缆索吊装施工的特点,其基本内容也适用于其他无支架施工方法。

一、缆索吊装设备

缆索吊装设备,按其用途和作用可以分为主索、工作索、塔架和锚固装置等四个基本组成部分。其中主要机具设备包括主索、起重索、牵引索、结索、扣索、浪风索、塔架(包括索鞍)、地锚(地垄)、滑轮、电动卷扬机或手摇绞车等。其布置形式如图4-4-12所示。

缆索吊装各机具设备及其主要功能如下。

1. 主索

主索也称为承重索或运输天线。它横跨桥渡,支承在两侧塔架的索鞍上,两端锚固于地锚,吊运构件的行车支承于主索上。横桥向主索的组数,根据桥面宽度(两外侧拱肋间的距离)、塔架高度(塔架高度越大,横移构件的宽度范围也相应增大)及设备供应情况等合理选择,一般可选1~2组。

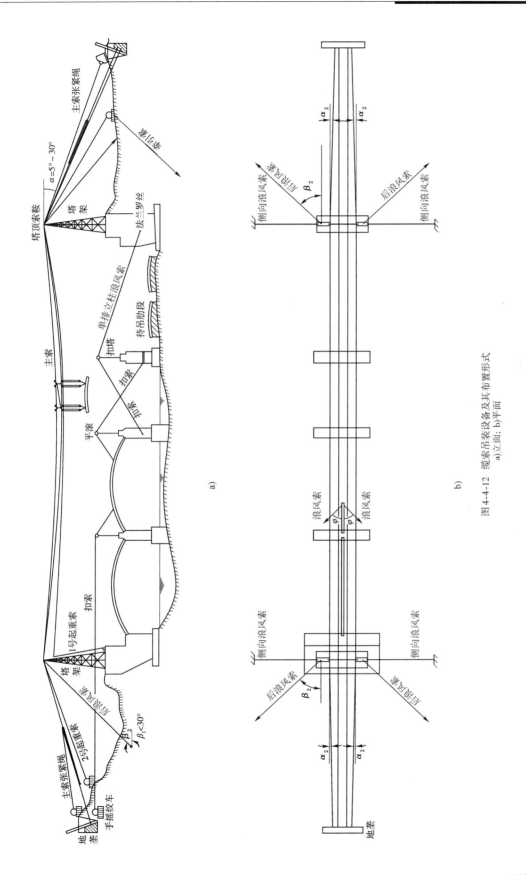

图 4-4-12 缆索吊装设备及其布置形式
a)立面；b)平面

2.起重索

起重索用于控制吊物的升降(即垂直运输),一端与卷扬机滚筒相连,另一端固定于对岸的地锚上。当行车在主索上沿桥跨往复运行时,可保持行车与吊钩间的起重索长度不随行车的移动而改变(图4-4-13)。

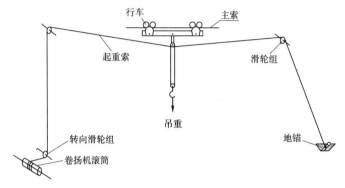

图4-4-13 起重索的布置

3.牵引索

牵引索用来牵引行车在主索上沿桥跨方向移动(即水平运输),在行车两端各设置一根牵引索。这两根牵引索的另一端分别连接在两台卷扬机上,或合拴在一台双滚筒卷扬机上。

4.结索

结索用于悬挂分索器,使主索、起重索、牵引索不致相互干扰。它仅承受分索器(包括临时作用在它上面的工作索)的重量及自重。

5.扣索

当拱肋分段吊装时,需用扣索悬挂端肋及调整端肋接头处高程。扣索的一端系在拱肋接头附近的扣环上,另一端通过扣索排架或塔架固定于地锚上。为了便于调整扣索的长度,可设置手摇绞车及张紧索(图4-4-14)。

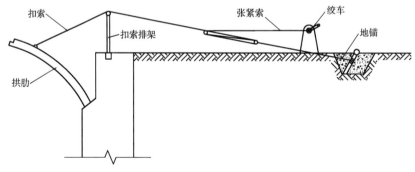

图4-4-14 扣索的布置

6.浪风索

浪风索也称为缆风索,用来保证塔架、扣索排架等的纵、横向稳定及拱肋安装就位后的横向稳定。

7.塔架及索鞍

塔架是用来提高主索的临空高度及支承各种受力钢索的重要结构。塔架的形式是多种多样的,按材料可分为木塔架和钢塔架两类。

木塔架的构造简单,制作、架设均很方便,但用木材数量较多。木塔架一般用于高度在20m以下的场合。当高度在20m以上时较多采用钢塔架。钢塔架可采用龙门架式、独脚扒杆式或万能杆件拼装成的各种形式。

塔架顶上设置了为放置主索、起重索、扣索等用的索鞍(图4-4-15),它可以减小钢丝绳与塔架的摩阻力,使塔架承受较小的水平力,并减少钢丝绳的磨损。

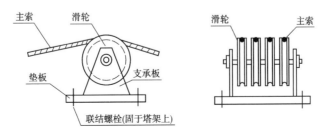

图4-4-15 索鞍的构造

8. 地锚

地锚亦称为地垄或锚碇,用于锚固主索、扣索、起重索及绞车等。地锚的可靠性对缆索吊装的安全有决定性影响,设计和施工都必须高度重视。按照承载能力的大小及地形、地质条件的不同,地锚的形式和构造可以是多种多样的。条件允许时,还可以利用桥梁墩、台作锚碇,这样能节约材料,否则需设置专门的地锚。

9. 电动卷扬机、手摇绞车

电动卷扬机及手摇绞车用作牵引、起吊等的动力装置。电动卷扬机速度快,但不易控制。对于一般要求精细调整钢索长度的部位,多采用手摇绞车,以便于操纵。

10. 其他附属设备

缆索吊装其他附属设备还有各种倒链葫芦、花篮螺栓、钢丝卡子(钢丝扎头)、千斤绳、横移索等。

缆索吊装设备的形式及规格非常多,必须因地制宜,结合各工程的具体情况合理选用。

二、拱段吊装方法

采用缆索吊装施工的拱桥,吊装方法应根据跨径、桥梁总长及桥宽等具体情况而定。

拱圈是吊装施工的关键,为了满足施工吊装、构造及受力要求,拱圈的横截面和拱圈的轴向被划分成若干节段。这些拱肋或拱箱节段(以下简称"拱段"),一般在桥址处的河滩或桥头岸边预制,并进行预拼试验。

(一)拱段的吊装

预制拱段运移至缆索之下,由起重车起吊牵引到预定位置安装。为了使边拱段在拱合龙前保持预定的位置,应在扣索固定后才松开起重索。每跨拱应自两端向跨中对称吊装施工。在完成最后一个拱段吊装后,须先进行各段接头高程调整,再放松起重索、成拱。最后才将所有扣索撤去。

当拱桥跨径较大、拱段宽度较小时,应采用双拱或多拱同时合龙的方案。每条单拱横向相邻拱段之间,随拼装进程应及时连接或临时连接。边拱段就位后,除用扣索拉住,还应在左右两侧用一对风缆牵住,以免左右摇动。中拱段就位时,务必使各接头顶紧,尽量避免形成简支搁置与冲击作用。

对于一个轴向按五段划分的钢筋混凝土箱形拱,每条拱箱的吊装程序如下:

(1)吊装一侧拱脚处的边段拱箱,箱段在拱座处与墩(台)直接顶接;安装扣索、风缆索,放松起重索。

(2)吊运次边段拱箱,用螺栓与边段拱箱相接;安装扣索、风缆索,放松起重索。

(3)按上程序吊装另一侧拱脚处的边段拱箱和次边段拱箱。

(4)将跨中合龙段拱箱吊运至合龙位置上方,缓慢降落并与次边段拱箱相接、合龙。

(5)各段接头高程调整,采用钢板楔紧接头;放松吊索、扣索,各段接头焊接牢固,去掉全部吊索、扣索。

(二)拱段吊装的稳定性措施

在缆索吊装施工的拱桥中,为保证单条拱有足够的纵、横向稳定性,除应满足计算要求外,在构造、施工方面都必须采取一些措施。

施工实践表明,如果拱段的截面高度过小,不能满足纵向稳定的要求,而要在施工中采取措施来保证其满足纵向稳定的要求是很困难的。因此,所拟定或划分拱段的截面高度,一般都应大于纵向稳定所需要的最小高度。

为了减小吊装重量,拱段的宽度不宜取得过大,通常设计中选择的拱段宽度往往小于单拱合龙所需要的最小宽度。在这种情况下,可采用双拱或多拱合龙的方式(图4-4-16)。一般来说,跨径在50m以内时可以采用单拱合龙,跨径大于50m时宜采用双拱同时合龙。这时,拱肋(箱)之间需用横夹木或斜撑木临时连接,以便形成横向框架,增强横向稳定性。

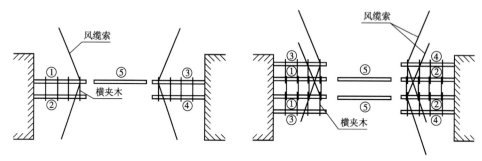

图4-4-16 双拱或多拱合龙示意图
注:图中圈码数字表示施工顺序,余类同。

无论是单拱合龙或是双拱合龙,都要结合具体情况设置横向浪风索,以增强拱的横向稳定性。而且在安排施工进度时,还应尽快完成拱间横向联系(如横隔板等)的施工。

三、拱段吊运中的受力计算

拱段一般均有起吊、安装等过程,因此必须对吊装、搁置、悬挂、安装等状况下的预制拱段进行强度验算,以保证拱段的安全施工。如采用卧式预制,还需验算平卧运输或平卧起吊时截面的侧向应力。

(一)拱段吊点(支点)位置确定及吊运时内力计算

拱段的吊点及移运支点位置的合理选择,需要综合考虑拱的截面形式和配筋情况,以及在起吊、运输、安装过程中的受力状况。

拱段一般采用两个吊点。当分段较长或拱段曲率较大时,可采用四个吊点,以使拱段的受力更为均匀。

由于拱段是曲线形的构件,为了保证吊装过程中的稳定性,就应使两个吊点(吊环)的连线在拱段弯曲平面重心轴以上。如果在重心轴之下,吊运时拱段就可能出现侧向倾翻的现象。为了防止此类事故的发生,对于圆弧形的拱段,吊环离中线的距离 l_d(图 4-4-17)应满足下式:

$$l_d < \sqrt{(R+h_s)^2 - \left(\frac{l}{2\theta}\right)^2} \qquad (4-4-2)$$

式中:R——圆弧线半径;
$\quad l$——拱段的弦长;
$\quad \theta$——拱段圆心角的一半(单位为弧度);
$\quad h_s$——拱段横截面形心至上边缘的距离。

对于悬链线拱,可参考有关资料按精确方法确定肋段的重心及吊环离中线的距离 l_d。也可以近似采用上述公式,式中 R 则为换算半径。

同时还应该根据拱段的截面及配筋情况,由截面应力的计算来确定吊点(或支点)的位置。

计算吊运过程中拱段的内力时,可将弧形拱段近似看作直梁,所承受的荷载一般仅有自重。但为了防止意外情况发生,应根据施工设备的性能、操作熟练程度和可能撞击的情况,考虑采用 1.2~1.5 的冲击系数。通过拱段的内力及应力计算,就可以确定合理的吊点位置。例如有一根两个吊点的拱段(图 4-4-18),长度为 l、矩形截面,设上、下缘配筋相同,g 为每米长的重量(考虑 1.2~1.5 的冲击系数),则利用吊运时两个吊点处的负弯矩(M_2)与跨中截面正弯矩(M_1)相等的条件,就可求得合理的吊点位置在距端点 $x = 0.207l$ 处。不过在设计中,拱段的下缘钢筋往往比上缘的钢筋多,因此可以允许正弯矩大于负弯矩,这样也可以得到这种情况下的合理吊点位置。

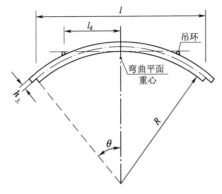
图 4-4-17 拱段吊环位置确定示意图

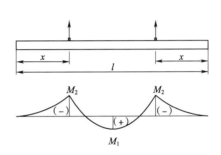
图 4-4-18 两吊点拱段计算简图

在实践中,常常根据以往的设计经验,再结合施工条件,先确定吊点(或支点)位置,然后再计算内力,进行强度验算。

(二)边拱段悬挂时内力计算

当拱跨分三段(或三段以上)预制时,边拱段安装就位后须悬挂,故必须进行悬挂状况下的拱段内力及扣索拉力计算。现以三段吊装并用一根扣索悬挂的边段拱肋(图4-4-19)的计算方法为例,作简要说明。

1. 边拱段悬挂时扣索的计算

边段拱肋悬挂后,由于拱脚支承处尚未用混凝土封固,仍可视为铰接。如图4-4-20所示,可根据静力平衡条件求得扣索的拉力,即:

$$T_1 = \frac{b \sum G}{h} \tag{4-4-3}$$

式中,$\sum G$ 为拱肋自重,b、h 如图4-4-20所示。

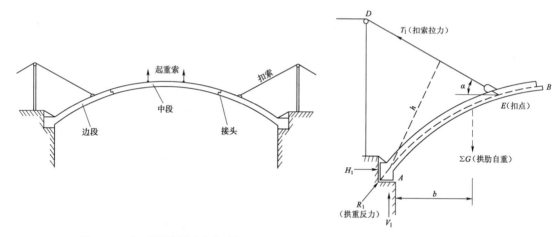

图4-4-19 分三段预制拱的安装示意图　　图4-4-20 边拱段悬挂时扣索拉力计算简图

2. 边拱段悬挂时自重内力的计算

悬挂的边段拱肋由自重产生内力可由静力平衡条件求出,拱肋在自重作用下的弯矩 M' 图和轴向力 N' 图如图4-4-21所示。这样就可确定内力最大的截面位置,并按最大内力进行强度验算。

3. 边拱段因中拱段搁置于悬臂端而产生的内力计算

当中拱段吊装合龙时,对边段悬臂端部的作用力大小,与拱段接头形式、施工吊装设备、操作熟练程度等许多因素有关,很难精确计算。

目前一般均按中拱段重量的15%~25%,作为中拱段合龙时对边段悬臂端部的作用力 R。由图4-4-22可求得扣索中的拉力 T_2、支点处水平反力 H_2、竖向反力 V_2,以及相应的边段的弯矩 M'' 图及轴向力 N'' 图。

4. 边拱段在自重及中拱段部分重量 R 共同作用下的内力计算

将2、3标题分别求得的边拱段在自重作用下的内力(M'、N')及在中拱段部分重量 R 作用下的内力(M''、N'')相叠加,即可求得边拱段各截面的总内力。于是可确定最不利截面的位置及最大内力,并可进行强度验算。

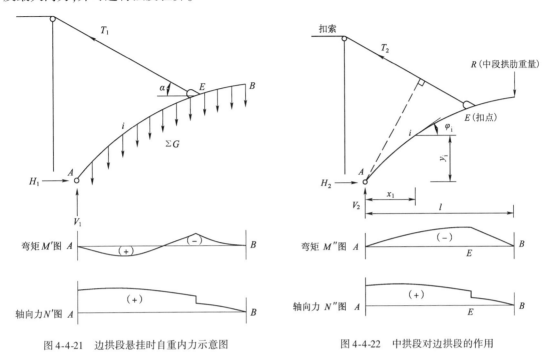

图 4-4-21 边拱段悬挂时自重内力示意图

图 4-4-22 中拱段对边拱段的作用

(三)中拱段安装时的内力计算

中拱段在吊装合龙时,由于起重索放松过程很慢,往往在起重索部分受力的情况下,接头与拱座逐渐顶紧成拱,使拱段受到轴向力作用。因此在设计时虽然中拱段仍按简支于两边拱段悬臂端部的梁来计算,但荷载可只按中拱段自重的 30% ~ 50% 计算(图 4-4-23),即 $g = (0.3 \sim 0.5) W/l$,式中 l 为中拱段的弧长,W 为中拱段的实际重量。

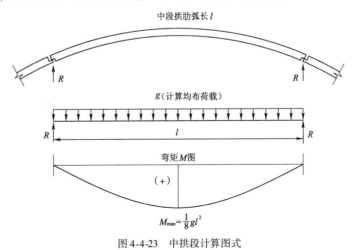

图 4-4-23 中拱段计算图式

这样,当内力计算后即可进行强度验算。有时为了满足拱肋在吊运、搁置时的受力要求,可在跨中区段增加配置若干适当长的钢筋。

四、施工加载程序设计

(一)施工加载程序设计的目的和意义

在采用无支架或早脱架施工方法建成的拱肋(箱)上,继续进行以后各工序的施工时,如砌筑拱圈和拱上建筑等,如何合理安排这些工序,对保证工程质量和施工安全都有重大影响。如果采用的施工步骤不合理,拱脚或拱顶的压重不恰当,左、右半拱或相邻各孔(对柔性墩连拱)施工进度不平衡,加载不对称,坡拱桥的特点未予重视等,都会引起拱轴线变形不均匀,而导致拱圈开裂,严重的甚至造成事故。因此,对施工步骤必须做出合理的设计。

施工加载程序设计的目的,就是要在裸肋或部分拱箱(或裸拱圈)上加载时,使拱肋(箱)各个截面在整个施工过程中,都能满足强度和稳定的要求。并在保证施工安全和工程质量的前提下,尽量减少施工工序,便于操作,以加快桥梁建设速度。

(二)施工加载程序设计

施工加载程序设计的一般原则为:

(1)拱圈跨径和成拱时拱肋(箱)尺寸,对施工加载程序的设计影响很大。对于中、小跨径拱桥,当成拱时拱肋(箱)的截面尺寸满足一定的要求(通常要求其面积占拱圈总面积的1/4以上)时,可以不做施工加载程序设计,按有支架施工方法进行对称、均衡的施工。同时,根据已有经验在各施工阶段注意观测,防止事故突然发生。然而,对于大、中跨径拱桥,必须进行施工加载程序设计,并以受力控制计算截面验算加载程序。控制计算截面一般应包括拱顶、拱脚和拱跨1/8点、1/4点、3/8点等处截面。

(2)分环、分段、均衡对称加载。

采用组合截面施工的拱圈,在拱肋或拱箱安装成拱后,为了减轻拱肋(箱)的负担,并使后施工的截面能尽早协助已建部分截面一同受力,可采用分环施工的方法。为了避免拱肋(箱)产生过大的不均匀变形,也可采用增加工作面的方法。对于大、中跨径的拱桥,在分环的同时,还应采取分段及均衡对称加载的方法。即在拱的两个半跨上,按需要分成若干段,并在相应部分同时进行相等量的施工加载,如图4-4-24所示。对于坡拱桥,必须注意其结构受力不对称的特点,一般应使低拱脚半跨的加载量稍大于高拱脚半跨的加载量。

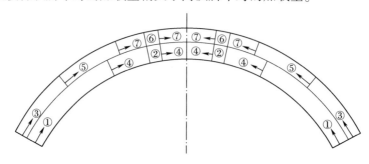

图4-4-24 分环、分段施工程序示意图

同时还需注意,在多跨连续拱桥的两个邻跨之间也需均衡加载,两跨的施工进度不能相差太远,以免桥墩承受过大的单向推力而产生过大位移,使施工进度较快一跨的拱顶下沉、邻跨

的拱顶上拱,导致拱圈开裂或破坏。

(3)在各施工阶段强度、稳定性、挠度计算的基础上,应预先估计施工过程中可能出现的各种问题,并采取相应的预防措施,以确保工程的质量和安全。

(三)施工加载程序设计的计算步骤

目前在设计施工加载程序时,多采用影响线加载法计算内力及挠度,再进行强度、稳定、变形的验算。计算步骤大致可分为:

(1)绘制计算截面的内力(弯矩、轴向力)及挠度影响线。

(2)根据施工条件初步拟定施工阶段。

(3)在左、右半拱对称地将拱圈分环、分段,再将已分的各环按段计算重量。分段宜小,便于调整加载范围。

(4)按照各阶段的工序,拟定加载顺序及加载范围,在影响线图上分段逐步加载,求出各计算截面在此荷载作用下的内力及挠度,并进行强度验算。加载左、右半拱应对称进行,尽量使各计算截面的弯矩及挠度最小,截面应力及挠度不超过容许值,并尽量使计算截面不出现反复变形(挠度)。

(5)根据强度及挠度计算情况,调整施工加载顺序和范围,或增减施工阶段。这一计算工作往往需要反复多次,才能做出较恰当的施工加载程序方案。

(6)在拱圈砌筑完成后,拱上建筑的施工只要由拱脚向拱顶对称均衡地进行,就能保证拱圈的安全,故可不再进行计算。对于多孔连续拱桥,也需注意相邻跨的协调施工,防止桥墩的过大变形。

施工加载程序设计既重要又烦琐,因此一方面需要探讨合理加载程序的简化计算方法(如充分利用电子计算机计算等),同时应在拱圈的形式、构造及施工方法等各方面作进一步的改善。例如目前由于采用了薄壁箱形截面的拱肋(箱),既能大大减少施工程序,加快施工进度,又能保证拱圈的安全。

(四)施工加载时挠度的控制措施

施工加载程序设计时,应计算各加载工况控制截面的挠度值,以便在施工过程中控制拱轴线的变形。这时因为在施工过程中难以对拱的应力变化情况进行观测,而通常只能通过拱的变形反映出来。为了保证拱(拱圈)的施工安全和施工质量,必须用计算所得的挠度值与加载过程中的实测挠度进行对照,如实测挠度过大或出现不对称变形等异常现象时,应立即分析原因,采取措施,及时调整施工加载程序。

施工实践表明,挠度计算值与实测值两者有时相差较为悬殊,其原因主要是在计算拱肋(箱)截面刚度 EI 时,一方面计算中未能充分反映拱在施工过程中出现裂缝的实际情况,另一方面是计算采用的材料弹性模量与实际情况也不易一致,因此对于挠度计算值,也要在施工过程中结合实测挠度进行校核和修正。

另外,温度变化对拱肋(箱)挠度的影响也很大,为了消除温度对拱加载变形的干扰,还必须对温度变化引起拱挠度变化的规律进行观测,以便校正实测的加载挠度值,正确控制拱的受力情况。

总之,对于各种体系拱桥的施工,都必须加强施工观测,以便及时发现问题,采取措施,消除隐患,确保工程质量和施工安全。

第三节　其他施工方法简介

如前所述,拱桥的结构形式和经济性等与施工方法有着密切的联系,因此国内外都十分重视拱桥新施工方法的研讨,并已取得可喜的进展,促使拱桥的建设达到了一个新的水平。

一、少支架施工法

少支架施工法是一种采用少量支架集中支承预制件的拱桥预制安装施工方法。这种施工方法常用于中小跨径的整体式拱桥、肋拱桥等(图 4-4-25)。与拱架施工方法不同的是,少支架施工法利用了拱片(肋)预制件的受力能力,使其成为拱桥施工的拱架。

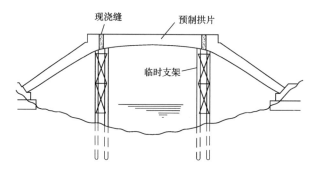

图 4-4-25　少支架施工示意图

少支架施工拱桥的预制件长度、分段位置,取决于结构的受力与吊装能力。一般情况下,预制拱片(肋)被分为奇数段,如三段或五段等,并避开受力控制截面。

少支架施工的步骤为:预制拱片(肋)吊装就位在支架上;调整支点高程并考虑所需的预拱度;采用现浇混凝土联结拱片(肋)及其间的横向联系;落架、拱片(肋)成拱受力;铺设桥面板及现浇桥面混凝土,或进行立柱等拱上建筑施工。

二、悬臂施工法

(一)悬臂浇筑法

为了充分发挥悬臂架设施工法的优点,日本首先在跨径 170m 的外津桥上采用了这种施工方法。它是借助于专用挂篮、结合使用斜吊钢筋的斜吊式悬臂浇筑施工方法,其主要架设步骤如图 4-4-26 所示。

悬臂浇筑施工过程中,拱肋除第一段用斜吊支架现浇混凝土外,其余各段均用挂篮现浇施工。斜吊杆可以采用钢丝束或预应力粗钢筋,但为操作方便,可用锚固可靠、操作方便的预应力粗钢筋(ϕ32mm)。架设过程中,作用于斜吊杆的力是通过布置在桥面板上的临时拉杆传至岸边的地锚上(也可利用岸边桥墩、台作地锚)。用这种方法修建大跨径拱桥时,主要施工技术难点在于,斜吊钢筋的拉力控制、斜吊钢筋的锚固和地锚地基反力的控制、预拱度的控制,以及混凝土压应力的控制等。

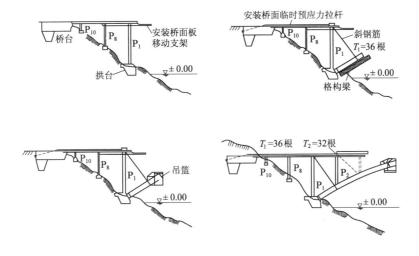

图 4-4-26 斜吊式悬臂浇筑施工步骤示意图(高程单位：m)

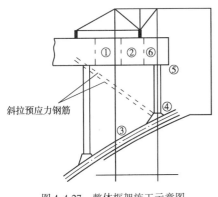

图 4-4-27 整体框架施工示意图

对于组合式预应力混凝土拱桥,还可以充分发挥组合拱式结构自身的特点,利用"特殊挂篮",在预应力混凝土加劲梁、拱圈(拱肋)和立柱之间设置斜拉预应力钢筋,而使拱圈、立柱、加劲梁和临时斜吊杆组成一个整体框架,再逐个将框架进行悬臂施工直至拱顶合龙。图 4-4-27 为特殊挂篮施工拱桥一个框架的示意图,图中数字表示施工的顺序,图上特殊挂篮的位置是在浇筑拱圈混凝土时的状态。这种施工方法,由于具有施工过程中结构整体刚度大、挠度小、施工速度快、经济等优点,因而特别适用于大跨径拱桥的施工。

(二)悬臂拼装法

悬臂拼装施工方法是另一种悬臂施工方法。在悬臂拼装施工之前,拱片(圈)沿桥跨划分为若干奇数预制段,箱形拱圈的顶、底板及腹板也可再分开预制。对于非桁架形整体式拱桥,应将拱肋(箱或部分箱)、立柱通过临时斜杆和上弦杆组成临时桁架拱片。然后,再用横梁和临时风构将两个(临时)桁架拱片组装成空间框架。每段框架整体运输至桥孔,由拱脚向跨中逐段悬臂拼装至合龙(图 4-4-28)。悬臂拼装过程中,悬臂结构通过桁架上弦拉杆及锚固装置固定在墩、台上,以维持稳定。以上是先形成桁架节段、组装成空间框架,再进行拼装的悬臂施工法。这种悬臂拼装施工法的吊装要求较高。另一种悬臂拼装方法是先拼拱圈再组桁架,即先悬臂组拼一段拱圈,然后利用立柱、临时斜杆和上弦杆组拼成桁架,如此逐段拼装,直至合龙。

目前世界上最大跨径的预应力混凝土桁式组合桥——贵州省江界河桥(330m),就是采用悬臂拼装施工法架设的。目前世界第二跨的南斯拉夫 KRK 钢筋混凝土箱形拱桥,也是采用悬臂拼装施工法架设的。

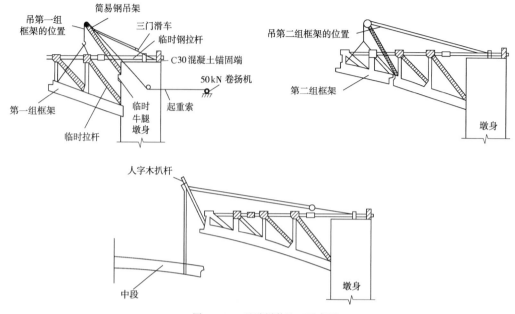

图 4-4-28 悬臂拼装施工示意图

三、劲性骨架施工法

劲性骨架施工方法:用劲性钢材(如角钢、槽钢等型钢)作为混凝土拱圈(肋)的配筋,在施工过程中,先完成拱圈(肋)内的劲性钢骨拱,作为拱圈(肋)混凝土施工的拱架,然后在钢骨拱上现浇混凝土,将钢骨拱埋入拱圈(肋)混凝土中,最终形成钢筋混凝土拱圈(肋)。该方法的优点是可以减少施工设备的用钢量,结构整体性好,拱轴线易于控制,施工进度快等。但结构本身的用钢量大,且需用型钢较多,故在一般用在大跨径拱桥工程中。劲性骨架施工法是一种较老的施工方法,1942年西班牙就采用该法建成了210m的Es-la 混凝土拱桥,但之后的发展并不很快。从20世纪80年代起,随着我国大跨径混凝土拱桥的大量建造、高强经济的骨架材料(钢管混凝土)的使用,以及桥梁施工控制技术的发展,这一施工方法在大跨径混凝土拱桥的施工中得到了广泛使用。目前世界上最大跨径的混凝土拱桥——跨径420m的重庆万县长江大桥就是采用劲性骨架施工方法建成的。

在劲性骨架施工过程中,斜拉的扣挂索体系是技术关键之一。索材应强度高、模量大、变形稳定、索长与索力调整方便、行程大、控制精度高,锚固系统安全、可靠。

采用劲性骨架进行混凝土拱桥施工的步骤如下(图4-4-29):

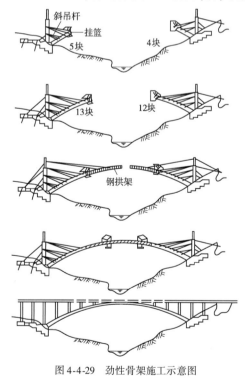

图 4-4-29 劲性骨架施工示意图

(1)在现场按设计图进行骨架 1:1 放样、下料及分段拼装成形。

(2)采用缆索吊装法进行骨架安装、成拱。对于钢管混凝土骨架,成拱后采用泵送法浇筑钢管内的混凝土,以形成最终的骨架结构。

(3)在骨架上悬挂模板浇筑混凝土拱圈(分环、分段、多工作面进行)。

钢管混凝土结构的在拱桥中的应用,对改进劲性骨架起着重要的作用。目前普遍采用将钢管混凝土作为劲性骨架桁式结构的上、下弦杆,其具有刚度大、用钢量省、安全、经济的优点。

劲性骨架施工法是目前特大跨径混凝土拱桥施工的主要方法,实践过程中也发现该方法存在空中混凝土浇筑工序多、时间长、质量控制较难等不足,有待今后进一步改进。

四、转体施工法

拱桥转体施工法是一种适合单跨拱桥的施工方法。该法的基本原理是:将拱圈或整个上部的两个半跨分别置于河岸上,利用地形或简单支架进行现浇或预制拼装,然后利用千斤顶等动力装置,将这两个半跨结构转动至桥轴位置合龙成拱。拱桥的转体施工法根据其转动方位的不同,可分为竖向转体、平面转体及平竖结合转体三种。转体施工法具有变复杂为简单、避免水上高空作业、结构受力安全可靠、施工设备少、用料省、施工速度快、费用低等优点。

(一)竖向转体施工

竖向转体施工法,是在河岸或浅滩上将两个半跨的拱圈(肋)在桥轴竖平面内预制,然后通过在竖平面内的绕拱脚旋转,使拱圈(肋)合龙成拱(图 4-4-30)。根据河道情况、桥位地形和自然环境等方面的条件和要求,竖向转体施工有几种方式:在桥台处将两个半跨拱圈(肋)的轴线置于竖向,分别浇筑半跨拱圈(肋)混凝土,然后往下逐渐转体合龙成拱;或者利用河岸斜坡地形作为支架浇筑拱圈(肋)混凝土,然后由两边向河心方向旋放拱圈(肋);或是利用河流浅滩在桥面以下俯卧预制半拱,然后向上转动合龙成拱。

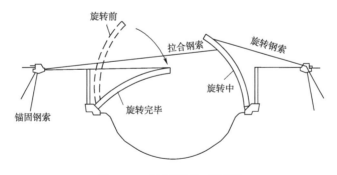

图 4-4-30 竖向转体施工示意图

这样的施工方法比用拱架施工可节省投资和材料,但如果跨径过大、拱圈(肋)过长,则竖向转动不易控制,故一般只宜在中、小跨径拱桥中使用。

(二)平面转体施工

平面转体施工法:将两个半跨的拱圈(肋)的桥轴线旋转至沿岸线或台后堤岸,利用地形及支架按设计高程进行现浇或预制拼装,然后在水平面内的绕拱座底部的竖轴旋转,使拱圈

(肋)合龙成拱(图4-4-31)。

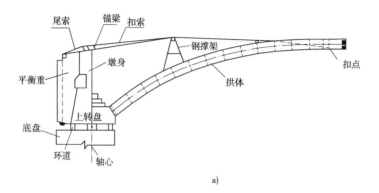

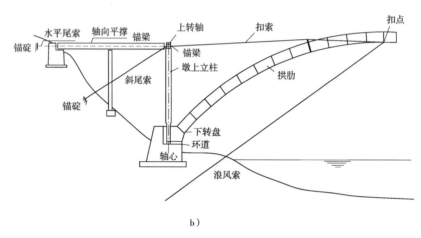

图 4-4-31 平面转体系统示意图
a)有平衡重系统;b)无平衡重系统

平面转体施工法分为有平衡重转体和无平衡重转体两种。

1. 有平衡重转体

有平衡重的转体是一种在旋转过程中自平衡的转体,对于单跨拱桥通常需要利用桥台背墙重量及附加平衡压重,以平衡半跨拱圈(肋)的自重力矩[图4-4-31a)]。有平衡重转体的转动系统由底盘、上转盘、锚扣系统、拱体结构、拉索、桥台背墙及平衡压重等组成,其特点是转体质量大(最大可达上万吨)、旋转稳妥安全、转动装置灵活可靠。

有平衡重转体的主要施工步骤及内容如下:

(1)底盘、转盘轴、环形滑道制作。

(2)转盘球面磨光、涂抹润滑脂、上转盘试转。

(3)拱体结构及桥台背墙施工。

(4)布置旋转牵引或顶推驱动系统。

(5)设置锚扣系统并张拉脱架。

(6)转体、合龙成拱。

(7)放松锚扣系统,封固转盘。

2.无平衡重转体

无平衡重转体,是指以两岸山体岩石的锚碇锚固半跨拱在悬臂状态平衡时所产生的水平拉力,借助拱脚处立柱下端转盘和上端转轴使拱体实现平面转动[图4-4-31b)]。本方法适用于建在地质条件好的深谷形河床上的大跨径拱桥。由于无平衡重,大大减轻了转动体系的重量及圬工数量。锚碇的拉力由尾索以预压力的形式储备在引桥上部的梁体内,预压力随着拱体旋转方位的不同而不同。无平衡重转体的转动系统由三大部分组成:锚固体系,由锚碇、尾索、水平撑、锚梁及立柱组成;转动体系,由上下转动构造、拱体及扣索组成;位控体系,常由浪风索、无级调速卷扬机、光电测试装置及控制台等组成。

无平衡重转体的主要施工步骤及内容如下:

(1)下转盘、下转盘轴、环形滑道制作。

(2)旋转拱座制作、转盘试转。

(3)立柱、拱体结构施工。

(4)上转轴安装。

(5)锚固体系施工。

(6)转体、合龙成拱。

(7)放松锚扣系统,封固转盘。

无论有、无平衡重转体,转体施工法的关键设备是转盘,它由转盘轴心、环形滑道上板、底板等组成。实践表明,转盘滑道采用摩阻力很小(动摩擦系数一般为0.04~0.05)的镀铬钢板与聚四氟乙烯板环道面接触方案较好。转盘直径是由环道聚四氟乙烯板工作压力大小及保证转动体系的稳定性确定。为了使旋转启动时环道受力均衡、转动平滑,转动部分(环形滑道以上部分)重心应恰好与转盘轴心位置重合。

拱桥转体施工方法全跨分两段且全桥宽一次合龙,减少了吊装段数,结构整体刚度大,纵、横向稳定性好。据比较,转体施工比有支架施工可节约木材约60%以上,比用钢塔架缆索吊装施工法节约施工用钢材70%~80%。

五、拱式组合桥施工方法

拱式组合桥结构形式多种,有单跨、三跨及多跨结构,也有上承式、中承式及下承式形式。因此它们的施工方法也是多样的。下面将介绍拱式组合桥的主要施工方法。

(一)少支架先梁后拱施工方法

下承式与中承式拱梁组合桥常用少支架先梁后拱施工方法,其主要步骤及内容为:利用桥墩承台浇筑墩顶块和横梁;在临时通航孔外设置少量支架,预制拼装或现浇纵梁与横梁,并张拉部分预应力筋;在纵、横梁组成的平面框架上施工拱肋(浇筑混凝土拱肋或吊装钢管拱、灌注钢管拱混凝土);吊杆安装及张拉;桥面板施工;张拉完全部预应力筋(图4-4-32)。采用这种施工方法时,要求有强度大的纵梁,以便在此基础上分段进行拱肋施工。

这种施工方法的优点可归纳为:充分利用纵梁的刚度,少支架提供适当的桥下通航孔;纵梁分段预制(如为箱梁,则预制成工字梁或槽形梁,而后联结成箱梁),吊装重量小、便于架设;拱肋合龙后即可由纵梁承担水平推力,无需其他施工措施。总而言之,当构造上有强大纵梁时,少支架先梁后拱的施工方法既安全又方便,又能缩短工期、节约造价。

(二)无支架先拱后梁(系杆)施工方法

无支架先拱后梁(系杆)施工方法(图4-4-33),适用于下承式与中承式钢管混凝土拱结构方案。这种施工方法的主要施工步骤及内容为:利用桥墩承台浇筑墩顶块、拱座及横梁;钢管拱放样焊接、整孔吊装;将钢管拱锁定在拱座的临时铰上或拱座横梁上,利用桥台、桥墩承担水平力。若桥墩承担水平推力有困难,可在钢管拱两端焊上临时锚箱,张拉临时拉索,并在拉索中间设辅助吊杆。对于三跨拱式组合桥,可以在完成边跨结构的基础上,采用浮吊架设钢管拱,通过桥台或临时拉索承担水平推力。然后,钢管拱内泵送混凝土;安装吊杆、吊装横梁;以横梁为支点张拉部分纵向预应力筋(或安装及张拉部分系杆);浇筑纵梁现浇段及桥面板施工;最后张拉全部纵向预应力筋(或张拉全部系杆)。

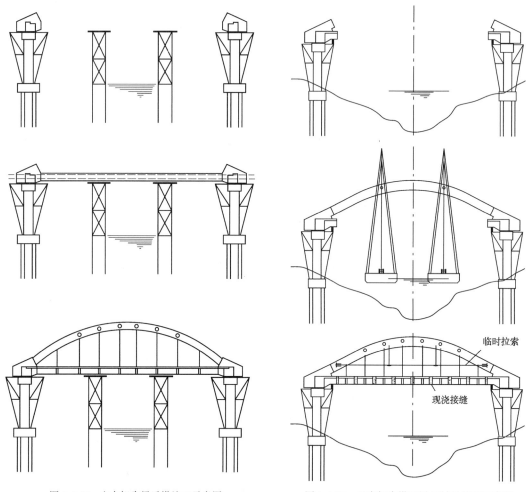

图 4-4-32　少支架先梁后拱施工示意图　　图 4-4-33　无支架先拱后梁(系杆)施工示意图

如果钢管拱一次吊装有困难,可将其分为几段吊装。在桥台或桥墩上设独脚扒杆(或临时索架),采用前后拉索,前拉索及扣索扣住钢管拱边段,后拉索锚固在地上;吊装中段时利用预埋螺栓孔将接头固定,安装风撑后各接头焊接。

无支架先拱后梁(系杆)施工方法的主要优点为：不在水中设临时支架、不影响通航，无水中支架费用；充分发挥钢管混凝土拱的作用，完成上部结构施工；适合于下承式与中承式拱式组合桥。

(三)平面平衡转体施工方法

平面平衡转体施工方法(图4-4-34)，适用于三跨拱梁组合桥方案。这种施工方法的主要施工步骤及内容为：完成转盘等旋转结构施工；沿河岸或浅滩利用支架现浇或预制拼装方法，完成边跨与半跨中跨拱肋，以及纵梁、横梁组成的平面框架，张拉部分纵、横向预应力筋；对于下承式与中承式结构，安装吊杆并张拉，设置临时斜拉索架并张拉斜索；结构平面转体就位，跨中拱肋、纵梁临时支撑固结；纵向预应力筋跨中连接，现浇跨中合龙段混凝土，张拉部分纵向预应力筋；若采用钢管混凝土拱肋，灌注钢管拱内混凝土；对于下承式与中承式结构，拆除斜拉索、临时索架；桥面板铺设，完成全部预应力筋张拉，封固转盘。

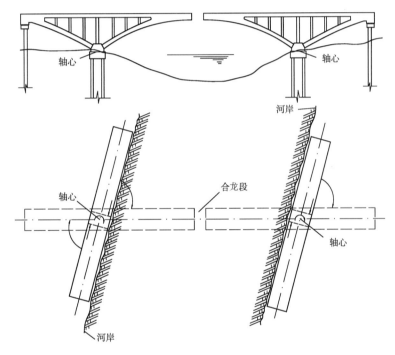

图4-4-34 平面平衡转体施工示意图

对于三跨下承式与中承式拱梁组合结构，转体过程中中跨拱、梁靠自身不能达到合理的受力状态，应通过临时索架及斜拉索帮助，因此须经过仔细的设计与验算。

平面平衡转体施工方法，避免了河面上高空施工及对航道干扰等问题，可以充分利用岸上施工的便利条件，从而降低了施工费用；平衡压重少或无需压重，合龙控制方便。

第五章
拱桥实例介绍

一、万县长江大桥

万县长江大桥是国道318线成都——上海跨越长江的一座特大桥梁,位于重庆万州区上游7km的黄牛孔处。桥梁一跨过长江,将万州区南、北两岸连为一体。万县长江大桥全长856.12m,主跨为一孔净跨420m上承式钢筋混凝土拱桥,它是目前世界上最大跨径的钢筋混凝土拱桥,引桥采用多跨30.668m后张预应力混凝土简支梁。桥梁总体布置立面如图4-5-1所示。

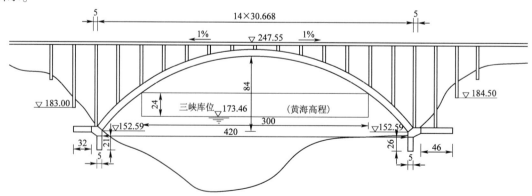

图4-5-1 万县长江大桥总体布置立面图(尺寸单位:m;高程单位:m)

(一)概况

桥跨布置:5×30.668m+420m+8×30.668m,全长856.12m。
桥面宽度:3m人行道+净2×7.5m行车道+3m人行道,总宽24m。
设计荷载:汽车—超20级、挂车—120、人群3.5kN/m²。
通航净空:在三峡水库正常蓄水位175m以上通航净空为24m×300m,双向通行库区规划万吨船队。

(二)构造要点

1.拱圈构造

万县长江大桥拱圈的净跨420m、矢跨比1/5,净矢高84m,拱轴线形为悬链线;拱圈采用单箱三室的箱形截面,高度7m、宽度16m,内设钢管劲性骨架,详见图4-5-2。

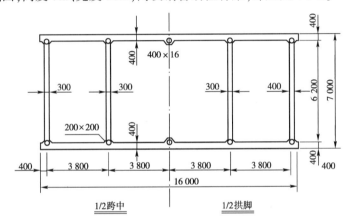

图4-5-2　万县长江大桥拱圈截面构造(尺寸单位:mm)

2.拱圈劲性骨架构造

箱形拱圈内的劲性骨架由5个桁片组成,间距3.8m;桁片上、下弦采用φ420×16无缝钢管,腹杆及横向连接系杆采用4∠75×75×10角钢组合杆件,骨架沿拱轴分为36节段,每个节段长约13m、高6.8m、宽15.6m,采用工厂全焊加工。每个节段重量约612.5kN。节段之间采用法兰盘螺栓连接,钢板厚度16mm。劲性骨架在拱脚处设临时铰,以适应调整骨架线形需要。

3.拱上建筑构造

万县长江大桥属于简单体系上承式拱桥,拱顶不设实腹段。拱上建筑由钢筋混凝土立柱与14跨30.668m后张预应力混凝土T形简支梁组成,桥面铺装连续。

(三)施工要点

1.劲性骨架安装

劲性骨架安装相当于悬拼一座拱形斜拉桥,这种施工方法降低了特大跨径拱桥劲性骨架安装施工的难度(图4-5-3)。在劲性骨架安装过程中,缆索吊机是施工的关键设备,劲性骨架经水运至桥位码头，缆索吊机从船上直接起吊劲性骨架桁段、纵移安装。劲性骨架安装分为三个阶段：拱脚定位段、中间段和拱顶合龙段。其中，拱脚定位段和拱顶合龙段最关键、难度最大。几何尺寸精确测量放样的拱脚第一段劲性骨架的各弦管，安装时将嵌入预埋在拱座的定位钢管内；中间段劲性骨架的连接采用先钢销定位后法兰盘栓接的方式；劲性骨架的合龙段须在现场精确丈量、加工后再嵌填，并设"抱箍"实现合龙。在劲性骨架吊装、连接过程中，桁段连接后先由临时扣索支承，再逐步拆换成由6组扣索支承。扣索起着支承、高程和劲性骨架线形调整的作用。

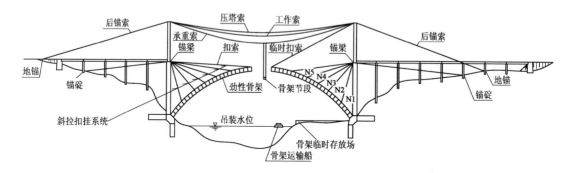

图 4-5-3 万县长江大桥劲性骨架安装施工示意图

2. 拱圈混凝土浇筑

为了利用骨架及拱圈承担施工期的自重，拱圈混凝土截面采用分次成形的施工方案。混凝土采用两级泵送方式浇筑，先由两岸拌和站将混凝土输送至拱脚带搅拌装置的储料罐，再由设在拱脚处的第二级泵站输送混凝土至工作段。拱圈混凝土浇筑是由灌注钢管内混凝土开始的。钢管混凝土灌注采用先中间后两边、先下弦后上弦的顺序。钢管内混凝土达到70%设计强度后开始进行拱箱混凝土浇筑。拱箱按先中箱后边箱，底板、腹板、顶板的顺序，分7环逐步成形。环间保证一定养护时间，使已浇环的混凝土能够参与承担后浇环的荷载。为了使拱圈受力均衡，沿拱轴线将拱圈等分为6个工作面，每个工作面的底板、腹板及顶板混凝土分别分为13、6、12个工作段。泵送混凝土管道沿劲性骨架上弦钢管布设。在拱圈混凝土每个浇筑阶段，动态分析计算和观测拱圈的变形、骨架的内力，若发现拱圈变形异常，及时调整加载程序。

(四) 设计计算要点

1. 拱轴系数的优化

万县长江大桥的拱轴线形为悬链线。由于拱圈成型需经历复杂的施工过程，造成拱圈内力随时间变化的过程复杂，因此，拱轴系数的确定必须考虑施工期和使用阶段后期受力要求。经优化设计计算后，拱轴系数确定为1.6。

2. 拱圈计算特点及主要结论

万县长江大桥拱圈内力及变形的计算，采用有限单元法由计算机完成。由于拱圈采用先劲性骨架后分次浇筑、逐步成型的施工方法，拱圈的施工期受力变化、截面内力重分布、几何与材料非线性、稳定性与极限承载能力等，成为计算的关键问题。为此，专门进行了拱圈分层浇筑混凝土徐变收缩试验、稳定与承载能力分析，以及非线性综合分析等科研工作。这些科研成果及开发的相应计算机软件，成为该桥设计的主要依据与有效分析手段。

计算与分析表明,在考虑了混凝土徐变收缩因素后,成桥后的三年内拱顶恒载挠度增加约37%;劲性骨架与混凝土截面之间也发生了较明显的内力重分布,劲性骨架应力增加39%~55%,但分次浇筑的混凝土截面之间的内力重分布影响不大。计算与分析也表明,几何非线性使拱圈挠度增大6%、应力变化幅度5%;钢管屈服不会使结构变形与内力分布发生较大变化。

结构稳定性与极限承载能力分析得到的结论为:桥梁在施工中的整体稳定安全系数波动,失稳模态主要分为面外对称和面内反对称两种,安全系数最低时也能满足要求(均大于5.0);结构承载能力最不利情况,发生在箱梁板壁参加受力前的施工阶段,承载能力安全系数为3.2。承载能力分析表明,采用应力叠加比采用内力叠加更能反映结构受力状态。另外,在考虑施工过程后,上弦杆在顶板混凝土浇筑后的受力最不利,但承载能力也能满足要求。

二、小榄水道特大桥

小榄水道特大桥位于珠江三角洲平原,跨越小榄水道,北向于新广州、南向于珠海,属于新建铁路广州至珠海城际客运专线上的一座大桥,于2015年建成。小榄水道特大桥采用中承式V形墩刚构-拱组合桥结构。桥梁总体布置如图4-5-4所示。

(一)概况

1. 总体布置及设计标准

桥跨布置:100m + 220m + 100m,桥梁全长420m。

桥面宽度:0.5m(栏杆) + 10.6m(双线铁路) + 0.5m(栏杆) = 11.6m。

设计标准:城际客运专线,兼顾部分长途跨线客车;双线,线间距4.4m。

荷载标准:0.6UIC列车活载图式。

速度目标值:旅客列车设计速度200km/h。

通航净空:通航孔净宽为180m,通航净高不小于18m(最高通航水位5.104m),单孔双向通航。

2. 主要设计荷载

永久作用(恒载):结构重力(自重、道砟轨道等)、预应力和混凝土徐变收缩作用、主墩和变墩基础的不均匀沉降;

可变作用:双线0.6UIC的静活载,列车的竖向动力系数、制动力或牵引力,以及列车的摇摆力等;结构整体温差(年季节温差)、局部温差(拱肋与混凝土、吊杆与混凝土、混凝土梁顶板非线性升温)。

3. 主要建筑材料

混凝土:箱梁采用C60少徐变、抗开裂的高性能混凝土;边主墩、斜腿采用C40混凝土;钢管内混凝土采用C50微膨胀混凝土;承台、桩采用C30混凝土。

普通钢筋和钢材:普通钢筋采用Q235和HRB335;钢管拱材质采用Q345qD。

预应力钢绞线及钢筋:箱梁纵、横向均采用公称直径15.24mm,抗拉强度标准值f_{pk} = 1 860MPa的低松弛钢绞线及配套锚具;箱梁的竖向采用抗拉强度标准值f_{pk} = 930MPa 直径32mm、25mm的高强度精轧螺纹钢筋及配套锚具。

吊杆:采用PES(FD)7-73型低应力防腐平行钢丝拉索,抗拉强度标准值f_{pk} = 1 670MPa。

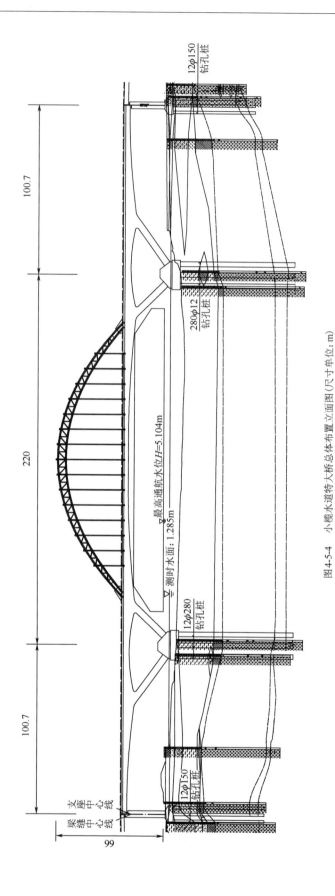

图 4-5-4 小榄水道特大桥总体布置立面图（尺寸单位：m）

(二)构造要点

1. 纵梁及斜腿构造

该桥纵梁采用单箱双室截面,主梁支点处梁高采用7.8m,主跨跨中和边跨支座处梁高3.8m,V构内部最小梁高采用4.8m;桥面宽度为11.6m,底板宽度10m,桥面横向排水坡为1.5%,由梁的翼缘板向箱梁中心位置倾斜,将雨水由排水管排出梁外;顶板厚度为42cm,边跨和中跨腹板厚度由根部向跨中依次是80cm、55cm和35cm;与内腿相交区域内主梁腹板厚度局部改为120cm(折线变化),V形刚构内梁段腹板厚度分为80cm、55cm两种(折线变化);底板厚度由跨中的35cm按1.8次抛物线规律变化到根部的120cm,V形刚构内侧梁段的底板厚度由跨中50cm按圆曲线渐变到根部的100cm,底板在V形刚构斜腿与主梁固结处附近局部增厚。

该桥V形墩(图4-5-5)的外侧斜腿与水平面的夹角为34.6°,采用单箱双室箱形截面,横桥向宽10m,高4m,横桥向壁厚1.5m,高度方向壁厚1.2m,中隔板厚1.0m;内侧斜腿与水平面的夹角为46.4°,也采用单箱双室箱形截面,横桥向宽13.8m,高4m,横桥向壁厚2.0m,壁厚1.2m。

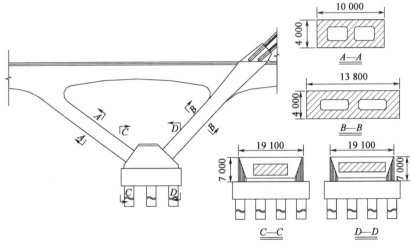

图4-5-5 小榄水道特大桥V形墩构造图(尺寸单位:mm)

2. 箱梁预应力钢束布置

箱梁为纵向、横向和竖向三向预应力混凝土结构。

纵向预应力钢束采用27 ϕ^j 15.24mm 钢绞线,施工时分两端张拉和一端张拉,见图4-5-6。为减少穿过负弯矩区的钢束数量,中跨还采用了连接器。

竖向预应力钢筋采用 ϕ25mm 和 ϕ32mm 的高强精轧螺纹钢筋;腹板厚0.80m梁段,横桥向每个腹板布置两根 ϕ32mm 竖向预应力筋;腹板厚0.55m梁段,横桥向每个腹板布置一根 ϕ32mm 竖向预应力筋;腹板厚0.35m梁段,横桥向每个腹板布置一根 ϕ25mm 竖向预应力筋。竖向预应力筋均于梁顶张拉。

箱梁顶板内的横向预应力钢束采用5 ϕ^j 15.24mm 钢绞线。

3. 拱肋

拱肋采用双管形的钢管混凝土N形桁架结构,如图4-5-7所示。拱肋上弦钢管的矢高40m,下弦钢管的矢高35m,上、下弦钢管的轴线均为二次抛物线。在靠近拱脚位置双管桁架构造变为变高度的哑铃形构造。桁架的上、下弦管选用直径900mm的钢管,壁厚分为24mm、

22mm 和 20mm 三种,内灌混凝土;腹杆采用 $\phi 600\text{mm} \times 16\text{mm}$ 的空钢管。

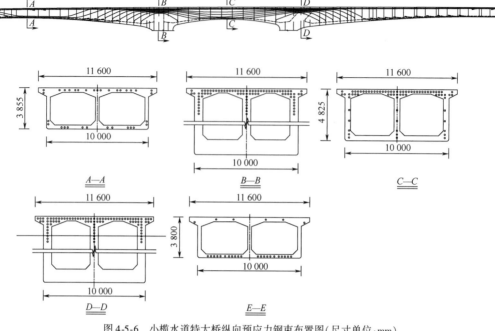

图 4-5-6　小榄水道特大桥纵向预应力钢束布置图(尺寸单位:mm)

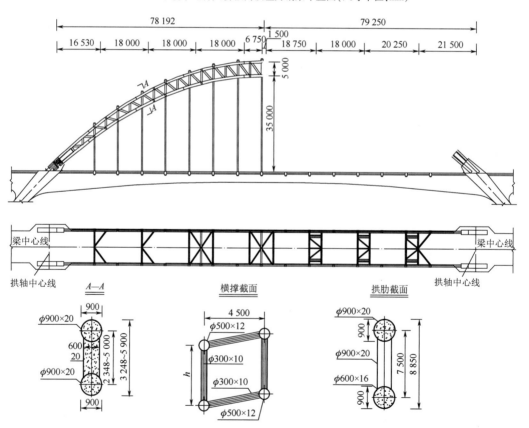

图 4-5-7　小榄水道特大桥拱肋、吊杆及横撑构造图(尺寸单位:mm)

4. 吊杆

吊杆顺桥向间距9m,全桥共设15对吊杆。吊杆采用73根$\phi 7mm$钢丝的低应力HDPE平行钢丝拉索及配套的冷铸镦头锚,拉索外套复合不锈钢管。吊杆的上端穿过拱肋、锚于拱肋上缘的张拉底座,下端锚在横梁下缘的固定底座。

5. 横撑

两条拱肋之间共设7道横(风)撑,靠近拱顶三个横撑采用米字形撑,其余四道横撑均为K字形撑,各横撑由$\phi 500 \times 12$、$\phi 300 \times 10$、$\phi 350 \times 12$、$\phi 200 \times 10$钢管组成,钢管内部不填混凝土。

(三)施工要点

该桥采用"先梁后拱"施工方法,见图4-5-8。主要施工步骤如下:

(1)承台采用钢板桩围堰法施工。
(2)V形墩的斜腿、三角区的梁段,利用临时支撑、临时拉索及支架进行施工。
(3)采用挂篮悬臂浇筑施工其余的箱梁。箱梁的边跨首先合龙后,继续悬臂浇筑中跨的箱梁直至中跨合龙。
(4)钢管拱肋采用在桥面上卧式拼装方案,在南北两个方向分别拼装。先利用两岸塔吊安装拱脚段;然后在桥面上施工临时索塔及缆索吊装系统,搭设拱肋拼装支架;再将拱肋节段按顺序用平驳船移至桥下就位,缆索吊装系统将拱肋节段起吊至拼装支架上拼接并焊接加固。重复以上步骤完成所有拱肋节段安装。
(5)待钢管拱肋全部安装焊接完成后,利用索塔进行拱肋竖转施工,然后完成合龙。
(6)安装吊杆,按指定次序张拉吊杆,调整吊杆拉力。
(7)从拱脚起依次对拱肋的上弦管和下弦管灌注混凝土。
(8)拆除桥面上的索塔、拱肋拼装支架等临时结构。
(9)桥面系施工完成后将吊杆拉力调整到设计值。

图4-5-8 小榄水道特大桥施工中的照片

三、广州丫髻沙大桥

广州丫髻沙大桥是广州市环城高速公路西南环跨越珠江南航道的一座特大桥梁。丫髻沙大桥全长1 084m,主桥采用中跨为360m的三跨中承式钢管混凝土系杆拱桥,它是目前世界上最大跨径的钢管混凝土系杆拱桥,2000年6月建成。主桥总体布置立面如图4-5-9所示。

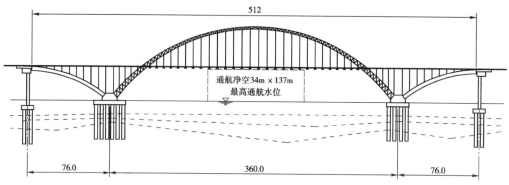

图4-5-9 广州丫髻沙大桥主桥总体布置立面图(尺寸单位:m)

(一)概况

桥跨布置:76m+360m+76m,全长512m。
桥面宽度:32.5m,六车道,两侧设2.0m人行道。
设计荷载:汽车—超20级、挂车—120,人群$3.5kN/m^2$。
通航净空:最高通航水位以上净空34m×137m。

(二)构造要点

1. 总体构造

广州丫髻沙大桥主桥为三跨、中承式悬链线无铰系杆拱结构,边跨与中跨比取为0.21,中跨和边跨拱肋的矢跨比f/l分别为1/4.5和1/5.2;桥梁横向拱肋与系杆为两榀构造。中、边跨拱肋分别采用钢管混凝土和钢筋混凝土结构,边跨拱肋两端间采用钢索系杆承担拱肋水平推力。桥面结构由吊杆和立柱支承。

2. 拱肋构造

中跨拱肋由$6\phi750$钢管混凝土组成,通过横向平联板、腹杆连接成为钢管混凝土桁架(图4-5-13)。拱肋桁架的上、下弦杆各为三根$\phi750\times18$(边管)和$\phi750\times20$(中管)的16Mnq钢管,内灌C60混凝土,横向平联板的厚度为12mm的16Mnq钢板,其间灌注C60混凝土;腹杆为$\phi450\times12$的空钢管。这种拱肋构造具有较大的单肋刚度,可以适应转体、大节段吊装施工等施工方法的要求,对特大跨径拱肋也具有较好的经济性。拱肋桁架采用等宽度(3.45m)、变高度(拱脚钢管中心距8.039m、拱顶钢管中心距4.00m)构造,拱肋中心距35.95m,其间共设置6组"Ж"字形、2组"K"字形钢管桁梁式横撑。

边跨拱肋采用C50钢筋混凝土单箱单室结构,宽度3.45m,高度4.5m,内设$4\phi400$钢管作为劲性骨架。肋间设有一组"Ж"字形和一组"K"字形钢管桁梁式横撑,拱肋边端和预应力混凝土端横梁固结,形成一个稳定的空间框架结构。

为了便于传递水平力,中跨和边跨拱肋轴线平面投影在同一直线上,且拱肋宽度相等。

3. 系杆构造

本桥采用标准强度为1 860MPa的$37\phi^j15mm$热挤PE钢绞线索作为系杆,全桥共计16

束,每束长度约为520m。系杆置于吊杆横梁和拱上立柱横梁之上,纵向呈自由滑动状态,两端锚固于边跨端横梁处。

4. 吊杆与立柱构造

本桥吊杆采用标准强度1 670MPa低松弛91φ7mm钢丝束,热挤PE护套、冷铸镦头锚具。立柱采用钢管混凝土材料,除拱座顶上立柱及与之相邻的边拱立柱钢管采用φ1 300,其余立柱钢管均为φ1 000。

5. 桥面构造

桥面结构由钢横梁、钢纵梁和钢筋混凝土桥面板组成,形成长约512m、宽32.4m的连续结构。桥面板由C50预制Ⅱ形钢筋混凝土板(顶板厚100mm)和现浇钢纤维混凝土铺装(80mm)组成,后者考虑参与桥面受力。桥面面层采用中粒式改性沥青混凝土。

钢横梁与立柱间以双向活动抗震球形钢支座相连,以释放柱顶弯矩。

6. 转动体系构造

本桥施工转动体系由竖转和平转两部分组成。在半桥进行整体平转前,先在江岸上进行主拱拱肋向上竖转。主拱拱肋竖转时拱脚与拱座间设置竖转铰(图4-5-10),铰座采用为钢结构、铰轴为钢管混凝土结构,铰座、铰轴的接触面加工光洁度为12.5,涂抹黄油润滑及防锈。半桥平转是由转盘和牵引体系实现的。转盘由上、下转盘组成:上转盘由拱座、撑脚、中心转轴等组成[图4-5-11a)],转动体系的重量由撑脚传递至下转盘,中心转轴起定位作用;下转盘由环道、中心转轴等组成[图4-5-11b)],环道由钢板制成、调平后预埋在下盘混凝土内。牵引体系设置在下转盘,由钢绞线、牵引千斤顶和辅助千斤顶组成。

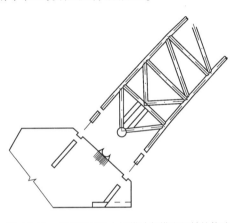

图4-5-10 广州丫髻沙大桥拱肋与拱座竖转铰构造

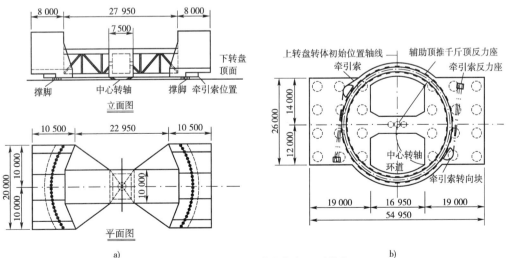

图4-5-11 广州丫髻沙大桥转盘构造(尺寸单位:mm)
a)上转盘;b)下转盘

(三)施工要点

1. 拱肋安装与转体施工

广州丫髻沙大桥的主桥采用转体施工方法,由主拱拱肋、拱座、边拱拱肋及扣索、塔柱撑脚组成竖转、平转相结合的转动体系(图4-5-12)。拱肋安装与转体施工的步骤如下:

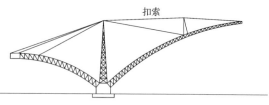

图4-5-12 广州丫髻沙大桥竖、平转体系

(1)在承台上的转体环道、拱座及竖转铰安装后,沿江岸搭设边拱劲性拱架、主拱拱肋卧拼用支架。

(2)安装转体塔架、边拱劲性骨架、主拱拱肋。

(3)安装边拱端部及其他设计规定部位的压重混凝土。

(4)安装转体用扣索、千斤顶及施工监测设备。

(5)两岸主拱拱肋分别竖转。

(6)两岸转动体系分别平转到桥位。

2. 其他施工要点

主跨拱肋钢管合龙后主拱拱脚封固,结构体系从两铰拱转换成无铰拱。然后,进行两边跨拱肋混凝土浇筑施工,设置边拱临时支架,安装立柱、吊杆、盖梁、横梁和系杆,张拉系杆(3次)并灌注主跨拱肋混凝土形成钢管混凝土拱圈。

主跨拱肋钢管混凝土灌注分5段进行,先灌注拱脚段,再灌注拱顶段,最后灌注剩余段。每段以4根主管(或4块平联板)为单元(上、下各两管或两平联板),纵横向对称、同时用泵送顶升法灌注混凝土。施工阶段左、右拱肋交错逐次形成横截面,混凝土灌注顺序如图4-5-13所示。

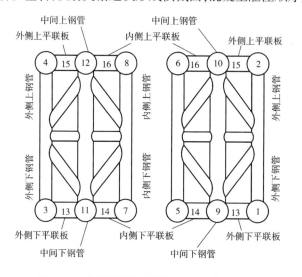

图4-5-13 广州丫髻沙大桥拱肋混凝土灌注顺序图

主跨拱肋混凝土灌注完成后,继续张拉系杆(2次)并安装桥面板,进行桥面铺装施工等,最后撤除边拱临时支架。

四、义乌宾王大桥

义乌宾王大桥位于浙江义乌市新区中心、跨越东阳江,是义乌新区通往东阳江东岸的新区的纽带,1999年建成。义乌宾王大桥采用三跨下承式、单拱肋式简支拱梁组合结构,桥梁总体立面布置见图4-5-14。

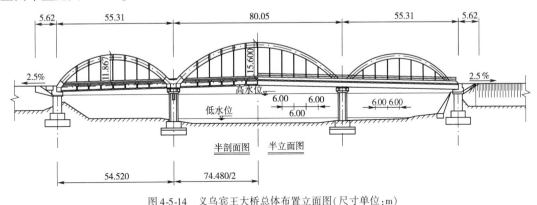

图4-5-14 义乌宾王大桥总体布置立面图(尺寸单位:m)

(一)概况

桥跨布置:55.25m+80m+55.25m,全长201.022m。
桥面净宽:2.5m人行道+净2×12m行车道+2.5m人行道,总宽32.65m。
设计荷载:汽车—超20级、挂车—120,人群$4kN/m^2$。
桥下净空:最低水位和设计洪水位差7.5m,无通航要求。

(二)构造要点

1. 拱肋构造

义乌宾王大桥采用单拱肋式拱梁组合结构,中跨与边跨拱肋的矢跨比f/l分别为1/5和1/4.5,二次抛物线拱轴线,采用钢管混凝土材料。为了保证拱肋平面外横向稳定性,截面外形采用横向圆端形,$b\times h=3m\times1.4m$,由两个中心距1.6m、直径1.4m圆钢管及两块1.6m侧钢板组合而成,钢管和钢板的厚度均为16mm,它们的内侧沿纵向设置间距为900mm的加劲,钢管和钢板内灌注微膨胀混凝土(图4-5-15)。

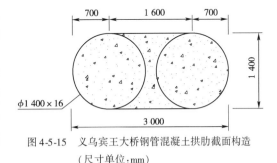

图4-5-15 义乌宾王大桥钢管混凝土拱肋截面构造(尺寸单位:mm)

2. 纵梁构造

根据单肋拱结构的受力与构造需要,本桥的纵梁采用了大悬臂单箱五室截面。纵梁高度2.694m,顶板与底板的厚度分别为240mm和200mm,边、中腹板的厚度分别为550mm和400mm,横隔板厚度300mm,各板联结处均设加腋或增厚(图4-5-16)。中间小室的腹板和箱梁横隔板(横梁)的位置,在纵、横向同吊杆位置对应。

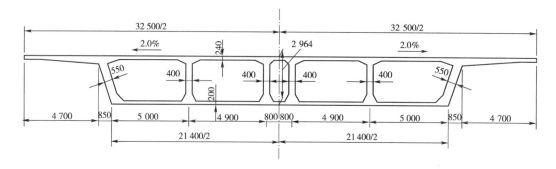

图 4-5-16 义乌宾王大桥纵梁截面构造(尺寸单位:mm)

纵梁和横隔板内的预应力筋均采用 9ϕ^j15.24mm 高强低松弛预应力钢绞线,夹片式标准型锚具;桥面板横向预应力筋为 3ϕ^j15.24mm 高强低松弛预应力钢绞线,夹片式扁形锚具。

3. 吊杆构造

根据拱肋的截面构造特点,本桥在横桥向采用双吊杆,分别位于拱肋两根圆钢管的中心,吊杆沿纵向的间距为 6m。吊杆采用 19ϕ^j15.24mm 钢绞线,外套波纹管与钢管,波纹管与钢管之间灌注小颗粒混凝土,下端固定、上端单向张拉,夹片式锚具。

4. 拱梁结点构造

拱肋在与纵梁联结处设混凝土端块,横向和高度尺寸分别扩大为 3.2m 与 1.8m,钢管插入端块 350mm。拱、梁轴线交点处垂直方向设置支座。

(三)施工要点

本桥上部结构采用先梁后拱施工方案,具体步骤为:

(1)支架上先浇筑纵梁中间三个室的底板和腹板,然后再浇筑这三个室的顶板。

(2)张拉中间三室范围内的纵向预应力筋,以及长度与中间三个室同宽的、横隔板内的横向预应力筋。

(3)龙门吊机吊装、架设钢拱肋,泵送拱肋混凝土;安装吊杆外套钢管、钢绞线吊杆,灌注波纹管与钢管之间的混凝土。

(4)吊杆第一次张拉,纵梁中间三室脱架;支架上分段浇筑两侧边箱和悬臂板。

(5)张拉完成所有纵向预应力筋、横隔板及桥面板内的横向预应力筋。

(6)吊杆第二次张拉,纵梁全部脱架。

吊杆第一次张拉后应力不小于钢绞线标准强度的 30%,以保证夹片锚具锚固可靠;第二次张拉达到设计应力。

(四)设计计算与试验研究

本桥上部结构分析计算是与试验研究相结合进行的。首先根据常规设计计算的要求,对上部结构进行了施工阶段受力分析,成桥后使用与附加荷载作用下的设计计算,包括空间弯扭组合作用计算及拱肋空间稳定性验算。考虑到拱肋与纵梁的联结区域是简支拱梁组合桥受力的最复杂部位,我国很多已建成的这种桥梁在该部位出现了裂缝。为此,在本桥的设计中专门对中跨拱、梁节点,进行了空间有限元局部应力分析和1%模型的光弹试验。理论计算和试验,都给出了上述区域在设计荷载作用下的应力分布和主应力迹线等结果,为该区域的配筋设计提供了依据。

五、吴江坛丘桥

吴江坛丘桥位于江苏吴江区盛泽镇坛丘社区,跨越京杭运河,为京杭运河苏南段整治工程的一部分,于1997年竣工。坛丘桥采用三跨中承式连续拱梁组合结构,采用转体施工方法。桥梁总体布置立面见图4-5-17。

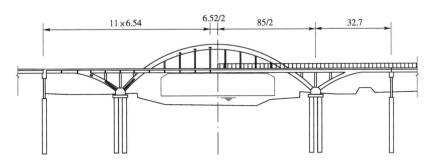

图4-5-17 吴江坛丘桥总体布置立面图(尺寸单位:m)

(一)概况

桥跨布置:32.7m+85m+32.7m,全长150.4m。
桥面净宽:1.25m人行道+净12m行车道+1.25m人行道,总宽17.1m。
设计荷载:汽车—20级、挂车—100,人群3.5kN/m²。
桥下净空:四级航道通航要求。

(二)构造要点

1. 总体构造

坛丘桥的边跨与中跨比例取为0.38,边跨梁端设平衡重,并将引桥简支梁压在主桥边跨牛腿上,以保证活载作用下边墩不出现负反力。拱肋与纵梁两榀结构,分列于车行道两侧,人行道悬臂板外挑。中跨桥面以上拱肋间横向设置四道风撑;桥面以下拱脚旁拱肋间沿拱轴方向设置剪刀撑,中立柱间设置斜撑,以保证转体施工时空间受力安全。

2. 拱肋构造

中跨拱肋采用二次抛物线轴线,矢跨比 f/l 为 1/5.3。中、边跨拱肋截面尺寸 $b \times h = 0.8m \times 1.6m$,节点附近为矩形,其余为工字形,采用钢筋混凝土材料。

3. 纵梁构造

纵梁截面尺寸为 $b \times h = 0.8m \times 1.44m$,侧向与人行道悬臂板和车行道护轮带联结。纵梁按部分预应力混凝土B类构件设计,预应力筋采用 $7\phi^j 15.24mm$ 高强低松弛预应力钢绞线,夹片式锚具。为简化构造、方便施工,预应力筋全部按直线布置,并主要锚固在梁端。

4. 横梁与桥面板构造

在两纵梁之间设置间距为6.54m的横梁,其截面形状为倒T形,其上铺设厚度为300mm的桥面板,在横梁的顶面现浇接头成为连续板,使横梁形成钢筋混凝土组合梁,横梁跨中高度为1.3m(包括桥面铺装层)。

5. 吊杆与立柱构造

吊杆采用 $4\phi32mm$ 高强粗轧螺纹钢筋,外套 $\phi180\times5$ 钢管,内灌砂浆。立柱为钢筋混凝土结构,短立柱下端设铰。

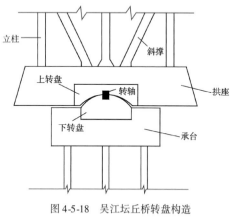

6. 转盘构造

转盘位于拱座之下,是转体施工的关键构造(图4-5-18)。转盘分为上盘和下盘,上、下盘中心设旋转轴。上盘与拱座组合一体,盘底设置直径为1.92m的凹形球面;下盘设置在承台中部,外形为直径1.9m的凸形球面。转盘在受力上起着球铰的作用,上部结构的竖直力由上盘凹形球面传至下盘凸形球面,上部结构的水平力由旋转轴传递至承台,允许上、下盘相对少量转动。

图4-5-18 吴江坛丘桥转盘构造

(三)施工要点

本桥上部结构分为两个半桥,沿河岸分别在支架上分段现浇纵梁、边跨半拱及中跨桥面以下的拱肋,然后安装预制的中跨桥面以上的拱肋并现浇接头。中跨的纵梁与拱肋交点先做成临时铰,待辅助拉索张拉完毕、转体之前封铰连续。

为了在转体中保持半桥平衡,边跨横梁和桥面板均在转体前施工完成,中跨纵梁间仅施工横梁形成平面框架,拱肋间风撑、剪刀撑全部施工完毕,并设置临时交叉剪刀撑,以保证空间抗扭能力。转体的动力由千斤顶提供,千斤顶推动上盘,使半桥绕旋转轴转体(图4-5-19)。

转体就位后先采用钢顶撑施行合龙,合龙段混凝土浇筑后,通过设在跨中的预应力束连接器,使两个半桥的纵向预应力束连续,并根据受力要求逐步施加预应力。

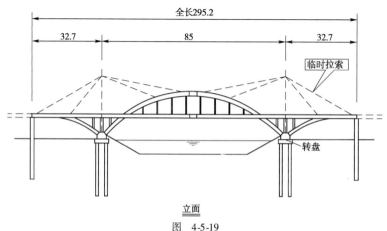

立面

图 4-5-19

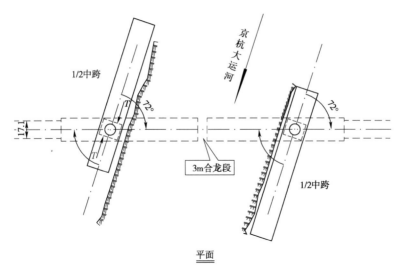

图 4-5-19 吴江坛丘桥转体过程示意(尺寸单位:m)

(四)设计计算

本桥上部结构计算按常规设计要求进行。上部结构进行了按施工过程模拟的结构分析、成桥后使用阶段与附加荷载作用下的结构分析,并采用空间有限元法进行了拱肋空间稳定性验算。

PART5 第五篇
缆索承重体系桥梁

本篇所述缆索承重体系桥梁包括斜拉桥和悬索桥两类,由于该体系桥梁能够充分发挥高强材料的高强度,在各种体系桥梁中,具有最大的跨越能力。在250m以上的跨径范围,缆索承重桥梁均具有竞争力,对于600m以上的跨径,缆索承重桥梁几乎是唯一的选择。

第一章 概论

第一节 桥型基本特征

缆索承重体系桥梁的基本特征是依靠支承在塔柱上的缆索受拉来承担外荷载。这种桥型并不是一种新的设想,在中国很早就出现了藤索支承桥梁(图 5-1-1),但这并不意味着现代缆索支承桥梁与古代索桥完全相同。现代缆索支承桥梁出现在高强钢材出现以后,对于绝大多数缆索承重桥梁,其结构体系可分为四个主要部分,如图 5-1-2 所示。

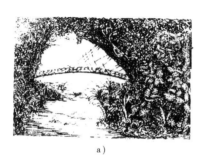 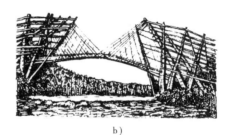

a)   b)

图 5-1-1 藤索支承桥梁
a)椰竹吊桥;b)藤萝吊桥

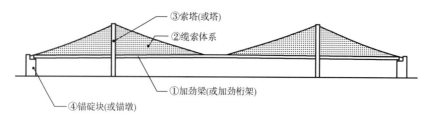

图 5-1-2 缆索承重桥梁的基本构成

(1) 包括桥面结构在内的加劲梁。
(2) 支承加劲梁的缆索体系。
(3) 支承缆索系统的索塔。
(4) 在竖向或水平向嵌固缆索系统的锚固体。

上述结构体系使缆索承重体系桥梁可以建成大跨径桥梁,主要有结构受力体系与材料两方面的原因。

在结构受力体系方面,缆索承重桥梁具有比梁式桥、拱式桥优越的跨越性能。对于梁式桥,外荷载弯矩是通过上下缘的拉、压应力合力组成的力矩来承担的,腹板对抗弯基本不起作用,相反还增加梁的自重。在相同材料强度下要获得更大跨径必须增大梁高,但由于自重的限制,梁高不可能增加得很大。图 5-1-3 示出了拱、悬索的受力形式,拱的拱脚、悬索的塔顶存在水平分力,水平力到计算截面的力矩将抵消垂直荷载弯矩,矢高 f 越高,拱圈与主缆中所需的力就越小,因此大大降低了材料的应力,同样的材料可以获得更大的跨度。拱桥拱圈内的水平力是压力,存在失稳的问题,因而跨度受到限制。而悬索桥缆索中的水平力是拉力,不存在失稳问题,所以悬索桥可以充分利用材料强度获得更大的跨度。

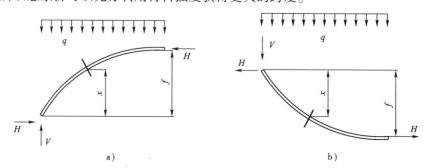

图 5-1-3 恒载作用下的拱与悬索
a) 拱在均布荷载下的受力;b) 悬索在均布荷载下的受力

在材料方面,缆索承重桥梁的主要承重构件——缆索,目前一般由高强度钢丝组成,高强度钢丝的强度比普通结构钢材高得多,其强度是结构钢材的 2~5 倍。

第二节 缆索承重体系桥梁的类型

根据缆索系统的布置形状,缆索承重桥梁分为悬索桥(suspension bridge)、斜拉桥(cable-stayed bridge)、悬索-斜拉混合体系桥、索网体系桥。

悬索桥的主要承重结构是悬挂在主塔顶的主缆,加劲梁通过竖向或倾斜的吊索悬吊在主缆上,主梁主要承受局部弯矩和横桥向弯矩。图 5-1-4 显示了悬索桥的基本组成。

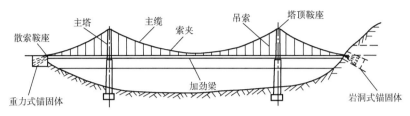

图 5-1-4　悬索桥的基本组成

斜拉桥的主梁通过倾斜的直线斜拉索直接连接在主塔上,由于承担斜拉索的水平分力,主梁除受局部弯矩外,还承担从跨中向塔根逐渐增大的轴力。图 5-1-5 显示了斜拉桥的基本组成。

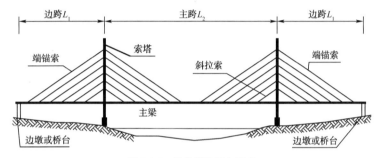

图 5-1-5　斜拉桥的基本组成

受限于计算水平,现代斜拉桥的发展晚于现代悬索桥的发展,直至 20 世纪 60 年代,随着计算机技术的开发和完善,斜拉桥才得到了很大的发展。从受力性能上看,斜拉桥中斜拉索直接锚固在索塔上,对主梁的支承效率比悬索桥高,所以,斜拉桥单位跨长材料用量比悬索桥低。但是,随着跨径的增大,斜拉索垂度增大,使斜拉索的刚度降低,锚固效率随之降低,单根斜拉索的振动加剧,同时,随着跨径增大,主梁中的水平力大大增加,主梁的稳定问题越来越突出。因此,从目前的技术上看,对于超过千米跨度的桥梁,悬索桥比斜拉桥具有竞争优势。

大跨度悬索桥设计的问题之一是如何提高结构的刚度,根据以上分析结果,如果在悬索桥上增加一些斜拉索,形成悬索-斜拉混合体系,可以大大提高结构刚度。早期的 Brooklyn 桥为了提高桥梁抗风能力,采用了悬索与斜拉混合体系,除了整跨连续布置的吊杆外,在塔附近区域布置了斜拉索,如图 5-1-6 所示。根据设计者 John A. Roebling 的评论,"单单斜拉索的支承力将达到 150 000kN,足以支承桥面。如果拆除悬索,桥梁中部会下垂,但不会倒塌"。

图 5-1-6　Brooklyn 桥的缆索体系

在以后的桥梁设计中,工程师多次提出悬索-斜拉混合方案,与 Brooklyn 桥不同的是:提高拉索效率的概念更加明确,靠近塔附近,斜拉索支承效果好;因此,完全由斜拉索承担外荷载,跨中荷载则通过吊杆由悬索承担,如图 5-1-7 所示。但这种构思使桥梁在结构性能与外形方面均产生明显的间断性,而且斜拉与悬吊交界处的吊索在活载作用下有较大的应力变化幅度,疲劳问题严重,因此,这种桥型到目前为止尚未得到广泛的应用。

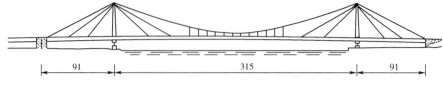

图 5-1-7　Dishinger 建议的斜拉与悬吊协作体系(尺寸单位:m)

斜拉索与悬索桥吊索具有各自的优势,为了获得斜拉索与吊索的双重效果,且避免上述的不利因素,可以采用垂直于辐射状基本索的辅助索来形成索网体系,如图 5-1-8 所示。正交辅助索的用钢量只有主索的 1%,却可使整个缆索体系的形状改变,减小了斜拉索的自由长度,增大了有效弹性模量,同时也使单根斜拉索的不利振动得以消除,而且激起整个索网体系的振动几乎是不可能的。

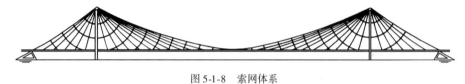

图 5-1-8　索网体系

第二章
斜拉桥

斜拉桥又名斜张桥,是一种用斜拉索直接将主梁悬吊在塔柱上的桥梁。斜拉桥是一种组合受力体系桥梁,外荷载靠主梁受弯压、斜拉索受拉来承担。

斜拉桥并不是一种新的设想,早期的藤索承重桥梁(图5-1-1)就是斜拉桥的前身,17世纪开始出现斜拉桥的构思,但由于当时桥梁结构和力学知识的缺乏,以及斜拉索材料强度的不足,导致桥梁坍塌事故时有发生,在此后的300多年中斜拉桥没有得到很大发展。

第二次世界大战后,在欧洲的重建岁月中,为了寻求既经济又建造便捷的桥型,斜拉桥重新被重视起来。由于近代桥梁力学理论、计算机技术、高强度材料、施工技术的长足进步,人们认识到这种桥型在一定跨度范围内具有很大的优越性。

世界第一座现代斜拉桥是1955年在瑞典建成的主跨182.6m的新斯特罗姆海峡钢斜拉桥(Strömsund桥,图5-2-1),第一座混凝土斜拉桥是1962年在委内瑞拉建成的马拉开波湖桥(Maracaibo Lake桥),跨径组合为160m+5×235m+160m(图5-2-2)。目前,世界上主跨最大的钢斜拉桥是2012年俄罗斯建成的主跨1 104m的俄罗斯岛大桥(图5-2-3),

图5-2-1 世界第一座现代斜拉桥瑞典Strömsund桥

1991年挪威建成的主跨530m的斯卡恩圣特桥(Skarnsundet桥,图5-2-4)是当时跨度最大的预应力混凝土斜拉桥,它实现了预应力混凝土桥梁向500m的跨越。至今全球已建成的跨径在550m以上的斜拉桥共计33余座。

图 5-2-2　马拉开波湖桥

图 5-2-3　俄罗斯岛大桥

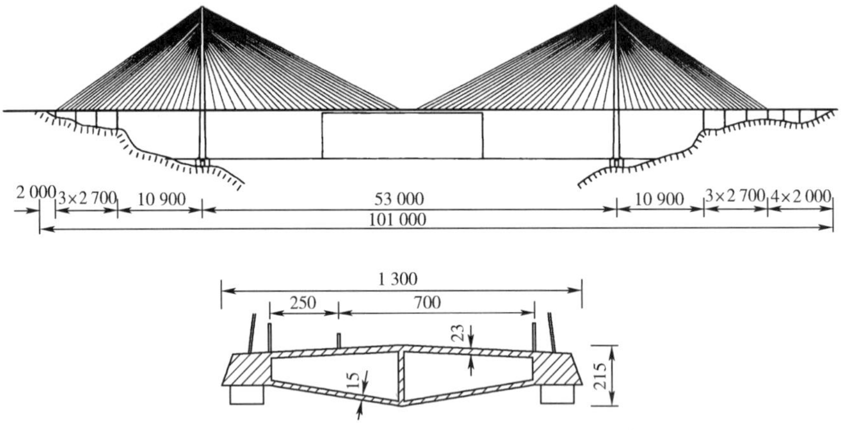

图 5-2-4　斯卡恩圣特(Skarnsundet)桥(尺寸单位:cm)

我国从20世纪70年代开始修建斜拉桥,经过前20多年的发展,全国修建了60多座斜拉桥,大多数为混凝土斜拉桥;进入21世纪,我国修建了大量钢斜拉桥、混合式斜拉桥,提升了斜拉桥跨径,刷新着世界纪录。目前,我国最大主跨的钢斜拉桥是2008年建成的主跨1 088m的苏通长江公路大桥(图5-2-5);最大的混合梁斜拉桥是2010年建成的鄂东大桥,主跨926m;最大的组合梁斜拉桥是2011年建成的武汉二七长江大桥,主跨616m。

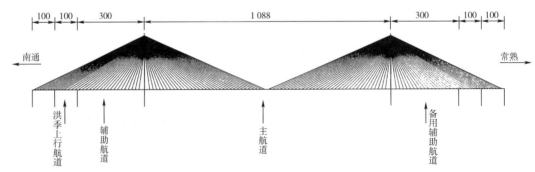

图 5-2-5　苏通长江公路大桥(尺寸单位:m)

第一节 斜拉桥的结构特点和结构体系

典型的斜拉桥由斜拉索、塔柱和主梁组成,如图 5-2-6 所示。斜拉桥至少具有一个塔柱,称之为独塔斜拉桥,也可以设多个塔柱成为多塔斜拉桥,但是,最常见的是双塔斜拉桥。

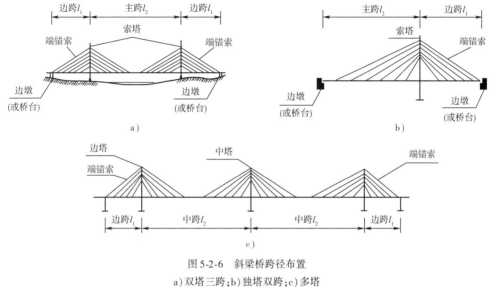

图 5-2-6 斜梁桥跨径布置
a) 双塔三跨;b) 独塔双跨;c) 多塔

一、斜拉桥的结构特点

斜拉桥的受力可以看成用高强钢材制成的斜拉索将主梁多点吊起,主梁恒载及作用在主梁上的活载通过斜拉索传至塔柱,再通过塔柱基础传至地基。这样大跨度斜拉桥的主梁就像一根多点弹性支承的连续梁一样工作,从而主梁的截面尺寸比同跨径的梁桥截面尺寸小得多,大大减少了主梁的材料用量,结构自重明显减轻,大幅度增大了桥梁的跨越能力。

斜拉桥是高次内部超静定结构,可以通过斜拉索的张拉来调整主梁和主塔的恒载受力状态。传统的双塔斜拉桥主跨完全依靠斜拉索提供弹性支承,边跨除斜拉索提供的弹性支承外,还有边墩支承,边跨最外侧一对斜拉索称之为端锚索[常被称为背索(back stay)],锚固在接近边墩的主梁上,索力可直接传递到边墩上。因此,锚固刚度比跨内斜拉索大,背索索力可以较好地控制索塔及主梁的受力状态。设计合理的斜拉桥,在恒载作用下,主梁弯矩与剪力图应接近多跨连续梁、塔柱基本只承担轴向压力。图 5-2-7 示出了典型三跨斜拉桥的恒载弯矩图。

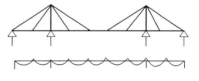

图 5-2-7 典型三跨斜拉桥恒载弯矩图

在不对称活载作用下,斜拉索对主梁的弹性支承作用受塔柱顺桥向弯曲影响,限制塔顶水平位移是控制主梁活载内力的关键,边跨的端锚索对主跨受力起着至关重要的作用。如图 5-2-8a)所示的双塔斜拉桥,当中跨作用活载时[图 5-2-8b)],主梁向下挠曲,中跨斜拉索的索力增加,塔柱有向主跨弯曲的趋势;在边跨,由于端锚索比跨内斜拉索刚度大,因此,端锚索索力增大很多,而其他索索力增加不多,强大的端锚索将限制塔顶向跨中移动,使中跨主梁正弯矩及挠度减小。当荷载作用在边跨时[图5-2-8c)],由于有边墩及辅助墩的支承,主梁的弯矩和挠度较小,引起的塔顶水平位移也较小,从而中跨主梁负弯矩也较小。图5-2-9是三跨斜拉桥的活载弯矩包络图。

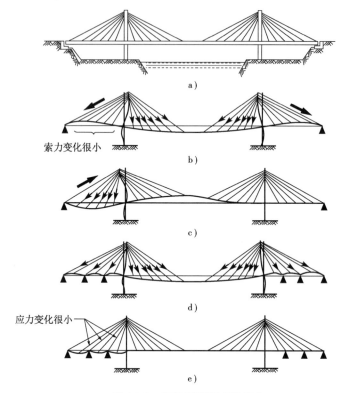

图5-2-8 典型双塔斜拉桥的受力
a)立面布置;b)中跨作用荷载;c)边跨作用荷载;d)边跨设置辅助墩中跨作用荷载;e)边跨设置辅助墩边跨作用荷载

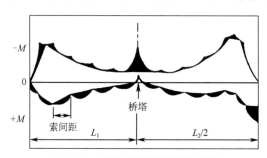

图5-2-9 三跨斜拉桥活载弯矩包络图

二、斜拉桥的结构体系

斜拉桥由斜拉索、主梁和塔柱共同形成全桥的受力体系,根据它们之间的不同配合关系,可以变化出具有不同受力特点的结构体系。

(一)斜拉索的不同锚固体系

根据斜拉索的锚固方式可以将斜拉桥分成三种不同体系,此外,还有一种为了景观效果而设计的独特的无端锚索斜拉桥。

1. 自锚式斜拉桥

自锚式斜拉桥的拉索全部锚固在主梁与塔柱之间,竖向荷载通过塔柱传递到桥墩及基础中去,拉索的水平分力由主梁的轴力来平衡,如图 5-2-10 所示。无论是双塔三跨式、独塔双跨式或多塔多跨式斜拉桥,绝大多数均采用自锚体系。

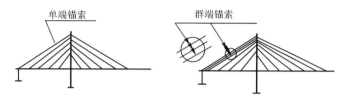

图 5-2-10 自锚体系斜拉桥

2. 地锚式斜拉桥

地锚式斜拉桥的斜拉索一端锚固在主梁上,另一端锚固在山岩上或通过塔顶改变方向后锚固在河岸的地锚中,当桥位处两岸地基为坚硬的岩石时可以考虑地锚式斜拉桥的方案,如图 5-2-11 所示,全桥有一个索塔,塔后拉索集中锚固在地锚中。

图 5-2-12 是美国著名桥梁专家林同炎所设计的结构独特的 Ruck-A-Chucky 桥方案,它是一座无桥塔的岩锚式曲线梁斜拉桥,跨度达 396m,桥宽 15m,共用 60 对斜拉索将桥面悬吊在山岩上。

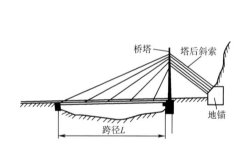

图 5-2-11 地锚式斜拉桥方案

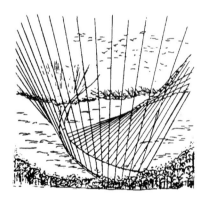

图 5-2-12 Ruck-A-Chucky 桥方案

3. 部分地锚式斜拉桥

在双塔三跨式或独塔两跨式斜拉桥中,由于某种原因边跨相对于主跨很小时,可以将边跨部分拉索锚固在主梁上,而部分拉索布置成地锚式。如我国主跨 414m 的湖北郧阳汉江桥,如图 5-2-13 所示,由于边跨与主跨之比仅为 0.203,采用了部分地锚式体系,塔后侧的拉索只有 4 道锚于极短的边跨主梁上,另外 21 道拉索全部锚在大体积混凝土桥台(重力式平衡桥台)上。部分地锚式斜拉桥索塔两侧拉索的不平衡水平分力直接由边跨主梁传递给桥台(地锚)。

(二)主梁的连续与非连续体系

大部分斜拉桥主梁采用连续体系,当主梁与塔墩固结时,形成连续刚构体系,如图 5-2-14 所示。这种体系桥面整体性强,行车平稳舒适,但是常年温差作用下塔柱的弯矩变化较大。此外,对于典型的三跨式斜拉桥,主梁在中跨的跨中区域存在一段受拉区。

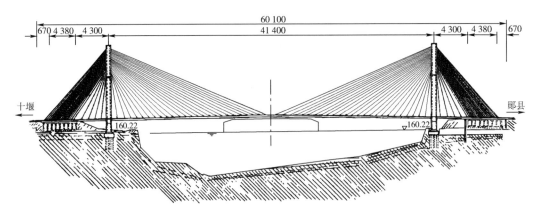

图 5-2-13　湖北郧阳汉江桥(尺寸单位:cm;高程单位:m)

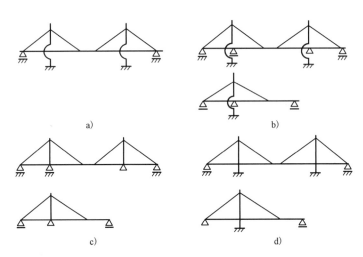

图 5-2-14　主梁连续体系斜拉桥
a)飘浮体系;b)半飘浮体系;c)塔梁固结体系;d)刚构体系

为适应主梁在常年温差下的纵向伸缩变形,三跨或多跨斜拉桥也可以在跨中设置挂孔或剪力铰,此时,主梁形成单悬臂梁或 T 形刚构,如图 5-2-15 所示。如果设置挂孔,挂孔不宜太短,以免在活载作用悬臂端时,挂孔产生过大的倾斜,影响行车顺畅。

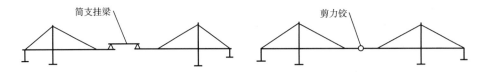

图 5-2-15　主梁非连续体系斜拉桥

(三)塔、梁、墩之间的不同结合关系

根据塔、梁、墩之间的不同结合关系,可以将斜拉桥分成四种不同体系。

1.塔墩固结、塔梁分离-飘浮体系

主梁除两端有支座支承外,其余位置均由拉索支承,成为在纵向可自由漂移的多点弹性支

承连续梁,如图 5-2-14a)所示 。飘浮体系的主要优点是满载时,塔柱处主梁不出现负弯矩峰值,温度及混凝土收缩、徐变引起的次内力较小,主梁各截面的变形和内力的变化平缓,受力均匀。此外,地震时主梁的纵向摆动可以起到抗震消能作用。因此,地震烈度较高地区应优先考虑选择这种体系。当采用悬臂浇筑或悬臂拼装施工飘浮体系斜拉桥时,施工期间主梁与塔柱间应设临时固结,以抵抗施工过程中的不平衡弯矩和纵向剪力。

斜拉索在横桥方向的倾角很小,不能提供有效的横向支承,只有端支承给主梁提供横桥向位移约束,这对承受水平荷载非常不利。所以,必须在塔梁交接处对飘浮体系主梁施加一定的横向约束,以抵抗由于风力、地震力等引起的横向水平力。空间动力计算表明,在塔梁交接处施加横桥向约束,可以提高主梁横桥向自振频率以改善动力性能。但是,横向约束应设为柔性约束,以提高抗震性能。一般是在塔柱和主梁之间设置板式橡胶支座或聚四氟乙烯盆式橡胶支座,以限制主梁的横向位移,安装横向支座时应预先顶紧以施加横向约束,其构造如图 5-2-16 所示。

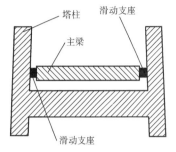

图 5-2-16 塔梁间的横向约束

现代大跨径混凝土斜拉桥大多采用飘浮体系。美国的 Pasco-Kennewick 桥,我国的武汉长江公路桥、重庆长江二桥、铜陵长江大桥、上海南浦大桥和杨浦大桥都采用这种体系。

2. 塔墩固结、塔梁分离,但在塔墩处主梁下设置竖向支承-半飘浮体系

飘浮体系斜拉桥在主梁穿过桥塔位置一般通过垂直的 0 号索支承主梁,如果将 0 号索换成支承在塔柱横梁上的竖向支承,则成为半飘浮体系,如图 5-2-14b)所示。半飘浮体系除具有飘浮体系优点外,主梁刚度更大,对限制主梁纵向位移更为有利,同时,省去了将施工临时支承换成 0 号索的复杂工序。半飘浮体系的主梁内力在塔墩支承处出现负弯矩峰值,温度及混凝土收缩、徐变内力也较大,通常须加强支承区段的主梁截面。但是,如在墩顶设置可调节高度的支座或弹簧支座,并在成桥时调整支座反力,可以消除大部分收缩、徐变等不利影响。

我国福州主跨 605m 的双塔双索面结合梁斜拉桥(青州闽江桥)采用半飘浮体系,主梁为连续体系,塔梁交界处通过盆式橡胶支座连接。

3. 塔梁固结、塔墩分离-塔梁固结体系

塔梁固结并支承在桥墩上,主梁相当于顶面用拉索加强的一根连续梁或悬臂梁,如图 5-2-14c)所示。塔梁固结体系的主要优点是取消了承受很大弯矩的梁下塔柱部分,代之以一般桥墩,使塔柱和主梁的温度次内力消除,并可显著减小主梁中央段承受的轴向拉力。但这种体系的缺点也较多,一是中跨满载时,主梁在墩顶处的转角导致塔顶产生较大的水平位移,显著增大了主梁的跨中挠度和边跨的负弯矩,拉索体系提高结构刚度的效果很差,全桥刚度取决于主梁刚度,因此主梁大多采用梁高较大的箱形截面;二是上部结构重力和活载反力均由支座传给桥墩,这就要求设置很大吨位的支座,限制了在大跨度桥梁上的应用;此外,该体系动力特性不理想,对于抗风、抗震不利,不宜在大跨度桥梁上应用。法国的伯劳东桥(Brotonne 桥,主跨 320m)采用这种体系,主梁布置成连续体系,支座用 10 块橡胶支座围成圆周,承担超过 8.82×10^4 kN 的反力。我国上海泖港大桥也采用塔梁固结体系,主梁布置成非连续体系,中跨跨中有一孔 30m 长的简支挂梁形成单悬臂加挂梁的主梁结构体系。

4. 主梁、索塔、桥墩三者互为固结-刚构体系

梁、塔、墩固结,主梁成为在跨内有多点弹性支承的刚构,如图 5-2-14d)所示。这种体系的优点是结构刚度大,主梁和塔柱的挠度均较小,不需要大吨位支座,最适合用悬臂法施工。由于塔、梁、墩固结,体系的超静定次数高,减小墩梁中的温度附加内力是该体系的关键问题。在独塔双跨式斜拉桥中,边墩设置活动支座可以使主梁纵向自由伸缩,因此该体系得到广泛应用。在双塔或多塔斜拉桥中,必须在跨中设置可纵向伸缩的铰缝或挂孔,尽量降低桥墩的纵向抗推刚度,以消除或减小温度附加内力,图 5-2-17 是跨中铰缝的几种构造形式。采用双薄臂柔性墩是一种常用的以减小桥墩抗推刚度来减小温度附加内力的方法,如图 5-2-18 所示。

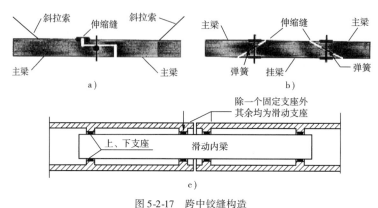

图 5-2-17 跨中铰缝构造
a)单点铰缝;b)跨中设挂孔;c)只能纵向伸缩的铰缝

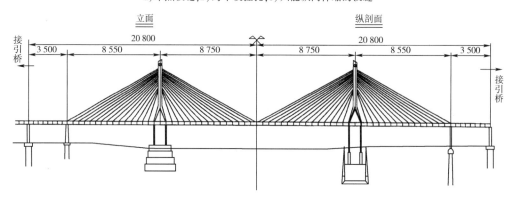

图 5-2-18 广州海印桥双薄臂柔性墩(尺寸单位:cm)

刚构体系动力性能较差,因此,该体系用于地震区时,应认真进行动力分析研究。在塔梁墩固结处主梁负弯矩很大,此区段内主梁截面必须加大。在跨中设置剪力铰或挂孔时,对行车有一定影响,且对养护不利。

我国不对称布置的独塔两跨式混凝土斜拉桥——石门大桥就是采用塔、梁、墩固结的刚构体系,美国日照高架(Sunshine Skyway)桥及我国广州海印大桥就是采用了柔性墩连续刚构体系,以减小温度附加内力。

以上四种结构体系的斜拉桥都有实际桥例,但由于飘浮体系具有充足的刚度,受力比较均匀,主梁可做成等截面而简化施工,且具有抗风、抗震性能也较好等特点,是现代大跨径斜拉桥使用较多的一种体系。表 5-2-1 是四种结构体系斜拉桥的比较表。

塔、梁、墩的不同组合形成的四种体系斜拉桥的比较　　　　　表 5-2-1

梁、塔、墩组合关系	塔墩固结塔梁分离	塔墩固结塔梁分离	塔梁固结塔墩分离	塔梁墩固结
塔墩处主梁设支承情况	无,但必须设横向约束	有,支反力较小或设可调节高度的支座或弹簧支座	有,且需设大型支座	无
结构体系	飘浮体系	半飘浮体系	塔梁固结体系	刚构体系
梁、塔、墩连接处截面内力	主梁内力较均匀,主梁在塔墩连接处无负弯矩峰值	主梁内力在塔墩固结处有负弯矩峰值	塔柱内力较小,但主梁在塔墩固结处出现负弯矩峰值,比塔墩固结、塔梁分离的主梁内力大约15%	按梁、塔、墩刚度比分配内力,主梁在固结点附近内力相当大
适宜的主梁结构形式	连续体系主梁	以跨中设铰或挂梁的非连续主梁为宜	主梁跨中设铰或挂梁的非连续主梁,或连续体系主梁均可	跨中设铰或挂梁的非连续主梁,或柔性墩连续主梁

(四)端锚索及边跨辅助墩的作用

斜拉桥边跨最外侧的斜拉索一般应锚固在主梁的边墩支承截面,或接近边墩支承截面,称之为端锚索(或尾索、背索等)。端锚索索力直接传递到边墩中,因此锚固刚度比跨内索大,对斜拉桥在活载作用下的受力起着至关重要的作用。同时,通过端锚索索力的调整可以较大地影响斜拉桥的恒载受力状态。

对图 5-2-8 所示典型三跨斜拉桥,当中跨作用活载时[图 5-2-8b)],主梁向下挠曲,中跨斜拉索的索力增加,有带动塔柱向中跨弯曲的趋势,这一趋势将引起边跨索力的增加。由于端锚索锚固在边墩附近,它比跨内斜拉索具有很大的刚度,因此端锚索索力增大很多,而其他索索力增加不多,端锚索的刚度直接影响塔柱向中跨的偏移量,强大的端锚索刚度,将使中跨主梁的正弯矩和挠度大大减小。当荷载作用在边跨时[图 5-2-8c)],主梁向下挠曲,除端锚索外,边跨所有索力均有所增加,由于有边墩的支承作用,挠度比荷载作用在中跨时小,而端锚索索力甚至会减小。由此可见,端锚索对结构内力及变形起较大作用的同时,也承担较大的活载应力变化幅度,使疲劳问题很突出。

为解决端锚索的疲劳问题,同时进一步加强边跨主梁对中跨主梁的锚固作用,在大跨度斜拉桥边跨设置辅助墩(back span pier)[图 5-2-8d)、e)],除端锚索外,使多根跨内斜拉索锚固在支承上,均具有端锚索的功能,这就分摊了端锚索的应力变化幅度。当活载作用于主跨时,由于边跨多根斜拉索直接锚固在桥墩截面,有效控制了塔顶向中跨的位移,从而使主跨主梁活载弯矩和挠度大大减小;当活载作用在边跨时,辅助墩的支承也使边跨挠度成倍减小。我国修建的杨浦大桥(图 5-2-19)等大跨度斜拉桥均设置了一个或多个边跨辅助墩。

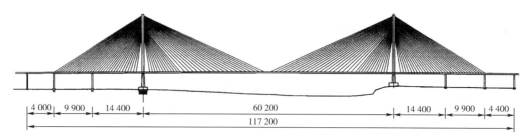

图 5-2-19　杨浦大桥(尺寸单位:cm)

(五)协作体系斜拉桥

对于非对称布置的独塔斜拉桥,主跨跨度较大时,远离索塔的主梁由于斜拉索倾角很小,支承效率降低,在活载作用下将产生很大的正弯矩。将主梁与变截面连续梁或连续刚构相连,做成所谓协作体系(图 5-2-20),即将连续梁或连续刚构的主梁伸出较长的悬臂与斜拉桥连成一体。这样做可利用连续梁的负弯矩卸载作用减少远离塔柱处主梁的正弯矩,减少斜拉索用量甚至减少斜索对数,降低全桥的总造价。协作体系斜拉桥主梁的斜拉桥与连续梁结合部位构造及应力分布较复杂,在设计中应做详细分析。我国宁波招宝山大桥、美国东亨丁顿桥(East Huntington 桥,图 5-2-21)均采用了这样的体系。

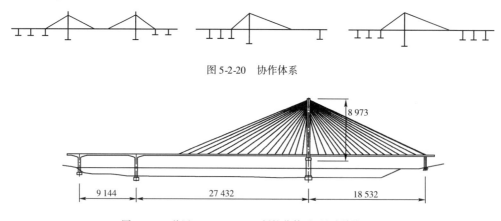

图 5-2-20　协作体系

图 5-2-21　美国 East Huntington 桥协作体系(尺寸单位:cm)

(六)多塔斜拉桥

在需要以多个大孔径跨越宽阔的湖泊或海峡时,多塔斜拉桥可作为选择的方案之一。与传统的三跨双塔斜拉桥相比,多塔斜拉桥除边塔外,中塔均没有端锚索的锚固作用。活载作用下中间塔柱将向荷载作用跨弯曲,使荷载跨主梁的弯矩及挠度大大增加,同时,活载作用相邻跨主梁也产生向上的弯矩及挠度,如图 5-2-22 所示。

多塔斜拉桥设计的关键是如何控制中间塔顶在活载作用下的水平位移,减小主梁跨中弯矩。多塔斜拉桥的桥长一般较长,如何在提高结构刚度的同时保证主梁在常年温差下的自由伸缩也是设计中的另一个关键问题。提高全桥结构刚度的措施主要有:提高主塔及主梁的抗弯刚度、塔顶设置加劲索[图 5-2-23a)]、中塔顶与边塔设置斜向加劲索[图 5-2-23b)]等。希腊 Rion-Antirion 桥为四塔斜拉桥,主跨达 560m,采用分离式四柱的塔柱以提高塔柱的刚度

(图5-2-24),在跨中设置挂孔以适应主梁温差伸缩。香港的汀九桥是三塔斜拉桥(图5-2-25),主跨475m,在中塔顶和边塔与主梁交界点之间设置了加劲索,以提高中塔在活载作用下的抗弯能力,并能显著提高施工期间和成桥状态下的抗风能力。

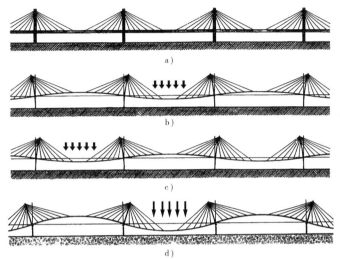

图5-2-22 多塔斜拉桥的受力
a)多塔连续斜拉桥立面布置;b)某一跨作用荷载时的变形;c)相邻跨作用荷载时的变形;d)采用墩梁分离时挠度只与主梁刚度有关

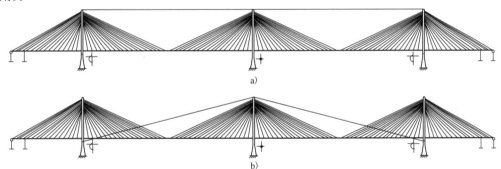

图5-2-23 提高多塔斜拉桥刚度的措施
a)塔舷设置水平加劲梁;b)设置转向加劲梁

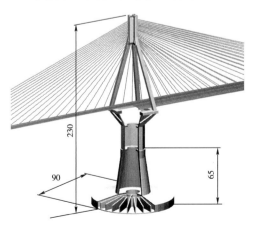

图5-2-24 Rion-Antirion桥四柱式塔柱(尺寸单位:m)

图 5-2-25　三塔斜拉桥——香港汀九桥

(七)部分斜拉桥

常规斜拉桥中主梁被视为支承在斜拉索上的连续梁,主梁在恒载作用下只承担局部弯矩,这就要求斜拉索的倾角不能太小,所以塔柱必须保持一定的高度,一般为主跨跨径的 1/7～1/4。如果塔高太低,斜拉索将不能有效支承主梁,需要增加斜拉索用量从而增加造价。

但是,如果将斜拉索视为布置在连续梁或连续刚构体外的预应力束,而塔柱视为体外预应力束的转向装置,则全桥的体系就变成梁桥。通过改变塔柱的高度和斜拉索的初张力,可以改变斜拉索与主梁承担外荷载的比例关系。当塔柱比较低时,斜拉索只分担部分荷载,其他荷载仍然由主梁内的预应力承担,这就成为所谓的部分斜拉桥。法国工程师,形象地将这时的斜拉索称为超剂量预应力索,因此部分斜拉桥在国外被称为 Extra-Dosed Prestressed Concrete Bridge(超剂量预应力混凝土桥)。

部分斜拉桥中塔高取值比常规斜拉桥矮,一般为主跨的 1/13～1/8,所以,部分斜拉桥也被称为矮塔斜拉桥。由于塔高矮,斜拉索只承担总荷载效应的 30% 左右,其余由主梁承担。同时,斜拉索在活载作用下的应力变化幅度也较小,一般在 50MPa 以下,而常规斜拉桥斜拉索的活载应力变化幅度在 150MPa 以上。在低应力变幅下,斜拉索的疲劳问题可以大大缓解,从而可以提高钢丝的容许应力,达到节省造价的目的。因此,这种界于梁桥与索支承桥之间的桥型得到了越来越多的应用。我国已经建成了漳州战备桥(主跨 120m)等多座部分斜拉桥。芜湖长江大桥是一座公铁两用钢桁架主梁的部分斜拉桥,为了达到 312m 的跨度,用斜拉索承担了部分荷载,同时加强了钢桁梁的刚度。

对于 100～250m 跨径的连续梁或连续刚构桥,采用部分斜拉桥桥型,可以大大降低梁高,增加这种桥型的竞争能力。图 5-2-26 显示了由连续梁、连续刚构、T 形刚构派生的部分斜拉桥。

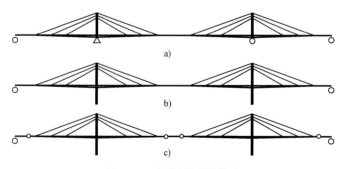

图 5-2-26　部分斜拉桥的体系
a)连续梁体系;b)连续刚构体系;c)T 形刚构体系

第二节 斜拉桥的构造

构成斜拉桥受力体系的三个主要部分是斜拉索(cable)、索塔(pylon)和主梁(deck)。斜拉索迄今为止一般由高强钢材制成,目前正在研制高强纤维材料的拉索,如碳纤维,塔柱由混凝土或钢材建造,较小跨度的斜拉桥多采用混凝土主梁,特大跨度斜拉桥一般采用钢主梁或钢-混凝土组合结构的主梁,有时为了增大边跨的刚度,采用中跨为钢梁、边跨为混凝土梁的混合主梁。本章仅介绍混凝土斜拉桥的构造。

一、跨径布置

斜拉桥跨径布置根据具体情况应考虑全桥刚度、拉索疲劳强度、锚固墩承载能力等多种因素,可按双孔、三孔或多孔布置。

当采用三孔布置时,中孔为主孔,两侧为边孔,边孔长度一般为中孔的0.25~0.46倍。一般来说,较小的边跨使边跨斜拉索对塔顶的锚固作用增大,从而对提高主跨的刚度有利,同时也有利于降低端锚索的活载应力幅,因此,从经济角度考虑大都为0.40左右。在特殊地形条件下可采用更小的边跨中跨比或边跨为地锚形式。当边跨比较大时,应设辅助墩以提高边跨斜拉索的锚固刚度,同时降低应力幅。

当采用单塔双孔布置时,为利用端锚索提高刚度,一般也布置成不等跨径,边孔为0.5~1.0倍的主孔跨度,但大多采用0.8~0.9倍左右的主孔跨度。

当采用多孔(大于三孔)布置时,边孔长度一般亦为中孔的0.4左右。

表5-2-2列出了国内一些混凝土斜拉桥的跨径比。表5-2-3列出了国外一些斜拉桥的跨径比。

国内混凝土斜拉桥跨径布置及索塔高度等统计资料　　　表5-2-2

桥　名	跨径布置(m)	索塔高度(m)	边跨l_1/主跨l_2	高跨比H/l_2	辅助墩	附注
上海恒丰北路桥	77+73	49.97	0.95	0.65	无	独塔单索面
重庆石门大桥	230+200	113.00	0.87	0.49	无	
广东西樵大桥	125+110	48.2	0.88	0.39	有	独塔双索面
四川雅砻江大桥	30+104+120+104+30	51.6	0.87	0.43	无	
广东南海九江桥	160+160	77.5	1.00	0.48	无	
长沙湘江北桥	105+210+105	53.72	0.50	0.26	无	双塔单索面
广州海印桥	35+85.5+175+85.5+35	57.40	0.49	0.33	无	
上海泖港桥	85+200+85	44.00	0.43	0.22	无	
天津永和桥	120+260+120	52.00	0.46	0.20	无	双塔双索面
济南黄河桥	40+94+220+94+40	51.27	0.43	0.23	无	
安徽蚌埠淮河桥	114+224+114	53.75	0.51	0.24	有	
四川犍为岷江桥	118+240+118	57.00	0.49	0.24	有	
海口世纪大桥	147+340+147	74.8	0.43	0.22	无	

续上表

桥　　名	跨径布置（m）	索塔高度（m）	边跨 l_1/主跨 l_2	高跨比 H/l_2	辅助墩	附注
番禺大桥	161+380+161	100.8	0.42	0.27	有	双塔双索面
武汉长江公路大桥	180+400+180	91.00	0.45	0.23	无	
湖北郧阳汉江桥	86+414+86	90.42	0.21	0.22	无	
安徽铜陵大桥	190+432+190	104.50	0.44	0.24	无	双塔双索面
重庆长江二桥	169+444+169	115.50	0.38	0.26	无	
大佛寺长江大桥	198+450+198	126.4	0.44	0.28	无	
湖北鄂黄长江大桥	55+200+480+200+55	123.5	0.42	0.26	无	
湖北荆州长江大桥	200+500+200	111.9	0.40	0.22	无	

国外混凝土斜拉桥跨径布置及索塔高度等统计资料　　　表5-2-3

桥　　名	跨径布置（m）	索塔高度（m）	边跨 l_1/主跨 l_2	高跨比 H/L_2	辅助墩	附注
美国东亨丁顿桥	274.3+185.3	85.2	0.68	0.31	无	独塔单索面
法国伯劳东纳桥	143.5+320+143.5	70.5	0.45	0.22	无	双塔单索面
美国日照高架桥	164.6+365.8+164.6	73.9	0.45	0.20	无	双塔单索面
西班牙卢纳奥斯桥	101.7+440+101.7	90.0	0.23	0.20	无	多塔双索面
美国P-K桥	123.9+299+123.9	57.0	0.41	0.19	无	
美国达姆岬桥	198.17+396.34+198.17	92.2	0.5	0.23	无	
挪威斯卡恩圣特桥	190+530+190	101.5	0.36	0.19	有	
委内瑞拉马拉开波桥	160+5×235+160	42.5	0.68	0.18	无	多塔双索面

二、斜拉索构造与布置

斜拉索是斜拉桥的重要组成部分,除必须具有高强度性能外,还必须具备抗疲劳性能、耐久性和良好的抗腐蚀性。斜拉索制作和施工工艺的不断进步,对斜拉桥的发展作出了重要贡献,对于混凝土斜拉桥,斜拉索的造价占全桥总造价的25%~30%,可见其在斜拉索建造中的重要性。每一根斜拉索包括索体和两端的锚具两部分,索体承受拉力,锚具将索力传给主梁或索塔。

由于斜拉索与塔柱及主梁组成了高次超静定结构,斜拉索的布置及张拉力的大小对斜拉桥的总体受力具有显著的影响。

(一)斜拉索的构造

1.钢索的构造

目前索体均为钢索,钢索由高强度钢筋、钢丝或钢绞线按一定的规律编成钢束制成。钢束必须排列整齐、规则,使每索中的钢丝或钢绞线受力均匀;钢索断面应紧密,便于穿过预埋管道并易于锚固,同时也有利于防腐;除具有上述性能外,钢索最好能弯卷成盘,以易于运输。

根据组成钢束的材料,钢索主要类型有封闭式钢缆(locked-coil cables)、平行钢筋索

(parallel-bar cables)、平行钢丝索(parallel-wire cables)、钢绞线索(stranded cables)、单股钢绞缆(spiral rope)。其截面构造如图5-2-27所示。

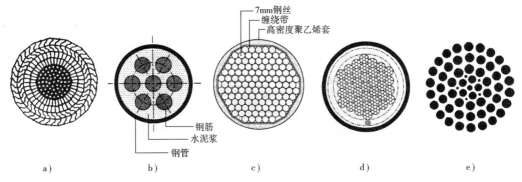

图5-2-27 斜拉索截面构造
a)封闭式钢缆;b)平行钢筋索;c)平行钢丝索;d)钢绞线索;e)单股钢绞缆

(1)封闭式钢缆。

封闭式钢缆是以一根较细的单股钢绞缆为缆心,逐层绞裹断面为梯形的钢丝,接近外层时,绞裹断面为"Z"形的钢丝,相邻各层的捻向相反,最后得到一根粗大的钢缆。这种钢缆结构紧密,具有最大面积率,水分不易侵入,因此称为封闭式钢缆。封闭式钢缆使用镀锌钢丝,绞制时还可以在钢丝上涂防锈脂,最外层再涂防锈涂料防护。封闭式钢缆配用热铸锚具。封闭式钢缆只能在工厂制作,盘绕后运送至现场。

目前世界上跨径最大的混凝土斜拉桥——主跨530m的挪威斯卡恩圣特(Skarnsundet)桥就采用封闭式钢缆制成的拉索。这种钢索由于制造工艺复杂,应用的桥例并不多。

(2)平行钢筋索。

平行钢筋索由若干根高强钢筋平行组成,钢筋直径有16mm、26mm、32mm、38mm等规格。所有钢筋在金属管道内由聚乙烯定位板固定其位置,索力调整完后,在套管内采用柔性防护。这种钢索配用夹片式群锚。平行钢筋索必须在现场架设过程中形成,操作过程复杂,而且由于钢筋的出厂长度有限(15~20m),用于大跨度斜拉桥时,钢筋接头较多,影响疲劳强度。

平行钢筋索在英国使用比较广泛,其他国家目前很少使用。

(3)平行钢丝索。

钢丝索是将若干根钢丝平行并拢、扎紧而成。按照钢丝的集束方式又可分为平行钢丝股索(简称PW)、平行钢丝索(简称PWC)、半平行钢丝索。钢丝采用φ5mm或φ7mm高强钢丝或高强镀锌钢丝,标准强度在1 600MPa以上。平行钢丝索一般配用冷铸镦头锚。

平行钢丝股索是将一定根数的镀锌钢丝平行地捆扎成股,股索的截面呈六角形,所以,每股的钢丝根数是一定的,为19、37、61、91、127等。大型的平行钢丝股索可直接单独用作拉索,大多数情况是每根拉索由多股平行钢丝股索组成。

平行钢丝索直接将钢丝平行并拢、扎紧,截面不要求是六角形,因此截面内的钢丝根数可以自由地选定。

上述两种平行钢丝索由于钢丝未经旋扭,整索的抗拉强度和弹性模量与单根镀锌钢丝相同,没有损耗,抗疲劳性能也较好;缺点是钢索刚度较大,不易弯曲,架设困难,易引起索内的弯曲次应力。一般斜拉索在施工现场平放制作,成束后穿入聚乙烯套管或金属套管内,张拉结束后再压注水泥砂浆防护。我国早期建造的斜拉桥大部分采用这种斜拉索,由于必须现场制作,且防护效果不太好,目前已经较少使用。

为解决不能弯曲的问题,将钢丝平行并拢后同心同向作轻度扭绞,扭绞角一般为2°~4°,再用包带扎紧,最外层直接挤裹单层或双层聚乙烯索套作防护,就成为半平行钢丝索。这种索挠曲性能好,可以盘绕,具备长途运输条件,宜于工厂机械化生产,质量易于保证,因此逐步取代了纯平行钢丝索。钢索扭绞后抗拉强度、弹性模量和抗疲劳性能均有所降低,但扭绞角小于4°时,损减很小。我国从20世纪90年代初开始生产成品的半平行钢丝索,最大使用索力可以达到1 200kN,近几年建造的斜拉桥几乎都使用了这种拉索。

(4) 钢绞线索。

钢绞线索由多股钢绞线平行或经轻度扭绞组成,其标准强度已达1 860MPa,因此用钢绞线制作的钢索可以进一步减轻钢索的重量。钢绞线索可以平行成束,也可以扭绞一定的角度成为半平行钢绞线索。

平行钢绞线索一般在现场制作,配用夹片锚具,类似于后张法预应力筋,钢绞线逐根穿入预先安装在斜拉索位置处的套管内单根张拉,安装时起吊重量小、张拉力也小,可以采用小千斤顶张拉大斜拉索,因此平行钢绞线索比较适合于超长斜拉索。单根张拉钢绞线斜拉索时索力控制难度较大,有时在单根张拉形成初应力后,再用大千斤顶调整索力。由于上述原因,在小跨度斜拉桥中应用时不如半平行钢丝成品索好。我国福州青州闽江605m跨度斜拉桥,使用平行钢绞线索,采用自带PE护套钢绞线穿入PE套筒内,张拉后套筒内灌注油脂进行多重防腐。

平行钢绞线索也可以在工厂制作好后运至工地,一般将多股钢绞线并拢后再做一定角度的扭转使斜拉索便于盘绕,编索完成后同样在外侧热挤PE进行保护。

(5) 单股钢绞缆。

单股钢绞缆以一根钢丝为缆心,逐层增加钢丝,同一层的钢丝直径相同,但逐层钢丝的扭绞方向相反,以抵抗张拉时的扭矩,最后形成一根单股钢绞缆。单股钢绞缆配用热铸锚。由于扭绞关系,其抗拉强度及弹性模量有所降低,截面孔隙率也较大,为减小孔隙率可以在编索时在孔隙中插入小直径钢丝。单股钢绞缆用作斜拉桥拉索时,可采用镀锌钢丝制作,最外层应加涂防锈涂料。单股钢绞缆只能在工厂中生产,其柔性好,可成盘运输至现场安装,但用作混凝土斜拉桥的拉索较少。

2. 斜拉索的防护构造

斜拉索由高强钢材组成,长期在变幅度高应力状态下工作,防腐是提高拉索使用寿命的关键。拉索的防护可分为钢丝防护和拉索防护两个方面。斜拉索的防护材料必须不含有腐蚀钢材的成分,并要求有足够的强度和良好的耐候性。

拉索的损伤有电化学锈蚀和机械损伤两方面。前者的防护可从钢丝防护和拉索防护两个方面着手,而后者的防护必须设置一些防撞设施。

(1) 钢丝的防护。

由于化学成分的原因,高强钢丝特别易于锈蚀。镀锌是钢丝防腐的传统方法。传统的电镀方法将使高强钢丝的强度降低,随着冶金工业技术的发展,这一问题已经得到解决。目前钢丝的防护可以采用镀锌、镀防锈脂、涂防锈底漆等,目前还有镀环氧层等先进的方法。钢绞线的防护可以采用镀锌、镀环氧层等方法。

(2)拉索的防护。

对于封闭式钢缆,由于截面紧密,封闭性较好,孔隙率很小,可以只对各组成索的钢丝镀锌,并对钢缆表面施加涂料进行防护。但对于由钢丝索组成的拉索,由于孔隙率大,封闭性差,必须进行钢丝和拉索两部分防护。

国内早期建成的斜拉桥拉索防护方法主要采用拉索外多层玻璃纤维缠绕并加涂沥青或环氧树脂形成玻璃钢外壳防护,主要问题是缠绕层易老化;后来采用拉索外套钢、铝或高密度聚乙烯套管,管内压注水泥浆方法防腐,该方法的主要问题是钢索、管内填充材料、外层套管的弹性模量及线膨胀系数均不相同,在使用过程中造成管内填充材料、套管的破损,从而失去防腐作用,有的桥梁通车后10年左右必须进行换索。

日本工程师借鉴电缆制作方法,在微绞扭的钢索外热挤压高密度聚乙烯套管。这种类似于电缆的斜拉索连同锚头一起在工厂制造,然后一根索缠绕在一个滚筒上运输到工地,它不仅成本低,而且防腐效果好,在制索的同时完成拉索的防护工作。20世纪90年代该方法引入我国后成为最常用的斜拉索防护方法。目前较多采用双层热挤PE套管,内层为黑色的聚乙烯,外层为加彩色填料的聚乙烯,以达到不同的美观效果。为了加强防腐效果,有的桥梁对拉索表面用铝粉或锌进行金属喷涂,或先用聚酯带缠包后进行热挤PE套管。这种防护措施的效果还有待时间来证明。

PE材料的性能应符合《斜拉桥用热挤聚乙烯高强钢丝拉索》(GB/T 18365—2018)的要求,其老化年限不宜低于30年。

随着超大跨度斜拉桥的建设,斜拉索的重量越来越大,整根斜拉索安装困难越来越大,可以单根安装。张拉的平行钢绞线斜拉索得到越来越多的应用,借鉴法国Nomandy桥的经验,每一根钢绞线涂防锈油脂后挤裹聚乙烯护套,再将带有护套的钢绞线穿入大的聚乙烯套管中,并压注油脂。这种索由于在钢绞线外层与整索外层设置两层聚乙烯护套,套筒内灌注流塑性材料,没有开裂问题,防腐性能较好,同时钢绞线可以单根张拉,操作方便,因此得到越来越多的应用。

(3)拉索的防撞。

拉索设计必须考虑事故造成的危险,例如车辆撞击、火灾、爆炸和破坏等防护,为此应考虑:

①拉索下部2m范围内用钢管防护,生根于桥面并和拉索管道相接;
②钢管的尺寸(厚度、间距)和锚固区的加强措施要足以抵抗火灾和破坏的危险;
③锚固区要予以加强,以抵抗车辆撞击;
④防护构件的替换不影响拉索本身,并尽可能不影响交通。

3. 斜拉索锚具构造

斜拉索的索力必须通过两端的锚头,把桥跨结构的荷载传递到索塔上。常用的拉索锚具有热铸锚、镦头锚、冷铸镦头锚及夹片群锚等。前面三种是拉锚式锚具,事先安装在钢索两端,千斤顶张拉并引伸锚杆,张拉到位后固定锚杆和锚圈的相对位置,锚头有张拉端与非张拉端之分。装配夹片式群锚的拉索,张拉时千斤顶直接拉钢索,张拉到位后锚具才发挥作用,所以又称为拉丝式锚具。锚具与钢索的连接必须可靠且耐疲劳,锚具与塔柱及梁体传力关系必须顺畅。

(1) 热铸锚。

其构造如图 5-2-28 所示。将一个内壁为锥形的钢套筒套在钢索上,然后使钢索端部的钢丝散开,在套筒中灌入熔融的低熔点合金,待合金凝固后就和散开的钢丝在套筒内形成一个楔形塞子。钢索受拉后,这一塞子在套筒中越楔越紧,外界拉力通过钢套筒传给钢索。套筒称为锚杯,用于张拉端的锚杯有插销或内螺纹,以便和张拉设备相连。锚杯出口部分填充环氧树脂,防止金属之间的磨损腐蚀。

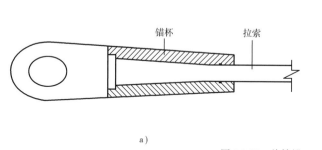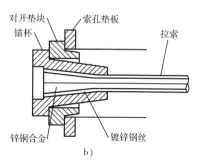

图 5-2-28 热铸锚
a)销接式;b)垫块式

锚杯内填充物为锌铜合金,浇铸温度超过 400℃,对钢丝的力学性能有不利影响,相对以后开发出的低温填充物锚具,称其为热铸锚。

(2) 镦头锚。

其构造如图 5-2-29 所示。钢丝在穿过多孔锚板后将其末端镦粗,由于镦粗后的钢丝头已通不过孔眼,钢丝拉力就传递到锚板上。锚板的厚度由材料的抗剪强度和钢丝的拉力控制。

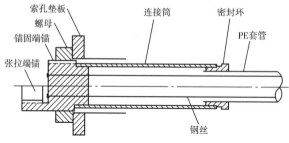

图 5-2-29 镦头锚

锚板具有外螺纹用于安装螺母,张拉端锚板连接带有内螺纹的套筒以便与张拉设备连接,图 5-2-29 中上半部为非张拉端(固定端),下半部为张拉端。镦头锚适用于平行钢丝索,具有良好的耐疲劳强度。使用镦头锚时必须选用可镦性的钢丝。

(3) 冷铸镦头锚。

冷铸锚构造与热铸相似,如图 5-2-30 所示,只是在锚杯锥形腔后面增设了一块钢丝定位板,钢丝通过锚杯后,再穿过定位板上的对应孔眼,镦头就位。锚杯中的孔隙用特制的环氧混合料填充,待环氧固化后,即与锚杯中的钢丝结合成整体。环氧混合料中须加入铸钢丸,以便在混合料中形成承受荷载的构架。钢丝受拉后,由于楔形原理,铸钢丸受到锚杯内壁的挤压,对索中钢丝形成啮合,使钢丝获得锚固,在正常条件下,钢丝的拉力尚未传递到镦头上,镦头只是安全储备。

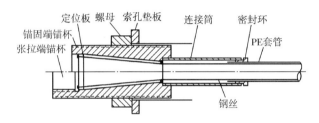

图 5-2-30 冷铸锚构造

环氧混合料可在室温下浇铸,固化温度低于180℃,对钢丝的力学性能没有影响,相对于400℃高温下浇铸的热铸锚而言被称为冷铸锚。冷铸镦头锚有优异的抗疲劳性能,耐疲劳应力幅度大于200MPa,完全满足斜拉桥要求,是目前成品索上广泛使用的锚具,在国外又被称为HiAm(耐高应力幅)锚。

(4)夹片式群锚。

这是一种由后张法预应力体系演变来的拉索锚具形式,用于锚固钢绞线索,其构造如图5-2-31所示。但用作斜拉桥拉索的夹片式群锚抗疲劳性能要求高,其构造不同于一般的夹片式群锚。钢绞线索在进入群锚的锚板前,先穿过一节钢筒,钢筒的尾端与群锚板间须有可靠的连接,在拉索的索力调整完毕后,在钢筒中注入水泥浆。这样,拉索的静载由群锚承受,动载则通过钢筒时在拉索上获得缓解传递,从而减轻了群锚的负担。

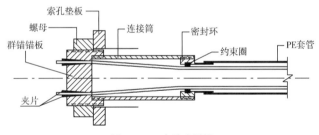

图 5-2-31 夹片式群锚

夹片式群锚的优点是可以逐根钢绞线单独张拉,从而降低了超长斜拉索安装难度,受到越来越多的重视。但是,受结构变形影响,每根钢绞线张拉力均不相同,如何在保证总索力准确的同时,使每根钢绞线应力均匀是施工的关键。

锚具是一根拉索极为重要的部件,必须严格满足《公路斜拉桥设计细则》(JTG/T D65-01—2007)的要求。当采用新型锚具时,必须经过耐疲劳及强度试验、锚固性能参数检验,且证明使用中不会出现滑丝、失锚现象后才能使用。

(二)斜拉索的布置

由于斜拉索与塔柱及主梁组成了高次超静定结构,斜拉索的布置对斜拉桥的总体受力具有显著的影响,影响受力的主要因素是索面空间布置形式和索面内的平面布置形式。

1. 拉索在空间的布置形式

由于塔、梁、索之间的连接及支承方式不同,桥面宽度不同,索塔和主梁的形式不同,拉索索面在空间通常布置成单索面和双索面,而双索面又可分为竖直双索面和倾斜双索面,如图5-2-32所示,当桥面很宽时也可以布置成三索面甚至四索面,图5-2-25 所示的香港汀九桥,采用四索面将两幅桥面分别悬挂在塔柱的两侧。采用单索面时塔柱与桥面相交,因此只能用于塔梁固结或塔梁墩固结体系。

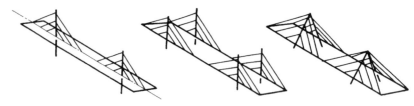

图 5-2-32　拉索在空间的布置形式

从美学和景观方面来看,单索面桥无论从哪个角度看,斜拉索都简洁明了;双索面桥从侧面的某些角度来看,会出现斜索交错零乱的视觉。但是,采用单索面时,斜拉索对抗扭不起作用,因此主梁应采用抗扭刚度较大的截面。采用双索面时,斜拉索空间索力可以协助主梁抵抗不对称荷载产生的扭矩,使抗扭刚度非常小的边主梁甚至板式主梁截面成为可能。由于上述原因,单索面斜拉桥也不能用于大跨度斜拉桥。

从桥面宽度的利用方面来看,单索面由于斜索下端锚固于主梁中心线上,除了构造需要之外,还有一个保护斜索不受车辆意外碰撞的问题,故桥面中央部必然有一部分宽度不能利用,这部分宽度常用来作为上下行方向车道的隔离带。因此,较窄的双车道桥梁不宜采用单索面。双索面在桥宽方向有两种布置方法,即斜索下锚固点位于桥宽之内(一般位于人行道部分)或位于桥面两侧的外缘。前者也有部分宽度无效的问题,后者则必须由伸臂向梁体传递剪力和弯矩。采用双索面时塔柱位于桥面两侧,就增加了基础的横向宽度,进而提高造价。

理论和试验证明,倾斜双索面对桥面梁体抵抗风力扭振特别有利,因此,在大跨度斜拉桥中得到了广泛的应用,目前建成的所有 600m 跨度以上的斜拉桥均采用倾斜双索面。

2. 斜索在索面内的布置形式(索面形状)

斜索在索面内的布置形式主要有图 5-2-33 所示的 3 种基本类型:竖琴形(harp type)、扇形(fan type)和介于两者之间的半扇形(semi-fan type)。

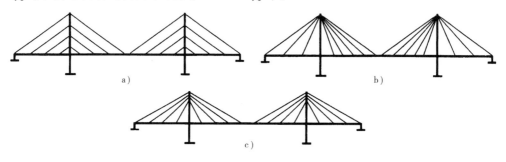

图 5-2-33　斜拉索在索面内的布置形式
a)竖琴形;b);扇形;c)半扇形

从力学观点来看,由于以下原因扇形较好:

(1)斜拉索与水平面的平均交角较大,索力垂直分力较大,而对主梁产生的轴力较小,因此斜拉索使用效率高,节约拉索用量。

(2)因为斜拉索的水平分力在塔顶基本平衡,塔柱的弯矩较小。

(3)边跨端锚索索力可以影响主跨所有斜拉索,因此结构总体活载刚度较高。

扇形与竖琴形相比,索的利用率较高。但扇形布置斜拉索集中汇交于塔顶,塔顶构造细节较为复杂,一般须建造结构复杂的钢锚箱,美国的 P-K 桥是其中最著名的。反之,竖琴形由于所有斜拉索的斜角相同,塔上锚固点的间距大,且所有斜拉索在梁端与塔端的锚固点结构细节相同,便于施工。因此,跨度不大的斜拉桥多采用竖琴形布置。

半扇形布置则介于两者之间,它的索力的垂直分力虽小于放射形但大于竖琴形,而水平分力则相反。除此之外,塔上锚固点的间距也同样介于扇形和竖琴形之间,因此,在大跨度斜拉桥中得到了广泛应用。

景观因素是影响索面形状的重要因素,双索面采用扇形布置时,从桥侧面看两个索面之间的拉索会产生交叉的凌乱感,而竖琴形则不会。

除此之外,还有一些特殊的索面布置形式,有些是为了特殊的受力要求[图 5-2-34a)],有些为了建筑景观的特殊要求[图 5-2-34b)]。

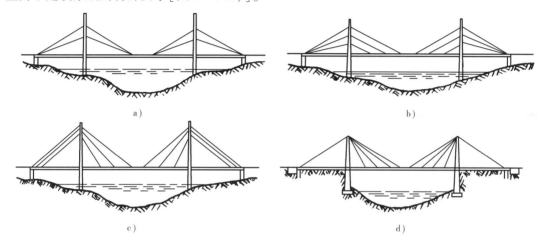

图 5-2-34 特殊的索面布置形式

3. 斜拉索的间距

斜拉索的间距与索力成正比,索距越大每根索的索力越大,而索的数量比较稀少。早期斜拉桥的拉索布置得比较稀,一方面体现利用斜拉索为主梁提供弹性支承的设想,另一方面又受制于当时的计算能力。随着计算机的应用,计算能力已经不是设计中的障碍,索距越来越小,斜拉索越来越密,稀索变密索可以说是斜拉桥在 30 多年中的最大变化。

稀索在主梁上的间距一般为 30~60m(钢梁)及 15~30m(混凝土梁),故梁的弯矩及剪力仍相当大而需要有较大的梁高。斜拉索的内力与截面相对来说较大,因此架设比较困难,斜索锚固点的构造细节也较复杂,其锚点附近的主梁常需作大规模的补强,耗料也多。图 5-2-35a)为联邦德国 Leverkussen 桥的钢重分布,图 5-2-35b)为中国红水河铁路斜拉桥的混凝土重分布,由此可以看出稀索锚固点附近要投入大量的钢材或混凝土。

目前的密索体系斜拉索在主梁上的间距为 8~24m(钢梁)或 4~12m(混凝土梁)。由稀索变为密索后,上述各点都可得到缓和。由于密索具有以下优点因而成为大跨度斜拉桥的主流。

(1)索间距减小后,斜拉索弹性支承距离减小,主梁受力由受弯为主转变为偏心受压,从而可以减小主梁高度。

(2)每索的拉力较小,锚固点的构造简单。

(3)主梁锚固点附近的应力流变化较小,补强范围减小。

(4)斜拉索密度增大后,可以利用斜拉索进行悬臂施工,减少甚至不要辅助支撑。

(5)每根斜拉索的截面较小、自重低,使拉索有可能在工厂制造,从而保证质量。

(6)斜拉索更换较容易。

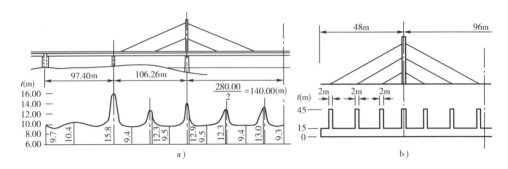

图 5-2-35　材料重量沿斜梁桥主梁的分布

a)联邦德国 Leverkussen 桥钢重分布;b)中国红水河铁路斜拉桥混凝土重分布

但是密索也存在如下一些缺点:

(1)端锚索刚度较小,且应力幅较大;同时,在活载作用在中跨时边跨主梁可能产生较大的负弯矩。

(2)每根斜拉索的刚度较小,可能会产生风振问题。

为解决以上缺点,可以将边跨跨径减小,将边跨斜拉索集中到边墩处[图 5-2-36a)]或将边跨的一部分斜拉索集中为端锚索,如图 5-2-36b)所示。

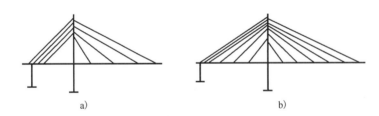

图 5-2-36　边跨端部斜拉索的集中

稀索造型简洁,在施工条件许可且跨度不太大的情况下,仍然具有一定的竞争力。

三、索塔构造与尺寸

索塔通过斜拉索与主梁相连,塔柱自身承担主梁的恒载与活载,同时索塔与斜拉索及主梁共同形成高次超静定结构,因此还承担温度变化、日照温差、支座沉降、混凝土收缩和徐变等因素引起的次内力,此外,作用在主梁的风力、地震力也通过索塔传到地基。斜拉索传递到塔柱的力主要是垂直和水平分力,通常自重作用下塔柱两侧水平力基本平衡,塔柱主要承担轴向压力,但是在活载和次内力作用下塔柱将承担不平衡水平力,从而处于偏心受压状态。

塔柱是整个超静定体系中的偏心受压构件,必须具有足够的强度和刚度来保证体系的稳定,同时塔柱的刚度及与主梁连接形式又影响体系的受力。塔柱是斜拉桥中的高耸结构,造型最引人注目,造型优美且与周围环境配合协调的斜拉桥往往成为该城市的标志建筑。由于上述原因,塔柱呈现了多姿多彩的造型。

索塔的顶部通常有一些附属建筑,如观光厅等旅游设施、避雷针、航空与航道用的标志灯等,设计时也应予以考虑。

(一)索塔的造型

1.塔柱的纵向造型

索塔在纵桥向的形式有单柱形、A形及倒Y形等,如图5-2-37a)、h)、j)所示。

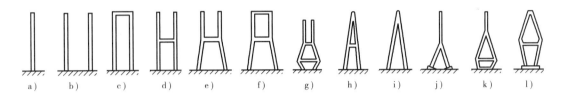

图5-2-37 斜拉桥索塔的形式

单柱形索塔构造简洁,外形轻盈美观,施工方便,是常用的塔型,目前,国内外大多数斜拉桥在顺桥向均采用单柱形。A形和倒Y形在顺桥向索塔刚度大,有利于抵抗索塔两侧拉索的不平衡拉力,能承受较大的顺桥向弯矩,并有更良好的抗震能力,但由于施工较复杂,这类索塔采用不多,主要用于塔梁墩固结体系或多塔斜拉桥。我国山东济南黄河大桥是一座顺桥向采用倒Y形索塔的混凝土斜拉桥。

2.塔柱的横向造型

索塔在横桥向的形式有单柱形、双柱形、门形、H形、A形、倒V形、倒Y形、菱形(包括宝石花形)等,如图5-2-37所示。

柱式塔柱构造简单[图5-2-37a)、b)],但承受横向水平荷载的能力较差。其中单柱型都用于单索面,双柱型则用于双索面。门形、H形索塔在两塔柱之间设有横梁[图5-2-37c)、d)],抵抗横向水平荷载的能力较强,一般用于双索面斜拉桥。为了使斜拉索索面垂直同时让主梁等宽穿过塔柱,就形成了上塔柱向内收缩的门形、H形索塔[图5-2-37e)、f)]。为了减小基础的横向宽度,可以在桥面以下将两塔柱靠拢形成花瓶形[图5-2-37g)]。A形、倒Y形、菱形索塔横向刚度大[图5-2-37h)、j)、l)],因两塔柱在索塔上部交会,故不可能发生塔顶反向的水平位移,增强了斜拉桥的整体抗扭刚度,既适用于单索面,也适用于双索面,但构造复杂,施工难度较大,多用于大跨径斜拉桥中。同样,为了减小基础的横向宽度,可以在桥面以下将两塔柱靠拢形成钻石形[图5-2-37k)、l)]。在塔柱不收拢时可以采用分离式基础[图5-2-37e)、f)、h)、i)、j)]。

在塔柱没有横桥向折点时,横梁只起提高横向刚度的作用,当有横向折点时,横梁除承担自重弯矩外,还将承担水平压力或拉力。采用半飘浮体系主梁时,主梁一部分重量支承在下横梁上。

(二)索塔的尺寸布置

1. 索塔的高度

主塔的高度 H 是指从主梁与主塔交界处以上的有效高度,因为它与斜拉索的倾角有关。桥塔的有效高度越高,斜拉索的倾角越大,索力垂直分力对主梁的弹性支承效果也越大,但塔柱与斜拉索的长度也要增加,因此,桥塔的适宜高度 H 要由经济比较来决定。根据已有斜拉桥的统计资料,最外侧斜拉索的倾角,无论是双塔三跨式或独塔两跨式斜拉桥,宜控制在25°~45°,竖琴形布置较多取 26°~30°,放射形或扇形布置,倾角在 21°~30° 范围内,以 25° 最为普遍。

当跨度的组合为三跨双塔布置时,中跨与边跨之比为 2.2~2.5,塔高 H 为 $(1/7 \sim 1/4)L_2$;对于两跨结构,塔高 H 为 $(1/4 \sim 1/3)L_2$。主塔高度 H 的决定,应根据主塔形状、拉索的布置、主梁断面形式,从结构分析,施工方法,降低材料用量及造价,结合景观的要求来综合考虑。图 5-2-38 显示了塔高的常用比例,表 5-2-2、表 5-2-3 列出了国内外一些斜拉桥的塔高及比例关系。

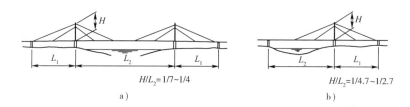

图 5-2-38 塔高的常用比例
a) 双塔三跨式;b) 独塔双跨式

景观要求是决定塔高的另一主要因素,一般在城市或宽阔的水面上较高的塔高可以使全桥显得更加雄伟,相比之下我国斜拉桥塔高的取值比国外略高。

2. 塔柱横截面尺寸

(1) 塔柱的截面形式。

组成索塔的塔柱及横梁的截面形状和截面尺寸应根据结构强度、刚度、稳定性计算的要求,并结合拉索在索塔上的锚固构造要求和桥梁美学上的要求来确定。塔柱截面可采用实心和空心两种,而沿塔高又可采用等截面或变截面布置。

塔柱截面基本形状采用矩形,并且一般是长边 L 与桥轴线平行,短边 B 与塔轴线平行,如图 5-2-39 所示。采用实体塔柱时,斜拉索在塔柱中作交错锚固,因此,塔柱上部的斜拉索锚固区可在塔轴线两侧布置斜拉索锚头的部位各挖一槽口,使截面成为如图 5-2-39b) 所示的 H 形。实体塔柱一般适用于中、小跨度的斜拉桥,小跨度时可用等截面,中等跨度时可用变截面。一般情况下仅变化长边尺寸 L,而将短边尺寸 B 维持等值。

采用空心塔柱时,斜拉索在塔柱的箱室中锚固,故一般在塔轴线的两侧可以不挖槽口,而是改在箱室内壁增设锚固斜索用的锯齿形凸块,为了改善外观常在箱形柱体外面的四周增设一些线条。空心箱形塔柱一般用于较大跨度的斜拉桥,故一般采用变截面,并且较多的是只变化长边尺寸 L,如图 5-2-39c) 所示。

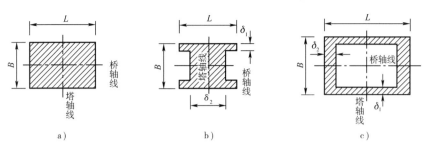

图 5-2-39　塔柱截面基本形状

为了增加线条以改善外观,且有利于抗风,塔柱矩形截面的四个角应做成倒角或圆角。具有两根塔柱时,每根在横桥向可做成非矩形的五角形、六角形或八角形截面,如图 5-2-40 所示。

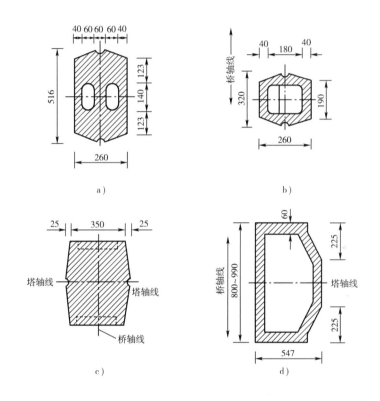

图 5-2-40　塔柱截面形状的变化(尺寸单位:cm)
a)双室空心六角形;b)单室空心六角形;c)实体六角形;d)空心六角形(单肢)

塔柱之间的横梁以及塔柱之间的其他连接构件,其截面形式由塔柱的截面形式决定,一般采用矩形、T 形、工字形实体截面,受力较大时采用矩形空心截面。

(2)塔柱的截面尺寸。

塔柱的截面尺寸应根据塔柱受力、拉索锚固区构造位置以及张拉设备所需的空间等因素决定。表 5-2-4 列出了国内外混凝土索塔塔柱截面尺寸,表中还列出了索塔塔柱高度 H 与塔柱纵向尺寸 L 的比值,可供设计塔柱截面尺寸时参考。

国内外混凝土斜拉桥索塔塔柱截面资料 表 5-2-4

索面	桥名	主跨径(m)	索面形式(桥面以上)	塔柱截面形式	塔柱高度 H (m)	截面尺寸(m) L	截面尺寸(m) B	壁厚(m) δ_1	壁厚(m) δ_2	H/L_{max}	混凝土强度等级
双索面	荆州长江大桥	500	斜腿 H 形	箱形	150.2	7.0	4.0	80	120	21.5	
	上海南浦大桥	423	斜腿 H 形	箱形	150	8~10	4.0	70	70	15.0	C40
	鄂黄长江大桥	480	斜腿梯形	箱形	172.3	7.0	4.8	100 / 100	150 / 100	24.6	
	大佛寺长江大桥	450	斜腿 H 形	箱形	159.2	8.8~10.2	4.2	90	1.2	15.6	
	番禺大桥	380	倒 Y 形	箱形	140.3	7.0 / 7.0	7.0 / 4.0	70 / 80	150 / 100	20.0 / 20.0	
	海口世纪大桥	340	倒 V 形	箱形	106.9	7.0	4.0	70	70	15.3	C50
	郧阳汉江桥	414	倒 Y 形	箱形	108.5	5.5 / 5.5	4.0 / 3.5	20 / 20	100 / 70	19.7 / 19.7	C50
	武汉长江公路大桥	400	斜腿 H 形	H 形	94.0 / 94.0	6.0 / 6~7	4.0 / 4.0	80 / 100	300 / 100~150	15.7 / 13.4	C50
	美国达姆岬桥	396.3	直腿梯形	箱形	132.6	4.57~9.75	2.21~9.75			13.6	
	美国 P-K 桥	299	门形	箱形	约69	3.35	3.05~4.57	41	81	20.6	
	东营黄河桥	288	斜腿 H 形	箱形	69.7	3.4	2.8	45	160	20.5	C40
	天津永和桥	260	斜腿梯形	矩形	55.6	3.0	3.0			18.5	C50
				箱形	55.6	3.0	3.0	60	60	18.5	
	四川犍为岷江桥	240	斜腿梯形	矩形	59.5	3.0	2.0			19.8	C40
	安徽蚌埠淮河桥	224	斜腿梯形	矩形	55	3.0	2.0			18.3	
	山东济南黄河桥	220	斜腿梯形	矩形	63.4	3.0	2.0			21.1	
单索面	法国伯劳东纳桥	320	单柱形	箱形	70.5	4.8(最大)	2.6	40	123	14.7	
	重庆石门大桥	230	单柱形	箱形	113.0	9.5	4~4.5			11.9	C50
	湘江北大桥	210	单柱形	H 形	53.7		4.6	60	270	10.2	C40

(三)斜拉索锚固区构造

主塔的拉索锚固是将一个拉索的局部集中力安全、均匀地传递到塔柱的重要受力构造。索塔与拉索的连接处,由于拉索强大的集中力作用,再加上孔洞的削弱及局部受力,因此,该处应力集中现象普遍存在,在设计时应做细致的局部分析,构造上给予特别加强。混凝土塔柱上斜拉索锚固区通常采用如下构造。

1. 实心塔柱上的交叉锚固

早期的中、小跨度斜拉桥使用实心塔柱,拉索较多地采用交叉锚固构造形式。该种布置的特点是塔两侧拉索交叉通过主塔塔柱轴线后,交叉锚固在塔柱的实心段上,利用塔壁实体上的锯齿凹槽形或凸槽形牛腿来锚固拉索,如图 5-2-41 所示。为了保证塔柱不产生扭转,在布置锚头时,除考虑拉索锚具千斤顶的施工操作、工艺要求外,还应注意塔柱抗剪切的验算,并保持塔柱轴线两侧横桥向布置的对称性。

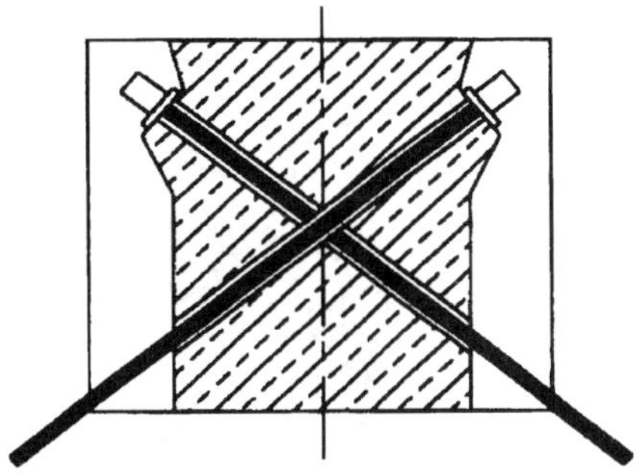

图 5-2-41 实心塔柱上的交叉锚固

2. 空心塔柱上的对称锚固

大跨径斜拉桥一般采用空心混凝土塔柱,拉索对称锚固在塔柱的内壁上,为抵抗主跨和边跨斜拉索巨大的纵桥向水平拉力,通常在锚固区采用下列构造。

(1)在塔壁上直接锚固。

与预应力锚具的锚固类似,在塔柱的横壁上埋设钢管,拉索穿过钢管锚固在塔柱壁内侧的齿块上,如图 5-2-42 所示,斜拉索水平分力产生的纵桥向拉力通过布置在塔壁中的预应力筋来平衡。

当塔柱横桥向尺寸与索力均较小且拉索为单股索时,只需在塔柱纵壁上设置预应力筋束。当塔柱横向尺寸较大时,需在塔柱纵、横壁上均设预应力筋束;当塔柱横向尺寸较大,且拉索为横排的双股钢索时,除在塔柱纵、横壁上均设置预应力筋束外,还可增设纵向中间隔板,如图 5-2-43 所示。

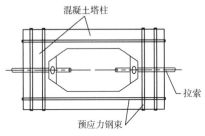

图 5-2-42 塔柱壁内上对称锚固及环形预应力

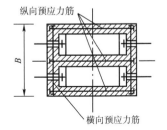

图 5-2-43 双室截面塔壁锚固

(2)钢锚梁对称锚固。

这种锚固构造是将钢锚固梁支承于空心塔柱横壁内侧的牛腿凸块上,拉索穿过塔壁锚固在钢锚固梁两端的锚块上,如图 5-2-44 所示。钢锚固梁可以看成刚性构件,承担斜拉索的水平分力和局部弯矩,斜拉索的垂直分力由钢锚固梁通过牛腿传给塔柱。当塔柱两侧的拉索索力和拉索倾角相等时,锚梁传递给塔柱的仅为垂直力。当塔柱两侧拉索索力不等或索力相等而倾角不等时,锚梁传给塔柱的是竖向力和水平剪力。

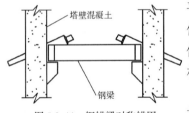

图 5-2-44 钢锚梁对称锚固

用钢锚固梁实现拉索在空心塔柱上的对称锚固,使塔柱拉索锚固区受力明确,混凝土只承担总体荷载,局部荷载由钢锚梁承担。

(3)钢锚箱对称锚固。

钢锚箱锚固的原理与钢锚梁锚固原理基本一致,在塔柱锚固区内埋设钢箱,钢箱内设锚梁,斜拉索锚固在锚梁上,钢锚箱承担斜拉索产生的局部拉应力,塔柱混凝土承担钢锚箱传递来的整体压力或偏心压力。钢锚箱构造复杂,一般用于超大跨度斜拉桥(如我国的苏通大桥),或斜拉索集中锚固在塔顶的情况。图 5-2-45 为苏通大桥的钢锚箱构造。

 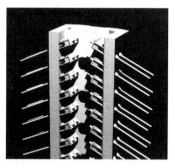

图 5-2-45 苏通大桥的钢锚箱构造

四、主梁构造与截面尺寸

混凝土斜拉桥的主梁由于受到斜拉索的支承作用,特别是密索斜拉桥中主梁的受力以压力为主,弯矩较小,因此主梁受力特性已经不同于传统的梁桥,主梁高度可以大大降低。通过斜拉索力的调整,可以使恒载弯矩减小到很低的程度,引起主梁弯矩的主要因素是活载及温差等附加荷载。影响活载及温度附加荷载弯矩的主要因素是索塔的刚度、主梁与索塔的连接方法、索的面积及索型。在双索面情况下主梁在两边均有斜拉索支承,主梁横向受力以正弯矩为主,而采用单索面时主梁横向受力基本为负弯矩,同时还要承担不对称活载扭矩,因此索面的空间形式对主梁截面有决定性的影响。所以主梁的设计必须综合考虑主梁、索塔、拉索三者之间的相互关系。

在大跨度斜拉桥中由于密索体系的采用,主梁相对刚度越来越小,抗风稳定性问题越来越突出,往往成为决定现代斜拉桥主梁截面形状的主要因素。一般而言,主梁截面必须有较好的流线型和较大的抗扭刚度。

(一)主梁的横截面布置

主梁截面形式从早期的斜拉桥到现在有了很大变化,这主要是随着对密索体系受力特点及抗风性能的不断认识而发展的。图 5-2-46 显示了几种常用的截面形式。

分离的双箱截面形式[图 5-2-46a)]为早期斜拉桥的截面形式,带有一般箱梁桥的痕迹,箱梁的模板比较简单。随着对密索体系受力特性的认识,主梁高度大大降低,箱体逐渐减小,成为图 5-2-46b)的形式。外侧斜腹板、内侧竖腹板的倒梯形箱形截面形式有利于抗风稳定。对于较宽的桥,最后发展为 5-2-46c)的三角形边箱梁形式。这种截面由两个分离的三角形边箱梁通过横梁及桥面板联系在一起,斜拉索锚固在边缘的实心挑臂上,整个截面呈流线型,具有很好的抗风稳定性。美国主跨 299m 的 Pasco-Kennewick 桥首先使用这种截面,桥宽 22.5m,梁高 2.13m,以后被很多斜拉桥仿效。

随着密索体系概念的进步,双箱截面主梁进一步发展为梁高更低的实心双主梁[图 5-2-46d)]。两个分离的实心主梁之间由桥面板及横梁连接,拉索直接锚固在主梁中心处,这样就大大简化了模板,给悬臂浇筑施工带来了很大的方便。随着梁高的进一步降低,主梁底不再高于横梁,而与横梁平齐,形成板式边主梁[图5-2-46e)]。低高度边主梁的截面带有风嘴尖角,以适应大跨径斜拉桥的抗风要求。横梁间距一般取拉索距离的一半,为5~6m。主跨为425m的挪威海尔格兰特(Helgeland)桥,主梁就是这种截面形式,梁高仅1.2m,主梁的高跨比为1.2/425 = 1/354。

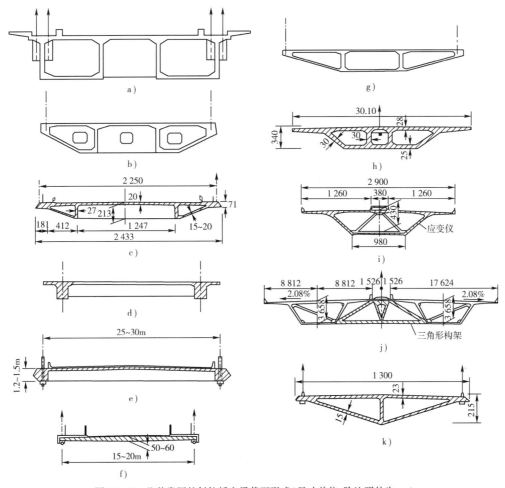

图5-2-46 几种常用的斜拉桥主梁截面形式(尺寸单位:除注明外为cm)

在桥宽与跨度不太大时,梁高进一步降低成为图5-2-46f)所示的板式截面,主梁高度仅50cm左右。由于采用平板,施工模板极为简单,成本大大降低。希腊Evripos桥采用这种截面,桥宽14.1m,跨径215m,梁高仅45cm,高跨比为1/478。

整体箱形具有很大的抗弯及抗扭刚度,适用于单索面斜拉桥,用在双索面时封闭的底板增加了自重,因此较少使用。图5-2-46g)是法国诺曼底桥边跨混凝土主梁的截面,采用封闭截面是为了与中跨的钢箱梁截面相接。图5-2-46h)所示为适用于单索面布置需要抗扭刚度大的单箱多室截面,中间两道腹板形成窄室,斜拉索锚固在窄室顶部的短横肋上。图5-2-46i)所示的单室箱形截面是单索面混凝土斜拉桥较典型的实例,箱室内在锚索处和在索间距一半处均设置一对预应力加劲斜杆,以将索力有效传至整个截面,与其他截面相比较,这种结构每平方米桥面的混凝土用量最少。图5-2-46j)为利用三角形构架将总宽达38.3 m和主跨为192 m的两

图 5-2-46k)为主跨达 530 m 而桥宽仅 13m 的挪威 Skarnsundet 桥所采用的新颖的三角形双室箱梁截面,跨度与宽度比达 40.8,研究结果显示,三角形截面特别有利于抗风。

(二)主梁截面尺寸

1. 主梁高度 h

斜拉桥主梁是弹性支承连续梁,在密索体系时恒载弯矩只与索距有关,而与桥梁跨径无关,只有活载内力与跨径有关,在大跨径桥梁中活载弯矩的绝对值较小。因此,斜拉桥的主梁高度不像其他体系桥梁的梁高随跨径增大而明显增大,而是与索塔刚度、索距、索型、拉索刚度、主梁的结构体系及截面形式等因素相关,特别是与索距大小有直接关系。对于密索体系且索距沿纵向等距布置时,通常主梁可做成等高度形式,以简化施工。

根据国内外混凝土斜拉桥的统计资料(表5-2-5及表5-2-6),梁高与主跨L_2(图5-2-38)的比值一般为 1/200~1/50。跨径越大,相对梁高越低,双索面密索体系相对梁高较低,而单索面体系则用较高值。不同的主梁截面形式,梁高的取值会有所不同。如选用实体双主梁截面,且取主梁高度等于横梁高,则主梁高度将取决于横向弯矩的大小,即主梁高度与桥宽和横向索距相关。

国内混凝土斜拉桥有关资料 表5-2-5

桥 名	主跨l_2(m)	主梁宽B(m)	结构体系	主梁截面形式	主梁高h(m)	h/l_2	B/h	l_2/B	梁上标准索距(m)
山东青岛大沽河桥	104	10	半飘浮(带挂梁)	分离双箱	1.20	1/87	8.3	10.4	
辽宁长兴岛桥	176	10	半飘浮(连续)	单箱三室	1.75	1/100	5.7		6.0
上海泖港桥	200	12.5	塔梁固结(带挂梁)	分离双箱	2.2	1/91			6.5
长江湘江北大桥	210	30.1	双薄壁墩连续刚构	单箱三室	3.4	1/62			6.2
山东济南黄河桥	220	19.5	飘浮(连续)	双倒梯形箱	2.75	1/80			8.0
天津永和桥	260	13.6	飘浮(连续)	双三角箱	2.0	1/130			11.6
广东西樵大桥	125	20.42	刚构	双实体主梁	2.08	1/60			8.0
广东口江大桥	160	18.9	刚构	单箱四室	2.5	1/64			8.0
重庆石门大桥	230	25.5	刚构	单箱三室	4.0	1/58			7.5
安徽蚌埠淮河桥	224	21.1	飘浮(连续)	双三角箱	2.5	1/90			8.0
四川犍为桥	240	14.1	刚构(跨中铰)	单箱三室	2.4	1/100			8.0
郧阳汉江桥	414	15.6	刚构(跨中铰)	单箱三室	2.0	1/207			8.0
武汉长江公路桥	400	29.4	飘浮(连续)	双倒梯形箱	3.0	1/133			8.0
重庆长江二桥	444	24.0	飘浮(连续)	双实体主梁	2.5	1/178			9.0
安徽铜陵长江大桥	432	23.0	飘浮(连续)	板式边主梁	2.0	1/216			8.0
涪陵长江大桥	330	22.1	飘浮(连续)	板式边主梁	2.3	1/143			6.0
海口世纪大桥	340	30.4	半飘浮(连续)	板式边主梁	2.1	1/162	14.5	11.2	7.2
番禺大桥	380	37.1	飘浮(连续)	板式边主梁	2.2	1/173	16.9	10.2	6.0
重庆大佛寺长江桥	450	30.6	飘浮(连续)	板式边主梁	2.7	1/167	11.3	14.7	8.1
湖北鄂黄长江大桥	480	27.7	飘浮(连续)	板式边主梁	2.4	1/200	11.5	17.3	8.0
湖北荆州长江大桥	500	27.0	飘浮(连续)	板式边主梁	2.4	1/208	11.3	18.2	8

国外混凝土斜拉桥有关资料　　　　表5-2-6

桥　名	主跨 l_2 (m)	主梁宽 B (m)	结构体系	主梁截面形式	主梁高 h (m)	h/l_2	B/h	l_2/B	附注
委内瑞拉马拉开波桥	235	17.4	刚构(带挂梁)	单箱三室	5.0	1/47	3.47	13.5	双索面
利比亚威得库尔夫桥	282	13.0	刚构(带挂梁)	单室箱	3.5~7.0	1/40~1/80	3.7~1.9	21.7	双索面
阿根廷科林特斯桥	245	14.5	刚构(带挂梁)	分离双箱	3.5	1/70	4.14	16.9	双索面
荷兰塔伊尔桥	267	31.5	刚构(带挂梁)	分离双箱	3.5	1/76	9.0	8.5	双索面
法国伯劳东纳桥	320	19.2	塔梁固结(连续)	单室箱	3.8	1/84	5.05	16.7	单索面
美国P-K桥	299	24.3	飘浮(连续)	双三角箱	2.13	1/140	11.41	12.3	双索面
西班牙卢纳奥斯桥	440	22.5	刚构(跨中铰)	单箱三室	2.5	1/176	9.0	19.6	双索面
阿根廷巴拉那河桥	330	17.4		单箱三室	2.93	1/113	5.94	19.0	双索面
美国东亨丁顿桥	274.3	12.2	飘浮(连续)	板式边主梁	1.52	1/180	8.03	22.5	双索面
美国日照高架桥	365.8	29.0	刚构(连续)	双实体主梁	4.3	1/85	6.74	12.6	单索面
美国达姆岬桥	396.3	32.2	刚构(跨中铰)	单室箱	1.55~1.88	1/256~1/211	19.3~20.8	12.3	双索面
法国艾龙河桥	400	23.1	塔梁固结	板式边主梁	3.47	1/115	6.7	17.3	单索面
挪威海尔格兰桥	425	12.0	塔梁固结	三角形双室箱	1.2	1/354	10.0	35.4	双索面
挪威斯卡恩圣特桥	530	13.0			2.15	1/247	6.05	40.8	双索面

2. 主梁宽度 B

主梁宽度 B 主要取决于使用要求与构造要求,即宽度等于行车道、人行道、分隔带、拉索锚固区宽度的总和。但是,在大跨度斜拉桥中抗风稳定性有时成为决定性因素,从提高主梁横向抗风稳定性考虑,主梁全宽 B 与主梁高度 h 的比值宜大于或等于8,梁宽 B 和主跨 L_2 的比值宜大于或等于1/30。

3. 横梁、桥面板尺寸

在密索斜拉桥主梁上一般在斜拉索锚固点设置主要横梁,而在两锚点之间设置次要横梁。横梁主要承担横向弯矩,可以按简支梁或悬臂梁进行设计,同时按空间结构进行验算。

一般可以根据桥面局部荷载按常规方法确定横梁和桥面板的尺寸。由主梁所承受的轴向力及构造要求确定主梁截面积大小,进而确定主梁截面各细部尺寸。

(三)斜拉索与主梁的锚固构造

主梁壁厚较薄,斜拉索强大的锚固力必须通过实体的锚固块分散传递到主梁的顶底板及腹板上。

斜拉索在主梁上的锚固有三种:在箱梁内锚固、穿过桥面在梁底锚固、在伸到主梁侧边的锚固横梁上锚固。无论哪种锚固,一般斜拉索穿过主梁处应设钢套筒。如图5-2-47所示,套筒下端设锚垫板,上端伸出桥面一段距离以保护斜拉

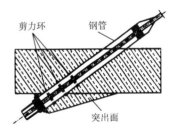

图5-2-47 斜拉索穿过主梁处的钢套筒

索不被车辆撞击,套筒上一般要焊接多道剪力环以帮助锚垫板传力。

1. 箱梁内锚固

在箱梁内锚固时,斜拉索锚头一般锚固在横梁与顶板交接处的后方,如图5-2-48a)所示,锚点处的横隔板一般比非锚点处强大,以抵抗斜拉索的锚固力。

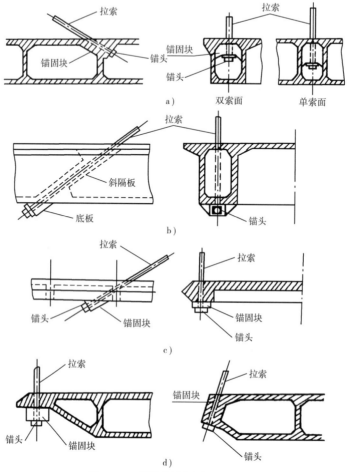

图 5-2-48　斜拉索锚头主梁上的锚固

法国320m主跨的Brotonne桥直接在主梁顶板设置锚固块,锚点截面不设横梁,只是桥面板局部加厚,同时用一对预应力斜拉杆将斜拉索的锚固力传递到底板及斜腹板,如图5-2-49所示。这种锚固受力明确,拉索的水平分力通过锚固块传给箱梁顶板后再扩散到主梁全截面,垂直分力则由加劲斜杆传递给全截面。此后美国的Sunshine Skyway桥也采用这种主梁截面和锚固构造。

2. 穿过桥面在梁底锚固

当斜拉索穿过边箱梁锚固时,一般在锚点处要设置斜横隔板,如图5-2-48b)所示。锚头可以直接突出锚固在底板上,也可以锚固在底板的齿槽内,以使主梁底面平整。

当采用带实心边缘的三角形主梁、实心双主梁或板式主梁时,斜拉索穿过主梁锚固在梁底,其构造见图5-2-48c)。由于主梁高度比较小,一般不宜在梁底开槽,而直接将锚头突出锚固在梁底,张拉完成后用保护罩保护锚头。

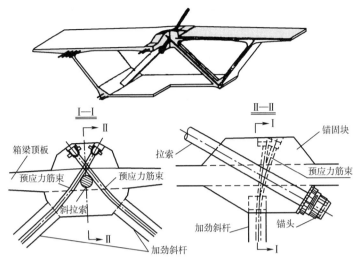

图 5-2-49 Brotonne 桥斜拉索锚固构造

3. 在锚固横梁上锚固

这种锚固形式是设置横贯主梁全宽的横梁,横梁与主梁浇筑在一起,倾斜设置于主梁内,两端悬出主梁外侧,斜拉索锚固在横梁两端。由于横梁悬出主梁加上其局部受力很大,故横梁的断面一般比较大,需设置横向预应力筋予以加强。斜拉索通过在横梁端部内的钢管,锚固在横梁的下缘,如图 5-2-48d)所示。这种锚固形式锚固力大,同时斜拉索不占用桥面,但是锚固横梁材料用量多,且从侧面看景观效果差。

第三节 斜拉桥设计计算

斜拉桥是高次超静定结构,同时也是大跨度的柔索结构,因此斜拉桥的计算比其他桥型复杂得多,计算量也大得多,以往的手算很难胜任,现代斜拉桥的发展主要得益于计算机技术的发展,可以说它是计算机技术发展的产物。

一、概述

斜拉桥的结构分析内容大致包括静力分析、稳定性分析和动力分析三大类,即:

$$\text{斜拉桥的分析}\begin{cases} \text{静力分析}\begin{cases}\text{整体分析}\\\text{局部分析}\end{cases}\\ \text{稳定性分析}\\ \text{动力分析}\begin{cases}\text{抗风分析}\\\text{抗震分析}\end{cases}\end{cases}$$

(一)静力方面

斜拉桥是一种高次超静定结构,其静力受力特性和一般桥梁有所不同。对于梁式桥,如果结构体系、结构尺寸、材料、二期恒载确定以后,结构的恒载内力随之基本确定,无法进行较大的调整。而对于斜拉桥,由于高次内部超静定,在外部体系、结构尺寸、材料、二期恒载确定后,结构的受力很大程度上取决于斜拉索的张拉力,单根索力大小及多根索力之间的分配比例可以组成无穷多组索力张拉方案,每种方案对应于一种内力状态。因此斜拉桥的设计计算首先要确定一组合理的初始索力,使成桥时的线形和内力状态最优。最优状态时主梁和塔柱的恒载弯矩很小。

使用阶段的计算是在初始状态基础上增加活载内力增量。斜拉桥的活载受力性能与恒载有很大区别,恒载的状态可以通过索力进行调整,但是活载内力只与体系、截面、材料有关,不受索力调整的影响。大跨度斜拉桥主梁的自重集度很大,斜拉索的活载索力增量很小,只占整个索力的 20%,但是活载产生的主梁及塔柱弯矩远超过恒载,成为弯矩的主要部分。同样,活载挠度是体现斜拉桥刚度的主要指标。

除上述恒载、活载外,斜拉索设计中需要考虑的静力效应主要还有预应力效应、温差效应、混凝土收缩徐变效应等。图 5-2-50 显示了济南黄河大桥设计中考虑的静力因素及其主梁内力。

当确定了理想的成桥状态后,还必须根据此状态确定各施工阶段的控制状态。按照此控制状态进行施工,成桥后就可以达到理想状态。

局部构件计算主要包括横梁及桥面板的计算。

(二)稳定性分析

斜拉桥的主梁及塔柱都是偏心受压构件,必须考虑成桥和施工阶段的稳定性,跨度不大时应进行弹性稳定性分析,当采用超大跨度时还必须进行弹塑性稳定分析。

(三)动力方面

斜拉桥由于其高次超静定,其结构行为表现出较强的耦合性,尤其是扭转和横向弯曲振型经常强烈耦合在一起,因此,在动力分析时最好采用空间模型。一般的梁桥、拱桥和刚架桥设计时,首先考虑对桥梁的恒载和使用荷载进行计算,其次对桥梁的地震荷载和风荷载进行验算。但对于跨度较大的斜拉桥,环境荷载和使用荷载同样重要。在一些地震较频繁的国家和地区通常是在初步设计阶段就考虑地震荷载,尤其是纵向采用飘浮体系的斜拉桥,其塔底的纵向弯矩有时会控制设计。风效应在超大跨度斜拉桥中也是控制设计的主要因素之一。

二、斜拉桥内力计算的基本要素

现代斜拉桥的计算完全基于有限元法的计算机软件。理论上,广义的有限元软件(基于块体或板壳单元)可以模拟斜拉桥的所有受力过程,但受限于计算机容量及计算时间,不可能对斜拉桥的受力进行完全模拟,必须进行适当的简化。目前桥梁设计普遍使用的是杆系有限元软件,进行总体静力计算时以平面杆系居多,而进行稳定及动力计算时大多数采用空间杆系。斜拉桥设计计算的计算机软件必须考虑下列要素。

(一)考虑施工中可能出现的各种工况

斜拉桥施工包括塔梁构件的安装、临时构件的拆除、斜拉索的张拉、施加各种集中或均布力、预应力张拉等过程,因此,计算软件必须具备上述功能。这些功能均在求解杆系内力及位移的核心程序上,通过前处理程序把施工过程中的各种作用力变为各种等效荷载来实现。

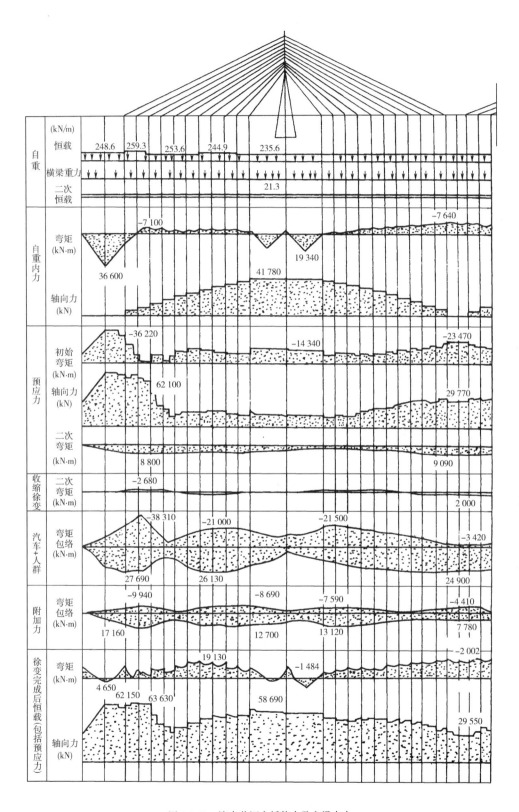

图 5-2-50 济南黄河大桥静力及主梁内力

(二)非线性因素

在中小跨度桥梁计算时均有线性结构的假定,因此,结构计算可以采用内力叠加原理。影响线加载计算活载内力即完全基于这一假定,但是这一假定在大跨度斜拉桥中不一定能满足。斜拉桥计算中的非线性体现在几何非线性和材料非线性两方面。

1. 几何非线性

当结构受力后随即发生位移,因此,严格讲结构受力的平衡是建立在变形后的几何形状上的。当受力较小或结构刚度很大时,几何形状的改变很小可以忽略不计。但是斜拉桥跨度大,线刚度小,结构的变形大,几何形状的改变不能忽略。由于每一荷载增量均作用在几何尺寸不同的结构上,因此结构的内力及变形与荷载呈非线性关系,这种由于几何形状改变造成的非线性称为几何非线性。

几何非线性在斜拉桥中主要体现为斜拉索的垂度对索的纵向张拉刚度的折减作用,以及主梁、塔柱受 $P\text{-}\Delta$ 效应而产生偏心距增大作用。前者使斜拉索的刚度减小,后者使梁、塔内力增大。在小跨度斜拉桥计算中前者影响较大,而在大跨度斜拉桥计算中两者均不可忽略。理论分析表明,当跨径达到千米级时,几何非线性影响会超过总荷载效应的 15%,混凝土斜拉桥跨径一般在 500m 以下,必须考虑斜拉索垂度的影响。

考虑几何非线性的有限元软件须进行大量的迭代计算,计算效率低。一般在跨度不大的斜拉桥计算中仍然采用线性有限元算法,忽略 $P\text{-}\Delta$ 效应,斜拉索几何刚度的折减通过 Ernst 公式转换为拉索弹性模量的折减(图 5-2-51),折减系数为:

$$\mu = \frac{1}{1 + \dfrac{g^2 \cos^5\alpha E_g A_g}{12H^3}} \tag{5-2-1}$$

式中:g——斜拉索(包括索套)单位长度上的重力;

E_g、A_g——钢丝的弹性模量及一根斜拉索钢丝的总截面面积。

μ 随索长的增加而减小,即斜拉索越长索的刚度越小,索长超过 300m 后 μ 开始明显减小。

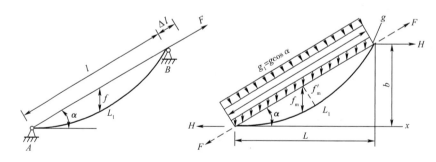

图 5-2-51 斜拉索垂度对刚度的影响

2. 材料非线性

在中小桥计算中均假定材料是线弹性的,即应力与应变呈正比关系。严格地说任何材料都是非线弹性的,即弹性模量随应力的增加而变化,一般情况下弹性模量随应力增加而减小。在大跨度斜拉桥计算中材料的这种特性必须考虑。材料非线性计算均采用试验获得的弹性模量曲线在有限元软件中迭代进行。

(三) 混凝土收缩徐变

混凝土并非弹性材料,而是弹塑性材料,而且在应力状态下塑性随时间变化。混凝土从浇筑完成开始的凝结过程一直伴随着体积的缩小,称之为混凝土的收缩。混凝土收缩与受力无关,只与混凝土的组成材料及环境温度、湿度有关。当混凝土受力后立即发生弹性变形,在弹性变形发生后,应力不变的状态下,变形随时间继续发展,称之为徐变。与收缩不同的是,徐变除与材料及环境有关外,主要与初始的弹性变形有关,没有弹性变形就没有徐变。收缩和徐变均随时间的延续而逐渐减小。

对于高次超静定结构,混凝土的收缩徐变除引起结构变形外,将引起次内力。

目前的杆系有限元软件考虑收缩徐变效应的方法是增量法,收缩徐变计算的准确程度取决于收缩徐变系数的取值,从计算效果看,与实测结果还有很大差距,是混凝土斜拉桥理论与实际存在误差的主要原因之一。

(四) 温度影响

斜拉桥是空间杆系结构,除了主梁承担与梁桥类似的常年温差、日照温差效应外,还必须承担斜拉索与主梁的温差、塔柱单侧受日照等温度荷载效应。温度效应除了对成桥结构有内力的影响外,施工阶段的温差变形给主梁的施工带来很多不确定因素,是目前斜拉桥施工中的难点之一。

温度效应计算的准确性取决于温度场的取值,目前尚不能很准确地估计温差效应的影响,是大跨度斜拉桥施工计算中尚待解决的问题。

(五) 活载内力计算

在梁桥中活载内力计算采用影响线加载法计算,对于小跨径斜拉桥同样可以如此计算。但是在大跨度情况下,非线性影响明显增大,叠加原理不再适用,影响线加载法也就不能使用,最不利内力只能通过力学概念判断荷载位置后,通过非线性程序计算。但是,这样计算费时费力,一般仍用影响线加载计算不计非线性因素的内力,然后乘以非线性修正系数。

桥面板及桥面系构件的冲击系数一般仍可按规范规定的计算。但对斜拉桥的主梁、斜索和主塔等主要构件来说,如何计算冲击系数还有待研究。在实际设计中考虑的方法也不一致,按规范的公式来计算斜拉桥主要构件的冲击系数时,问题在于怎样考虑算式中的 L 值。我国一些斜拉桥采用如下公式计算:

$$\mu = \frac{10}{25 + L} \tag{5-2-2}$$

式中:L——影响线加载长度。

三、斜拉索合理索力的确定

斜拉桥是高次内部超静定结构,在形状相同情况下,不同的斜拉索索力可以得到不同的内力状态,因此索力存在多方案性,选择一组最优的索力是斜拉桥设计的首要问题。获得最优方案可以从两方面着手,一是从力学概念上判别最优,二是通过数学上的优化理论获得最优状态。

（一）力学概念方法——刚性支承连续梁法

斜拉桥特点是斜拉索力的竖向分力给主梁提供了弹性支承，可以想象，当主梁的弯曲内力和多跨刚性支承连续梁的内力状态一致时，主梁的弯矩分布是最小的。因此，将斜拉索用竖向支承条件代替，形成多跨刚性支承连续梁，合理索力可以非常容易地根据连续梁的支承反力转换方向后得到，如图 5-2-52 所示。

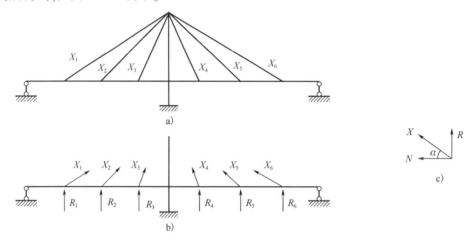

图 5-2-52　刚性支承连续梁反力与斜拉索合理索力

另一种做法是将斜拉索力作为未知数作用在主梁上，利用主梁在索点处位移等于零的条件直接求出索力，它与上述做法的结果相同，这被称之为零位移法。

刚性支承连续梁法只能提供合理索力参考值，实际桥梁中不容易实现，因为连续梁可能出现负反力而索力不能为负值。只有在边跨跨度是中跨的 0.5 倍，且索距相同时上述结果才完全可以使用，实际桥梁只能接近上述状态。

（二）优化方法

优化方法是通过数学方法建立一个优化方程，通过优化方程的求解得到最优索力。优化的自变量是索力向量，建立索力与主梁的弯矩图、材料用量或其他指标函数之间的关系，优化算法是求索力向量取什么值时，指标函数达到最小值。设定不同的指标可以达到不同的目的，同时得到达到该目标时的索力，例如索力取何值时主梁弯矩图之和最小等。优化方法可以适用于任意形式的斜拉桥，因此得到了广泛的应用。

四、塔、梁、索截面计算

（一）塔的截面计算

塔柱一般为偏心受压杆件，塔柱的纵向控制截面一般在塔底，图 5-2-53 显示了塔柱纵向弯矩和轴力包络图。塔柱的横向一般应按框架计算，通常在转折点处都必须验算。在塔柱横向计算时还应同时计算横梁，横梁一般为预应力构件，应验算横梁中点及横梁与塔柱交接截面。

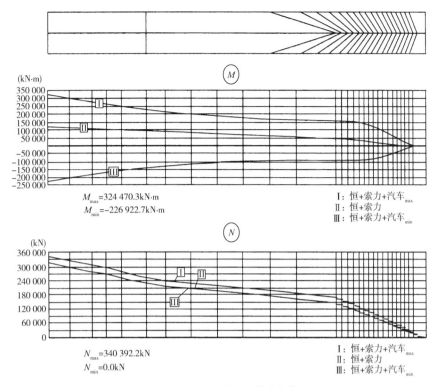

图 5-2-53 塔柱纵向弯矩和轴力包络图

(二)主梁截面计算

主梁除跨中局部区段外,大部分为偏心受压构件。恒载作用下的主梁弯矩很小,而活载作用下,主梁在塔根处产生较大的负弯矩,而跨中产生较大的正弯矩,图 5-2-54 显示了主梁弯矩和轴力包络图。主梁从跨中向塔根斜拉索水平分力产生的轴向力逐渐加大,形成"免费"的预应力,所以主梁一般靠近塔根区段不需要配置预应力筋,而只在跨中局部区段配置预应力筋。

虽然成桥状态下主梁需要配置的预应力筋很少,但是为了配合悬臂施工,一般需配置施工预应力筋。在每个施工循环中,刚完成混凝土浇筑时主梁承担负弯矩,而在斜拉索张拉后主梁承担正弯矩,因此,施工预应力筋基本采用中心配置。

(三)斜拉索计算

1. 斜拉索截面计算

斜拉索为受拉构件,一般用高强钢材制成。由于主梁的刚度较小,斜拉索在活载作用下应力变化幅度较大,这就使疲劳问题成为斜拉索截面计算中的控制因素。目前钢索的疲劳破坏机理研究尚不很完善,影响钢索疲劳强度的因素主要有平均应力值、应力变化幅度、应力变化的频率等。我国斜拉桥设计规范主要验算斜拉索的最大应力值和应力变化幅度,斜拉索在所有使用荷载作用下的应力不应超过高强度钢丝标准强度的 0.4,而最大应力变化幅度不应超过 200MPa。上述两个条件中的任何一个不满足时均应增加斜拉索的面积,或改变结构体系降低应力变化幅度。

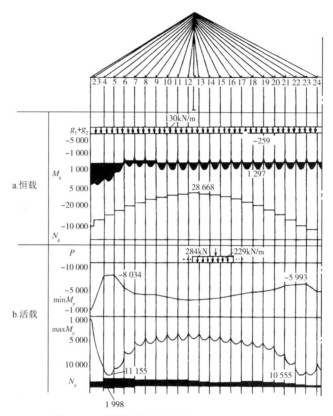

图 5-2-54 斜拉桥主梁恒载内力和活载内力包络图

2. 斜拉索长度计算

拉索长度是指拉索在设计温度时的无应力下料长度 L。拉索上下两个索孔出口处锚板中心的空间距离 L_0 是长度基数,冷铸锚斜拉索下料长度为(计算简图见图 5-2-55)。

$$L = L_0 - \Delta L_e + \Delta L_f + \Delta L_{ML} + \Delta L_{MD} + 2L_D + 3d \tag{5-2-3}$$

式中：ΔL_e——初拉力作用下拉索弹性伸长；

ΔL_f——初拉力作用下拉索垂度引起的索长增量；

ΔL_{ML}——张拉端锚具位置修正,最终位置可设定螺母定位于锚杯的前 1/3 处；

L_{MD}——锚固端锚具位置修正,最终位置可设定螺母定位于锚杯 1/2 处；

L_D——锚板厚度；

$3d$——拉索两端所需的钢丝镦头长度；

d——钢丝直径。

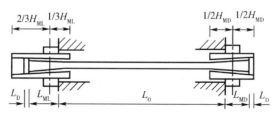

图 5-2-55 斜拉索下料长度计算简图

五、斜拉桥的稳定分析

斜拉桥的主梁及塔柱都是偏心受压构件,必须考虑成桥和施工阶段的稳定性。

当主梁梁高较低时,斜拉桥可能在桥梁立面内失稳。如图 5-2-56 所示,当塔柱刚度较大时,失稳形态为主梁的屈曲,当塔柱刚度较小时,失稳形态为主梁与塔柱共同屈曲。立面内失稳一般出现在活载满载时。

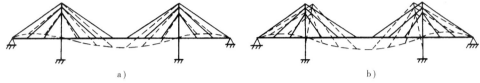

图 5-2-56 斜拉桥立面内失稳形态

当考虑横向力作用时,如风力、汽车偏载时,斜拉桥可能出现空间失稳,表现为塔柱的侧倾及主梁的侧移。但是斜拉索对塔柱的垂直力为非保向力,塔柱的侧倾稳定性比想象的好,所以可以建成塔柱横向没有联系的双柱式桥塔,如图 5-2-37b)所示。

斜拉桥的稳定分析可以进行近似的手算分析,但是现代大跨度斜拉桥稳定分析必须借助于计算机。稳定分析分为弹性稳定分析和弹塑性稳定分析。弹性稳定分析认为材料在达到临界力时仍然处于弹性阶段。而弹塑性稳定分析认为材料在达到屈服极限时退出工作,产生内力重分布,结构在新的内力平衡基础上继续受荷,直至所有构件均达到屈服而使结构丧失承载能力,因此弹塑性稳定分析被称为极限承载能力分析。弹性稳定分析相对较简单,但有时不能反映实际情况,弹塑性稳定分析计算复杂,目前尚有关键技术问题有待研究。

六、斜拉桥抗风问题

大跨度斜拉桥结构的刚度相对较低,在风力作用下的变形较大、容易引起振动,这就使结构的抗风问题成为桥梁设计的关键因素之一。

受风作用的结构物,其反应大致可分为静态的平均行为和动态的振动行为。

(一)风力静态的效应

作用于二维物体上的流体力,可分解为如图 5-2-57 所示的"三分力":作用于流动方向的阻力 D、作用于垂直流动方向的升力 L、使物体转动的气流力矩 M。三分力除在斜拉桥静力计算时必须作为外荷载计算外,在稳定分析中也是必须考虑的不利因素。

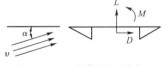

图 5-2-57 空气作用"三分力"

1. 阻力及升力

阻力产生风力方向的变形,升力产生竖直方向的变形。设计时如结构对阻力的抗力及刚度不足,则结构会产生风方向的滑动或较大的变形。升力受攻角影响,可以是向上的力也可以向下。由于斜拉索锚固在主梁上方,抵抗向上升力的能力较强,如果对向上升力考虑不足,会使桥梁支点产生负反力,必须引起足够的重视。迄今为止,已经有过由于阻力的计算不足而使桥梁发生滑动或坠落的事故,也有由于升力计算不足使桥梁因支点产生负反力而需要加平衡重的事例。

2. 气流力矩及发散

作为因气流力矩而产生的现象,有被称为静态不稳定现象的发散(divergence),这只是在高风速时对桥梁截面产生的一种现象。

气流力矩产生后,主梁发生扭转,而扭转方向正好使气流的攻角增大,倾角加大后力矩又随之加大,这样进入无限的恶性循环直到破坏。这是一种与桥梁截面的扭转刚度有关的现象,它在通常的设计风速范围内是不易产生的现象,但在设计时必须加以验算。

(二)风力的动态效应

桥梁除了承担风产生的上述静力外,置身于风中的结构还会从风中吸收能量产生振动,有时这种振动效应是致命的,因此,振动问题是抗风设计中最重要的部分。桥梁风振研究采用的方法仍为气流力弹性振动,按照目前的分类,大致分为如下几种振动。

1. 涡振(涡激振动)

当稳定的层流吹向障碍物时,风力将分流绕过其断面而形成交替周期性的涡流脱落,称为卡尔曼涡街(图 5-2-58)。涡流脱落将产生周期性的上下交替的作用力,涡旋的频率与风速成正比,当风速达到某一程度,涡流频率和桥梁的固有频率一致时,将发生共振,称为涡流激振。涡振发生在一定的风速范围内,是有限幅度振动,发生涡振的风速较低,主要引起构件的疲劳破坏。

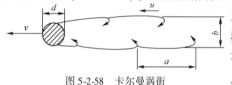

图 5-2-58 卡尔曼涡街

涡振在斜拉桥的主梁、塔柱、斜拉索中均会发生。

2. 自激振动

相对于涡振,自激振动没有周期性变化的涡旋力作用,在风力作用下结构发生了变形,而结构变形使风力作用方向发生改变,风力又使结构产生反方向的变形,如此反复从而产生振动。因为激振力是由结构自身变形产生的,所以,这种振动称为自激振动。自激振动的主要类型有驰振、颤振、耦合颤振。驰振是一种挠曲振动,细长的索体发生波浪形向前传动的振动。颤振是细长物体发生的扭转振动。而耦合颤振是弯曲和扭转变形合成在一起的自激振动。当风速较小时,激振力小于结构的弹性恢复力,结构受到扰动后慢慢回到静力平衡状态,但是当风速超过临界值时,自激振动成为发散型的振动,即振幅一次比一次大,最后直至结构破坏,这一风速称为临界风速。桥梁的设计临界风速必须大于桥址处可能出现的最大风速,从而保证结构不发生发散性的自激振动。

3. 抖振

紊流风力(阵风)是一种随机周期的作用力,也会激励桥梁发生振动。由于阵风是断续的,故形成的振动称为抖振。由于阵风是随机的,因此研究抖振也必须采用随机的分析方法。抖振发生的风速也比较低,一般无法完全避免,但也是有限振动,可以采取措施减振。

4. 气流力干扰振动

两个以上的物体位于流场中时,绕过每个物体的气流互相影响而产生一种综合的振动,称为气流力干扰振动。例如两桥并列架设时,上风侧桥梁的后流进入下风侧桥梁,引起下风侧桥梁的强迫振动。采用双排索布置的准单索面斜拉桥中,上风侧斜拉索涡振造成的后流风会使下风侧斜拉索发生驰振。

(三)斜拉桥的风振及减振措施

1. 主梁的风振

主梁在低风速下发生涡振,而风速达到临界风速时发生发散性的扭转颤振或耦合颤振。涡振发生的风速比较低,因此是长期作用,使构件产生疲劳问题。减小涡振必须采取导流措施,有意把主梁的横截面设计得比较接近于流线型。颤振是发散性的,必须从结构选型、总体布置等方面提高结构的自激振动临界风速,从而保证在使用期内不发生发散性的振动。

2. 桥塔的风振

桥塔的塔柱一般采用矩形等钝体形状,主要发生涡振与驰振。涡振发生的风速比较低,可以通过给截面切角等措施引导气流,降低其幅度。在很高的塔柱中,可以安装振动摆、油压、弹簧等阻尼器来减小振动。

3. 斜拉索的风振

斜拉索是一根细长的柔索,是斜梁桥中最容易产生风振的构件。斜拉索的风振主要有涡振、尾流干扰驰振及风雨振等。涡振与尾流干扰驰振的原因已在上面说明。根据观测,有时在下雨天,斜拉索的风振尤为明显,这主要是由于雨水在斜拉索表面的流迹使斜拉索的形状发生改变(图 5-2-59),当这种改变使动力不稳定性加强时,振动加剧,这称之为风雨振。

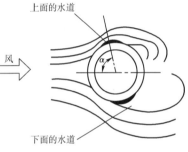

图 5-2-59 斜拉索雨振机理

由于斜拉索发生风振的风速低,因此振动很难避免,对于大型斜拉桥必须在斜拉索上施加减振措施。通常的措施是在斜拉索与主梁或塔柱交界处安装阻尼器(图 5-2-60)、在斜拉索面内增加减振索(图 5-2-61)。为减小斜拉索的风雨振,可在斜拉索护套表面设置一定的导流纹路,从而改善斜拉索在雨中的空气动力特性。

图 5-2-60 斜拉索阻尼器

图 5-2-61 斜拉索面内的减振索

桥梁抗风设计的理论计算方法尚不成熟,重要的斜拉桥必须通过风洞试验来确定结构的抗风性能,从而确定合理的减振措施。

第四节 斜拉桥施工简介

可以方便地采用无支架施工是斜拉桥在大跨径桥梁方案中得到广泛应用的原因之一。塔柱是斜拉桥首先施工的主要受力构件,塔柱施工完毕后或塔柱锚固区施工至一半时,开始施工主梁,斜拉索一般随主梁的延伸逐步安装。斜拉桥是高次内部超静定结构,斜拉索的恒载张力是决定全桥受力的主要因素,因此如何确定合理张拉索力及如何实际张拉到位是斜拉桥施工的关键。

一、主要施工方法简介

(一)桥塔施工

1. 塔柱施工方法

混凝土塔柱施工一般均采用分节就地浇筑方法施工,每节 2~5m,其方法类似于高墩或高烟囱的施工。混凝土的输送采用吊斗或混凝土输送泵,塔柱施工的不同点主要是模板和脚手平台的做法,主要有下列方法:

(1)满布工作平台及模板法。

从地面或墩顶置立满布膺架及模板,适用于高度较小和形状比较复杂的桥塔施工,不需特殊装置和机械设备。

(2)爬升或滑升式模板及工作平台。

将工作平台与模板组拼成可自动升降的整体装置,利用下下节已凝固混凝土中预埋的钢材来逐节提升模板与平台结构,机械化程度较高,可缩短工期,适用于大型桥塔的施工。

(3)大型模板构件法。

将模板及平台做成容易组装和解体的大型标准构件,利用吊机或特殊起吊设备来提升施工。此法由于考虑高空作业的安全问题,高度有所限制。

2. 塔柱施工注意事项

(1)泵送混凝土配合比。

塔柱高度大,泵送时要求混凝土具有很好的流动性,合理的坍落度是保证泵送混凝土不卡管的关键。

(2)倾斜塔柱浇筑。

浇筑倾斜塔柱时应计算塔柱自重造成的弯矩,设置足够的横撑,保证倾斜塔柱的背侧混凝土不受拉,必要时塔柱内需配置施工临时预应力。

(3)横梁的浇筑。

双柱桥塔间一般设有横梁,横梁为大体积混凝土,浇筑时应防止温度及收缩裂缝,同时横梁模板的支承必须稳定可靠。

(4)斜拉索锚固区浇筑。

塔柱上混凝土锚固区内钢筋布置很密,应注意混凝土浇筑的密实,保证斜拉索锚固点有足够的局部承压强度。锚固区布置斜拉索穿越塔柱的钢管,钢管的安置必须准确,并可靠固定,以保证斜拉索从管道的中心穿过,不与钢管发生摩擦。

(5)安全措施。

塔柱施工是高空作业,施工安全必须放在首位。脚手架必须有足够的强度,特别是大风天气要有足够的安全储备。高塔施工时还应该防止雷击事故。

(二)主梁施工

斜拉桥主梁可以采用支架法、顶推法、平转法施工,但是使用最多的还是悬臂施工方法,它适合于所有跨径的斜拉桥的施工。

1.悬臂施工方法

现代大跨径斜拉桥主梁常用悬臂法施工,悬臂施工期间利用斜拉索逐段吊拉主梁,充分发挥了斜拉桥的结构优势,减轻了施工荷载,从而可以获得数百米长的悬臂。这一特点使斜拉桥成为大跨度桥梁的有力竞争者。

悬臂施工法可分为悬臂拼装法和悬臂浇筑法两种。悬臂拼装法一般先在塔柱区段现浇一段起始梁段以放置起吊设备,然后用起吊设备从塔柱两侧依次对称安装预制梁段,使悬臂不断伸长直至合龙。悬臂浇筑法是从塔柱两侧用挂篮对称逐段就地浇筑混凝土直至合龙。悬臂施工一般从塔柱两侧对称进行,称为双悬臂施工。当桥梁边跨在陆地上、主跨在水面上时,可以在支架上施工边跨,而中跨采用悬臂施工,这种方法称为单悬臂施工。

悬臂拼装法既可以适用于钢主梁也可用于混凝土主梁斜拉桥,但是,用于混凝土斜拉桥时,需要大吨位的起重设备,在水面上施工时需要大吨位的浮吊。

悬臂浇筑是混凝土斜拉桥广泛使用的施工方法,已经形成了一套成熟的施工工艺,我国大部分混凝土斜拉桥主梁都采用悬臂浇筑法施工。早期的悬臂浇筑使用类似于连续梁桥悬臂浇筑时使用的挂篮,每节段只能浇筑 3~5m,密索斜拉桥的索距为 6~10m,挂篮必须移动两次才能完成一个节间的施工,施工周期长。目前的悬臂浇筑普遍使用牵索式长挂篮,挂篮的有效浇筑长度是普通挂篮的 2 倍,每次浇筑一个斜拉索节间,因此,工期可以缩短一半。为了加强挂篮的刚度及强度,浇筑混凝土时将斜拉索临时锚固在挂篮的前端,如图 5-2-62 所示,待混凝土达到强度后再将斜拉索锚点转移到主梁上。

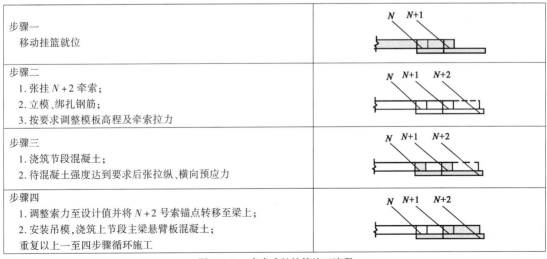

图 5-2-62 牵索式长挂篮施工流程

对于单索面布置的箱形截面主梁,为减轻浇筑重量,通常将横截面分解成三部分,即中箱、边箱和悬臂板。先完成包含主梁锚固系统的中箱,张拉斜向拉索,使之形成独立的稳定结构,然后以中箱和已浇梁段的边箱为依托,浇注两侧边箱,最后用悬挑小挂篮浇筑悬臂板,使整体单箱按品字形不断向前浇筑。

2. 其他施工方法

采用支架施工时,主梁全部在支架上浇筑完成后安装斜拉索,索力调整到位后主梁自动脱架。支架法只能用于跨径小、桥下净空低、搭设支架方便且不影响桥下交通的情况下,如城市立交桥和净高较低的岸跨主梁施工。

顶推法施工混凝土斜拉桥,需在跨内设置若干临时支墩,且在顶推过程中主梁配置临时预应力束筋,顶推过程中为连续梁,塔柱、斜拉索在主梁顶推到位后安装,斜拉索张拉后成为斜拉桥,并拆除临时支墩。顶推法只适用于塔梁固结、墩梁分离体系的斜拉桥。

平转法是将斜拉桥上部结构分别在两岸或一岸顺河流方向的支架上现浇,并在岸上完成落架、张拉、调索等所有安装工作,然后以墩、塔为圆心,整体旋转到桥位合龙。平转法施工适用于桥址地形平坦、墩身较矮及结构体系适合整体转动的中小跨径斜拉桥。

综上所述,混凝土斜拉桥主梁的架设以悬臂施工方法为主,跨径较小时可采用一些梁桥的施工方法(见第三篇第五章相关内容)。

(三) 斜拉索施工

斜拉索施工主要分为挂索和张拉两个过程。

1. 挂索

成品索必须整索安装。较短的成品索直接利用吊机将拉索起吊,借助卷扬机由钢丝绳或钢绞线将斜拉索两端分别牵引入主梁和塔柱上的预留索孔,并初步固定在索孔端面的锚板上完成挂索。长索的垂度大无法直接用卷扬机将锚头牵引到锚板后方,在锚头接近锚板时用钢连接杆将锚头连接到千斤顶,由千斤顶将锚头拉到锚板后方。对于超长斜拉索,垂度特别大,连接杆已无法将锚头连接到千斤顶,必须先架设临时索,然后沿临时索将斜拉索牵引到位。常用挂索方法如图5-2-63所示。

现制斜拉索是在挂索过程中完成制索的。先在拉索上方设置一根钢缆作为导向索,将拉索的防护套管悬挂在导向索上,然后逐根穿入钢绞线,用单根张拉的小型千斤顶张拉钢绞线后安装夹片,完成制索、挂索和张拉全过程。

2. 张拉

成品索一般直接用千斤顶整索张拉。现场制作索可以用小千斤顶逐根张拉,也可以仅用小千斤顶将初应力调均匀,然后再用大千斤顶整索张拉。

在国外尚有用临时钢索将主梁前端拉起或在支架上用千斤顶将主梁端顶起,安装斜拉索后再将主梁放平的间接张拉方法。

二、施工阶段斜拉索张拉力的确定

斜拉桥是高次超静定结构,施工中要经过大量的体系转换才达到最后的成桥状态。在施工过程中,斜拉索张拉多少力才能使成桥时的内力达到前述的最优状态,是斜拉桥施工的首要问题。斜拉桥的设计必须给出各施工阶段斜拉索的初张拉力及施工高程,称为各施工阶段的理想状态,施工时按这样的状态指导施工就能在成桥时达到总目标,因此,施工阶段斜拉索的张拉力是从成桥状态推得的。

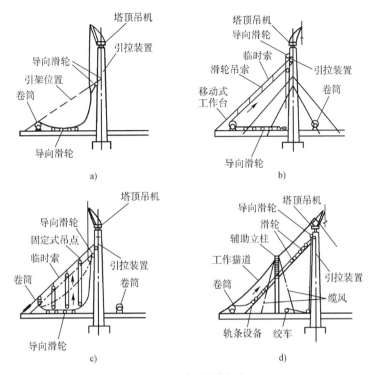

图 5-2-63 常用挂索方法

a)由塔顶吊机直接引架;b)由临时索及滑轮吊索引架;c)由临时索及垂直索引架;d)在工作猫道上引架

很多学者对确定施工阶段合理索力的方法进行了研究,目前采用的主要方法有如下几种。

(一)倒拆法

在成桥结构理想初始状态下,按施工过程的逆过程,对结构进行倒拆,分析每次拆除一个施工段对剩余结构的影响,直至第一工况。在各个阶段倒退分析出的结构位移和内力状态便是理想的施工状态,按这样的状态施工成桥后即达到合理成桥状态。

(二)正装优化法

从任意施工索力的初值开始,建立每根斜拉索张力对成桥状态的影响关系,通过数学上的优化理论计算当全部索力取什么组合时,成桥状态最接近合理成桥状态。

(三)经验正装法

斜拉桥的基本设想是斜拉索的竖向分力承担主梁的自重,形成多跨连续梁,因此,施工中新增斜拉索的竖向分力应基本与新增主梁节段的重力相同,由此可以确定施工阶段斜拉索的初始张拉力,按此索力进行模拟安装计算,分析成桥状态与理想状态的差距,从而对初始张力进行微调,这是目前使用最多的方法。

三、斜拉桥施工监控简介

理论上，根据上述施工阶段的索力进行施工，即可达到成桥后的最优状态，但是，随着桥梁跨径和结构柔度的增大，施工中的误差也大大增加，实际上施工中达不到设计时确定的状态。误差的累积，将使成桥后的最优状态难以达到。尤其对于预应力混凝土斜拉桥，材料特性、结构自重和预测计算时有较大的差距，其结果不是线形不满足要求，就是应力状态很不合理。施工控制的目的是通过在施工过程中的跟踪测试、分析，不断采取调整措施，保证全桥建成时达到成桥合理状态。

施工监控工作包括监测和控制两部分，监测是通过测量和测试手段获得桥梁在施工中的状态，控制是根据监测的结果与计算结果的比较，分析桥梁状态存在的误差，确定实时的调整方案，确保成桥时达到合理成桥状态。

目前系统控制理论已经被引用到斜拉桥施工监控中来，早期的控制采用反馈控制思路，即监测数据与理论计算数据的误差，从而得到斜拉索张力的调整增量。但是，如果理论计算结果本身是不可实现的或与施工现场的情况有差距，虽然目前调整了存在的误差，但是新节段施工后将出现新的误差，又要实施调整。目前采用自适应控制思路，即在误差出现后不是立即实施调整，而是分析误差出现的原因。目前已知的原因主要是计算参数（自重集度、预应力效应、混凝土徐变特性等）与现场的实际情况有差距，找出原因后重新确定施工阶段的斜拉索张拉力，按新索力施工后误差将大大减小。找参数误差的过程称为系统自适应的过程。图 5-2-64 显示了自适应斜拉桥监控系统原理。

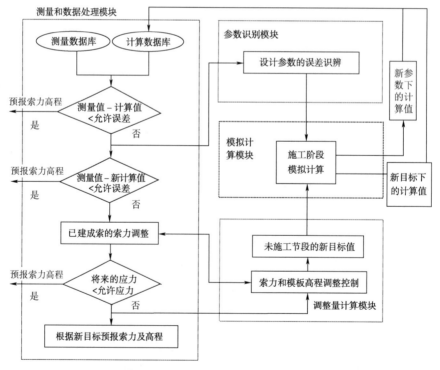

图 5-2-64　自适应斜拉桥监控系统原理

监测是控制的基本手段,目前的监测变量主要是斜拉索索力、结构变位(主梁高程变化、塔顶水平位移等)、关键部位结构应力等。图 5-2-65 显示了斜拉桥控制系统的组成。

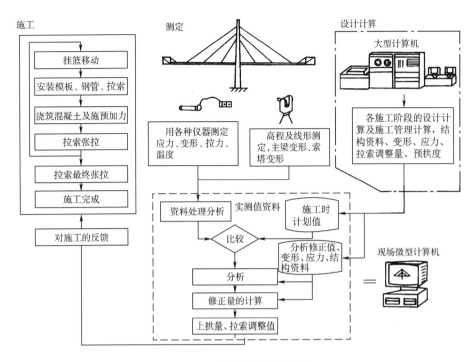

图 5-2-65　斜拉桥控制系统组成

第三章

悬索桥简介

悬索桥也叫作吊桥,行车和行人的桥道梁(通常称为加劲梁)通过吊索挂在主缆上。现在的主缆一般用许多根高强钢丝做成,大缆两端用锚碇固定。通常还用两个高塔给大缆提供中间支承。悬索桥承重主要靠主缆。主缆的钢丝强度高且可根据需要增加钢丝数,所以悬索桥的跨越能力特别大。早在1931年,美国人就修建了跨度超过1 000m的悬索桥。80多年过去了,全世界跨度超过1 000m的悬索桥已有20余座。这说明悬索桥是一种最适合于大跨度的桥。由于其跨度大,相对来讲,悬索桥的桥塔高耸挺拔而主缆又显得轻柔飘逸,大跨度悬索桥刚柔相济、雄伟壮观、特别美观,因此其所在地几乎无不将其作为重要的旅游景点。

第一节 悬索桥的结构特点和主要构造

一、悬索桥的结构特点和总体布置

(一)悬索桥的结构特点

悬索桥的桥面通过长短不同的吊索悬吊在悬索(主缆、大缆)上,使桥面具有一定的平直度。和拱桥不同的是,作为承重结构的拱肋是刚性的,而作为承重结构的悬索则是柔性的。为了避免在车辆驶过时桥面随着悬索一起变形,悬索桥一般均设有刚性梁(又称为加劲梁),以保证车辆走过时不致发生过大的局部挠度。悬索桥的主缆一般均支承在两个塔柱上,塔顶设有鞍形支座,主缆的端部通过锚碇固定在地基中。图 5-3-1 显示了悬索桥的组成,个别也有将主缆固定在加劲梁的端部,称为自锚式悬索桥,如图 5-3-2 所示。

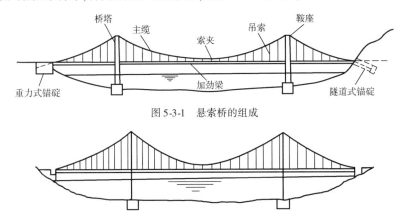

图 5-3-1 悬索桥的组成

图 5-3-2 自锚式悬索桥

悬索桥的加劲梁支承在柔性的主缆上,且加劲梁本身的刚度也不大,其能够提供活载刚度的原因是重力刚度。柔性主缆的几何形状是由其在外力作用之下的平衡条件决定的,外力包括恒载和活载。如果恒载相当大,则其由恒载所决定的几何形状就不会因相对较小的活载上桥而有多大改变。于是,对活载而言,桥就有了刚度,这就是重力刚度(巨大的恒载提供了重力)。桥梁结构刚度一般以活载作用下桥梁的挠度来衡量。对于弯曲刚度假定为零的悬索,重力在悬索中产生了自相平衡的初始拉力并决定了索的形状,在考虑几何非线性效应时,额外增加的活载要与原来的恒载一起使悬索达到新的拉力及形状平衡状态,两个形状之间的差就是活载变形量,悬索中初始拉力越大,活载拉力增量及变形量就越小,桥梁刚度就越大。相对于梁桥刚度主要由截面尺寸决定而言,悬索桥的刚度由初始悬索拉力及形状决定,因此称为重力刚度。跨度较小的悬索桥自重较轻,重力刚度较小,活载对主缆变形的影响较大。大跨悬索桥自重大,重力刚度很明显,因此活载对主缆刚度的影响就很小。图 5-3-3 表明其概念。

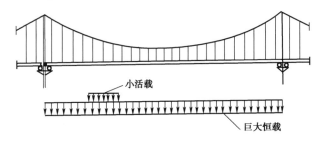

图 5-3-3 重力刚度概念

如上所述,悬索桥的主要承重构造是主缆、塔和锚碇。随着跨度的加大,这三者的承载能力都需要增加。而从技术上讲,加大主缆和塔的截面,加大锚碇尺寸,借以提高其承载能力,并无多大困难,同时主缆是受拉构件,不存在失稳的问题。因此可以认为:尽管悬索桥的跨度纪录已经逼近 2 000m(世界大跨悬索桥明石海峡大桥跨径为 1 991m),但其潜力并未用足,若有需要,还可以让跨度再增大许多。当然超大跨度将使结构非线性、风效应等因素的影响更加明显,从而增加了其建造难度。

(二)悬索桥的体系类型

1. 地锚式与自锚式悬索桥

绝大部分悬索桥,特别是大跨度悬索桥,都是地锚式悬索桥。地锚式悬索桥主缆的拉力由桥梁端部的锚碇传递给地基,因此在锚碇处要求地基具有较大的承载力,最好是有良好的岩层做地基持力层。

自锚式悬索桥主缆水平拉力直接传递给加劲梁,水平分力则使加劲梁产生巨大的轴向压力。为了抵抗巨大的主缆水平分力,加劲梁的截面必须增大,因此,自锚式悬索桥的跨度不宜过大,在中小跨径下采用混凝土主梁时具有一定的竞争力。自锚式悬索桥一般必须先架设加劲梁,然后再架设主缆,这也限制其在特大跨径桥梁上的应用。

2. 双链式悬索桥

在小跨度悬索桥中可以采用双链式主缆来提高结构的刚度。加劲梁可以在全跨范围内均匀悬吊在双主缆上[图 5-3-4a)],也可以左右两个半跨分别悬吊在下主缆上[图 5-3-4b)]。双链可以减小主梁在非对称的半跨布置活载作用下的 S 形变形,因此提高了全桥的刚度,克服重力刚度小的问题。但是,双链悬索桥主缆及吊索的构造比较复杂。

图 5-3-4 双链式悬索桥

3. 悬索桥的孔跨布置形式

三跨悬索桥是最常见的悬索桥布置形式[图 5-3-5b)],它的结构特性也比较合理,迄今为止大跨度悬索桥大部分采用这种形式。

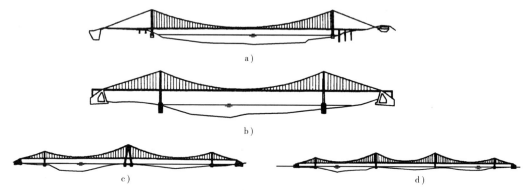

图 5-3-5 悬索桥的孔跨布置形式
a)单跨悬索桥;b)三跨悬索桥;c)四跨悬索桥;d)五跨悬索桥

单跨悬索桥适合于边跨地面较高,采用桥墩来支承边跨的梁体结构是比较经济的情况[图 5-3-5a)]。单跨悬索桥由于边跨主缆的垂度较小,因此活载刚度较大,但在架设时主塔顶部须设置较大的鞍座预偏量。我国江阴长江大桥主跨 1 385m,是世界上跨度最大的单跨悬索桥。

当只有一岸的边跨地面较高时,可以采用两跨悬索桥的形式。香港主跨 1 377m 的青马大桥是跨度最大的两跨式悬索桥,如图 5-3-6 所示。

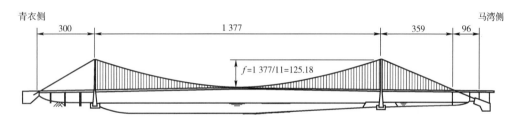

图 5-3-6 香港青马大桥(尺寸单位:m)

超过三跨的悬索桥必须设置 3 个以上桥塔,由于相邻跨的主缆不锚固在锚碇中,当其中一跨作用荷载时塔柱将向受荷跨弯曲,使悬索桥的整体刚度减小,因此,大跨径多跨悬索桥比较少见。如果要采用,中间桥塔必须加大其刚度,如采用在桥梁纵向呈 A 形的 4 柱立体桥塔。加大中间桥塔刚度将大幅度增加中间桥塔及其基础的造价,因此,需要建多跨悬索桥时宁可采用两座三跨悬索桥和一个共用的主缆锚碇来布置成一前一后相连的形式,如图 5-3-7 所示。

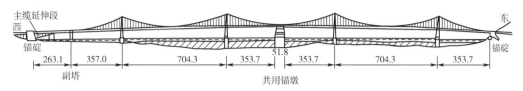

图 5-3-7 美国旧金山奥克兰湾西桥双联悬索桥(尺寸单位:m)

4. 加劲梁的支承体系

一般三跨悬索桥中加劲梁在塔柱处是非连续的,而是主跨和边跨分别简支在塔柱横梁上,称其为三跨双铰加劲梁。但是,目前也有相当多的大跨径悬索桥将全桥设计成连续加劲梁。单跨悬索桥一般均采用双铰式,悬臂式较少见,如图 5-3-8 所示。

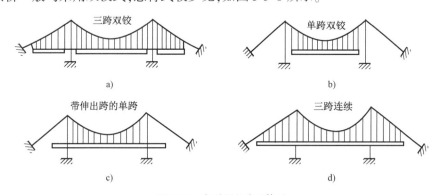

图 5-3-8 加劲梁的支承体系

a)三跨全部悬吊有双铰加劲梁;b)仅中跨悬吊有双铰加劲梁;c)中跨悬吊带有向两侧伸出的加劲梁;d)三跨悬吊连续的加劲梁

三跨双铰式加劲梁的布置在受力上较合理,加劲梁的弯矩比较小,对桥塔基础不均匀沉降的适应性也比较好。但采用非连续的双铰加劲梁时,梁端的角变位和伸缩量以及跨中的最大挠度均较大。对于对变位要求较低的公路桥,采用三跨双铰加劲梁较合理,而对于有铁路通过的悬索桥,必须进行连续加劲梁和双铰加劲梁的比较。

(三)悬索桥的总体布置

悬索桥通常布置成三跨式,跨度比一般受具体桥位处的地形与地质条件制约,取值的自由度并不大,悬索桥的边中跨度比一般为 0.3~0.5,特大跨度时,为了提高结构的总体刚度取为 0.2~0.4。

在主跨长及边中跨比一定的情况下,主缆的拉力(代表主缆所需截面积)随垂跨比的减小而增大,即垂度越大主缆力越小,但是垂度的增大增加了主缆的长度,同时增加了塔的高度,因此存在最优垂度的问题。在受力性能方面垂度越大竖向整体刚度越小,同时,垂度的大小还影响悬索桥的竖向、扭转固有振动频率,从而影响结构抗风性能。综合上述因素,大跨度悬索桥的垂跨比一般为 1/12~1/10,公铁两用悬索桥通常取 1/11,公路悬索桥取 1/10。

在恒载下,悬索桥的加劲梁基本只承担局部弯曲,但是在活载作用下主梁的刚度对结构总体竖向刚度有很大贡献。从世界大跨度悬索桥看,桁架式加劲梁的高跨比在 1/180~1/70 之间,钢箱形加劲梁的高跨比在 1/400~1/300 之间。梁高除了与结构的竖向刚度有关外,还与全桥的抗风稳定性有关,梁高太低时截面扭转刚度削弱很多,容易产生涡振与抖振,造成结构疲劳,箱形梁的高宽比一般控制在 1/11~1/7 之间。

二、主要承重构件

悬索桥的主缆系统是主要承重构件,它包含主缆、塔和锚碇,如图 5-3-1 所示。

(一)主缆(main cable)

1. 主缆结构

早期悬索桥的主缆经历了钢(铁)链缆、钢丝绳缆、封闭钢绞缆等形式,现在大跨悬索桥的主缆都是由高强、冷拔的镀锌钢丝组成。将钢丝用冷拔工艺制造,可以使其强度增加,镀锌可以防锈。钢丝直径大都在 5 mm 左右,视缆力大小,每根主缆可以包含几千根乃至几万根钢丝。钢丝平行布置,为便于施工安装和锚固,主缆被分成索股编制架设,并在两端锚碇处分散锚固,除锚固区外主缆的其余区段则挤紧成规则的圆形,然后缠以软质钢丝捆扎并进行外部涂装防腐。主缆通常采用空中编丝法(AS 法)和预制平行索股法(PPWS 法)成缆。主缆在全桥的布置一般是每桥 2 根,分别布置在加劲梁两侧吊点之上。另有少数大跨度桥梁也有每桥采用 4 根主缆的布置形式,即在大桥每侧并排布置两根主缆,共用同一吊点,如美国的维拉扎诺桥和乔治·华盛顿桥。

2. 主缆的截面

主缆的钢丝总数由设计的主缆力决定,众多的钢丝先分成钢丝索股,然后再由若干根钢丝束股构成一根主缆,主缆的锚固按索股进行。每根钢丝索股含多少根钢丝,则根据主缆的编制方法确定。

采用 AS(Air Spinning)法架设的索股较大,而每根主缆所含股数较少,一般 30~90 束,每股所含丝数可以多达 300~500 根。因而其单股锚固吨位大,锚碇上锚固空间相对集中。

采用 PPWS(Prefabricated Parallel Wire Strands)法架设的主缆,钢丝索股先编制成形状稳定的正六边形,其好处是索股合并时没有孔隙。由于施工时整股架设,丝数不能增加太多,因此每股的丝数取 61、91、127、169,如图 5-3-9 所示,而每根主缆总股数多达 100~300 束,所以锚碇上需要的锚固空间相对较大。

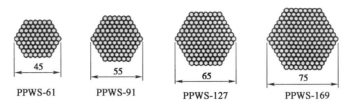

图 5-3-9　预制索股常用截面

3. 主缆的防护

在悬索桥中主缆是主要受力构件,也是不可更换的构件。由于它暴露在自然环境下,因而主缆防护的好坏将直接关系到悬索桥的寿命。

主缆的防护方法见图 5-3-10,主缆安装完成后,彻底清洗钢丝表面,然后手工涂抹防锈腻子,使它嵌入钢丝缝隙中,再用缠丝机将退火镀锌细钢丝缠绕,最后涂几层漆。在施工期间,也可以在镀锌钢丝外涂一道底漆或环氧树脂来保护钢丝。

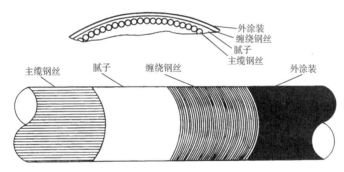

图 5-3-10　主缆的防护方法

通过主缆的锈蚀模拟试验发现,主缆锈蚀的原因是主缆中存在潮湿空气,根据湿气在主缆截面上分布规律的不同钢丝的锈蚀规律也不同。控制主缆锈蚀最重要的一点是不让水进入主缆。为此日本开发出一种 S 形截面的缠绕钢丝代替圆断面的钢丝,丝丝相扣,油漆不易开裂,水不能渗入。但是它解决不了施工期已经大量渗入的水对钢丝锈蚀作用,为此,日本又开发了干空气导入法。用除湿机干燥空气用管道通过索夹输入主缆,从另外的索夹排出主缆,出入口索夹的距离为 140m。6 个月后主缆内相对湿度在 40% 以下,满足防腐要求。这种方法在明石海峡大桥上首先运用,我国的润扬大桥也采用了该方法。

(二)主塔(pylon)

主塔在悬索桥中用于支撑主缆,承受由主缆传来的垂直分力和水平分力。主塔横桥向一般为直立双柱式,以支撑两边的主缆,为了使桥塔在横向能承受主缆和桥面系上全部横向风荷载,往往在塔顶和桥面下设强大的横系梁,连接两根立柱使其形成框架。当主塔较低时采用单层框架式(图 5-3-11 所示厦门海沧桥桥塔),当塔柱较高时,可多设几道横系梁,形成多层框架(图 5-3-12 所示香港青马桥桥塔),有时为了增加主塔的横向刚度,在两塔柱间增设斜杆形成桁架式的主塔(图 5-3-13 所示日本明石海峡桥桥塔)。

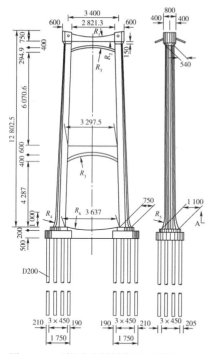
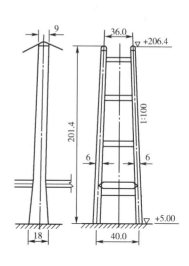

图 5-3-11 厦门海沧桥桥塔(尺寸单位:cm)　　图 5-3-12 香港青马桥桥塔(尺寸单位:m;高程单位:m)

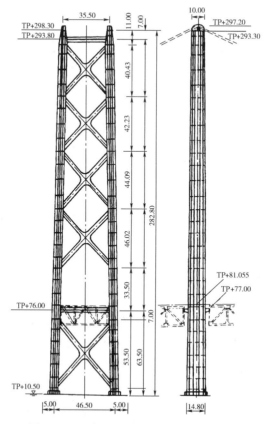

图 5-3-13 日本明石海峡桥桥塔(尺寸单位:m)

建筑主塔的材料可以采用圬工、钢材及钢筋混凝土。圬工桥塔由条石或混凝土做成,由于石料抗拉强度低,塔柱必须足够粗大以承担弯矩,在大跨径悬索桥上已不再使用,仅在古老的吊桥中还能看见。

早期现代悬索桥主塔大多采用钢结构,做成桁架或框架形式,多数采用桁架式,塔柱截面一般做成箱形截面或多格箱形截面,图 5-3-14 所示为博斯普鲁斯海峡二桥塔柱截面及水平缝构造。

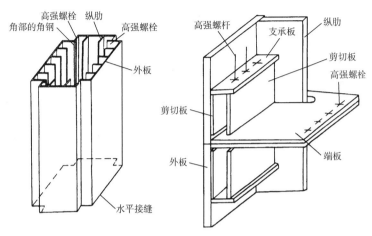

图 5-3-14　博斯普鲁斯海峡二桥塔柱截面及水平缝构造

随着混凝土质量提高,滑模浇筑混凝土施工方法的使用,高塔柱的施工变得方便可靠,且建造和维修养护费用低、外形可塑造性强,故许多新桥已改用钢筋混凝土主塔。英国恒比尔桥是第一座采用钢筋混凝土主塔的特大跨径悬索桥,我国建成的所有大跨径悬索桥均采用了钢筋混凝土主塔。钢筋混凝土桥塔多采用框架式,为了减轻自重,大跨径悬索桥的塔柱多采用空心截面。图 5-3-15 是虎门大桥塔柱。

连续的加劲梁和塔柱相交处,当采用直立的塔柱时,一般在塔柱下部设孔,让加劲梁穿过,并在塔柱内设专门的支座。当采用斜柱式桥塔时,加劲梁可以顺利通过而在桥墩上支承于独立的支座上。

(三)锚碇(anchor)

锚碇是用于固定住主缆端头,防止其向跨内走动的巨大构件。根据抵抗主缆力的方法分为重力式锚碇和岩隧式锚碇两种结构形式,如图 5-3-16 所示。

重力式锚碇为庞大的混凝土结构,靠其自重实现对主缆拉力的平衡。锚碇后部的混凝土中预埋钢结构锚固架和锚杆,主缆股束通过连接装置与锚杆连接。

岩隧式锚碇则在河岸天然坚固的岩体中开凿隧洞,在隧洞内浇筑混凝土锚体,主缆通过锚杆锚固在混凝土锚体上,拉力通过锚体传递给岩体而达到锚固主缆的目的,因而其混凝土用量较重力式锚碇大为节省,经济性能显著,但是河岸必须具备坚固岩体的天然条件。

主缆与锚碇的锚固根据编缆方式分为两种。采用 AS 法编制的主缆其钢丝在锚碇前形成环后套在索股靴上,每索股使用一个索靴。索股靴为半圆形,索股嵌绕在索股槽内,用高强锚杆与锚碇混凝土连接,如图 5-3-17 所示。使用 PPWS 法编制的主缆一般使用锚具将索股锚固在锚碇上。

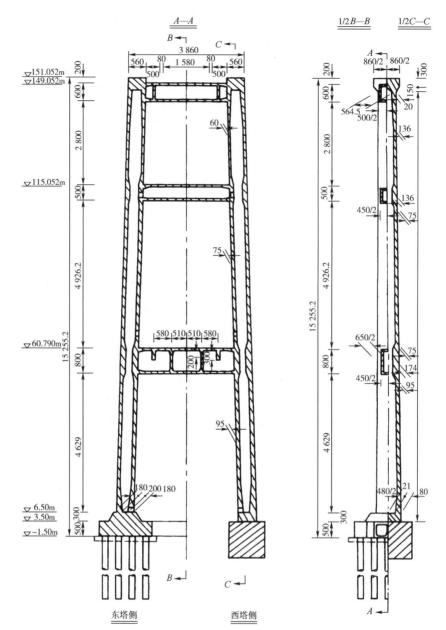

图 5-3-15 虎门大桥塔柱(尺寸单位:cm)

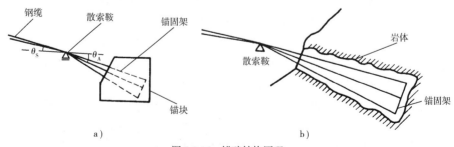

图 5-3-16 锚碇结构原理
a)重力式锚碇;b)岩隧式锚碇

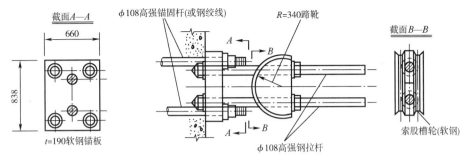

图 5-3-17 索股靴与锚碇混凝土连接构造(尺寸单位:mm)

三、其他特殊构件

(一)加劲梁

悬索桥主要靠主缆承重,但是主缆系统在竖向活动荷载之下的柔性明显,需要靠增加主梁的刚度来增加桥的刚性,因此悬索桥的梁称为加劲梁(stiffening girder)。对于大跨度悬索桥,自重相对于活动荷载很大时,重力刚度发挥作用,加劲作用变得可有可无,主梁只要能够承担局部荷载即可,但是为了考虑抗风性能,主梁仍然做成加劲梁。加劲梁有两种形式:桁架梁和扁平钢箱梁。

桁架梁起始于美国,因此也被称为美式悬索桥,开始时是全铆钢结构,随后则将工地铆接改为高强度螺栓。桥面安装在纵梁和横梁上,再架设到桁架上。在需要双层桥面时,采用桁架梁较为合理。现在,日本的一些悬索桥仍然采用桁架式加劲梁,在上弦平面的桥面行驶汽车,在下弦平面则行驶新干线,如图 5-3-18 所示。

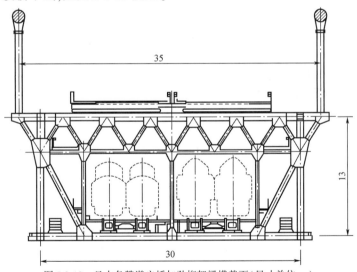

图 5-3-18 日本备赞濑户桥加劲桁架梁横截面(尺寸单位:m)

扁平钢箱梁开始于 1966 年的英国,因此也被称为英式悬索桥。其风的阻力系数小、抗风性能好,适用于单层桥面。钢箱梁的顶板采用正交异性板,能直接承受活荷载,因此顶板之上可直接设沥青桥面铺装,不需要另设纵梁和横梁,从总体上看,比桁架梁节省不少钢材,现已得到推广。我国建造的大跨度悬索桥均采用了扁平钢箱梁。图 5-3-19 所示为英国塞文桥的扁平钢箱梁截面。

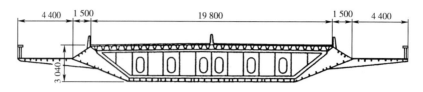

图 5-3-19　英国塞文桥的扁平钢箱梁截面(尺寸单位:mm)

我国的汕头海湾桥主跨452m,采用了薄壁预应力混凝土箱梁,是一个工程实践尝试特例。由于主梁自重太大,缆索体系造价大大提高,且工期长、架设难度高,在大跨度悬索桥中不宜采用。但是对于跨径200m以下的自锚式悬索桥,混凝土加劲梁被大量采用。

(二)塔顶鞍座和散索鞍座

鞍座位于主缆和塔顶之间,其功能是支承主缆,并让主缆在这里转折。在活荷载作用于某一跨情况之下,主缆在鞍座两侧的水平分力不平衡,主缆与鞍座间将产生滑动,这将使镀锌钢丝磨耗。为使主缆在鞍座内不滑动,现在通行的做法是将丝股内的钢丝排列在鞍内的那一段改为矩形,因此,鞍槽做成台阶状,而不平衡水平力则凭塔身的弹性弯曲释放。施工阶段主缆一般要向中跨移动,为适应这一移动,可在鞍座与塔顶间设辊轴支座,待施工完毕后将辊轴封闭。过去,鞍座用铸钢制造,当其尺寸太大时,可以分成几块(2~4块),在吊上塔顶后再用螺栓相连。现在,大都只是让其顶部采用铸钢(它包鞍槽),身部则采用厚钢板,铸钢件可以采用不熔透对接焊相连,如图5-3-20所示。

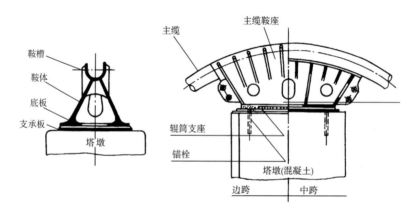

图 5-3-20　塔顶鞍座构造

散索鞍座安置在锚碇前端,主缆在此转折、分散后进入锚碇的锚室。散索鞍座的鞍槽形状与塔顶鞍座基本相同。散索鞍座一般也是鞍槽部分采用铸钢件,其他部分用厚钢板焊接。由于温度变化以及活载工况的不同,主缆长度会发生一定的变化,因此散索鞍座应由辊轴来作支承或作成摆柱构件,以适应主缆的长度变化。图5-3-21所示为散索鞍座的构造示意图。如果主缆在锚碇前端无需转折,则只需要喇叭形的散索套使主缆从挤紧状态过渡到分散状态。

(三)吊索及索夹

吊索(hanger)通常由钢丝绳或平行钢丝束组成。

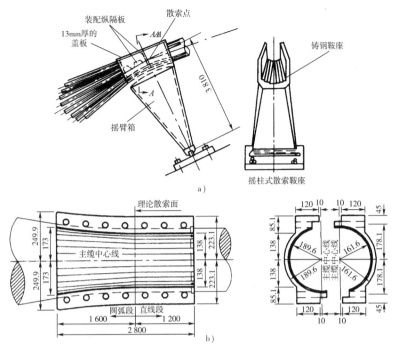

图 5-3-21 散索鞍座构造示意图(尺寸单位:mm)
a) 摆柱式散索鞍座;b) 散索箍

在上端吊索连接在索夹(cable band)上,索夹紧夹主缆,通过摩阻力阻止吊索在主缆上滑动。吊索与索夹的连接一般可分为骑跨式与销接式。

骑跨式吊索的上端绕跨在索夹顶部的嵌索槽中,索夹分左右两半用高强螺栓固定在主缆上,下端用锚头与加劲梁体连接,如图 5-3-22a)所示为四股骑跨式。销接式吊索的上端用连接套筒销在索夹下端的耳板上,索夹分上下两半用高强螺栓固定在主缆上,下半圆上有带孔的耳板以便与吊索的套筒销接,如图 5-3-22b)所示为双股销接式。

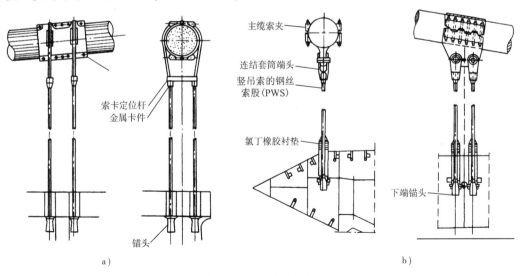

图 5-3-22 吊索与索夹构造
a) 四股骑跨式;b) 双股销接式

骑跨式由于吊索上方小半径绕在索夹上,因而产生局部挠曲应力,只适用于钢丝绳吊索,美式及日本悬索桥应用较多。销接式由于吊索无需弯曲,既适用于钢丝绳索也适用于平行钢丝索,在英式及我国悬索桥上较多应用。

吊索下端用锚头或套筒与主梁连接。

第二节　悬索桥的设计简介

悬索桥是一个复杂的柔性超静定结构,准确计算悬索桥在计算机出现以前是非常困难的,但是早期近似计算理论的发展对大跨度悬索桥发展起到了决定性的作用。

一、悬索桥设计的内容

悬索桥的设计主要包括三个主要承重构件的设计:加劲梁在活载与其他荷载作用下与主缆共同受力,因此必须与主缆共同考虑,所以悬索桥设计按顺序包括以下内容,先考虑主缆及加劲梁的设计,然后根据已决定的主缆及加劲梁体系考虑桥塔和锚碇的设计,最后进行其他辅助构件的设计。下面主要介绍主缆、加劲梁、桥塔、锚碇的设计内容。

(一)主缆及加劲梁的设计内容

图 5-3-23 所示为主缆及加劲梁的基本设计流程。

首先拟定悬索桥的形式,即采用单跨悬吊、双跨悬吊还是三跨悬吊,加劲梁采用桁梁还是箱梁,多跨连续还是各跨双铰支承。

其次拟定主要尺寸参数。根据桥位处的地形及地质条件,在可能的范围内选择边孔与主孔的跨度比、主缆的垂跨比。参照已有类似跨度与规模的实桥数据来拟定加劲梁的恒载及刚度,必要时做初步的计算。参考既有类似跨度、规模、形式与垂跨比的悬索桥来初步假定主缆的钢丝索股数与每股的钢丝根数。

上述的恒载、截面及刚度等假定之后即可选择适宜的计算理论进行各种初步的计算,经过初步计算之后,即可根据计算结果决定主缆与加劲梁的必要截面,并由此算出恒载与刚度。将计算所得的截面、刚度及恒载等数据与原先假设的进行比较。如果原先的假设有较大的富余或不足,则应重新进行假设并再次进行计算,直到假设与计算结果比较吻合为止。

在静力计算满足要求之后,接着应进行动力分析。由于悬索桥的线刚度低,在空气中的动力性能往往成为设计的控制因素,目前理论计算尚不能准确求解空气动力问题,一般须进行模型风洞试验。根据动力分析结果,可能需要进一步改变主缆及加劲梁的设计参数,有时为了改善结构的抗风性能必须增加一些导流设施,如导风板(lap)、导风角(firing)、导风器(deflector)、分流板(spit plate)、裙板(skirt)等。风力的大小可根据桥位处的风力或风速观测资料来推算主缆及加劲梁高度处的设计风力。

地震反应分析一般宜放在最终的设计阶段进行。

(二)桥塔的设计内容

如图 5-3-24 所示为桥塔的基本设计流程。

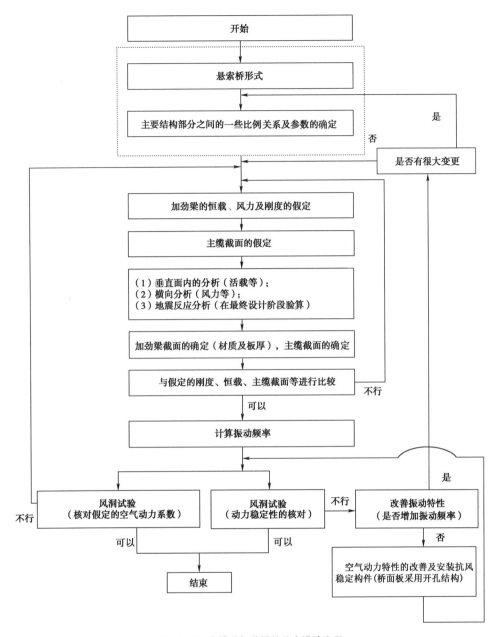

图 5-3-23　主缆及加劲梁的基本设计流程

桥塔的设计计算应根据主缆与加劲梁的结构体系来进行。桥塔的构架形式一般有门架式、具有多层横梁的刚架式以及具有一组或若干组交叉斜杆的桁架式。当然也可兼用刚架与桁架的混合形式,即在桥面以下部分为桥桁架式,以上部分为刚架式。总之,除了两根塔柱有直柱及略带倾斜的斜柱的区别之外,桥塔的构架形式主要由布置在两根塔柱之间的腹杆(水平横杆或交叉斜杆)的形式来决定。

桥塔各部分的截面尺寸可以参考已有类似的悬索桥来做初步的假定。图 5-3-24 中的组合应力是指在同一荷载条件下的纵向应力与横向应力的组合。钢桥塔的稳定应考虑板壁的局部压屈稳定与桥塔构架面内与面外的整体压屈稳定。

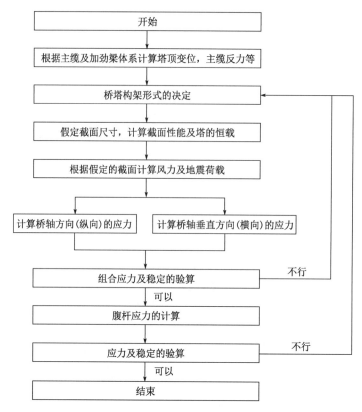

图 5-3-24 桥塔的基本设计流程
注：腹杆是指塔柱之间的连接横梁或交叉斜杆。

（三）锚碇的设计内容

锚碇的作用是将主缆拉力安全地传给地基。当锚碇建造在岩层或硬质地基之上时，设计计算时应考虑如下两个方面：①锚碇作为一个刚体，在主缆拉力的水平分力作用下，不应滑移；②在主缆拉力和锚碇自重等的作用下，在其基底面任意一点的竖向压应力不应超过地基土的容许压应力，这样锚碇也就不会产生转动。当锚碇设置在软弱地基时，除进行上述验算外，尚应进行锚碇沉降量计算。

二、悬索桥计算理论简介

悬索桥是柔性结构，计算时必须考虑结构在承受荷载后的变形对内力分布的影响，即几何非线性的影响。计算理论的进步为悬索桥跨度的增大奠定了基础，早期的计算均采用解析法，目前采用数值法。

大跨径悬索桥加劲梁吊装时，某一节段吊装到位后仅在上弦与相邻节段临时连接，节段间是铰接，待所有节段吊装到位、线形调整完毕后再将全梁连成整体，所以加劲梁重力完全由主缆承担，加劲梁只承担自重产生的局部弯矩。因此，自重内力计算只需计算主缆在均布荷载作用下的拉力，这可以简单地通过内外力平衡求解。悬索桥的设计计算难点主要是活载及其他使用荷载作用下的内力计算，此时必须考虑主缆与加劲梁共同受力。

(一)恒载内力计算

加劲梁是在主缆及吊杆安装完毕后,才分段吊装就位,在吊装过程中加劲梁只连接上弦,所有梁段全部吊装完成后再连接成整体,所以吊杆、加劲梁等恒载全部由主缆承担,主缆所承担的恒载 q 接近均布荷载,因此,恒载作用下主缆线形接近二次抛物线,如图 5-3-25 所示。在选定跨中矢高 f 后,主缆线形为:

$$y = \frac{4fx(L_A - x)}{L_A^2} \tag{5-3-1}$$

主缆拉力为:

$$H = \frac{qL_A^2}{8f} \tag{5-3-2}$$

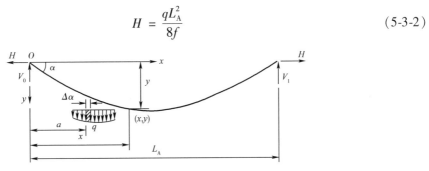

图 5-3-25 恒载作用下的主缆线形

(二)活载计算及其他荷载内力计算

有足够重力刚度的悬索桥在活载作用下,主缆与加劲梁共同受力。有两种求解思路:一是不考虑结构体系变形对内力的影响,可按普通结构力学方法计算,称为弹性理论方法;另一种思路则考虑结构体系变形对内力的影响,即考虑大位移几何非线性影响,不能采用普通结构力学方法求解,称为挠度理论。计算机得到广泛应用后,几何非线性问题可以借助数值解法得到精确的数值解,目前常用的数值方法称为有限位移理论。

1. 弹性理论

弹性理论是悬索桥最早的计算理论,19 世纪末至 20 世纪初的早期悬索桥计算均采用弹性理论来进行。当时以世界上跨度最大的布罗克林(Brooklyn)桥为代表的许多美国的悬索桥都是以这个计算理论来进行设计的。

它将悬索桥的结构看作主缆与加劲梁的结合体,在计算中只考虑由活载产生的新的构件内力之间的平衡,并且计算建立在不考虑荷载产生的变形对内力影响的基础上,基于变形非常微小而可以忽略的计算假设。弹性理论在下列假定条件下,可根据弹性平衡状态推导出来:

(1)悬索假定完全柔性。
(2)假定悬索曲线形状和纵坐标在加载后保持不变。
(3)加劲梁沿跨径悬挂在悬索上,其截面的惯性矩沿跨径不变。
(4)吊杆为竖直,且沿桥跨密布,不考虑在活载作用下的拉伸和倾斜。
(5)一期恒载完全由主缆承担,恒载作用下主缆线形为二次抛物线,加劲梁中仅有二期恒载、活载、风力和温度变化产生的内力。

在上述假定下,使用荷载内力计算与恒载无关,使用荷载内力计算完成后,将它与恒载内力叠加即可得到总内力。按弹性理论计算的主梁活载弯矩 M 为：

$$M = M_0 - Hy \tag{5-3-3}$$

式中：M_0——将活载作用在跨径为 L_A 的简支梁上的弯矩图；

H——活载主缆水平力增量。

弹性理论能满足早期跨度较小且加劲梁刚度相对较大的悬索桥的计算要求，但是，它存在"内力偏大"的误差，这种误差将随着悬索桥跨度的增加、加劲梁的柔细以及恒载活载比值的加大而有明显的增大，所以在今日已很少使用。

2. 挠度理论

1862 年提出了悬索桥挠度理论，到 20 世纪初得到应用，从 20 世纪初到 80 年代前后，悬索桥的计算均采用挠度理论来进行。最早采用这个计算理论来进行设计的是 1909 年建成的美国纽约跨越东河的曼哈顿（Manhattan）桥，并保持跨度世界纪录 50 多年的金门大桥也建立在此理论基础之上。

采用挠度理论来计算悬索桥时，基本假定与弹性理论大部分相同，其根本的区别在于上述第二条假定，即假定结构在荷载作用下的变形不可忽略，结构的内力平衡建立在变形后的几何形状上。根据这一假定，使用荷载作用时结构的形状将发生改变，不但使用荷载在新形状上内外力平衡，而且恒载的平衡状态也随结构的变形而发生改变，恒载与使用荷载共同作用下达到新的平衡位置。因此，挠度理论计入了恒载内力对悬索桥刚度的提高作用。采用挠度理论计算时叠加原理不再适用，每种工况不同的使用荷载必须分别与恒载组合后计算内力，而不能单独计算使用荷载内力后再与恒载内力叠加。

图 5-3-26 为悬索桥挠度理论计算假定，此时主梁弯矩为：

$$M = M_0 - H_q v - H_p(y + v) = M_0 - H_p y - (H_p + H_q)v \tag{5-3-4}$$

式中：H_p——活载主缆水平力增量；

H_q——恒载主缆力；

v——活载引起的主缆线形变化量。

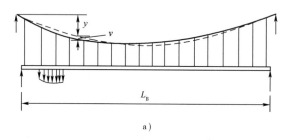
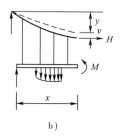

图 5-3-26 悬索桥挠度理论计算假定

从上述公式来看，用挠度理论计算所得的弯矩比用弹性理论要小 $(H_p + H_q)v$，虽然 v 很小，但是由于主缆恒载拉力很大，弯矩减小量仍然很大。悬索桥的跨度越大、恒载主缆力越大，挠度理论的内力计算值比弹性理论减少得越多，采用挠度理论来设计大跨度悬索桥可以比弹性理论大大节约材料。

挠度理论采用解析法，在结构比较复杂的情况下，如对于具有斜吊杆的吊桥，或者在荷载比较复杂的情况下，公式很难推导，有时必须作一定的近似假定，根据不同的假定派生出很多分支。因此,在电子计算机出现后,很快被更精确的数值法代替。但是,作为初步设计阶段的估算方法,仍然是非常适用的。

3. 数值法计算悬索桥

从20世纪80年代前后开始,电子计算机得到高速发展和广泛应用,结构几何非线性问题可以通过计算机的迭代计算得到精确的数值解。悬索桥的总体计算一般采用空间杆系有限元法进行,几何非线性问题采用有限位移理论求解。

有限元法放弃将悬索桥看作为由承受轴向拉力的主缆与承受竖向弯矩的加劲梁所组合的结构体系,而是将悬索桥看作为由多根直线杆件所组成的空间框架结构体系(主缆为多根直杆组成的折线形),通过杆件交叉点(节点)处的变形协调使结构保持整体。变形协调建立在结构变形后的位置上,因此,各种几何非线性问题均被考虑在其中了。上述结构求解建立在有限位移理论基础上,采用迭代方法进行,一般采用拖动坐标法。

采用数值法进行计算时,对组成悬索桥的各个构件的位置与组合形状完全没有限制,而是可以任意布置,对主缆与吊索在计算上也不需加以区别。弹性理论、挠度理论一般只适用于进行结构面内的计算,而数值法可应用于结构的立体计算,这就能解决纵桥向设斜吊杆、横桥向吊杆面倾斜等方案的计算。因此,非线性有限元的应用使悬索桥的设计突破了计算手段的限制,为悬索桥设计的多样性创造了条件。

(三)悬索桥抗风问题

风的动力作用对大跨径桥梁的影响已在前章中提到,以悬索为主要承重结构的吊桥结构线刚度低,风将对结构产生巨大的影响。

与斜拉桥类似,风的作用可以分为静力作用和动力作用。静力作用将悬索桥看作在定常流场中的物体,一定角度(攻角)的风对主梁产生阻力、升力和升力矩,也称为三分力(图5-2-57)。阻力将使主梁侧向弯曲,是悬索桥受到的主要横向力,升力将使吊杆力降低,增加疲劳应力幅,而升力矩使主梁发生扭转,扭转后攻角发生改变,升力矩进一步加大,当风力足够大时可能造成扭转发散。风的静力三分力通过三分力公式计算获得,然后作为静力施加在结构上与其他荷载组合后进行验算。

由于风力和结构的相互作用使结构产生振动,如前所述,风致振动分为如下几种类型:涡振(涡激振动)、自激振动(驰振、颤振、耦合颤振)、抖振(阵风随机周期作用)、气流力干扰振动等。对于悬索桥,风致振动现象在主要构件上的表现分别是:

在加劲梁上,所有上述各类现象都可能发生,是抗风设计的关键。

桥塔在成桥状态下,其风振现象不严重,但在施工时则可能发生较严重的风致振动。对于钢塔,在较低风速下会发生涡振,在较高风速下可以发生驰振;而对于钢筋混凝土塔,理论上在更高风速可能发生驰振,但涡振一般不大可能发生。

长吊索可以发生涡振,由于吊索直径较小,间距相对较大,一般不会发生如同斜拉索一样的尾流驰振。

主缆由于其内有很大的轴力并连着密布的吊索,所以一般会像斜拉桥的拉索那样产生涡振和驰振。

风动力作用的理论计算很困难,目前往往采用模型的风洞实验和一些理论相结合的方法来解决。加强动力稳定性有两个途径:

(1)增加悬索桥的刚度,提高结构的固有振动频率和增加结构的阻尼,从而提高悬索桥的临界风速,使之超过建桥地点可能发生的最大风速。

(2)单纯从增加加劲梁的刚度来提高悬索桥的稳定性,必然会降低悬索桥的经济性,积极的措施是减少空气动力的作用来增加悬索桥的稳定性。例如,采用两端倾斜的流线型截面等。

第三节 悬索桥施工简介

悬索桥适用于超大跨径桥梁的主要原因除了充分利用了材料强度外,独特的施工方法使超大跨径桥梁的架设成为可能。常规的悬索桥架设步骤一般为:塔柱及锚碇施工,猫道架设,主缆架设,索夹及吊杆安装,主梁吊装架设等。

一、主要施工工艺简介

(一)塔柱及锚碇施工

1. 塔柱施工

钢塔柱一般用钢板先预制连接成格子形截面的节段,节段在现场吊装拼接成塔柱。早期的钢塔柱无论节段内还是在节段间的连接均采用铆接,构建加工精度要求高。随着栓焊技术的发展,钢塔节段在工厂焊接制造,然后将节段运输到工地架设并用高强螺杆来连接(图5-3-14)。钢塔柱一般支承在一块厚钢板上,厚钢板与桥墩混凝土栓接并把塔柱压力均匀传递到桥墩中。现在也有在桥墩混凝土中埋设锚固构架,塔柱用高强螺栓锚固在构架上,通过构架将压力均匀传递到混凝土中的做法。

混凝土塔柱的施工与斜拉桥塔柱施工相同,一般以就地浇筑为主,采用滑模、爬模等技术连续浇筑。

2. 锚碇施工

当河岸有坚硬岩石时,可以采用岩隧锚碇。岩隧锚可以将主缆集中在一个岩洞内锚固,也可以在岩石山开凿多个岩眼,将主缆分成多股穿过岩体在锚固室内锚固,如图5-3-27所示。

设置在承载力比较好的地基上的重力式锚碇,一般采用明挖的扩大基础。当锚碇设置在软土层中时,可以采用大型沉井或地下连续墙的形式。如江阴大桥北锚碇采用了大型沉井,而日本的明石海峡大桥采用了地下连续墙。

(二)缆索系统的架设

悬索桥整个主缆自重大,必须逐丝或逐股安装到位,然后在现场编制成缆。缆索的施工大致可分为如下步骤,如图5-3-28所示。

1. 准备工程

在架设缆索之前的准备工程中包括安装塔顶吊机、塔顶鞍座、锚碇附近的散索鞍座以及包括各种绞车和转向设备等的驱动装置。

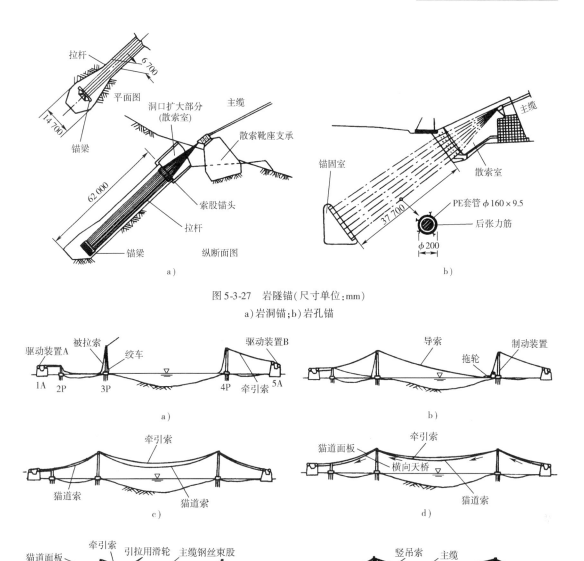

图 5-3-27 岩隧锚(尺寸单位:mm)
a)岩洞锚;b)岩孔锚

图 5-3-28 缆索系统施工步骤图
a)准备工程;b)架设导索;c)架设牵引索及猫道索;d)架设猫道面板及横向天桥;e)架设抗风索以完成猫道,架设主缆;
f)将猫道转载于主缆后拆除抗风索,并架设竖吊索

2. 架设导索(pilot rope)

导索是缆索工程中最先拉过海(或江河)的钢丝绳索。它是缆索工程中的第一道难关。导索从一端锚碇上引出,越过塔顶后,用拖轮拽到对岸,再越过对岸塔顶锚固在锚碇上。日本的明石海峡大桥用直升机将导索牵引过海,从而不影响海峡的通航。导索用钢缆制作,但是为了减轻重量,也有采用芳族聚酰胺纤维制作的。两根导索一般分别拖拽安装,当拖拽特别困难时可以只拖一根,另一根通过架设好的导索悬吊过海,再横移到位。

3. 架设牵引索及猫道索

当导索从一岸到另一岸架设完毕后,即可由它来架设牵引索(hauling rope),牵引索是布置在两岸之间的一根连接成环状的无端头的钢丝绳索,可由两岸的驱动装置来使牵引索走动,从而一来一往地引拉其他需要架设的缆索。

牵引索架设后首先要架设猫道索(catwalk rope),猫道(catwalk)是一种在空中架设的工作走道,每座悬索桥的施工一般设有2个猫道,沿主缆下方布置,它是由若干根猫道索来承载的。

4. 架设猫道面板及横向天桥(cross bridge)

当每个猫道的若干根猫道索由牵引索引拉架设好之后,即可铺设猫道面板形成空中工作场地。现在的猫道面板均采用透风性好的钢丝网片,以减小在空中的风阻力,以免风力造成猫道的翻转。在2个猫道之间一般设数座横向天桥,它除了沟通两个猫道外,还能增加猫道横向稳定性。

5. 架设抗风索以完成猫道

猫道自重轻,在风力作用下极不稳定,因此必须在猫道之下架设抗风索。抗风索与猫道索反向,与猫道之间用吊索连接,如图5-3-29所示。抗风索除了能增加抗风稳定性外,还能通过抗风吊索的张拉力调整猫道的线形,以适应主缆的形状。在风力不大的地区,通过增加横向天桥的个数来提高猫道的抗翻转能力,从而不设置抗风索。猫道形成后即可在其上进行主缆的架设施工。

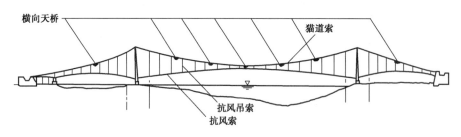

图 5-3-29 抗风索

6. 架设主缆

现代大跨度悬索桥的主缆截面组成一般都是先由 $\phi 5mm$ 左右的钢丝组成钢丝束股(strand),然后再由若干根钢丝束股组成一根主缆。钢丝束股的组成方法有空中编丝组缆法与预制平行钢丝束股法。前者简称 AS 法,后者简称 PPWS 法或 PWS(Parallel Wire Strands)法或 PS 法。

AS 法由通过牵引索做来回走动的编丝轮,每次将2根钢丝在高空从桥的一端拉向另一端(图5-3-30),待所拉钢丝达到一定数量后,即可编扎成一根索股。AS 法每股钢束的钢丝数量可达四五百根之多,多股钢束合并成主缆。主缆总丝数达数千根,因此,AS 法施工速度较慢,为提高速度,可采用2台相向走动的单轮编丝车或采用双轮编丝车,或采用更多的编丝轮。AS 法在欧美使用较多。

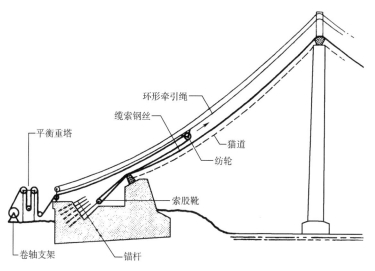

图 5-3-30　AS 法原理

PPWS 法先将钢丝预制成平行钢丝束股,一般每股捆扎成六角形,所以,一股有 61、91 或 127 根 φ5mm 左右的钢丝。在工厂预制好的索股缠绕在滚筒上运输到现场,通过牵引索沿猫道牵引到安装位置上。PPWS 法的优点是避免了现场由钢丝编成钢丝束股的作业,从而加快主缆的施工进度;但它要求有大吨位的起重运输设备和拽拉设备来搬运跨越全桥的整根钢丝束股,同时在猫道上还需设置导向轮以减小索股受到的摩阻力。PPWS 法在日本得到了长足的发展,我国工程师也倾向于 PPWS 法。

一般来说,采用 AS 法的主要缺点为架设主缆时的抗风能力较弱以及所需时间较长。AS 法的主要优点是索股丝数多、股数少,从而锚固空间较小,同时运输起吊设备比较轻便。相反,受起吊重量的限制,采用 PPWS 法时束股中的钢丝根数较少,故其股数较多,需要的锚固空间较大。

若干股索股编扎成主缆后通过紧缆机(squeezing machine)挤紧主缆,再用缠缆机(wrapping machine)在主缆外缠丝。一般用 PPWS 法编成的主缆孔隙率较低。

7. 将猫道转载于主缆后拆除抗风索,并架设竖吊索

当主缆架设完毕后,即可将猫道的全部荷载由猫道索转移到主缆上,然后将抗风索(storm rope)拆除,并在猫道上安装竖吊索,安装完毕后即可拆除猫道,至此,悬索桥的缆索工程遂告全部完成。

(三)加劲梁的制造与架设

钢加劲梁在工厂分段制造,节段制造完成后必须进行相邻节段的试拼装,试拼合格、做好对接标志后运到施工现场等待吊装。

加劲梁的架设以主缆作为脚手架,通过可以在主缆上沿纵桥向行走的提升梁(或称为跨缆吊车)分段提升悬挂在吊索上。图 5-3-31 为加劲梁节段起吊示意图。梁段用驳船浮运到安装位置的下方,提升梁上的卷扬机放下提升钢丝绳,钢丝绳通过平衡梁与加劲梁节段连接,卷扬机将梁段提升到吊索位置后,将吊索下端与梁段上的吊点连接,同时将本梁段与相邻梁段临时铰接,然后松开平衡梁,本梁段吊装完成。

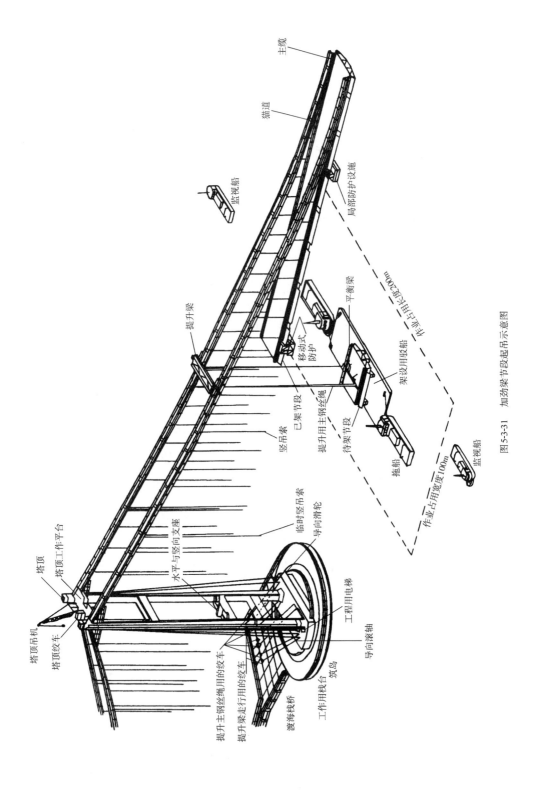

图 5-3-31 加劲梁节段起吊示意图

主缆是柔索结构,当只有部分梁段悬吊在主缆上时挠度很大,因此,已吊装的加劲梁将产生很大的弯曲变形。如果梁段吊装到位后即与相邻梁段连接,则加劲梁将承担很大的弯曲应力,造成结构破坏。为此,梁段吊装到位后只在上缘与相邻梁段连接形成铰接,下缘在吊装期间张开。随着吊装梁段的增加,主缆的局部挠度减小,加劲梁下缘的间隙逐渐闭合,待梁段全部吊装完成或大部分完成后在相邻节段间永久固结连接,此时,加劲梁恒载完全由主缆承担,加劲梁只承担节段内的局部弯矩。

加劲梁吊装可以从主跨跨中和边跨悬臂端向塔根前进,也可以从塔附近向跨中及悬臂端前进。总的要求是使塔柱尽量少承担不平衡主缆水平力,因此,中跨和边跨的前进速度必须经过计算确定。早期架设顺序及速度受到计算能力的限制,随着计算机技术的应用,架设的顺序可以实现多样化。

二、施工阶段线形及内力控制

悬索桥施工过程中必须对塔柱弯矩、主缆线形及加劲梁线形加以控制,以使成桥时塔柱基本只承担竖向力,主梁线形达到道路线形要求。

在空缆状态下,主缆无论在中跨还是在边跨均为悬链线,当加劲梁安装完毕后,恒载接近于均布荷载,主缆线形接近于二次抛物线。在两种线形之间转换时,主缆将向中跨移动,因此,塔顶的索鞍在加劲梁架设期间必须可以在纵桥向移动,待架设完毕后再与塔顶固结。

主缆的长度是从成桥状态考虑成桥温度后用无应力法计算得到的。再根据索股在主缆中的位置计算索股的长度,编索时先确定标准丝的长度,其余钢丝按照标准丝定长度。空缆的形状根据缆索的总长及中跨与边跨主缆水平分力相等的原则确定,空缆线形与成桥线形比较后可以得到索鞍在架设期间移动的距离。有了空缆线形后即可进行加劲梁吊装过程模拟计算,从而得到吊装过程中主缆、加劲梁的线形控制值,结果将用于现场操作控制。现场控制时将现场实测值与计算值比较,控制架设的精度。

以上计算都必须考虑几何非线性效应,现在一般通过基于有限位移法的计算机程序进行计算,同时考虑实测温度与计算温度差的补偿。

第四章 桥例简介

第一节 荆州长江公路大桥

一、工程概况

荆州长江公路大桥位于湖北省荆州市,是 207 国道跨长江的一座大型桥梁。桥位处江面宽约 3 000m,江中有一沙洲,称为三八洲。三八洲将桥位分为南北两汊,其中北汊宽约 700m,南汊宽宽约 450m,三八洲宽约 1 100m。桥梁全长为 4 177.60m。该桥于 1998 年 3 月 28 日正式开工,2002 年 2 月建成通车。

桥址区地表出露地层为第四纪松软堆积砂卵石层,下伏基岩为泥岩、粉细砂岩,岩顶部埋深 116~128m。

设计行车速度:100km/h。

设计荷载:汽车—超 20 级,挂车—120。

桥面宽度:行车道净宽 21.50m,桥面总宽为 24.5m(斜拉桥段 27.0m)。不设非机动车道和人行道。大桥共由 9 个桥段组成,自北向南依次为:

北岸桥:长 926m。

(1)北岸引桥:22×20m 预应力混凝土简支空心板。

(2)跨荆江大堤桥:93m+150m+93m 预应力混凝土连续梁。
(3)北岸滩桥:5×30m 预应力混凝土简支T梁。
主桥:长为2557m。
(4)北汊通航孔桥:200m+500m+200m 预应力混凝土(PC)斜拉桥,见图5-4-1a)。
(5)三八洲桥:100m+6×150m+100m 预应力混凝土连续梁。
(6)南汊通航孔桥:160m+330m+97m 预应力混凝土(PC)斜拉桥,见图5-4-1b)。
南岸桥:长490m。
(7)南岸滩桥:8×30m 预应力混凝土简支T梁。
(8)跨荆南干堤桥:50m+80m+50m 预应力混凝土连续梁。
(9)南岸引桥:9×30m 预应力混凝土简支T梁。

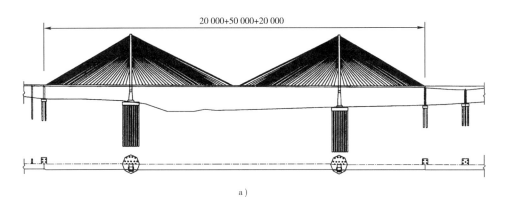

a)

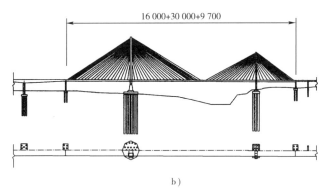

b)

图5-4-1 荆州长江大桥总体布置图(尺寸单位:cm)
a)北汊斜拉桥,b)南汊斜拉桥

二、主桥结构设计

(一)北汊通航孔桥

1. 主梁

北汊通航孔桥主梁采用预应力混凝土肋板式结构。双主肋高2.4m,标准梁段肋宽1.7m,梁顶宽26.5m(底面宽27.0m),桥面板厚32cm,如图5-4-2所示。为消除边墩支座负反力,两梁端各70m范围内采用加大主肋宽度的方法,增加自重。

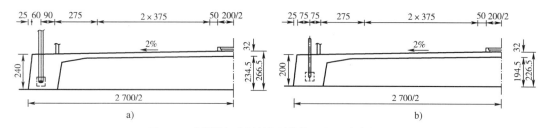

图 5-4-2 荆州长江大桥斜拉桥横截面图(尺寸单位:cm)
a)北汊斜拉桥主梁标准断面;b)南汊斜拉桥主梁标准断面

2. 索塔

北汊通航孔桥采用 H 形索塔,如图 5-4-3 所示。北塔高为 139.15m,南塔高为 150.25m。两塔每根柱下均设有 5m 高的塔座。塔上横梁截面高度为 4m,下横梁截面高度为 6m,均设置了预应力筋。

3. 斜拉索

斜拉索采用 PES7 热挤聚乙烯拉索,PESM7 冷铸锻头锚锚固体系。拉索最小间距为 7m,标准间距为 8m,塔下第一对斜索与直索间距为 11.5m,拉索最小倾角为 23.554°。全桥采用 PES7-39 到 PES7-283 等 8 种规格的斜拉索。

4. 支座

主梁设计成飘浮体系,仅在两端过渡墩上设 4 个拉压球形支座,支座设计竖向压力为 5 000kN,竖向拉力为 25 005kN,位移量为 ±400mm,转角 1°。

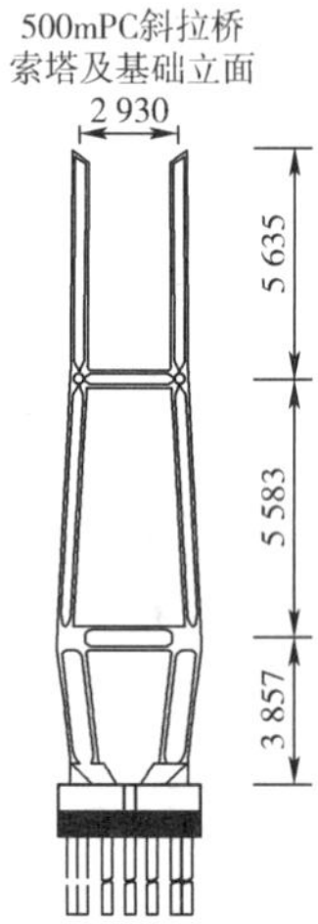

图 5-4-3 荆州长江大桥斜拉桥桥塔构造图(尺寸单位:cm)

(二)南汊通航孔桥

1. 主梁

南汊通航主桥采用预应力混凝土肋板式结构,双主肋高 2.0m,如图 5-4-2所示。根据受力和静力平衡的需要,桥面板厚度分别采用 32cm、76cm、108cm、132cm 及实体梁五种不同的断面形式。

2. 索塔

南汊斜拉桥两塔为高度不等的 H 形塔。高塔高度为 124.5m,低塔高度为 89.4m。

3. 斜拉索

南汊斜拉桥斜拉索采用与北汊斜拉桥相同的材料,在拉索的布置上南汊斜拉桥塔下不设直索,塔下无索区长 20.0m,拉索标准间距为 8.0m,最小间距为 4.0m。拉索最小倾角为 25.75°。

4. 支座

南汊斜拉桥亦为飘浮体系,仅在两端过渡墩上设四个拉压球形支座,由于结构的不对称性,小边跨梁端的拉压支座需要承受较大的竖向拉力。

(三)三八洲桥

三八洲预应力混凝土箱形连续梁桥,分两幅布置,主梁设计成两个分离的箱梁。箱梁墩顶梁高为 8.0m,跨中及梁端的梁高为 3.3m。单幅箱梁顶宽为 12.50m,底宽为 7.0m。

(四)主桥基础

主桥基础全部设计为钻孔灌注桩基础。北汊通航孔桥两塔下均为 22 根直径 2.5m 桩基,承台直径 33.00m,承台厚 6.0m;三八洲桥中墩每幅采用 5 根直径 2.0m 桩基,承台厚度为 5.0m。

南汊斜拉桥高塔下采用 22 根直径 2.0m 桩基,承台直径为 27.20m,承台厚度为 6.0m,低塔下采用 15 根直径 2.0m 桩基,承台厚度为 6.0m,矩形承台。

三、设计、施工中的主要技术特点

荆州长江公路大桥地质构造复杂,500m 主跨 PC 斜拉桥跨径大,当时位居国内同类桥梁第一,世界第二;南汊姊妹塔 PC 斜拉桥两塔高差达 35.4m,这种不对称斜拉桥在国内尚不多见。设计、施工中的主要技术特点如下。

(一)设计计算

(1)500m 主跨 PC 斜拉桥成桥及悬臂施工阶段静力稳定性问题,结构几何非线性和材料非线性问题,特大跨度 PC 斜拉桥的地震反应、风稳定性问题以及特大跨度 PC 斜拉桥混凝土徐变影响分析。

(2)300m 主跨高低塔斜拉桥结构变形协调性以及拉索疲劳问题。

(二)施工工艺

(1)500m 主跨 PC 斜拉桥施工控制技术。

(2)长大斜拉索安装工艺、减震措施(500m 主跨 PC 斜拉桥的拉索最长达 268.54m,重力 223kN)。

(3)复杂地质条件下大直径钻孔灌注桩施工技术(大桥 32 号塔桩基直径 2.5m,深 90m,须穿透的卵石层厚约 20m)。

(三)工程材料

1. 高强混凝土

荆沙长江公路大桥南北汊 PC 斜拉桥主梁采用 C58 高强度混凝土,在国内如此大规模使用 C58 混凝土是少有的。为保证混凝土在施工过程中的质量,降低造价,需研究使用常规的水泥、砂、石原料以及常规的制作工艺生产高强度混凝土的外加剂和最优的混凝土配合比。

2. 大位移量伸缩缝

为适应温度引起的主梁伸缩及地震位移,500m 主跨与三八洲桥之间须设置伸缩量 1 360mm 的大位移量伸缩缝。

第二节　江阴长江大桥

一、工程概况

本桥位于全国两条公路纵贯线(同江至三亚、北京至上海)跨越长江之处,是开发上海浦东、长江三角洲乃至整个长江流域所必须,也是使苏南辐射苏北,增强苏北经济活力的一个关键。桥址选在江阴和靖江间,这里的江面宽度很窄,适合于用一个大跨跨越。南岸有山,北岸则是覆盖层很厚的河滩平地。主跨1 385m,桥下通航净高50m。北岸锚碇采用巨大的混凝土沉井,平面尺寸为69m×51m,下沉深度为58m;经过20个月,出土20万 m³,方才完成。

二、桥的立面、荷载、工期和造价

图 5-4-4 是本桥的立面布置图,单跨1 385 m。缆的边跨分别是336.5 m 和309.34 m。将引桥(预应力混凝土梁)计入,工程的全长是3 071m。

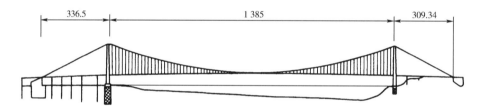

图 5-4-4　江阴长江大桥立面布置图(尺寸单位:m)

活荷载为六车道汽车—超20级。从发展考虑,曾将活载提高至1.3倍;并用特-300局部荷载进行验算。

桥面布置:汽车六车道,宽6×3.75m;中央分隔带宽为2.0 m,紧急停车带宽2~2.5m,全宽29.5 m。

桥下净空:通航要求是50m×380 m(高×宽,在净高之中已包含2m 富余在内),可以通行5万吨级巴拿马型船舶或16×3 000t 顶推船队。

临界风速不低于49m/s。

地震按六级考虑。

本桥1994年11月22日开工,1999年9月28日建成,工期约为五年,总投资是28.7亿元。本桥是当时世界上工期较短、投资较省的一座千米以上级跨度的悬索桥。

三、主缆和桥塔

每根主缆包含169索股,每股为127φ5.305mm预制平行钢丝。两主缆中心距32.5m,桥的宽跨比是32.5/1 385 = 1∶42.6。垂跨比是1∶10.5。吊索的纵向间距16m,采用平行钢丝构造。主缆钢丝的抗拉强度不小于1 600MPa。

桥塔为混凝土结构,包含两根塔柱、三根横系梁,每塔混凝土工程量19 000m³。塔柱构造如图5-4-5所示。

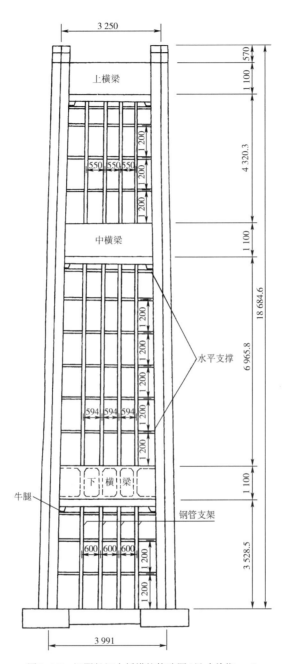

图 5-4-5　江阴长江大桥塔柱构造图(尺寸单位:cm)

南塔在江边,塔高 186m,每根塔柱采用 24φ3 m 钻孔桩作基础。

北塔在浅水处,塔高 183m,基础采用直径 2m 的钻孔桩 96 根,桩尖均嵌岩。桩的平均长度 85 m。

四、锚碇

南北锚碇均为重力式锚碇。南锚碇在小山上,开挖而成。挖方约 160 000m³,结构混凝土体积 58 065m³,回填基坑混凝土约 64 000m³。

北锚碇在大堤之外的平地上,地基为承载能力低的覆盖层。基础采用了混凝土沉井,平面尺寸为69m×51m(纵向×横向),内设36个井孔(7m×10 m),下沉深度58m。所穿过的地层,除上层为软土外,需穿过24 m厚的紧密粉细砂层、近10 m厚的硬土层以及5m厚的粗砂砾层。前30 m下沉时,采用排水出土方法,下沉速度快、精度高。后28m下沉时,为减小沉井内外水头差,采用不排水出土。采用空气吸泥法,施工单位为此动用了高压水枪36套、高压泥浆泵24套、空气压缩机总量为260m³/h。历时20个月,下沉58m,终于完成了这项工作。混凝土用量为10.4万 m³,挖土20.6万 m³。北锚碇剖面如图5-4-6所示。

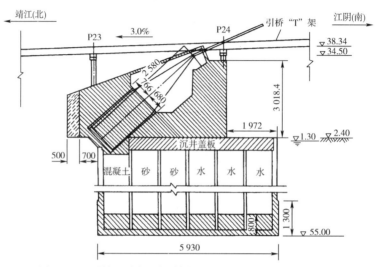

图5-4-6 江阴长江大桥北锚碇剖面图(尺寸单位:cm;高程单位:m)

五、加劲梁

本桥采用扁平钢箱加劲梁,全宽36.9 m(不包括风嘴32.5m)。梁高3m。顶板厚12mm,底板厚10mm。纵向U形肋厚度为6mm。桥面铺装为48mm厚沥青混凝土。图5-4-7是加劲梁的横截面(一半)。箱梁总长1 380.6 m,总质量17 500t,折合12.7t/m。吊装时,共分为44节段,标准节段质量为450t,共32节,非标准节段12节,最小质量200t。1999年2月9日开始吊装,4月21日完成,历时71d。

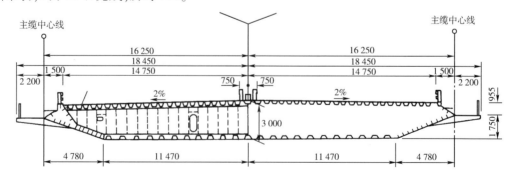

图5-4-7 江阴长江大桥钢箱加劲梁横截面(尺寸单位:mm)

PART6 | 第六篇

桥梁墩台

第一章
桥梁墩台类型和构造

第一节 墩台类型及适用性

桥梁结构分为上部结构和下部结构两部分,上部结构是桥梁跨越空间并承受其上面外加作用的结构物;下部结构是支承上部结构并将上部结构传来的作用传递到地基上的结构物。图 6-1-1 为一座桥梁的立面布置示意图,它表示了桥梁上部结构与下部结构的相互关系。

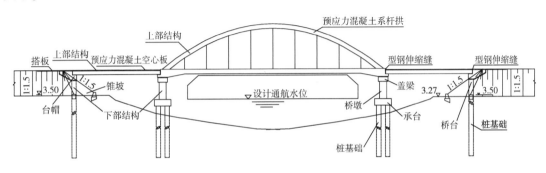

图 6-1-1　桥梁总体布置图(高程单位:m)

桥梁下部结构由桥墩、桥台和基础组成。桥墩是指多跨桥梁的中间支承结构物,由墩帽(盖梁)、墩身与基础构成(图6-1-2);承受由相邻两跨上部结构支座传来的竖直力、水平力和墩身风力,位于水流中的桥墩还要承受水流压力、冰作用以及可能出现的船只排筏或漂浮物的撞击力。桥台是连接两岸道路的桥路衔接构造物,它除了支承上部结构外,还起着挡土护岸的作用,由台帽、台身和基础构成;承受由支座传来的竖直力和水平力的同时,还承受台后填土及填土上附加作用引起的侧向土压力。基础将桥梁的全部重力和作用传递到地基,地基是桥梁结构的立足点。因此,桥梁墩台结构不仅自身应具有足够的强度、刚度和稳定性,而且对地基的承载能力、沉降量、基础和地基之间的摩阻力等都必须提出较高的要求,以防止在桥梁承重作用下,地基发生过大的水平位移、转动或沉降。对此,超静定结构桥梁尤为重要。

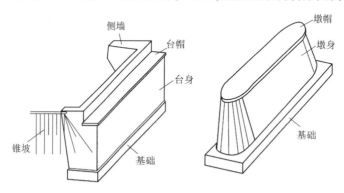

图6-1-2 梁桥重力式墩台

当前,随着世界各国科学水平提高和经济发展,高架道路和桥梁建设日新月异,不仅反映在上部结构的造型新颖上,而且也反映在下部结构向轻型合理方向发展。从20世纪中期以来,国内外出现了不少新颖的桥梁墩台造型,它们把结构上的轻巧新颖、力学上的合理平衡和艺术上的造型美观相统一,使桥梁功能和环境景观相协调。例如,对于大跨径桥梁的桥墩,既要考虑墩身的轻巧,又要考虑有利于上部结构的受力和施工,以达到节约材料和整个工程造价,于是便创造出X形、V形、Y形墩等各种优美的立面形式(图6-1-3)。

a) b)

图6-1-3 桥墩立面形式实例

a) X形、V形桥墩; b) 松谷溪桥(美)(摘自邓文中著《造桥三十六年》)

其次,对于城市的立交桥,为了既能承托较宽的桥面,又能减少墩身和基础尺寸,在地面留有较大空间,美化城市并给人们以和谐的景观享受,常常将桥墩在横方向上做成独柱式、排柱式、倾斜式、双叉式、四叉式、T形、V形和X形(图6-1-4)等多种多样的桥墩形式。

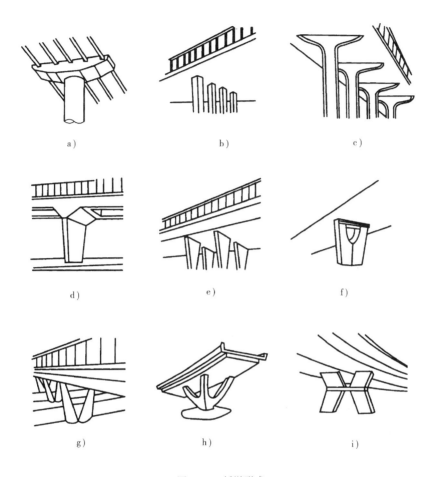

图6-1-4 桥墩形式

此外,由于预应力技术和滑动模板工艺的日益成熟,使高架桥桥墩的结构形式也得到了发展。例如1963年在奥地利锡尔山谷建成的欧罗巴桥,其2号桥墩高146m,3号桥墩高136m,均为长方形的空心墩;1979年在联邦德国建成的科秋塔尔高架桥,其桥墩高度为183m,墩底截面仅有10m×9m。2004年12月竣工的法国米尔奥(Millau)大桥,其中2号、3号桥墩的高度分别达到245m与230m,底部尺寸为17m×27m。国内超百米的高桥墩也日渐增多,随着西部地区云、贵、陕、川、渝、鄂等经济建设发展,当高等级公路穿越崇山峻岭和高原沟壑区域时,大跨高墩的连续刚构桥已成为首选桥型。例如,南昆铁路清水河桥墩高100m;贵州李子河大桥10号墩的墩高为107m;贵州朱昌河大桥,主桥为106+200+106(m)预应力混凝土连续刚构桥,主墩高度达132m。表6-1-1为陕西省境内部分高墩大跨连续刚构桥。国内最高桥墩当数沪蓉国道主干线湖北恩施境内的龙潭河特大桥,该桥主桥为106+3×200+106(m)的预应力混凝土连续刚构桥,最大墩高为178m。随着国家国力的增强、科学技术的进步,桥墩结构形式的发展必将更趋结构轻盈、受力合理、造型美观和成本经济。

陕西省境内部分高墩大跨连续刚构桥   表 6-1-1

序 号	桥　　名	主跨长度(m)	最大墩高(m)	桥 墩 形 式
1	洛河特大桥	160	143.50	双薄壁空心墩
2	葫芦河特大桥	160	138.00	双薄壁空心墩
3	大枣沟特大桥	170	120.54	单薄壁空心墩
4	老庄河特大桥	170	110.00	双薄壁空心墩
5	淤泥河特大桥	160	105.00	双薄壁空心墩
6	徐水沟特大桥	200	98.00	双薄壁空心墩
7	金水沟特大桥	136	98.00	单薄壁空心墩
8	裢达沟特大桥	148	92.00	双薄壁空心墩
9	杜家河特大桥	165	85.00	矩形桥墩

桥梁墩台的形式繁多，对于初学者来说，无疑需从最基本和最常见的墩台形式入手，牢固掌握桥梁墩台的基本构造、设计原则及一般的计算方法，然后联系实践，灵活运用，逐步拓宽，以求创新发展。

一、桥墩的类型及适用性

(一)梁桥桥墩

国内梁桥常采用的桥墩类型根据墩身结构形式可分为实体式(重力式)墩、桩(柱)式墩、钢筋混凝土薄壁式墩和空心墩、柔性(排架)墩等。

1. 实体式(重力式)桥墩(图 6-1-5)

这类桥墩主要靠自身重力(包括桥跨结构重力)平衡外力保证桥墩稳定。因其墩身较为厚实，可用天然石材或片石混凝土砌筑，在砂石料方便的地区和小桥采用较普遍。适用于作用较大、地基良好的大、中型桥梁，或流冰、漂浮物较多的河流中。其缺点是圬工体积较大与阻水面积较大。为此，宜采用配置有钢筋混凝土悬臂式墩帽的实体墩[图 6-1-6a)]替代，以减小墩身的平面尺寸。为了节省圬工，也可适当挖空墩身面积，如图 6-1-6b)所示。

2. 桩(柱)式桥墩

桩(柱)式桥墩的结构特点是由分离的两根或多根(立柱)所组成，是桥梁中采用较多的形式，其外形轻巧大方，圬工体积较少。桩(柱)式桥墩常配合钻孔灌注桩基础而采用，一般适用于桥梁跨径约 30m，墩身高度约 20m 以内的条件，如图 6-1-7 所示。

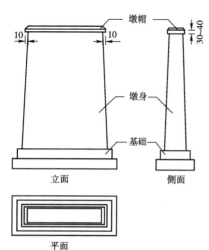

图 6-1-5　实体式桥墩(尺寸单位:cm)

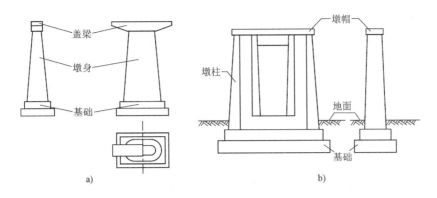

图 6-1-6　实体式(重力式)桥墩形式
a)梁式桥墩(悬臂式墩帽);b)空腔式墩身

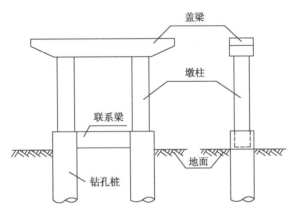

图 6-1-7　桩(柱)式桥墩

3. 钢筋混凝土薄壁式墩和空心墩

实体式墩体在许多情况下其材料强度不能充分发挥,尤其是在高桥墩条件下,为了减少墩身圬工体积,减轻自重(薄壁墩较实体墩节省圬工约 70%)降低实体墩对地基的承压能力要求,可采用钢筋混凝土薄壁式墩或空心墩,如图 6-1-8、图 6-1-9 所示。空心桥墩在构造上应遵循下列规定:

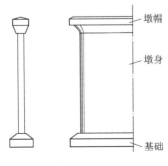

图 6-1-8　钢筋混凝土薄壁式桥墩

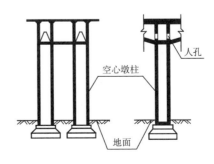

图 6-1-9　钢筋混凝土方形空心墩

(1)墩身最小壁厚,对于钢筋混凝土不小于0.30m,对于混凝土不小于0.50m。
(2)墩身内应设横隔板或纵、横隔板,以加强墩壁的局部稳定。
(3)墩身周围应设置通风孔或泄水孔,孔径不小于0.20m;墩顶实体段以下应设置有门的进入洞或相应的检查设施。

一般在流速大并且夹有大量泥沙、石块或可能有船只、冰块与漂浮物撞击的河流中不宜采用空心桥墩。

4. 柔性(排架)墩(图6-1-10)

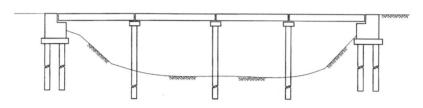

图6-1-10 柔性排架式桥墩

柔性墩的主要特点是通过一些构造措施,将上部结构传来的水平力(制动力、温度影响力等)传到全桥各个柔性墩或相邻的刚性墩上,以减少单一柔性墩所受到的水平力,从而达到减少墩身截面的目的。柔性墩的优点是用料省、修建简便、施工速度快。主要缺点是钢材用量较多,使用高度和承载能力受到限制。仅适用于低浅宽滩河流、通航要求低和流速不大的水网地区,桥墩不高(<6~7m),跨径不大(<16m)的梁式桥。由于目前大交通量和荷载加重,这类桥墩几乎很少采用。

为加大桥梁跨径、减轻墩身自重和阻水面积,以及适应城市与风景区的景观要求,可采用各种形式的刚架式桥墩(图6-1-11),如V形、Y形、H形等。图6-1-12为上海市高架道路上采用的桥墩;图6-1-13为泰国曼谷曼纳高速公路桥采用的"H"形桥墩,该桥全长55km,跨度平均为42m,桥面宽度为27m。这类桥墩虽然用钢量较大,施工模板较复杂,但是其结构造型轻盈新颖,桥下视野宽敞明亮,景观效果甚佳。

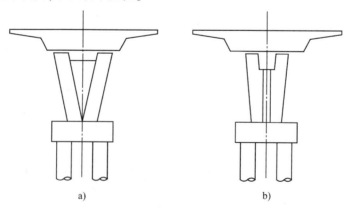

图6-1-11 V形、Y形桥墩
a)V形墩;b)Y形墩

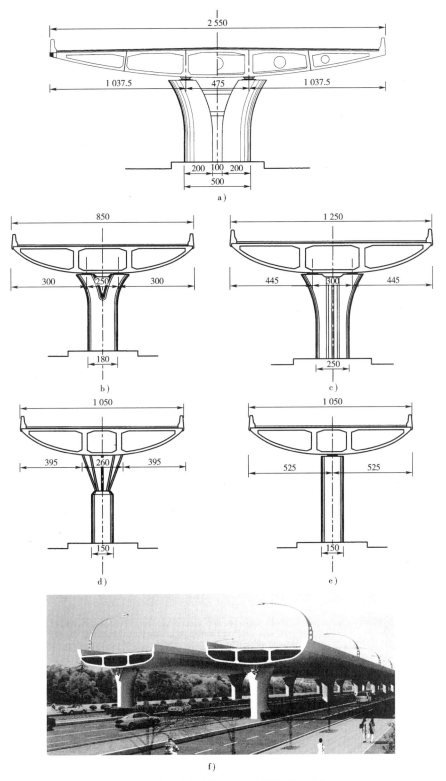

图 6-1-12 上海市高架道路上采用的桥墩(尺寸单位:cm)
a)~e)示意图;f)效果图

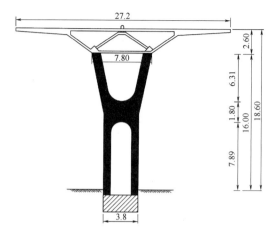

图 6-1-13　曼谷曼纳高速公路桥采用的 H 形桥墩(尺寸单位:m)

(二)拱桥桥墩

拱桥桥墩通常采用实体式(重力式)桥墩和桩(柱)式桥墩(图 6-1-14)。它与梁桥桥墩不同之处是:①拱是推力结构,它给予桥墩(台)以较大的水平推力;②桥墩的相对水平位移将给拱桥以较大的附加内力,因而拱桥桥墩(台)对地基的要求比梁桥要高;③梁桥桥面与支座顶面的高差就是主梁的建筑高度;而对上承式或中承式拱桥来说,拱桥桥面到拱座之间还有拱上建筑结构高度。因此,拱桥桥墩在结构上有如下介绍的特点。

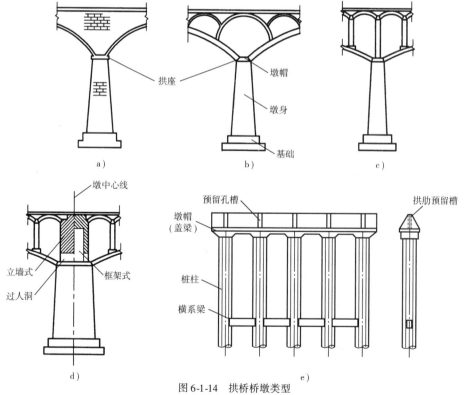

图 6-1-14　拱桥桥墩类型

a)、b)、c)拱桥重力式桥墩;d)拱桥单向推力墩;e)拱桥轻型桩柱式墩

(1) 拱座。

拱座相当于梁式桥墩(台)的墩(台)帽是直接支承拱圈的部分,相邻桥跨的拱推力相互抵消后,将不平衡推力传至墩身。它承受较大的拱圈压力,应该采用 C20 以上整体式混凝土、混凝土预制块或 MU40 以上石块砌筑,砌块的排列如图 6-1-15 所示,尽量使通缝面与压力线方向正交;肋拱桥的拱座要像梁式桥的支座垫石一样用高强度等级混凝土及数层钢筋网加固;装配式的肋拱,以及双曲拱桥的拱座,也可预留插入拱肋的孔洞,在洞底及洞壁设加固钢筋网。

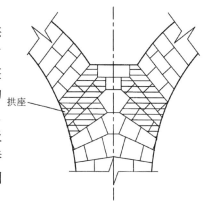

图 6-1-15 墩顶拱座

(2) 单向推力墩。

对多于 4～5 孔的拱桥,为了承受永久作用引起的单向推力,以防止一孔因故破坏时使全桥倾塌,应每隔 3～5 孔设置一座能承受这种单向推力的"分段墩"。有时为了施工时拱架的多次周转,也在多孔拱桥中设置分段墩,以承受裸拱或全拱恒载推力。

分段墩(单向推力墩)过去一般用实体墩,因而增加了阻水面积。国内广大造桥工人和科技人员曾提出了一些新型单向推力墩,如悬臂式墩、加设斜撑的柱式墩等,如图 6-1-16 所示。悬臂墩是在柱式墩上加一对悬臂,拱座设在悬臂端部。当一孔坍塌时,相邻孔永久作用单向推力对桩柱墩身产生的弯矩,被永久作用竖向反力产生的反向弯矩抵消一部分,从而减小桩柱墩身的弯矩,使墩柱能够承受拱的单向永久作用推力。斜撑式墩是在墩柱的两侧,对称地增设钢筋混凝土或预应力混凝土斜撑和水平拉杆用来提高抵抗水平推力的能力。其优点是可节省单向推力墩的圬工体积。宜在桥墩不太高的旱地处采用。

(3) 相邻两孔推力不相等的桥墩。

此时最好以变更相邻的矢跨比,调整拱座位置或拱上结构形式而使两孔推力或推力对桥墩基底弯矩大致相等;也可以将桥墩在立面做成不对称形式(图 6-1-17),使恒载压力线接近墩的轴线和基底面积形心。

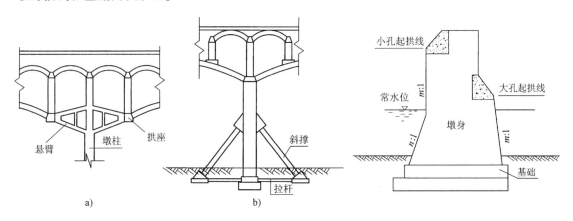

图 6-1-16 拱桥轻型单向推力墩
a) 悬臂式墩;b) 斜撑式墩

图 6-1-17 拱桥大小孔分界墩

拱桥的桩柱式桥墩一般为配合钻孔桩基础而采用。它与梁桥桩柱式桥墩的主要差别是:在梁桥墩帽上设置支座,而在拱桥墩顶部分则设置拱座。当桩柱墩较高时,应在桩间设置横系梁以增强桩柱墩的刚性。如果柱与桩直接连接,则应在结合处设置横系梁。若墩柱高度大于 6~8m 时,还需在墩柱的中部设置横系梁。

二、桥台的类型及适用性

(一)梁桥桥台

梁桥常用桥台类型主要有:实体式(重力式)桥台、埋置式桥台和轻型桥台等。

1. 实体(重力)式桥台

重力式桥台主要靠自重来平衡台后的土压力,通常用石料、片石混凝土或混凝土等圬工材料建造。依据桥梁跨径、桥台高度和地形条件的不同有多种形式,最常用的是 U 形桥台。U 形桥台由台帽、台身和基础组成[图 6-1-18a)],系因台身是由前墙和两个侧墙构成的 U 字形结构而得名。其优点是构造简单,不需用钢筋,且能就地取材;缺点是桥台体积与自重较大,侧墙间填土容易积水,结冰后冻胀,使侧墙开裂。所以宜用渗水性良好的土壤填夯,并做好台后的排水措施。它适用于填土高度在 8~10m 以下、跨度稍大的桥梁。

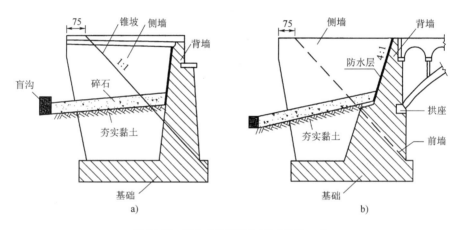

图 6-1-18　重力式 U 形桥台(尺寸单位:cm)
a)梁桥桥台;b)拱桥桥台

2. 埋置式桥台

埋置式桥台将台身大部分埋入锥形护坡(溜坡)内,缩短翼墙(耳墙),仅由台帽两侧耳墙与路堤衔接(图 6-1-19)。由于桥台所受的土压力大为减少,桥台体积也相应减少。但因为台侧溜坡伸入桥孔,压缩河道,有时因此要把桥台位置后移而需增加桥长。直立肋板式桥台由肋板与台帽(含耳墙)连接而成,当台高等于 10m 左右时,其间应设置系梁。台帽、系梁、耳墙均需配置钢筋,并采用 C20 以上的混凝土。台帽与肋板、肋板与基础之间还需配置接头钢筋,肋板及基础可用 C20 混凝土浇筑。后倾式桥台实质上是一种实体重力式桥台,它是依靠台身的后倾,使重心落在基底截面形心之后,以求能平衡台后填土的倾覆力矩。埋置式桥台适用于桥头为浅滩,溜坡受冲刷较小,填土高度在 10m 以下的中、小跨径的多孔桥梁。

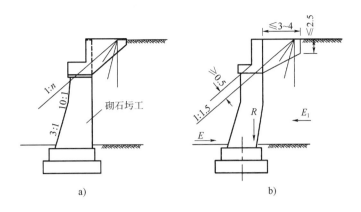

图 6-1-19 埋置式桥台(尺寸单位:m)
a)直肋式;b)后倾式

3. 桩柱式桥台

桩柱式桥台是当前常用的桥台形式之一。当台后填土高度在 5m 以下时,可采用双柱(桩)或多柱(桩)或钢筋混凝土肋墙式桥台(图 6-1-20),它比实体埋置式桥台能节省更多的圬工,且施工更为简易。当台后填土高度超过 10m 时,也可采用钢筋混凝土框架式桥台等(图 6-1-21)。框架式桥台比桩柱式桥台有更大的刚度、比肋板埋置式桥台挖空率更高,更能节约圬工体积。其结构本身有斜杆,能够产生水平分力以平衡土压力,兼之基底宽度较大,又通过系杆联结成一个框架体,所以稳定性很好。缺点是必须用双排桩基,钢筋与水泥用量比桩柱式增多。

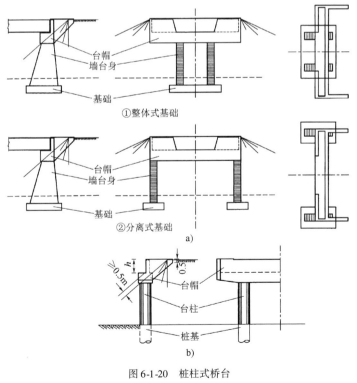

图 6-1-20 桩柱式桥台
a)肋墙式桥台;b)双柱式桥台

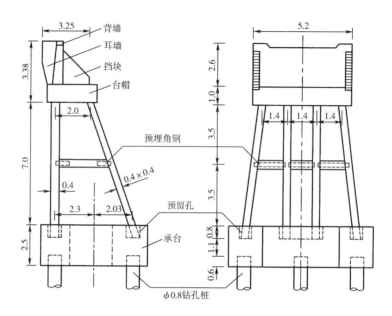

图 6-1-21　框架式桥台(尺寸单位:m)

4. 轻型桥台

圬工薄壁轻型桥台是在两桥台底部(或台与墩)之间,设置若干根支撑梁(图 6-1-22),使桥跨结构与支撑梁共同支承桥台承受台后土压力,因而台(墩)身的厚度较薄,比实体式桥台节省圬工体积约达 50%。因其具有结构简单、不用或少用钢材、施工方便,是小桥桥台常用的形式,适用于 13m 以下的小跨径桥梁,且桥跨结构不宜超过三孔,总桥长不宜大于 20m。

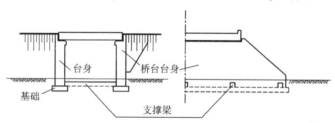

图 6-1-22　圬工薄壁轻型桥台

钢筋混凝土轻型桥台常用的尚有扶壁式与箱形桥台,其特点是利用钢筋混凝土结构的抗弯能力来减少圬工体积,使桥台轻型化(图 6-1-23),可减少圬工体积 40%～50%,同时因自重减轻而降低了对地基的压力,适用于地基状况较差的小跨径桥梁。但其用钢量较大,且构造与施工较为复杂。

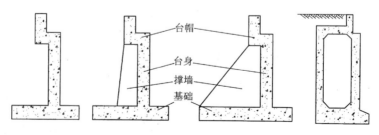

图 6-1-23　薄壁轻型桥台

(二)拱桥桥台

拱桥桥台因承受较大的单向拱推力,过去国内外普遍采用刚性圬工结构实体式桥台(如U形桥台),除尺寸较大、拱座位置比台帽低外,构造上与梁桥桥台基本相同[图6-1-18b)]。20世纪60年代,随着国内交通事业发展,拱桥建造较多,在修建刚度大、自重轻,能适用于各种不同地基的新颖结构拱桥桥台方面取得了较大成果,择要介绍如下。

1. 齿槛式桥台

齿槛式桥台由前墙、撑墙、后墙板和底板等部分组成(图6-1-24),其结构特点是:基础底板面积较大,因此地基承载力虽较低,仍能支承一定的竖直压力;底板下设置齿槛可增加底板摩阻力和抗滑动的稳定性;后墙板做成斜挡板,利用它背面的原状土和前墙背面的新填土,共同平衡拱的推力;前墙与后墙板之间设撑墙可以提高桥台结构的刚度。齿槛宽度与深度一般不小于0.5m。这种桥台一般适用于软弱地基和路堤较低的中小跨径拱桥。

2. 空腹式桥台(L形)

空腹式桥台有前墙、后墙、基础板和撑墙等部分组成(图6-1-25),后墙与底板构成L形。前墙承受拱上建筑传来的作用,后墙支承台后的土压力;台座与后墙间设置支撑墙以增加桥台刚度;前墙与后墙之间用间墙(3~4道)相连,平面上构成"目"字形。支撑墙可作为传力构件,既可对后墙支撑扶壁,又对底板起到加劲作用。最外侧的支撑墙可做成阶梯踏步供人们上下河岸。空腹可以敞口的,也可以封闭。这种桥台充分利用台后背土抗力和底板摩阻力来平衡拱的推力,适用于软土地基、河床无冲刷或冲刷轻微、水位变化小的河道上的中等跨径的拱桥。

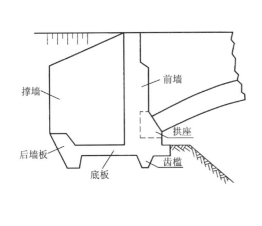

图6-1-24 齿槛式桥台

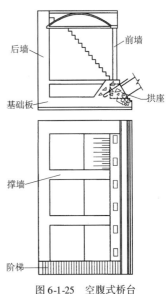

图6-1-25 空腹式桥台

3. 组合式桥台

组合式桥台由台身和后座两部分组成(图6-1-26)台身部分(包括基础)承受拱的竖直压力,后座部分则通过后座底板的摩阻力及台后的土侧压力来平衡拱的水平推力。因此,后座基

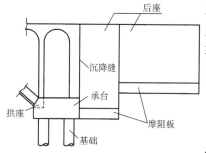

图 6-1-26 组合式桥台

底板高应低于拱脚下缘的高程。台身与后座间应密切贴合并设置沉降缝,以适应两部分的不均匀沉降。在地基土质较差时,后座基础应作加强处理,防止后座向后倾斜,导致台身与拱圈变位。组合式桥台适用于中等跨径的拱桥。

三、墩台形式选择原则

桥梁墩台形式繁多,正确选择的原则是:在满足使用功能的前提下,应符合因地制宜、就地取材、方便施工和养护,以达到适用、安全、经济,与周围环境协调、造型美观的目的。桥梁墩台的设计与结构受力、地质构造、土基条件、水文、水力以及河床性质等相关。墩台经常受到洪水、上部与下部结构恒载、土压力与车辆作用的动力作用以及船只撞击、地震等偶然作用的作用,设计必须确保桥梁墩台的强度和稳定性。

桥梁上、下部结构共同作用并相互影响,故要十分重视上、下部结构的有效合理组合。下部结构的造型应与上部结构及周围环境密切协调,使桥梁结构物达到和谐、匀称、美观的效果。再者桥梁墩台的构造形式也和施工方法有关,例如:高桥墩、薄壁墩和空心墩采用滑动模板连续浇筑时,经济效益显著;带有横隔板的空心墩、V形墩、Y形墩等常采用装配式施工方法效率较高。因此,选择墩台形式应从实际出发,视工程量情况,有的放矢,尽量采用标准化、装配化、自动化的施工工艺,提高工程质量,加速施工进度,以取得良好的经济和社会效益。

第二节 墩台的一般构造与要求

一、墩(台)帽主要尺寸的拟定

(一)梁式桥的实体墩

墩(台)帽厚度大跨径桥一般不小于50cm,中小桥梁也不应小于40cm,并应有5~10cm的檐口。墩、台帽可用C20混凝土做成,并应设置构造钢筋,也可用MU25石料圬工砌筑,所用砂浆等级不可低于M7.5。

(二)墩、台帽平面尺寸

墩台帽平面尺寸应根据上部构造形式、支座布置情况、架设上部构造施工方法的要求而决定。一般可用下式求得:

1. 顺桥向墩帽最小宽度 b(图 6-1-27)

$$b \geq f + \frac{a}{2} + \frac{a'}{2} + 2c_1 + 2c_2 \tag{6-1-1}$$

式中:f——相邻两跨支座间的中心距,按下式计算:

$$f = e_0 + e_1 + e_1' \geq \frac{a}{2} + \frac{a'}{2}$$

e_0——伸缩缝宽度,中小桥为 2~5cm;大跨径桥梁可按温度变化及施工放样、安装构件可能出现的误差等决定;温度变化引起的变位为:

$$e_0 = L \times t \times \alpha \qquad (6\text{-}1\text{-}2)$$

L——桥跨的计算长度;

t——温度变化幅度值,可采用当地最高和最低月平均气温及桥跨浇筑完成时的温度计算确定;

α——材料的线膨胀系数,钢筋混凝土构造物为0.000 010;

e_1、e'_1——该桥跨结构伸过支座中心线的长度;

a、a'——各该桥跨结构支座垫板顺桥向宽度;

c_1——顺桥向支座垫板至墩身边缘最小距离,见表6-1-2及图6-1-28;

c_2——檐口宽度(5~10cm)。

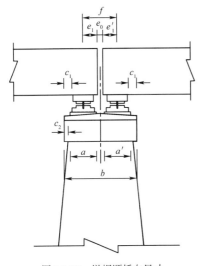

图 6-1-27 墩帽顺桥向尺寸

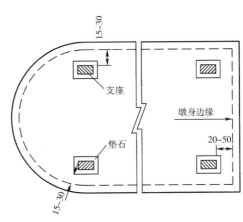

图 6-1-28 支座边缘距墩台边缘最小距离(尺寸单位:cm)

支座边缘到台身、墩身边缘的最小距离(m)　　　　　表6-1-2

跨径 l(m)	桥 向		
	顺桥向	横桥向	
		圆弧形端头(自支座边角量起)	矩形端头
$l \geq 150$	0.30	0.30	0.50
$50 \leq l < 150$	0.25	0.25	0.40
$20 \leq l < 50$	0.20	0.20	0.30
$5 \leq l < 20$	0.15	0.15	0.20

注:采用钢筋混凝土或预应力混凝土悬臂式墩(台)帽时,可不受本表限制,应以便于施工、养护和更换支座而确定。

墩身最小顶宽的取值可根据桥梁规范有关规定确定,通常墩帽顺桥向宽度,对于小跨径桥梁不宜小于0.8m;中等跨径桥梁不宜小于1.0m;特大、大跨径桥梁应视上部构造类型而定。

2. 横桥向墩帽最小宽度 B

B 为桥跨结构两外侧边支座中心距 + 支座底板横向宽度 + $2c_2$ + 支座垫板至墩台边缘(表6-1-2)最小宽度的两倍。

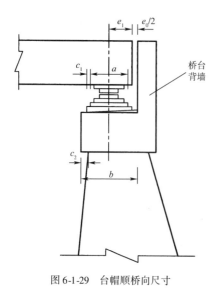

图 6-1-29 台帽顺桥向尺寸

3. 顺桥向台帽最小宽度 b（图 6-1-29）

$$b \geqslant \frac{a}{2} + e_1 + \frac{e_0}{2} + c_1 + c_2 \qquad (6\text{-}1\text{-}3)$$

式中，符号意义同前。

《公路圬工桥涵设计规范》(JTG D61—2005)第 6.2.2 条对至支座边缘的最小距离所作的规定，目的是为了避免支座过分靠近墩身侧面边缘而导致局部应力集中；为了提高混凝土的局部抗压强度，以及考虑施工误差和预留锚栓孔的要求。墩帽宽度除了满足式(6-1-1)的要求外，还应符合墩身顶宽要求，并需考虑安装上部结构与抗震设防措施所必须的宽度。

4. 横桥向台帽最小宽度 B

横桥向台帽宽度除应考虑支座布置情况外，还应结合桥面宽度（包括人行道）及接线路基宽度确定，使车辆与行人交通顺畅、安全方便。

拱桥拱座的纵、横向宽度可同样根据以上方法结合拱脚尺寸等情况确定。但是，大跨径桥梁墩台台帽宽度需视上部结构类型而定。

(三)实体墩台顶帽的钢筋配置[图 6-1-30a)]

实体墩台帽在支座支承垫板的局部范围内应设置1~2层钢筋网，其平面分布尺寸约为支承垫板面积的2倍，钢筋直径为8~12mm，网格间距为70~100mm，以使支座传来的巨大集中力能较均匀地分布到墩身上。图6-1-30b)为圬工桥墩墩帽钢筋布置实例。

二、墩(台)的构造要求

(一)石料及混凝土墩台

(1)实体墩台基础的扩散角(刚性角)，对于片石、块石和料石砌体，当用 M5 砂浆砌筑时，不应大于 30°；当用 M5 以上砂浆砌筑时，不应大于 35°；当用混凝土浇筑时，不应大于 40°。

(2)修建在非岩石类地基上的带八字形翼墙的桥台、台身与翼墙之间宜设缝分开，在非岩石类的地基上，桥台宜每隔 10~15m 设置一道沉降缝。现浇混凝土桥台台身及基础，应根据当地气候及施工条件，每隔 5~10m 设置一道伸缩缝。台背应设置排水设施，以保证稳定和安全。对于高度小于 20m 的实体墩和 U 形桥台，可不考虑稳定问题。

(3)对于等跨拱桥实体桥墩的顶宽(单向推力墩除外)，混凝土墩可按拱跨的 1/30~1/15、石砌墩可按拱跨的 1/25~1/10(其比值随跨径的增大而减少)估算；墩身两侧边坡为 20:1~30:1。台背的换填土长度应为台高的 3~4 倍，并应在拱圈合龙前完成。台后填土必须分层夯实，其密实度不应小于 96%(重型)，以减小土体变形对结构物的影响。

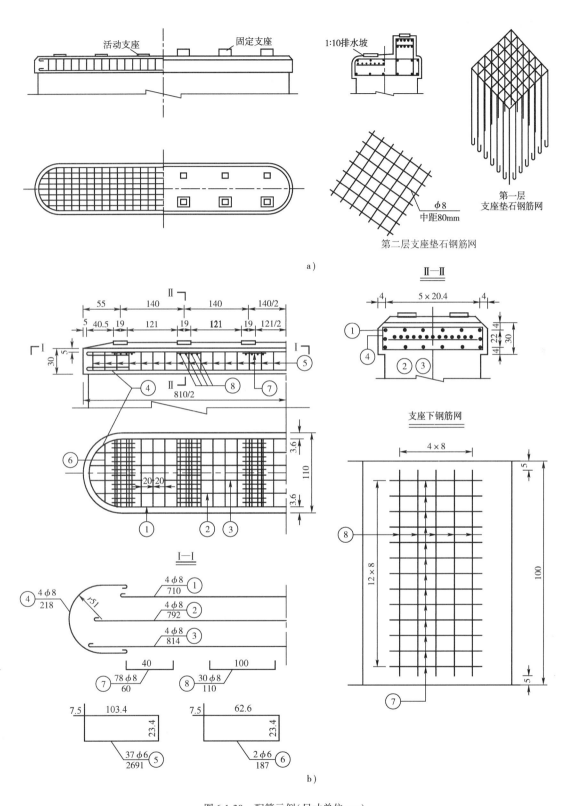

图 6-1-30 配筋示例(尺寸单位:cm)
a)实体墩墩帽钢筋构造图;b)圬工桥墩墩帽钢筋布置示例

(4)实体墩侧坡一般采用20∶1~30∶1,小跨径桥的桥墩也可用直坡。U形桥台的前墙顶面宽度不宜小于0.50m,其任一水平截面的宽度不宜小于该截面至墙顶高度的0.4倍;侧墙,对于片石砌体不小于该截面至墙顶高度的0.4倍;对于块石、料石砌体或混凝土则不小于0.35倍,如桥台内填料为透水性良好的砂性土或砂砾,则上述两项可分别相应减为0.35倍和0.30倍。另外,U形桥台两侧墙宽度之和不小于同一水平截面前墙全长的0.4倍,可按U形整体截面验算截面强度。路基填土与U形桥台侧墙的搭接长度不宜小于0.75m。

(二)钢筋混凝土墩台

(1)钢筋混凝土肋板式桥台,其板和肋的厚度不宜小于0.2m。钢筋用量应按计算确定,并满足构造要求;钢筋至外表面的净距不小于30mm。在墩身表层、桥台的背墙和肋板表层应设置钢筋网,其截面面积在水平方向和竖直方向分别不应小于每米250mm²(包括受力钢筋),相当于每米设直径8mm钢筋5根,间距不应大于400mm。扶壁(肋)与墙板的连接处应设箍筋,以防止前墙自扶壁(肋)裂开,箍筋应按其相应的受力状况确定。对于设有橡胶支座的墩台,应考虑预留更换支座所需的位置与空间。

(2)配有纵向受力钢筋和普通箍筋的轴心受压墩柱(钻孔桩、挖孔桩除外),纵向受力钢筋直径不小于12mm,钢筋面积应不小于混凝土计算面积的0.5%;当钢筋含量大于3%时,箍筋间距应不大于纵向受力钢筋直径的10倍,且不大于200mm;被同一箍筋所箍的纵向受力钢筋根数,在构件的每边应不多于3根;箍筋间距应不大于受力钢筋直径的15倍,或构件横截面的较小尺寸,并不大于0.4m。

(3)配有纵向受力钢筋和螺旋箍筋或焊接环形箍筋时的轴心受压墩柱,墩柱核心截面面积应不小于构件整个截面2/3;纵向受力钢筋的截面面积,应不小于螺旋或环形箍筋圈内核心面积的0.5%;螺旋或环形箍筋的螺距或间距,应不大于核心直径的1/5,也不得大于80mm,且不应小于40mm。间接钢筋的直径不应小于纵向钢筋直径的1/4,且不小于8mm。

三、支承垫石

设有支座的钢筋混凝土小跨径梁桥墩台,在支座板下还应加设钢筋网,宽度约与墩台帽同宽,长度约为支座板的2倍。对于大、中跨径桥梁墩台顶帽,则应设置钢筋混凝土支座垫石,其上安放支座,以利较好地分布支座压力,如图6-1-30所示。当墩台上要安置不同高度的支座时,通常由不同高度的支承垫石来调整高差。支承垫石的平面尺寸、配筋数量,可根据桥跨结构压力大小、支座底板尺寸大小、混凝土设计强度等确定。一般垫石尺寸比支座底板每边大0.15~0.20m。

第三节 墩台的作用计算与有关规定

作用在桥梁墩台上的作用与外力,根据《公路桥涵设计通用规范》(JTG D60—2015)规定,桥梁设计作用分为四类,即永久作用(恒载)、可变作用、偶然作用和地震作用。这些作用的实际计算标准,《公路桥涵设计通用规范》(JTG D60—2015)中均有明确规定,与桥跨结构有关的在本书前面章节作过介绍,与桥梁下部结构有关的扼要介绍如下。

一、作用计算

(一)永久作用(恒载)

永久作用包括结构重力、土的重力及土侧压力、预加力、混凝土收缩及徐变作用、基础变位作用及水的浮力。

1. 结构重力

包括桥上所有结构自重,如桥面铺装、人行道构件、主梁、灯柱、栏杆及附属结构的重力,上述各项通过桥跨结构计算的支座反力作用于墩台上;另外,还有墩台自身重力及基础台阶上土的重力等。

2. 土的重力及土侧压力

土体对结构物产生的侧向土压力有主动土压力、被动土压力和静止土压力之分。桥台土压力计算时,应根据桥台位移及压力传递方式而定。梁式桥台承受的水平土压力主要是台后滑动土体(及滑动体上的作用)所产生的侧压力,它使桥台发生向河心的移动。因此,梁桥桥台的土侧压力,一般按主动土压力计算。当桥台刚度很大、不可能产生移动,滑动土体不可能形成时,可按静止土压力计算。公路桥涵设计规范中的主动土压力计算采用库仑土压力公式,实例分析表明,按库仑土压力公式求得的主动土压力值还是比较接近实际的。

《公路桥涵设计通用规范》(JTG D60—2015)对土的重力及土侧压力的计算规定如下。

(1)在计算倾覆和滑动稳定时,墩、台、挡土墙的前侧地面以下不受冲刷部分土的侧压力可按静土压力计算。

静土压力的标准值可按下式计算:

$$e_j = \xi \gamma h \tag{6-1-4}$$

式中:e_j——任一高度 h 处的静土压力强度;

ξ——压实土的静土压力系数,$\xi = 1 - \sin\varphi$;

γ——土的重力密度(kN/m^3);

φ——土的内摩擦角(°);

h——填土顶面至任一点的高度(m)。

高度 H 范围内单位宽度的静土压力标准值 E_j 的计算公式为:

$$E_j = \frac{1}{2}\xi\gamma H^2 \quad (kN/m) \tag{6-1-5}$$

式中:H——填土顶面至基底的高度(m)。

(2)在验算桥台、挡土墙的承载能力及稳定时,桥台承受的主动土压力的标准值可按下列公式计算。

①当土层特性无变化且无汽车荷载时,作用在桥台、挡土墙前后的主动土压力标准值 E 为:

$$E = \frac{1}{2}B\mu\gamma H^2 \tag{6-1-6}$$

$$\mu = \frac{\cos^2(\varphi - \alpha)}{\cos^2\alpha \cdot \cos(\alpha + \delta)\left[1 + \sqrt{\frac{\sin(\varphi + \delta)\sin(\varphi - \beta)}{\cos(\alpha + \delta)\cos(\alpha - \beta)}}\right]^2} \tag{6-1-7}$$

式中：B——桥台的计算宽度或挡土墙的计算长度(m)；

H——计算土层厚度(m)；

β——填土表面与水平面的夹角，当计算台(墙)后的主动土压力时，β 按图 6-1-31a)取正值；当计算台(墙)前主动土压力时，β 按图 6-1-31b)取负值；

α——桥台或挡土墙背与竖直面的夹角，俯墙背如图 6-1-31 时为正值，反之为负值；

δ——台背或墙背与填土间的摩擦角，可取 $\delta = \varphi/2$；

其他参数见前述。

主动土压力的着力点自计算土层底面算起，$C = H/3$。

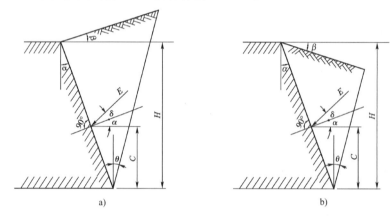

图 6-1-31 主动土压力计算图式

② 当土层特性无变化但有汽车荷载作用时，作用在桥台、挡土墙后的主动土压力标准值 E 为：

$$\beta = 0° \text{ 时}, E = \frac{1}{2}B\mu\gamma H(H + 2h) \tag{6-1-8}$$

式中：h——汽车荷载的等代均布土层厚度(m)。

主动土压力的着力点自计算土层底面算起，$C = \frac{H}{3} \times \frac{H + 3h}{H + 2h}$。

③ 当 $\beta = 0°$ 时，破坏棱体破裂面与竖直线间夹角 θ 的正切值可按下式计算：

$$\tan\theta = -\tan\omega + \sqrt{(\cot\varphi + \tan\omega)(\tan\omega - \tan\alpha)}$$

式中：$\omega = \alpha + \delta + \varphi$；

其他参数见前述。

(3) 当土层特性有变化或受水位影响时，宜分层计算土的侧压力。

(4) 土的重度和内摩擦角应根据调查或试验确定，当无实际资料时，可按照《公路桥涵设计通用规范》(JTG D60—2015) 表 4.2.1 和《公路桥涵地基与基础设计规范》(JTG 3363—2019) 有关表值查用。

(5)桩柱式桥台土压力的计算宽度:承受土侧压力的桩柱式墩台,每根桩所受到土压力的计算宽度应大于实际的桩柱宽度。其计算公式如下(图6-1-32)。

图6-1-32 桩的土侧压力计算宽度

①当 $l_i \leq D$ 时,作用在每根桩柱上的计算宽度 b 为:

$$b = \frac{nD + \sum_{i=1}^{n-1} l_i}{n} \tag{6-1-9}$$

②当 $l_i > D$ 时,应根据桩柱的直径或宽度来考虑柱间空隙的折减。

当 $D \leq 1.0\mathrm{m}$ 时,作用在每一桩柱上的土压力计算宽度 b 为:

$$b = \frac{D(2n-1)}{n} \tag{6-1-10}$$

当 $D > 1.0\mathrm{m}$ 时,作用在每一桩柱上的土压力计算宽度 b 为:

$$b = \frac{n(D+1)-1}{n} \tag{6-1-11}$$

上述式中:D——桩柱的直径或宽度(m);

l_i——桩柱间净距(m);

n——桩柱数。

(6)压实填土重力的竖向和水平向压力强度标准值为:

竖向压力强度

$$q_V = \gamma h \tag{6-1-12a}$$

水平压力强度

$$q_H = \lambda \gamma h \tag{6-1-12b}$$

式中:h——计算截面至路面顶的高度(m);

λ——土的侧压系数,$\lambda = \tan^2\left(45° - \frac{\varphi}{2}\right)$。

对埋置式桥台或岸墩进行截面承载能力及整体稳定性验算时,当台前溜坡有适当防护措施不致被水流冲毁时,可计入来自填土及台、墩前溜坡的主动土压力。其计算图示见图6-1-33。

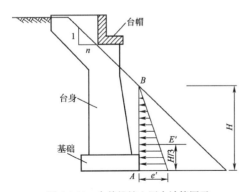

图6-1-33 台前锥坡土压力计算图示

由基底外边缘 A 点向上引竖直线与溜坡交于 B 点,AB 长度即为土压力计算高度,作用在桥台上的台前溜坡土压力 E' 作用于竖直面 AB 上。如不考虑桥台前身与土体间摩阻角及台身前墙倾斜,则:

$$E' = \frac{1}{2}\gamma H^2 \mu' B \tag{6-1-13a}$$

$$e' = \gamma H \mu' \tag{6-1-13b}$$

式中:B——桥台的计算宽度,一般为横桥向全宽;桩柱式桥台计算宽度另行计算;

μ'——土压力系数,可按下式计算或查阅有关手册表格。

$$\mu' = \frac{\cos^2\varphi}{\left[1 + \sqrt{\frac{\sin\varphi\sin(\varphi+\beta)}{\cos\beta}}\right]^2}$$

其中:φ——溜坡填土的内摩阻角(°);

β——溜坡坡角(°)。

当台前溜坡无保障措施时,应按溜坡冲毁后只有台后单向主动土压力作用时验算,此时,可按压实土的内摩阻角计算主动土压力。

3. 预加力

在结构按正常使用极限状态设计和使用阶段构件应力计算时,作为永久作用计算其效应,并计入相应阶段的预应力损失,不计入由于偏心距增大引起的附加效应;而在结构按承载能力极限状态设计时,预加力不作为作用,将预应力钢筋作为结构抗力的一部分。

4. 水的浮力

按《公路桥涵设计通用规范》(JTG D60—2015)规定。

(1)基础底面位于透水性地基上的桥梁墩台,当验算稳定时,应考虑设计水位的浮力;当验算地基应力时,可仅考虑低水位的浮力,或不考虑水的浮力。

(2)基础嵌入不透水性地基的桥梁墩台不考虑水的浮力。

(3)作用在桩基承台底面的浮力,应考虑全部底面积。对桩嵌入不透水地基并灌注混凝土封闭者,不应考虑桩的浮力,在计算承台底面浮力时应扣除桩的截面面积。

(4)当不能确定地基是否透水时,应以透水和不透水两种情况与其他作用组合,取其最不利者。

5. 混凝土收缩及徐变、基础变位的作用

混凝土收缩及徐变、基础变位的作用计算,可按《公路钢筋混凝土及预应力混凝土桥涵设计规范》(JTG 3362—2018)提供的方法计算。

(二)可变作用

《公路桥涵设计通用规范》(JTG D60—2015)规定可变作用包括下列内容。

在车队布载时应按《公路桥涵设计通用规范》(JTG D60—2015)视车队行数多少予以作用折减。当验算墩台截面及基底应力、偏心距、稳定和沉降时,车辆作用应按墩台在顺桥向及横桥向最不利受力情况布置。

在计算钢筋混凝土柱(桩)式墩台时,应计算汽车作用的冲击力;对于其他类型墩台,如实体墩台由于冲击力衰减很快,验算时可不计冲击力影响。汽车冲击力、离心力的计算详见《公路桥涵设计通用规范》(JTG D60—2015)规定。

(1)汽车制动力:取值按《公路桥涵设计通用规范》(JTG D60—2015)规定,制动力的着力点在桥面以上1.2m处。计算墩台时,可移至支座中心(铰或滚轴中心)或滑动支座、橡胶支座、摆动支座的底座面上。对于刚构桥、拱桥可视制动力作用在桥面上,但不计算因此而产生的竖向力和力矩。设有板式橡胶支座的简支梁、桥面连续简支梁或连续梁排架式柔性墩台,应根据支座与墩台的抗推刚度的刚度集成情况分配和传递制动力。设有板式橡胶支座的简支梁刚性墩台,按单跨两端的板式橡胶支座的抗推刚度分配制动力。具体的刚性墩台传递的制动力,按《公路桥涵设计通用规范》(JTG D60—2015)表4.3.5的规定采用。

(2)流水压力、冰压力:位于河流中及有冰凌河流或水库中的桥梁墩台,应根据当地水流与冰凌具体情况及墩台的结构形式考虑有关的流水压力与冰压力。作用在桥墩上的流水压力和冰压力,可按《公路桥涵设计通用规范》(JTG D60—2015)第4.3.9、第4.3.11条规定计算。

结构物受冰凌直接作用的部位宜采用实体结构。对于具有强烈流冰的河流中的桥墩,其迎冰面宜做成圆弧形、多边形或尖角形,并做成3∶1～10∶1(竖∶横)的斜度,在受冰作用的部位宜缩小其迎水面投影宽度。对流冰期的设计高水位以上0.5m到设计低水位以下1.0m的部位宜采取抗冻性混凝土或花岗岩镶面或包钢板等防护措施。同时,对建筑物附近的冰体采取使冰体减小对结构物作用力的适宜措施。

流水压力是水平作用力,由于在河底处流速视为零,作用力分布为倒三角形,着力点可取在设计水位下1/3水深处。当有冰凌等漂浮物作用时,应根据实地情况和实测资料计算冰压力,如无实测资料,可参照《公路桥涵设计通用规范》(JTG D60—2015)相关规范近似计算。

(3)支座摩阻力。气温变化使桥跨结构发生伸缩,在活动支座的接触面将产生纵桥向水平摩阻力F,作用点位置与制动力相同,其值按下式计算:

$$F = \mu W (kN) \qquad (6\text{-}1\text{-}14)$$

式中:W——作用于活动支座由上部结构重力产生的竖向效应(kN);

μ——支座的摩擦系数,无实测数据时可按表6-1-3取用。

支座摩擦系数 表6-1-3

支座种类		支座摩擦系数μ
滚动支座或摆动支座		0.05
板式橡胶支座	支座与混凝土面接触	0.30
	支座与钢板接触	0.20
	聚四氟乙烯板与不锈钢板接触	0.06(加5201硅脂润滑后;温度低于-25℃时为0.078)
		0.12(不加5201硅脂润滑时;温度低于-25℃时为0.156)
盆式支座		加5201硅脂润滑后,常温型活动支座摩擦系数不大于0.03(支座适用温度为-25～+60℃)
		加5201硅脂润滑后,耐寒型活动支座摩擦系数不大于0.06(支座适用温度为-40～+60℃)
球型支座		加5201硅脂润滑后,活动支座摩擦系数不大于0.03(支座适用温度为-25～+60℃时)
		加5201硅脂润滑后,活动支座摩擦系数不大于0.05(支座适用温度为-40～+60℃时)

(4)风力:计算桥梁墩台的强度和稳定性时,应考虑作用在桥梁整体上的风力。横桥向风力为横桥向风压乘以迎风面积,其值可按《公路桥涵设计通用规范》(JTG D60—2015)有关条文计算。桥墩上的纵向风压由于受到邻近墩台及桥跨结构遮挡,可折减为上述横向风压的70%。风力作用点为迎风面积的形心处。桥跨结构传到墩台上的纵向风力是由支座传递的,各种支座传递计算的规定与制动力计算相同。

其他有关水的浮力与温度影响效应可根据《公路桥涵设计通用规范》(JTG D60—2015)相关条文进行计算。

(三)偶然作用

偶然作用包括船舶、漂流物或汽车等的撞击作用。具体计算见《公路桥涵设计通用规范》

(JTG D60—2015)第4.4条的规定。

(四)地震作用

公路桥梁地震作用应符合现行《公路桥梁抗震设计规范》(JTG/T 2231-01—2020)的规定。

二、作用组合原则

上述各项荷载与外力对墩台的作用,有的是主要的、经常出现的;有的是特定条件下或偶尔出现的,或是从属其他作用而发生的。它们不可能同时以最大数值、最不利作用位置作用于墩台上。设计时应考虑墩台上可能同时出现的作用,按承载能力极限状态和正常使用极限状态进行作用组合,取其最不利组合进行设计,其原则如下。

(1)只有在墩台上可能同时出现的作用,才进行作用组合。若需做不同受力方向的验算时,则应以不同方向的最不利的作用进行组合。

(2)当可变作用的出现对墩台产生有利影响时,该作用不应参与组合。实际不可能同时出现的作用或同时参与组合概率很小的作用,按表6-1-4规定不考虑其作用组合。

(3)施工阶段作用组合,应按计算需要及墩台所处条件而定,结构上的施工人员和机具设备均应作为临时荷载加以考虑。

(4)多个偶然作用不同时参与组合。

其他可变作用不同时组合表　　　　　　　表6-1-4

作用名称	不与该作用同时参与组合的作用
汽车制动力	流水压力、冰压力、波浪力、支座摩阻力
流水压力	汽车制动力、冰压力、波浪力
波浪力	汽车制动力、流水压力、冰压力
冰压力	汽车制动力、流水压力、波浪力
支座摩阻力	汽车制动力

在实际墩台验算时,事前较难判断哪一种作用组合最为不利,只有对各种可能的最不利作用组合比较计算后,才有最后结论。在可变作用中,车辆荷载的变动对作用组合起着支配作用,因为车辆在桥上的排列位置,在纵、横方向都是可变的,它影响着各支座的支座反力数值和分配,以及有关外力(制动力等)的变化。当桥墩有较大的横桥向作用(风力、船只撞击力、水流或冰压力等),需要进行横桥向各项验算时,应考虑车辆荷载横桥向偏载的情况。在对桥台验算时,由于有台后填土及台后车辆引起的土侧向压力作用,在确定最不利荷载组合时,考虑车辆荷载的布置方式比桥墩要多些,通常应分别对车辆荷载满布桥跨;桥上无荷载而台后有重型车辆;桥上有车辆荷载而台后有重型车辆等情况,分别组合进行比较。在进行墩台的偏心距和稳定性等验算时,竖向作用是起有利作用的,这时的最不利情况,可能是设计洪水位时一孔重载或空载,应根据验算内容,按各种可能发生的作用组合作分别验算,以求得到控制该项验算的作用组合。

三、墩台设计的有关规定

(一)墩台的沉降和位移

(1)简支梁桥的墩台沉降和位移的容许极限值,不宜超过以下规定(单位为 cm):

①墩台均匀总沉降(不包括施工中的沉降)值 $2.0\sqrt{L}$;

②相邻墩台均匀总沉降(不包括施工中的沉降)值 $1.0\sqrt{L}$;

③墩台顶面的水平位移值 $0.5\sqrt{L}$(L 为相邻墩台间最小跨径长度,以 m 计;跨径小于 25m 时仍用 25m 计算。)

(2)拱桥墩台的沉降和位移的容许值由计算确定。

(3)水平位移的计算,一般将桥梁实体墩(台)作为一个在基础(承台)顶面固结的悬臂梁,同时不考虑由于墩(台)顶位移后垂直作用引起的弯矩。桩、柱式墩台或高桩承台,可先计算承台底面轴心的水平位移和转角,再计算桥墩的墩顶位移值。由于计算时视桥墩为在基础顶面固结的悬臂梁,完全忽略了桥跨结构物对墩顶的制约作用,因此,计算结果是偏大的。

(二)柱式墩台盖梁(墩帽)的计算

墩台盖梁与柱应按刚构计算。当盖梁与柱的线刚度(EI/l)之比大于 5 时,双柱式墩台盖梁可按简支梁计算,多柱式墩台盖梁可按连续梁计算。以上 E、I、l 分别为梁或柱混凝土的弹性模量、毛截面惯性矩、梁的计算跨径或柱的计算高度。《公路钢筋混凝土及预应力混凝土桥涵设计规范》(JTG 3362—2018)规定钢筋混凝土盖梁其高比 l/h 为:简支梁 $2.0<l/h\leqslant5.0$;连续梁或刚构 $2.5<l/h\leqslant5.0$(l 为盖梁的计算跨径,h 为盖梁的高度)。按简支梁计算的盖梁,其计算跨径应取盖梁支承中心之间的距离 l_c 和盖梁净跨径 l_n 的 1.15 倍两者较小者。当盖梁作为连续梁或刚构分析时,计算跨径可取支承中心的距离。

四、墩台验算内容和要求

墩台是桥梁结构的重要组成部分,作为支承结构,它的质量好坏直接危害桥跨结构的使用功能和耐久性;且一旦出现隐患,加固维修工程甚为艰巨。因此设计必须保证墩台坚固可靠、万无一失,使之在施工和使用过程中,在计算最不利荷载组合作用下,都能满足以下四点基本要求:

(1)墩(台)身任一截面应有足够的强度,在荷载作用下不致破坏,也不得发生过大的裂缝等病害。

(2)桥墩基本是压弯结构件,必须保证纵向挠曲的稳定性。

(3)对于高度超过 20m 的实体墩台,各种空心墩和桩柱式等轻型墩台,在各项作用下,墩台顶的弹性水平位移不应过大,以免影响桥梁的刚度和使用性能。

(4)墩台与基础作为一个整体,不应发生不容许的位移,必须验算墩台整体的抗倾覆和抗滑动的稳定性。

通常桥梁墩台的设计,系先根据构造要求拟定墩台身、墩台顶帽等部分尺寸,配置钢筋,然后验算是否满足设计要求,主要包括以下三个步骤:

(1) 该验算项目的最不利作用效应组合的计算。
(2) 计算在相应作用效应组合下,控制截面的最大应力、偏心值或位移值和稳定性。
(3) 进行截面强度,截面合力偏心距或位移以及稳定性验算。

第四节 墩台的附属结构物

一、锥形护坡及溜坡

为了保护桥台与引道边坡的稳定,防止冲刷水毁,U形桥台、埋置式桥台、钢筋混凝土桩(柱)式岸墩应在两侧及岸墩向河侧设置锥形护坡(岸墩前的称为溜坡)。桥台侧墙后端伸入桥头两侧锥坡顶点以内不宜小于0.75m。

桥头锥形护坡在严寒地带应采用沙土或其他透水性良好的土填筑;跨越水流桥梁的应采用片石或其他就地材料铺砌加固;淹没区以外,当护坡高度不大于6m、坡度不陡于1:1.5时,可用草皮或播种草籽加固。

对于锥形护坡坡脚,应根据水流冲刷、流冰、漂浮物撞击等情况,决定坡脚基础埋置深度和铺砌加固方法。铺砌高度:大、中桥应高出设计洪水位(包括壅水及浪高)不小于0.5m,小桥涵高出壅水位(不计浪高)0.25m。采用浆砌或干砌砌体时,其砌体的厚度不宜小于0.30m。

二、破冰体

破冰体应与实体墩筑成一体。在中等或强烈流冰地区,实体桥墩可在迎冰面设置破冰棱,破冰棱设在最低流冰水位以下0.5m到最高流冰水位以上1.0m处(图6-1-34)。实体墩的其他部位要用钢筋网加强。

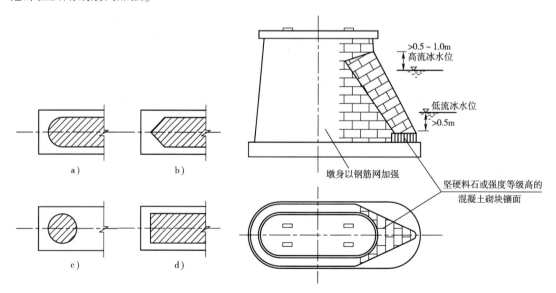

图6-1-34 破冰体与实体墩示意

在中等流水、漂流物地区,在排架式、桩柱式及钢筋混凝土薄壁墩的迎冰面前应修筑破冰体,以保护桥墩构造物免受流冰与漂流物、排筏的直接撞击。破冰体应设在墩身上游,距离墩台 2~10m 处(视冰流速度、桥跨大小面定)。

三、桥台搭板

为防止桥头路基沉降不均引起行车颠簸,应在路堤与桥台的衔接处设置桥头搭板。高等级公路行车速度快。搭板长度可适当加长,一般宜不小于 6~8m。在设置搭板的同时,还必须严格控制台后路基的填料及填筑密实度,以尽量减小路堤的沉降,使搭板能有效地避免跳车。搭板的受力计算一般按弹性地基板计算。图 6-1-35 所示为实际工程上采用的桥台搭板构造示例。

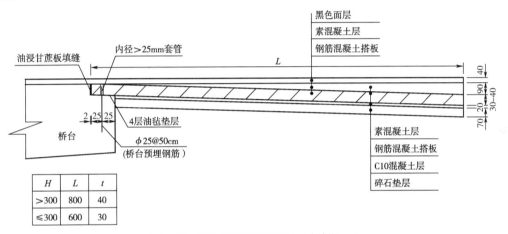

图 6-1-35 整体式搭板构造示例(尺寸单位:cm)
H-台后填土高度;L-搭板长度;t-搭板厚度

第二章 桥墩的设计与计算

第一节 实体式(重力式)桥墩

一、拟定桥墩各部尺寸

通常首先根据桥梁上部构造的宽度选定墩顶长度(需考虑是否设置挡块等构造措施);再按相邻两孔桥的支座尺寸和距离,并加上支座边缘至墩顶边缘的距离选定墩顶的宽度;然后按照选定的墩身两侧的斜度向下放坡,从而选定墩身底面尺寸。由墩底尺寸和地基条件,在满足《公路桥涵设计通用规范》(JTG D60—2015)要求的前提下,确定承台(基础)的平面尺寸和厚度。对于悬臂式桥墩除应符合上述构造要求外,还需根据荷载大小,通过计算确定悬臂的长度。

桥墩尺寸拟定后,即可按下述计算过程进行。若验算桥墩的强度和稳定性安全系数过高或过低时,则应重新调整尺寸,直至桥墩既能满足构造上要求,又能符合安全和经济等原则,方可最终确定桥墩尺寸。

二、计算与验算要点

(一)作用效应计算

将永久作用与规定的车辆荷载及可能出现的其他外力,进行作用效应计算,求得可能出现的最不利作用效应组合。

1. 梁桥重力式桥墩

(1)第一种作用效应组合：桥墩各截面上可能产生的最大竖向作用的情况。

它是用来验算墩身强度和基底最大应力。因此，除了有关的永久作用外，应在相邻两跨满布可变作用的一种或几种[图6-2-1a)]。

(2)第二种作用效应组合：桥墩各截面在顺桥方向上可能产生的最大偏心和最大弯矩的情况。

它是用来验算墩身强度、基底应力、偏心距以及桥墩的稳定性。属于这一组合的除了有关的永久作用外，应在相邻两孔的一孔上(当为不等跨桥梁时则在跨径较大的一孔上)，布置可变作用(汽车)，以及可能发生的其他可变作用，例如纵向风力，汽车制动力和支座摩阻力等[图6-2-1b)]。

(3)第三种作用效应组合：桥墩各截面在横桥方向上可能产生最大偏心距和最大弯矩的情况。

它是用来验算在横桥方向上的墩身强度，基底应力、偏心距以及桥墩的稳定性。属于这一组合的除了有关的永久作用以外，要注意将可变作用的一种或几种偏于桥面的一侧布置，此外还应考虑横向风力，流水压力或冰压力等或者偶然作用中的船舶或漂浮物的撞击作用等[图6-2-1c)]。

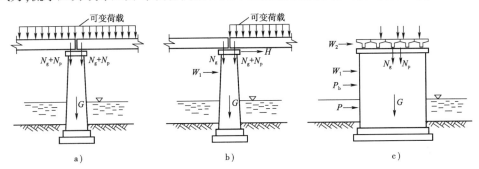

图6-2-1　梁桥桥墩的作用效应组合图示

2. 拱桥重力式桥墩

(1)顺桥方向的作用及作用效应组合。

对于普通桥墩应为相邻两孔的永久作用，在一孔或跨径较大的一孔满布可变作用(汽车)的一种或几种，以及其他如汽车制动力，纵向风力、温度作用等，由此计算对桥墩产生不平衡的水平推力、竖向力和弯矩效应(图6-2-2)。

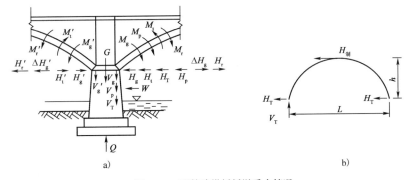

图6-2-2　不等跨拱桥桥墩受力情况

对于单向推向力墩,则只考虑相邻两孔中跨径较大一孔的永久作用效应。图 6-2-2 中的符号意义如下:

G——桥墩自重;

Q——水的浮力(仅在验算稳定时考虑);

V_g、V_g'——相邻两孔拱脚处因结构自重产生的竖向反力;

V_p——与车辆活载产生的 H_p 最大值相对应的拱脚竖向反力,可按支点反力影响线求得;

V_T——由桥面处制动力 $H_制$ 引起的拱脚竖向反力,即 $V_T = \dfrac{H_制 h}{L}$,其中 h 为桥面至拱脚的高度,L 为拱的计算跨径[图 6-2-2b)];

H_g、H_g'——不计弹性压缩时在拱脚恒载处由结构自重引起的水平推力;

ΔH_g、$\Delta H_g'$——由结构自重产生弹性压缩所引起的拱脚水平推力,方向与 H_g 和 H_g' 相反;

H_p——在相邻两孔中较大的一孔上由车辆荷载所引起的拱脚最大水平推力;

H_T——制动力引起在拱脚处的水平推力,按两个拱脚平均分配计算,即 $H_T = H_制/2$;

H_t、H_t'——温度变化引起在拱脚处的水平推力(图示方向为温度上升,降温时则方向相反);

H_r、H_r'——拱圈材料收缩引起的拱脚水平拉力;

M_g、M_g'——结构自重引起的拱脚弯矩;

M_p——由车辆荷载引起的拱脚弯矩,由于它是按 H_p 达到最大值时的车辆荷载布置计算,故产生的拱脚弯矩很小,可以忽略不计;

M_t、M_t'——温度变化引起的拱脚弯矩;

M_r、M_r'——拱圈材料收缩引起的拱脚弯矩;

W——墩身纵向风力。

(2)横桥向的作用及作用效应组合。

横桥方向对桥墩上的作用有风力、流水压力、冰压力、船舶或漂浮物撞击作用或地震作用等。但是对于公路桥梁,横桥方向的受力验算一般不控制设计。

以上所述的各种作用效应组合是对重力式墩而言的,对于其他形式的桥墩,则要根据它们的构造和受力特点进行具体分析,然后参照上述共同原则进行各别的作用效应组合。值得重视的是,不论哪一种形式的桥墩,在计算中对于各种作用效应组合,都必须满足桥梁规范中规定的强度安全系数和结构稳定系数。

上述各种作用效应组合的内容虽然有所差别,但是就桥墩的某个截面而言,这些外力都能合成为竖向的和水平向的合力(ΣN、ΣM 表示)以及分别绕该截面 x—x 轴和 y—y 轴的弯矩(用 ΣM_x、ΣM_y 表示)(图 6-2-3)。由此可分别按顺桥向和横桥向计算出各控制截面的作用效应(竖向力 ΣN、水平力 ΣH 和弯矩 ΣM)。

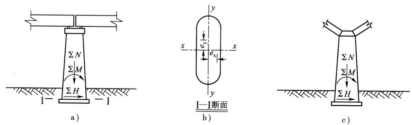

图 6-2-3 墩身底面承载力验算

(二)墩身截面强度和偏心距验算

对于较矮的桥墩一般验算墩身的突变处截面和墩底截面;对于较高的桥墩,由于控制截面不确定在墩身底部,则应沿墩身竖向每隔2~3m验算一个截面。

对于轴心受压和偏心受压的桥墩,可按《公路圬工桥涵设计规范》(JTG D61—2005)与《公路钢筋混凝土及预应力混凝土桥涵设计规范》(JTG 3362—2018)的相关规定:圬工结构应按承载能力极限状态设计,并满足正常使用极限状态的要求(根据圬工结构的特点,其正常使用极限状态的要求,一般情况下可由相应的构造措施来保证);钢筋混凝土或预应力混凝土结构则应按承载能力极限状态和正常使用极限状态进行设计。采用上述"桥规"的有关公式进行验算。如果与上述"桥规"要求相差较大(过大或过小)时,应修改墩身尺寸,重新验算。

桥墩承受偏心受压荷载时,对圬工结构应按《公路圬工桥涵设计规范》(JTG D61—2005)第4.0.5条至第4.0.10条的相关要求,进行受压偏心距限值范围内的承载力验算。受压构件偏心距限值,可查阅《公路圬工桥涵设计规范》(JTG D61—2005)表4.0.9。对于钢筋混凝土结构,应按《公路钢筋混凝土及预应力混凝土桥涵设计规范》(JTG 3362—2018)第5.3条受压构件的相关公式进行验算。

当拱桥桥墩相邻两孔的推力不相等时,需要验算拱座底截面的抗剪强度。圬工构件可按《公路圬工桥涵设计规范》(JTG D61—2005)第4.0.13条、钢筋混凝土构件按《公路钢筋混凝土及预应力混凝土桥涵设计规范》(JTG 3362—2018)第5.5.3、5.5.4条的相关公式进行验算。对多阶段受力的组合构件(如双曲拱桥等),可按《公路钢筋混凝土及预应力混凝土桥涵设计规范》(JTG 3362—2018)第8.1条相关公式分别验算各阶段的承载能力,验算时构件在各阶段的总作用效应按内力叠加原则进行计算。

(三)墩顶水平位移的验算

桥墩墩顶水平位移过大将会影响桥跨结构的正常使用功能,对于高度超过20m的重力式桥墩,应验算墩顶顺桥向的弹性位移。其计算值不得超过桥墩顶端水平位移的容许极限值 $\Delta = 0.5\sqrt{L}(\text{cm})$,其中,$L$ 为相邻墩台间最小跨径长度,以m计,跨径小于25m时用25m;Δ 为墩顶计算水平位移值,单位为cm。

(四)承台基础底面岩土的承载力和偏心距验算

墩台基础是桥梁的主要组成部分,基础与基底持力层必须有足够的强度和稳定性,以确保桥梁的安全。因此,在墩台设计中,应按墩台在建造时与使用期间可能同时发生的各项最不利的作用效应组合,对基础的稳定性和基底岩土的承载力加以验算,必要时还要验算基础的沉降量。

1. 基底岩土的承载力验算

承台(基础)底面岩土的承载力,当不考虑嵌固作用时,可按下式验算:

(1)当基底只承受轴心荷载时:

$$p = \frac{N}{A} \leqslant f_a \tag{6-2-1}$$

式中：p——基底平均压应力（kPa）；
N——《公路桥涵地基与基础设计规范》（JTG 3363—2019）第3.0.6条规定的作用组合下基底的竖向力（kN）；
A——基础底面面积（m²）；
f_a——修正后的地基承载特征值。

（2）当基底单向偏心受压，承受竖向力 N 和弯矩 M 共同作用时，除满足式(6-2-1)要求外，尚应符合下式条件：

$$p_{max} = \frac{N}{A} + \frac{M}{W} \leq \gamma_R f_a \tag{6-2-2}$$

式中：p_{max}——基底最大压应力（kPa）；
M——《公路桥涵地基与基础设计规范》（JTG 3363—2019）第3.0.6条规定的作用组合下墩台的水平力和竖向力对基底重心轴的弯矩（kN·m）；
W——基础底面偏心方向的面积抵抗矩（m³）；
γ_R——地基承载力抗力系数。

《公路桥涵地基与基础设计规范》（JTG 3363—2019）第4.3.1条规定，桥涵地基承载力的验算应以修正后的承载力特征值 f_a 乘以地基承载力抗力系数 γ_R 控制，地基承载力抗力系数 γ_R 按该规范第3.0.7条规定确定。

（3）当基底双向偏心受压，承受竖向力 N 和绕 x 轴弯矩 M_x 与绕 y 轴弯矩 M_y 共同作用时，除满足式(6-2-1)要求外，尚应符合下式条件：

$$p_{max} = \frac{N}{A} + \frac{M_x}{W_x} + \frac{M_y}{W_y} \leq \gamma_R f_a \tag{6-2-3a}$$

式中：M_x、M_y——作用于墩台的水平力和竖向力分别对基底 x 轴、y 轴的弯矩（kN·m）；
W_x、W_y——基础底面偏心方向边缘对 x 轴、y 轴的面积抵抗矩（m³）。

当设置在基岩上的墩台基底承受单向偏心荷载，且其偏心距 e_0 超过相应的核心半径 ρ 时，可仅按受压区计算基底最大压应力（不考虑基底承受拉力，见图6-2-4）。基底为矩形截面时，最大压应力 p_{max} 按下式计算。

$$p_{max} = \frac{2N}{3da} = + \frac{2N}{3\left(\frac{b}{2} - e_0\right)a} \tag{6-2-3b}$$

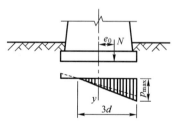
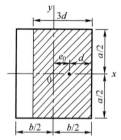

图6-2-4 单向偏心受压时基底应力重分布图

式中：b——偏心方向基础底面的边长（m）；
a——垂直于 b 边基础底面的边长（m）；
d——N 作用点至基底受压边缘的距离（m）；
e_0——N 作用点距截面重心的距离（m）。

当设置在基岩上的墩台基底承受双向偏心荷载，且其偏心距 e_0 超过相应的核心半径 ρ 时，可仅按受压区计算基底压应力（不考虑基底承受拉应力）。墩台基底为矩形和圆形截面时，最大压应力按《公路桥涵地基与基础设计规范》（JTG

3363—2019)附录 G 确定。

2. 作用于基底的合力偏心距验算

为了使永久作用基底应力分布比较均匀,防止基底承受的最大压应力与最小压应力相差过大,导致基底出现不均匀沉陷,影响桥墩的正常使用。故在设计时,应对基底合力偏心距加以限制。

(1)墩台基底合力偏心距容许值$[e_0]$应满足表 6-2-1 的要求。

墩台基底的合力偏心距容许值$[e_0]$　　　　表 6-2-1

作用情况	地基条件	$[e_0]$	备 注
仅承受永久作用标准值组合	非岩石地基	桥墩,0.1ρ	拱桥、刚构桥墩台,其合力作用点应尽量保持在基底重心附近
		桥台,0.75ρ	
承受作用标准值组合或偶然作用标准值组合	非岩石地基	ρ	拱桥单向推力墩不受限制,但应符合本规范表 5.4.3 规定的抗倾覆稳定安全系数
	较破碎~极破碎岩石地基	1.2ρ	
	完整、较完整岩石地基	1.5ρ	

(2)基底以上外力作用点对基底重心轴的偏心距 e_0 按下式计算:

$$e_0 = \frac{M}{N} \leqslant [e_0] \quad (6\text{-}2\text{-}3c)$$

式中:N、M——作用于基底的竖向力(kN)和所有外力(竖向力、水平力)对基底截面重心的弯矩(kN·m)。

(3)基底承受单向或双向偏心受压的截面核心半径 ρ 值可按下式计算:

$$\rho = \frac{e_0}{1 - \frac{p_{\min}A}{N}} \quad (6\text{-}2\text{-}3d)$$

$$p_{\min} = \frac{N}{A} - \frac{M_x}{W_x} - \frac{M_y}{W_y}$$

式中:$p_{\min}$——基底最小压应力,当为负值时表示为拉应力(kPa);

e_0——N 作用点距截面重心的距离(m)。

(五)墩(台)基础的稳定性验算

1. 抗倾覆稳定性验算

验算墩台基底抗倾覆稳定性,目的在于保证桥梁墩台不至于向一侧倾倒(绕基底的某一轴转动)。建筑在岩层上的墩台是绕基底受压的最外边缘(以最外边缘为轴)而倾覆;建筑在弹性的软土上面的墩台基础,由于最大受压边缘陷入土内,此时基础的转动轴将在受压最外边缘的内侧某一线上。基底土越弱,基础转动轴将越接近基底中心,基础抗倾覆的稳定性就越低。但在设计基础时,因要求基底最大压应力限制在基底土的容许承载力以内,故基础的转动轴仍假定在最大受压的外边缘,如图 6-2-5 所示。墩台基础的抗倾覆稳定系数 k_0 按下式计算:

$$k_0 = \frac{s}{e_0} \quad (6\text{-}2\text{-}4a)$$

$$e_0 = \frac{\sum P_i e_i + \sum H_i h_i}{\sum P_i} \tag{6-2-4b}$$

式中：s——在截面重心至合力作用点的延长线上，自截面重心至验算倾覆轴的距离(m)；

e_0——所有外力的合力 R 在验算截面的作用点对基底重心轴的偏心距(m)；

P_i——不考虑其分项系数和组合系数的作用标准值组合或偶然作用标准值组合引起的竖向力(kN)；

e_i——竖向力 P_i 对验算截面重心的力臂(m)；

H_i——不考虑其分项系数和组合系数的作用标准值组合或偶然作用标准值组合引起的水平力(kN)；

h_i——水平力 H_i 对验算截面的力臂(m)。

注：①弯矩应视其绕验算截面重心轴的不同方向取正负号；②对于矩形凹缺的多边形基础，其倾覆轴应取基底截面的外包线。

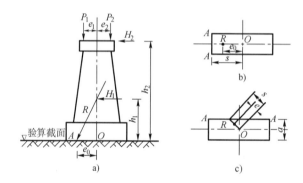

图 6-2-5 墩台基础的稳定性验算示意图
a)立面；b)平面(单向偏心)；c)平面(双向偏心)
O-截面重心；R-合力作用点；A—A-验算倾覆轴

2. 抗滑动稳定性验算

墩台基础的滑动一般有两种可能性：一为水平推力克服了基底面与基底土之间的摩阻力而沿着基底面滑动；二为水平推力克服了土体内部的摩阻力使基础与持力层的一部分一起滑动。由于桥涵墩台基础一般埋置深度较深，而且基底的容许压力已有一定的安全系数，保证了基底土不致产生局部极限平衡而达到塑性流动。故《公路桥涵地基与基础设计规范》(JTG D63—2007)规定只验算沿基底面滑动的抗滑动稳定性，并定义抗滑动稳定系数 k_c 为抗滑动稳定力与滑动力之比。其计算公式为：

$$k_c = \frac{\mu \sum P_i + \sum H_{iP}}{\sum H_{ia}} \tag{6-2-5}$$

式中：P_i——竖向力总和(kN)；

$\sum H_{iP}$——抗滑稳定水平力总和(kN)；

$\sum H_{ia}$——滑动水平力总和(kN)；

μ——基础底面与地基土之间的摩阻系数，应通过试验确定；当缺少实际资料时，可参照表 6-2-2 采用。

基底摩阻系数 μ 值　　　　　　　　　表 6-2-2

地基土分类	μ	地基土分类	μ
黏土(流塑~坚硬)、粉土	0.25~0.35	软岩(极软岩~较软岩)	0.40~0.60
砂土(粉砂~砾砂)	0.30~0.40	硬岩(较硬岩~坚硬岩)	0.60、0.70
碎石土(松散~密实)	0.40~0.50		

注：$\sum H_{ip}$ 和 $\sum H_{ia}$ 分别为两个相对方向的各自水平力总和，其中绝对值较大者为滑动力 $\sum H_{ia}$，较少者为抗滑动稳定力；$\mu \sum P_i$ 为抗滑动稳定力。

验算墩台抗倾覆和抗滑动的稳定性时，各稳定系数不得小于表 6-2-3 所示规定值要求。

抗倾覆和抗滑动稳定系数 k_0、k_c 值　　　　　表 6-2-3

作用组合		验算项目	稳定系数值
使用阶段	永久作用(不计混凝土收缩及徐变、浮力)和汽车荷载、人群荷载的标准值组合	抗倾覆(k_0)	1.5
		抗滑动(k_c)	1.3
	各种作用的标准值组合	抗倾覆(k_0)	1.3
		抗滑动(k_c)	1.2
施工阶段作用的标准值组合		抗倾覆(k_0)	1.2
		抗滑动(k_c)	

当基础采用了抗滑动措施后(如基础底面做成阶梯、齿坎，或设置防滑锚栓等)，对抗滑动的验算，除考虑基底的摩阻力外，还应考虑上述措施所产生的抗滑阻力。

第二节　柱(桩)式桥墩

一、柱式桥墩的构造特点

柱式桥墩具有圬工体积小、施工便利、速度快、工程造价低廉，且桥下空间宽敞、视野开阔，景观效果甚佳，是公路桥、城市桥及立交枢纽工程中应用最广泛的桥墩形式。墩柱截面有圆形、椭圆形、方形、六角形及八边形等。桥墩形式有独柱式、双柱式、哑铃式、多柱式以及混合双柱式等(图 6-2-6)。体态轻盈的"H""Y"形桥墩，可以说是柱式桥墩的衍生物。

在水流与桥轴斜交角小于 15°，仅有较小的漂流物或轻微的流冰的河流中，可采用双柱式墩或多柱式墩；在有较多的漂流物或较严重的流冰河流上，为防止漂流物卡在两柱中间，使桥梁发生险情，或另有特殊要求时，可在柱间加做 0.4~0.6m 厚度的横隔墙，构成哑铃式桥墩；在有较严重的漂流物或冰凌的河流上，当墩身较高时，可把高水位以上墩身做成柱式，高水位以下部分做成实体式的混合双柱式墩，这样既减少了水位以上部分的圬工体积，又增大了抵抗漂流物撞击的能力。柱式墩的墩帽称为盖梁。盖梁的横截面形状一般为矩形、T 形或倒 T 形；底面有直线形和曲线形两种。盖梁宽度 B 依据上部构造形式、支座间距和尺寸，再加上支座边缘至盖梁边缘的最小距离拟定。有抗震要求的桥梁，还需满足抗震规范的有关规定。盖梁高度 h 一般为梁宽的 0.8~1.2 倍。盖梁长度应大于上部构造两边梁(或边肋)间的距离，并应满足上部构造安装时的要求。设置橡胶支座的桥墩应预留更换支座所需的位置。盖梁悬臂端高度不宜小于 0.3m。盖梁各截面尺寸与配筋应通过计算确定。

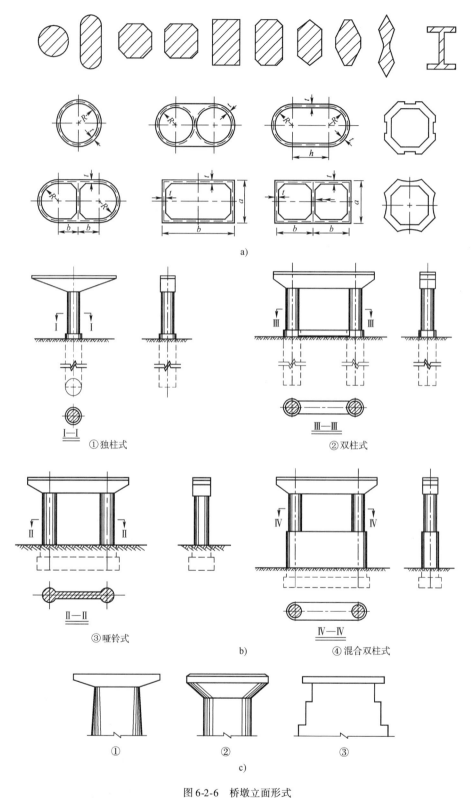

图 6-2-6 桥墩立面形式

a) 桥墩截面形式；b) 柱式桥墩立面形式；c) 实体桥墩立面形式

为使桩柱和盖梁或承台有较好的整体性,墩柱主钢筋应伸入盖梁或承台,桩柱顶一般应嵌入 0.15~0.20m。墩柱配筋的要求为:纵向受力钢筋直径应不小于 12mm;钢筋截面面积应小于混凝土计算面积的 0.5%;纵向受力钢筋净距应不小于 50mm;净保护层不小于 25mm。

当用横系梁加强桩柱间的整体性时,横系梁高度可取桩(柱)径的 0.8~1.0 倍,宽度取桩(柱)径的 0.6~1.0 倍。横系梁通常是不承受外力的,可不计算内力,按横截面积的 0.10% 配置构造钢筋即可。其构造钢筋应伸入桩柱内,并与桩、柱内的受力钢筋相连接。

二、设计与计算要点

(一)盖梁设计

盖梁计算内容如下。

1. 作用计算

(1)永久作用:包括上部构造(行车道、桥面铺装、人行道、栏杆和过桥管线等)与盖梁的重力以及各支座的永久作用效应。

(2)可变作用:汽车荷载的轮重不是直接作用在盖梁上,而是通过设在盖梁上固定位置处的支座来传递活载反力的。因此,首先应根据规定的设计荷载,分别按其在盖梁上可能产生的最不利情况,求出支点的最大作用。其次,可变作用的横向分布计算:当活载对称布置时,按杠杆法计算;当活载非对称布置时,按刚性横梁法(或偏心受压法、刚接板梁法或 G-M 法)计算。

(3)施工吊装荷载:盖梁在施工过程中,作用的不对称作用很大。应根据架桥施工方案可能出现的施工荷载进行作用组合,对控制截面的受弯、受剪进行验算。构件吊装时,构件重力应乘以动力系数 1.20 或 0.85,并视构件具体情况作适当增减。

(4)桥墩沿纵向的水平力:有车辆制动力、温度作用力、支座摩阻力以及地震作用等。设有油毛毡支座和钢板支座的墩台,其所受的水平力按其刚度分配;设有板式橡胶支座的排架式柔性墩台,可参照《公路桥涵设计通用规范》(JTG D60—2015)考虑支座与墩台的联合作用。

2. 作用组合效应计算

通常情况下柱式墩的盖梁,计算时的控制截面选取支点与跨中截面。在计算支点负弯矩时,采用永久作用和非对称布置可变作用的反力;在计算跨中正弯矩时,采用永久作用和对称布置可变作用的反力。桥墩沿纵向的水平力以及荷载的偏心对盖梁将产生扭转,计算时应予以计入。

3. 截面配筋计算

钢筋混凝土盖梁其配筋验算方法与钢筋混凝土梁配筋雷同,即根据弯矩包络图配置受弯钢筋,根据剪力包络图配置弯起钢筋和箍筋。还应计算截面扭矩所需要的纵向钢筋和箍筋。当采用预应力混凝土盖梁时,其预应力钢筋与普通钢筋的配置与预应力混凝土梁式构件相类似。

(二)墩柱设计

桥梁墩柱的计算内容如下。

1. 作用计算

(1)永久作用:包括上部构造、盖梁、系梁及墩身等重力。

(2)汽车荷载:包括按设计作用布置车列,求得最不利的车辆作用布置;计算墩柱反力的横向分布系数;确定设计的控制状况,进行各种作用组合,分析比较选取最不利作用组合控制墩柱设计。

2. 截面配筋

根据《公路钢筋混凝土及预应力混凝土桥涵设计规范》(JTG 3362—2018)中有关钢筋混凝土轴心受压或偏心受压构件的规定,配置墩柱截面钢筋(受力钢筋的截面面积不得小于截面混凝土计算面积的0.5%),并按前述构造要求配置箍筋等。

3. 裂缝验算

对于承受弯矩较大的偏心受压墩柱,应按《公路钢筋混凝土及预应力混凝土桥涵设计规范》(JTG 3362—2018)有关规定进行墩身裂缝验算。钢筋混凝土构件,在正常使用极限状态下的裂缝宽度,应按频遇组合并考虑长期效应影响进行验算,其计算的最大裂缝宽度不应超过下列规定的限值:Ⅰ类和Ⅱ类环境条件下为0.20mm;Ⅲ类和Ⅳ类环境条件下为0.15mm。

第三节 柔性排架桩桥墩

一、桥墩形式与一般构造

钢筋混凝土柔性排架桩墩台,由成排的预制打入桩或钻孔灌注桩桩顶连接钢筋混凝土盖梁组成。因其材料用量节省、施工简单迅速,在国内平原地区应用较为普遍。

柔性排架桩墩台分单排墩和双排架墩,单排架墩一般适用于高度不大于4.0~5.0m;墩高大于5.0m时,宜采用双排架墩,以避免行车时可能发生的纵向摇动;如果采用钻孔灌注桩,则可采用单排架墩(图6-2-7)。柔性排架墩的适宜桥长,应按桥址处的温度变化幅度决定,一般桥长为50~80m。温差大的地区桥长应短些,温差小的地区桥长可适当长些。

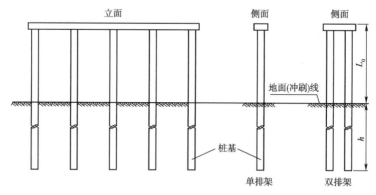

图6-2-7 柔性排架桩墩

排架桩墩用的预制打入桩的截面尺寸,与桩长有关:一般桩长在10m以内用0.30m×0.30m;在15m以内用0.35m×0.35m;大于15m时用0.40m×0.40m。桩与桩之间中距不应小于桩径的3倍或1.5~2.0m,盖梁用矩形截面,单排桩盖梁的宽度为0.60~0.80m。盖梁高度对各种跨径和单排、双排桩均采用0.40~0.50m。当用钻孔灌注桩时,其桩径不宜大于 900mm,桩间距离不小于 2.5 倍成桩直径。其上的盖梁宽度一般比桩径大 0.15~0.20m,高度应根据受力情况拟定。

二、设计与计算要点

柔性排架桩的设计,包括盖梁和排架桩的设计。当采用对桥跨结构变形不够完善的支座(如油毡支座)时,通常可按多跨铰接框架的图式计算[图 6-2-8a)];若采用橡胶支座,由于橡胶支座在水平力作用下可以有微小的水平位移,则可按节点处设有水平弹簧支承的框架图式计算[图 6-2-8b)]。本节重点对多跨铰接框架的计算特点分述如下。

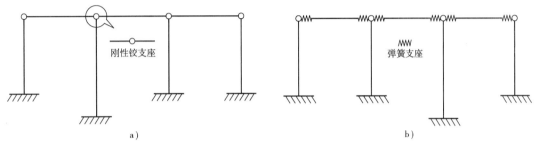

图 6-2-8 梁桥柔性墩计算图式

(一)基本假定

(1)柔性排架墩视为下端固结、上端铰接的超静定梁。作用(如制动力和温度作用)引起的墩顶位移视为铰支承的"沉陷",如图 6-2-9 所示。

(2)作用墩顶的竖向力 N、不平衡弯矩 M,以及温度、制动力等水平力 H 所引起的墩顶位移,先分别进行力学计算;然后进行内力叠加,忽略这些力的相互作用影响(图 6-2-9)。

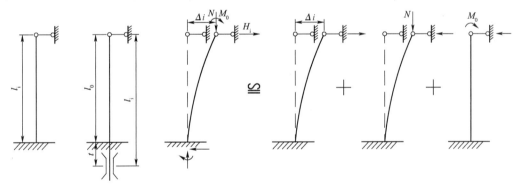

图 6-2-9 柔性墩结构及计算图式

(3)计算制动力时,各墩台受力按墩顶抗推刚度(墩顶产生单位水平位移的水平力)分配。在计算土压力时,如设有刚性墩台,则全部由刚性墩台承受;如均为柔性墩台,则由岸墩承受土压力,并假定此时各墩顶与上部构造之间不发生相对位移;这样,岸墩墩顶所受到的水平力,将经各支座直接传递至对岸,由对岸的土抗力来平衡,其他各个柔性墩均不考虑参与受力。

(4)计算温度变化时,排架墩对梁产生的弹性拉伸或压缩影响均忽略不计,而只计墩顶水平力对排架墩所引起弯矩的影响。

(二)计算步骤

1. 排架墩抗推(水平)刚度 k_i 的计算

$$k_i = \frac{1}{\delta_i} \tag{6-2-6}$$

(1) 当墩柱下端固定在基础或承台顶面时:

$$\delta_i = \frac{L_i^3}{3EI} \tag{6-2-7}$$

式中: δ_i——单位水平力作用在第 i 柔性墩顶产生的水平位移(m/kN);

L_i——第 i 墩柱下端固接处到墩顶的高度(m),排架桩应为地面(或冲刷线)以上桩长 L_0 与桩在地基内的挠曲长度 t 之和 $L_i = L_0 + t$,t 为地面(或设计冲刷线)至第一个弹性零点的距离,鉴于目前计算方法(例如 K 法、m 法和 c 法)还不一致,此处也可近似地根据地基土质取 $2m \sim h_i/2$,h_i 为排架桩的入土深度(m);

I——墩身横截面对形心轴的惯性矩(m^4)。

(2) 当考虑桩侧土的弹性抗力时,δ_i 则按"地基基础"课程中桩基础的有关公式计算。

2. 墩顶制动力的计算

$$H_{iT} = \frac{k_i}{\sum k_i} T \tag{6-2-8}$$

式中: H_{iT}——作用在第 i 墩台的制动力(kN);

T——全桥(或一联)承受的制动力(kN)。

于是墩顶水平位移 Δ_{iT} 为:

$$\Delta_{iT} = \frac{H_i}{k_i} \tag{6-2-9}$$

3. 梁的温度变形引起的水平力

当温度下降时桥梁上部结构将缩短,两岸边排架向河心偏移。当温度上升时则将伸长,两岸边排架向路堤偏移。无论温度升高或降低,必然存在一个温度变化时偏移值为零的位置 x_0 (称为温度中心)。在求排架的偏移值时,需先求出温度变化时偏移值等于零的位置(图6-2-10)。

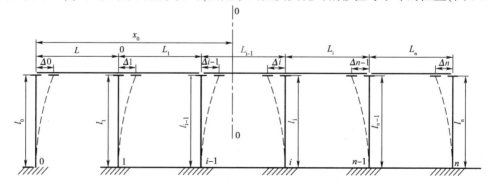

图 6-2-10 温度变化时柔性墩的偏移图式

根据上述的第四点假定,导得该偏移值为零的位置为:

$$x_0 = \frac{\sum\limits_0^n i k_i}{\sum\limits_0^n k_i} L \qquad (6\text{-}2\text{-}10)$$

式中:x_0——0—0 线至 0 号排架的距离;

i——桩的序号,$i = 0、1、2、\cdots、n$,n 为总排架数减 1;

L——桥梁跨径(此处表示各跨跨径相等)。

如果用 $x_1、x_2、\cdots、x_i$ 表示自 0—0 线至 1、2、$\cdots$、i 号排架的距离,则得各墩顶部由温度引起的水平位移为:

$$\Delta_{it} = \alpha \Delta_t x_i \qquad (6\text{-}2\text{-}11)$$

各排架桩顶所受的温度水平力为:

$$H_{it} = k_i \Delta_{it} \qquad (6\text{-}2\text{-}12)$$

上述式中:α——上部结构的线膨胀系数;

Δ_t——温度升降的度数。

$\Delta_{it}、x_i$ 均带有正负号,以自 0—0 线指向 x 为正:

$$x_i = x_0 - (L_1 + L_2 + \cdots + L_i) = x_0 - \sum_{j=1}^{i} L_j$$

由于在温度变化作用下,各墩顶水平力之和必为零,即 $\sum\limits_{i=0}^{n} H_{it} = 0$,即可求得式(6-2-10)。

于是墩顶发生的综合水平位移为:

$$\Delta_i = \Delta_{iT} + \Delta_{it} \qquad (6\text{-}2\text{-}13)$$

相应的水平力为:

$$H_i = k_i \Delta_i = H_{iT} + H_{it} \qquad (6\text{-}2\text{-}14)$$

4. 由于墩顶产生水平位移 Δ_i、竖向力 N 引起墩身弯矩而产生的水平力

竖向力 N 包括桥跨结构及活载质量(墩身自重忽略不计),近似地取柔性墩身变形曲线为二次抛物线(图 6-2-11)。

$$y = \frac{x^2}{l_i^2} \Delta_i \qquad (6\text{-}2\text{-}15)$$

式中,l_i 的意义同上,为墩柱的计算高度。

以一孔梁(水平链杆)与柔性墩组成的一次超静定结构,取水平链杆所受的力为赘余未知力,于是:

$$H_N = \frac{-\int_0^{l_i} \frac{1}{EI} N(\Delta_i - y)(l_i - x) dx}{\int_0^{l_i} \frac{1}{EI} (l_i - x)^2 dx} = \frac{-\frac{5}{12} \frac{1}{EI} N \Delta_i l_i^2}{\frac{l_i^3}{3EI}} = -\frac{5 N \Delta_i}{4 l_i}$$

(6-2-16)

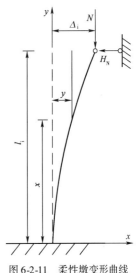

图 6-2-11 柔性墩变形曲线

5. 由于墩顶偏心弯矩 M_0 产生的水平力

它可按图 6-2-12 计算：

$$H_{M0} = -\frac{1.5M_0}{l_i} \quad (6-2-17)$$

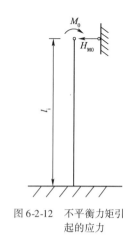

图 6-2-12 不平衡力矩引起的应力

作用在一个墩顶的各项水平力计算出后,便可根据最不利作用情况进行作用效应组合。柱墩按柱顶处的水平力、竖向力及弯矩,验算各截面承载力和稳定性,排架桩应考虑桩侧土的弹性抗力,按弹性地基梁法进行内力计算和截面承载力、稳定性、桩入土深度等项验算。

柔性排架墩在横桥向是一个多跨刚架,其横桥向水平作用不大,一般不控制设计,可不作验算。

拱桥采用柔性墩台时,应按连拱分析方法计算。

第四节 空心薄壁桥墩

空心式桥墩是桥墩向轻型化、装配化、机械化方向发展的途径之一。因其可以充分利用材料强度,故可节省用料、减轻桥墩自重,降低了对地基的承载能力要求,并且采用机械化施工方法,既可保证工程质量,又能加速施工进程。采用滑动钢模板施工的混凝土空心墩可节省 20%~30% 的圬工体积;钢筋混凝土空心墩可节省 50% 左右的圬工体积,特别对高桥墩更能显示其优越性。国内高速交通建设发展迅速,由于设计行车速度大,线形要求高,跨越深沟峡谷的高桥墩增多,60m 以上的高桥墩绝大部分是空心墩。

一、空心墩构造形式和要求

(一)构造形式和特点

空心墩的截面形式有:圆形、双圆孔形、圆端形、菱形、圆端形带纵向空心、矩形和双矩形等(图 6-2-13)。墩身立面形状可为:直坡式、台阶式、斜坡式,斜坡率通常为 43:1~50:1。当外形尺寸较大、壁厚较薄时,为增强墩身受压的局部和整体稳定性,可增设竖向隔板。

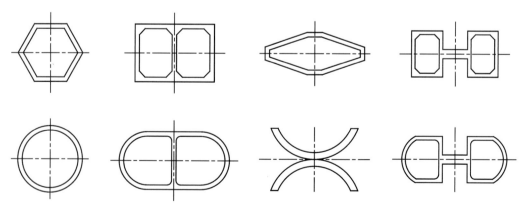

图 6-2-13 空心墩截面形式

空心墩高度在 40m 以下可用混凝土空心墩,当墩高大于 40m 时或在地震地区,多用钢筋混凝土空心墩或预应力混凝土空心墩。图 6-2-14 示出了沿墩高分块安装的装配式预应力空心墩构造,它促进了构件生产的装配化和机械化,加速了桥墩的施工进度,缺点是抗碰撞的能力较差。因此在流速大并夹有大量泥沙的河流以及可能有船只和漂流物冲击的河流中,不宜采用薄壁式空心墩。

(二)构造要求

空心桥墩在构造尺寸上应符合下列规定。

(1)墩壁最小厚度,对于钢筋混凝土不宜小于 0.30m,对于混凝土不宜小于 0.50m。一般用壁厚与中面直径(即同一截面的中心线直径或宽度)之比 t/D 来区分:当 $t/D \geqslant 1/10$ 称为厚壁(多用于混凝土浇筑),当 $t/D < 1/10$ 称为薄壁。

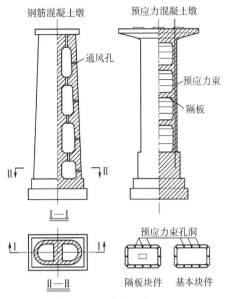

图 6-2-14 空心桥墩

(2)墩身内应设置横隔板或纵、横隔板,以加强墩壁的局部稳定。通常对墩高 40m 以上的高墩,不论壁厚如何,均按 6~10m 的间距设置横隔板。若采用滑模施工,对横截面较大的空心墩,则宜采用纵向隔板且增大 t/D 值。

(3)墩身周围应设置适当的通风孔或泄水孔,孔的直径不小于 0.2m,墩顶应设置厚度不少于 1.0~2.0m 的实体过渡段。图 6-2-15 所示为位于湖北省沪蓉国道主干线上的龙潭河大桥的空心墩一般构造图。

二、设计与计算要点

空心墩的设计,应根据墩高、上部构造的跨径及结构尺寸、线形与河流沟谷情况、地质条件与施工方法等因素,来选择空心墩的类型、截面和立面形状。

薄壁空心墩属于壳体结构,其受力与实体墩有差别,可视为空间壳体或组合板结构(按壁厚大小区分)。理论分析和模型试验表明,对于空心高墩,可按悬臂梁式长壳结构图式进行计算。从国内已建成的混凝土和钢筋混凝土空心墩来看,t/D 一般为 1/8~1/6,大于薄壁判别值 1/10,不必按壳体计算,如按薄壳结构处理,也只能是近似的。通常空心墩设计可按一般材料力学方法计算其应力和墩顶位移。计算内容除按一般重力式墩计算外,尚应验算以下一些特别项目。

(一)空心墩的承载力和稳定计算

在承载力计算中,按钢筋混凝土偏心受压构件验算截面混凝土和钢筋的强度和整体稳定性,验算时可依据《公路钢筋混凝土及预应力混凝土桥涵设计规范》(JTG 3362—2018)的有关规定进行。配筋率一般在 0.5% 左右,系按构造或承受局部应力等配筋的。计算应力时,不考虑应力重分布和截面合力偏心距的要求。

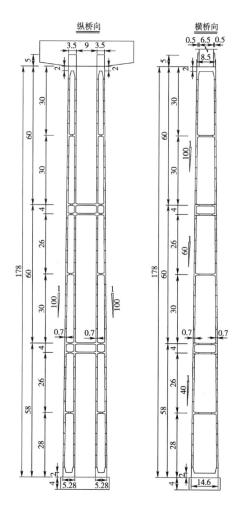

图 6-2-15　龙潭河特大桥主墩一般构造图(尺寸单位:m)

(二)墩顶位移计算

在验算墩顶位移时,要考虑温差产生的位移。空心墩墩顶位移应包括外力(如离心力、制动力、偏心作用的竖向力等)引起的水平位移和日照作用下向阳面和背阳面温差引起的位移及地基不均匀沉降产生的墩顶位移。计算方法如下。

1. 动力作用下的位移 Δ 值的计算

设计时将墩视为固定在地基上的一等(或变)截面悬臂杆件。

(1)制动力及梁上风力作用下墩顶位移计算[图 6-2-16a)]。

$$y_1 = \frac{Pl^3}{3EI} \tag{6-2-18}$$

(2)风荷载作用下墩顶位移计算[图 6-2-16b)]。

$$y_2 = \frac{ql^4}{8EI} \tag{6-2-19}$$

(3)弯矩作用下墩顶位移计算[图 6-2-16c)]。

$$y_3 = \frac{M_0 l^2}{2EI} \quad (6\text{-}2\text{-}20)$$

式中：P——墩顶集中力；
l——桥墩高度；
E——弹性模量；
I——截面惯性矩；
q——均布荷载；
M_0——墩顶集中弯矩。

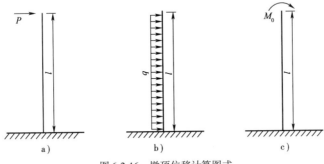

图 6-2-16 墩顶位移计算图式

2. 温度位移

日照引起的桥墩温度位移是不可忽视的，但目前对其尚无统一的计算公式。当墩顶无支承约束时，最大墩顶位移 $\Delta_{\max}$ 按下式计算：

$$\Delta_{\max} = \frac{\alpha T_0 H^2}{2I_0}(bK_4 - b_0 C_4) \quad (6\text{-}2\text{-}21)$$

式中：H——墩高；
α——钢筋混凝土的膨胀系数，$\alpha = 1 \times 10^{-5}/℃$；
T_0——墩身截面的最大温差；
b、b_0——截面宽度与空心部分截面宽度；
K_4、C_4——常数 [C_4 见式(6-2-25)]；
I_0——墩身截面重心轴惯性矩。

$$K_1 = \frac{1 - e^{-ah}}{a}; K_2 = \frac{1 - e^{-ah}(1 + ah)}{a}; K_3 = \frac{K_2}{K_1}; K_4 = K_1(n - K_3)。$$

其中：h——桥墩顺桥向宽度；
a——指数，取 $a = 10$。

墩顶总的水平位移必须满足墩顶水平位移的容许极限值（$\Delta = 0.5\sqrt{L}$）的要求。

（三）墩壁的局部稳定性验算

空心墩的局部稳定与桥墩壁厚及是否设置横隔板有关。通过对圆柱形、圆锥形和矩形空心墩混凝土模型试验和理论分析表明：空心墩的局部稳定可按板壳空间结构进行分析，而且局部失稳在弹塑性范围内发生，因此，可以近似地用中心受压作用下的弹塑性临界应力计算。对于圆形空心桥墩,在中心受压下,由理论推导可知,其墩壁局部稳定的丧失可能有两种形式:一是所谓短波局部失稳;二是所谓长波局部失稳。圆形空心混凝土或钢筋混凝土桥墩中心受压短波局部稳定的临界应力简化公式为:

$$\sigma_{c1} \approx 0.59 Et/R \tag{6-2-22}$$

式中:E——弹性模量;

t——壁厚;

R——中面半径。

可见,短波失稳的临界应力值与比值 t/R 有关,与两横隔间距 l 无关。其失稳形态如图 6-2-17 所示。对于通常比值($t/R = 1/10 \sim 1/5$)的混凝土桥墩,不会存在短波局部稳定问题。

圆形空心墩在中心受压下长波失稳的临界应力公式为:

$$\sigma_{c2} = \left[\left(\frac{\lambda}{n}\right)^2 + K\left(\frac{n}{\lambda}\right)^2(n^2 - 1)^2\right] \times \frac{E}{n^2 + 1} \tag{6-2-23a}$$

式中:$K = \frac{1}{12}\left(\frac{t}{R}\right)^2$;

$\lambda = m\pi R/l$;

l——桥墩高度;

m——高度方向失稳时的变形状态系数;

n——反映失稳时截面变形状态系数(图 6-2-18)。

可见长波局部稳定临界应力非但与 t/R 有关,而且与 l 有关。但其最低值即控制值,是当 $n = 2$、$m = 1$ 时,此时仅与 t/R 及 E 值有关。一般可表示为:

$$\sigma_{c2\min} \approx 0.35 Et/R \tag{6-2-23b}$$

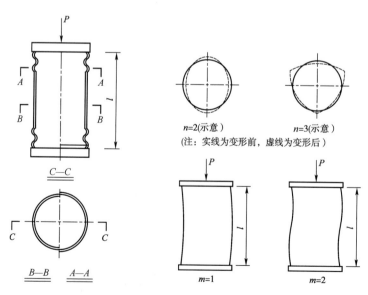

图 6-2-17　墙壁失稳形态　　图 6-2-18　墩壁局部稳定计算图式示例

以 $t/R=1/15$，$E=2.7\times10^4\text{MPa}$ 为例，可得最小的 $\sigma_{c2}=630\text{MPa}$，此值远大于混凝土的抗压极限强度。因此，可由式(6-2-23b)控制混凝土或钢筋混凝土墩的计算。需要说明的是，实际混凝土的应力-应变曲线是非线性的，失稳时一般在弹塑性范围内工作。实际临界应力的求取只需将公式中的弹性模量改为实际应力所在点的切线模量即可。

对于矩形空心桥墩，其计算方法与圆形墩不同。可把矩形墩的每块板视作各自单独均匀受压的长板，两边的支承条件均为铰支，如图 6-2-19 所示较宽度为 b 的板。为偏安全计算，墩壁的临界应力计算公式为：

$$\sigma_{c3} = 4\pi^2 EK \tag{6-2-24}$$

上式，$K=\dfrac{1}{12}\left(\dfrac{t_0}{b}\right)^2$（适用范围为 $\dfrac{ct}{bt_0}\leqslant 1$，见图 6-2-20）。

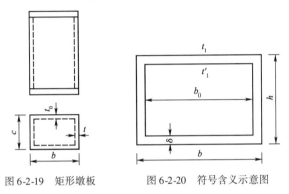

图 6-2-19　矩形墩板　　图 6-2-20　符号含义示意图

为保证墩壁的局部稳定，空心墩壁厚应满足：

对圆形墩，$t\geqslant(1/15\sim1/10)R$；

对矩形墩 $t_0\geqslant(1/15\sim1/10)b$。

(四)固端应力估算

根据混凝土空心墩模型试验和光弹模型试验以及圆柱薄壳应力分析的结果都表明，在距墩顶和墩底实体段一定距离[$(0.5\sim1.0)R$]外的截面上，其应力分布尚符合材料力学的计算结果，故可把空心墩视为一偏心受压杆件，用结构设计原理有关公式进行计算。但在两端部分[$(0.5\sim1.0)R$]，则应考虑固端应力的影响。由于空心墩承受偏心荷载和横向弯曲荷载，受力情况要比上述中心受压的情况复杂得多，故目前主要根据试验资料估算空心墩的固端应力。在一些设计中建议，垂直方向的固端应力计算按桥墩弯曲应力平均值的50%计算。

(五)温度应力

在桥梁中，温度变化能产生相当大的温度应力，某种情况下，可与永久作用、可变作用产生的应力属同一个数量级。日照作用下，钢筋混凝土桥墩之向阳壁的表面温度，因太阳光辐射而急剧升高，背阳面温度随着气温变化而缓慢地变化，待向阳壁表面温度达到最高温度时，由于钢筋混凝土热传导性能很差，使箱形桥墩墩内表面温度比向阳面温度低得多，而与墩内气温接近。当向阳壁厚度较小时，向阳壁内表面温度可能比相邻两侧壁的内表面温度高一些,两侧壁靠近向阳壁一端温度也比另一端要高些。总之,箱形桥墩沿截面的温度分布,略去两侧壁内外表面的很小温度差别,以向阳面为基线,随距离的增大而迅速地减小,并按指数函数规律递减。

1. 竖向温度应力

(1)竖向局部温度应力(即自约束应力)。

计算公式:

$$\alpha_0 = \alpha T'_0 E \left[\frac{1}{F_0}(bK_1 - b_0 C_1) - \frac{1}{I_0} \times (bK_4 - b_0 C_4)(n - y) - e^{-ay} \right] \quad (6\text{-}2\text{-}25)$$

式中,F_0 为墩身截面面积(m^2);$C_1 = \dfrac{e^{-a\delta} - e^{-a(h-\delta)}}{a}$;$C_2 = \dfrac{e^{-a\delta} \cdot (1+a\delta) - e^{-a(h-\delta)} \cdot [1+a(h-\delta)]}{a^2}$;$C_3 = \dfrac{C_2}{C_1}$;$C_4 = C_1(n - C_3)$;$\delta$ 为墩壁厚度(以 m 计);$n = \dfrac{h}{2}$;$T'_0 = t_1 - t'_1$。应力符号:压应力为"$-$"号,拉应力为"$+$"号。其他符号意义见图 6-2-20。

(2)竖向外约束温度应力。

一般情况下,墩顶总有一定的约束,当墩顶为活动支座时,由于摩阻作用,墩顶位移有部分被约束,因此需考虑墩顶支承约束引起的竖向外约束温度应力:

$$\sigma_1 = \pm \frac{3\Delta E h}{2H^2} \quad (6\text{-}2\text{-}26)$$

式中:Δ——墩顶无约束时的日照位移,$\Delta = \dfrac{\alpha T'_0 H^2}{2I_0}(bK_4 - b_0 C_4)$;

其他符号意义同前。

2. 横向温度应力

空心墩的竖向裂缝与横向温度应力有关。一般空心墩的横向温度应力,由横向框架约束应力与横向自约束应力组成。分别计算如下。

(1)横向框架约束温度应力 σ_2。

按水平框架分析计算。先求出线性温度分布时水平框架约束应力,然后乘以非线性温度分布修正系数 μ_{01},计算图式见图 6-2-21b)。

$$M'_{AB} = \frac{r(3r+2)}{(r+1)(3r+1)} \mu_{01} \frac{\alpha T'_0 E I_0}{\delta} \quad (6\text{-}2\text{-}27)$$

$$M'_{CD} = \frac{r}{(r+1)(3r+1)} \mu_{01} \frac{\alpha T'_0 E I_0}{\delta} \quad (6\text{-}2\text{-}28)$$

$$\sigma_2 = \frac{M'_{AB}}{W}(向阳壁板);\sigma_2 = \frac{M'_{CD}}{W}(背阳壁板)$$

式中,$\mu_{01} = \dfrac{12K_4}{h^2}$;$\delta$ 为壁厚;$r = \dfrac{b}{h}$。

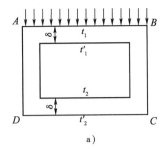
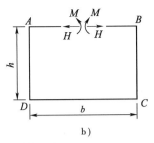

图 6-2-21　温度应力 σ_2 计算图式

(2)横向自约束应力 σ'_0。

横向自约束应力为水平框架中单位宽度矩形板条的水平自约束应力,在无约束的矩形壁板中,水平自约束应力与竖向自约束应力相等。因此,可按矩形板的竖向自约束应力计算。

即：

$$\sigma'_0 = \beta_1 \cdot \alpha \cdot T'_0 \cdot E \tag{6-2-29}$$

式中：$\beta_1 = \dfrac{K_1}{h} - \dfrac{6K_4}{h^2} - \mathrm{e}^{-ah}$,符号意义同前。

横桥向水平框架约束应力与横向自约束应力组合后,对矩形截面墩的顺桥向与横桥向板内表的横向最大压应力,应满足《公路钢筋混凝土及预应力混凝土桥涵设计规范》(JTG 3362—2018)要求,以防止在角隅附近出现温度裂纹。

(六)空心墩墩帽计算

空心墩墩帽是周边支承的厚板,除满足构造要求外,还应通过计算确定墩帽高度。如果墩帽的刚度不够,其弯曲变形将会对空心墩壁产生附加弯矩,并使空心墩颈口处压弯破坏。因此,应从刚度要求确定墩帽高度。

(七)桥墩自振周期计算

空心墩应特别注意风荷载和地震作用,应考虑风振的影响,并计算其自振周期。空心墩自振周期的计算方法,可参考"结构力学"教材中有关部分,把空心墩视为悬臂梁来考虑。

第三章
桥台的设计与计算

第一节 实体(重力式)桥台

实体(重力式)桥台为就地建造的整体式重型构造物,主要靠自重平衡台后的土侧压力。桥台用料多数为石砌圬工或混凝土浇筑。

一、桥台主要尺寸的拟定

实体桥台按构造特点和台背填土等情况分类,可分为:U形桥台、埋置式桥台、八字形桥台、埋置衡重式高桥台等。桥梁上最常采用的为U形桥台。

U形桥台由支承桥跨的前墙(台身)与连接路堤两边的侧墙(翼墙)组成。适用于填土高度为 4~10m 的桥梁。其主要尺寸可按下述有关规定拟定。

1. 梁桥 U 形桥台(图 6-3-1)

桥台的前墙顶宽:对片石砌体不小于 0.50m,对块石、料石砌体及混凝土不小于 0.40m。前墙任一水平截面的宽度不小于该截面至墙顶高度的 0.4 倍。背坡一般采用 5:1~8:1,前坡为 10:1 或直立。侧墙顶宽一般为 0.6~1.0m,任一水平截面的宽度,对片石砌体不小于该截面至墙顶的 0.4 倍;对块石、料石砌体及混凝土不小于 0.35 倍;如桥台内填料为透水性良好的砂性土或砂砾,则上述两项可相应减为0.35和0.30倍。台帽与基础尺寸的拟定可参照桥墩。

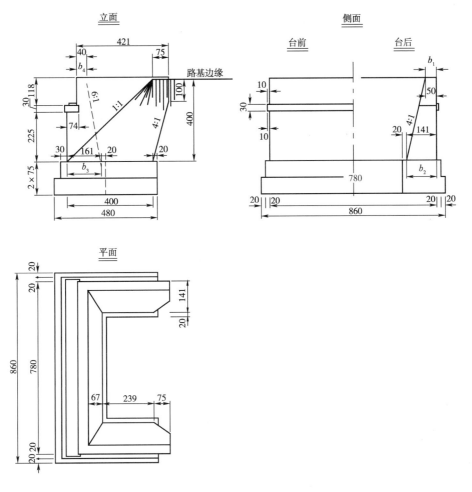

图 6-3-1 U 形桥台实例(尺寸单位:cm)

2. 拱桥 U 形桥台

拱桥桥台一般较梁桥桥台要大,并在向河心一侧设置拱座。拱座应设计成与拱轴线呈正交的斜面,由于拱座承受着较大的拱圈压力,通常应采用 C20 以上的整体式混凝土、混凝土预制块或 C40 以上的块石砌筑,有时在拱座孔底或孔壁还应增设一些加强钢筋网。

拱桥桥台尺寸可参照梁桥桥台拟定,只有前墙背坡应改为 2∶1~4∶1,前坡改为 20∶1~30∶1 或直立。前墙顶宽比梁桥要大,其值可按经验公式 $b=0.15L$ 进行估算(式中,b 为起拱线至前墙背坡顶间的水平距离;L 为拱桥的计算跨径)。

二、设计和计算要点

计算重力式桥台所考虑的作用与重力式桥墩基本一致,不同的是,对于桥台应计入车辆作用引起的土侧压力,而不需考虑纵向、横向风荷载、流水压力、冰压力以及船只或漂流物的撞击力等。

(一)施加在桥台上的作用

1. 永久作用

主要有:上部结构重力通过支座(或拱座)作用在台帽上的支承反力;桥台重力(包括台帽、台身、基础和填土的重力);混凝土收缩在拱座处引起的反力;水的浮力;台后土侧压力。

土侧压力一般取主动土压力计算,其大小与压实度有关。计算前墙前端的最大应力、向桥孔方向的偏心距和桥台向桥孔方向的稳定性时,按台后填土尚未压实考虑(摩擦角取小值);计算桥台后端的最大应力、向路堤方向的偏心距和桥台向路堤方向的稳定性时,按台后填土已压实考虑(摩擦角取大值)。土压力的计算范围,当验算台身承载力和地基承载力时,计算基础顶面至桥台顶面范围内的土压力;当验算桥台稳定性时,计算基础底面至桥台顶面范围内的土压力。

2. 可变作用

(1)基本可变作用:主要有作用在上部构造上的车辆荷载[除对钢筋混凝土桩(柱)式桥台应计入冲击力外,其他各类桥台均不计冲击力];人群荷载及活载引起的土侧压力。

(2)其他可变作用:包括车辆荷载引起的制动力;上部结构因温度变化在支座(或拱座)上引起的摩阻力(或反力)等。

3. 地震作用

4. 施工作用

(二)作用组合

1. 梁桥桥台的车辆布置与作用组合

车辆布置只考虑顺桥方向(图 6-3-2):

(1)车辆荷载仅布置在台后填土的破坏棱体上,温度下降,并考虑台后土侧压力[图 6-3-2a)]。

(2)车辆荷载仅布置在桥跨结构上,温度下降,向桥孔方向的制动力及台后土侧压力[图 6-3-2b)]。

(3)车辆荷载布置在桥跨结构和破坏棱体上,温度下降,向桥孔方向制动力及台后土侧压力[图 6-3-2c)]。

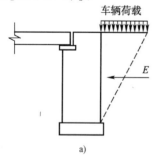
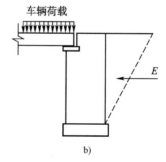
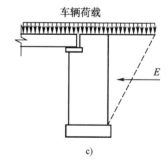

图 6-3-2 梁桥桥台作用效应组合图式

此外,在个别情况下,还需考虑在架梁之前,台后已填土完毕并在其上布置有施工荷载的作用效应组合情况。通常条件下,重力式桥台以第一种和第三种作用组合控制桥台设计,当然需根据具体情况进行分析比较后予以确定。

2. 拱桥桥台的车辆布置与作用效应组合

车辆布置只考虑顺桥方向(图 6-3-3),一般按以下两种情况布置车辆进行作用效应组合。

(1)桥上满布车辆荷载与人群,使拱脚水平推力 H_p 达到最大值,温度上升,制动力向路堤方向,台后按压实土考虑土侧压力,使桥台有向路堤方向滑动的趋势[图 6-3-3a)]。

(2)台后破坏棱体上布置车辆荷载,桥跨上无车辆荷载与人群,使拱脚只有永久作用产生的水平推力,制动力向桥跨方向,温度下降,台后按未压实土考虑土侧压力,使桥台有向桥跨方向滑动的趋势[图 6-3-3b)]。

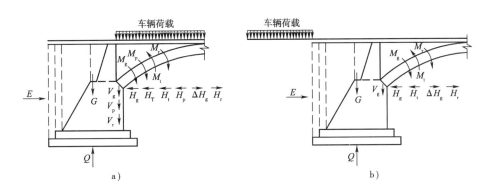

图 6-3-3 拱桥桥台作用效应组合图式

(三)桥台的承载力和稳定性验算

桥台台身承载力和偏心距、基底承载力和偏心距以及桥台的稳定性验算均和桥墩相同,且只需验算顺桥方向。如果 U 形桥台两侧墙宽度不小于同一水平截面前墙全长的 0.4 倍时,桥台台身截面承载力验算应把前墙和侧墙作为整体来考虑受力;否则,台身前墙应按独立的挡土墙计算。

三、U 形桥台设计参考图表

图 6-3-4 为片石混凝土重力式桥台实例之一,是配合上部构造为预应力混凝土"T"形简支梁(五梁式)使用的,其设计资料如下。

设计作用:汽车超—20 级、挂车—120;汽车—20 级、挂车—100。

桥面宽度:2×净—11.25m(分离式)。

跨径:20m、25m、30m。

台高:4m、6m、8m。

地基容许承载力$[\sigma]$ = 200kPa;内摩擦角 φ = 0°。

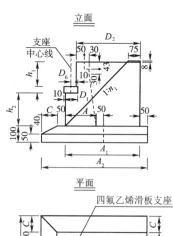
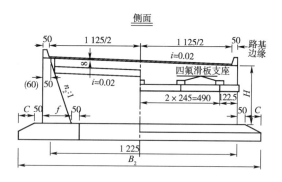
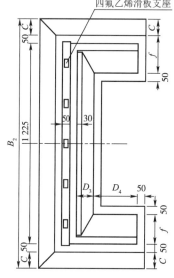

跨径 L(m)	20			25			30		
台宽 B(cm)	1 225								
台高 H(m)	4	6	8	4	6	8	4	6	8
h_1(cm)	149.6			180.7			212.4		
h_2(cm)	202.1	402.4	602.4	171.3	371.3	571.3	139.6	339.6	539.6
D_1(cm)	87			94			102		
D_2(cm)	408	608	1 008	401	601	1 001	393	593	993
D_3(cm)	78	148	264	78	148	264	78	148	264
D_4(cm)	280	410	694	273	403	687	265	395	679
D_6(cm)	28			35			42		
n_1	1.00	1.25		1.00	1.25		1.00	1.25	
n_2	3	3	3	3	3	3	3	3	3
A(cm)	195	265	381	202	272	388	210	280	396
A_1(cm)	475	675	1 075	475	675	1075	475	675	1 075
f(cm)	181	247	324	181	247	324	181	247	324
C(cm)	100	150	200	100	150	200	100	150	200
A_2(cm)	675	925	1 375	675	925	1 375	675	925	1 375
B_2(cm)	1 525	1 625	1 725	1 525	1 625	1 725	1 525	1 625	1 725

图 6-3-4 片石混凝土重力式 U 形桥台(尺寸单位:cm)

第二节 轻型桥台

一、轻型桥台的特点和构造要求

跨径不大于 13m、桥长不大于 20m、桥孔不多于三孔的梁(板)式上部结构,其下部结构可采用轻型桥台。轻型桥台的主要特点是(图 6-3-5):

(1)利用上部构造和下部的支撑梁作为桥台的支撑,以防止桥台向跨中移动。

(2)整个构造物形成四铰刚架系统。

(3)除台身按上下铰接支承的简支竖梁承受水平土压力外,桥台还应作为弹性地基上的梁加以验算。

对于耳墙式轻型桥台,应对耳墙和边柱进行验算,耳墙按受水平土压力的悬臂板计算;边柱除承受耳墙重量所产生的弯矩外,还应计算耳墙上水平土压力对柱身产生的扭矩和剪力。耳墙和边柱接合处应加腋。轻型桥台的斜交角(台身与桥纵轴线的垂直线的交角),不应大于15°。轻型桥台下端两外侧应设置平行于桥轴线的支撑梁,中间应设垂直于桥台的支撑梁。对于八字形轻型桥台,应视八字翼墙为承受水平土压力的独立挡土墙验算。

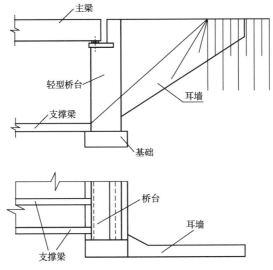

图 6-3-5 轻型桥台的支撑梁和耳墙

为了保持轻型桥台的稳定性,除了构造物应牢固地埋入土中外,还应保证铰接处有可靠的支撑,锚固上部块件的栓钉孔、上部构造与台背间以及上部构造各块件间的连接缝,均需用与上部构造同强度等级的小石子混凝土填实。

台帽应用钢筋混凝土浇筑,混凝土的强度等级不低于 C20,高度不小于 $0.25 \sim 0.30$m,并有 $50 \sim 100$mm 的挑檐。台身可用混凝土或浆砌块石砌筑,混凝土强度不低于 C20,砂浆强度不低于 M7.5,块石强度不低于 C25。桥台的台墙厚度,不宜小于 0.60m。桥台沿基础长度方向应按支承于弹性地基上的梁进行验算,为使基础有较好的整体性,一般采用混凝土基础。当基础长度大于 12m 时,应按构造要求配置钢筋,图 6-3-6 的钢筋布置可供参考。

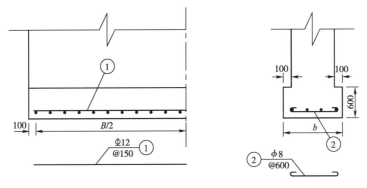

图 6-3-6 轻型桥台基础配筋构造(尺寸单位:mm)

轻型桥台基础的埋置深度,一般在原地面(无冲刷河流)或局部冲刷线以下不小于 1.0m。当河底有可能受到冲刷时,河底应用石料铺砌。下部支撑梁应设置于铺砌层或冲刷线以下,可用矩形截面(0.20m $\times 0.30$m)的钢筋混凝土构件(图 6-3-7)。如采用混凝土或块石砌筑,其截面尺寸不宜小于 0.4m $\times 0.4$m。支撑梁按基础长度的中线对称布置,其间距为 $2 \sim 3$m;如果基础嵌入风化岩层 $0.15 \sim 0.25$m 时,可不设置支撑梁。当基底压应力超过地基容许承载力时,应进行地基处理或改用桩基础。

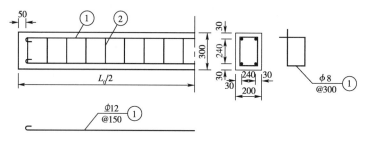

图 6-3-7 轻型桥台支撑梁钢筋构造(尺寸单位:mm)

二、设计与计算要点

轻型桥台计算主要有三项内容,一是将桥台视为上、下端铰支。承受竖向作用和侧向土压力作用的竖梁,验算台身截面承载力(顺桥向);二是将台身和翼墙(包括基础)视作为弹性地基上的短梁,并近似假定桥台的刚度在整个基础长度内是常值,验算桥台在自身平面内的弯曲强度;三是基础底面下的地基土容许承载力的验算。

(一)梁桥轻型桥台

1. 桥台竖梁的承载力验算

通常取单位桥台宽度进行验算,其步骤如下。

(1)计算截面处的竖直力 N。

它包括以下三项:

① 桥跨结构恒载在单位宽度桥台上的支点反力 N_1;

② 单位宽度台帽的自重 N_2;

③ 计算截面以上单位宽度台身的自重 N_3。

于是:

$$N = N_1 + N_2 + N_3$$

(2)土压力计算。

计算土压力时,对桥台的最不利作用效应组合是桥上无车辆荷载,台背填上破坏棱体上有车辆荷载。其荷载分布见图 6-3-8。

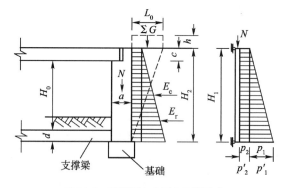

图 6-3-8 轻型桥台土压力计算图式

① 单位台宽由填土本身引起的土压力 E_r。

它呈三角形分布,其计算公式为:

$$E_r = \frac{1}{2}\gamma H_2^2 \tan^2\left(45° - \frac{\varphi}{2}\right) \tag{6-3-1}$$

②单位台宽由车辆作用引起的土压力 E_c。

它呈均匀分布,其计算公式为:

$$E_c = \gamma H_2 h \tan^2\left(45° - \frac{\varphi}{2}\right) \tag{6-3-2}$$

③单位台宽的总土压力 E。

$$E = E_r + E_c \tag{6-3-3}$$

④等代土层厚度 h。

$$h = \frac{\sum G}{BL_0 \gamma} \tag{6-3-4a}$$

式中:γ——台后填土重度;

φ——土的摩擦角;

$\sum G$——布置在 $B \times L_0$ 面积内的车轮重;

B——桥台计算宽度;

L_0——台后填土的破坏棱体长度;

$$L_0 = H_2 \tan\left(45° - \frac{\varphi}{2}\right) \tag{6-3-4b}$$

(3)台身作用效应计算。

①计算图式。

台身按上下铰接的简支梁计算,如图6-3-8所示。对于有台背的桥台,因上部构造与台背间的缝隙已用砂浆或小石子混凝土填实,保证有可靠的支撑作用。因此,台身受弯的计算跨径为:

$$H_1 = H_0 + \frac{1}{2}d + \frac{1}{2}c \tag{6-3-5a}$$

式中:H_0——桥跨结构与支撑梁间的净距;

d——支撑梁的高度;

c——桥台背墙的高度。

对于无台背的桥台,承受土压的台身作为简支梁计算的跨径为:

$$H_1 = H_0 + \frac{1}{2}d \tag{6-3-5b}$$

对于受剪的计算跨径则取 H_0。

②作用效应计算(土压引起的弯矩和剪力)。

在计算截面弯矩 M 时,轴力 N 的影响忽略不计,在承载力验算中再予以考虑。对于跨中截面其弯矩为:

$$M = \frac{1}{8}p_2 H_1^2 + \frac{1}{16}p_1 H_1^2 \tag{6-3-6}$$

在台帽顶部截面的剪力为:

$$Q = \frac{1}{2}p_2' H_0 + \frac{1}{6}p_1' H_0 \tag{6-3-7}$$

在支撑梁顶面处的剪力为：

$$Q = \frac{1}{2}p'_2 H_0 + \frac{1}{3}p'_1 M_0 \tag{6-3-8}$$

式中：p_1、p_2——受弯计算跨径 H_1 处的土压力强度；

p'_1、p'_2——受剪计算跨径 H_0 处的土压力强度。

③计算截面（$H_1/2$）的垂直力。

$$P = P_1 + P_2 + P_3 \tag{6-3-9}$$

式中：P_1——上部结构重力引起的支座反力；

P_2——台帽的重力；

P_3——在 $H_1/2$ 截面以上部分台身重力。

(4) 截面承载力验算。

按《公路钢筋混凝土及预应力混凝土桥涵设计规范》(JTG 3362—2018)有关公式对 $H_{1/2}$ 截面和支点截面（抗剪）进行承载力验算。

2. 桥台在本身平面内的弯曲强度验算

轻型桥台是一较长的平直薄墙，在竖向荷载作用下，本身平面内发生弯曲，弯曲的程度与地基的变形系数 α 有关（图 6-3-9）。

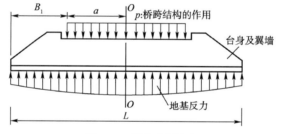

图 6-3-9 桥台受力图示

当桥台长度 $L > 4/\alpha$ 时，把桥台当作支承在弹性地基上的无限长梁计算；当 $L < 1.2/\alpha$ 时，把桥台当作支承在弹性地基上的刚性梁计算（即不考虑桥台在本身平面内发生弯曲）；当 $4/\alpha > L > 1.2/\alpha$ 时，把桥台当作支承在弹性地基上的短梁计算。在一般情况下轻型桥台的长度大多处于 $4/\alpha$ 和 $1.2/\alpha$ 之间，因此，在此仅介绍按短梁计算的公式。

设梁上作用着一段对称的均布荷载，则梁的最大弯矩产生在中点，其计算公式为：

$$M = \frac{p}{\alpha^2} \frac{B_{B_1} C_{\frac{L}{2}} - C_{B_1} B_{\frac{L}{2}}}{A_{\frac{L}{2}} B_{\frac{L}{2}} + 4 C_{\frac{L}{2}} D_{\frac{L}{2}}} \tag{6-3-10}$$

式中：α——变形系数，$\alpha = \sqrt[4]{kb/4EI}$；

k——地基土弹性抗力系数，一般由试验确定，无试验资料时，可按表 6-3-1 取用；

A——函数值；$A = \text{ch}\alpha x \cos\alpha x$，可按不同的 αx 值从表 6-3-2 查用；

B——函数值，$B = (\text{ch}\alpha x \sin\alpha x + \text{sh}\alpha x \cos\alpha x)/2$，查表 6-3-2；

C——函数值，$C = (\text{sh}\alpha x \sin\alpha x)/2$，查表 6-3-2；

D——函数值，$D = (\text{ch}\alpha x \sin\alpha x - \text{sh}\alpha x \cos\alpha x)/4$，查表 6-3-2；

p——作用在桥台上的均布荷载（包括桥跨结构重力荷载和化为均布的车辆荷载）；

b——地基梁宽度，即桥台基础宽度；

E——地基梁(桥台)弹性模量;
I——纵桥向竖剖面的惯性矩,假定整个地基梁的 I 值不变;
B_1——函数脚标,表示 $x = B_1$ 时,αx 的函数值;
$L/2$——函数脚标,表示 $x = L/2$ 时,αx 的函数值。

非岩石类地基土的弹性抗力系数 k 值　　　　　　表6-3-1

土 的 分 类	k (kN/m³)	土 的 分 类	k (kN/m³)
流塑黏性土 $I_L \geq 1$,淤泥	100 000~200 000	坚硬,半坚硬黏性土 $I_L < 0$,粗砂	650 000~1 000 000
软塑黏性土 $1 > I_L \geq 0.5$,粉砂	200 000~450 000	砾砂,角砾砂,圆砾砂,碎石,卵石	1 000 000~1 300 000
硬塑性黏土 $0.5 > I_L > 0$,细砂,中砂	450 000~650 000	密实卵石夹粗砂,密实漂卵石	1 300 000~2 000 000

轻型桥台用的双曲线函数值表　　　　　　表6-3-2

αx	A	B	C	D
0	1.000 0	0.000 0	0.000 0	0.000 0
0.06	1.000 0	0.060 0	0.001 8	0.000 1
0.10	1.000 0	0.100 0	0.005 0	0.000 2
0.15	0.999 9	0.150 0	0.011 3	0.000 6
0.20	0.999 7	0.200 0	0.020 0	0.001 4
0.24	0.999 5	0.240 0	0.028 8	0.002 3
0.30	0.998 7	0.299 9	0.045 0	0.004 5
0.36	0.997 2	0.353 8	0.064 8	0.007 8
0.40	0.395 7	0.399 7	0.080 0	0.010 7
0.45	0.993 2	0.449 4	0.101 2	0.015 2
0.50	0.989 5	0.499 0	0.124 9	0.020 8
0.54	0.985 8	0.538 5	0.145 7	0.026 2
0.60	0.978 4	0.597 4	0.179 8	0.036 0
0.66	0.968 4	0.655 9	0.217 4	0.047 9
0.70	0.960 0	0.694 4	0.244 4	0.057 1
0.75	0.947 3	0.742 1	0.280 3	0.070 2
0.80	0.931 8	0.789 1	0.316 8	0.085 2
0.84	0.917 1	0.826 1	0.350 9	0.098 6
0.90	0.893 1	0.880 4	0.402 1	0.121 1
0.96	0.858 7	0.932 9	0.456 5	0.146 9
1.00	0.833 7	0.966 8	0.494 5	0.165 7
1.05	0.798 0	1.007 6	0.543 8	0.191 8
1.10	0.756 8	1.046 5	0.595 2	0.220 3
1.14	0.719 6	1.076 0	0.637 6	0.244 9
1.20	0.656 1	1.117 3	0.703 5	0.285 2
1.26	0.582 4	1.154 5	0.771 6	0.329 4
1.30	0.527 2	1.176 7	0.818 3	0.361 2
1.35	0.450 8	1.201 2	0.877 7	0.403 6
1.40	0.355 6	1.221 7	0.938 3	0.449 0
1.44	0.290 7	1.234 8	0.986 5	0.487 5
1.50	0.166 4	1.248 6	1.062 0	0.549 0

续上表

αx	A	B	C	D
1.56	0.026 8	1.254 5	1.137 1	0.614 9
1.60	−0.075 3	1.253 5	1.187 3	0.661 5
1.64	−0.184 9	1.248 4	1.237 4	0.709 9
1.70	−0.364 4	1.232 2	1.311 8	0.786 3
1.76	−0.562 8	1.204 2	1.385 0	0.867 3
1.80	−0.706 0	1.178 9	1.432 6	0.923 7
1.85	−0.898 0	1.138 9	1.490 6	0.996 8
1.90	−1.104 9	1.088 8	1.546 4	1.072 7
1.94	−1.281 5	1.041 1	1.589 0	1.135 4
2.00	−1.565 6	0.955 8	1.649 0	1.232 5
2.06	−1.873 4	0.852 8	1.703 3	1.333 2
2.10	−2.092 3	0.773 5	1.735 9	1.401 9
2.15	−2.381 4	0.661 8	1.771 8	1.489 7
2.20	−2.688 2	0.535 1	1.801 8	1.579 1
2.24	−2.946 6	0.422 4	1.821 0	1.651 5
2.30	−3.356 2	0.233 5	1.840 8	1.761 4
2.36	−3.792 2	0.019 1	1.848 5	1.872 2
2.40	−4.097 6	−0.138 6	1.846 1	1.946 1
2.45	−4.496 1	−0.353 4	1.833 9	2.038 1
2.50	−4.912 8	−0.588 5	1.810 5	2.129 3
2.54	−5.259 3	−0.792 0	1.782 9	2.201 2
2.60	−5.800 3	−1.123 6	1.725 6	2.306 5
2.66	−6.366 1	−1.488 5	1.647 4	2.407 8
2.70	−6.756 5	−1.759 9	1.582 7	2.472 5
2.75	−7.258 8	−2.101 2	1.486 5	2.549 3
2.80	−7.775 9	−2.477 0	1.372 1	2.620 8
2.84	−8.199 5	−2.796 5	1.266 7	2.673 6
2.90	−8.847 1	−3.307 9	1.083 8	2.744 3
2.96	−9.515 8	−3.858 8	0.869 0	2.803 1
3.00	−9.966 9	−4.238 5	0.706 3	2.834 6
3.05	−10.531 7	−4.761 1	0.481 7	2.864 4
3.10	−11.111 9	−5.302 3	−0.230 3	2.882 3
3.16	−11.804 5	−5.989 8	−0.108 3	2.886 2
3.20	−12.265 6	−6.471 1	−0.357 4	2.876 9
3.25	−12.838 3	−7.098 8	−0.696 0	2.850 7
3.30	−13.404 8	−7.754 9	−1.067 8	2.806 8

续上表

αx	A	B	C	D
3.34	−13.850 1	−8.300 0	−1.388 8	2.757 7
3.40	−14.500 8	−9.150 7	−1.912 1	2.658 9
3.46	−15.123 8	−10.089 6	−2.487 8	2.527 2
3.50	−15.519 8	−10.652 5	−2.901 4	2.419 5
3.55	−15.988 1	−11.440 3	−3.453 7	2.260 8
3.60	−16.421 8	−12.250 6	−4.045 9	2.073 5
3.64	−16.740 5	−12.914 2	−4.549 1	1.901 7
3.70	−17.162 2	−13.931 5	−5.354 4	1.604 9
3.76	−17.506 7	−14.972 0	−6.221 4	1.257 9
3.80	−17.687 5	−15.676 1	−6.834 3	0.996 9
3.85	−17.851 3	−16.564 9	−7.640 3	0.635 2
3.90	−17.938 7	−17.459 9	−8.490 9	0.232 1
3.94	−17.948 0	−18.177 9	−9.203 7	−0.121 7
4.00	−17.849 8	−19.252 4	−10.326 5	−0.707 3
4.06	−17.603 0	−20.316 9	−11.513 8	−1.362 2
4.10	−17.347 2	−21.016 0	−12.340 4	−1.839 2
4.15	−16.916 0	−21.873 1	−13.412 7	−2.482 8
4.20	−16.350 5	−22.705 5	−14.527 4	−3.181 2
4.24	−15.793 9	−23.348 5	−15.448 4	−3.780 6
4.30	−14.772 2	−24.266 9	−16.877 3	−4.750 1
4.36	−13.507 0	−25.116 4	−18.359 1	−5.806 9
4.40	−12.518 0	−25.637 3	−19.374 3	−6.561 5
4.45	−11.106 9	−26.207 4	−20.671 2	−7.551 9
4.50	−9.489 0	−26.744 7	−21.995 9	−8.629 0
4.54	−8.036 8	−27.095 7	−23.073 0	−9.530 4
4.60	−5.579 1	−27.505 7	−24.711 7	−10.963 8
4.66	−2.766 3	−27.758 1	−26.370 5	−12.496 2
4.70	−0.681 2	−27.827 4	−27.482 3	−13.573 2
4.74	+1.579 9	−27.810 1	−28.595 5	−14.694 8
4.80	+5.316 4	−27.605 2	−30.258 9	−16.460 4

3. 基底应力验算

桥台的基底应力为桥台重力引起的应力和桥跨结构、车辆荷载引起的应力之和。桥台重力引起的基底应力计算,系假定桥台因重力不致发生弯曲(图6-3-10)。作用引起的基底最大应力(中点)可按下式计算:

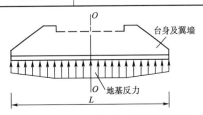

图6-3-10 桥台重力引起的基底应力分布图

$$\alpha = \frac{p}{b}\left(\frac{\mathrm{ch}\alpha L + 1}{\mathrm{sh}\alpha L + \sin\alpha L}\mathrm{sh}\alpha a\cos\alpha a + \frac{1 + \cos\alpha L}{\mathrm{sh}\alpha L + \sin\alpha L}\mathrm{ch}\alpha a\sin\alpha a + 1 - \mathrm{ch}\alpha a\cos\alpha a\right) \quad (6\text{-}3\text{-}11)$$

式中：b——基础宽度；

a——桥台中心线至分布荷载边缘的距离；

其余符号意义同前。

轻型桥台用的双曲函数值见表 6-3-2。

(二)拱桥轻型桥台

如前所述，拱桥重力式 U 形桥台的计算，是假定桥台不能产生水平变位，水平推力由桥台自重和台后填土的主动土压力平衡。然而对圬工体积较小的轻型桥台，这种假定就不符合实际情况了。在水平推力作用下，轻型桥台将绕基底重心产生一定的转动，因而路堤对台背和土基对基底均产生土的弹性抗力。于是，整个台身在外力作用下（结构自重和上部构造传来的作用）将由桥台自重、台后填土的静止土压力和土的弹性抗力来平衡，由于土抗力的作用，使桥台本身所受的水平推力大为减小，因而减小了桥台尺寸。这是和重力式桥台计算的根本不同点。

拱桥轻型桥台计算的主要内容有：一是台身截面承载力验算；二是基底应力验算；三是稳定性验算。具体计算步骤如下。

1. 拱桥轻型桥台计算基本假定

(1) 桥台只绕基底转动而无滑动。

(2) 台后计算土压力是由静止土压力和桥台变位所引起的土的弹性抗力组成。

(3) 桥台的刚度较大，它本身的变形相对于整个桥台的位移可以忽略不计。

2. 静止土压力计算

如图 6-3-11 所示，任意高度 h_i 处的静止土压力强度 $p_{j(i)}$ 一般计算式为：

$$p_{j(i)} = \xi\gamma h_i \quad (6\text{-}3\text{-}12)$$

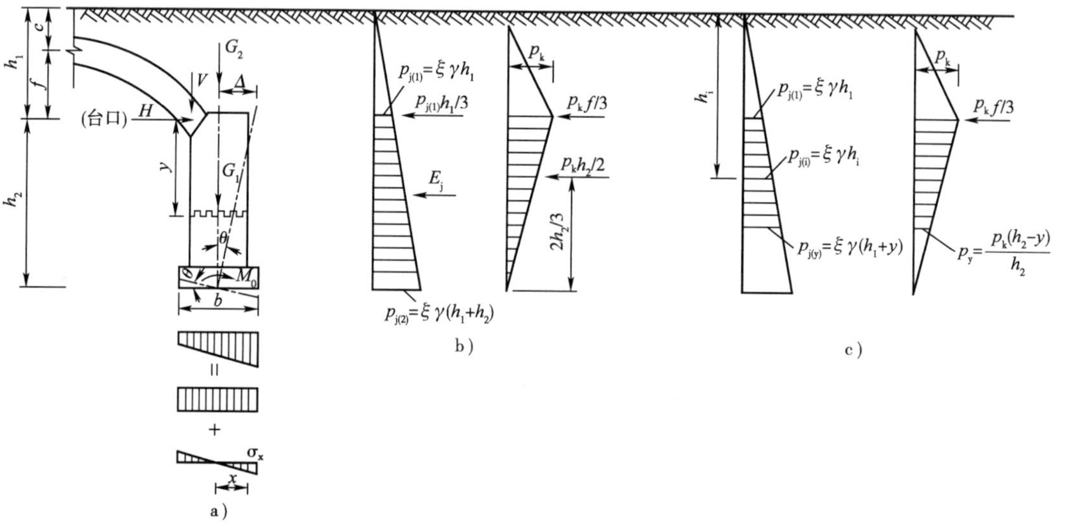

图 6-3-11 台身弹性抗力计算图式

将台口以上的土压力化为等效节点力时,则作用在台口处的集中力 W_j 为(取 1m 长的桥台宽度计算):

$$W_j = \frac{1}{3}p_{j(1)}h_1 \qquad (6\text{-}3\text{-}13)$$

作用于台身部分的总静止土压力 E_j (1m 长的桥台宽度):

$$E_j = \frac{\xi\gamma h_2}{2}(2h_1 + h_2) \qquad (6\text{-}3\text{-}14)$$

式中:γ——土的重度(kN/m^3);

h_i——填土顶面至任意一点的高度(m);

$p_{j(1)}$——台口处的静止土压力强度;

ξ——压实土的静止土压力系数(表6-3-3),也可直接采用试验值。

压实土的静止土压力系数 ξ 表6-3-3

土的名称	ξ	土的名称	ξ
砾石、卵石	0.20	亚黏土	0.45
砂	0.25	黏土	0.55
亚砂土	0.35		

3. 土的弹性抗力强度计算

设在台口处土的弹性抗力强度为 p_k,则:

$$p_k = k\Delta \qquad (6\text{-}3\text{-}15)$$

相应的桥台绕基底重心的刚体转角为 θ,于是:

$$\theta = \frac{\Delta}{h_2} \qquad (6\text{-}3\text{-}16)$$

距基底重心的水平距离为 x 的土的弹性抗力强度为:

$$\sigma_x = k_0\theta_x \qquad (6\text{-}3\text{-}17)$$

将式(6-3-15)、式(6-3-16)代入上式得:

$$\sigma_x = \frac{k_0}{k} \cdot \frac{x}{h_2} \cdot p_k \qquad (6\text{-}3\text{-}18)$$

台背土抗力对基底重心的力矩:

$$M_{pk} = \frac{1}{2}p_k h_2 \times \frac{2}{3}h_2 + \frac{1}{3}p_k f h_2 = \frac{1}{3}h_2(h_2 + f)p_k \qquad (6\text{-}3\text{-}19)$$

基底土抗力对基底重心的力矩:

$$M_0 = \frac{I_0}{x} \cdot \sigma_x = \frac{k_0}{k} \cdot \frac{I_0}{h_2} \cdot p_k \qquad (6\text{-}3\text{-}20)$$

由平衡条件可知:

$$\sum M_{\mathrm{c}} = M_{\mathrm{pk}} + M_0 = \frac{p_{\mathrm{k}}}{3}h_2(h_2+f) + \frac{k_0}{k} \cdot \frac{I_0}{h} \cdot p_{\mathrm{k}}$$

故：
$$p_{\mathrm{k}} = \frac{\sum M_{\mathrm{c}}}{\dfrac{h_2}{3}(h_2+f) + \dfrac{k_0}{k} \cdot \dfrac{I_0}{h_2}} \tag{6-3-21}$$

式中：$\sum M_{\mathrm{c}}$——作用于桥台 1m 宽度上的水平推力 H，垂直反力 V，桥台自重 G_1 及地基以上土重 G_2，台后静止土压力 W_{j} 和 E_{j} 等对基底重心的力矩，向路堤方向转动者为正；

f——拱的计算矢高；

I_0——基底截面的惯性矩；

h_2、x、θ、Δ——高度、水平距离（基底重心至最大边缘的距离）、转角和位移，见图 6-3-11；

k、k_0——分别为台背土和地基土的弹性抗力系数（表 6-3-1），也可直接采用试验值。当地基土与台背土为同一类土时，则 $k_0/k = 1.25$。

4. 台身承载力验算（图 6-3-11）

(1) 台口抗剪强度可用下式验算（取 1m 桥台宽度计算）。

按《公路圬工桥涵设计规范》（JTG D61—2005）第 4.0.13 条规定，砌体构件或混凝土构件直接受弯时，应按下式计算：

$$\gamma_0 V_{\mathrm{d}} \leqslant A f_{\mathrm{vd}} + \frac{1}{1.4} \cdot \mu_{\mathrm{f}} \cdot N_{\mathrm{k}} \tag{6-3-22}$$

式中：γ_0——结构重要性系数；

V_{d}——剪力设计值 $\left(V_{\mathrm{d}} = H - \dfrac{1}{3}p_{\mathrm{k}}f - \dfrac{1}{3}p_{\mathrm{j}(1)}h_1\right)$；

A——受剪截面面积；

f_{vd}——砌体或混凝土抗剪强度设计值，按《公路圬工桥涵设计规范》（JTG D61—2005）表 3.3.2 等采用；

μ_{f}——摩擦系数，采用 $\mu_{\mathrm{f}} = 0.7$；

N_{k}——与受剪截面垂直的压力标准值（即为 1m 桥台宽度上的垂直力及台顶面以上土重）。

(2) 台身承载力验算 [图 6-3-11c)]。

台身的承载力验算按压弯构件进行，由于验算的最大受力截面不在基础顶面，所以求最大受力截面比较复杂，不易精确定出它的所在位置。为了简化计算，近似地用最大弯矩截面来代替最大受力截面，其误差不大。

截面最大弯矩的计算，可取拱脚中心为坐标原点，计算各力对深度 y 处的截面重心轴的弯矩 M_y，并以 $\dfrac{\mathrm{d}M_y}{\mathrm{d}y} = 0$，解得最大弯矩截面处的位置 y，以求出最大弯矩值和相应的垂直力。

对于矮的桥台台身（高度小于 2m），可取台身底面作为验算截面。台身承载力的计算与桥墩相同。

5. 基底应力验算

当基础设置在非岩石和岩石地基上，且合力偏心距不超过基底核心半径时，均可按下式计算。

$$\left.\begin{array}{l}\sigma_{\max} = \dfrac{V + \sum G}{A} + \dfrac{k_0}{k} \cdot \dfrac{x_1}{h_2} \cdot p_k < [\sigma] \\ \\ \sigma_{\min} = \dfrac{V + \sum G}{A} - \dfrac{k_0}{k} \cdot \dfrac{x_2}{h_2} \cdot p_k \geqslant [\sigma] \text{ (对非岩石地基)}\end{array}\right\} \quad (6\text{-}3\text{-}23)$$

式中：x_1、x_2——基底重心至最大和最小应力边缘的距离；

$[\sigma]$——地基容许承载力；

其他符号意义同前。

当基础设置在坚密岩石地基上，基底合力偏心距 e_0 超出核心半径 ρ 时，仅按受压区计算基底的最大压应力，不考虑基底承受拉力，以最大边缘压应力控制设计。其计算原理如下。

根据基底弹性抗力对基底重心的力矩等于作用在台上各力对基底重心的力矩的原理，当不计基底拉应力时，可按图 6-3-12 的计算图式计算。计算时可取 1m 的桥台宽度，对矩形基底截面，最大边缘压应力 σ 的计算与式（6-3-18）相似，即：

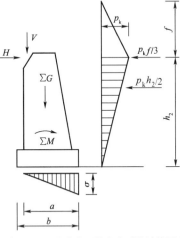

图 6-3-12 基底出现拉应力时的计算图式

$$\sigma = \dfrac{a}{h_2} \cdot \dfrac{k_0}{k} \cdot p_k \leqslant [\sigma] \quad (6\text{-}3\text{-}24)$$

基底的受压宽度 a 可根据总垂直外力 $V + \sum G$ 应与基底土的总承载力相等的原则推导得到：

$$a = \sqrt{\dfrac{2h_2}{p_k} \cdot \dfrac{k}{k_0}(V + \sum G)} \geqslant \begin{cases} 0.75b \text{（坚岩）} \\ \\ 0.80b \text{（较差岩石）} \end{cases} \quad (6\text{-}3\text{-}25)$$

以上各式中的符号意义同前。

6. 稳定性验算（取 1m 的桥台宽度计算）

（1）路堤稳定验算。

当桥台向台后方向偏转时，保证台后填土不破裂的安全系数 K_c 按下列公式计算：

$$K_c = \dfrac{p_b}{p_{j(1)} + p_k} \geqslant 1.3 \quad (6\text{-}3\text{-}26)$$

式中：p_b——台口处被动土压力强度，由下式计算

$$p_b = \gamma h_1 \tan^2\left(45° + \dfrac{\varphi}{2}\right) + 2c\tan\left(45° + \dfrac{\varphi}{2}\right)$$

$p_{j(1)}$——台口处静止土压力强度，$p_{j(1)} = \xi \gamma h_1$；

p_k——台口处弹性抗力强度；

ξ——压实土的静止压力系数;

c——土的黏聚力;

φ——土的内摩擦角。

(2)抗滑稳定性验算。

为了保证桥台基底只有转动,而无滑动,应根据作用布置的两种不同情况进行抗滑稳定性验算。

①桥跨上布满车辆荷载(考虑静止土压力加土抗力),验算向路堤方向滑动的安全系数 K_c,即:

$$K_c = \frac{f_1(V + \sum G)}{H - E_j - p_k\left(\frac{h_2}{2} + \frac{f}{3}\right)} \quad (6\text{-}3\text{-}27)$$

式中:E_j——桥台台身部分所受的静止土压力;

f_1——圬工与地基间的摩擦系数;

H——考虑拱背部分静止土压力在内的水平推力。

②台后布置车辆荷载(考虑包括车辆荷载所引起的主动土压力),验算向河心滑动的安全系数。

对于小跨径陡拱,在高路堤情况下,不应忽视这项验算。

第三节 框架式桥台

一、一般构造与适用条件

框架式桥台是一种与桩基础配用的轻型桥台,适用于地基承载力较低、台身高度大于 4.0m、跨径大于 10m 的桥梁,如图 6-3-13 所示;其构造形式常用的有柱式(或称为桩柱式)、墙式(或称为肋板式)及构架式等。

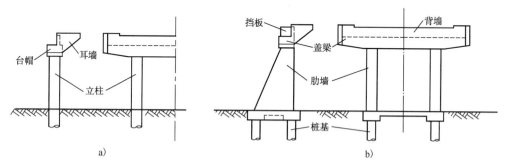

图 6-3-13 框架式桥台

a)双柱框架式;b)肋墙式

桩柱式桥台一般适用于台后填土高度小于 5.0m,且应先填土后钻桩,以减少桥台水平位移;填土高度大于 5.0m 时,宜采用墙式或构架式,墙厚一般为 0.4~0.8m,并配有适当的钢筋。框架式桥台常用钻孔灌注桩作基础,桩径一般为 1.0~1.2m,桩数应根据受力情况与结合地基承载力确定。

二、设计与计算要点

(一)台帽

(1)框架式桥台由台帽、盖梁、背墙、耳墙和挡板组成。盖梁视为双悬臂梁,计算时如不考虑背墙与盖梁共同受力,此时,背墙仅起挡土墙作用;必要时,如考虑背墙与盖梁共同受力,则盖梁为"L"形截面。

(2)耳墙视为单悬臂固结梁,水平方向承受土压力和车辆荷载引起的水平压力。

(3)挡板仅起侧面挡土作用,常用厚度为 0.15~0.25m,因其受力很小,不必计算,可按构造配筋。若考虑挡板在地震力作用时能起到防止梁体侧移的作用,则其厚度与配筋应予以适当增强。

台帽的计算跨径按《公路钢筋混凝土及预应力混凝土桥涵设计规范》(JTG 3362—2018)第 8.4.1 条规定取值;钢筋混凝土台帽的抗剪截面尺寸应满足该规范第 8.4.4 条要求;其正截面抗弯承载力与斜截面抗剪承载力计算应按规范第 8.4.3 条和第 8.4.5 条规定进行;当台帽的跨高比 $l/h \leq 5.0$ 时,可不进行挠度验算。

(二)台身与基础

1. 墙式台身

(1)墙式台台身由两片或多片梯形墙(肋板)组成,台墙承受上部构造自重、车辆荷载、支座摩阻力、汽车制动力(固定支座)、台后土压力、溜坡主动土压力等外力。

(2)计算墙身车辆荷载反力时,车辆荷载在桥上靠边排列,找出车辆荷载合力位置,按杠杆法计算。

(3)支座摩阻力或制动力由墙体(肋板)平均承受。

(4)计算土压力及车辆荷载水平压力时,墙承压宽度可参照桩柱式桥墩台土压力计算中关于承压宽度的规定。为便于各种情况作用效应组合,车辆荷载水平力与土压力应分开计算。

(5)台前溜坡主动土压力仅在溜坡不致被冲毁时才予以考虑。

(6)计算墙身作用效应时,应分别按盖梁底面、墙身中部、墙身底面、承台底面等处进行计算,每处截面作用效应包括垂直力、垂直力偏心弯矩、水平力、水平力所产生的弯矩。

(7)验算墙身各处截面应力时,先按纯混凝土计算,若作用效应不利组合的设计值大于构件抗力效应设计值时,再设置受拉钢筋。

(8)承台按顺桥向与横桥向分别计算,在一般情况下,按简支梁计算。对特大桥、大桥的桥台承台或者当承台下外排桩中心距承台边缘大于或小于承台高度时,应按《公路钢筋混凝土及预应力混凝土桥涵设计规范》(JTG 3362—2018)第 8.5 条规定,进行截面承载力验算。

(9)台顶水平位移计算式如下:

$$\Delta = \alpha_0 + \beta_0 h_0 \tag{6-3-28}$$

式中:α_0——承台水平位移(参见《基础工程》中多排桩计算);

β_0——承台角变位(参见《基础工程》中多排桩计算);

h_0——台帽至承台底面距离。

2. 柱式台身

荷载计算与墙式台相同,作用效应计算可参见《基础工程》桩基础部分。

3. 基础

桩基础的计算方法,可参见《基础工程》。在一般情况下,桩基可不验算抗倾覆及抗滑动的稳定性,但在特殊情况下,应考虑桩基向前移动和被剪断的可能性。

三、墙式框架桥台设计参考图表

图6-3-14选自工程实例,系配合上部结构为预应力混凝土工型组合梁(五梁式),下部为钻孔灌注桩基础。其设计资料为:

设计作用:汽车—超20级,挂车—120。

桥面宽度:2×净—11.25m,2×净—10.75m。

跨径:20m,35m,30m。

桥台高度:3m,5m,7m。

表6-3-4列出的有关尺寸,供读者借鉴。

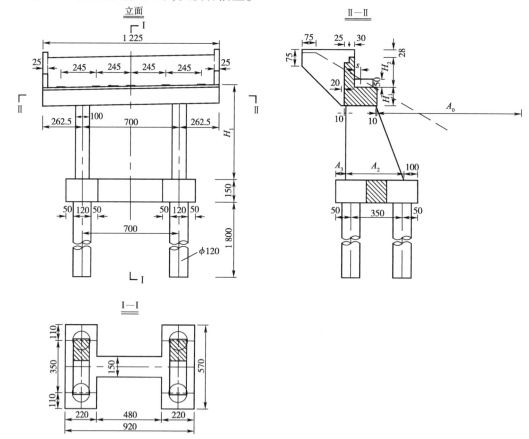

图6-3-14 肋板式桥台(钻孔桩)(尺寸单位:cm)

墙式框架桥台设计尺寸参考表   表 6-3-4

跨径(m)	20			25			30		
台高(m)	3	5	7	3	5	7	3	5	7
S(cm)	29			36			43		
H_1(cm)	110			120			130		
H_2(cm)	151.6			182.7			214.4		
A_0(cm)	150			160			170		
A_1(cm)	255			295			340		
A_2(cm)	370	370	400	370	370	400	370	370	400
A_3(cm)	100	100	70	100	100	70	100	100	70

第四节 组合式桥台梗要

组合式桥台由前台与后台两部分组成,前台部分主要承受桥跨结构传来的竖向力和部分水平力,而后台部分主要承受水平力和台后土压力。

一、构造形式与要求

1. 加筋土桥台

加筋土桥台一般适用于小跨径(单跨)板式桥,台高为 5～6m。有整体式、内置组合式和外置组合式之分(图 6-3-15)。整体式桥台,适用于跨径 6～8m 板桥,其支座传递的荷载通过垫梁作用在加筋体上,桥梁跨径大小、桥台高度均是直接影响加筋体强度和稳定性的主要因素。组合式桥台是常规的桩柱式桥台和加筋体共同组成的一种复合式桥台,上部结构由桩顶部盖梁支承,加筋体不需要承受支座传递的荷载,因而桥跨大小不影响加筋体的稳定性。内置组合式桥台台柱与面板净距不宜小于 0.4m,其值应以台柱尺寸、筋带种类以及压实方法等条件综合考虑决定。外置组合式桥台台柱与面板净距不应小于 0.3m。加筋土桥台应设置桥头搭板。外置组合式桥台的搭板与加筋体面板顶部之间应留有 0.05m 的间距,并应填塞。

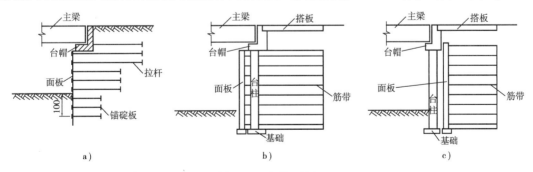

图 6-3-15 加筋土桥台
a)整体式加筋土桥台;b)内置组合式加筋土桥台;c)外置组合式加筋土桥台

加筋土桥台加筋体的筋带应选用抗老化、耐腐蚀材料的筋带,筋带的截面面积、长度以及加筋体的稳定性,应通过加筋体内部、外部的稳定性分析确定。

2. 锚碇(拉)板式桥台

锚碇(拉)板式桥台有分离式和结合式两种形成。分离式是台身与锚碇(拉)板,挡土结构分开,台身主要承受上部结构传来的竖向力和水平力,由锚碇(拉)板承受台后土压力。锚碇(拉)板结构由锚碇(拉)板、立柱、拉杆和挡土板组成,如图6-3-16a)所示。桥台与挡土板之间预留空隙(上端做伸缩缝,下端与基础分离),使桥台与挡土板互不影响,各自受力明确,但结构复杂,施工不方便。结合式锚碇(拉)板桥台的构造见图6-3-16b),它的挡土板与台身结合在一起,台身兼作立柱和挡土板,作用以台身的所有水平力假定均由锚碇板的抗拔力来平衡,台身仅承受竖向作用。结合式结构简单,施工方便。工程量较省,但受力不很明确,若台顶位移量计算不准确,可能会影响施工和营运性能。

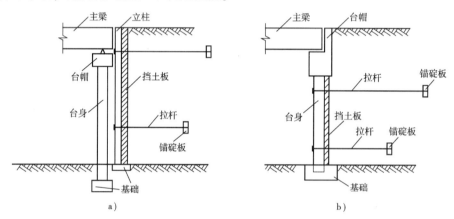

图 6-3-16 锚碇(拉)板组合式桥台
a)分离式;b)结合式

锚碇板可用混凝土或钢筋混凝土制作,根据试验结果表明采用矩形为佳。为便于机械化填土作业,锚碇板的层数一般不宜多于两层。立柱和挡土板通常采用钢筋混凝土,锚碇板的位置以及拉杆等结构均要通过计算确定。

锚碇板桥台适用于台后路堤填土不被冲刷的中、小跨径桥梁,台高在 3~5m 时,可采用加筋土式桥台,台帽直接置于加筋土层上,桥台由台帽和由竖向面板、拉杆、锚碇板及其间填料共同组合的台身组成。拉杆两端分别与竖向面板和锚碇板连接成加筋土挡土墙。拉杆应具有柔性,并要采取防腐蚀措施。锚碇板平面尺寸不宜小于 $0.75m \times 0.75m$,且通常埋设在路基填土的主动土压力滑动面以外 $3.5h$(h 为锚碇板边长)处。

锚碇(拉)板桥台的工作原理是,竖向面板后填料的主动压力作用到面板上,再通过拉杆将该力传递给锚碇板。锚碇板则依靠位于板前且具有一定抗剪能力的土体所产生的抗拔力来平衡拉杆拉力,使整个结构处于稳定状态。台帽搁置在加筋土体之上,其作用与普通桥台相同,其竖向力将增大拉杆的抗拔力,使桥台更趋稳定。

3. 桥台-挡土墙组合桥台

它由轻型桥台支承上部结构,台后设挡土墙承受土压力,台身与挡土墙分离,上端作伸缩缝,使受力明确。当地基比较好时,也可将桥台与挡土墙放在同一个基础之上,如图6-3-17 所示。这种组合式桥台可以不压缩河床,但构造较复杂,是否经济,需通过比较确定。

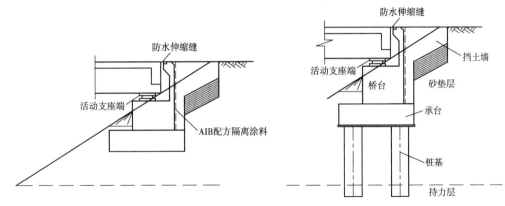

图 6-3-17 桥台与挡土墙组合桥台

4. 后座式组合桥台

后座式组合桥台适用于以桩基或沉井为基础的中、小跨径拱桥,如图 6-3-18 所示。桥台由前台和后座两部分组成,前台桩基或沉井基础主要承受竖向力,后座主要承受水平推力。后座多采用重力式 U 形桥台。台身与后座之间设构造缝,构造缝必须严格按要求施工,既不能约束后座桥台的垂直位移,又不能使前面部分受力后产生较大的塑性变形。水平推力是由台后主动土压力和后座基底的摩阻力来平衡,若推力很大不足以平衡时,则按桥台与土壤共同变形来承受水平力。后座的基底高程,在考虑沉降后应低于拱脚截面底缘高程;长度为 3~4 倍台高的台背填土应在拱圈合龙前完成。台后填土必须分层夯实,其密实度不应小于 96%,施工时应控制填土速度,并切实做好台后填土的防护工程,防止受水流侵蚀和冲刷。地基土质较差时,应注意桩基周围地基沉降引起的负摩阻力,应防止后座的不均匀沉降引起前台向后倾斜,而导致前台或拱圈开裂。后座式桥台能大大减少主体台身的基础工程量,稳定可靠,不会产生较大的水平、竖直位移,在土质条件欠佳的地区应用较多。

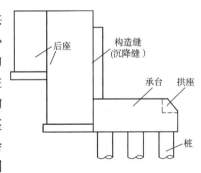

图 6-3-18 后座式组合桥台

二、设计与计算要点

加筋土桥台、锚碇(拉)板式桥台的台帽与台柱可参考一般桥台相同计算,其他有关部分的各构件,其主要计算内容如下。

(1)构件尺寸拟定与拉杆布置。

(2)土压力计算,应考虑顶面有无车辆荷载与作用距面板顶处一定距离等各种情况下面板内侧承受填料产生的主动土压力。

(3)拉杆受力与拉杆长度计算。

(4)加筋土结构内部稳定性验算(可按局部平衡法计算),包括单根拉杆的抗拔稳定性,面板抗拔稳定性。加筋土结构外部稳定性分析,应包括地基承载力、基底滑移和倾覆稳定,必要时增加整体滑动验算。筋带截面计算应考虑车辆荷载引起的拉力。筋带锚固长度计算可不计车辆荷载引起的抗拔力。

（5）拉杆截面承载力验算。

（6）整体稳定性验算，系按常规的圬工结构验算方法，进行各项验算。

局部平衡原理是根据作用在填料中最大拉应力点上的应力，计算拉筋最大拉应力，用来确定筋带面积与长度。

其他组合式桥台的计算，与其他类型桥台类同，主要内容是：作用计算与作用效应组合；组成构件的截面承载力验算；基底地基应力验算以及桥台整体稳定性验算等。具体计算时可参照《公路圬工桥涵设计规范》（JTG D61—2005）、《公路钢筋混凝土及预应力混凝土桥涵设计规范》（JTG 3362—2018）有关条文及相关的设计计算手册。

第四章

桥梁墩台施工要点

墩台施工是桥梁工程施工中重要组成部分,其施工质量优劣与否,不仅关系到桥梁上部结构的制作、安装质量以及其后的使用功能等,而且对桥梁结构的使用寿命影响重大。因此,在桥梁施工过程中应一以贯之地保持谨慎认真的态度,准确地测定墩台位置,正确地进行模板制作与安装,采用经过正规检验的合格建筑材料,严格执行施工技术规范的规定,严密监理制度,以确保工程质量优良。

桥梁墩台施工方法通常分为两大类:一是现场就地砌造与浇筑;二是将事先预制好的构件,吊运装配后浇筑湿接头形成一体。多数工程是采用前者,其优点是工序简便,机具较少,技术操作难度不大,易于实施;缺点是施工期限较长,耗费劳力和物力较大。从20世纪80年代以来,随着国民经济与交通工程事业的迅速发展,国内施工机具(如起重机械、运输机械、桩工机械及架桥机械等)也有了长足进步。因而,采用预制装配构件建造桥梁墩台的施工方法有了飞速的进展。其特点是在确保工程质量的前提下,不仅减轻了工人劳动强度,克服了工程技术难关;而且加速了工程进度,提高了工程效益,对施工场地狭窄,尤其对缺少砂石材料地区、干旱缺水地区以及深沟峡谷、海洋湖泊等特殊条件地区的墩台建造,更具有重要意义。

第一节 石砌墩台和混凝土墩台

一、石砌墩台

石砌墩台具有就地取材和经久耐用等优点,在石料丰富的山区,只要施工期限许可,应优先考虑石砌墩台方案。

石砌墩台施工的主要内容有:石料和砂浆的备料;施工支架的搭设;石料的砌筑与质量检验。具体施工工艺应严格遵循《公路桥涵施工技术规范》(JTG/T 3650—2020)相关条文进行。

墩台砌体质量应符合以下规定:

(1)砌体所用的各项材料类别、规格及质量符合要求。
(2)砌缝砂浆及小石子混凝土铺填饱满、强度符合要求。
(3)砌缝宽度、错缝距离符合规定,勾缝坚固、整齐,深度和形式符合要求。
(4)砌筑方法正确。
(5)砌体位置及外形尺寸不得超过表 6-4-1 所示的容许偏差。

墩台砌体位置及外形尺寸容许偏差　　　　表 6-4-1

项次	检查项目	砌体类别	容许偏差(mm)
1	跨径 L_0	$L_0 \leq 60\text{m}$	±20
		$L_0 > 60\text{m}$	±L_0/3 000
2	墩台宽度及长度	片石镶面砌体	+40,-10
		块石镶面砌体	+30,-10
		粗料石镶面砌体	+20,-10
3	大面平整度 (2m 直尺检查)	片石镶面	50
		块石镶面	20
		粗料石镶面	10
4	竖直度或坡度	片石镶面	0.5%H
		块石、粗料石镶面	0.3%H
5	墩台顶面高程		±10
6	轴线偏位		10

注:1.跨径 L_0 对于拱式桥涵、箱涵、圆管涵为净跨径;对于梁式桥涵为两桥涵墩中线间或桥涵墩中线与台背前缘间距离。

2.H 为墩台高度。

3.混凝土预制块砌体和砖砌体的容许偏差参照粗料石镶面标准。

二、混凝土墩台

就地浇筑的混凝土墩台施工有两道主要工序:一是制作与安装墩台模板;二是浇筑混凝土。

(一)模板的类型与要求

根据《公路桥涵施工技术规范》(JTG/T 3650—2020)的规定,模板的设计与施工应符合以下要求:其一,必须具有足够的强度、刚度和稳定性,能可靠地承受施工过程中可能出现的各项荷载,保证构造物各部形状与尺寸准确;其二,模板构造应简单、合理,结构受力应明确;其三,模板板面平整,接缝密贴不漏浆;其四,拆装容易,施工时操作方便,使用安全可靠。

常用的模板类型介绍如下。

1. 拼装式模板

是利用各种尺寸的标准模板与销钉连接,再与拉杆、加劲构件等组成墩台所需形状的模板。

2. 整体吊装式模板

是将墩台模板水平分成若干段,每段模板组成一个整体,在地面上拼装后吊装就位。分段高度由起吊机具能力大小而定,一般为 2~4m。

3. 组合型钢模板

是用各种长度、宽度及转角的标准构件,用定型的连接件将钢模板拼成结构用模板。适用于在场地上拼装,整体吊装。

4. 滑动钢模板

系将模板悬挂在工作平台的围圈上,沿着所施工的混凝土结构截面的周界组拼装配,并随着混凝土的浇筑由千斤顶带动缓缓向上滑升。一般由工作平台、内外模板、混凝土平台、工作吊篮和提升设备等组成,如图 6-4-1 所示。

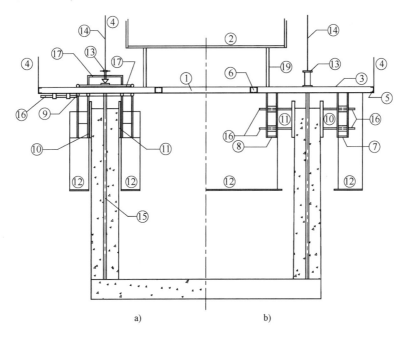

图 6-4-1

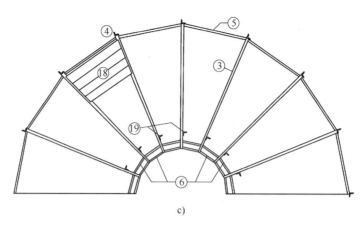

图 6-4-1 滑升模板构造示意图
a)等壁厚收坡滑模半剖面(螺杆千斤顶);b)不等壁厚收坡滑模半剖面(液压千斤顶);c)工作平台半平面
①-工作平台;②-混凝土平台;③-辐射梁;④-栏杆;⑤-外钢环;⑥-内钢环;⑦-外立柱;⑧-内立柱;⑨-滚轴;⑩-外模板;
⑪-内模板;⑫-吊篮;⑬-千斤顶;⑭-顶杆;⑮-导管;⑯-收坡丝杆;⑰-顶架横梁;⑱-步板;⑲-混凝土平台立柱

各种模板在工程上的应用,可根据墩台高度、墩台形状、机具设备与施工期限等条件,因地制宜合理选用。模板的设计可按现行《建筑施工模板安全技术规范》(JGJ 162)有关规定进行。验算模板刚度时,其变形值不得超过下列数值:结构表面外露的模板,挠度为模板构件跨度的1/400;结构表面隐蔽的模板,挠度为模板构件跨度的1/250;钢模板的面板变形为1.5mm,钢模板的钢棱、柱箍变形为3.0mm。

(二)混凝土浇筑

墩台身混凝土浇筑前,应将基础顶面洗刷干净,凿除表面浮浆,整修连接钢筋;浇筑时,应经常检查模板、钢筋及预埋件的位置和保护层的尺寸,确保位置正确,不产生变位;混凝土本身质量关系重大,施工应切实掌握好混凝土的配合比、水灰比等技术性能指标,使之完全满足《公路桥涵施工技术规范》(JTG/T 3650—2020)的要求。

墩台是大体积圬工构造物,为防止水泥的水化热过高,导致混凝土因内外温差过大引起裂缝。施工前应有预案,应采取积极有效措施,切不可大意。当浇筑的平面面积过大,难以在第一层混凝土初凝或重塑前浇筑完第二层混凝土时,为保证结构的整体性,宜分块浇筑。分块面积不得小于$50m^2$,每块高度不宜超过2.0m;块与块间的竖向接缝面应与墩台身或基础平截面短边平行、与平截面长边垂直;上下相邻层间的竖向接缝应错开位置做成企口,并一律按施工接缝处理。

墩台的位置及外形尺寸的容许偏差见表 6-4-2。

混凝土、钢筋混凝土基础及墩台容许偏差(mm) 表6-4-2

项次	项目	基础	承台	墩台身	柱式墩台	墩台帽
1	断面尺寸	±50	±30	±20		±20
2	垂直或斜坡			0.2H‰	0.3H‰≤20	
3	底面高程	±50				
4	顶面高程	±30	±20	±10		±10

续上表

项次	项 目		基础	承台	墩台身	柱式墩台	墩台帽
5	轴线偏位		25	15	10	10	10
6	预埋件位置				10		
7	相邻间距					±15	
8	平整度						
9	跨径(m)	$L_0 \leq 60$			±20		
		$L_0 > 60$			$\pm L_0/3000$		
10	支座处顶面高程	简支梁					±10
		连续梁					±5
		双支座梁					±2

注：H-结构高度；L_0-标准跨径。

第二节 装配式墩台

装配式墩台的特点是：结构形式轻便，施工速度快，圬工用量省以及预制构件质量有保证等。目前经常采用的有砌块式、柱式和管节式或圈式墩台等。

一、砌块式墩台

砌块式墩台的施工与石砌墩台大体类同，只是预制砌块的形式因墩台形状不同而有较大变化。如1975年建成的浙江兰溪大桥，墩身系采用预制的素混凝土壳块分层砌筑而成，如图6-4-2所示。该桥采用预制砌块，不仅节省混凝土数量约26%、木材50m³和铁件，而且砌缝

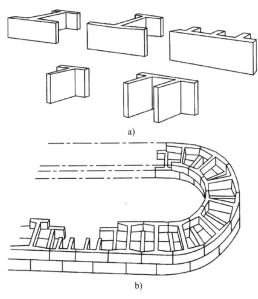

图6-4-2 浙江兰溪大桥预制砌块墩身示意图
a)空腹墩壳块类型；b)空腹墩砌筑过程

整齐、外形美观,更主要是加快工程进度,避免了洪水对工程的威胁。

二、柱式(排架)墩

装配式柱式(排架)墩是将桥墩分解成若干轻型部件,在工厂或预制场地集中预制,再运输到桥址现场装配成墩台。其形式有双柱式、Y形、排架式和刚架式等。图6-4-3为各种柱式墩构造示意。施工的主要内容为:部件预制、运送组装、连接与混凝土湿接缝以及养护等。其中拼装接头是关键工序,既要安全牢固,又要结构简单,施工便利。

常用的拼装接头有:承压式接头、钢筋锚固接头、焊接接头、扣环式接头以及法兰盘接头等。

装配式柱式墩台应注意以下几点:

(1)墩台柱构件与基础顶面预留的杯形基座应编号,并检查各墩、台高度和基座高程是否符合设计要求;基座杯口四周与柱边的空隙不得小于20mm。

(2)墩台柱吊入基杯内就位时,应在纵横方向测量,使柱身竖直度或倾斜度以及平面位置均符合设计要求;对重大、细长的墩柱,需用风缆或撑木固定,方可摘除吊钩。

(3)在墩台柱顶安装盖梁前,应先检查梁口预留槽眼位置是否符合设计要求,否则应事先修凿正确。

(4)柱身与盖梁(顶帽)安装完毕,经检查符合要求后,可在基杯空隙与盖梁槽眼处浇筑稀砂浆,待其硬化后,撤去楔子、支撑或风缆,再在余留空隙处灌填砂浆。

在基础或承台上安装预制混凝土管节、环圈作墩台的底模时,为使墩台身与基础连接牢固,应由基础或承台中伸出预埋的钢筋,插入管节或环圈中间的现浇混凝土内,插入所需的钢筋数量和锚固长度,应通过计算或按设计规范要求来确定。

全长2 460m的法国米尔奥(Millau)大桥[跨径为204m+6×342m+204m的单索面多跨连续斜拉桥],其中7个桥墩的墩高分别为77~245m,桥墩施工即由节段装配而成。每个节段在施工现场由每块4m×17m、质量约120t的钢筋混凝土构件组拼而成,墩身内腔四面尺寸固定,外表四面尺寸则沿墩高方向缓慢变化。施工时每升高4m,就利用卫星定位系统接收感应装置的信息,纠正可能由温度或风力引起的任何细微的墩身偏差,建成后的桥墩垂直误差在5mm以内。

三、预应力混凝土装配式墩

预应力混凝土装配式墩分为基础、实体墩身和装配墩身三大部分。其中装配墩身由基本构件、隔板、顶板和顶帽四种不同形状的构件组成,用高强度预应力钢丝或钢绞线穿入预留的上下贯通的孔道内,张拉锚固后孔道压浆即成桥墩(图6-4-4);实体墩身是装配墩身与基础间的连接段,其作用为锚固预应力钢筋、调节装配墩身的高度以及抵御洪水时漂浮物的撞击等。

施工的主要内容有实体墩身浇筑、构件预制和墩身装配等三项主要工序。在实体墩身浇筑时,应按装配构件的孔道位置,预留张拉孔道及工作孔(图6-4-5);装配构件的预制,除保证

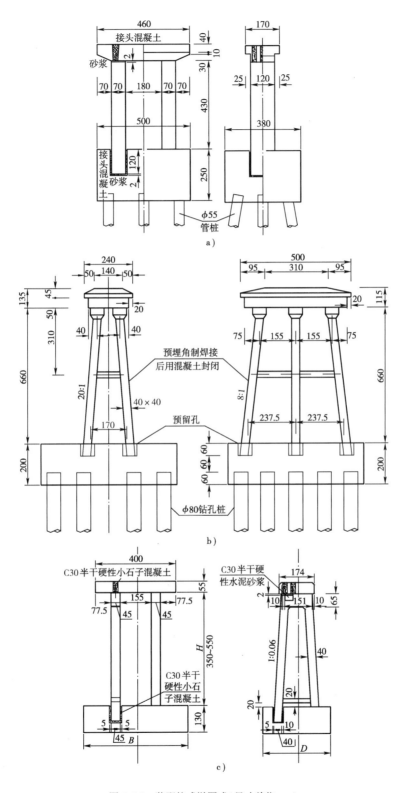

图 6-4-3 装配柱式墩图式(尺寸单位:cm)
a) 双柱式拼装墩；b) 排架式拼装墩；c) 刚架式拼装墩

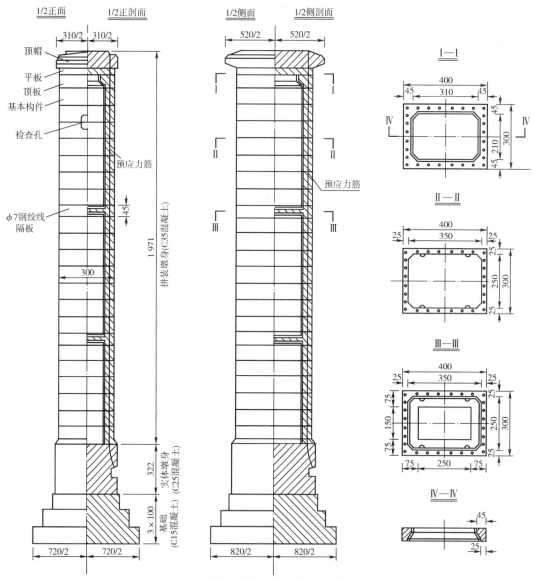

图 6-4-4 预应力混凝土装配式墩（尺寸单位：cm）

构件质量外，应分清构件类型并分别编号；墩身装配时最关键的操作要领是"平、稳、准、实、通"五个字，即起吊平、构件顶面平、内外壁砂浆接缝要抹平；起吊、降落就位、松钩要稳；构件尺寸准确、孔通位置准确、中线准确及预埋件位置准确；砂浆填缝要密实；预应力钢筋孔道要通畅。构件装配的水平拼装缝采用 C35 水泥砂浆，砂浆厚度为 15mm，以便于调整构件水平高程，不使误差积累。预应力钢筋的张拉位置可以在顶帽上张拉，也可以在实体墩身下张拉，一般在顶帽上张拉居多；张拉采用一次张拉工艺，张拉顺序从墩截面的长边中心线开始，对称张拉，逐次向短边方向推进，最后张拉短边中心线处。孔道先用高压水冲洗干净，再用纯水泥浆压浆，压浆由下向上压注，并分初压与复压两个步骤，初压后约停一小时，待砂浆初凝即刻进行复压，复压压力可取 0.8～1.0MPa。预应力钢筋封锚前，应先将构造钢筋复位，然后用与墩身相同强度的混凝土封锚。

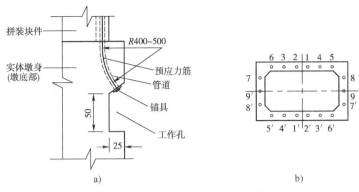

图 6-4-5 墩身预拉孔道及工作孔(尺寸单位:cm)
a)预应力筋张拉孔位置;b)预应力筋张拉顺序示意

四、装配式墩台施工的容许偏差

《公路桥涵施工技术规范》(JTG/T 3650—2020)规定,构件安装前必须检查其外形和预埋件尺寸与位置,其容许偏差不得超过设计要求;构件安装就位完毕后,经过检查校正完全符合要求后,方可焊接或浇筑混凝土以固定构件;分段安装的构件继续安装时必须在先安装的构件固定和受力较大的接头混凝土达到设计要求的强度后方可进行。以上可知装配式墩台全过程都贯穿着质量检查工作。墩、台安装的质量标准,按现行《公路工程质量检验评定标准 第一册 土建工程》(JTG F80/1)的相关规定执行,如表6-4-3所示

墩、台身安装实测项目　　　　　　　表 6-4-3

项次	检查项目		规定值或允许偏差	检查方法和频率
1△	轴线偏位（mm）	$H\leq 60$m	≤10,且相对前一节段≤8	全站仪:每施工节段测顶面边线与两轴线交点
		$H>60$m	≤15,且相对前一节段≤8	
2	顶面高程(mm)		±10	水准仪:测5处
3	全高竖直度（mm）	$H\leq 5$m	≤5	全站仪或铅锤法:纵、横向各测2处
		5m$<H\leq 60$m	≤$H/1000$,且≤20	
		$H>60$m	≤$H/3000$,且≤30	
4	节段间错台(mm)		≤3	尺量:测每节每侧面
5△	湿接头混凝土强度(MPa)		在合格标准内	按 JTG F80/1 附录D检查

注:1. H 为墩、台高,计算规定值或允许偏差时以 mm 计。
2. 分项工程中对结构安全、耐久性和主要使用功能起决定性作用的检查项目,以"△"标识。

第三节　其他新型桥墩

一、无承台大直径钻孔埋入式空心桩墩

无承台大直径钻孔埋入式空心桩墩,系由预钻孔、预制桩墩节和组装盖梁部分组成。其中预制桩墩节逐次吊拼成墩身后,用预应力钢筋连成整体,并在预钻孔内的预制桩节周围,填石

压浆;在桩底高压压浆,使墩身与基础桩构成一体。该项成果综合了预制桩质量的可靠性、钻孔成桩的工艺简便、成本低、适应性强等优点;摒弃了管桩技术设备复杂、成本高、不易穿透砂砾层、桩身偏位及钻孔灌注桩桩身混凝土质量难以保证等缺陷,集当今桩基先进施工技术之大成。该方法自20世纪90年代以来已在国内桥梁工程中被广泛应用。

钻埋预应力空心桩墩的技术特点如下:

(1)桩径大(一般大于2.5m),承载能力大。钻埋空心桩桩径已达5.0m,沉挖空心桩桩径已达6~8m。由于在桩周填石压浆、桩底高压注浆、桩节间通过预应力钢筋形成一体,故使桩基承受的竖向作用和水平作用成倍增大。

(2)无承台、空心截面桩,施工节省了围堰工程,减少了墩柱的混凝土体积,不仅简化了施工工序,而且将大桥下部结构费用从占全桥费用的50%以上,降至30%~40%。

(3)预制桩节、墩节与钻孔平行进行,施工快速,工期缩短,大大加快了工程进度。

(4)钻埋空心桩适用于土质地基,挖埋空心桩适用于松散的砂砾、漂石和风化岩层地基,施工时振动小、低噪声,环境效果良好。

(5)桩节与墩节预制,桩周与桩底压浆,管节间用高强度预应力钢筋连成整体,各项作业技术含量高,桩墩质量完全有保障。

钻埋空心墩施工的关键在于钻孔机具设备与成孔技术、桩节(墩节)预制与拼装、预应力钢筋的张拉锚固以及桩周桩底的压浆技术环节。图6-4-6为钻埋空心桩墩成桩工艺,图6-4-7为无承台变截面大直径桩墩实例(湖南湘潭湘江二桥,该桥已于1992年年底建成)。

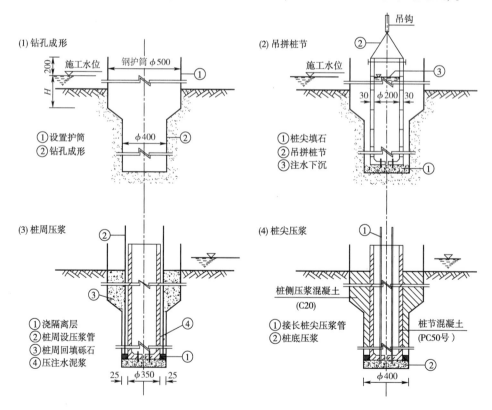

图6-4-6 钻埋空心桩墩成桩工艺图(尺寸单位:cm)

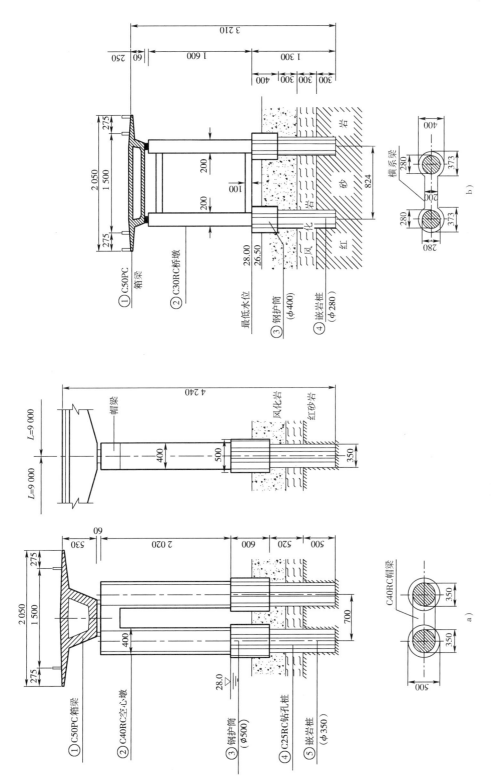

图6-4-7 湖南湘潭湘江二桥无承台变截面大直径桩墩(尺寸单位:cm)
a)主跨5×90m连续梁桩墩：2φ500/φ350cm；b)边跨7×42.6m连续梁桩墩：2φ400/φ280cm

钻埋空心桩墩施工技术难度较大,各工序均应有严格的质量控制标准,下述湖南省总结的质量控制标准可供借鉴。

(1)成孔质量控制标准:孔深垂直度≤2‰;成孔深度大于设计深度;成孔直径大于设计直径(钻头直径)。

(2)终孔泥浆指标(应检验排渣口泥浆):相对密度为1.08~1.10;黏度为22~24s;pH值为7~8;含砂量小于1%;胶体率为100%。

(3)预制桩节质量控制标准:应符合《公路桥涵施工技术规范》(JTJ 041—89)有关章节和设计技术要求;桩节长度误差不大于±5mm;偏离水平面不大于2‰;端面应平整,接头吻合,混凝土上下接头中心位置偏离不大于2~3mm;壁厚误差不大于5mm,内外径误差为±2mm;节长应依据施工起重能力确定。

(4)桩壁压浆结石混凝土质量控制标准:桩底与桩节间交界处应抛填$\phi 5$~$\phi 20$mm小石子作过渡段,厚度为0.5m,以消除桩底注浆混凝土收缩缝集中在预制混凝土底节钢板下;UBW-1型或SCR型絮凝混凝土隔离层厚度为0.5~0.6m;抛掷落水高度不大于0.5m;填石粒料直径应选$\phi 20$mm、$\phi 40$mm、$\phi 40$~$\phi 60$mm或$\phi 40$~$\phi 80$mm间断级配;压浆水泥应选32.5级以上普通硅酸盐水泥掺配膨胀剂,在条件许可时应尽量选用微膨胀水泥;水泥浆液流动度应根据空隙率和吸浆量确定,以保证注浆结石混凝土抗压强度。

(5)桩底压浆结石混凝土质量控制标准:桩周压浆结石混凝土强度达到60%后,才能进行桩底高压压浆;压力值以扬压管为控制,标准不超过设计值的±1%;桩的上抬量不超过设计值的±1%;注浆量应大于计算量的1.2~1.3倍;闭浆时间应在15~30min,由闭浆时的吸浆量决定。

二、V形桥墩

V形、Y形及X形桥墩具有结构轻巧新颖,外形匀称美观,能与桥址处的水山环境相映衬,给人们增添景观效果,故在国内外建造的桥梁中应用日益增多。这类桥墩的施工方法与桥梁结构体系有密切关系。下面以广西桂林漓江山大桥为例,简要说明V形桥墩施工要点。

V形墩类桥梁属于刚架桥系统,其施工方法除了具有连续桥梁的施工特点外,还有着本身结构的施工特点。通常对这类桥梁可分为V形墩结构、锚跨结构和挂孔部分三个施工阶段,其中V形墩结构是全桥的施工重点。V形墩结构的施工方法与斜腿刚构相类似,它由2个斜腿和其顶部主梁组成倒三角形结构(图6-4-8)。V形墩可做成劲性预应力混凝土结构。

根据该类型桥梁的结构特点,可将墩座和斜腿合为一部分,斜腿间的主梁为另一部分,先后分别施工。施工顺序如图6-4-8所示。

(1)将斜腿内的高强钢丝束、锚具与高频焊管(作钢丝束套管用)连成一体,并和第一节劲性骨架一起安装在墩座及斜腿位置处,灌注墩座混凝土[图6-4-8a]。

(2)安装平衡架、角钢拉杆及第二节劲性骨架[图6-4-8b]。

(3)分两段对称灌注斜腿混凝土[图6-4-8c]。

(4)张拉临时斜腿预应力拉杆,并拆除角钢拉杆及部分平衡架构件[图6-4-8d]。

(5)拼装V形腿间墩旁膺架,灌注主梁0号节段混凝土,张拉斜腿及主梁钢丝束或粗钢筋,最后拆除临时预应力拉杆与墩旁膺架,使其形成V形墩结构[图6-4-8e]。

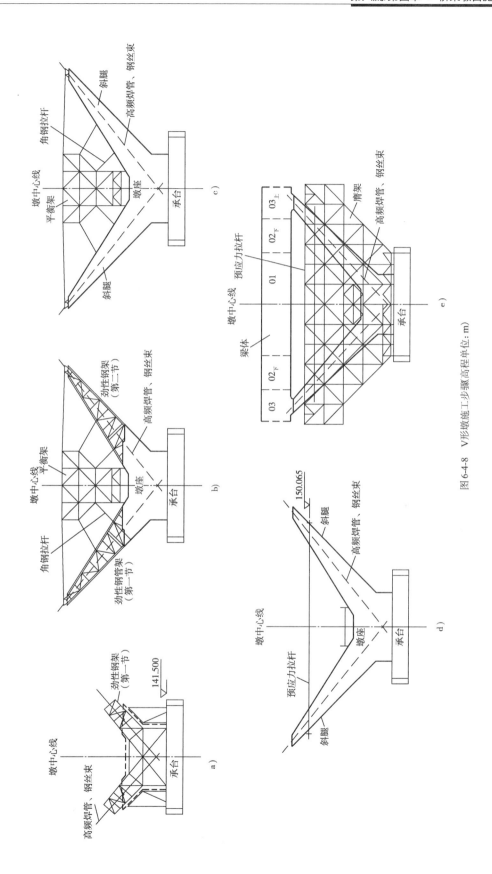

图 6-4-8 V形墩施工步骤(高程单位:m)

斜腿内采用劲性骨架和斜腿顶部采用临时预应力拉杆的作用:一是吊挂斜腿模板及承受其他施工荷载;二是在结构中替代部分主筋和箍筋;三是可减小施工时的斜腿截面内力。为保证施工中结构自身的稳定和刚度,将两侧劲性骨架用角钢拉杆联结在平衡架上。施工中应十分重视斜腿混凝土的灌注与振捣,以确保其质量要求。两斜腿间主梁的施工,是在墩旁膺架上分三段灌注,其大部分重力由膺架承受并传至承台上,只有在 V 形墩顶主梁合龙时,合龙段有 1/3 的重力由斜腿承受。

V 形墩类结构的施工工艺,还取决于现场条件、现有架设设备以及预制、架设构件的时间等。施工时选择拼装图式与程序,应尽可能地符合桥梁结构体系的最终受力要求,以减小施工过程中的安装应力等。

三、深水设置桥墩

20 世纪后期,世界各国建设了多座跨海大桥,使预制拼装式结构得到了更大规模的发展。跨海大桥有数十成百的桥墩建造在海水中,由于其自然条件复杂,大风大浪和水位流向多变的潮汛影响,导致水上混凝土生产和众多建材的运输十分艰难。采用特大型浮吊装配大型预制构件的施工方法来建造深水中桥梁,不仅占地少、施工速度快、质量完全有保障,而且混凝土收缩徐变小,竣工后梁体线形变化不大,还降低了造价和养护费用。只要具备浮吊所需水深和通航条件,在近海的大江大河中也同样可以采用。以下扼要介绍的国内外典型工程实例,可供借鉴。

(一)加拿大诺森伯兰海峡大桥

该桥是加拿大本土通向北部爱德华王子岛的一座公路大桥,总长为 12.93km,跨径组合为 14×93+165+43×250+165+6×93(m)。由于当地气候条件十分恶劣,冬季冰封,没有冰冻的施工季节为 5~11 月,在此期间潮差 4m,浪高 2m 并伴有强风。经多方案比选,为尽量减少海上作业,采用了高强度预应力混凝土预制拼装式结构。上部跨径 250m 的预应力混凝土单空箱梁分为 2 个预制节段,即长度 190m 两端伸臂的主节段梁和与主节段梁相连接长度为 60m 的嵌入梁段,主节段梁重达 82 000kN;主桥下部结构(44 个主桥墩)由墩身和连接基础的墩座两部分预制构件组成(图 6-4-9)。墩座基础为圆锥形,底部外径为 22~28m,墩座高度随基岩深度变化(为 31~42m),每个墩座重达 35 000~50 000kN;施工时先开挖海底,最低基底在水下 39m 处,在平整的砂岩上设置 0.2~0.5m 厚度的水下混凝土垫层,然后将墩座吊放在基岩上,墩座与基岩间浇筑高耐久性的水下封底混凝土以完成基础。墩身高度为 25~48m,最大重量为 40 000kN,墩身下部有直径为 20m 的破冰盾(原设计为混凝土强度为 100MPa,后改用外包钢板);安装墩身时,将墩身底部内腔套在基座顶部凸锥上,用凸锥上的千斤顶调整墩顶位置,墩身和墩座间设有剪力键,通过榫键和后张预应力钢筋,并用高强度(55 MPa)混凝土压浆封闭,将两者连成整体。所有大型构件均由名为"天鹅号"吊船进行,该浮吊平面尺寸为 94m×72m,高度为 102m,最大提升高度为 76m,最大起重量为 87 000kN,应用全球定位系统(GPS)使构件安放的精度达到 6mm 以内,放置一个预制构件约需要半小时。

该桥于 1994 年开工,并开始构件预制,1995 年 8 月开始吊放基座,1996 年 11 月全桥合龙,1997 年 6 月通车。其工程之艰难,规模之巨大,施工速度之惊人,实为世间壮举。

(二)上海东海大桥、浙江杭州湾跨海大桥和上海长江大桥

东海大桥系由上海芦潮港通往杭州湾口大小洋山岛深水港区的跨海大桥,总长约 31km,

双向六车道公路桥,两幅并列全宽31.5m。主通航孔为94+110+420+110+94(m)的钢—混凝土箱形结合梁斜拉桥,副通航孔为80+140+140+80(m)的预应力混凝土连续梁桥,一般海域水深8~9m,则大量采用跨径为60m、70m的预应力混凝土连续箱梁(先简支后连续)。60m箱梁重约16 000 kN,70m箱梁重约19 000kN,采用特制的25 000kN浮吊运送与架设,有自行能力的吊船从预制场码头将梁吊起,运到墩位,架在墩顶的临时支承上,调整好位置,现浇湿接头混凝土,倒换支座,再进行连续梁体系转换。东海大桥海上预制安装承台计700个,安装预制墩身822座,图6-4-10为60m跨径连续梁的桥墩构造图。

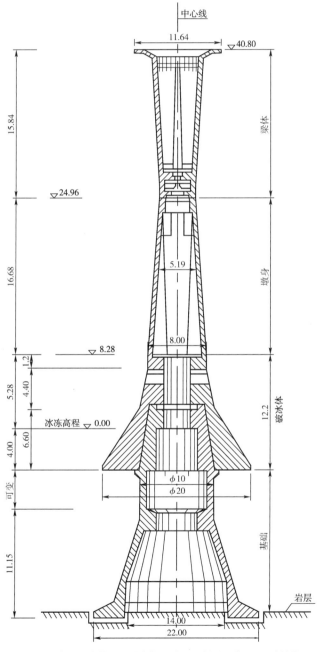

图6-4-9 加拿大诺森伯兰海峡大桥深水设置桥墩示意图(尺寸单位:m)

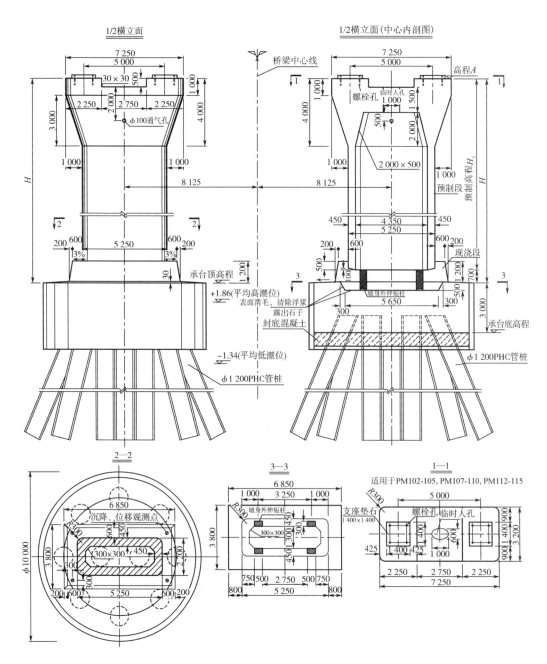

图 6-4-10 东海大桥引桥桥墩示意图(尺寸单位:mm;高程单位:m)

浙江省杭州湾跨海大桥,北起嘉兴市海盐郑家埭,南至宁波市慈溪水路湾,全长36km,其中中引桥与南引桥的474个桥墩,全部采用预制墩身,整体安装施工。预制墩身为钢筋混凝土矩形空心墩,分为墩身与墩帽两个部分,墩身为截面相同、高度变化的结构,墩帽为单向喇叭口形状的矩形结构。墩高为 7.37~17.38m,墩身横桥向宽度为 4.40~6.63m,顺桥向为 2.60~4.00m,壁厚为0.50m。墩身的最大吊重为457.37t。预制墩身与承台用现浇湿接头方式连接,图6-4-11为预制墩身与承台连接示意图。现浇墩座采用C40海工高性能混凝土,其氯离子扩散系数要求不大于 $1.5 \times 10^{-12} m^2/s$。

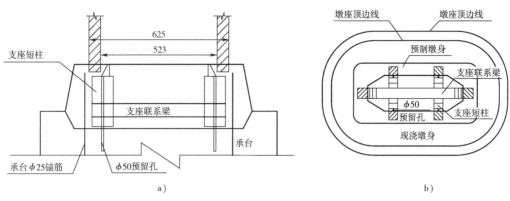

图 6-4-11 杭州湾大桥预制墩身与承台连接示意图(尺寸单位:cm)
a)立面图;b)平面图

上海市崇明越江通道长江大桥,南起浦东新区外高桥的五号沟,跨越长江口的南港,经长兴岛,再跨越长江口的北港,止于崇明陈家镇奚家港西,接陈海公路,全长25.5km。其中长江大桥的跨径组成为(14×30m)+(15×50m)+(23×70m)+(7×100m)+(110+240+730+240+110m)+(7×100m)+(9×70m)+(32×60m)+(80+2×140+80m)+(14×50m)+(10×30m),全长9 600m。主桥为双塔双索面分离式钢箱梁斜拉桥(主跨可通航3万吨级集装箱及5万吨级散货船),100m跨为钢-混凝土结合连续梁,其余跨径均为预应力混凝土连续梁。深水区域(70m、100m跨径区)计46孔的下部结构,采用打桩船沉桩(ϕ1.50m钢管桩),预制主梁与桥墩(预制梁重为1 800~2 100t),江中整体吊装,先简支后连续(6~7孔左右一联)的施工工艺。图 6-4-12为上海长江大桥预制桥墩一般构造图,图 6-4-13 预制桥墩墩身的吊装施工照片。

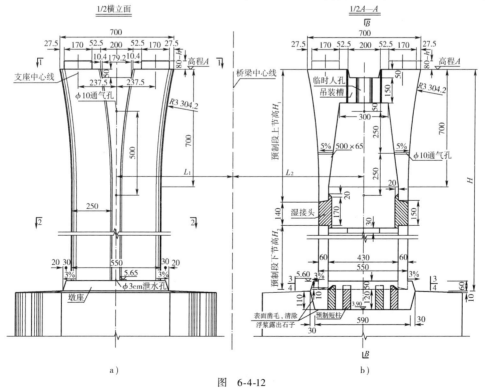

图 6-4-12

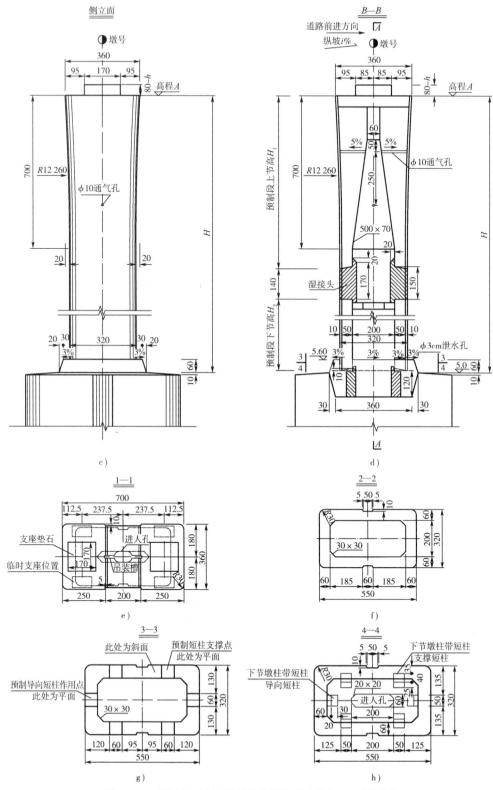

图 6-4-12 上海长江大桥引桥桥墩构造图(尺寸单位:cm;高程单位 m)

a)

b)

图 6-4-13 上海长江大桥预制桥墩墩身吊装施工

预制桥墩整体吊装的主要施工内容如下。

1. 桩基施工

采用打桩船(可以打斜桩)进行预应力混凝土(PHC)管桩或钢管桩的施工(桩径为 $\phi1\,200 \sim \phi1\,600\,mm$;桩长东海大桥为 $54 \sim 69\,m$,杭州湾大桥为 $71 \sim 88\,m$)。

2. 安装套箱围堰,浇筑承台

桥墩桩基完成后,用 5 000kN 级的吊船吊起预制好的承台混凝土套箱围堰(用 C50 高性能混凝土制作)套在群桩上,然后堵塞套箱底板上预留孔洞与桩身之间的缝隙,现场浇筑承台混凝土。在浇筑承台混凝土时,在承台中央部分预留深度为 0.5m、平面尺寸约为 $6.8\,m \times 3.8\,m$(不小于墩身底面尺寸)的凹槽,以备与墩身连接时用作现浇连接段。

3. 拼装墩身

桥墩墩身钢筋混凝土薄壁为空心构件,东海大桥预制桥墩墩身高度为 $8 \sim 40\,m$,控制分节重力不超过 3 000kN。仍用 5 000kN 级的吊船安装,在墩身底部底面设置有 4 个预制短柱,预制短柱底面与承台预留凹槽顶面之间安放扁千斤顶,调整好桥墩高程后,用现浇混凝土湿接头,使底节与承台连成一体。墩身最多分为三节,节段间涂有环氧树脂,胶拼干接头成形,并用竖向预应力钢筋连接成一体。

墩身安装精度要求较高,如杭州湾跨海大桥规定,轴线偏位为 $\pm 20\,mm$;顶面高程为 $\pm 10\,mm$;垂直度为 $0.3\%\,H$(H 为墩身高度),且不大于 20mm。墩身安装测控内容主要包括支座安装放样和墩身安装就位控制两大部分,每个墩身的安装需按照:坐标系统的转换→支座安装放样测量→支座短柱顶面高程→限位板边线放样测量→墩身吊装定位测量→安装竣工测量的步骤进行。

工程实践表明:对于地处海湾、江河湖口等水域宽阔的桥梁工程,当桥墩数量特别多、施工条件较为恶劣的条件下,采用预制桥墩、整体吊装工艺,对减少水(海)上作业,加快施工进度和降低工程成本具有十分重要的现实意义。

参 考 文 献

[1] 交通运输部.公路桥涵设计通用规范:JTG D60—2015[M].北京:人民交通出版社股份有限公司,2015.
[2] 交通运输部.公路钢筋混凝土及预应力混凝土桥涵设计规范:JTG 3362—2018[M].北京:人民交通出版社股份有限公司,2018.
[3] 交通部.公路圬工桥涵设计规范:JTG D61—2005[M].北京:人民交通出版社,2005.
[4] 交通部.公路桥涵地基与基础设计规范:JTG D63—2007[M].北京:人民交通出版社,2007.
[5] 交通部.公路桥涵施工技术规范:JTJ 041—2000[M].北京:人民交通出版社,2000.
[6] 姚玲森.桥梁工程[M].北京:人民交通出版社,1985.
[7] 姚玲森,程翔云[M].钢筋混凝土梁桥.北京:人民交通出版社,1982.
[8] 交通部.中国公路(1991—1995)[M].北京:中国画报出版社,1996.
[9] 交通部.中国桥谱[M].北京:外文出版社,2003.
[10] 项海帆.世界桥梁发展中的主要技术创新[J].桥梁建设,1980(1).
[11] 项海帆.从桥梁大国走向桥梁强国[J].桥梁建设,1980(3).
[12] 弗里茨·莱昂哈特.桥梁建筑艺术与造型.徐兴业,等,译.北京:人民交通出版社,1988.
[13] Mike Schlaich. Challenges in Education-Conceptual and Structural Design[C]. IABSE 2006 Conference in Budapest,2006.
[14] 尹德兰.邓文中与桥梁——中国篇[M].北京:清华大学出版社,2006.
[15] Е.И.Крыльцов. Современные Железобетонные Мосты. Москва,Транспорт,1974.
[16] Gotthard Franz. Konstruktionslehre des Stahlbeton[M]. Springer-Verla,Berlin,1964.
[17] 高岛春生.道路桥的横分配实用计算法(前篇)[M].东京:现代社,1968.
[18] T.Y.Lin. Design of Prestressed Concrete Structures[M]. John Wiley & Sons, Inc., 1958.
[19] 重庆交通学院.桥梁工程(中册)[M].北京:人民交通出版社,1980.
[20] W.Podolny Jr ,J.M.Muller. Construction and Design of Prestressed Concrete Segmental Bridges[M]. John Wiley & Sons, Inc., 1982.
[21] 刘作霖,徐兴玉,等.预应力T形刚构式桥[M].北京:人民交通出版社,1982.
[22] [英]E.C.汉勃利.桥梁上部构造性能[M].郭文辉,译.北京:人民交通出版社,1982.
[23] 金成棣,等.结构静力学[M].北京:人民交通出版社,1982.
[24] 上海市政工程设计院.重庆长江大桥设计与理论分析[M].北京:人民交通出版社,1983.
[25] 范立础.桥梁工程(上册)[M].北京:人民交通出版社,1987.
[26] 范立础.预应力混凝土连续梁桥[M].北京:人民交通出版社,1988.
[27] 日本道路协会编.张贵生,译.预应力混凝土公路桥施工手册[M].北京:人民交通出版社,1988.
[28] 郭金琼.箱形梁设计理论[M].北京:人民交通出版社,1991.
[29] 日本道路协会.公路桥技术规范及解说.[出版地不详]:[出版者不详],1991.
[30] 刘万桢.城市桥梁施工[M].北京:中国建筑工业出版社,1992.

[31] 杜国华,毛昌时,司徒妙龄.桥梁结构分析[M].上海:同济大学出版社,1994.
[32] American Association of State Highway and Transportation Officials,LRFD. Bridges Design Specifications. Printed in the United States of America,1994.
[33] 葛耀君.分段施工桥梁分析与控制[M].北京:人民交通出版社,2003.
[34] 公路桥涵设计手册编写组.公路桥涵设计手册—拱桥(上、下册)[M].北京:人民交通出版社,1978.
[35] 李国豪.桥梁结构稳定与振动[M].北京:中国铁道出版社,1996.
[36] 金成棣.预应力混凝土梁拱组合桥梁——设计研究与实践[M].北京:人民交通出版社,2001.
[37] 金成棣,等.桥梁结构轻型化与造型艺术[M].北京:人民交通出版社,2002.
[38] 顾安邦.桥梁工程(下册)[M].北京:人民交通出版社,2000.
[39] 吴恒立.拱式体系的稳定计算[M].北京:人民交通出版社,1981.
[40] 陈宝春.钢管混凝土拱桥设计与施工[M].北京:人民教育出版社,2000.
[41] 李文琪.万县长江公路大桥施工[C]//中国土木工程学会桥梁及结构工程学会第十二届年会论文集[出版地不详]:[出版者不详],1996.
[42] 刘忠.万县长江大桥稳定与承载力分析[C]//中国土木工程学会桥梁及结构工程学会第十二届年会论文集[出版地不详]:[出版者不详],1996.
[43] 刘忠.万县长江大桥非线性综合分析[C]//中国土木工程学会桥梁及结构工程学会第十二届年会论文集[出版地不详]:[出版者不详],1996.
[44] 赵雷,等.丫髻沙大桥施工阶段稳定性分析的路径效应[C]//中国土木工程学会桥梁及结构工程学会第十三届年会论文集[出版地不详]:[出版者不详],1998.
[45] 徐升桥,等.丫髻沙大桥主桥的施工控制[C]//中国土木工程学会桥梁及结构工程学会第十四届年会论文集[出版地不详]:[出版者不详],2000.
[46] 李国平.连续拱梁组合桥的特性研究[C]//中国土木工程学会桥梁及结构工程学会第十三届年会论文集[出版地不详]:[出版者不详],1998.
[47] 郭文复.浙江义乌市宾王大桥设计与施工[C]//中国土木工程学会桥梁及结构工程学会第十三届年会论文集[出版地不详]:[出版者不详],1998.
[48] 交通部.公路斜拉桥设计规范(试行):JTJ 027—1996[S].北京:人民交通出版社,1996.
[49] 尼尔斯 J.吉姆辛(丹麦).缆索支承桥梁——概念与设计[M].2版.金增洪,译.北京:人民交通出版社,2002.
[50] 刘士林,等.斜拉桥[M].北京:人民交通出版社,2002.
[51] 姚玲森.斜拉桥——20世纪50年代蓬勃兴起的一种桥型.万明坤,等.桥梁漫笔[M].北京:中国铁道出版社,1997.
[52] 严国敏.现代斜拉桥[M].成都:西南交通大学出版社,1996.
[53] 严国敏.现代悬索桥[M].北京:人民交通出版社,2002.
[54] 钱冬生,陈仁福.大跨悬索桥(修订版)[M].成都:西南交通大学出版社,1999.
[55] 雷俊卿,等.悬索桥设计[M].北京:人民交通出版社,2002.
[56] 项海帆.高等桥梁结构理论[M].北京:人民交通出版社,2001.
[57] 钱冬生,强士中.悬索桥——一种最适合于大跨度的桥梁形式.万明坤,等.桥梁漫笔

[M].北京:中国铁道出版社,1997.
[58] 经德良.湖北省再建五座长江公路大桥简介[C]//中国公路学会桥梁与结构工程学会1999年桥梁学术讨论会论文集.北京:人民交通出版社,1999.
[59] 詹建辉.荆沙长江公路大桥工程设计特点和技术特点[C]//中国公路学会桥梁与结构工程学会1999年桥梁学术讨论会论文集,北京:人民交通出版社,1999.
[60] 张喜刚,等.苏通大桥总体设计[C]//中国公路学会桥梁与结构工程学会2004年桥梁学术会议论文集.北京:人民交通出版社,2004.
[61] 江祖铭,等.公路桥涵设计手册—墩台与基础[M].北京:人民交通出版社,1997.
[62] 黄绳武.桥梁施工及组织管理(上)[M].北京:人民交通出版社,1999.
[63] 刘兴法.预应力混凝土箱形梁的日照温度应力和位移计算[J].桥梁建设,1980.
[64] 管敏鑫.空心桥墩墩壁的局部稳定[J].桥梁建设,1980.
[65] 泡希辉,路其凤.桥梁支座的布置原则[J].北方交通,2013(12):34-36.

后　记

——桥梁工程的前景展望

从本书国内外典型桥例可以看到近30多年来桥梁的发展概况,结构在向轻巧、纤细方面发展,而载重和跨度却不断在增长。为了适应这种发展需要,就要对建筑材料、结构构造、设计计算理论、施工方法等方面提出新的要求,特别是要在创造新桥型方案的构思方面和在桥梁技术中提高自主创新理念方面作出努力。

一、材料的应用和发展

新材料对桥梁工程的发展具有关键性作用。没有材料科学的发展,就不会有长大跨及新桥型的诞生。

目前,各类桥式体系中最大跨径者均离不开钢材和混凝土。对于桥梁用钢,不但要提高其强度,还要提高其韧性、耐腐性、耐疲劳性、可焊性。我国目前常用桥钢为A3、16Mnq、Q235、Q345和Q460低合金钢,屈服点相应为240～460MPa,极限强度相应为380～520MPa,九江长江大桥由于采用15MnVNq钢,强度提高,比采用16Mnq钢节省钢材14%左右。1991年我国第一座耐候钢桥采用NH-35g耐候钢,节约了大量养护费用。但与美国、日本、俄罗斯等国家相比,差距仍很大。美国在20世纪50年代就发展了低碳合金的T1钢,日本在1974年修建港大桥时某些重要杆件所采用的HT70、HT80钢,以及苏联在桥梁上所用的C-60、C-80钢都是屈服点为600～800MPa,极限强度达700～900MPa的低合金高强钢。

预应力钢筋也在向高强度、低松弛、耐腐蚀、强黏结和便于拼接等方面发展。我国现有高强度钢筋直径为$\phi 18 \sim \phi 40$mm,抗拉强度为540～930MPa。世界各国都在大力发展大直径预应力高强度钢筋,德国、美国、英国、日本等国目前已发展到直径$\phi 26 \sim \phi 44$mm,抗拉强度等级为800～1 350MPa。

高强钢丝和钢绞线已在大跨桥梁中广泛使用,我国目前常用的此种钢材的极限强度相应为1 600MPa和1 860MPa。将7股钢绞线通过硬钢模拔出,使之挤紧,以减少钢丝间空隙,这样不但在外径相同之下使有效面积增大20%,而且强度可提高10%。目前美国、英国、日本开发了$\phi 4 \sim \phi 9$mm的高强镀锌钢丝,强度提高到1 550～1 800MPa。日本已为明石海峡大桥研制出镀锌后强度可达1 800～2 000MPa的低合金钢丝。

我国一般把强度等级大于C60级的混凝土称为高强度混凝土,大于C100级的称为超高强度混凝土。高强混凝土不但强度要高,而且抗冲击性能和耐久性也要好。据统计,预应力钢筋混凝土桥梁采用高强度混凝土可提高经济效益30%～40%。目前,在试验室条件下,我国已能制成 C100 级混凝土,罗马尼亚能制成 C170 级,而美国已制成 C200 级混凝土。我国在桥梁中已开始用 C60 级混凝土,而在铁路桥工程中现浇已达 C60～C70 级,预制达 C80 级。国外高强度混凝土的使用比我国要早,而且强度也略高些。

开展使用轻质混凝土,也是使预应力混凝土桥梁向长大化发展并取得经济效益的一种方法。目前用于工程结构的轻质混凝土重度为 16～90kN/m^3,强度为 C30～C70 级。粗集料过去用陶粒,为降低成本,现在趋于采用工业废渣。1970 年在联邦德国修建了三座同类型的轻、重混凝土混合的连续梁桥(跨径为 37.6m + 112.2m + 37.6m),由于中跨长 105.4m 部分采用了重度 19 kN/m^3 的轻质混凝土,使混凝土节约了 12%,预应力筋省了 17%。1998 年在挪威利用轻质高性能混凝土建成的二座轻、重混凝土的连续刚构桥,跨径已分别达到 198m(拉夫特松德桥)和 301m(斯道尔玛桥)。

近年来国外在混凝土强度的取值方面,还考虑超龄期的强度提高系数。欧洲混凝土协会建议:对波特兰水泥的重混凝土,龄期为 40d 时,系数为 1.2;龄期为 360d 时,系数为 1.35。

新型非金属纤维强化复合材料的开发研究,已得到世界各国的重视。包括玻璃纤维、阿拉米特纤维和碳素纤维同聚合物强化合成的超高强材料,它们不仅具有强度大、重量轻的重要特性,而且具有耐疲劳、抗腐蚀、热导率低、非磁性、在制造和使用中的耗能低等优异性能。有分析表明,若用碳纤维强化复合材料来修建悬索桥,其极限跨长可比钢悬索桥提高一倍以上。据报道,加拿大已快研究完成无钢筋的配筋混凝土桥梁。美国曾投巨资修建了跨度达 140m、宽 18m 的全塑公路桥梁。

二、设计理论和 CAD 技术

目前,世界各国桥梁设计理论,都由容许应力状态理论向极限状态理论过渡。我国公路和铁路部门已开始了可靠度理论的研究,正在积极创造条件迈入国外先进的基于可靠度理论的极限状态法设计时代,以期充分发挥结构潜在的承载能力,充分利用材料强度,使桥梁结构安全度的确定更加科学和可靠。对于大跨度桥梁的设计,越来越重视空气动力学、振动、稳定、疲劳、非线性等影响因素的研究。

CAD 技术已在各工程领域迅速发展。桥梁 CAD 技术主要有以下五部分内容:结构分析、图形绘制、结构优化、工程数据库、专家系统。目前使用最多的是前三部分,后两部分有待不断积累数据和知识,才能达到实际运用。目前,国外桥梁 CAD 技术水平最高的是美国。在结构分析方面的 ADINA、SAP、ANSYS、MIDAS 等几个著名的商业化通用程序,已遍布全球。我国桥梁工作者虽然近 10 多年来也开发了不少各种类型的专项应用程序,但高质量者不多,且开发后的推广和维护工作不很完善。这方面如果我们能集中力量、统筹规划,再作十几年的认真开发,定能使 CAD 技术赶上世界水平。

三、施工技术的发展

桥梁工程的施工技术水平,取决于国家的整体科学水平和工业发展水平。我国通过近 20 年来的引进和发展,虽已逐步达到国际水平,但与发达国家比,还有不少差距。

在钢桥制造方面,国外已较普遍应用电子计算机放样、画线和管理,采用数控坐标精密切割代替刨铣机械加工,采用光电跟踪焊接技术等。

在混凝土桥梁的预应力体系方面,国外早在20世纪60~70年代已开发完善了如瑞士VSL体系、法国弗莱西奈体系、德国迪维达克体系等一系列适用于平行钢绞线、钢丝束、粗钢筋等的预应力筋锚固体系和相应的连接器及张拉设备。我国近10多年来基本上是在引进这些技术的基础上研制成功一些自己的锚具和设备。在张拉吨位方面,国内最大为6 000~1 2000kN,而国外已达到8 000~15 000kN。为了进一步发展预应力混凝土桥梁,研制更大吨位、适应性更强、更安全可靠而施工又方便的预应力体系,仍是当前桥梁界的重要课题。

在桥跨结构施工和架设方面,无论是平衡悬臂施工法、顶推法、转体法等,我国积累了很多经验,接近世界先进水平,特别是转体法修建大跨度拱桥的技术,我国已居领先地位。但在逐节预制拼装、逐孔无支架施工以及特别是在整孔预制安装技术方面还与发达国家有较大差距。如日本曾利用1万吨的驳船将跨径175m、质量3 200t的整孔单肋钢拱桥拖运就位后,用两艘3 000t的浮吊吊装成功。目前世界上起吊能力最大的浮式吊机是首先在丹麦大贝尔特海峡西桥上使用的"天鹅"浮吊。该桥为51孔跨径为110m和12孔跨径为82m的预应力混凝土连续梁桥,重达7 000t的51个预制沉井和重达5 500t的箱梁都用该浮吊整孔吊装架设。1996年该浮吊再经接高和加强后运往加拿大进行诺森伯兰海峡大桥的吊装施工。此桥由44孔250m跨度的预应力混凝土连续刚构箱梁桥组成,从墩身(包括基础)到梁体都是预制装配的。墩身节段的最大吊重为5 500t,梁段最长192m、吊重达8 200t,主梁最高处高于海面40~60m。据调查,我国目前已有适用于海上桥梁施工的吊机的最大吊重为2 500t左右。面对即将实施的从几公里到几十公里长的跨海大桥工程项目,看来迅速研制大型的吊装机具设备,采用逐段逐孔预制安装技术,将是我国桥梁施工技术的发展方向之一。

在深水基础施工方面,我国在修建长江上多座大桥中(水深达30多米)已取得了不少经验。但是要在水深更深的河海上建桥,目前在技术上尚会面临种种困难。日本在修建明石海峡大桥的2号塔基时,采用了ϕ80m、高达70m、入水深度将近60m的大型浮运沉井。在修建东京虹桥的基础时,采用尺寸为70m×45m×51m的无人沉箱,施工中采用遥控自动挖掘机、自动装渣排渣机和先进的测试系统,使深水基础的施工高度机械化和自动化。钻孔技术也是目前桥梁基础施工的重要手段之一。我国生产的钻机一般能在强度70~100MPa的岩石内钻直径2~3m、深40~80m的钻孔。近期在修建铜陵长江大桥时试制成功的KPY-4000型钻孔机,可在强度80MPa岩石内钻直径4.0m、深120m的孔。而日本早在1965年就已制成在强度50~100MPa岩石内钻直径3.6m的旋转钻机。此后又发展到可钻直径6m、钻深达200~650m的钻机。近期,国外又研制了可在卵石层和极硬岩层(300MPa)中钻孔的冲击式和循环式旋转钻机。

因基础尺寸不断增大,对大体积水下混凝土的灌注技术(质量、速度等)提出了更高的要求。如日本明石海峡大桥2号、3号塔基混凝土为50.3万m^3,全部采用加特殊抗分散外加剂(1974年联邦德国首次研制成功)的水下不离析混凝土(也称絮凝混凝土)。混凝土工厂还设有先进的水冷却设备和海水淡化设备。目前,日本已有10余种抗分散外加剂投放市场,美国、法国等也都在开发此类产品。

总之,近20年以来,我国桥梁工程建设的特点是建设规模大、速度快,技术水平已有很大提高,而且在某些领域已居世界领先地位,但在总体上与发达国家相比还有不少差距。特别在桥型构思创新方面,以及在建桥材料、施工技术、项目组织管理等方面,都有待我国广大的桥梁工程技术人员在工作中努力实践,不断创新,以期取得进一步提高。为了缩小与发达国家的差距,我们必须在技术创新、提高质量和桥梁美学上狠下功夫,只有在桥梁建设中不断研发自主创新技术,树立自己的品牌,才能提高我国桥梁建设的国际地位。

中国的桥梁设计和施工企业要努力培养一批具有国际活动能力的年轻一代桥梁工程师,多在国际会议上介绍我们有创意的成就,让国际桥梁界了解我们大规模桥梁建设中所取得的进步和创新成果。在此衷心期望,中国桥梁界能在不久的将来通过在国际舞台上的积极活动,不断显现强国标志,从桥梁大国踏实地走向桥梁强国。